荊楚文庫

〔康熙〕麻城縣志

〔清〕屈振奇　修　〔清〕周維秬　等　纂

〔乾隆〕麻城縣志

〔清〕黄書紳　姜廷銘　修
〔清〕章學誠　裁定

荊楚文庫編纂出版委員會
武漢大學出版社

荆楚文庫

〔康熙〕麻城縣志
KANGXI MACHENG XIANZHI
〔乾隆〕麻城縣志
QIANLONG MACHENG XIANZHI

圖書在版編目(CIP)數據

〔康熙〕麻城縣志/〔清〕屈振奇修;〔清〕周維秬等纂.
〔乾隆〕麻城縣志/〔清〕黄書紳,〔清〕姜廷銘修;〔清〕章學誠裁定.
—武漢:武漢大學出版社,2023.3
ISBN 978-7-307-23362-1
Ⅰ.①康… ②乾…
Ⅱ.①屈… ②黄… ③姜… ④周… ⑤章…
Ⅲ.麻城—地方志—清代
Ⅳ.K296.34
中國版本圖書館 CIP 數據核字(2022)第 197841 號

責任編輯:朱凌雲
整體設計:范漢成　曾顯惠　思　蒙
責任校對:汪欣怡
出版發行:武漢大學出版社(中國・武漢)
地址:武昌珞珈山
電話:(027)87215822　　郵政編碼:430072
録排:武漢恒清圖文菲林輸出工作室
印刷:湖北新華印務有限公司
開本:787mm×1092mm　1/16
印張:44.5　插頁:6
版次:2023 年 3 月第 1 版　2023 年 3 月第 1 次印刷
定價:208.00 元

ISBN 978-7-307-23362-1

《荆楚文庫·方志編》編纂組

組　　長：劉偉成　陽海清（執行）

副 組 長：劉傑民（執行）　王　濤　謝春枝　郝　敏　嚴繼東　范志毅（執行）

參編人員（以姓氏筆畫爲序）：

王　濤　李云超　宋澤宇　范志毅　郝　敏　柳　巍　馬盛南　陳建勛

夏漢群　梅　琳　陽海清　彭余焕　彭筱溦　楊　萍　楊愛華　雷　静

劉水清　劉偉成　劉傑民　謝春枝　戴　波　嚴繼東

編　　審：周　榮

顧　　問：沈乃文　李國慶　吴　格

出版説明

湖北乃九省通衢，北學南學交會融通之地，文明昌盛，歷代文獻豐厚。守望傳統，編纂荊楚文獻，湖北淵源有自。清同治年間設立官書局，以整理鄉邦文獻爲旨趣。光緒年間張之洞督鄂後，以崇文書局推進典籍集成，湖北鄉賢身體力行之，編纂《湖北文徵》，集元明清三代湖北先哲遺作，收兩千七百餘作者文八千餘篇，洋洋六百萬言。盧氏兄弟輯録湖北先賢之作而成《湖北先正遺書》。至當代，武漢多所大學、圖書館在鄉邦典籍整理方面亦多所用力。爲傳承和弘揚優秀傳統文化，湖北省委、省政府決定編纂大型歷史文獻叢書《荊楚文庫》。

《荊楚文庫》以『搶救、保護、整理、出版』湖北文獻爲宗旨，分三編集藏。

甲、文獻編。收録歷代鄂籍人士著述，長期寓居湖北人士著述，省外人士探究湖北著述。包括傳世文獻、出土文獻和民間文獻。

乙、方志編。收録歷代省志、府縣志等。

丙、研究編。收録今人研究評述荊楚人物、史地、風物的學術著作和工具書及圖册。

文獻編、方志編録籍以一九四九年爲下限。

研究編簡體横排，文獻編繁體横排，方志編影印或點校出版。

《荊楚文庫》編纂出版委員會

二〇一五年十一月

總目録

荊楚文庫

〔康熙〕麻城縣志

〔清〕屈振奇　修
〔清〕周維桓　等　纂

前言

《〔康熙〕麻城縣志》十卷，清屈振奇修，清周維秬等纂，清康熙九年（一六七〇）刻本。

屈振奇，字鷺容，清陝西陽縣人，進士，時任麻城知縣。周維秬，字錫曰，號巨公，邑人，進士。

麻城沿革，始於南朝梁，置信安縣。隋開皇十八年（五九八）改麻城。《郡縣釋名·湖廣卷上》：『後趙石勒將麻秋威名可止兒啼，勒命築城此地，因名麻城。』大業中屬永安郡。唐省入黄岡縣，復置。宋屬黄州。元屬黄州路。明、清屬黄州府。

據屈振奇《重修麻城縣志序》，邑舊志因兵燹不存，『邑鄒君師可訪得燼餘數紙補綴增益之』。清順治時，邑令王潞屬邑紳王汝霖據此删訂，然並未成書。康熙八年（一六六九），屈振奇繼任，又有邑紳周維秬『搜遺編數則增入』，屈振奇乃延周維秬就前編『重定次第』，終由屈振奇親自稍加删潤，方成帙付梓。

志分八門：封域志、城社志、民物志、賦役志、秩官志、選舉志、人才志、藝文志，匯爲十卷，凡五十餘目。卷一前有屈振奇序、宋祖法序和周維秬所撰小叙，其後接圖和目録，無纂修職員名單、凡例。每卷卷端下鐫『知縣事漢上屈振奇纂修』。『封域志』中『關隘』一門除記載各類關、寨等地理位置外，與之相應的具體兵事歷史也皆有記述，而『民物志』又有『變亂』一目，編年記載麻城地區重大軍事事件。『城社志』中『學校』『祠廟』門僅收録了相關建築位置，對其區域内展開的相關活動未見記録。『民物志』之『户口』起於明洪武，終於明崇禎，缺少清初内容。『賦役志』之『貢賦』同樣起於明洪武，而終於明萬曆，『徭役』則起於明萬曆，終於清康熙七年（一六六八）。『秩官志』中各類官員名單分目依年代順序羅列，而『縣令』始於後趙麻秋，是爲當地歷史特色。『選舉志』之『科目』『武科』以科目爲序記載，較爲特殊。『人才志』分上、下卷，其中『仕績』目佔據整個上卷篇幅，内容較爲豐富。『藝文志』依體裁分目。

是志爲麻城所存首志，體例有編次失序之處，然整體排布已見志書之形，對一邑之風土人情、歷史文化等也皆有記載，是爲後世麻城續修志書之基礎。

據《中國地方志聯合目録》，是志存於國家圖書館、天津圖書館、中國台灣圖書館。本次據清康熙九年（一六七〇）刻本影印，該底本原缺卷三第六葉、第十六葉，卷九第十六葉，偶見斷板、漫漶等導致字跡不清的現象。（彭筱溦）

目録

卷之十　藝文志下

重修麻城縣志序

國有史邑有志巨細不同其致一也於以考故實示勸誡義至重亦至著矣山川之險易民物之豐約賦

役之增減風俗之淳漓一覽烱然斯考故實者徵焉筆其好修而非好修者可知也筆其貴顯而不貴顯者可知也筆其以德傳以

位傳而德而不位位而不德者又可知也故示勸誡者亦倫是也昔之論史者至尊其權於天雖一邑志乎對之亦增凛然懍然者

矣麻邑舊志兵燹罔存邑鄒君師可訪得燼餘數紙補綴增益之前令餘杭王君屬王茂才汝霖者删訂草創未就振奇待罪此邦

慨文獻之久湮徵大典之
未舉周爰咨度匆慊于衷
會邑周君遠害搜遺編數
則增入周君巨公重定次
第余亦少加削潤既成帙

授諸梓予觀麻城之地圉
楚而疆豫其士大夫敦節
義于矜勤絃誦壤則中上
中下間稻麥外無他產蠶
絲給賦之十一揚富商大

賈足利貿務長桑間二三
黠者好訐訟情亦随見吏
斯土者矢清慎勤以自黽
勉出至誠相與終始自可
免於隕越嘗上稽往令自

元宋以前闕略無考間存
姓氏逮有明盛時王陳文
弋劉連張宋德政口碑至
今表表
國朝如王君又韓孫君伯生

存心惠愛於民尚謌思不倦夫令之優劣瑕乎民懷任之賢能徵於去後前之楷後之鑒至於士食舊德農服先疇沒世而名不稱

子孫而耻祖考展視徃牒古道照人倘亦有寤寐不釋者乎可反而思其故矣振奇願與諸君子永念之

康熙九年歲次庚戌季春吉日

賜進士文林郎知麻城縣事武康屈振奇皤靈撰

麻城縣志序

曾子固論史曰明足以周萬事之理道足以適天下之用智足以知難知之意文足以發難顯之情若是

乎史學之難也余謂一邑之志與史學無殊而志有倍難於史者志之視史言乎記載不及史之該備言乎體裁不及史之深微言乎文藻不及史之華贍局一方乎倍難史則承明金馬著作之庭鐘鼓漏長絲綸晝靜蘭畹之芳芬娛目木天之華與絕塵輯志之署

非有承明金馬之榮也不過訟庭記室喧沸倥傯而已史則闡見洽聞爛然總至珠鱗濯錦玉漱韜霞龍練之潤色連篇鳳藻之光

輝溢目輯志之人非有闕見洽聞之功也不過令長師儒參互考訂而已史則經營纂組需以歲年遷固宏達陳范清華終身之記

述爲多兩世之淵源益廣輯志之時非有經營纂組之專且久也不過借陰程晷之數序裁成而已況一代綱羅甚富歷世文獻不

孤嚴邑咨諏鮮據爲令者或有其意而無其具有其具而無其時所以國史日月有記註而邑志則百年數十年曠缺而不輯者多

矣無怪乎志之倍難於史也余讀漢書地理志禹貢荆州之域江漢朝宗于海沱潛既道雲夢作乂厥土塗泥有曰西陵及後周始

曰亭州未聞有麻城之名
自石趙將麻胡秋築城始
名麻城昔爲僻壤今號名
區文獻軼群甲于天下余
髮未燥即聞其衣冠風政
宋序　五
田園物産管絃沸樓魚蝦
腥市聲光雄埒震耀隣封
乃光黄間之絶無而僅見
者若夫四民之首人文秀
出家絃戶誦科第則麟經

之鄉會名魁無出其右宦
績則巖廊之宫保上卿代
不乏人私心向往匪朝伊
夕康熙戊申仲春時偪山
水明秀阡陌妍麗因與屆
宋序　六
令君有鷄黍之約策蹇尋
芳入其境而問賦登耗異
矣問田腴瘠異矣問戶口
生熄異矣問賢科人物異
矣問宦績官師異矣問流

風習俗異矣問亭舍置郵異矣而其素稱爲名區者相傳如故也總因疊羅宦游四方焦土萬井寒煙非復昔日之麻城矣于是而

宋序 七

重脩邑乘非循卓良吏豈克勝任幸漢上屈君擅騷賦之宗饒經濟之畧以賢書名魁登制科高榜守嚴一介才裕十奇自戊申别

後拮据三載手口卒瘏蕩賦省刑養民造士萊堂課藝則一邑四鄉之彥咸歸陶冶棘闈掄才則七澤三湘之英盡收網羅爰政多

宋序 八

端難以枚舉公餘之暇搜其遺編而纂承之凡經紳矜茂異之耳目逸人韻士之口吻無不虛懷下問如綺口筍服之王茂才汝霖

草創于前如邑紳兩周君潤色脩飾于後屈君分品彙集大成寧質毋文寧經毋譜寧簡毋蔓寧嚴毋濫寧黙其聽測而歸請蕩蕩

平平之路則庶乎一方之龜鑑百代之典型乎屈君政成報最瓜期已及

召在即不日膺清華之選

行將天祿名渠重輝國史

舉天下之山川風俗人物事類臚列于前一覽變通共勷至治將治天下猶治麻勿謂此麻志耳而淺視之也時剞劂告竣問序于

余屈君乃余桼闈首拔異才素有文字之知樂觀厥成揮毫而爲之序

康熙九年中秋禪悅老人

汝南宋祖法憲來氏撰

縣志小叙

麻城漢晉以前未有也春秋時黄國在今汝寧廢定城縣非今黄州也秦漢後曰西陵曰西陽者皆爲今黄州非今麻城也築城自麻胡秋始麻城名自隋開皇始稽諸往牒龜峰爲舉水所出則柏舉載筆於麟經虎頭爲險要所爭則五關扼雄於宋史麻雖下邑其可以僻壤少之哉然典章政教風土之經緯也文人碩士山川之英華也上下數千年間掞經緯之弘猷則峴碑未勒擷英華之芳譽則翺篇乏材麻固若是寥寥歟志方輿之詳者莫如明之一統志以予所聞漢之毛玠寓宅花橋迄今馬鬣之封土人憑弔毛氏之裔猶能覼縷其先世事而志但載毛玠於陳留抑亦遷居以後固或失於表章歟今觀一統志所採録者在唐唯都督閻公在宋唯眉山集中詠萬松誌桃黄傳方山子數事吾讀眉山文而知東坡表章吾麻之功爲不可

泯矣夫以一坡翁操觚於二百里外之臨皐雪堂間而麻之寥寥數千年無傳人者輒覺璀璨增色向使黄無坡翁則並此數事不傳向使麻更有坡翁又安見其所傳之僅此數事而已耶然則瞻言百里纂修邑乘是誠後此表章者之責也烏可以不汲汲乎哉

屈侯之來涖吾麻也甫三稔課士則尊酒論文勸政則戴星視事催科則廷無敲朴剔弊則吏杜侵漁善政班班日不暇給迺復濡毫漢水擲管管縣志一書旁搜肆討裒益舊稿綴輯新編類則區爲八部帙則盈乎十卷於是近代以來政績雲蒸人文霞蔚他日有使輶軒而采國風者則我

侯表章之功當不復令蘇髯笑人矣

康熙歲乙酉秋日治年家後學別維秬敬識

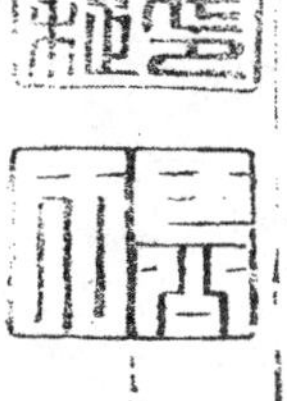

麻城縣圖

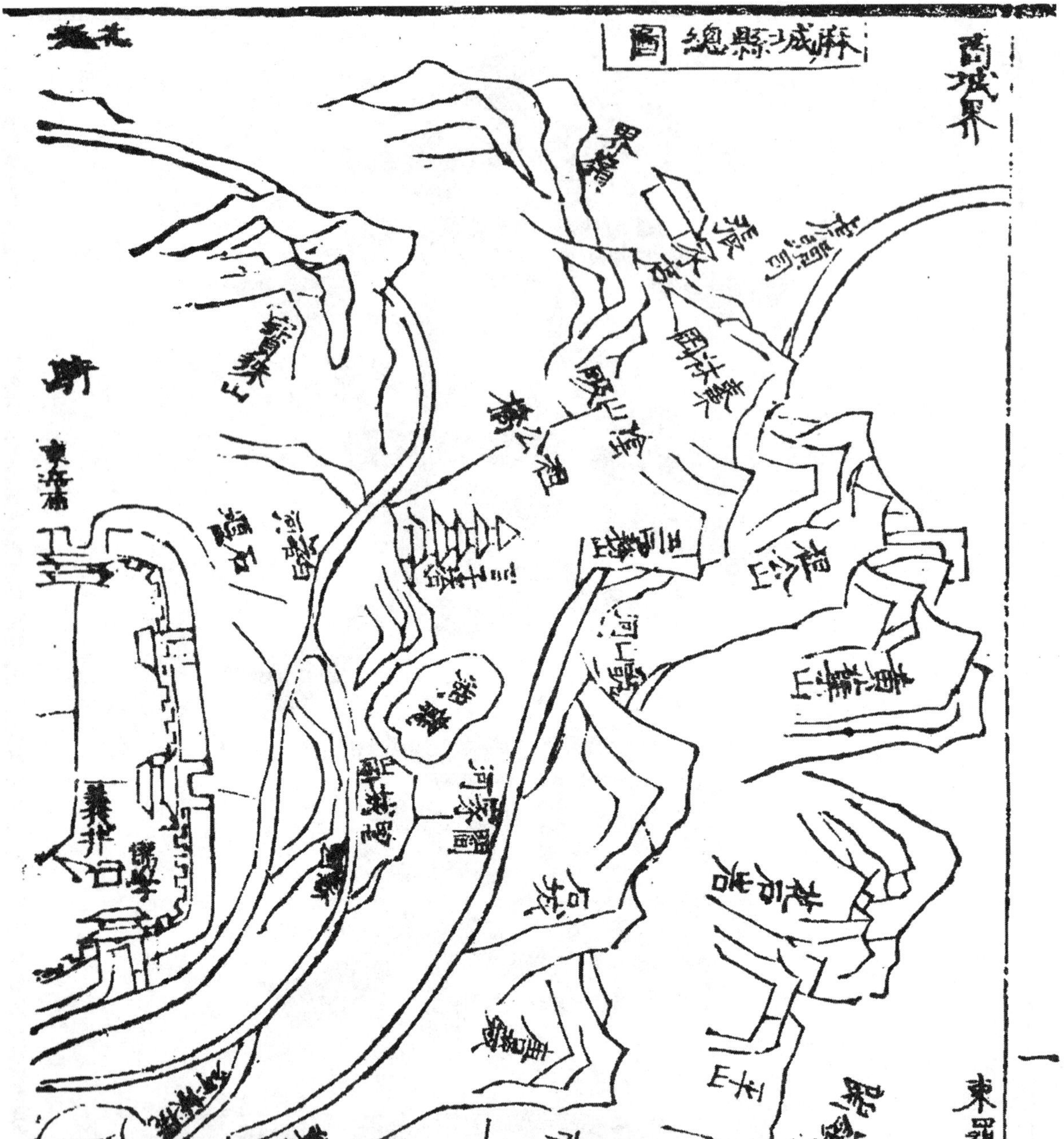
麻城縣總圖
商城界
東羅田縣界

太平驛
麻城縣

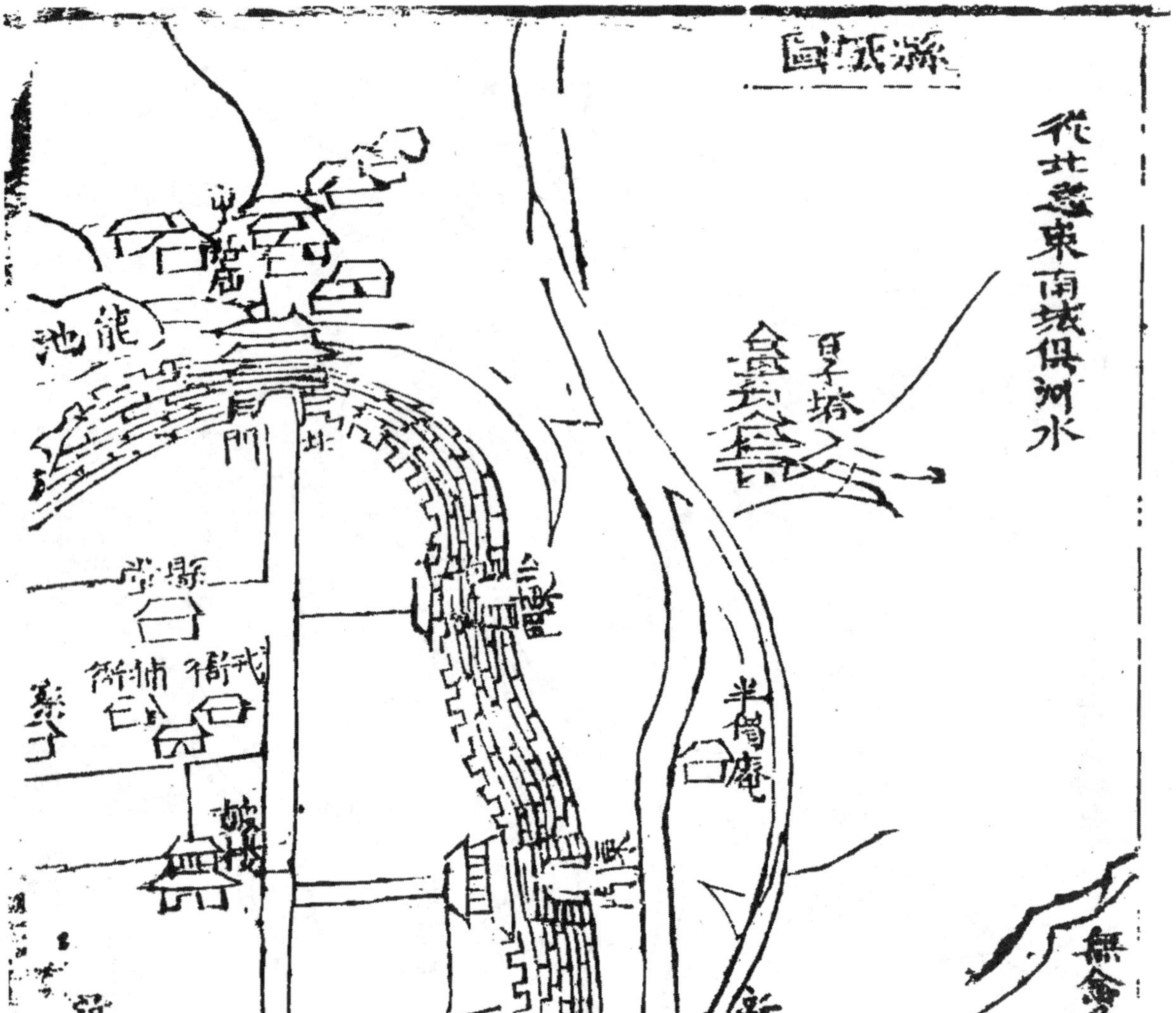
縣城圖
從北至東南城俱河水
寶塔
龍池
北門
縣堂
捕衙
戎衙
鼓樓
文廟
朝陽門
神堂
半月庵
新河
無量道場
天台山

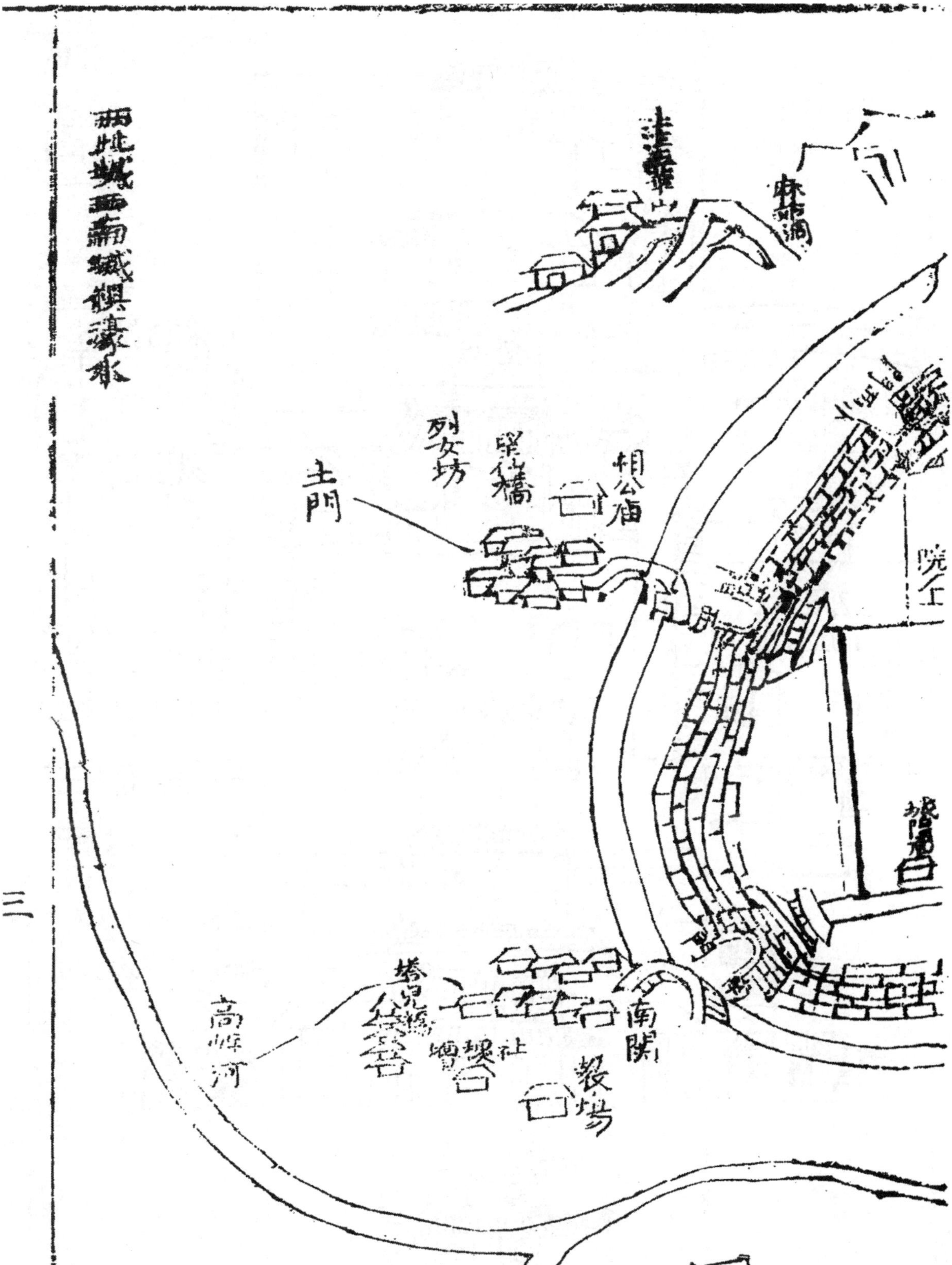

三

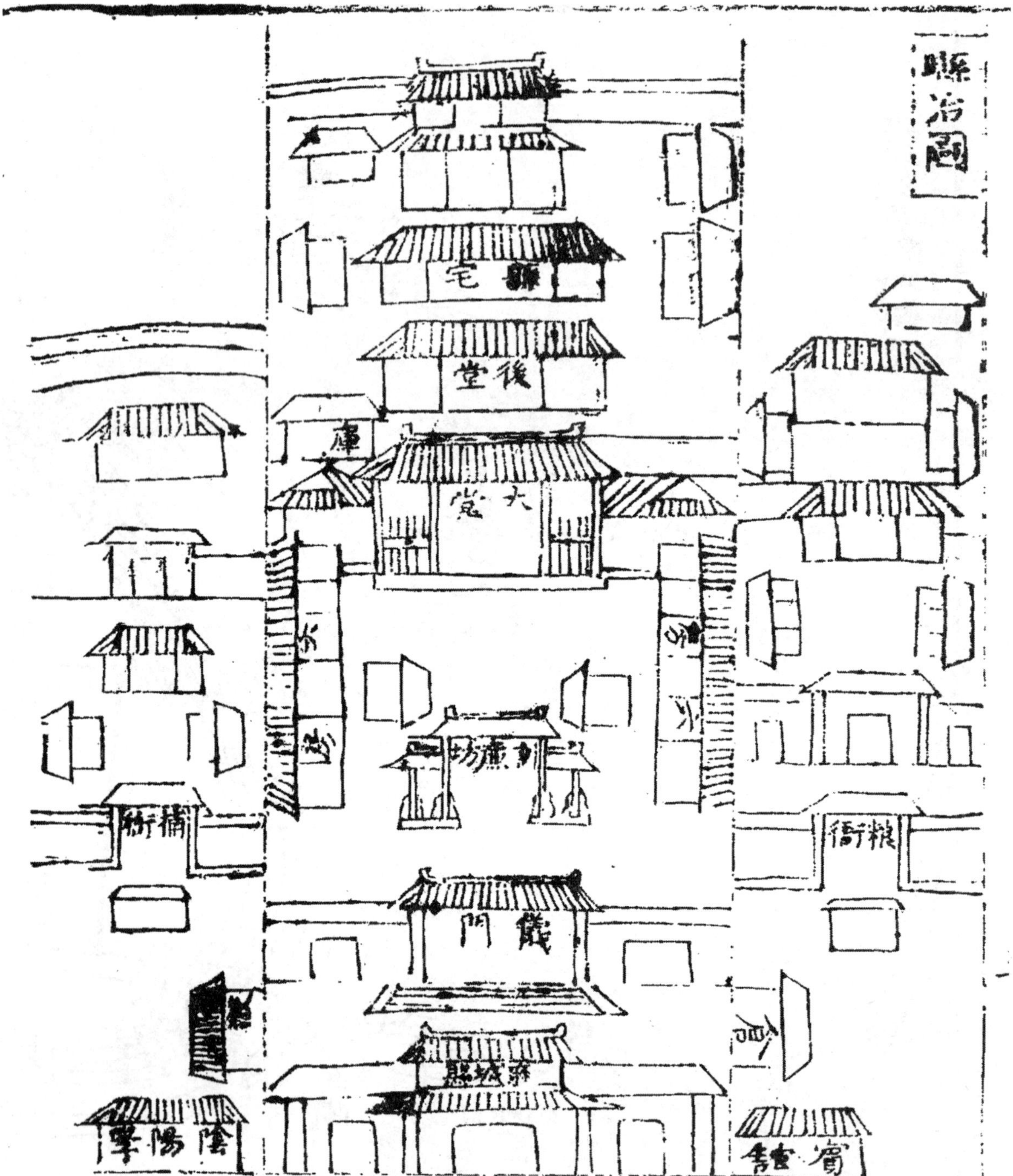
縣治圖
縣宅
後堂
庫
大堂
儀門
麻城縣
捕衙
糧衙
陰陽學

麻城縣志總目

麻城縣志總目終

麻城縣志卷之一

知縣事漢上屈振奇纂修

封域志

星野

一統志黄州府天文翼軫分野禹貢荊州之域舊志麻城在荆楚東北境上應翼宿度之十又云當南斗須女之分楚重黎之後初封於荆州天文志荆楚翼軫之分野次舍鶉尾

唐天文志角亢壽星也初軫十度終氐二度自原武至封丘盡陳蔡汝南逾淮蔡至於弋陽故申息江黄道柏沈賴蓼房弦諸國皆豫州之分野麻城古弋陽地隸於黄

建置

周爲黄國地黄帝之後顓頊曾孫陸終受封於黄嬴姓國在今光州定城縣之西春秋時屬黄後屬楚楚徙邾君於此戰國時楚滅邾遷其君于黄遂名邾城秦屬南郡漢名西陵屬江夏衡山王吴芮皆都之三國時魏名西陽爲重鎮後屬吴赤烏四年八月陸遜以三萬人守之晉爲弋陽郡又析置西陽國東晉以邾城爲豫州治所

麻城本後趙石勒將麻將軍胡秋所築城也遂名後魏安陽孝昌二年置治麻城梁初置信安縣及北西陽縣陳廢北西陽置定州後周改曰亭州分置東義州又有建寧陰城定城三郡隋開皇十八年

改麻城縣屬黄州唐置總管府於麻城後置亭州又析置陽城縣尋復省元和初又以麻城省入黄岡後復置屬黄州宋端平二年徙縣治於什子山元復舊治名麻城屬黄州路隸淮南改隸河南明仍麻城縣屬光州改屬黄州府隸湖廣

國朝因之

疆界

五代齊陳以木陵山爲界築大活城後周顯德中與

南唐畫江爲界麻城則周南界南宋紹興間與金畫淮爲界麻城則宋北界明初麻城轄廣二百三十里後析置黃安縣東西僅一百六十里南北僅一百五十里

國朝因之

驛程

北至

京師陸二千五百四十里水五千一百七十里南至黃州府一百八十里西南至湖廣省二百四十里東至江南陸一千五百三十里水一千八百三十里東至羅田縣界九十里南至黃岡縣界五十里西至黃陂縣界九十里西北至黃安縣界九十里北至河南光山縣界九十里東北至商城縣界七十里

關隘

北境接壤河南山谷盤門牖尺道匿剽掠爲奸宋時

據地設險五關其要害也李垂奏乞復之兵關俱屬麻城

按宋李垂奏乞復五關之險界石虎頭關形勢最險兩山千仞一澗衝激黃土關形勢聳峭白沙關與黃土相去密邇木陵關山路崎壁委折而上大城關山勢不甚高峻而横斜盤繞修舍關亦在其傍使諸關之兵據險扼賊豈能遂入乎宋寧宗嘉定十二年金人自光州至麻城寇闕黃州知府孟珙集各關戰士守之

虎頭關在縣北七十里商城縣界今立巡檢司元定宗元年冬權萬戶耀兵淮南攻此關恭進圍黃州張柔從世祖攻鄂亦乘此關世祖乘大勝關與宋兵遇於沙窩柔子弘彥擊破之進與守關兵戰大克之

黃土關在縣北九十里光山縣界金興定五年僕散安貞本名阿海出息州軍於七里鎮宋兵據滑居山遣兵擊破之守兵保山寺縱火焚寺乘勢追至

洪門出來兵方淩濠立栅安眞軍亟戰奪其栅來黄統制團兵五千保此關關絶險素有備堅壁不出安眞分左右軍登巔嚙之守關者氣奪不能戰攻之潰遂奪此關入梅林關拔麻城縣抵大江至黄州克之進攻蘄州殺掠無算獲宋宗室男女七十餘口獻之

白沙關在縣北九十里光山縣界與黄土關相近敵人往來俱由此關山路峭壁委折而上梁武帝置沙州治白沙城後魏因之又置建寧郡領建寧縣

大城關在縣北九十里羅山縣界元世祖已未二月入此關宋戍軍皆遁尋遣廉希憲招諸軍破之悉縱淮民之被掠者今舊黄安地

陰山關在縣北六十里不甚高峻而横斜盤繞擐高臨下北望二十里皆在目中敵祈破黄土白沙亦由小徑以犯大城騎兵數千先至關内適射雉者六七人與之遇遂用弩連斃兩騎敵疑其有伏因退走不敢犯後魏任城高澄督淮南遣其長風戍主奇道顯攻梁陰山戍破之斬其戍主龍驤將軍都續虞梅爾祖

修善關在五關之傍

長嶺關在縣東北一百里商城縣界嘉靖中益廵九龍灣兵備僉事沈龍議建守備府於此

木陵關在縣北一百里齊陳分界處齊置北齊廢唐元和十二年李道古代柳公綽鎮鄂討吴元濟道古自將出木陵關士卒驕不能制戰不力敵易之

梁天監二年夏侯夔爲征遠將軍西陽武昌二郡守遣將攻平津木陵陰山三關克之陳因定州刺史田龍升之叛令刺史周炅討之龍升使高景安軍木陵陰山爲聲援而升引軍別營山谷拒戰炅乃分兵擊之龍升大敗

梅林關金僕散阿海南侵軍次梅林關用畢貪倫計出宋軍不意取之阿海軍將南行留兵守關不敷

日宋兵奪關守之阿海復川資倫兵奪柳林關遂
破蘄黄按軍而還
眞氏曰舒蘄黄三州之北有大山綿亘八百里俗呼
西山邾城在山之東南
薛氏曰淮西山澤相半無水隔者獨邾城與白沙戍
耳
王海志云白沙關西至大活關六十里在黄州西北
二百四十里大活關在州北二百里穆陵關唐志

作木陵在麻城西北八十八里木陵山上陰山關
北至光州陰城縣二百里
通典曰邾城在黄岡縣西北一百二十里今據邾城
在黄岡麻城之交俗呼舊街元末徐壽輝據之又
呼新州城
按水經江水又東逕邾縣故城南酈道元注楚宣王
滅邾徙居於此故曰邾也晋咸和中庾翼爲西陽
太守分江夏立蕃自晋以前麻邑未建其地並屬

邾城
鐵壁關在縣西四十里土名鵝籠山嘉靖中西山盜
起分巡僉事林逖建議設鵞籠山巡檢司今其址
存
黑石寨亦光山縣界久有建康寨下有鮑家莊西有
大石牌俗傳關索西征經此
岐亭鎮在縣西七十里按隋揚素居永安造大艦大
舉伐陳陳南康内史吕仲肅屯岐亭素乃登陸先

攻其寨仲肅軍卒夜潰
臺山寨在縣西一百里元世祖伐宋至淮西臺山寨
命董文炳往取之文炳馳至寨下諭以禍福不應
文炳免冑呼曰吾所以不極兵威者欲活汝衆也
不速下即屠矣守者懼遂降鄭鼎從世祖南伐前
破大勝關繼破臺山寨擒守者俶知縣郎令天稟
山爲黄安縣地

山川

木陵山上有木陵關

陰山縣北四十里上有陰山關下陰山畈

霸王山縣北十里俗傳西楚霸王項籍駐兵於此下有陂名霸陂俗傳霸王飲馬處

大勑嶺山縣東五十里

龜峰山縣東六十里春秋吳楚戰於柏舉即此下有舉水形似龜自麓達巔二十里許怪石參天虬松偃蹇上有化主廟即宋邑侯張毅有唐人詩按五

代史南唐李璟帝昇州謚元宗麻城屬昇即此俗云唐明皇非有石刻宋邑侯張公仁甫殺入山祈雨西江進士吳弼山僧圓喜同賦詩爲熙寧三年七月合掌石刻邑大夫張仁甫與圓喜靈寂两上人話別並西江進士蔣著題壁爲熙寧五年十月有虎跑井白龍黑龍井禱雨輒應有觀音巖如星中有石像巖東有棊盤石有噴雪泉飛流如雪有人跡石唐貞應禪師立化處山下有馬跡石仙傳唐太宗駐蹕於此

九螺山在縣故縣鎮即岐亭昔有張憨子隱此自號九螺山逸人

遊蕩山在縣東四十里俗傳唐王遊此故名下有唐殿今址存駐驛山距縣二十五里

什子砦山在龜峯之東攢巒挿漢宋端平間徙縣治於此

九龍山東距縣一百二十里

雨流山東距縣一百里

四望山東距縣十五里元末鄉人曾斌聚衆結砦保障

白臬山一名白額東南距縣三十里山多怪石上有雁臺萬曆間僧道一者住此山今有上院中院下院

王霧山東北距縣三十里

祖功山東北距縣二十五里

九龍山東北距縣二十里土名柏子塔山

黃葉山東北距縣九十里在商城縣界萬曆間僧無念者開荒建刹出產茶笋

雞籠山東距縣四十里僧無念建刹

剪刀山東距縣八十里

鹿角尖山

天井山東距縣八十里

觧山東距縣三十里

八疊山東南距縣八十里在龜峰之南路盤折乃得踰上有亭有寺憩行人焉

杵山距縣五十里有佛寺僧無念初習靜處

鳴山南距縣四十里有佛寺

大崎山南距縣五十里為黃岡縣界自八疊山而鳳凰崖而東界嶺至此山勢皆崩劣其麓為小崎山為象棋山

雲陽山在鳴山之南山勢西迤皆平岡曰望花山曰烏石山曰青丘山曰五龍山曰高峯山曰豹子山統名邑南山

駱億山北距縣八十里以人名下有駱家畈一名落衣山俗傳仙人落衣於此峰巒層疊綠自界河縈牛山分水嶺泉下有滴水崖

奉道山在清風嶺之南中有蓮花石仙人石風穴龍

飛龍山北距縣三十里俗傳寺棟一晝龍飛去故名

舊志云夏月不暑亦無蚊山有井旱可溉田南為溝刀峰仙姑洞道觀山層巒絕巘縣治在其下

五腦山在縣治西北八里郎土屯飛昇處有祠

七里岡西距縣三里宋縣令張毅植松處

鳳嶺山北距縣十里俗傳曾有鳳至此

仙居山北距縣十一里近有鳳凰巖下有仙洞石室雲泉即昔麻姑修真處

大安山西距縣二十五里中有古刹山椒名梅候俗

呼褲花腦口刹北下嶺有石級名百丈階自縣西
七里岡至此踰白沙關爲宋達汴京道
紫雲山西距縣七十里今从黃安下至岐亭丫頭山
馬頭山盡邑西境焉
朱山西距縣三十五里崇禎季周宅結砦保聚避寇
亂
青山西距縣四十里中有石閣又西爲大聖山
磺山北距青山十里中有古刹及龍王洞

萬人崖西距縣四十五里元末邑人依崖築砦以避
亂下有拜郊城
春風嶺一曰京界嶺一曰大安山嶺按一統志在麻
城縣嶺上多梅花宋蘇軾自新息渡淮由此嶺有
詩則二處皆自黃走新息道也
鳳凰臺東距縣二十里鳳陂之東南五里山
龍池在縣北門外
黑龍池距縣東南三里

化龍池西距縣十里樊家橋下俗傳巨卿化龍
縣前河有兩源一出商城界經虎頭關[illegible]合界
河至縣前一出光山界經黃土關至柘塔河合陰
山畈河至縣前
新溪河在儒學前舊有泮池成化癸酉因水衝激成
溪築長堤植柳合流縣前河
新河在縣東一里邑侯王世祿因河水衝城議鑿河
殺水勢孝廉萬祥捐資募工邑侯杜朝紳買沿河

地於民間更濬鑿之
高听河在縣南十里舖合桃林河下岐亭入江
閻家河在縣東十五里源出河南商城縣石門山下
爲堯林河合高听河俗傳唐洪州都督閻伯璵所
居舊臨河上故名
桃林河在縣東十五里岸多桃花因名
麻溪河在縣南二十里出府殿至汝陰河合縣河下
岐亭

白杲河在縣南三十里源山經鳴山至汝陰河口合
縣河
浮橋河在縣西三十里源出鈴牟山分水嶺沿艾陽
寺沙灣至浮橋出口與諸河合直下宋埠會黃安
縣河至團風鎮入江
響龍潭在白泉山飛泉瀑布百十餘丈時響如伐鼓
聲天郎雨旱則土人競聽之
螺壳潭在縣西六十里
麻城縣志　卷之一　七
瀉油潭在縣西六十里
黑龍潭
栲栳潭
瀑布泉在縣北麻姑洞口其泉飛白如練水味清佳
等于蒙惠
凡境內水所鍾曰塘曰堰曰陂曰湖曰港例得分
載官塘舊八十有八官堰四十有六新增[illegible]塘丹
五十民堰凡二十

白田畈官塘距縣十五里大塘距縣二里龍潭冲塘
距縣二十五里馬家山官塘距縣二十五里沙河
塘距縣十五里潘家塘距縣五十里皆在東南七
里岡官塘距縣二里松林塘距縣三里雷石塘距
縣七里禾家塘距縣四里栗林塘距縣四里皆在
西北
東白石堰距縣三十五里石牛冲堰距縣三十里
南鵝家堰距縣六十里袁家溝千工堰距縣十五里
麻城縣志　卷之一　六
西土堰距縣五里響水堰距縣八十里黑龍潭堰距
縣十五里夾堰距縣七里
北石堰距縣十里千工堰距縣八里王家堰距縣四
十里土堰距縣十里
鳳陂東距縣三十里一統志舊傳曾有鳳洛於此故
名落鱗陂東距縣十五里在紅石橋一統志世傳
此陂龍昇鱗落故名閻公陂東距縣十五里落葉
陂東距縣二十里

太子陂南距縣四十里俗傳唐太子植蓮於此日夕
汎舟
一路陂西距縣十五里七里陂西距縣二十里窯泥
陂西距縣三十里
霸陂北距縣四里
東牛陂湖距縣十里南南湖距縣十里西官湖距縣
十五里在七里陂草坡湖在七里陂謝家湖鄧家
湖在新店畈西南湖在朱家埠河之南南三角湖

距縣二里七里湖距縣三里丁家湖距縣一里北
浞湖距縣五里
梅興港東距縣十五里白雀港東南距縣五里在白
田畈產蓮夾楊家港東距縣十五里楊林港西距
縣四十里
凡邑諸河皆至新店寶光寺前會合西流入江其
餘溪澗支流入諸河者不勝載惟松溪河源出黃
安縣界至宋家埠下與諸河合流凡龜峰東如東
義州河及諸支流則皆合蘄水縣巴河入江
夾沙洲南距縣三十里在舉河之中長亘數里饒有
林木聚落中洲在岐亭南亦二水所中分林木聚
落如之近岸多植桃花

鄉區

初分四鄉曰太平曰仙居曰亭川曰孝感統一百三
十里里各有圖成化八年以戶口消耗併爲九十
四里復併孝感一鄉入仙居爲三鄉嘉靖四十二

年建置黃安縣復析太平仙居二鄉二十里入黃
安止七十四里
太平鄉原額五十八里後併作二十五里
仙居鄉原額五十四里後併作二十五里
亭川鄉原額二十五里後併作二十四里
國朝因之

麻城縣志首卷終

麻城縣志卷之二

知縣事漢上屈振奇纂修

城社志

城池

按麻舊爲土城後趙石虎命將麻胡秋所築後廢元末鄉尹晏銘等聚衆廬於内立門四隅明弘治己未知縣常厚甃以石建樓於上至萬曆元年巡撫都御史趙賢巡按御史舒鰲奏建甎城允之知縣

錢節用奉旨新建七門城高一丈七尺圍九百五十八丈崇禎乙亥知縣劉星耀以流寇克斥役里增修額東門曰賓暘西門曰寅餞南門曰迎薰北門曰拱辰朝聖門曰應壁自癸未至

國朝順治甲午傾圮過半知縣王潞前後修葺復還舊觀

舊志城之濠惟東西有之譙樓前有觀風河通城外二濠置橋于上後橋廢譙樓亦廢惟樓基尚有

國朝康熙八年己酉冬知縣屈振奇復增甃舊基重建鐘鼓樓惟觀風河橋基覓之竟失其處

城内街有中街東街西街南街後街北街儒學街又里房街在縣東濠成化中知縣胡琮立今廢

城内巷有東巷西巷萬家巷冷家巷田家巷申家巷曹家巷龔家巷貢家巷橙子巷

城外關廂有南關西關北關

城内井有義井在東南十字街中旱不涸雨不溢通

城利之官井在縣左街味清冽清泉井在儒學街洶泓如出仁愛井在城隍廟右前令王世祿鑿民懷之因名

附記舊城名

古城東去縣十五里城濠跡存

呂陽城東去縣五里今廢

閻公城在閻家河畔相傳爲唐閻伯璵故里

東義州城東去縣九十里周以史寧爲通直散騎常

侍卑鎮州刺史築城以居今廢

岐亭城古縣治後爲通州府今爲同知黄戎府

文王城西去縣三十里瀕浮橋河今址存

赤亭城後魏建今廢

長風城後魏建今廢

濼城後魏景明初梁遣吳子陽逸三關豫州刺史田益宗遣光城太守梅興之步騎四千進至陰山關南八十里長風城逆擊子陽大破之梁遣建寧太

守黄天賜築赤亭城復遣其將黄公賞屯於濼城與長風相持益命梅景秀爲之犄角破天賜獲其二城

縣署

縣堂洪武初知縣張谷維趙乾建成化中知縣劉規胡琮重建正德中毀知縣王世禄蔡時重建

國朝順治乙酉城內士民亂復毁知縣李衡重建

後堂三楹舊額曰琴鶴軒

架閣庫三間東西曹各數間訓廉坊三間儀門三間知縣廨在堂後縣丞廨在堂左典史廨在堂右吏舍在儀門内之右

主簿廨在堂右今裁

知縣廨東觀樓康熙六年知縣孫弘基新建

石亭二嘉靖庚辰知縣鄭松立今廢

井亭二知縣杜朝紳立今廢

東西幕廳各一今廢

迎賓館在頭門内之左知縣王瀚移置

監房在儀門右倉房在儀門左

陰陽學在縣治右醫學在縣治左

申明亭在縣門左凡民作奸犯科書其名其罪於亭中以示警

旌善亭凡孝子順孫義夫節婦揭其行實于亭以示勸凡七所洪武十六年縣丞劉瑞建今存 在門右

清源門在縣治左望岐門在縣治右

鐘鼓樓在縣治前街嘉靖癸丑知縣劉天忠建庚申知縣蘇松重建崇禎辛未火

國朝康熙八年巳酉冬知縣屈振奇重建增築舊基高三尺制二層鑄鐘置鼓于上

北察院萬曆五年知縣蓮三元建後毀

國朝順治丁亥役里五甲重修

學校

儒學在縣治東宋元舊址明洪武初知縣張希維建趙乾楊順翁選胡琮陶天忠尚德恒司李嚴肅耕繼增修至崇禎季寇亂客兵毀折直至

國朝知縣王潞同教諭陳應鍔訓導邵烈鳩庀修葺經自是邑中科第衰止議者皆謂搆造日晦弗利振奇復簋期易梁乃巳酉秋捷者一庚戌春捷者二焉

文廟東西廡丹墀有古檜蒼秀

明倫堂在文廟後

尊經閣在明倫堂北

東西齋

教諭廨在明倫堂右訓導廨凡二在儒學門內今裁

號舍在學東射圃亭在學東

儒學門在櫺星門右

敬一亭在明倫堂北

啓聖公祠在文廟左

名宦祠在戟門左鄉賢祠在戟門右

神厨神庫文昌觀

戟門櫺星門泮池

公廨

岐亭古縣按九域志在麻城縣西七十里陳南康內史呂仲肅屯兵於此舊爲龍集縣又蘇子瞻集岐亭宋有監酒稅明嘉靖丙戌以盜起西山撫按奏設兵備府添駐捕盜通判辛卯通判羅瑞登城岐亭掘出龍集縣碑而龍集之名則前代無考萬

曆間韓煥建修通判署初知縣胡琮建西館驛制
同中館署即館驛所改建也
館驛在縣中街今廢
中館驛在縣西三十里今廢址存
東館驛在縣東梅家市今廢
接官亭在縣北三里店今廢
觀稼亭在縣西今廢
講武廳在南門外塔兒橋東教場

虎頭關巡檢司雙城鎮巡檢司鵞籠司巡檢司
王福店公館在縣北四十里界河公館在黃土關外
營房二十四間舊爲林遯設立
預備倉凡五所洪武初建
縣倉在儀門東嘉靖丁巳知縣尚德恒增置
積穀倉在堂右順治中知縣王滌建
南倉在白杲西倉在岐亭北倉在柏塔河俱正統間
建今廢址存

便民倉在團風鎮先是借黃岡縣民謝申地沿江建
厫一百九十有四並正廳後堂左右房頭二門每
里出石米貨之成化二十年主簿杜煜令里出一
金買訖嘉靖己亥以迎梓宮拆毀基存丁巳邑令
尚德恒復建于岐亭府後
國朝王滌　于宋埠民便之
養濟院在後街洪武四年知縣趙乾建成化中知縣
朱嵩弘治中知縣常厚重修

惠民藥局即醫學今廢

祠廟

社稷壇在縣西北洪武初知縣趙乾建成化初知縣
朱嵩重建
山川壇在縣南洪武初建成化初知縣胡琮改建縣
東南
邑厲壇在縣北洪武初建
城隍廟在縣南街洪武初建嘉靖辛卯署篆司李嚴

諸暨邑令尚德恂重修
忠節祠在縣治內祀邑令趙令歲都監王遠判官吳
源巡檢劉卓
文昌祠在高岍河蔡家園因水打蔡家園之謡始建
遺愛祠邑人爲知縣文德連三元朱一麟建塑有像
今改爲關王廟在縣治前街之左
三老堂一名耆英在縣治前街右成化中邑令朱公
則川御史吳公爲觀察使周公孔明方伯李公彥

碩僉憲董公宗南建邑令文舜階重修
傳元帥廟在縣東一里民疫禱之應如響
張相公廟在五腦山一在西門外一統志宋時縣人
張行七毀沿江諸廟繫獄適有火災釋行七捍之
立止至五腦山人馬俱化邑人爲建廟
萬壽寺在城內南街周思久大書梵王宮及澄心方
丈
東禪寺在城內東隅正統中建係李萬五　修

繡佛寺在城內北街梅司馬女澹然捨宅以繡爲功
課故名
禪堂在朝聖門外
半偈庵在河東岍
東嶽廟在北關廂周弘禴大書岱宗駐蹕
南堂廟在龍池上右爲烈女廟今頹
化主廟在龜峯頂相傳即前邑令張毅也
芝佛寺在龍湖非岸建寺掘地得三芝類佛像因名

今失其一
九龍寺在九龍山有柏子塔相傳唐德宗四年盧應
禪師建塔九級頂覆以鐵鏤鏤側一柏蟠根而生
每立秋日午塔無影
大安寺在大安山詳載前
道觀磯在五腦山左谷中觀廢近有僧菴石上鐫一
刻元祐庚午正月晦日建浦黃權思正遊四子尚
高向高侍行一刻吳季堅携家來遊己亥清明後

一日并詩一刻壬戌三月上巳康伯携家遊此一刻太元泰定丙寅歲徵仕郎麻城縣達魯花赤闕守官馬彥闕劉宜之闕一刻大觀庚寅十一月亭川陽闕載酒邀闕來遊闕道士盧立規亭西武忠厚識咨口石刻道士盧立規偶錢開此路

桃黄菴在岐亭宋王翊有菴名桃黄自號桃黄山人按翊得桃黄如桃仁食之甚甘自是斷葷肉事見東坡志林

棲真寺在縣東三十里唐盧應禪師建多古柏

興福寺在白杲鎮西一里許唐貞觀乙巳真濟禪師建寺僧以田爲業至今爲獾里之一明初盡爲軍民所占有行脚僧法全憤甚削竹爲鎗伺軍人耕者殺十餘人自詣縣獄令義之欲釋焉全日豈有殺十數人而不死者乎歸用薙髮刀自刎寺傍至今有剄頸山周柳塘李卓吾皆有傳盛稱之永樂甲辰年重修廟貌佛如甲于一邑有荆木梁古銅盤佛像沉水香皆唐時傳來者寺僧浴佛始取用之否則珍藏焉至
國朝戊子年始失去有塘六十餘項蕩漾若湖爲邑景之勝

柏林寺在縣東南一百里唐高峰禪師建

元妙觀在縣北十五里景泰年建

鐘山寺在縣東五十里相傳至元間掘山出一鐘爰立寺後廢鐘由鳳陂達河至江抵江夏鐵佛寺僧

迎得之

法眼寺即黄蘗山寺僧無念道場

三教堂在梟山南上中下凡三院明僧道一肉身藏塔中有塔院藏經樓僧精舍皆傍巖倚木爲邑佳景士人多讀書其地

玉皇殿在白杲山之北

沙街廟乃東嶽行祠在白杲東五里俗朝謁祈禱不絶

什子河寺在什子山北有四面佛像
定惠寺在天井山麓蘇子瞻遷海棠詩本在府城俗
　相傳在此
西峰寺在定惠寺之東
能仁寺在龜峯之北俗名龜尾有祀俗傳唐太宗作
鷄籠寺明無念禪師建
寶光寺在中館驛南瀕河
紫荆山寺在礦山

鎮市

梅家市縣東八十里
黃名市縣東九十里
三里店市在縣北今廢
閻家河市縣東十五里
岐亭鎮縣前
宋埠市縣西六十里瀕河水陸之衝南北貨物輻輳
　前所未有
白杲鎮縣南二十里後魏任城王澄都督淮南諸軍
　事遣長風戍主奇道顯攻陰山戍又攻白杲戍破
　之斬戍主寧朔將軍關內侯吳道爽今爲市原立
急遞舖今廢
望花山鎮縣南四十里
十里舖白宗舖白杲舖望花山舖沙河館俱縣南達
　府通衢

古蹟

萬松亭在縣西七里岡岸縣令張毅植松萬株於道
　以庇行者立亭其中故名見蘇子瞻詩
龍溪書院在縣西鄉官周兌建
白杲書院在縣南鄉官董朴建
東溪書院在蓮湖鄉官熊經建
道峰書院在牛棚山下邑令陳子文爲隱士毛道峰
　建
白雲書院在縣北

明德書院在五腦山

輔仁書院鄉官周思久建

蔣公書院在南門外邑侯武進蔣羽公建今俱廢

香草園在縣東五十里俗傳嘉靖間兩見白兔

墨池在新店朝列大夫周小野別業

湖莊七里陂詞林劉洪源建樓臺湖上今廢

斐湖莊在縣北五里爲梅司馬衡湘別墅

環陽樓在北關外龍池上梅司馬舊業

百可園在城南隅鄧肖垣東里所築今址存

尺五天在城內西隅爲翰林梅公岑小築

桂香樓在南門外

牛山別業在城西二里金吾劉廷伯所築今廢

沈家莊在縣東十里爲梅中丞長公宅前臨桃林河

崇禎季以禦寇築爲堡

桃花塢在七里橋瀕河數百畝皆植桃花村落亭榭

相間花時游人盃斝無虛日今惟兔葵燕麥矣

湯家埠在南門外水邊皆茂林修竹衙宇望對爲協

氏園林之勝今廢

相公橋外園花卉列植周柳塘葺今廢

朱山谷口園學博周行可置今廢

囊山垕在龜峰東什子山後上有張仙堂流水鳴垕

下池上竹甚美梅惠連結廬今爲僧舍

泊石菴在縣東六十里漸山麓恠石間小洞幽杳陳

儒樸結菴洞口四號漸山

立浪園在石牛冲堰北松谷中曹徹昌所搆

邑中八景曰龜峰旭日定惠海棠桃林春錦柏子秋

陰龍池夜月瀑布流泉麻姑仙洞萬松古亭

坊表

冢宰坊爲吏部尚書李長庚立

大金吾坊爲太子太保劉守有立

稚孫宮保坊爲劉天和劉守有立

繡衣坊爲鄧楚望立

學士坊爲翰林院吏部侍郎劉繩岌立
東銓典禮坊爲吏部主事周思稷禮部主事周之夫
立
尚書坊爲四部劉采立
百歲坊爲誥封熊宜人立
翥鳳坊爲進士萬山立
柳憲坊爲都御史鄒來學立
群英坊邑令聶賢立

憲臬坊爲副使王本儉立
雙亞魁坊爲熊經熊變父子俱中第九名立
奕葉登榮坊爲叅政董朴御史董振叅議董經董石
立
太保坊爲尚書劉天和立
烏府坊爲御史曾大有立
黃門坊爲給事曾大顯立
世科坊爲僉憲喻沖立

憲伯坊爲僉憲王宇立
京兆坊爲府尹劉淑相立
繡衣坊爲御史毛鳳韶立

橋梁

桃林橋縣東十五里至元初鄉人蔣德俊建
花橋縣東十七里至元初建
紅石橋縣東十五里
聚賢橋縣東十五里俗傳爲元學士虞集故里

望魯橋縣東六十里在龜峰之麓
古亭橋即今南門橋宣德間邑令孫仕忠建成化間
邑令胡琮重甃
塔兒橋在南門外二里許有小浮屠級鏤佛相上有
宋咸平二年識
廣仁橋在縣西一里嘉靖間毛鳳韶建
太平橋在西門外一名相公橋宣德癸丑邑令孫仕
忠重建置亭于上

樊家橋在縣西十五里
橙林橋在縣西二里
望仙橋在縣西二里舊傳爲麻姑昇仙處
岐亭橋在縣西七十里宋陳慥與蘇軾會此
三里橋
五里橋
七里橋
檀谷橋縣北十里

祁公橋在縣非五十里
觀音橋在縣北九十里邑人吳宗建
李沐官人橋在縣西二十里官田畈里人李沐建沐
初爲椽吏行票取堂上鼓中有云務要緊綳密釘
輕擊遠聞旦晚同聲陰晴一韻主者賞之勉令就
學後中順天鄉試至今土人呼此橋爲此名
獅子橋在縣西四十里

塚墓

花橋墓俗傳爲漢毛玠
閻家河三水灣墓在夏氏宅後俗傳爲孟學士不知
名相望有閻墓相傳爲唐洪州都督閻伯嶼
古城虞家墩墓俗傳爲虞集又傳墓有集誤誌非集
墓
岐亭杏花村宋陳慥墓邑人後以甘望骨祔焉
三角湖元榆千祿墓
漏澤園在縣西石家山邑人熊經請于知縣尚清價

買于民者
毛氏義塚在縣西一里土名鳳凰窩處士毛文昭所
施
西門外義塚北門外義塚順治壬辰巡按聶檄行縣
立石

麻城縣志卷之二終

麻城縣志卷之三

知縣事漢上屈振奇纂修

民物志

戶口

洪武二十四年册定人戶一萬五千八百零九戶男子婦女一十萬五千一百一十零二口

永樂十年册定人戶一萬五千八百零十戶男子婦女一十萬四千一百八十口

弘治五年册定人戶一萬二千四百二十三戶男子婦女一十二萬四百九十三口

弘治十年册定人戶一萬三千四百六十八戶男子婦女一十三萬七千九百三十六口

正德七年册定人戶一萬三千五百五十戶男子婦女一十四萬五千零九十五口

嘉靖三十五年册定人戶一萬九千三百八十戶男子婦女一十四萬八千二百四十口凡民戶九千一百六十四軍戶五千一百三十四貼軍戶四千五百五十四校尉力士戶三十三水馬驛站紅船戶三百二十三舖兵戶五捕戶一僧戶一各色人匠戶二百二十三

萬曆四十七年册定人丁壹萬陸百零伍丁

崇禎時册定亦如之

風俗

湖廣總志家誦詩書士尚名檢工詞翰善獎後進

法則爭相朋植民習勤苦通技藝輕遠遊南窮炎嶠北盡霜廬往往以筋骨起家

隋志俗尚淳質好儉約

蘇軾與韓魏公詩山水清遠士風厚善其民寡求而不爭其士靜而文樸而不陋尊德樂道獨異於他邦

宋關 神光觀記旼俗富庶秀民樂於爲儒而不輕釋其業彬彬有學有鄒魯之遺

許天瑞鹽堂記山鹽川媚常生大賢爲家國瑞慶

蘇軾方山子傳光黄間多異人

趙伋陳慥墓誌風俗稱有禮義子弟知有孝友

宋秦觀謝表風氣平和獄訟稀少

舊志艸農力稼穡士習詩書冠婚喪祭多用家禮此其延淳古若然尚氣喜鬬健訟惑風水溺佛老崇淫祀此其所宜變者

歲時競尚正月元旦祀神祀先拜賀尊長師友出方迎喜神宗黨戚屬交拜賀設醼立春日迎春鞭土牛飲春酒

上元夜遊張燈放烟火扮故事前後凡三日

二月二日種藝社日祀先農作社會分社胙有同井親睦遺意秋社如之

三月三日醮眞武寒食架鞦韆清明祭墓簪柳踏青家釀酒

四月八日浴佛造青精飯供佛俗呼烏飯

五月五日人受職業者俱乞假名曰放假簪艾採藥包角黍汎菖蒲雄黄酒懸天師像及符塗雄黄於小兒眉心耳輪云祓不祥競龍舟以紙造船盛鼓樂送於河名送瘟則在十八日

六月六日曬衣書籍造麵糵

七月七日拜牛女乞巧十五日祀先懸麻穀放假

八月中秋夜看月列瓜菓家以月餅相饋遺

九月九日登高飲茱萸酒採菊兼釀醞

十月朔官舉行鄉飲酒禮民祭墓

十一月冬至賀冬

十二月八日以六穀米雜諸果豊鹽作粥供佛老少食之俗呼臘八粥二十四日夜俗呼小年夜掃舍祀竈迎祖先祀之親朋聚飲謂之團年除日貼門神揷錢春帖夕爆竹藉松葉燒梅柏家人圍爐謂之守歲

舊志風俗東北之民朴而足中土之民秀而達南土

之民巧而遊西土之民狡而貧
故老相傳風俗謠云東鄉田莊西鄉文章南鄉經商
北鄉酒漿童謠云水打蔡家閘麻城中狀元
耕種鮮佃民大戶多用價買僕以事耕種長子孫則
曰世僕
歲儉民多攜家入山谷掘蕨根濾粉煮食之多有

物產

廣輿記麻城龜峯山產白艾

文獻通考黃州宋屬淮西路領黃岡黃陂麻城三縣
產紵布連翹
物產工作之屬曰　棉線　棉布　紋布　棉花
繭絲　土紬　絹　蔴苧　葛　石灰　甎瓦
瓦器　竹器　楮皮紙　油紙傘　油紙扇　竹
箬　茶　漆　蜂蜜　白蠟　蜜蠟　蔴油　菜
油　棉油　柏油　桐油　草屨　麥笠　簑翡
翠毛　黃鼠皮　虎皮　鹿皮　獺皮　罾網

羽之屬曰　鵞　鴨　雞　野鴨　野雞　雁　鵝
翠　鷺　鴛鴦　黃鸝　布穀　喚起　鴝鵒
麻雀　喜鵲　烏鴉　鵜　淘河　澤鹿　鵁鶄
蒿雀　鷓鴣　綠衣雀　朱雀　銅嘴　鐵嘴
鐵脚　叫若　鷦鴿　杜鵑　燕　鳩　油葫蘆　黃
鶯　水鴉鵲　竹雞　秧雞　鷹　鷂　鵂鶹
鵓鴿　沙鴿　野鳳凰　麥秸　地雞　百舌
畫眉　啄木　鷗　鵬

水族鱗介之屬曰　龍　蛟　蛇　蜥蜴　油蠷
蝸牛　龜　鼈　鰕　蚌　蛤　螺　蝦蟆
鯉　鰱　鱖　鰍　鮎　鱨　金錢蟹
藥草之屬曰　白艾　茯苓　黃精　天門冬　百
合　蒼朮　桔梗　香附　梔子　蛇床　豨薟
益母　地骨皮　五加皮　牽牛　薄荷　荊芥
皂角　女貞子　桑椹　桑寄生　天南星　蓍
蕢　甘菊　香薷　白芨　朱萸　瞿麥　芫花

大戟 威靈仙 烏頭 何首烏 山查 金櫻
桃仁 杏仁 蜂房 蟬蛻 松香 槐角 桃
兔 茴香 金銀花 菊花 苦參 黃蘗 蒲
公英 淡竹葉 射干 旱蓮 黃藥 排風藤
扛板歸 葛花 兔絲
木之屬曰 柏 松 檜 杉 槐 柳 楊 楓
椿 桑 柘 柞 櫪 朴 梓 桐 楢 泡
桐 梧 桃 李 杏 銀杏 梅 棗 栗

橡 柿 柏 榆 苦楝 皂角 夜合 絲綿
楸 水冬瓜 石楠 冬青 蠟樹 楮 棠梨
黃楊 梵香樹
果蓏雜植之屬曰 栗子 柿子 棗子 桃子
杏子 李子 柰子 梅子 胡桃 銀杏 枇
杷果 石榴 柑子 橘子 橙子 香櫞 木
瓜 梧桐子 沙菓 郁李 櫻桃 羊桃 葡
萄 蓮子 西瓜 南瓜 王瓜 番瓜 冬瓜

絲瓜 娥眉豆 刀豆 葫蘆 瓠 菱芡 藕
荸薺 菌 薏苡 香蕈 茭菰 水棉 椶
櫚 麻苧 葛藤 薜荔 草胭脂 紫果 水
葱
花卉之屬曰 桂 木蘭 梨 李 桃 梅 杏
槿各色 榴各色 海棠各色 梔子各色 紫
荊各色 紫荊 合歡 蠟梅 辛夷 杜鵑
躑躅 瑞香 玉簪 萱草 凌霄 薔薇各色

芍藥各色 木香各色 迎春 款冬 金爵
金鳳 纏枝牡丹各色 金絲桃 夾竹桃 三
春柳 蘭 芙蓉 玫瑰 蓮 鹿葱 水仙
雞冠 蝴蝶 菊各色 葵各色 虞美人 罌
粟 荼蘼 鵲不踏 葶藶 山丹 番蓮 金
錢 洛陽錦 錦帶 水紅 水桂 六月菊
秋海棠 棠棣 蘋藤 天竹 雪毬
草之屬曰 筀竹 水竹 慈竹 貓竹 紫竹

斑竹　鳳尾竹　瀟湘竹　篠箭竹　黄茅　白
茅　包茅　蒲芰　荻菰　蘭蓀　菖蒲　白蒿
芭蕉　吉祥　虎耳　澤蘭　萬年青　萬年松
白頭翁　蔘　紫背天葵　浮萍　風藥　莀
翠雲　破銅錢　五龍爪

災異

吴永安二年赤烏見
梁武帝天監二年大水

宋淳熙七年大水
建隆四年九月芝艸生縣堂柱上刺史取以上
宋皇慶元年八月天雨毛
元大德十年大饑先是二年夏大旱秋大水七年正月大水十一年大疫
至元十一年大旱人相食
明洪武四年十月大霧雨雪黑色艸木竹柏皆枯十年正月夜雨水黑如墨汁

宣德元年自正月不雨至六月二年大雨水三年六月隕霜殺稼
正統十四年大旱
成化九年大水十一年十二年縣多火灾民皆荷擔而立
弘治元年大旱疫
正德二年六月六日大水衝射圍號房漂民居星八年訛言鬼兵至百姓撤灰擊鐵自衛閱月餘十年

十二月熊飛過縣治至北郊獲之
嘉靖二年虎食人八月無雲雨三閱月五年西街宋氏生子二首四臂四足十年蝗自新鄭來十三年菜花不實悉生人物禽獸龍鳳之狀二十七年夏縣東燈塲灣白兔見香草園白兎再見城西七里岡鄭氏豕下三豕一人首牛項肉角一猿首二十九年五月三日大霾黄霧七日三十三年大旱冬大疫

七年旱疫人民災傷大半三十六年大水水沒雉堞城中危急忽龍池岸裂斷洩水城乃全有見神人立雲中以棒斷岸者以爲土主神助云四十四年八月飛蝗蔽日四十六年七月十五日有火毬自北而南經白西畈著草樹即然不知其處

篲星見東方尾長亘天

天啓元年冬大雨雪凡三月

崇禎元年大水二年大旱八年蝨十三年十四年旱

蝗飛疫癘臻米價騰湧饑人相食

國朝順治九年旱荒斗米銀五錢地方奏報災傷奉

詔蠲免秋糧十分之三順治十八年旱康熙六年蝨蠲糧亦如之

康熙七年五月十七夜暴雨東河起龍水繞朝聖門衝圮城墻二十餘丈振奇即捐俸修築堅好

變亂

春秋桓公八年楚子合諸侯于沈鹿黃隨不會使薳章讓黃莊公十九年伐黃敗黃師于踖陵僖公十二年楚滅黃

元和志春秋吳楚戰于柏舉即麻城之龜峰山

魏文帝黃初中吳楊嚴欲獵江北豫州刺史滿寵度襲西陽爲之備孫權聞之乃退

晉永嘉元年西陽蠻寇江夏太守楊珉與諸將議方略騎督朱伺獨不言珉問將軍何以獨不言伺曰諸人以舌擊賊伺唯以力耳

宋元嘉二十九年西陽蠻叛遣沈慶之討之二十年遣武陵王駿統諸軍討西陽蠻

周史寧爲東義州刺史與東魏胡黎苟戰破之隋伐陳屯兵於岐亭

後五代周敗吳人于麻城

宋嘉定十二年金人兵侵麻城五關知黃州孟珙率兵禦之十四年金人侮宋黃土關入梅林關拔麻城守

祐六年元萬戶史權攻宋虎頭關寨拔之

元順帝至正十二年羅田徐壽輝麻城鄒普勝等以妖術聚衆反紅巾爲號

明弘治八年閩始董臣盤據山谷僭稱王寇麻城

正德四年仙姑洞賊大肆焚擄五月劉六劉七趙鐩子取道麻城至團風奪舟入江殺戮甚衆

嘉靖三年岐亭胡廷鳳逃居西山每秋來寇丙戌提學副使許宗魯遇於岐亭撫諭之乃退遂城岐亭立捕盜通判署鉦鎮壁關巡檢司

崇禎庚午辛未間邑謠言有言贖僕一夜於教場內舊樹紅旗書萬人一心下懸倭刀并叛主榜文時知縣蔣煜出示畧云僕之叛主猶子之逆父臣之背君必殺毋赦至若聖旨何人敢出諸懷中藏之袖裏僞造詐傳罪尤加等如不速悛將倡亂之人立刻處死毋禍延分則概宥不論示懸各門衆遂帖然

崇禎七年甲戌流賊始渡河寇江北地方乙亥春二月經麻城雷馬二將官迎戰於陰山畈死之自是賊分枝蹂躪往來如織然未嘗攻城止肆野掠房屋盡毀人民殺擄無算各鄉依山結砦保聚官兵坐視不援凡賊魁謂之掌盤子餘以綽號行曰紫薇星老回回闖塌天射塌天老曹操過天星一隻虎隔簾燕掃地王闖王闖將一斗粟混世王八大王

崇禎八年夏援勦將官鄧玘至麻城紀律嚴明後爲

部下兵所殺時論惜之十四年副總兵官王允成劉良佐等駐麻城九月左良玉等駐麻城

崇禎十六年癸未闖賊至麻城西去里民明承祖及僕董洪樓先等結聚里仁直道二會活埋殺所讐倡亂畚鄉砦鳩衆圍城討亂會衆使湯九至潛山縣地方迎八賊張獻忠於四月初六日入城會衆奉以爲主遂改邑爲常順州旋渡江攻陥省城安立僞官獨朱山砦不降時周文江被陷暗通鳳陽

總督馬士英為內應反正爰及武衛甲申乙酉間文
江復於黃蘗山共擁張犢樞旋敗邑復有五腦山
之公會將知縣陸晉錫拱聽而已僑居朱山邑內
大亂
國朝順治五年江西金聲桓據省城反風聞江北周承
謨等因從北鄉倡亂連延東南山以及英霍山谷
揭竿嘯聚知縣徐鼎請兵討平之
順治八年辛卯邑復有譌言贖僕如前時梅銅家
僕方繼華等斂金囑蠹借廢宦包占丁糧是控撫
院批行復申黨條列主僕九款知縣徐鼎為蠹所
誤榜揭三日凡邑中臧獲挾退殆盡遂成大變邑
人周損籍揭羅總督行牌體察諸生王元凱鄒偍
梅鈿田奕挻等赴省懇變會審讞明麻城丁糧花
由糧從田攤丁隨糧派向無包免將方繼華等七
人按律正法餘黨復亂殺絕家長王士杰一家五
命衆逼城下將直指入境檄巡道提兵靖亂疏入

徐令以是去任爰頒行
本朝律例奴僕有勁賜陣獲家生價買四項而邑之主
僕遂定
壬辰癸巳間東山李有實等復倡亂迫知縣王潞蒞
任招安解赴內院洪標下效用復入荊西山圖功
自贖被殺儕輩與復有李集桂熊東泉等之亂皆
知縣王潞勦平之

麻城縣志卷之四

知縣事漢上屈振奇纂修

賦役志

貢賦

明洪武二十四年册定官民田地塘四千八十八頃六十七畝九分八釐

永樂十年冊定官民田地塘四千三百三十三頃一十九畝四分

弘治十五年冊定官民田地塘四千一百五十九頃六十六畝六分

正德七年冊定如之嘉靖二十五年冊定如之

萬曆元年冊定官民田地塘田凡七千四百二十四頃六十六畝二分二釐地凡二千四百一十八頃八十畝五分九釐塘凡六百六項三十畝四分三釐天啓崇禎冊定如之自萬曆初知縣穆煒丈田均糧以後田地塘或開或塞多不可詳

七十四里額田七千四百二十四頃六十六畝二分二釐每畝秋糧民米一升八合九勺七抄共科秋糧民米一萬四千八十四石五斗八升三合二勺一抄四撮每民米帶科官米帶科夏稅小麥帶科夏稅絲帶科桑絲

額上則地二百九十七頃二十畝七分七釐每畝秋糧民米一升八合五勺共科秋糧民米五百四十五石八斗三升四合三勺八抄每民米帶科官米

中則地七百六十九頃一畝六分二釐每畝科秋糧民米一升三合六勺共科秋糧民米一千四十五石八斗六升二合每民米帶科官米下則地一千三百五十二頃五十八畝二分每畝科秋糧民米二合八勺共科秋糧三百七十八石七斗一升三合每民米帶科官米凡三則每民米帶科夏稅小麥帶科夏稅絲帶科桑絲

塘六百六項二十四畝四分三釐每畝科秋糧民米

一升八合九勺七抄共科秋糧民米一千一百四十九石九斗六升九合五勺五抄六撮 每民米帶科官米帶科夏稅小麥帶科夏稅絲帶 科桑絲秋糧米計共科二萬四千一百三十二石九升七合一勺八抄內二斗以上起科沒官等田 米六千四百三十三石一斗八升五合五勺七抄 一斗以上起科沒官等田米四百八十九石九斗三升八合六勺一斗以下起科民米一萬七千二百八石九

斗七升三合一抄奉例清丈官民一體 編差

原額田地塘計共一萬四百四十九頃六十七畝二分四釐共載秋糧米二萬四千一百三十二石九升七合一勺八抄夏稅小麥一百二石三斗四升五合四勺夏稅絲六百一十二觔六兩二分七釐五毫四絲桑絲二十九觔一十三兩三錢三分三釐三毫四絲

額徵銀一萬八千九百九兩五錢二分三釐七毫六絲一忽六塵五纖三渺新加顏料比絹銀四百一十五兩九錢一分四釐二毫六絲計共徵銀一萬九千三百二十五兩四錢四分八釐三絲一忽六塵五纖三渺

徭役

原額人丁一萬六百五丁每丁并新加顏料等項共派銀三錢二分二毫八絲九忽五微二塵五纖共徵銀三千三百九十六兩六錢七分三毫六忽八

微八塵三纖三渺奉 文豁除運夫人丁七十三丁豁免丁差銀二十三兩三錢八分三釐一毫三絲四忽五微九塵五纖實徵銀三千三百七十三兩二錢八分九釐一毫七絲二忽二微八塵八纖三渺

萬曆四十六七八年加增九釐餉銀五千八百三十四兩一錢八毫二絲四忽一微六渺

外南糧正耗米一石另派里納驛脚米二斗五升共

米八百四十五石一斗九升奉　文每石折銀一兩以二錢給解役該銀一百六十九兩二分八釐餘八錢充餉該銀六百七十六兩一錢五分二釐

原額田地塘丁共徵銀二萬二千七百二十二兩一錢一分八釐三毫二絲七忽九微四塵八纖六渺并加增九釐餉銀鹽脚米折銀通計共徵銀二萬九千四百一兩四錢九釐一毫五絲二忽四塵九纖二渺內豁免運夫丁銀二十三兩三錢八分一

釐一毫三絲四忽五微九塵五纖實徵銀二萬九千三百七十八兩二分八釐一絲七忽四微五塵四纖二渺

人丁以石斗升合計每一石爲一丁通計米丁之數均攤不拘戶口蓋謂米多者丁多米少者丁少大戶無包免小戶無偏累視他邑爲最均此前輩仕宦家盛德不知始於何時

起運欵項

戶部項下

解南農桑絹正損共銀一十七兩五錢四分一釐一毫八絲二忽

京庫米折正損滴珠共銀一千七百一十八兩五錢一釐四毫五絲五忽八微四塵解費銀一十五兩四錢六分六釐五毫

兌軍折色正損共銀三千八兩四錢八分九釐七毫九絲二忽解費銀二十六兩七錢五分五釐三毫

四絲四忽

派剩太倉米折正損共銀五百二十六兩三錢八分七釐七毫五絲解費銀四兩七錢三分七釐五毫

額解南京戶口鈔本折正損帶閏共銀九十三兩四錢七分三釐五毫四絲六忽五塵八纖六渺解費銀八錢一分四釐一毫

北京絹並新加絹共銀七百一十兩三錢六分八釐七毫一絲三忽三微

解南正米本折蘆蓆䈄竹脚頭等銀一百二十一兩
七錢七釐三毫六絲
解南糧運官盤纏銀二十一兩五錢
宗祿折色銀二千一百七十二兩六錢九分六釐三
毫八絲五忽八微解費銀二兩七錢七分七毫
茶價雜用共銀九十八兩五錢六分四釐六毫解費
銀四錢一釐
官員俸薪共銀一百二十四兩
民牧等銀二百九十五兩

代徵黃岡縣附近本縣舊洲額徵北京乾魚正損共
銀一十七兩七錢五分五釐六毫二絲五忽二微
五塵解費銀一錢五分九釐八毫二忽
解南乾魚正損共銀二兩七錢八分八釐六毫二絲
三忽七微五塵解費二分五厘九絲八忽
賦役舊編冗欵裁剩銀一千六百七十四兩三錢三
分二釐二毫四絲五忽

加增九釐餉銀五千八百三十四兩一錢八毫二絲
四忽一微六渺
禮部項下
北京藥味正損共銀四十兩七錢九分四釐解費銀
三錢六分七釐一毫
解南藥味價銀五兩一分八釐七毫六絲三忽七微
五塵
工部項下

緞疋正損帶閏共銀九十九兩一錢二分四釐八毫
一絲七忽解費銀八錢四分七釐四毫
翎毛正損共銀一十兩一錢七分九釐解費銀九分
一釐六毫
活鴈正損共銀七錢五分六毫九絲六忽解費銀六
釐九毫
營膳司料正損共銀三百六兩五錢二分八釐一毫
四絲六忽解費銀二兩七錢五分八釐一毫六絲

軍器銀一百一十七兩二錢五分三厘三毫解費銀
一兩五分六釐四毫七絲九忽七微
白硝鹿皮正揁共銀一百六十二兩六錢解費銀一
兩四錢六分三釐四毫如遇折色之年每兩另派
京揁銀九釐
胖衣褲鞋正銀水脚共銀二十七兩七錢五分
綾紗紙價銀一百九十七两九錢一分九釐九毫二
絲五忽九微六塵候部文之年方派不必於每年

帶徵
光祿寺項下
甲丁庫供應等銀正揁共銀三百九十二兩七錢解
費銀三兩五錢三分四釐三毫
新加顏料等銀三百四十九兩一錢九分五釐八毫
順治九年會裁修宅家伙各役工食銀二百八十六
兩四錢
順治十二四年新裁柴薪油燭膳夫廩糧門御鄉飲

寺只供應等銀八百八十六兩五錢五分四釐三
毫一絲六忽七微
順治十六年新裁民壯馬快草料銀二百六兩四錢
康熙元年新裁書辦廩糧等項共銀二百五十三兩
二錢
康熙三年新裁歲貢盤纏銀二十一兩
康熙四年新裁教官俸齋門斗草料銀九十三兩九
錢二分

康熙五年新裁都事檢校官役俸食銀一百七十二
兩五錢二分
康熙六年新裁推官心紅銀二十两
康熙七年新裁總督轎傘扇夫工食銀七十二两
以上起運戶禮工光祿地丁錢糧賦役冗款裁剩
加增九釐餉銀新裁官役俸食等項共銀一萬九
千九百六十一兩九分七釐九毫四絲二忽五微
四塵九纖二渺內豁免運夫丁銀一十兩五錢七

分一釐八毫二絲三忽五微三塵七纖三渺實徵
銀一萬九千九百五十兩五錢二分六釐一毫一
絲九忽一塵一纖九渺解費銀六十一兩二錢五
分五釐二毫八絲三忽七微内豁免運夫丁銀二
分七釐三毫四絲一忽實徵銀六十一兩二錢二
分七釐九毫四絲二忽七微 解布政司

隨漕項下

運糧官軍行月二糧又原代黄陂縣運糧官軍行月

糧米折共銀七百四十一兩一錢八分三釐三毫
五絲六忽

江西運糧官軍月糧米折銀二十三兩七分七釐四
毫一絲六忽

淺船銀五十五兩七錢三分五釐解費銀五錢一釐
六毫一絲五忽

南糧驢脚米折實八錢充餉銀六百七十六兩一錢
五分二釐

以上隨漕及驢脚米折充餉共銀一千四百九十
六兩一錢四分七釐七毫七絲二忽内豁免運夫
丁銀一錢一分五釐九絲五忽五微六塵一纖七
渺實徵銀一千四百九十六兩三分二釐六毫七
絲六忽四微三塵八纖三渺解費銀五錢一釐六
毫一絲五忽内豁免運夫丁銀一釐三絲五忽八
微六塵實徵銀五錢五毫七絲九忽一微四塵 解糧
儲道

兵部項下

解南江濟水夫正損共銀五百八兩二錢一分八釐
一毫六絲五忽

解南柴薪帶閏共銀四十九兩六錢

解南皂隸帶閏共銀八十二兩三錢五分

以上江濟柴薪皂隸共銀六百四十兩一錢六分
八釐一毫六絲五忽 解驛鹽道

存留經制欵項

布政司經歷俸銀二十九兩八分四釐薪銀三十兩九錢一分六釐門子工食銀六兩皁隸工食銀二十四兩

理問俸銀二十九兩八分四釐薪銀二十兩九錢一分六釐門子工食銀六兩馬夫工食銀六兩

照磨俸銀二十二兩七錢八分薪銀一十七兩二錢二分門子工食銀六兩皁隸工食銀二十四兩馬夫工食銀六兩

庫大使俸銀三十一兩五錢二分皁隸工食銀一十二兩　以上解支

按察司照磨薪銀一十二兩解支

知府薪銀四十二兩九錢五分六釐庫子工食銀二十四兩斗級工食銀三十兩解府

知縣俸銀二十七兩四錢九分薪銀一十七兩五錢一分心紅紙張銀二十兩門子工食銀一十二兩皁隸工食銀九十六兩馬快工食銀四十八兩民壯工食銀一百八十兩燈夫工食銀二十四兩看監禁卒工食銀四十八兩修理監倉銀二十兩轎傘扇夫工食銀四十二兩庫子工食銀二十四兩斗級工食銀二十四兩領支

縣丞俸銀二十四兩二錢二釐薪銀一十五兩七錢九分八釐門子工食銀六兩皁隸工食銀二十四兩馬夫工食銀六兩領支

典史俸銀三十一兩五錢二分門子工食銀六兩皁

隸工食銀二十四兩馬夫工食銀六兩領支

攔龍虎頭二司巡檢俸銀六十三兩四分皁隸工食銀二十四兩領支

教官俸銀三十一兩五錢二分齋夫工食銀三十六兩膳夫工食銀一十三兩三錢三分三釐三毫三絲三忽三微門斗工食銀二十一兩六錢喂馬草料銀一十二兩領支

解運曆日銀二十三兩一分三釐五毫解實[illegible]

七釐一毫二絲一忽五微科舉銀四十一兩六錢
四分一釐解費銀三錢七分四釐七毫六絲九忽
解布政司
按察司應　朝銀一兩三錢三分三釐三毫　表夫
銀九兩九錢解按察司
驛站編協武昌遞運所紅船帶閏修船共銀二百五
十五兩六分解驛鹽道
新建太平驛馬正閏銀五百九十一兩六錢支應銀

一百兩抄謄書手銀七兩二錢舘夫正閏銀六兩
一錢支領
均徭舖司徭編許撥巡司弓兵備用等項共銀三百
六十兩各河渡夫正閏銀六兩一錢各渡修船銀
一兩五錢迎送皂隸工食銀五十兩八錢三分三
釐支領
走遞本縣排夫銀四百六十二兩四錢八分太平驛
站夫銀三百六十六兩本縣腳馬正閏銀六百七

十九兩二錢支領
減存銀七十一兩二錢解驛鹽道
撥協孝感縣銀九百八十八兩三錢二分黃陂縣銀
八百九十八兩二錢九分三釐五絲支領
撥協外存剩銀一百九十一兩七錢八分五毫五絲
解驛鹽道
祭祀雜支　龍亭儀仗修理銀二兩文廟二祭銀
四十兩啓聖祠二祭銀七兩山川壇二祭銀一十

二兩社稷壇二祭銀一十兩名宦鄉賢二祭銀七
兩邑厲壇三祭銀一十二兩鄉飲銀五兩孤貧月
糧銀五十四兩孤貧布花銀九兩吹手工食銀五
十八兩五錢六分香燭銀一兩二錢六分支領
備用銀六十九兩七錢九分八釐六毫五絲支領
歲科考生童試卷供應給賞等銀四十五兩解督學道
科舉生員盤纏銀九十兩對讀生銀一兩六錢六分
六釐七毫謄錄書手工食銀八兩三錢三分三釐

三毫刋匠工食銀六錢六分六釐七毫新舊會試
舉人長夫銀二百兩支領
知府應　朝銀一兩六錢六分六釐六毫六絲六忽
七微解府
知縣應　朝銀九兩支領
南糧驢脚米折二錢給解役銀一百六十九兩三分
八釐支領　如南糧詳准改折解糧儲道
以上存留經制官役俸食撥運驛站均徭走遞撥

協祭祀雜支等項弁驢脚米折給解共銀七千二
百四十二兩二錢三分八釐三毫七絲三忽八微
內豁免運夫丁銀一十二兩六錢六分五釐八毫
三絲八忽六微三塵六纖實徵銀七千二百二十
九兩五錢七分二釐五毫三絲五忽一微六塵四
纖
丁糧外派扣解濟邊門攤鈔本縣門攤鈔官地租共
銀六十二兩八分八釐五微舊有額今無徵

班匠銀匠戶出辦南京人匠納班二百一名四年一
班該班每名納銀一兩八錢遇閏加銀六錢除逃
亾故絕外見存納班七十四名每年共徵銀四十
四兩四錢解布政司
新徵麗皮另派京摃銀一兩四錢六分三釐四毫
新加代徵黃州衞籽粒計料銀六兩六錢五分六釐
二毫七絲
國朝恩詔賦役一照萬曆初官則畧稽萬曆中花由單

每民米一石官則派銀一兩一錢有奇如新增餉
銀乃啓禎間續加者也南糧正額五千六百三十
石零外耗米一千二百五十石零給水脚運費者
也緣賊破省城燬司籍後奉查申報誤將續加銀
數及糧耗數併作正額迄未經改正
明初麻城有兌軍漕糧山溪載運艱難萬曆中邑人
俞儀條議題允改折定額載入全書至今稱便
舊推米不推丁久則米丁之數不侔每越十年一行

均攤謂之親供親供者親來供報也無名清供謂并米丁而清算之即爲平圖平圖之法所以均丁糧除與并小民利之糧米多者每不願反爲其分晰太明白也

南糧

秋糧本色解南正米五千六百三十四石六斗每石派耗米二斗五升共米七千四十三石二斗五升另正米一石派里納船驢脚米一斗五升共米八

百四十五石一斗九升奉 文每石折銀一兩共該銀八百四十五兩一錢九分按起解項下以八七十六兩一錢四分七釐零存留項下以二錢給解役共銀一百六十九兩三分八厘零

制秋糧本色解南京里役苦之邑端簡劉公題明上新河建倉便兑今改本省每年運役多利改折求免水陸運解守候收支之煩至散花戶則止願納本色恐折色照時價倍增也每年聚訟但奉 憲准照時價改折直解糧儲道則里役重有賴焉

原額七十四里每里十甲總計七百四十甲輪流承差一甲一年十年一轉周而復始輪到之甲謂之限年糧長俗名謂之熟欠其餘九甲花戶謂之冷欠冷欠止正完項凡經年催督押解直櫃點卯以至奏銷完欠俱值年糧長肩之而冷欠不與焉土人謂之十年九空切骨門差勞逸各有年分絲毫不容假借其實每年止以七十四甲承七十四里之差也康熙二年值征勦西山役正值四甲爲限年

糧長其一切召買草料夫役俱四甲肩之而九甲若罔聞知此更立法之獘也後來捐免殷夫丁銀則止四甲得叨蠲除而九甲亦不之爭蓋法立數百年相習既久久則難變耳爲政者亦姑因之取民便焉

食鹽

戶口食鹽額派淮上食非鹽者謂之私販但光黃客逦小民負擔往來常有便帶者明端簡劉公疏題

馳禁令竟寖湮矣

國朝功令森嚴力禁私販至小販經紀惟往漢口買官
商鹽票發賣按季以所買鹽道水程小票赴道銷
算

麻城縣志卷之四終

麻城縣志卷之五

知縣事潢上屈振奇纂修

秩官志

官制

唐令一人丞一人主簿一人尉一人令掌治民顯仁勸義禁奸伐惡理訟平賦丞著文書簿知倉獄尉主盜賊各署諸曹掾吏

宋知縣一員丞一員簿一員尉二員知縣總治民政勸課農桑凡戶口賦役錢穀賑濟出納之事皆掌之有戍兵則兼兵馬都監或監押之職丞掌修水土之政行市易之法興山澤之利主簿掌出納官物勾稽簿書之事尉閱弓手戢奸暴間以武臣爲之

元達魯花赤一員以蒙古人爲之縣尹一員主簿一員尉一員典史一員達魯花赤凡縣事皆掌謂之監縣後監勸農事縣尹名爲司判正官秩同達魯

花赤亦掌縣事以漢人爲之印則達魯花赤收之
尹封署其上丞簿尉凡縣事皆同僉署典史爲首
領官吏之長也常掌公牘必行其書然後達
於上而完署之不然則否
明知縣一員縣丞一員主簿二員典史一員知縣總
治縣事與前代同丞職掌凡縣事皆同僉署簿尉
俱如元制虎頭關巡檢一員鵞籠司巡檢一員稅
課局大使一員陰陽學訓術一員醫學訓科一員

僧會司僧會一員道會司道會一員
明裁革官主簿一員稅課局大使一員東館驛驛丞
一員中館驛驛丞一員西館驛驛丞一員
國朝裁革官主簿一員
岐亭通判一員始于嘉靖五年因西山盜起巡撫按
奏設兵備府添駐捕盜
國朝初因明制設通判順治　年裁缺始以黃州同知
移駐

儒學宋設勾管學事一員主學一員選請學正録直
直學各一員學諭四員長諭八員小學教諭一員
舊制縣無學官凡職佐皆得兼之故勾管學事以
縣衘景定三年始置主學一員咸淳元年轉運提
學行下選請學正等官
元設教諭一員選請訓導一員
明設教諭二員訓導二員
國朝初教諭訓導各一員康熙五年訓導裁

縣令
後趙麻胡秋石虎使築城督工嚴峻因以姓名城
後周史寧東義州刺史
梁蕭詧李洪遠俱定州刺史
陳田龍升陳方慶章昭達周炅周法尚周法僧俱定
州刺史
唐徐巖字景肅
宋錢治字良範武進人始以本州進士中景德二年

茂才異等科初爲洛陽令進遷寧國軍推官監麻
城茶塲以茶粿增倍遷著作郎終尚書屯田郎長
於決獄歷六縣皆有名蹟歐陽公謂錢令有能政
崇祀名宦
張毅字仁甫爲道植松萬株立亭其中名萬松亭後
蘇子瞻謫黄過萬松亭有詩崇祀名宦
胡定之岐亭監酒蘇東坡集岐亭監酒胡定之載書
萬卷隨行喜借人看

元馬兒蒙達魯花赤襟懷軒豁政尚清簡暇日登臨
山水今道觀山白水巖石壁鐫有大元泰定丙寅
歲儀仕郎麻城縣達魯花赤云云崇祀名宦
樂九成蒙古人從學宇术魯子革以世胄入官監縣
治有聲按劉青田序畧云先生質粹而溫行果而
毅學博而知要彬彬乎其可象兒覆瓿集
明張谷維按荆棘立學校創始之功居多崇祀名宦
趙乾浙江歸安人洪武初任有謀畧設施政聲丕著

建大成殿明倫堂學校以興後即家焉崇祀名宦
有傳
楊子秀浙江餘姚人薦舉洪武十九年任
孫仕忠
王士光永樂間任
黄琮高安人有幹濟才民從其化去而思之崇祀名
宦有傳
尚謙陝西米脂人爲政勤謹毅直果斷民心信服崇

祀名宦有傳
王璽山東蒲臺人正直廉能折獄如神崇祀名宦有
傳
楊懋潁上人重修文廟
鄧謙江西德安人舉人
李鉞舉人
劉珂萬安人進士
朱嵩號則川四川人八歲貢建育英堂

胡琮南直蘇州人進士前江陵令擢御史復遷麻城

崇祀名宦有傳

劉規字應乾四川巴縣人進士前令餘姚擢御史貶權璫劉瑾降廣西務浦縣典史補麻城令遇事直行無廻避風節凜凜優禮耆碩政尚德化以二子相繼登第遂致仕崇祀名宦有傳康熙間仍孫如漢任兵都科雲孫時我過麻親謁祠土因知後嗣多榮顯蓋風節循良之報云

薛承學江陰人進士成化年任

陳興河南許州人舉人成化年任

孔榮廣東番禺人舉人弘治初任

高清南直揚州人弘治辛亥任建漏澤園有傳

冉賢字承之號鳳山四川長壽人進士弘治甲寅任凡大政疑獄所司不能決者剖斷如流有青天之謠擢御史歷刑部尚書崇祀名宦有傳舊志云冉鳳山明敏

帝厚字元載浙江湖州長興人進士弘治戊午任陞本府同知有傳舊志云帝元載簡易

劉溥字公濟南直安慶人進士弘治庚申任火延祠崇祀名宦有傳舊志云劉公濟剛正

揚脽

薛价山西蒲州人進士弘治甲子任有傳

宋賢四川人解元正德中任

侯璧山東諸城人舉人正德辛未任

蔡時浙江新昌人進士正德乙未任

王世祿南直廣德州人進士正德戊寅任開新河建縣署民不告勞以不害事上調去輿論惜之有傳舊志云王廣德之治也日午庭中寂然惟據案閱經史愷悌簡易政不繁而民不擾又云廣德愛民而傲上

王徹賢中牟人進士嘉靖辛巳任

杜朝紳崇慶州人進士嘉靖癸未任有政聲

陳蔚麟福建人進士嘉靖戊子任

李景蕃河南汝寧人舉人

陳子文福建閩縣人進士嘉靖庚寅任歷湖廣按察司副使崇祀名宦有傳舊志云陳子峯剖决如流記識若神經理練達之才又云于峰事上使下咸得其歡

王生賢江西廬陵人舉人

羅道卿江西吉水人舉人

李寶江西浮梁人進士

黎泮江西樂平人舉人嘉靖甲辰任値歲大饑嚴巢堡戶口之責盜賊屏跡有傳

羅士贒廣東番禺人舉人嘉靖丙午任

金勿四川富順人進士嘉靖戊申任有傳

黃釜浙江餘姚人舉人嘉靖庚戌任

陶天忠浙江鄞縣人進士嘉靖壬子任重修學宫譙樓

尚德恒四川南充人進士嘉靖丙辰任建便民倉於岐亭修學宫立名宦鄉賢祠匾縣堂曰青天白日擢御史崇祀名宦

蘇松廣安州人進士嘉靖辛酉任築河堤重建鼓樓修縣志額退思軒曰清風亭戒石坊曰體國愛民

胡升浙江餘姚人舉人

瞿鄰四川人進士

穆煒號龍峰江西新建人進士隆慶間任丈田均糧綽有實政

錢節用四川富順人進士萬曆元年任

王三宅河南衛輝人進士萬曆甲戌任擢刑科給事中崇祀名宦

連三元永年人進士先任常熟以治行著復任麻城時剏吳楚徙令建北察院及尊經閣

文德翼號舜階四川瀘州人進士繼政稱最擢御史崇祀名宦

鄧應旂四川人進士擢吏部主事崇祀名宦
游朋孚南直婺源人進士
韓僉可四川瀘州人舉人萬曆二十七年任崇祀名
宦
劉文琦四川南充人進士清里甲慎訟獄懲奸僕邑
立去思碑
張鏈四川瀘州人進士有風裁擢兵科給事中
張翼明永城人進士官至都御史

來一麟直隸南樂人進士萬曆壬子任清蠹鋤強崇
祀名宦
龔應德南直武進人進士萬曆丙辰任
戈允禮字敬興雲南保山人進士天啓癸亥任在官
八月以丁艱去弊絕風清愛民如子至今邑人頌
德曰前文後戈比之召杜官至太京兆有傳
趙洪範號芝亭南直嘉定人進士天啓甲子任有惠
政擢御史

蔣煜號羽公南直武進人進士崇禎戊辰任鋤奸課
士解繁決滯綽有吏才
劉星耀號壽交江西金谿人進士崇禎甲戌任性渾
厚在任六年值流寇之亂濬築備練城賴以全
單恂南直華亭人進士崇禎庚辰任數月請告去
杜特彦金州人舉人崇禎辛巳任
陸晉錫上海人恩貢乙酉年任
國朝李衡山東恩縣人恩貢順治丙戌齊邱蒞任

徐鼎南直華亭人進士順治丁亥任
劉愷山東鄒平人進士順治辛卯任
王涵字又韓浙江餘杭人恩貢順治甲午任在任八
年修舉廢墜擒勦賊寇馭民錚錚有聲陞華州知
州舊例秋徵南糧米皆裝貯岐亭水次豊碑見在
岐城隍廟右後改城內完足起發不知變自何時
其河水自城東南達宋埠皆淺或時涸里甲領解
運及宋埠始載舟此障迴灣環五六十里里役苦

費殊甚起節易舟猶苦侵耗公率諸里長躬至朱埠水次收納入舟而糧長之費十損其二麻民之不忘公此其最者

萬增秀大興人恩貢順治辛丑任

孫弘甡字佰生山東樂安人恩貢康熙甲辰任振綱紀絕苞苴始終如一月以捕盜詿誤去任邑民懷思之從前徵收闔縣七十四里共六櫃六册胥吏作姦那移號券民受害無比以致年終銷算里役

所費不貲公至每櫃作小廂如其里數一里一廂一流水册月立其限而姦胥那移之弊一清民勒碑門左并獨紀德盂惟恐良法之中廢也振奇不材繼蒞茲土守公畫一不變其制民間稱便第銷算陋習猶未盡革廼於征比之初即總計全征之數每月分限給單民完足額聽其竟去是不待銷算於足額之後已銷算於每月征比之限矣而銷算之弊剔除頗盡此皆以舊政不肯特湮而志飭之官民俱便但不便胥吏爾特揭出以告後之君子

佀振奇字鶯若陝西洋縣人進士見任

縣丞

明石嵩 進士洪武初任縣丞

劉瑀 建旌善亭

張文清 銅陵人有學術

吳晉民 浙江人以詩名

夏賓 富陽人舉人翰林院檢討謫丞能詩有學行

張邦宣 府人致仕去

陳藻 四川人致仕去民懷之

高公勺 內江人歲貢嘉靖丁未任以行蒞篆上署篆

盗將劫庫謀知爲高公乃去

國朝賈國相 大興人陞知縣

施泰 浙江人陞知縣

朱之鼎 四川人

張文德 順天人恩貢見任

主簿

宋張恂 字公亮龍泉人嘉定戊辰進士調麻城縣簿值湖賊亂公出討不踰月賊退上其功陞襄陽郡判累官至戸部侍郎龍泉縣開國男食邑三百戸

李臺卿 瀘州人性介不群博聞強記好左氏春秋精曆律以文見知於蘇東坡

陽捩 臨川人性豪軼縱酒初入杜杲幕後應孟珙辟尋厭武弁謝客治舉子業登進士調麻城簿徼入向士璧幕以戰功陞

明何鏊 句容人歲貢嘉靖庚戌任律己嚴三載廉介如一日愛惜里甲拒絕請託署篆時分巡到縣查其簡禮士大夫白其素操乃止有傳

許起鯤 徽州人崇禎戊寅任風雅才調邁倫

典史

明張敬祖 有遺愛邑人塑其像於旌善亭

國朝徐世臣 浙江餘姚人順治壬辰任

王興龍
徐朝興山東曲阜人
王政陝西韓城人
樓可聘順天大興人見任

岐亭通判　同知

明羅瑞登浙江上虞人舉人任黃州通判鎮岐亭條
陳防禦十事
韓煥浦州人萬曆庚申駐劄岐亭修通判署增鎮城
垣
宋雲龍貴州人歲貢
國朝吴洗心河南鹿邑人舉人順治初年以通判任
瞭晉倫順治丁亥以通判任

胡鎔直隸南樂人始以同知駐防初舊署頹圮官寓
民舍鎔始葺舊通判署爲戎署
李之柱山東人舉人順治丙申以同知任
郭永祚河南新鄉人拔貢順治庚子任陞漢中府知
府
屠弘浙江籍順天人拔貢康熙乙巳任
張登舉遼陽人進士康熙丁未任風節彈壓三縣界
路賴以寧靜後復移黃州随丁艱回藉岐人追思

儒學教諭

元秦達著邑人明經任本縣教諭

明夏均輔邑人明經

鄧泰江西南昌人

張宗琦重慶人

陳祖舜四川人留意學政士類丕變以詩名

陳鉞莆田人舉人儀範清肅儒林坊表

劉洧閩縣人舉人

曾瑀廣東番禺人舉人

李思義廣東人

王章黄巖人舉人

楊珦潮陽人舉人

張嵩宣府司人舉人

張舜舉武功人舉人正德初任持身謹飭督士嚴勤每會課卯入酉出少逾規矩先儆廩膳弁胄子弟多所造就

[illegible]舊開縣人舉人正德庚辰任勤敏精慎數教樂善

楊熒泰和人舉人

戴愢儀封人明經

汪泗開化人嘉靖戊子任莊重易直長於詩

鍾大智潼川州人明經

林繼習潮陽人舉人嘉靖丙辰任溫醇誠信遇事能決

胡錦餘杭人明經嘉靖丙申任

詹景鳳號東圖海陽人舉人萬曆初任以詩文名尤長於書畫至今邑人士寶藏其墨蹟

薛應期江夏人舉人

劉日曦彭澤人舉人萬曆丙辰任精制舉業一時翕然宗之後登天啓壬戌進士

趙璧恒雲南人解元

蕭奇江夏人舉人崇禎年任

王用十舉人

孫餝璽南人舉人崇禎丁丑任陞南國學吏部司務

鄧學成舉人

蕭頌聖定遠人明經崇禎辛巳任癸未張献忠破城

授官不拜死之

國朝沈一道江夏人明經順治己丑任

陳應第景陵人舉人順治乙未任

高建漢陽人舉人見任

訓導

明桂甫洪武初以明經薦任訓導長於詩

鄧林邑人以明經薦任

張德宣

王懋寅興人舉人勤教廸精詩文

朱華長壽人舉人後登進士

熊後禮桂林人舉人

王紋宜山人舉人

王用四川人舉人

陳鐙泌陽人舉人

費濵廣東人舉人

馮崇雙流人舉人

劉以讓巴縣人選貢

周揖都匀人選貢

王機永嘉人監生

鄭晉太和縣人監生

青雲遂寧人監生
黃傑同安人明經
殷予瑞威遠人明經
鄒洪量威遠人明經
黎大鵬新蔡人明經
潘元珍明經
左親臣雲夢人明經陞知縣
胡試江夏人明經親賢愛士不愧師儒陞知縣

周推德松滋人明經
王尚賓漢陽人明經
李宙遜嘉魚人明經
王龍振漢陽人明經
蔡盡明漢陽人明經
王夢尹澧州人明經
梁映壁明經
國朝堵際亨漢陽人順治甲午中式

陳堯前武昌人明經
魏左相應城人明經
邵烈澧州人明經順治乙未喜施藥陞知縣
張祚胤鄖陽人明經順治辛丑任

麻城縣志卷之五終

麻城縣志卷之六

知縣事漢上屈振奇纂修

選舉志

薦舉

元王松齋以人材舉官同知毛廷元官團練副使趙璧峰成大用上官公謹毛旭功官未詳

明洪武初馮英以賢良方正舉吳山官知縣夏均輔官教諭鄒林訓導桂爾訓導康敎教諭喻文備知縣俱以明經行修舉趙洪官知縣劉亨官同知俱以人材舉吳仁山未詳

科目

唐閻伯璵進士咸淳間官洪州都督

宋田蕙進士官大理評事與弟桂居田家砦

元趙王峰進士官樞密使毛文穆河南省解元

明洪武癸酉科鄉試劉從政解元官見後

甲戌科會試劉從政官參政

丙子鄉試熊紹祖官知縣盧懷官審理

建文己卯鄉試黃瑞禮官知縣

壬午鄉試趙獻文官御史鄒王官知縣

永樂乙酉鄉試蔣輔官吏科給事中王秉常官知縣

劉旭官見後

丙戌會試劉旭官同知

戊子鄉試楊貞官同知陳以忠官同知周愷官知縣

張淵官教諭畢以成鄒正

辛卯鄉試丁賢

甲午鄉試段志賢號

丁酉鄉試喻友誠官教諭陳嵌

庚子鄉試鄒恭官運同汪洪官教諭周鑑官見後鄒來學官見後王以清林志聰李溥

癸卯鄉試陳綱金珂官縣丞徐謙官教諭程讓官教諭張廸官知縣

宣德[illegible]鄉試楊志官紀善楊廷春官教諭

壬子鄉試董應軫解元官見後劉訓官見後李正芳
官見後
癸丑會試鄒來學官都察院副都御史
乙卯鄉試鄒達官御史李太初官教諭金球
正統戊午鄉試李鑑官御史胡應先官知州
己未會試劉訓官參政
辛酉鄉試陳敏官知縣趙訪官見後丁懋仁官知縣
劉克昌

壬戌會試李正芳官布政
甲子鄉試黄曆官知縣項九臯官知縣
乙丑會試周鑑魁官御史至副使趙訪官御史至僉
事
丁卯鄉試蕭允恭官同知
景泰庚午鄉試董緒官通判周洤官知縣鄒瀹官知
縣項九臯官通判李能芳喻哲官學正熊祥官知
縣丁榮官學正吳崇雅官教諭

癸酉鄉試曾啓魁官學正徐公晳官同知程子隆官
知縣周坤官教諭鄒崇道官教諭鄭璜官審理劉
仲韓官知縣劉仲輇官同知謝旭官通判
丙子鄉試黄琦魁官知縣周瑄官同知朱先後姓周
官知州黄瑀官知縣劉綱官知縣程儉官知縣李
瀜官見後彭大倫官推官張嗣王官訓導
天順己卯鄉試周旻官知縣唐瑩官知縣萬山官見
後鄒駿官見後

壬午鄉試鄒潾官知縣周晁官教授李濂陳本從董
紱官見後羅孟芳官司務盧瓚中由東籍官教諭
乙酉鄉試劉瑄官知縣蔡必興官通判黄時中官知
州喻宗府官見後曾斐官知縣喻珍官知縣王本
儉官見後趙永賓
成化丙戌會試萬山官郎中
戊子鄉試毛戍魁上闈官縣丞府學官知縣江伯鯤
官[illegible]縣林舜官知縣鄭景和官推官李玉樹官教

論

巳丑會試李㦸官叅政鄒興官叅議

辛卯鄉試禹祥魁官同知鮑琦官知州馮鑾官僉事李宏官知縣胡濟南官知縣高成官知縣李本芳官知州

壬辰會試董紋官知縣

甲午鄉試丘瑩魁官知縣熊經官見後鄒廷泰安官知縣李騰芳官長史曾大贊官學正凌山官見後

丁酉鄉試邱景會魁官知州秦尚賢官州判桂相官

知州舒崑山官見後明紳官知縣熊璋官知州毛燊官通判

戊戌會試王本儉官副使熊經官知州

庚子鄉試董朴官見後劉燧官見後劉壽山趙繹陳情阮章官見後李沐順天試官教諭

辛丑會試喻宗府官知府

癸卯鄉試李文祥官見後楊潤官知州鄒同官知縣周廷章官知縣盧廷春官通判董佐

甲辰會試舒崑山官副都御史董朴官叅政凌山官員外

丙午鄉試董紱魁官見後劉瑩官學正周珪汪文燧官通判陳公龍官教諭鄭琦鄭尚和官知州董紐官見後

丁未會試李文祥官兵部主事

弘治己酉鄉試曾大有解元官見後李旹魁毛駿官知州周廷徵官御史至副使汪正官御史至叅政

熊績官知縣蘇勲官叅軍喻淳官知縣余。本官教諭

庚戌會試劉燧魁官知縣董紱官叅議

壬子鄉試王賓魁官知州王袞袁倫唐書喻文英官俱知縣

癸丑會試曾大有官布政董紐官叅議

乙卯鄉試陶寶解元官知縣衡吉官見後李文璧官知縣趙源潔官知縣王本元官通判秦尚叅官教

諭

戊午鄉試李文欽官知州劉天和官見後陳時官知縣陳文官長史王守官僉事劉煥官知縣

巳未會試梅吉官知府阮章官副使

辛酉鄉試曾大顯魁官見後趙賓魁熊夔官推官阮朝聘謝廷珪官推官耿光官教諭曾煥官推官

壬戌會試曾大顯官參議

甲子鄉試侯正綱魁官知州王廷官知縣毛馭官知縣

正德丁卯鄉試毛驌魁官知縣方鳳官知縣詹瑩官見後鄧朴官通判

戊辰會試劉天和魁官兵部尚書太子太保謚莊襄

庚午鄉試熊綖官知縣毛驗官知縣鄭雲翔官見後劉光官通判周傳官知縣董士毅官知州

辛未會試鄭雲翔官參政

癸酉鄉試阮朝東解元官見後周文熙官見後劉淑相官見後毛鳳韶官見後喻沖官僉事喻希義官知縣秦鐘官知縣胡承學鄒崇義官知縣

甲戌會試劉淑相官府尹詹瑩官參議周文熙官給事中至僉事

丙子鄉試吳孔祥魁官通判熊大畧官知縣鄒崇仁官知縣徐爔吳濂

巳卯鄉試喻希禮官見後陳仲愚官知州彭鳳儀楊鳳官教諭

庚辰會試毛鳳韶官御史至僉事

嘉靖壬午鄉試劉采魁官見後周載官運使劉燦官見後阮朝陽官知縣曾熲官見後周岱官見後劉淞阮朝策官見後鄒驗官知縣

癸未會試阮朝東官提學副使喻希禮官御史贈光祿少卿曾熲官給事中至參議

乙酉鄉試汪篤初官知縣汪三山劉木官同知周爵官通判李采官見後陳金官教諭

丙戌會試李采官推官

戊子鄉試周資魁官知縣李寵官見後朱文式官教

諭林文明官知縣陳念官見後曾嘉謨官知縣方

民悅官見後羅大用冷珂四川試官見後黃卷順

天試官見後

己丑會試劉采魁官四部尚書謚端簡陳念官郎中

黃卷官僉事

辛卯鄉試丘柚魁官推官蔡完魁官同知黃梅官知

縣周廷聘官知州

壬辰會試劉溁官郎中

甲午鄉試王采官郎中駱億官知州

乙未會試方民悅官副使周佾官主事

丁酉鄉試劉廷舉官見後周弘毅官通判萬莪官知

州周弘烈陳學朱攻名仲梅官知州董性官知州

戊戌會試阮朝策官知縣李寵官知府冷珂官布政

庚子鄉試劉閑魁官知縣方民懷官知縣彭曉方官

官見後

辛丑會試方治魁官主事

癸卯鄉試劉炎官知縣宋文木官知縣郭進賢官知

縣周戴官同知致仕進階朝列大夫

丙午鄉試張袞官知州周楚望改姓鄧官見後丘栞

官通判周賜明魯官知州胡玉璣官知州

乙酉鄉試何一乾官參軍趙教官見後彭台彭本仁

官教諭江渾官知縣

庚戌會試劉廷舉官副使

壬子鄉試耿定向官見後周思久官見後劉溁官見

後朱繼孔官通判袁亮官苑馬卿

癸丑會試周思久官知府劉溁官知縣趙教官僉事

耿定向魁官尚書謚恭簡

乙卯鄉試朱繼魯改姓熊官員外蔡光祖官郎中周

弘廸官知州周弘祖官見後

戊午鄉試陳讜魁官見後劉方官通判蔡應陽官御

史至布政周思大官知縣熊灝官主事曾嘉祚梅
汝求
己未會試周弘祖官太常卿鄒楚望官給事副使
辛酉鄉試阮孝魁官知州丘龍雲官同知丘齊雲官
見後曾嘉祿官知縣
壬戌會試陳謨改姓唐官僉事
甲子鄉試劉守泰解元官見後董石官見後周思敬
官見後周思齊官知州耿定力官見後謝蘗官知

縣黃幪官知州
乙丑會試董石官知府丘齊雲官知府
隆慶丁卯鄉試徐雲山魁官推官周思稷官見後阮
宗孔官知府梅開改名國楨官見後劉諧順天試
官見後李爵四川試官郎中
戊辰會試周思稷官吏部主事至參議周思敬官侍
郎贈尚書
庚午鄉試梅柾廷官同知李承泰官知縣周弘禴王
寵麟官知縣曾嘉裘官同知
辛未會試耿定力官侍郎劉守泰官吏部主事劉諧
官庶吉士改給事中
萬曆癸酉鄉試周弘禴魁官見後鄒思亮官通判李
世薦官同知羅樹聲官同知梅維範陳楚産官見
後
丙子鄉試徐期李承槐官見後黃順乾官知縣毛思
龍周至德官參軍詹仰望官知府

己卯鄉試黃圖解元劉奕官見後黃建衷官見後謝
師啓官教諭鄒思哲
壬午鄉試劉承芳魁官審理梅國樓官見後梅國森
江原浩官教諭王之機官參政黃在中官知縣魯
之贊官御史周遇官知縣
癸未會試梅國楨官御史總制兵部侍郎梅國樓官
庶吉士至恭試劉奕官知府陳楚産官主事
乙酉鄉試彭遵古魁官見後劉秉鑰官長史王尚揖

官同知彭好古官見後吳從周官司務楊王庭官同知詹淑官知府周崇惠官見後

丙戌會試彭遵古魁官尚寶卿李承槐官主事彭好古官御史至僉事

戊子鄉試周應嵩官見後周制官知縣劉文杰官同知李冉劉承緒

己丑會試周崇惠官僉事周應嵩官博士

辛卯鄉試梅維芳魁周應明魁李長庚田生金俱見

後鄒衢官評事劉烊官同知汪之澄

甲午鄉試黃會中魁毛可教官知府曹大受官副使周邦基官見後黃位中鄒珦官通判

乙未會試周應明魁官禮部主事李長庚官吏部尚書

丁酉鄉試熊崗先魁官同知殉難王成位官同知毛茂春官司務周之夫官見後楊之彬官同知熊所師官推官

庚子鄉試周應爵魁官知縣田生芝官見後曾汝鑣官知州王青德官布政鄒人昌官見後

辛丑會試黃建衷官兵部主事

癸卯鄉試王奇魁官知縣梅之煥官見後毛調元官知縣王猶中李廸官主事

甲辰會試梅之煥官庶吉士巡撫田生金太僕卿

丙午鄉試鄒漢臣魁官知縣張繼孔官同知鄭天懿官知縣李新楚官知縣陳以聞官見後田生蘭官

主事閻察言周世盛官知府

丁未會試周之夫官知府陳以聞官刑部侍郎

己酉鄉試王之楨魁官知縣劉鍾英官見後周崇極官僉事宋應軫官主事李廷官主事

庚戌會試鄒人昌官知府

壬子鄉試周維光官知州劉涇清官知縣毛羿獻官見後蔡茂春官見後劉孔源官推官

癸丑會試劉鍾英官翰林南吏部侍郎周邦基改名

邦璟官御史至兵部侍郎
乙卯鄉試劉忠清魁毛丹采官推官周應昕鮑之祥
官見後劉秉衡官知州周之綸改之茂見後
丙辰會試田生芝官吏部通政使
戊午鄉試劉承棠官見後梅之燿周士昊臣弘恩曾
嗣禹官教諭周振順天試魁
己未會試周振未任
天啓辛酉鄉試劉仲魁官見後胡承謨改姓陶官見

後趙之英官見後曾嗣仲
壬戌會試蔡茂春官知府陶承謨官提學毛舜嶽官
知縣
甲子鄉試周應華余士璿官見後董九功官學正周
世璽官知縣楊曾李雲程山東籍
丁卯鄉試周世垣鄒師提熊世懿官見後陳鵬舉官
副使陳儒僕官見後周濼官教諭陸國子助教未
任李鄧林官知縣張文茂順天試官見後

崇禎戊辰會試劉承棠官推官劉仲官知縣張文茂
官知縣
庚午鄉試蕭奎胡公昌朱師忠
辛未會試鮑之祥官知縣趙之英官庶吉士改御史
熊世懿官御史遷博士
癸酉鄉試朱之理詹應熊曾元公官知縣馮九思官
推官劉怡官知縣董璜順天試官同知劉侗順天
試官見後

甲戌會試劉侗魁官知縣未任周之茂官知府
丙子鄉試江山柱鮑修吉毛祈蕃毛羽儀俱見後毛
元暉
丁丑會試余士璿魁官推官毛羽儀
己卯鄉試曹徹昌解元官見後謝徹中劉鉦蔡梅念
殷周損官推官葉承王山王
庚辰會試毛祈蕃未任
壬午鄉試喻勳官見後董珍鄒知新官知縣董璋官

知縣

癸未會試曹衍昌官知縣陳儒樸未任

國朝順治乙酉鄉試葉甘棠順天試改項始震

丙戌補鄉試劉輝

丁亥會試喻勳官知縣項始震官知府

戊子鄉試周禮金九岳官知縣會政養民比戶徧慈祥

豈弟之誦因利導俗康衢欣擊壤鼓腹之謳見秦苑志

己丑會試周禮官知府

辛卯鄉試王元士魁萬邦維胡躍龍董琦升俱見後

黃倫顏允基高翥

壬辰會試胡躍龍初改教諭陞知縣未任

甲午鄉試江漢葵唐宗改名封官見後郭更名毛所華

乙未會試萬邦維官推官改知縣見任

丁酉鄉試鄒宗彥陞官見後鄒四知教諭見任吳虞

廷教諭見任

戊戌會試鄒宗彥官知縣

己亥會試王元士魁官知縣見任董琦升知縣見任

庚子鄉試鄒琬周維稚葉進劉本源順天試

己酉鄉試袁進

庚戌會試鄒琬唐封

歲貢明經
元秦達善明經官本縣教諭
明洪武初舉明經吳山官知縣夏均輔喻文偉嚴毅
俱官教諭劉林桂南俱訓導
明歷代歲貢馮子恭官僉事
張遜官主事
史仲鉉官員
黄銓夏詛詹讓梅國梁劉承禮俱官同知

毛添佐余祚李玉周祥鄒庠劉子弼李長年田仁王
周應泰俱官同知
璽楷董渠王璣汪添昂劉禹董縱王之謨李彬俱官
通判
吳毅余學淵俱官推官
王廷介方暘丁軫秦表春喻珊周廷制李袞李昺士
之策董子延廖敦朱大坤詹仰斗董繼舒王都俞
俱官知縣

之梓官助教
量禮官州佐
四仁官縣丞
周溥官主簿
鄒崇敬晏然俱官教授
鄒崇禮萬鶴齡萬彭齡俱官學正
梁宸梁賓熊吉俱官教諭
徐賓周瑩馮濂盧勛王笑鮑鳳金向華周儒周應時

鮑馨劉堯祚俱官訓導
毛本學劉德敏董治鄒吉期朱大任李春榮曾若洺
俱未仕
國朝李春江訓導鮑之熺訓導余維新鄒羽南知縣出
弘恕訓導見任程浩同知周揖陳士琳史聯元知
縣楊會李孔茂訓導見任李春旺鄒世葵成一鄭

恩選

明張淑安知縣張應奎曾三畏推官黃錦吉鄒承流
鄒承中通判唐明德曹與之王則乾

國朝王承特知縣見任田必應蔡之治黃素臣王都命
知縣鄒知微楊搆知縣程之漾程百川鄒知彰

國朝錡用見授職張飀任布政王有容見任知府萬象
見任知州毛文埜見任知縣徐志尹見任州同
劉允官知縣

武科

明武進士劉守有官錦衣衛大堂宮保周弘謨解元
會魁官都督僉事世襲彭信古官都督世襲劉承
禧會魁官錦衣衛鄒之麗梅國林官錦衣衛袁千
里守備蕭明時劉幼堪梅守盛梅廷和解元官都
司黃定儀萬吉齡俱都司喻東鉞把總羅萬有會
魁官守備黃萬里都司袁尚絅
曾舉丘坦官參將

國朝設武學鄉會試中式依科目出身授官
順治辛卯鄉試夏韜官千總
丁酉鄉試金龍翔見官千總
庚子鄉試丁良捷見官千總彭進孫禹鉉
康熙癸卯鄉試劉先定萬碧具紹昶閻朱張其雑
丙午鄉試袁斯年
己酉鄉試李文舉劉再昇李大謀

麻城縣志卷之七

知縣事瀛上屈振奇纂修

人才志上

仕績

唐閻伯璵進士咸淳間爲洪州都督築居臨河上今名閻家河王勃滕王閣序中都督閻公之雅望即伯璵也

孟學士逸其名墓在邑東三水灣更 邑後與閻墓

相望其人豈即滕王閣序中孟學士耶

宋學士相傳爲宋集墓在邑東宋家墩按元史集臨川人字百生何以葬于此豈流寓耶閣有好事者曾啓墓覘之中有誌乃集文非集墓也

明李寧字景安洪武初授餘干令擒盜渠魁遷散其黨歲饑移賑民謳思之鐫其政于石

喻文偉明經爲邑訓導以身教遷懷遠令廉介見人物碑

李鶴明經令耆溪九載廉介不易其素致仕歸環堵蕭然嘗師事喻文偉每過其墓必下馬徒步

劉從政字公明洪武初解元聯捷擢御史彈劾不避權貴歷河南山西參議皆清慎不懈卒於官

蔣輔永樂舉於鄉裕州司訓秩滿薦吳山自代官吏科給事中

吳山明經爲裕州學正遷知內江有廉聲憂闋補知青神歸至石首卒博學好左氏春秋邑人士宗之

鄒來學字時敏宣德進士戶部主事督餉關陝規畫有條總理預備倉於淮揚諸郡賴以全活者衆從征麓川有功累遷通政參議正統末因敵犯邊初置撫臣以副都御史提督軍務巡畿甸東北帥所部拒險隘設守備邊務以舉時人情洶洶以拘收人口窖藏艸束爲說來學建議云譬人處家憂賊盜爲害必堅其藩籬以禦之閫門之內不足計慮以故永平薊州遵化星羅棊布而守敵至宣大皆

登俾不可恫喝景泰中巡蘇松常鎮會旱疫乃止徭及置辦糧草治貪墨者又請存京儲備賑復輸運省勞費諸事未幾勞瘁日集道卒淮陰驛上悼之賜祭葬先是以墨笞一太守卒之日太守爲撰衷意謂綮其贓私則惟奏議數卷朝服一襲而已太守感泣設祭焉在官寄書戒子皆先輩格言孫騏成化進士刑科給事中以耿介稱歸家常著草帽跨蹇驢出入以一老婢導前若無官者

周鑑字以人號孔明正統進士選授御史按江西寘興得彭華諸人稱盛按治大學士某子不法悉還所強奪人田廬子女某銜之然伺無所得諷部遷雲南副使下車汰墨理枉開寶泉壩溉田數萬頃民祠祀終某柄政九年不得遷後以通考回籍水次舟覆既出召驛吏謂曰某官滇九年積俸僅二百金歸以爲老母治後事者因禱而求之以漁釣得於覆處驗之果然抵京陞山東按察使乞歸血

方伯李正芳僉憲董應軫皆有風望邑令朱崗請於撫軍吳琛爲建耆英堂以事之凡有大政及事疑不決必咨之以行崇祀鄉賢

劉訓字忠言正統進士知金壇有惠政邑人王豪錢澍貧而好學訓以俸資給後并成進士擢御史冢宰王翺特疏薦其治行爲天下第一累官叅議卒於任祀金壇名宦

李正芳號鳳崖正統進士知保寧府有平賊功累官

山西布政尋乞休盛德著於鄉里與周董同時稱三老事見耆英堂

鄧遣宣德舉於鄉江津教諭擢御史至貴州僉憲乍安南畢節諸蠻有功居鄉守正不苟

曾啓景泰鄉薦犍爲教諭平易貞朴不尚浮靡士習不變今祀犍爲名宦子大有大顯孫烶俱進士

董應軫字宗南以春秋舉宣德壬子鄉試第一授鄭州學博楊文貞過滎澤奇所製辭文薦於朝擢編

遷提學僉事會廣殘亂舉朝以經濟推應軫陞參
議平蠻有功致政歸杜門不出邑令禮事之事見
耆英堂子紋綎紘孫朴俱進士
李瀜字士清成化進士官至參政事繼母孝友愛諸
弟當官廉平父正芳子文祥文欽俱以直聞
王本倹字節之成化進士初授吳縣至則舊令方以
事羈舊令告以情遂慨然還京謁調改豐城尊人
遺詩勗之因刻石後堂日夕自警豐城大治歷廣

西桂林道副使會蠻譁乃提兵蕩平在軍中卸甲
中風卒功懋而賞不酬祀廣西名宦
萬祥號河東成化舉於鄉授蘇州推官舉卓異士民
保留陞本府同知丁艱服闋門人董朴勸其補任
府引毛義捧檄爲喜授徒西塾學者稱爲河東先
生邑城趾瀕河春夏患衝激祥請於邑令捐資疏
上流爲新河以殺水勢至今賴之祀名賢
丘瑩號壯山成化舉於鄉知閬縣治行廉平榜於門
曰愛百姓如子得一錢非官掛冠歸民號哭攀轅
留祀名宦邑鄉賢
熊經字載道成化進士知無錫有惠政尚書邵寶爲
諸生經鑒拔之卒爲名臣時宰相某欲毀民居開
河以便私家經拒之後以異等召至京被謗出知
隴州致仕子夔弘治舉於鄉官保寧推官以憂歸
終不仕
舒崑山字楚瞻青丘山人因號青山幼奇穎成化進

士授主事員外郎中知建昌府陞參政布政擢副
都御史所至有政績能文章一時碑碣多出其手
董朴字汝淳成化進士行人奉使過華容忠宣劉公
飯之惟脫粟因慨然知忠宣之相砥也後知重慶
以憂歸教授生徒歷參政所至稱廉直薄田敝廬
終老爲詩頗陶靖時稱董五言
劉燧字士約弘治進士知豐城愷悌果斷興學育才
邑有淫祀首毀之以正民俗自守狷介不私引錢

以克私槖至微斂有方小民樂辦奸胥巨猾不能索一錢也述職爲江右良有司第一卒於京豐人思之

李文祥字天瑞號檢齋祖正芳父瀜成化進士負氣節見浮沉世事者輒斥且詈推與鄒智及御史李鶚中書舍人吉人十餘人往來高自標榜適詔開言路文祥上新政疏語過切直召詣左順門中官傳旨詰中興再造等語以爲不祥文祥從容辯對而出時萬安票旨令吏部選除繁難衙門做縣丞著歷練遂補咸寧文祥既出爲咸寧丞王恕重其才尋奏召還授兵部主事居十餘日中書舍人吉人以言事下獄乃有媒孽文祥前妄議朝政者於是亦被逮成獄降貴州興隆衛經歷未幾進表南還江寒至商河城曲河冰陷溺死時年三十先是大學士萬安重文祥才名欲引附已使孫弘璧延款於家屬題畫鳩有春來風雨尋常事莫把天恩

作巳恩句故安銜之

周廷徵字公賢號黑沙洙之子鑑之孫初除臨淮教諭起復改安福徵補山西道監察御史按陝西時安化王寘鐇反廷徵斷以先發後聞之義調榆林鎮副總叅遊時源等兵分布要害仍授楊英以計爲書密達仇鉞卒以此擒之并首惡何錦等械送京師而朝廷遣都御史楊一清太監張永統兵始至永愧其功不由已乃追還寘鐇別自報捷又盡奪寧夏將士功以與諸倖貴紀功給事中郗夔懼而自盡寧夏幾至再變賴廷徵威信素孚就軍中折箭爲誓又爲撫定而直自其功於朝疏內云臣不知他日繼郗夔之死者何人而今日擅劉瑾之權者尚在郗夔恭以死自誓劉瑾則指永也尋陞九江兵備副使會流賊劉六等欲浮江窺南京廷徵至晝夜籌畫號令一新賊覘知有備遂折回撫六霍通泰等處而廷徵以勞瘁過甚疽發于項卒

按諸載籍冀鏞始末多據張永當日報功疏惟高
京山鴻猷錄云御史周某聞變自延綏馳至榆林
調兵云云又志載復命曰永以封爵求分功廷徵
曰吾寧婿刑餘貪爵遺羞後代耶廷評幾欲廷毆
永

曾大有字世亨弘治進士知縣徵拜監察御史振紀
街憲直聲動臺端忤逆瑾除名瑾敗起擢知府累
陞江西布政司

李文欽字天存弘治舉人判南陽以母老乞養不許
知陝州未幾棄官歸養母卒哀毀骨立居鄉質直
見人言不順正色責之其風概不愧父兄云

劉天和字養和號松石正德進士授主事改監察御
史按陝西以法裁大璫廖鑾忤逆瑾詔獄謫金壇
丞瑾敗起湖州府轉陝西提學副使擢都御史巡
撫甘肅造戰車練弩訪求趙充國金城舊蹟舉屯
政西盡青海荒裔效順以憂歸嘉靖間漕河淤塞
起視河道先是都御史某開創昭陽湖靡費罔功
天和製乘沙量水諸器躬負畚鍤疏汴河自朱仙
鎮至沛縣飛雲橋殺其下流又疏泰山七十二泉
自烏尼諸山達南旺湖瀦其上流運道遂通進三
邊總督嘉靖十五年吉囊卒衆掠賀蘭山分寇涼
州命副總兵王輔率兵逐之塞外殺部長一人斬
首五十四級獲馬百四十匹已而復入莊浪境命
總兵姜奭馳兵再戰再勝斬首七十餘級獲馬二

百匹提聞陞左都御史賜璽書褒賚十七年吉囊
犯河西天和率所部禦之斬首八十餘級加兵部
尚書總制如故十九年大同叛卒以劉源清故逃
入外地如李天章等皆爲渠魁餘僞作僧道乞丐
狀爲敵偵伺至是入大同鎮卒陰與約殺掠無算
天和聞其將入誓諸將以矢殲殉既而守陴者湎
酒不戒敵登陴入大掠固原乃召醉帥立斬之三
軍股慄率精兵九千躡敵而擊延寧固原兵合擊

之會天大雷雨敵弓解馬蹩躉淖中死者相屬我
兵分左右翼奮勇犄角強弩大礮敵奔北不暇殺
吉囊子一首功五百敵大哭走提聞上告廟策勳
廕子錦衣衛千戶旋以兵部尚書召入提督團營
值俺荅阿不孩入寇治軍勞瘁成疾累章懇休乃
賜馳驛歸二年卒贈少保謚莊襄著有問水集關
陝奏議安夏録
陳文字簡之授崇明知縣遇風潮大變奏請賑濟活

三千餘命以擒海賊施琪父子抗言忤按其調陝
西之延川陞鞏昌通判督甘肅餉時冢宰王瓊謫
戍綏德文與之倡和甚歡王起總制益加優遇尋
撫按以文章政事交薦陞戶部主事員外歷俸八
年以不附銓司出爲襄府左長史文爲人外和內
剛聖賢自期及門之士躋華要終身不少假借居
官幾三十年田廬不改其舊有自怡集存於家
劉漢字天章號坦菴弘治舉於鄉商水令以流賊劉

六等入邑論崇德丞遷建德愛民好士有古君子
風流賊至掘窖以藏家口妻女薰灼死惟一子七
歲以鼻置土鋤得免郎端簡公采也
曾大顯字世榮弘治進士禮科給事中忤逆瑾謫江
西布政司照磨歷參議所至有風裁以疾乞休子
埏進士知進賢擢戶科給事中世宗南幸力諫被
謫後歷廣東參議
詹瑩字廷玉正德進士南戶部主事歷官福建參議

耿恭簡先進遺風載詹瑩居官淡薄用鹽點粥云
云祀名宦鄉賢
董士毅字惟遠正德舉於鄉授四川南充縣一介不
取有青萊布衣破繖羸馬之謡陞守蓬州南充民
勒石以志去思尋遷清操益勵歸時囊無長物林
下十餘年足不履城市好義喜施正德戊辰大旱
士毅捐穀備人埋瘞餓殍不下數千
阮朝東字子西正德解元嘉靖進士累官四川提學

副使不設町畦廉儉終身若無官者弟朝策亦進
士家庭友愛鄉評高之
劉淑相字養忠正德進士南京兵部主事值武宗南
狩叅贊尚書喬宇選一人奉迎諸司皆憚行相獨
請往宇壯而許之果得旨還宇始奇其節世宗入
正大統興聖皇太后尚留興邸宇命相往扈蹕夙
夜宣力以底乃績尋轉北兵部郎中歷陞順天府
尹執法秉直權貴多憚之未幾與內閣許奏下錦

衣衛獄褫職歸卒於家
毛鳳韶字瑞成正德進士知浦江縣有善政擢御史
上弭灾八事詳具皇明疏議輯畧巡按陝西雲南
守令以下皆望風解印授去班列殆空尋謫嘉定
州判歷陞推官同知終雲南僉事博學有文名有
聚峰集藏於家
俞希禮字節之號松亭嘉靖進士以重慶推官擢御
史會議大禮大獄杖謫者多斃荒徼希禮上疏極

諫無以禁中集羽流建壇奏封事亦切諫有云今
日者不在建壇設醮之虛文而在祈天永命之實
事世宗震怒閣臣夏言力救乃免詳嘉靖聞見紀
廷杖謫六安戍十餘年尋赦歸卒於家隆慶朝追
贈光祿少卿賜祭
劉采字興質號安峯嘉靖進士初知宿州會歲饑約
已裕民妻孥僅供饘粥嘗路督課且悉采移官帑
金代輸至秋民爭輸無逋者歷郎署藩臬二十五

年所至以廉能稱遷副都御史巡撫山東先是北
邊犯順兵食告匱詔采礦金又每歲秋屯兵臨清
以防入衛御史建白開膠萊河通海運東人甚苦
之悉為奏罷累遷南京戶部尚書時禁卒以乞糧
故殺黃侍郎反側不安采獨以身任至則處以鎮
靜諸所措注悉當機宜由是逆黨潛消留京安堵
踰年以疾致仕穆宗即位起南京工部尚書未任
改吏部尚書尋改兵部尚書凡四載南中晏然隨

屢疏乞休賜乘傳歸葢異數也公立朝侃侃處分
宜新鄭間不汚名不激禍外和而內嚴居官四十
載清介如一日卒賜祭葬贈宮保謚端簡公在留
都時爲麻城疏請二事民賴之其二爲便民倉畧
云麻城南解自楚達江寧雖千里水脚輕自上清河
兌部倉即三十里旱脚重今不若立倉水次月給
水師則民便而兵亦便也一爲南北塩畧云麻城
地接光商在隋唐原屬汝寧以其去江口獨遠也

今雖改屬黃州若使舍此塩之近而運南塩之遠
貧民若甚窃思天下煮塩之地止七而流通編給
者一十五省是未嘗以郡邑限也伏乞少賜北塩
以助南塩之不給疏入俱報可又捐年俸及坊金
助修麻城城

周載字汝厚號愚齋延徵子嘉靖鄉薦戶部司務歷
員外會北邊入寇部議遣官督餉難其人載獨往
時帥臣驕悍載與抗禮一詢家世益重其人風知楚

雄歷長蘆都轉運使老於家生平無疾言厲色與
人交輒吐情愫人無不愛之

曾嶷字日宣號肇山嘉靖進士知獻縣擢給事中世
宗南巡抗疏止輦廷杖下獄謫靈州幕直槪傾動
一時累陞福建少參拜命未就而歸

黃卷字景文號萬崖嘉靖進士歷官憲副年踰疆仕
即解組歸服犢鼻褌躬督田事與奴僕同甘苦嘗
從鄰舍借耒耜鄰人負送公曰但借足矣豈可復

荒汝工自負去嘗以隻雞尊酒候邑侯比送去復
日適瓦尊可見還侯笑立取與之一日耿楚侗周
元孚輩候公縱談名理及疆埸事忽慨然有請纓
志俄而設具杯盤狼藉恬如也闔其室蕭然一榻
衆共太息曰今日游羲皇矣公清操自勵將以型
俗而逸興軒舉寄情曠達卒祀鄉賢

劉廷舉號巨塘嘉靖進士知分宜時嚴分宜柄政以
彊項賈罪幾惟不測有排解者調上蔡陞部屬後

嚴敗殁公復守袁州嚴殲兇寺中中議弁之又奮
視其孤時稱長者晋廣西副使致仕卒祀鄉賢
劉天民字養達訓新淦學憲委品隲諸生卷彼録者
餉以金叱還之内艱補常州訓歸囙杜門課子子
瀾嘉靖舉人知銅梁孫守泰解元登第吏部主政
益家教也
周思夂號柳塘嘉靖進士以夔州太守致仕抗志希
古品詩卓犖與耿恭簡相友善其治行見稱於剛

峰海中丞忠銘王宗伯次川譚司徒嘗謂門人歸
善楊起元曰學必求至聖人非但欲為好人也飲
之酒𠄎酸又謂之曰世人云酸秀才頭予他日無
忘此味也及起元館選引山雞自矜其羽為喻趣
輔仁書院為李卓吾築龍湖精舍工詩律書法著
有石潭集學者稱石潭先生
梅國楨字客生號衡湘萬曆進士知固安縣潤畧節
使政通民和暇𠁣輒較射每䠶射所決訟錯落數

語立遣去歳爰書奏上經三四通其御中官貴人
多所擽縱捍鬬不名一端政最入為御史寧夏鎮
將哱拜子承恩劉東暘等殺巡撫黨馨據城以叛
攻下四十餘堡分道求援塞外中朝大震國楨昌
言於朝謂寧遠伯李成梁父子威名素著哱賊出
入邊徼獨憚李氏耳請以西事委之朝議方憚兵
叉憂李氏跋扈不宜假以兵柄復抗疏極論上以
成梁老姑徐行命國楨監其子如松軍以往監軍

權輕無賜劒又屢奏申誡侵越國楨以忠赤風勵
將士諸將始而狎中而畏旣而感激踴躍願為之
死鎮城三面阻水壅其北決之灌城賊守陴者皆
哭佯乞降堅守以待塞外援賊援數萬騎渡河國
楨夜舉火趣李如樟邀擊如松尾之遲明兩軍夾
擊賊援大敗繞賀蘭山遁去賊絕望迺𢬵城而下
願見梅監軍而陳歸順是夜城中有密請獻南城
者總兵牛秉忠年七十賈勇而上國楨緣梯大呼

老將軍先登矣乃並登降人殺守者血流[illegible]有聲國楨躍坐血濘中籍記功次傳呼止殺男女然釐夾拜謹呼再生南城下賊據大城以守聞言懼殺降國楨以不妄殺一人爲誓大城懽聲如雷賊遂內亂劉東暘許朝誅死哱拜自焚俘承恩以獻時督府葉公在靈州聞城下星馳至云曾賜劍不殺奚以爲功國楨力止之不得即日襆被就道題詩驛亭長謳歎思而已朝右皆右葉以首功論國

楨陞大理少卿廕一子錦衣百戶上知其能有意大用明年陞僉都御史巡撫大同又五年陞兵部右侍郎總督三鎮又三年以父喪解任歸未起而卒在邊衎備以恩信諸部長有言必與辨詰得其心折乃已邊人久安久之塞外獻其冠履酪醬之類至立祠祀延鎮帥桃紫衣兒大入殺掠延撫堵之不聽曰必得梅大人言爲信命使至遂立解其爲邊徼敬信如此爲人倜儻變化權譎機警曉暢

物情闔合兵法温陵李卓吾好譚王霸大略西事起歎曰天下之兵始矣既而曰客生往矣必能辦賊

丘齊雲字謙之號嶽泰嘉靖進士官至太守年三十八即致仕[illegible]號情詩酒嘗柬友人云歸來三徑幸松菊之未荒[illegible]讀罷五車笑竹蒲之猶繫其逸致類如此刻有吾無亭集粤中稿

周思敬號友山隆慶進士官民部郎爲江陵相公所

鑒賞竟以救援臺官忤其意時論韙之累官至工部侍郎贈尚書廕子自少爲唐正菴門徒後俱里居一日遇於道唐戲曰何以延師公諾而治鮮鵝一肴以速唐食畢復戲曰止此耶答曰師未饜尚餘一鵝腿當再進耳梅中丞長公嘗稱此事以爲人詆其儉吾愛其朴

劉守有號思雲武進士出身襲祖莊襄公廕官大金吾加[illegible]傳[illegible]神[illegible]龍春殊淮子承禧號延沾亦武

進士龔職好古玩書畫奕棊麗問豐鞏邑之王謫
也

寀宸號西橋嘉靖時人少穎悟嘗館童太史家童偁
閣漢書有遺失公悉記無訛成補廩餼三讓貢與
年長者卒就廣文與吏部許深相善囑公臨選時
自擇書付小史相示公而允實否曰有命既發成
都僻遠許扼腕欲致其子補廩餼公力辭曰年少
當學功名易得者亦易失也適有縣令以事當落

職丐公書與許得免令奉千金爲謝堅却不受其
操修多類此童太史有傳七世子一本亦以理學
名邑侯穆龍峰造廬問業惟尊酒雞子相款侯翁
敬之

耿定向號楚侗嘉靖進士行人擢御史督學南畿焦
竑出其門歷卿寺巡撫福建進尚書詹子謚恭簡
生平力學敦行歸里講學執經者屨滿戶庭詳黃
安志中

鄧楚望字震卿號東里嘉靖己未進士禮科左給事
中郎河南道監察御史鄧逵之孫也祖孫俱爲言
官臺垣稱世美焉直諫敢言如吏治商人學校諸
疏朝廷甚重之後以言事忤旨出守順德旋轉浙
江觀察使年未六旬雅志林泉告致歸依始祖學
博公鄧泰祖基營近聖居曰俾吾子若孫世聞宫
墻管鼓也然邑有叛僕挾贖千百成羣公忿上書
雷憲使云家人可汰在市棍不在田夫援靠當懲

在勢家不在小户況此輩財盡則依附不安於本
族身貧則轉徙仍望於他鄉是户口未必增而冠
裳徒聽其倒置也云云主僕之分卒賴以正至今
稱焉事無關風化者公不言築有可園自娱日與
騷人墨士嘯咏其中著有詩删續稿及詩城摘錦
紀聞等書行世尤精岐黃之術親舊遺藥救
濟生全者無算諸所陰行類是今孫此成及續譽
徽會占繩祖武文行卓越咸謂積善之報云

耿定力號叔臺隆慶進士與兄定向究心理學初官
兵部歷成都守以文學飭吏治遷福建提學道時
稱冰鑑累官至操江少司馬祥黄安志
劉諧號弘源隆慶進士選庶吉士改兵科給事中幼
聰穎絶倫而筆墨俊逸初從父廷舉官浙江以麗
語見賞於總督胡公宗憲稱爲國器蕩舟西子湖
爲百詠如小樓昨夜聽春雨深巷明朝賣杏花句
膾炙人口官庶常時凡應制諸篇刻漏趣取立就

咸稱旨惜多不傳爲人瀟灑風流善戲謔
周弘謨初名弘祚字元文號東曙萬曆武解元會試
六名授守備靖州土司周官據城反征勦射殺之
復靖州黄梅賊據堂劉汝國等反血戰竹麻尖著
勞遷河南省都司宣府遊擊同李如柏等戰平壤
大捷會倭關白陷朝鮮謀者言王京倭二十萬且
聲關白揚帆入犯經畧急檄劉綎陳璘水陸濟師
初我師捷平壤餘銳及碧蹄敗衂氣大索久頓師

絶域海氣蒸濕瘟疾盛作於是沈惟敬款議始用
經畧顧養謙胤得倭報惟敬書請於朝上諭選才
力武臣一員往因令弘謨同惟敬往諭推誠侃論
倭爲讋服倭軍師元蘇詩相贈答有太平花在筆
頭餘句輸誠就款遂獻王京返臣子陪臣如約縱
歸退保釜山待命所餘米燭豆無筭還疏得倭情
甚悉復遣往議封貢至朝鮮仁施縣去釜山僅九
十里倭遣島太守來迎偶患病三日不樂卒功垂

成而命殞中外惜之朝鮮王子哀慘觖望見諸祭
章今有天朝大將軍周公祠在國後遼御史核功
追贈都督僉事廕黄州衛千戶
周弘禴字元孚號二魯萬曆進士仕至尚寶卿兼御
史巡視寧夏以薦哱拜故謫潮陽尉殁後叙諫
東宫追贈太僕卿弱冠讀書射獵慷慨有大志所
爲詩文雄駿豪邁鄉場五策爲王弇州所賞雋南
宫謁江陵望其器宇曰是必麻城周某矣時與屠

詠頌海內頗有聲林下十年失職而
志不平寄情陶寫賓客日至其門凡邑之公事言
無不盡
彭好古號熙陽萬曆進士知歙縣選御史官僉事剛
方正直風格類古人弟遵古號旦陽鄉會同榜官
尚寶卿山東主試有文名始兄弟家貧力學激昂
青雲兄訓弟頗嚴弟事兄惟謹終身稱師
陳楚産字北學號五不萬曆進士初令博野清廉百

麻城縣志　卷之七　卅四

姓稱陳青天遷兵部主事被論歸里數十年不起
凡邑利弊輒敢言於令君貌昂藏多戇長困童子
試高自期許以白衣中式爲文雄健如其人貧時
交白首不易
曾之贊字伯良號泗源萬曆舉於鄉令深澤北俗輕
生下車首禁民溺縊者嚴反坐律刑以是清他邑
疑獄上官多藉明允歲饑設賑所全活無筭奏最
擢御史首劾淮貪撫張明綱巡按薑大會代藩廢

立上疏切論隱喻曲鬯實爲當時國本地也廷大
閱邊備肅軍政勞瘁卒於官爲人清介筮仕十年
布衣脫粟産不及中人高陽相公誌其墓
劉秉鑰更名孩之號三一常萬曆舉於鄉授縣令棄官
歸築室東山讀易足不入城市三十餘年耆歸正
解詩有劉致長艸書晚目瞶揮灑自佳
周應嵩字子中號中嶽萬曆進士光祿卿弘祖之子
少穎悟過目成誦爲人磊落不羈好施予姣凝以

麻城縣志　卷之七　卆四

所市易田産還其主者無筭一日置數十金於篋
爲同塾友盜去家僮私啓友所緘金在焉乃囑緘
如故置其處絶身不言其盛德事類如此初授南
國子監博士踰月得疑疾歸蚤卒子振巳未進士
値天啓朝感時長嘯遂絶意仕進乘款段馬隨杖
頭遊不出田里年五十卒
周制號峻陽萬曆舉於鄉知開化縣潔己惠民民祠
祀之至今不絶其子延齡孫長流俱經明行修

楊王庭號中愚生世族幼而岐嶷乙酉舉於鄉初筮仕爲潯陽令江之岸北地形窪下數千戶聚廬於此公下車夏流汎溢民待斃公曰吾爲民父母視數萬民就死不救縱獨生有愧願渡江與數萬民俱死乃破浪親往捍築垂潰之堤立就潯人感之名楊公堤爭建祠以祀時萬曆中鑛使四出公持正忤璫坐是不得內召平調桃源令尋晉廣信府丞公以倦游歸來教子孫俱文章名夫人朱受孺

人封手不釋紝紡戚族之貧者咸仰給焉公歿崇祀鄉賢江右艾南英過麻慕之爲傳

按由明甲戌入祀鄉賢其考語云正大律身光明率物早歲以文章聽鳴鹿多士服其子雲中年以政事矢懸魚當道許爲伯起權璫橫湖戶與之均茵抗禮紳搢頼以觀瞻者七十二城大浸壞江堤毅然破浪捍築黎民幸而生全者百千萬命所當祀諸俎豆百世不祧者也伊孫知衍尚能述之

山生金號燮甫萬曆進士治春秋馳名推官擢御史累陞太僕卿有節概聲望以邑中雀角困林泉其官臺諫時復方孝孺友族家一疏人以爲不愧科名云

周應明字子良號瀛海萬曆鄉試第五會試第四授禮部主事卒於京負丰姿一目重瞳儁才博學爲文宗似弘成大家治春秋著小草馳名海內詩清新書法顛褚河南兼繪事與李長庚友善

李長庚字酉卿號孟白萬曆進士授戶部主事歷浙江參政山西按察使江西布政皆考最清廉遷京兆尹京畿荒旱疏請平糴賑饑免稅皆朝上夕可民賴以生巡撫山東一意與民休息值亢旱躬禱雨晉戶部侍郎督餉天津會東北用兵具疏力復海運飛輓倉厫連亘十餘里經畧熊公嘗稱侍郎胸中甲兵乃爾屢膺褒諭陞刑部尚書轉工部尚書魏璫以爲楊左黨人削籍還里崇禎朝起戶部

尚書歷吏部尚書上每褒以勤勞清慎後與柄政
意不合放歸以疾卒於家為人溫藹有雅量居官
居里未嘗失一言一色宦槖蕭然惟集書一小樓
好學手不釋卷喜作小行草書殊工無精花鳥繪
事博通釋道占綿諸家言晚自稱西有道人逝之
日猶作偈未嘗及家事春弘中黄中素諸子能繼
其學
曹大受號無可萬曆舉於鄉浙江新城令理滯獄勵

巨憝而性鯁介竟左遷蜀藩史會奢賊變募死士
上首功擢貴州兵備副使復晉階一級意有不合
輒拂衣歸家
周邦璟原名邦基號杜明萬曆進士行人擢監察御
史督學南畿名流多出其門魏璫時削籍崇禎朝
起河南道入司京察陟太常卿晋棘寺遷南少司
馬為人厲廉隅寡言笑壽終
[illegible]坦字坦之號長孺太守齊雲子少馳聲藝苑極爲

袁王璠伯仲所賞他如董思白陶石簣黄平倩顧
開雍皆樂與之交遊蹤遍南北凡湖山名勝于時
交徒同趣品竹彈絲推花評鳥俱臻佳妙翰墨儆
趙文敏米南宮至揮灑少年場千金立盡有李太
白之風後就武得雋官海州叅軍告病歸有南北
遊夢楚丘度遼諸詩集
熊嗣先號懷愼修儀博學萬曆鄉薦第三名授南充
令循卓有聲陞叙州府佐以督兵死奢賊之難贈

秩廕一子黄州衛百戶崇祀南充名宦
周之夫號赤城思稷子萬曆進士由推官轉儀曹郎
歷溫州知府先是分考浙闈得潘曾紘陸鰲陶崇
道稱知人制舉業有青袍壺隱諸草子世遴字伯
譽妙年俊才督學葛寅亮奇之早卒有稿傳世
熊所師字吕原家貧歲歉有知交餽稻數十斛分給
親友一時悉盡堂從弟妹不能自存者教養婚嫁
之萬曆中丁酉鄉試歷任四兩大名宦祠授詞李

虔州有守將縱兵剥民公按法劾罷而虔民尸祝
焉陞爲州將所中謫盧州判州有豪猾者前守屢
捕不出公至姑撫諭之猶不悛越二年公攝州事
計擒之置諸法盧人又尸祝焉卒非流令櫬歸不
能葬時三河令詹樹棠西粤宦門長沙尹氏與俱
出公門墻助葬之邑侯樊羽公先有大德於公者
至是哭祭於墓恤其家

王成位號儀袞萬曆舉於鄉歷仕至鞏昌丞事繼毋

孝晚講學著易不衰

田生芝號瑞陽萬曆進士任寧雲令陞吏部主事累
陞光祿卿通政使爲人沈摯詳縝初治寧雲值餉
運孔棘縣額豆解繁苦力行海運便民至今德之
詳載于弘憲家乘

王爾德號澤袞萬曆舉於鄉官至陜西右布政初知
嵩明州東川土酋之變督師建功陞僉憲守永昌
佐直指婁公籌策擒斬叛酋馬一駿分巡臨元沅
復十八寨所城蠻婦瓚阿定州本安覇繼觀察黔
中銅平嶮耳山苗倡亂率兵入其界撫之黔賴以
安在秦轉瑞值烽警間道如期趨闕以勞瘁卒於
京山時有隱德以古處教家清白子元晉元凱孫
汝霖文行卓然能克家繩武

梅之煥號長公別號信天才情高華倜儻不群萬曆
會試第三人選庶常改吏科給事中外轉廣東道
山東提學陞鄉寺擢贛巡撫丁內艱會魏璫羅織

不附己者中傷者乃言與楊漣對泣擬逮問而璫
旋敗崇禎戊辰起甘肅巡撫公嫻韜畧精騎射以
是議邊才必首推轂在任悉心整飭隨宜撫捕己
巳入援中途兵譁旣安戢梁司馬坐以逗遛落籍
還里值流寇披猖於所居之沈莊建堡曰護生養兵
保障寇往來如織木皆一過焉性眞率耿介與人脫
畧無苛斂好善切而好惡嚴里人目聚其廬要季
諾畏爲陳君所短也

厓字奇生號石泓萬曆進士初任吳縣稱能吏
後調無錫以風力幹濟考績遷儀曹郎陞符卿清
剛不撓魏璫以爲領袖清流削其籍崇禎巳巳聞
詔還秩歷陞少司寇被論歸家食講學晏如也及
卒督學高世泰舉祀鄉賢
劉鍾英字俊卿號太疑萬曆進士官翰林值梃擊東
宮一案舉朝沸騰或勸上章公曰皇上誠慈皇太
子誠孝恐不爲君父留餘地耶明旦太子果下令

曰張差瘋人打死便了外廷何得有如許話說衆
乃服其識天啓辛酉典試閩闈崔田等嗔不附黨
且云在朝而有憂色削籍歸自是楊左周夏以次
逮獄一日梅中丞憤甚過其家言謂徃京一語件楊
左諸君死公從容爲言忠激亡身無異抱薪救火
向使唐李訓鄭注少濟以扠梨公之學問何至挽
士良殺二王一妃四宰相耶梅意乃解崇禎戊辰
起洗馬司業祭酒尋遷少宗伯枚卜方及旋殁南

少宰冉疏乞養疾歸性醇篤不喜闗人過居官不
附黨不沽名不越職言事
劉僑號東鄕天啓辛酉襲祖雅襄公錦衣職試補北
鎮撫理刑獄時中書汪文言觸魏璫怒削籍崇禎
初起自南司遷西司旁巳巳之變特用提督東司
房一歲遷十三級加太子太傅寵眷如此後以委
緝六部十三省事極言耳目難信朝廷宜寬忤旨
謫戍竟卒於留都先是都御史楊漣疏魏璫二十

四罪內云北鎮撫臣劉僑不肯殺人媚人自是在
刑慎刑也其不事羅織當時朝野同交口之
陳鵬舉字雲鄉號六息天啓鄉薦任定遠學博署篆
禦賊有方畧陞蔚州守遷刑曹郎
朝官河間道遷□虞副使歸老爲人孝友敦交誼官
尚清慎晚年艱嗣杜門却掃棋奕消閒
劉侗字同人號格菴崇禎進士知吳縣令之任卒於
維揚舟次時年四十有四文章事業未竟其志海

內侮之初爲諸生見賞於督學蔣公禮部以文奇
奏參同景陵譚元春黄岡何閎中降等自是名著
聞楚嬀數不利復以公事忤鄉先輩入學成均癸
酉舉北闈甲戌捷南宫客都門取燕人于奕正所
抄集著爲書名帝京景物畧屬同里友周損采詩
共成之刻行世所爲詩制舉艸先是爲武昌孟登
刻于蘭陽名龍井崖詩及雜草後韜光三十二義
爲景陵譚元禮刻于德清其生平全集尚俟收輯

爲人以千秋自命不苟同于世其見詩文志
董璋號公朗崇禎壬午舉於鄉爲人厚重有容官長
垣令興利除害政尚寬大子時升舉進士見任山
東夏津縣
閻頻以子承讀貤封壽九十九登岐亭日與市兒弄
常徒行朴茂如木雞是即其順性之學矣
萬吉齡字叔延萬曆戊進士官貴州都司壽九十四
爲人溫克書法倣詹景鳳晚年尤佳

彭信古字叔籛號龍陽幼同季弟遵古從伯兄好古
學皆耆讀書而信古獨勇常戲舉大石數十力自
礪山有物作祟時爲素女粉帳傷人一夕力叱之
如山崩詰旦視之乃一白狼斃於巖下與伯季俱
爲弟子員信古試輒鈍謂季弟曰爾利於文無冠
軍嗣試予與爾更之及揭案季弟以信古文仍擢
首乃輟書歎曰大丈夫奚事毛錐玉門定遠可按
劍呼也遂因武籍登明萬曆癸未進士伯季以文

成兩榜臻顯秩一時人稱三陽蓋謂好古號熙陽
信古號龍陽遵古號旦陽云始任道州守禦遷瓊
州遊擊陞朝鮮參戎救恊大將軍劉綎平倭有功
錫世廕黄州衛指揮同知事載明紀崇信錄
孫一謙萬曆間爲南京司獄官於獄囚甚有恩惠舊
例重囚米日一升卒爲獄卒盜去又散時強明不
均多有不得食者因初入獄往往驅之濕穢地不
得錢不與燥地一謙知之一切嚴禁手一秤秤米

計飯按籍以次分給甚均衣獘爲浣濯補緝終其官四無凍餓凌虐死者兵部侍郎王用汲董閱其事皆加歎異欲爲之地而一謙已滿三載考轉靈山吏目去矣王世貞贈以詩云青衫白馬帝城西祖道無人日欲低猶有苦蘆方畝地赭衣能作數行啼盖紀實也一謙不之官徑歸至鄱湖舟中恍然見有請爲其土地者與之應答妻子駭之不數日卒鍾惺曰官無大小要在克盡其職與民有恩

惠耳孫公一獄吏觀其用心可以不朽矣事見明史

彭謨白杲人少貧困爲人豪激出投戎行崇禎辛未援登萊有大功欽授副總增名有謨登萊家匕生祀之後里居禦流寇以衆寡不敵死

麻城縣志卷之七終

麻城縣志卷之八

知縣事漢上屈振奇纂修

人才志下

逸行

宋王翊縮桃黄菴隱居自號桃黄山人東坡志林云岐亭有王翊者家富而好善夢于水邊見一人爲人所毆傷救免明日至水邊見一鹿爲獵人所得翊惜以數千贖之隨翊起居未嘗一步捨翊

又翊所居後有茂林果木一日有村婦過林中見一桃熟而絶大獨在樹杪乃取而食之翊適見大驚婦人食已棄其核翊取而剖之得硫黃一塊如桃仁食之甚甘矣自此斷葷肉齋居一食不復殺生

張憨子[illegible]九螺山逸人東坡志林云黄州[illegible]如狂人見人輒罵云放火賊稍知[illegible]時人[illegible]力[illegible]

辭時從人乞予之錢不受冬夏一布褐三十年不易然近之不覺有垢穢氣邑人周維桓晉于九螺山石壁間搜得憨子鐫壁詩云進肇山頂鬧泮々人々朝拜石頭娘日假浮雲充烟屋夜將明月作燈光炎熱致使風爲扇旱渴閒逢雨折湯天地同生此石毋許多孩兒寄名郎詩雖鄙俚然有一段瀟灑烟霞之致

元陳聽世居西山力田務本以禮義廉耻訓鄉邑

樊子晉讀書明理審病察脉預知十年生死醫家宗之

康伯道觀山白水巖鐫康伯攜家來遊巖所鐫年號皆宋元世以爲韓康伯未確

明王兆寶號赤門嘗書樂樓名西雲藏之交遊悉江左名士刻有四大史記評林尚書子墨號酉陽博古書法學晉二王邑人多取法

甘聖魯幼爲人牧齋志攻苦嗜讀朱程之學卒成大儒以黃陂有二程望魯臺因以自號遺命其子葬必葬我陳季常之側邑人從之

毛鳳起字瑞東號道峰少習制舉業後棄之從遊於王陽明歸講學授徒嘉靖壬辰詔舉賢良敦行遺逸之士有司以鳳起應不就

劉守蒙字子功邑諸生莊襄公冢孫以恩蔭讓其叔父溧以世蔭讓其弟守孚人以是稱其有讓德天折士林惜之

毛可學號思溪理學傳家孝友風世與拙齋劉承烈同志切劘

劉承烈號拙齋少聞耿楚侗講學執贄往師焉楚侗與語奇之因閉關讀書窮理清操不苟學以格物爲宗翛然樂天人呼爲拙聖生平閱易學百四十家晚著易名易學就正十卷數易稿猶未安今門墻有能言之者凡國家典故講究精博歲時會講聞者悅服惜未裁有所蘊

周延齡字大年總角即有才名清修耿介其父制歷仕陝浙竟不一攬任所惟以麟經教授閭閻邑俊秀多出其門遠及滇黔千里負笈受業見重於督師丁啓濬延之帷幄一總戎希陞遷特銀五百兩托閣說於丁詢之果稱其職乃爲力請得允却其謝金曰受之則非公其不苟類如此明末輪歲薦高尚不就學使郜爲之賦招隱之章其子長流著有麻城春秋文選行世其家學淵源云

鄧茂林字仲翔給事中楚望之子御史達之孫也兒時岐嶷聰穎見奇於太史劉洪源遂結絲蘿英年積書充棟淹貫百家迫數困棘闈遂憤棄舉子業講古敦行翩翩塵表曾師事袁渭宇袁以百金私付茂處屬好存貯爲我身後計吾諸子不可告也及袁歿即携銀往唁爲治喪具而歸真居心仁厚不以存歿異念也今子北成暨孫輩森森猶是忠厚傳家異日豈無繼公之志補公之未逮者乎

劉師召號魯橋講學著書梅司馬國楨出其門

王可任號重菴行誼修潔以孝友著聞生平多盛德事又自號知非子

謝天眷字夢膏兒時即清修自勵歲歉散產業以濟族黨從遊于耿天臺周柳塘之門處士何心隱忤江陵斃于楚撫軍杖天眷携炙絮往奠詩以哭之又嘗雪曹指揮拔黄寃及蕭繼忠等枉獄其俠義任俠多如此

李瑞號白岡家貧讀誦希古與劉端簡爲莫逆交萬曆元年建邑城瑞糧里輪工親操畚鍤往役焉時端簡致政村居以老友役特爲入城省之

甘可東號季川讀書應童子試卷與取爲胥作弊割其卷面易他名或勸之幾覺不可曰安之而已英山富人被巡方捕急知可東與巡方者善以千金浼往請釋未幾而富人全家疾死僅遺孤可東潛以金還其孤後四子生玉生芝生蘭生金俱登仕

籍

喻儀號麟野世宗朝邑漕糧運兑多不便民儀捐貲呈請永入一條鞭內合邑永賴之

曾鎮號石洞道人于柏子塔石洞幽棲畫山水筆墨蒼老鶴髮藜杖韋冠羽服望之若仙劉子侗爲作序

梅之煩號惠連少司馬國楨子持身方正勵學湛深初秉父文武襲廕工制舉義馳聲寓內有年繼以

武廕久曠例有降奪倪襲職因疏請北行葬思宗不允遂歸隱龔山別號槁木著春秋因是萍廬史論偶集寄言諸書行於世教其子垌克承先志

流寓

漢毛玠字孝先陳留人今邑中毛氏子孫言玠携幼子家於麻城有魏武帝手書萬古高風四大字賜玠者毛氏世珍藏之如僉憲之毛鳳韶丁丑進士之毛羽儀皆玠後裔也玠墓在花橋離縣治東十七里

按朱子綱目獻帝建安十三年曹操以玠爲東曹掾與崔琰並典選舉所用皆清正之士敦實斥華僞進沖遜抑阿黨由是天下以廉節自勵雖貴寵輿服不敢過度長吏還者垢面羸衣獨乘柴車軍吏入府朝服徒行吏絜于上俗移于下十八年以玠爲尚書二十一年操賜崔琰死玠傷琰無辜心不悅人復白玠怨謗方收付獄桓階和洽爲之陳

理操曰此捐君臣恩義妄爲死友怨歎殆不可忍也洽曰玠雖年蒙寵剛直忠公爲衆所憚不宜有此玠信有謗言當肆之市朝若無此言言事者誣大臣以誤聽聽臣竊不安操卒不窮治玠遂免黜陳壽有毛玠傳見三國志

宋陳慥字季常洛陽人寓岐亭號龍丘子又曰方山子與蘇子瞻友善客齋洪氏隨筆云慥字季常公弼之子好賓客喜畜聲妓然其妻柳氏絶凶妬故

東坡詩云龍丘居士亦可憐談空說有夜不眠忽聞河東獅子吼拄杖落手心茫然河東獅子指柳氏也又按東坡與季常札云季常未嘗爲王公屈今乃特欲爲我入州已申士大夫聞之聳然使不肖增重矣不知果能命駕否又云數日前率然過江遊寒溪西山奇勝殆過於所聞獨以坐無狂先生爲憾耳東坡爲作方山子傳又贈答有詩今慥墓在岐亭廿五里之杏花村

按

原本云季常蜀人按此或因東坡故人之說而誤以爲與坡皆蜀人也據方山子傳東坡之所謂故人者云前十九年在岐山見之蓋東坡官鳳翔時始見慥且傳明言家在洛陽矣則慥當爲洛陽人又原本疑於河東獅子之說謂慥家當在岐亭河東岸亦未必然慥娶柳氏坡蓋借用杜詩河東女兒身姓柳以嘲之耳

元喻千祿江西人任黃州刺史多惠政工詩賦精陰陽律曆諸書與其弟評事百祿寓居麻城今千祿墓在城南三角湖上

明趙乾歸安人元趙子昂之裔洪武初任麻城令後寓居于縣西之牛棚山麓子孫家焉

李贄號卓吾別號禿翁温陵人任姚安太守棄官依黃安耿子庸過麻城悅龍湖風景止焉與梅客生周柳塘丘長孺周友山善僧無念道一皆與之遊

性卞急而潔日惟讀書洒掃與人交非其所好對坐終日不一語後有以妖人聞于朝者被逮自剄於京邸許見劉侗卓吾墓志初至龍湖輯書曰初譚史綱藏書焚書因果録等手録及所評騭不下數百種下檄逐日火其廬與書已燼亘畝

孝子

明趙說仙居鄉人以詩書教授生徒父母同日死說號慟盡哀負土成墳廬墓側感二白雀馴擾墓間

正統時旌表其門

梁庠白水人母王氏篤疾庠身不離榻衣不解帶二
載有古人所未爲者里中稱爲苦孝

按

舊志載周志蘆墓喻沿毛性中鄉學成夏思鎮俱
割股未詳考

列女

元蒲氏邑吏蒲拱女年十六爲紅巾賊所執欲污之
女紿賊於山橋僻處拔簪抉其一目賊怒甚殺之
罵不絕口死

張氏令商水劉漢妻從夫任商水流賊至氏同女鸞
山死上窗中正統中旌表

明鄒氏給諫鄒騏女職方主事李文祥妻文祥蚤卒
氏苦節四十餘年茹蘗飲氷壽垂八十弇州王世
貞贈一聯云一門七節萬里孤忠蓋因氏苦節二
一門觀感而起者有六云

李氏舉人周弘烈妻烈中式後抱病垂危氏年一十
願先死以明不二烈卒遂不食死舊經題表烈少
年亦不苟於色赴鹿鳴宴妓供茶果却而不食

熊烈女初父母許聘劉康康病劇女割左股遺康食
之女聞訃誓以死從因父母力救乃言不令我哭
於劉終不生於是携之往哭慟欲絕姑泣曰女來
適吾兒可無死女曰吾以股食之即以身事之矣
不死何歸卒死之御史舒鰲給銀合葬都御史耿
覽上其事於朝詔旌表仍復其家

劉氏端簡公呆女適都轉運周載長子弘祿弘祿蚤
死氏孀居三十餘年執夫喪坐臥一樓執翁姑喪
盡禮以節孝聞端簡公亦敬之賦性嚴毅皎潔內
外無間言直指郭公禮帋致獎見卓吾傳

俞氏孝廉周弘祁妻御史周希禮女弘祁死氏以憂
毀殉符卿周弘禴稱其忠節似父云

毛氏侍御聚峰毛公女適[illegible]文文蚤死氏年二十有

五矢志栢舟潛心內典工筆硯壽八旬餘旌表孫
謚文貞刻有毛文貞集所傳桃花慕雨州中閨秀
子春風月下幾句詩率類此表王孫太史序之奉
旨建坊旌表坊在西關外今存
李氏刺史王龍麟繼室龍麟卒氏年二十餘哭泣不
食經四十日會疾革知族衆不利於孤者必傾孤
預戒家人置棺中勿封歛衆果蝟集謀孤殺母氏
從棺中言曰巳知汝輩計必出此也衆大慚而去然

後旗
鄒氏董徹長妻徹長讀書癰疾臨危氏巳絕粒數日
矣及夫死觸棺頭裂姑與母抱持之勺水不入日
旂六日遂絕少宰劉鍾英題疏旌表
余氏岐亭槳振華妻崇禎乙亥春流寇掠入境氏聞
警即以節烈自矢及寇至隨夫竄身斑竹園勢將
危迫度不免氏自經夫解縛數次爭之不能奪抵
黃昏乘夫不見卒縊樹間死

仙釋

北朝麻姑石虎將麻秋女父猛悍人畏之築城嚴
酷晝夜不止惟鷄鳴乃息姑有息民心假作鷄鳴
羣鷄皆鳴衆乃息父覺欲撻之姑懼逃入仙姑洞
修道後於城北石橋飛昇追者不及名其橋曰望
仙
唐釋真應禪師住龜峰山與名流往來如慧遠之在
東林也戒律精嚴默坐逝又虛應靈應禪師皆

有道場
神士主世傳宋西蜀人張姓行七稱張七相公宋封
崇微侯明封助國順天王初遊歷麻城見沿江多
淫祠毀之繫獄邑有火災釋而捍之跨烏騅執朱
旗指火火滅遂至縣西非五腦山人馬俱化去後
人建祠祀焉洪武初凡封爵趨朝後期法當死邑
有趨朝而坐病者度不能及忽有人箪肉食之借
往及期後知爲神助莊襄劉公西邊成功亦神呼

於蘇使之整備凡邑人至難神助之多有其據値
科場宿山禱夢如劉守恭栁之煥劉仲昔奇驗至
江湖間呼應允不爽遠近朝謁者無虛日
釋大智東山童氏子應化南海嘗經行普陀山山瀕
海師曰何惜千步沙爲老僧經行地次日即湧沙
千步至今名千步沙其他神異多類此
釋無念名深有東山熊氏子少孤披剃徧遊諸方一
日叅一名宿値宿方鋤瓜茄次師請開示宿即指

曰黃瓜茄子師叅四十年後忽有省原不識文字
自是偈頌書札口占如流李卓吾聞而與之遊焦
弱矦陶周望黃平倩袁中郎皆致禮焉晚年入黃
栢山建大禪林中郎爲之記鄒南臯作傳刻有醒
昏録黃栢復問芝隆山亦其道場請益者輒罵諸
方謂黃栢門庭高峻一時有大童打黃栢罵之語
然無上堂寔曰有尲尬自空名常聞亦從披剃後
侍李卓吾頗通文字好諧語寓秘義爲人淡薄無
求居丫枒三十年不下山有能御閒話新葛藤對
紙閒談諧作早籤二一籤可伸仰題詩曰整日兜關
在眼傍自然世昧冷如霜閒來擲下藏身窩莫待
臨時手脚忙有過訪者輒率同坐其中或嫌之師
曰生所也死歸也汝終不免耳相知者死俱列名
龕之而自署其名於末
釋道一名明明周氏子少賴悟超異習不入俗初名
之首應童子試冠第一後至河見爭渡者有感遂

棄巾衫學仙遯跡武夷之大王峯迫歸里隨李卓
吾住龍湖契合稼爲僧愛白泉山築三教堂居焉
學主慈悲視殺蟲魚與殺人無異意所不屬雖久
聚處不知其姓名復入武夷諸弟子强之還白杲
舟次齊安一夕端坐而寂納龕中葬八年邑人發
而茶毗之啓龕則全身不壞遂供養塢中文信口
詩無韻惟天機流妙見雁臺集

麻城縣志卷之八終

曹衛昌字石癬別號石霞幼聰穎作文倣徐庾不事家産己卯舉鄉試第一癸未成進士授嘉定令放懷詩酒不修吏治會巡按考察問刑名錢穀幾何應云文章頗能幾句簿書非職所長因左遷閩鹽官首領隨改革解綬歸里讀書立浪園不關世事洪閣部入楚聘起與語知其無意於世聽歸晚歲研精佛乘益蕭落自好其父自明宦永昌至順治十七年雲南入版始聞訃覓病奔喪賴一時仕滇

者慕其文名高其孝德率贈賻爲經營而同鄉楊司理兆傑猶力乎西藩王亦厚贈予郵符故得達永昌奉其柩歸先特何閎中督學滇南亦殞永昌其後人零落無可爲扶櫬者衛昌既奉父喪并挈其柩歸比至是明衛昌既病且勞亦卒於 特家人慮道遠喪多欲置何柩比行衛昌柩獨不 發其弟祝曰特非爲何先生乎當偕行爾乃發衛 昌與何實脉生平聞者益嘆其義衛昌初入滇遇[illegible]而歲小兒呼衛昌名與語讀衛昌闈牘甚悉詢之一則己卯主試章正宸後身也謂衛昌曰吾與若文同行矣衛昌因作紀異十律及奉父柩再過黔小兒已化去衛昌無幾竟殞卒年五十三有蔬堂文集及拖腸鳴箏刻行世後友魯紫涯爲作嶌禰清詞有曰少登仕籍一肚皮不合時宜晚事空王百草頭無非祖意又曰君親師友之訊經百折而彌堅筐篋田宅之謀只一麾而不顧蓋實録云

麻城縣志卷之九

知縣事漢上屈振奇纂修

藝文志上

傳

方山子傳

宋蘇軾

方山子光黄間隱人也少時慕朱家郭解爲人閭里之俠皆宗之稍壯折節讀書欲以此馳騁當世然終不遇晚遯於光黄間曰岐亭菴居蔬食不與世相聞

棄車馬毁冠服徒步往來山中人莫識也見其所著帽方屋而高曰此豈古方山冠之遺像乎因謂之方山子予謫居於黄過岐亭適見焉曰嗚呼此吾故人陳慥季常也何爲而在此方山子亦矍然問予所以至此者予告之故俯而不答仰而笑呼予宿其家環堵蕭然而妻子奴婢皆有自得之意予既聳然異之獨念方山子少時使酒好劒用財如糞土前十有九年予在岐山見方山子從兩騎挾二矢遊西山鵲起於前使騎逐而射之不獲方山子怒馬獨出一發得之因與予馬上論用兵及古今成敗自謂一世豪士今幾日耳精悍之色猶見於眉間而豈山中之人哉然方山子世有勳閥當得官使從事於其間今已顯聞而其家在洛陽園宅壯麗與公侯等河北有田歲得帛千匹亦足以富樂皆棄不取獨來窮山中此豈無得而然哉予聞光黄間多異人往往佯狂垢汙不可得而見方山子儻見之歟

晉陳壽毛玠傳

毛玠字孝先陳留平丘人也少爲縣吏以清公稱將避亂荆州未至聞劉表政令不明遂往魯陽太祖臨兗州辟爲治中從事玠語太祖曰今天下分崩國主遷移生民廢業饑饉流亡公家無經歲之儲百姓無安固之志難以持久今袁紹劉表雖士民衆強皆無經遠之慮未有樹基建本者也夫兵義者勝守位以財宜奉天子以令不臣修耕植畜軍資如此則霸王

之業可成也太祖敬納其言轉幕府功曹太祖爲司空丞相玠常爲東曹掾與崔琰並典選舉其所舉用皆清正之士雖于時有盛名而行不由本者終莫得進務以儉率人由是天下之士莫不以廉節自勵雖貴寵之臣輿服不敢過度太祖歎曰用人如此使天下自治吾復何爲哉文帝爲五官將親自詣玠屬所親眷玠答曰老臣以能守職幸得免戾今所說人非遷次是以不敢奉命大軍還鄴議所并省玠請謁不

行時人憚之咸欲省東曹乃共白曰舊西曹爲上東曹爲次宜省東曹太祖知其情令曰日出於東月盛於東凡人言方亦復先東何以省東曹遂省西曹初太祖平柳城頒所獲器物特以素屏風素憑几賜玠曰君有古人之風故賜君古人之服玠居顯位常布衣蔬食撫育孤兄子甚篤賞賜以振施貧族家無所餘遷右軍師魏國初建爲尚書僕射復典選舉時太子未定而臨菑侯植有寵玠密諫曰近者袁紹以嫡

庶不分覆宗滅國廢立大事非所宜聞後群僚會玠起更衣太祖目指曰此古所謂國之司直我之周昌也崔琰既死玠内不悅後有白玠者出見黥面反者其妻子沒爲官奴婢玠言曰使天不雨者蓋此也太祖大怒收玠付獄時桓階和洽進言救玠玠遂免黜卒於家太祖賜棺器錢帛拜子機郎中

按舊志謂玠爲介休人並爲文帝使吳者俱愆于燕邸書肆購閱廿二史錄得此傳玠爲陳留人與一統志併介其玠之謬幻于遷居麻城事傳或未之詳也邑人周維垣謹識

序

志畧序

明毛鳳韶　邑人

天下稱文獻上國莫如楚楚諸郡莫如黄黄諸邑莫
如麻蓋山川淑靈之所鍾爲文聲教之所被墳典丘
索之所遺猶歟盛哉顧舊章遺軼湮没無存而脩亦
因之日邈於暇嘉靖乙未蘇侯崧以名進士來令嘆
曰可以麻城而無志乎乃以託於鳳韶先是庠生熊
子吉輯志草既而劉子子衡丘子子龍雲亦與校焉傳

悉備物實紀以傳信公評以息爭亦云勤矣韶因而
修之定爲九志事以類從王者建邑召民必先正其
疆域疆域志第一疆正則民物各止其所民物志第
二民物非官守不治官守志第三官守莫急於城社
城社志第四城社資財用以守財賦志第五財賦足
可與教學學校志第六學校興而人材出矣人材志
第七其諸雜務亦不可不書雜務志第八八者非藝
文不傳藝文志第九大書爲綱分註爲目發明爲傳
不可遺者爲附録一邑之故庶可槪矣然秀造之匠
文物之藪一時之得未敢詳無遺也故曰志畧以俟
後之君子夫志以資治也昔孔子論庶而富富而教
萬世爲政者之律令條格也麻城地闢民聚舊稱富
庶比年有教令不然矣稽民數登耗之故究財用盈
縮之原察士學興替之幾以施救療以起凋殘以復
全盛舍斯志其何以焉抑微熊子不及此熊子勵志
聖賢之學究心當世之務劉子丘子力於進修務其

遠大此亦足徵云志既成以復於侯侯曰詳而不蕪
簡而不遺其事核其文古其義備斯足爲麻城之志
也夫遂刊之以傳而麻邑自是愈有辭矣侯之賜夫
微哉因復序之以申侯經遠之志此其嘗事云

錢侯遺思序　　黃　卷　邑人

古之稱吏治者兩漢爲盛兩漢郡邑之吏有去後思者不過數人而止如黃次公之在潁川杜公召之在南陽何君公之在鄭劉祖榮之在斗陵攷其得民之政或以種樹或以墾田或以修治陂池或以均平賦役所居無赫赫名去後常見思者以興民利可爲久遠耳錢侯遺愛所以繫麻人去思者其在斯乎侯惠政不可殫述其大政民尤德之者在於丈量均糧一

事先是麻城之田有官民夾官二等官田額重而無差民田額輕而差重避重額則改官爲民就輕差則役民爲官籍牒之亂至無紀極又大家兼重直以致輕則之田小民隱重糧而希輕田之價富者田多稅少貧者產去糧存又有假者多田之家以用遺人而飛其糧貧民謀朝夕急有其糧而轉售之久之田亡而糧存訟者無虛日是兩病矣兼之在公又以那移爲奸在私又以詭射爲弊千瘡百孔未可以更僕數民之陷於危亡也其何日之有侯至而洞悉其情以爲不均糧則弊不止不丈田則糧不均慨然以奉部書佐百姓爲己任分地畫區因人授事晝作而夜思弗憚勞怨不期月而報成盡一邑之田履畝而稅之無敢有遁情者由是經界正而井地均則壤成賦奸慝不作畎畝之民得安其田里無愁苦怨懟之心侯之惠也愈久而愈思之此民之所以不能忘歟蓋侯愛民之心本於天性政執大體不事刻核不務矜炫

又度量無所不容當意者不輕喜雖拂己亦未嘗怒不以察爲明而人未嘗欺不以嚴爲威而人未嘗敢犯不以搏擊爲風采而人未嘗不知畏憚撫琴置酒下車問俗衆寡小大無不盡得其情而未嘗敢干以私夙夜惟務條晰其利弊而撫循其人民閔閔然如慈母保其赤子歷四年如一日也故民感侯之厚澤而歌詠其深仁悵悵然亦如赤子之遠其慈母不能一刻下於懷也此民之所以不能忘歟詩曰樂只君

子民之父母言得民也又曰蔽芾甘棠勿剪勿伐言遺思也其侯之謂乎侯諱焞號龍峯新建人

錢侯新建縣城序

劉廷舉邑人

今上御極之元年詔天下諸司繕城守修險隘以備不虞侯得詔恤然曰今歲邑大祲而驅之役民弗堪矣無何撫按檄再至乃謀之邑人邑人曰可未也又謀之士大夫士大夫曰可未也又度其貲力以謀之監司於是議免役以充公費議分作以均任役畫地

授役矣以天日無所容私且出公藏鏹官錢以貸失業者城廣爲丈凡九百五十有奇木甓瓦石之材以枚數至三百餘萬用人力以工數至四十萬經始於萬曆元年十月凡七閱月而城成夫興是大役責成乎數月之間人莫以爲勞也詭在靈臺之章矣先是侯蒞吾邑首問民疾苦知俗敝於好訟負氣以滛侈相競耽遊遨不事本業與夫強掩弱衆暴寡賤凌貴同室相傷而自撤其藩籬也豈獨無城之患哉侯於是以禮爲教使民閑於君臣父子長幼之節敦雅崇儉驅游惰以歸農凡陵轢嚚競概以禮法坊治之由是生養遂教化行至治有金城此民所以悅忘其勞歟雖然斯有形之險也邑人知所以形於未形者乎公侯干城國家之屏障也而形勢不與焉禮樂教化斯民之隄防也而封守不與焉廉耻禮節人心之郛郭也而城池不與焉生茲土者使人人廉平慈惠有體國愛民之心上下和而元氣壯雖無城而守固矣

不然城足恃乎此侯意也敢述以告來者竊繼侯志俾吾邑爲萬世金湯云侯諱節用字以中蜀之富順人隆慶辛未進士

王侯少崖新政奬勵序

耿定向邑人

上即位之二年大計天下羣吏用言官請求賢良可爲守令者久任之又命撫察諸臣廉部内有政理者不時疏名以聞異莫不舉手加額曰主上倣古爲治所意元元如此太平可立致也侯時首在選中廷議

又以麻城爲鉅邑遂從民望而拔偉侯入境問政知
百姓苦吏急也於是宣布詔令訪咨幽隱皇皇焉如
恐不勝視事之明日取政所不便於民者悉更之出
左右爲民害者數十人鋤苛救儆凡可以佐百姓者
無不勞心究圖不數月政通人和頌聲四起諸愿使
撫摸侯者接踵而至民得撫又莫不舉手加額曰使
君愛民獲上公道彰彰如此太平可立致也邑大夫
士欣逢盛美不能已於祝頌且將宣百姓之情而昭

上德也屬予序之予惟國家之求賢也以安民爲理
君子之修己也以安百姓爲盡性若今之役役於簿
書趨承聞者非希世以取寵即延歲月以待遷故以
嚴酷爲能則操下如束濕薪以寬和爲名則白晝大
都剽吏奪金而莫之問甚至塗道以干譽咈百姓以
從欲而弗恤者豈惟非設官爲民之意而於幼學壯
行之志亦茫然未之思矣侯以天下國家爲心者自
布衣時曉達吏事即慨然有康濟蒼生之志又忠誠

出於天性惓惓以體國愛民爲念故其所注措如操
刀而割也於是始舉其大者民莫病於里甲公攻其
費而私倍之既已指其免役之征又不免於臨役之
費是兩賦矣侯至悉祛諸害而去其浮供其在官民
無告擾者又莫病於催科厚斂無藝而苛捐之輸者
既竭脂膏以取盈運者又售田廬以補償是兩病矣
侯至悉索諸弊而不利其贏當庭斂散民無困於橫
征者訟者民之大害昔人所謂竭人膏髓而人不知

也邑俗尚爭訐者因之爲暴攫持動至傾圯又告訐
多門訟者無所措其手足侯正己約下僚屬衡風詞
無擅受庭無苛罰田野晏然知有生民之樂矣法者
天下之平多行於編民而不行於豪右強撓弱衆掩
寡朓栗之民日凛凛焉重足而立誰爲之主也侯守
法不阿疆者屏息庭轂之前民得申覆而爭是非矣
故事新吏至胥史佐職以清勾爲利文牒擾於山谷
間又故多盜捕者縱持無虛日株連蔓引村里騷然

侯以安靜爲治裁决多自己出請伺者不敢一毫竊發又廉威所帥盜黨不煩撫治而自解散卓有渤海之風焉四境之內民不見吏犬不吠夜人得安枕而臥矣在昔令麻城名宦姑蘇胡侯以風采聞巴邑劉侯以惠愛聞長壽聶侯以清介聞閩中陳侯以才諝聞侯皆兼而有之以故是舉也眞可爲實賀也或曰以侯初政超越今昔卽如古者疏名屏上增秩賜金召見使殿憑几而禮在旦夕間一獎足爲侯重乎予曰不然昔周茂叔在合州以趙清獻爲監司不能知及趙轉徙熟視所爲乃竊執其手曰幾失君薦之於朝夫以清獻之賢茂叔之政尚相知之後如此是獎也可易言耶衆曰然遂相與賦甘棠予亦爲賦南山有臺之章融融而樂書以賀之侯諱三宅號少崖衛輝汲縣人隆慶辛未進士

祝某通府攤篆序

李長庚　邑人

其年某月鄉諸父投謁者盈門復有讙呼於門外則邑之叟老亭長也驛遞之役市廛之氓也咸爲予言通府公之所以生成之者甚備於其誕也而以祝頌之辭爲請予年未壯四方之塵已上衣袍矣兒時所見麻邑沃國也地廣宜稻陵多植澤有魚鱉木丹而壤黃婆娑十年而傳者以爲春土焉襄由江右入蜀還過里視於市市民皇皇如無所逃閱於鄉人士頹日彫而爐徃於野綠畝而裳襏襫者盡罷民也之序謁有地焉徘徊於郭門外土偃水囓圮堞半之臨高而望官道假車乘馬賓旅色不堪瘠如此乎今年拜秋官命得暫假沐月見耳目暢然其有異詢之維公三月之爲政也公以攤篆莅麻邑夫攤篆者周旋不期月其然公所與革均數世之痛利其政小者無筭而其鉅有九其一爲僉解繦零星國初解之役墟甲之來未至於百不役至於南種米至十餘不役止於

府曰等解不足是者爲幇貼重役戶名曰零星及弊
資生而以三十石之戶當百石之解百石之戶輸本
縣之供支以賄託而得零星其不幸而僉解者則舉
戶破壞矣公始著爲例以重解還上戶以幇貼還重解
以餘解充供應歲額所謂零星者千八百有奇盡蠲
者得豁而解亦無苦一爲徹協濟補新驛麻邑南通
齊安距平驛百三十里而遙非走長潭遝阻險多
石磵巖冬盛夏夫馬道斃強半也而麻舊例歲出協

濟若干金輸他驛以險遠衝要而役爲別路加編裒
益誠過當公申請兩臺徹還協濟於麻黄之間新道
貫新驛夫馬勞逸始均且清應付酌所應給毋或有
折耗除胥之獘其所給僱役馬價毋或減失頭馬戶
之錙銖者雖東西路塞羽檄朝夕馳而蕞爾邑猶可
支持云一爲科催花戶不致侵累舊例催科於甲
下小戶各計丁糧若干優免外徵收若干各給花戶
由票官民各執其一每四時之季比册照限通貢者

莫得匿而已輸者即稍高低後以爲煩也另以戶名
總立比簿一夫未完通戶計欠逋者得此歲以爲常
良民畏累倩人完納因而代賠吊比乾沒侵欺越徵
擾亂連川公嚴行花戶票而人皆樂輸於甲乙不相
累簿書簡易矣崇學校治擩星而庠序爲之新罷門
攤錢不取行分而閭閻爲之紓差原訟華勾攝而村
落無擾行保結禁扳誣而良善蒙釋官造什物不須
地方而求當差役者無若摘發匿名稱行中放而佻

私訐告者寢息所謂其鉅者有九也凡良法美意有
三年者績所不能幾得者而寛然措置於三月之間
昔王子猷愛竹所至齋頭必令種竹曰何可一日無
此君魯叔孫婼所館者雖一日必葺其墻屋去之如
始至夫人忠清勤敏自其天性其心豈以一篆在握
之久與暫遂有以異乎麻士民之借寇不得也能無
慨然然　美意蓋將百世而不易則公之撫摩在
邑其時無幾而其食公德者固已厚矣優曇缽花將

一覌耳可多得乎哉

麟經古亭世業序　　梅之煥　邑人

安國胡氏之傳春秋非經也安國之奏議也明與以胡爲功令治春秋者禀拆胡氏之説以成疏義甚有丘明公穀鄭氏夾氏未嘗一辭而以春秋起家者矣非明經也明安國之借經者也又從而引蔓之以傳題從而駢栂之以比合株連膚割塡脞射覆生司者以意命而舉者以意揣則又非安國意中所及也明

經之敝莫甚乎是古亭以治春秋特聞詢之學宮其經以春秋者十而九閱楚録其春秋魁以亭州者十而九讀題名記其亭州第以春秋者十而九顧其於春秋也猶筌魚蹄狗耳過則舍之矣獨叔臺耿先生閔然上踅定經學之疏借當時專門名家於諸當道者不合疏寢未行徃煥待罪諫垣竊志先生之未竟乃牲不時宜扶衆所擠弗自爲地無暇及紙上陽秋也坐念煥爲諸生日痛鑿傳荒經之習痛嘗廢卷而歎以此愧其平生今年耿克勵梓麟經古亭世業成弁其尊公叔臺先生之疏於首而問序於煥視春秋若負逋何克勵之發吾愧也抑克勵使乚經嗣行則爲朝士冠冕青箱可念土音不忘克勵有心人也顧毋分吾愧

石洞道人序　　劉侗　邑人

兒時聞有石洞道人謂是揭來一羽士耳已乃知其爲里先輩也十年中稍見道人所爲詩及所畫山水

孫對之道人作詩畫俱無其法而有其致非業詩畫者所喻甲子歲得與道人孫習生者遊知道人始悉道人少落魄喜騎射後折節問學于天臺耿先生比卓吾長者至龍湖更相悦築精舍傍龍湖以居顧兩先生之學若水火不容以無爭其門下士噓之相詆無虚日道人歎曰與名宗遊如入深山大澤多虺蟒虎狼不可以處遂棄舍舍石洞又棄其姓名謂石洞道人云道人有壯歲子因醉墮嶇巘以殞兩孫方在

禳道人時還家一視其孫每還則孰客位家之人亦客事之道人好禪未嘗有所叅究持誦以道人號未嘗一日行導引術燒煉餌藥也殆亦謂無其法行其教又非棄二氏所喻耶今年蘄上金卜公過麻城願得謁道人偶與之偕見道人鬓髮如雪肌膚如童兒人笑此七弟也欲有所叩不得竟日而去嗣是客有錄道人石洞詩刻之者佪止之曰非道人意也闡其事也竣始述所見聞于道人者以解之

賀穆侯膺獎序

梅國楨　邑人

龍峰穆君蒞麻之明年布德和令剗弊舉廢民情充諳諸司喜尚旌賢之典交於達路斗塘羅君時監兌湖省稔知侯賢亦知優異邑之士民謀以賀侯客有敎予扉者屬予以文予曰羅君之獎而諸君之賀之也願聞其繇客曰慈父之子必冀其親之壽也良令之民必願其官之達也今其繇曰臺諫之器遠大之才民願愜矣是可以賀予曰精明之器公輔之望也

振肅之才調燮之選也白簡排閽黃扉効直侯之餘耳未足以賀客曰侯之未來鄉落之間夜視其扃冏帖於席侯來歲餘民無夜警夕戸不閉今其繇曰盜賊殄除編戸寧謐民聊生矣是可以賀予曰刈莠以植苗也鋤奸以佑良也固能吏之所難而侯之末事耳未足以賀客曰豪猾爲奸影射國稅逋阡陌者盡入其私藏無擔石者歲追其逋負弊也久矣今其繇曰分理田坵革祛飛詭積弊滌矣是可以賀予曰世

世之利莫大之患也人知均糧之爲便而恒慮其難豈非以地勢不齊而人心叵測乎自侯之法行也委用以才度地以法咨詢以公定賦以平剋期竣事民無所用其奸也不得漏其籍著之版圖以爲不刊之典夫襏襫拖青黎止其身未及其子積金累玉及其子矣未延於後均糧法行而邑人之子若孫皆得享含嘻之樂延於無窮田賦平則民志定民志定則風俗美風俗美則盜賊息侯以是道理天下裕如也則

臺諫固侯之餘也已客曰善遂録其言而歸並非特以賀侯且以爲一邑之士民賀

募修五腦山牆垣序　　梅國楨　邑人

土主邑福神相傳以滅火灾得道五腦山蓋其飛昇所云邑人即其地祠之民有水火疾病盜賊之警輒呼神求福神輒隨所呼應之或邑人寓他郡邑及他郡邑人有水火盜賊疾病之警亦輒呼求福神亦輒應彌是天下之人皆知邑有土主神最靈也嘉靖辛酉間廟漸圯人爭捐金新之楹撩榱桷悉易以磚石避蟻患能久遠也萬曆癸酉道士某來告曰祠故無牆今新矣尚仍之非所以妥神靈示壯麗也余曰過哉夫牆所以備不虞衛蓋藏也祠盡備盡衛哉其曰公之言所謂知其一者也羽旄干戚其飾不足以禦非常而王者之出入資焉以壯觀耳簾陛等級何補於王居而高必數仞以秩分示尊也祠不牆則殿寢像貌可望而窺神之靈不其褻乎特慮牆之無貲也

予曰神之福人也有不昭然於人耳目者乎人之獲福於神也有不思所以報之者乎賢者知其功圖以報之愚者欲假之以徼福輸財輸力者接踵至矣亡慮貲也且余嘗謂神之禁民也甚於法ㄈ顯而易知易知民得趨而避焉神幽而難測難測民將疑而畏焉世之倖免於其身而尤慮莫逃於其後者以有神在也况土主之神尤其彰ㄈ者乎茲宜報功矣予惟愼出納毋以纖毫入私橐亡論人頌子功即神且鑒

予矣予亦慎之當務耳亡慮貴也

李氏藏書叙　梅國楨邑人

自古豪傑之士其識趣論議與世人多不相入故其人惟艱難危急之時用焉當治平無事往往無以自見其磊塊不平之氣不得已而筆之於書書又不相入而藏之名山以俟千百世之下又安知千百世之人不猶今之人乎豪傑之士不宜於人也如此余交李禿翁先生豪傑之士也當其時士方持文墨矩步

繩趨談性命之糟粕獨一禿翁其識趣論議誰從而信之故官至二千石輒自劾免取漢以來至金元君臣名士撮其行事分類定品一切斷以已意不必合於儒者相沿之是非知其與世不相入而曰吾姑書之而姑藏之以俟夫千百世之下有知我者而已余不及禿翁遠甚而與世不相入則甚似之其書之藏而傳也藏而不傳也抑亦不藏而傳也皆不可知惟其不得已而筆之於書又不得已而藏之禿翁之苦心則余所深知也故為之序而並藏之以俟千百世之下之知禿翁者

送邑侯劉翼白入　覲序

麻邑介光黃之間民生無貴賤自從塾師習章句上之為博士弟子取科第及明經選或以訓詁餬其口於四方次則為府史功曹不成則力田無商賈灌輸之利亦無百工淫巧之技士民奉官司惟勤令即行禁即止有醇古之風焉而往往目為難治不佞竊嘆

冤哉此可結繩治爾奈何被此名也不佞久於外戍子歸而漸異矣辛丑歸而大異矣髫齔之童皆能擽攈訐以侮人以凌駕為節概以詆毀為才辨相見煦若春風而中多荊棘附耳剌剌布情素而無一語衷語輸賦不歸官帑而歸猾胥詞訟不以情實而託之大辟即得其情猶訟不已至於再三或十餘訟斷髮刎頸以示急迫而臺司府訟無不遍甚至持官司短長莫敢誰何不佞則又嘆異哉俗何以至此極也靈

魏徵鬼魅之說耶乃劉公爲令不數月則語不佞麻固易治爾鄉者乃以爲難宪哉麻也葢公初舉進士選得麻諸與公暱者皆曰麻黠頑之俗爾若奈何當之公時亦不能無疑既至而考風俗核積弊定章程待士以禮而士不敢以私干示民以誠而民不敢以詐售緩不急之役而役其所當急者且革包攬禁影射即逋賦爭輸兩造俱備各得其情而從誣罔薄贖鍰即善訟自息不惟無可持其短長而頌聲沸起矣

夫鄉本易治而人難之今難矣而公易之是遵何德哉不佞嘗竊窺公精明提給世不恒有一人寓目則始終識其姓名事一經心則始終悉其源委猶然不自足而凜凜乎朽索之馭六馬未嘗輕視一人易視一事此以虎視石之心也有不一發沒羽者哉自古惟處難而後見才見有渤海諸郡之難而後龔黃諸公至今稱也諸公孫渤海諸郡顯其治渤海諸郡亦賴諸公而號易治也是人與地相得也明年聖天子大計吏公以入覲往受計有加上問何以治麻佞對若易也惟公必逡巡謝曰主臣臣何能易麻顧陛下之靈麻固自易治爾不賢以王生長若之言乎

周伯譽遺稿序　　梅之煥　邑人

天上無懵懂仙人則凡慧而才者皆天人也宜若爲天之所相而往往奪之速何歟或者致疑於造化小兒之忌才夫天君忌之則如勿生生之而顧奪之速天固無如之何也而不見夫花與月乎發也惟春滿也惟望天何以不自爲旦旦而春宵宵而望而春之摧於風雨與望之翳於陰霾者又各半也則天固無如之何也然正惟不能旦旦而春宵宵而望又不能

不半爲風雨陰霾之所奪故足貴也西狩之麟向不即斃於子鉏之手俾人得繼而豢之以天年終不過一戀豆之馬披繡之牛耳何以反袂沾袍至今猶令人有遐思也富貴壽考塵世所競天視之則蜣丸石火而已彼肉食而飴背膚下者豈少也哉而謂天之所相即在是耶且有寄重寶於人而久假不返者泥乎天之所寶以寄於濁惡之世如李長吉以彼其才舉一進士輒爲時輩所擠倅則寄珠玉泥塗中爲甚

人者能不憐而急收之則天帝之托玉樓以召也蓋可思也伯譽之年少長吉三歲其慧而才則皆非地上人也得之天者不必問之人然長吉見知於昌黎韓公伯譽見知於錢塘葛公皆所謂一人知我可以無憾又不獨得之天者厚也伯譽諸集有吾家惠連爲之　晏覗長吉錦囊被紿以投於溷中者何如是可以死矣聊次數語爲天解嘲

刻道一和尚集序　　梅之煥

衆生請佛住世而佛竟從荼毘去矣許多說法恨眞身不住人世乃初祖聽焉西渡亦復不留文字使衆生之願終不可遂至曹溪而四大不壞有闡提欲刃竊其顱私作供養此又衆生不害請佛住世矣白臬眞和尚道一圓寂一十二年形容如生諸高足龕而奉之不使有向日犯曹溪者犯道一道一住世矣顧其齒徵啓而鈍根在側不聞道一作何開示惟取道一平日吟咏偈頌叮嚀告戒之語使一人披宣衆人

環立而聽則道一不獨法身在且猶然能言語之道一在矣形骸在言語在欲請道一住世者當合力刻道一集

附景陵譚元春題周道一集

沱滄洲有周道一集日中雷響乎裏砲發無論禪理世間有此斬截痛快之男子乎同一血肉之軀獨使人塗之以漆飾之以金明匕是敍十年前麻城一秀才耳不發信心者非人

重刻金剛經註解序

楊之炯　邑人

余邑東八十里定惠寺不知建於何代東坡謫黃時有定惠寺看海棠詩至今山上多海棠後人於黃州城外建定惠院遂誤傳定惠寺在黃州城外其知在麻城山中者少矣嘉靖己未歲寺僧明舜採石山間夜見崖側有光疑而發之得金剛經木板一副蓋元無聞聰禪師所註也後有潛邑蚌湖市劉覺廣跋云師在拳甲游賢福寺註經至元六年庚辰四月間其丈室生靈芝四莖覺廣爲之鏤板次年元旦夜夢諸神聚其所丈室中偶生芝之不足異而覺廣之夢亦未足深信然木板埋土中至二百五十餘年今掘出又八十餘年字畫無一損壞者可謂奇矣年來余邑兵兇往來不絕山中廬舍燬者過半余慮此板并爲灰燼強寺僧移之江南乃堅拒余之請余因於白門重梓之或曰此板久藏土中無恙終當爲神物可護乎爲過慮矣余曰不然當其藏之土中自有任其責者人無與也今離於土矣責猶可他諉乎夫責在人人不任其責豪意冥冥中有佐佑之者而因以至於敗使不可追悔豈獨一經板爲然哉余於此重有所感也已

告城隍文

梅國楨 邑人

某奉天子命宰是邑惟是民之奸宄善良懽忻疾苦某實主之維神奉 上帝統十是邑惟是雨暘寒燠疾厲夭扎神實主之某識淺材疏心徒勞而力不足以致廢墜未修弊孔未塞盜賊未遠流亡未集某之不職且自知之何况于神頋入夏以來雨澤愆期禾苗焦卷將失有秋此非某之所能爲緊誰執其咎夫

神之所殃必當其罪某實不職民則何辜且或苞苴未絕寃抑弗伸弃善保姦避强擊弱愛民不如愛子治官不如治家以苛刻表風裁以催科若勞績以私情骫法以偏聽傷公獄庭譽而少誠心急趨承而怠矜恤有一于此神鑒昭然宜罰及厥躬加之災告以謝天子爲居官不職者之戒今某業已無益于民而神又舍某之身而民是殃是重殃吾民也今與神約三日不雨期五日五日不雨期十日十日不雨是神之失職與某等耳即不能有所加于神神亦何辭以復 上帝且偃然而食四境土民頋時而祀哉激切衷[illegible]

禱雨告文

梅國楨 邑人

某年月日知縣某敢昭告于本縣城隍之神自秋七月不雨至于春三月二麥失望民無所依某實不德以貽民憂故亊禱雨則遷神南郊禁民屠酤朝夕拜以父老子弟從大居邑私室而使神暴露於外不順

洋洋擁輿衞而父老子弟僕僕道路私饜酒肉而欲以日服繩民非所謂以身率人也請出就衙舍躬默思過爲吾民請命于神其身有隱慝穢行是糾是殛毋以殃吾民所不以其罪殃某而殃及吾民者豈惟某之罪惟神亦有娛焉然後與神爲吾民請命于上帝神即暴露於外其何說之辭惟神裁之

告河文

梅國楨 邑人

萬曆十四年秋七月順天府固安縣知縣梅國楨敢

告于渾河之神某奉天子命以令長茲土也維是一二小民朝夕力作以供租稅而衣食其餘以相生養於太平之年屢歲大祲民將阽於逃亡荷天之庥幸及有秋而河水又從而齧齕之某聞四瀆百川各有主者將使之宣洩元氣以閏物利民也往年陰沴爲惡浸淫汎溢漂没我室廬蕩搖我城郭我是有隄防之役則是神之不利我民也今又不循故道衝嚙我壞土隤頹我隄岸使父兄子弟畚鍤從事日夜不

得休息沃壤化爲潢潦禾黍雜於荇藻嗷嗷之民餔及口而奪之是天方福之而神顧禍之將非神之所以祗承　上帝之意也茲用拜伏河滸以俟神命神其卒循故道還我土膏豈惟其一人之賴一邑父兄子弟是賴若仍憑恃威靈恣意妄行而莫之省改是告之而神莫聞也或聞之而不從也告而莫聞爲不聽聞而不從爲不仁　上帝簡百神以爲川瀆主豈其以不明不仁之主而肆其淫濫以貽生人之害必不然矣惟神裁之

後學屈振奇曰讀公諸文其愛民之意溢於楮外斯誠[illegible]

爲白泉募藏經文　梅之煥

募藏文亦既詳哉言之矣更無可說但俟募到圖建一小閣於石笋嶙峋處親督諸僧習讀其中秀才家浮慕收書之名汗牛充棟終身未識一面若復效之是此舉止爲蠹魚作緣耳昔過曹溪見地主陳野仙

葬山門內有聯云福地當年如不捨荒墳今日有誰留今道一肉身在白泉歸然如曾靈光猶六祖也倘有慕野仙之風而興起者當無不可捨況藏乎而俟募乎

黄蘗山護藏經文　梅之煥邑人

富家守財名曰守財　謂其能聚不能用也每笑秀才家本經四書未了了輒浮慕淹博之名收萊圖史充棟汗牛下筆曾不得隻字之用此與財虜何異藏

經如以藏之而已不有龍宮海藏乎且盈天地間皆藏也惡用是篋而扃之爲一念清淨瓦礫猶能説法又何取口中珠而什襲之念公以正法眼覺一切復貯正法藏以開正法眼懼久或失墜而謀其所以守余則不患其不守但患後之人僅能守如財奴今日以往與十方僧俗等衆約其有取去奪去盜去能得其一字一句之用者請大開無盡藏恣所採取

告文昌帝君疏　　栁之煥　邑人

幼遊了了長只平平既不能強躋踏崎嶇之世路又不能弱辛酸冷煖之人情舉目蕭疎何隅之悲仆壓半生子立窮途之淚偷彈藥裹生涯凄凉形影青緗世業冷落箕裘季子已敝貂何言二頃毛生不脱穎長勉一餘夜雨西堂兎魄忽明桂蕋秋風南國馬蹄又促槐花如雨如雲紛疾足高材之敵二宵三晝郎榮華憔悴之關東西塲而垢首囚愁不入復愁不出

毫楮上心嘔掐斷思不精又思不明況艱難之境備嘗將得失之心轉急明遠樓如天上起角聲斷送秋聲至公堂似霧中看燭影晃揺月影念缺刀孤鴻之句早已斷腸吟看花走馬之篇幾回搔首人何能役天實爲之仰祈萬丈奎光俯照三條蓮燭筆花吐處風生村籍之香墨霧飛時雲絢蕋珠之彩勉稱栽培之造物敢云温飽是圖欲酬簡在之帝心要使科名不慚

告地藏王　　栁之煥　邑人

切以地獄不空誓不成佛菩薩大願洪如何加今則大上中元相傳地官赦罪敢弘菩薩普度之意恭惟如來判斛之文計如來自切婆心任弟子何須饒舌第有疑隱願垂証明夫菩薩誓空地獄而地獄轉益填塞者豈真願力難酬法力難周哉在昔吳道子畫地獄變相都人懼罪業三月罷屠宰繪事無實相僅墨假合成猶聳人心飛戒懼若此倘真報即在目前

權奸悉業天憲誰復敢犯之而復敢入之顧乃報在家亡身後以真實不虛之理反類幼妄不經之譚何怪乎狃昧而入者之不肯出亡者之仍復入乎即如本庵之側為精忠岳武穆王祠究徹九天憾窮終古菩薩縱一切平等能為秦檜万俟卨羅汝楫等解冤使東窗定計片紙付獄時即明彰拔舌泥犁以昭炯於天下後世至今腹劍殺人甘心媚賊如若輩者豈不懼而思戢惟當時杳無現報鄂亭下奸雄過此竊笑打者是鐵與若輩無涉而反疑書生遊地獄之說為荒唐嗟夫此地獄之所以愈不得空也故欲陰間無地獄須令現報速陽間尤未可使善類摧折殆盡而惡人得志無已時也空地獄其尚有冀乎片夫愚昧不識天道深隱如言有可採伏乞勅所司酌議施行

恭薦李長者疏　梅之煥

恃薦卓吾和尚心事青天白日行藏野鶴孤雲早現宰官身遊戲文章太守晚棄人間世歸依上乘如來清衆人知宦邸都無長物塵隨緣斷天涯獨寄萍蹤氣薄層霄眼空四海落筆千軍辟易下幃萬卷兼收潛心鑿孔壁之藏精乎意契尚論執董狐之筋罷哭神號抱用世之才兼能出世無成名之技固自難名持己太高故當意者少望人過重致負心者多涇渭

分明乏藏垢納汙之量斗山卓絕懷調高和寡之悲剛方未免激昂真實間成執着善〻惡〻務必極其本懷是〻非〻器不徇諸時好以致招嫌觸忌遂向買愁益仇誰明公冶之非孰辯臧倉之愬冤霜六月偏凋幽谷芳蘭曉日晴雲不照覆盆棘木鳳哀麟泣玉碎珠沉在天道豈曰無知非徂囚斷不至此百年何好醜到頭總是黃粱入世幾冤親觀面已成烏有太虛無物任地把火燒空草小流言何其彎弓射[illegible]

試憶了多後種〻悲歡得喪豈復留蹤即如藏書中代〻勝敗興〻竟歸何處且生即有死何必諱言况焚靡不還孤成反中若猶含冤積恨又或較短爭長起心便是輪迴片念轉生障礙誦生平之學力斷不至斯恐毫髮之差池未免墮此特修懺法聊助津梁敬仗慈悲俯垂憐憫拈真空之覺性示不二之法門苦海既離愛河隨斷冤〻霧釋更無執對之愆業〻冰消永謝閻浮之路

代衛澹足侍御晉薦死節陣亡舒罪犯疏

伏以　　　　　　　　　魯晟

金繩開覺路覩忠良捐命而提獎惟殿寶筏度迷津
愍陷溺頸身而慈悲益切期夙夜滿虔空之頓須閻
浮洪沉痛之音頻念其周逃八府三洲親歷罡風劫
火苦心手所觸莫挽遊魂更時勢相遭只添新鬼徇
城社死封疆極目秋霖波赤血臥沙場肆都市傷心
蔓草織青燐雖取義成仁彼自無怨特難慰愴恍之

寃況異首離骸豈盡得情寧勿動哀矜之想烟裏猶
能辨鄉語歸來何處家山驚回不住調刀砧歷濺依
然頸血鼻頭楚尾愁雲陣陣生寒海潤江深逝水滔
滔不返瞋癡毒愈深愈黑誰逗隙光顛倒見痛入痛
歧孰晤彼岸茲仰祈兩足務廣拔三途嗟實愚姸醜
之無分慨十百千萬而同昧生可欲也義則甚英雄
與節烈同歸法無敍分情可哀惻隱與是非不悖大
空人我超優化修樹同沾念一慈恩平等怨親憑智

永法流盡洗不平幻夢論因緣非差非謬好歸依懺
悔因緣令滅度無量無邊實無有衆生滅度

卷之十

知縣事漢上屈　振奇纂修

藝文志下

記

題名記

李正芳　邑人

成化十三年歲在丁酉冬十二月朔西蜀劉公應乾以名進士來令吾邑公先令浙之餘姚六事允修而實聲大著今令吾邑猶前日也一旦覘學宮閱科舉

題名碑而名已遍矣因與縣尉吳公暨邑博劉公聚會而籌度之曰去秋鄉榜七人今戊戌春榜三人咸無題名處況科目盛事將來者尤不可以計數可不再勒諸堅珉以繼之二公遂起而揖曰此正予輩欲言及者於是命工礱石走幣徵予文爲之記予竊惟自古文人之生固因乎山川之秀而其名類托以傳者則貴遇乎豪傑之士也故嵩嶽生申甫而功名蓋世閩蜀遇常袞文翁而科名大顯蓋有不偶然者吾邑在汴河之南漢江之北前有龜峯之峻拔後有鳳嶺之巍峩人才之生固有自矣脫無豪傑作令以振動之則不朽之名何所賴耶矧吾邑自國初來出自科目殆百餘人有長內臺者有伯外藩者有參大政者有副憲者有僉憲者與夫職黃門居部署擢侍御典光祿佐天下之郡令天下之邑司天下之教者後先相望然今之山川卽昔之山川也在昔鍾有其人今豈無其人歟碌碌焉不題其名則後將何述劉侯

下車之初作興士氣猶先急乎此可謂達政而知務矣後之學者覩是碑思師前人之學仕者誦斯文思師前令之心謂非侯惠遺可乎然則侯用心之仁其深且遠哉史載循吏以六事充舉者蓋六事之首也不可無記因其請特書之僭刻諸石

重修儒學記

劉寀 邑人

麻城古號名邑國朝經術文章尤盛豪傑俊偉後先相望蓋萃靈毓秀繫乎學宮學在邑東南肇基大河之岸河水衝激岸輒崩學宮被浸治久敝圮太甚棟撓瓦解柱欹牆傾垣宇塾爲沮洳門廡鞠爲茂草目之罔不心惻然未有一致甃者靖川陶君至即毅然以爲己任諮相故區會計申畫迺委諸壽官林貔賁金若干程諸匠作鑿石伐材補河堤以固基址築藩

垣以立範圍整撤舊部葺藻完固則明倫堂三楹文廟三楹啟一亭三楹創造新美宏厥壯麗則儀門三楹東西廡各九楹東西齋各六楹學門三楹鄉賢祠三楹工始於嘉靖癸丑八月朔二日至甲寅五月十一日畢過者已然改觀易昔慢易爲欽畏莫不頌君之賢且勞也由是諸生請紀成於安峰劉氏曰夫學所以養士也賜嘆安仰商云居肆有以也矧學之頹也久矣豈前此有司悉悲於是智疎者經理弗給力匱者處置尤難陶君德備義周勇於任事勞心苦行不肖祿七從俗苟安而其才猷又足酬所志溥者之嚴檢搜教籍日進儒生坐談道與勤課校隆賞勸士子翕然向風且數十年之廢一旦而興神靈既妥師模益振益得所依矣自今二三子晉謁旋篚優游其中顯志肄業究體達用將文采炳蔚事業煒煌俾後有考吾邑之學究文物所從來陶君功德可容晦歟君浙寧波鄞縣人諱天忠字舜佐號靖川以庚戌莅

縣事廉靜無求政務畢達莅茲二紀弦誦聿興嗣是陟崇都要有不大逐施措興廢舉墜救偏補弊以維新斯世也哉

文侯重修三老堂記

周思久 邑人

成化間吾祖觀察使孔明公與方伯李公彥碩督學僉憲董公宗南束髮結好以風節相砥礪及登仕版歷落未遂飄然負舉先後請老於家披閒養恬意在人外游如也維時蜀米侯則川 卒吾麻至則敦禮三

公謀多就之以故朱侯治行稱最焉御史大夫吳公行部至問侯所以治狀侯對曰下走吏何能唯是二三大夫之訓吳公擊節歎曰有以也夫士抽簪而猶不忘世豈不賢乎哉顧三公春秋高令倘亦有懿侯舍蓋公之意乎侯敬諾爰卜邑墟西隙地一區築舍舍三公顏之曰耆英堂自是侯有大政則延三公登堂而問焉以爲常後三公云亡堂就圮遺址鞠爲茂草迨今百餘年未有修復之者文侯肄臂始得而新

之易今名曰三老堂而因屬記於予予惟思老乞言古之道也乃晚近之爲吏者大都束檢押礪廉隅勾稽於簿領篋庫之間不者或競承當轄風旨爲名高明求師質顧迂視之豈知親賢則益好問則弘畢智寡聞者道之所不載也今朱侯行古之道文侯聞其風而悅之益求光昭前烈堂成出數令凡學士大夫以公事至者皆得停車繫馬於此以時諮諏焉是侯蓋以三老望人匕矣則凡登是堂者有不慨然想其爲人思以作求之歟然進言在人擇言在心心苟靈矣即街談蒐語亦有可裨治理者不則雖使端木說辭鄒軻持籌而辨之亦安所用哉昔子賤宰單父求五人事之而稟度焉以故不下堂鳴琴而治夫子賤在孔門負墻之列其學摩之深矣乃爲邑猶必求助於五人則學之交相資也侯振纓稽古敦素秉貞其嚴不苛其寬不縱有和平之執焉而侯方躬匕然求之人不以自足是侯之志念深矣顧予迂叟無能繩

祖武追配前修奉侯譬畫萬一乃吾黨學士大夫素自所期信者豈在單父諸人後耶誠反而思之求所以助侯者何在則庶幾哉交資之義乎而後無負於侯作新斯堂之意

李卓吾墓記

劉侗

卓吾名贄字宏甫溫陵人以孝廉爲姚安太守中燠外冷強力任性爲守日政令清簡公座或與髡俱簿書之間時與參論又悵至伽藍判了公事人怪之踰

年入雞足山閒藏不出御史劉維奇其人疏令致仕
歸初吾楚黄安耿子庸遂携妻女客黄安曰吾老矣
得一二友以永日吾樂之何必吾故鄉也性癖潔惡
近婦女無子亦不置妾後妻女欲歸趣歸之稱流寓
客子自是參求乘理剔膚見骨少有酬其機者人以
爲罵又怪之子庸死遂至麻城龍湖築芝佛院以居
龍湖石址潭周遭至必以舟而河流沙淺外舟莫至
以是僻遠緇素日獨與僧深有周司空思敬語然對

之竟日讀書已復危坐不甚交語也其讀書也不以
目使一人高誦傍聽之讀書外有三嗜掃地淋浴也
日數人膺帚具湯不給焉鼻畏客氣但一交手即令
遠坐一日搔髮自嫌蒸蒸作死人氣適見侍者剃遂
去髮獨存髭鬚秃而方巾先是論學不合者愈怪之
以幻語聞當事逐之時劉左轄東星迎之武昌梅中
丞國楨迎之雲中焦翰撰竑迎之秣陵皆暫往無何
復歸麻城著藏書焚書又爲梅中丞者著孫子參同
成先是有與中丞搆者幻語又聞當事又逐之至火
其居於是馬侍御經綸迎之通州至與馬公讀易每
卦千遍一年而九正易因成時欲老盤山會當道疏
上指爲妖人逮詔獄尋得其實議發還籍矣曰我年
七十六作客平生何歸爲遂以薙髮刀自刎馬公痛
哭曰天乎先生妖人哉有官棄官有家棄家有髮棄
髮其後一著書老學究其前一疏二千石也乃收葬
之葬之通州北門外迎福寺側

重修儒學記

周　損　邑人

維邑前爲定州爲亭州爲陽城其址皆非今麻城址
麻城之城始五代麻將軍胡秋所築宋以後治之不
改也縣治前稍東五百餘步爲學宫城雉薄宫墻門
俯青溪素礫修渚引溪爲環泮水不假鑿也溪上昔
巒聳翠左柏舉右白泉峰堅千萬狀毋論晴雨嵐光
青到門後隱平岡如列屏几岡上五華鳳嶺諸山蟠
起與溪上巒對峙儼然秀麗區也學宫舊制聖殿明

倫堂尊經閣東西廡啓聖先賢名宦鄉賢祠悉亡所
齋舍備矣創自有宋至明倣閑補葺稱壯觀先是邑
彬以功業顯蹟及以文章著名者顯著自明始故老
相傳以爲與崇學宮之效云逮崇禎末年之亂毀廢
圮落者過半鞠爲園蔬牧兒莬豎至于薪刈其下楚
炬焦土求如靈光獨存益亦難矣
上定鼎八年親政禱聖敎偏崇太學以樹教本近以文
章高下爲內士晝脂鏤冰相顧自失禹航王侯涖邑

而景陵陳君西陽邵君司鐸濟美會議重修學宮于
時侯捐壁上魚二君出盤首蓿凡士子執一摯間難
悉貯之以厝置物料而邑人慕義助輸絡繹三年山
林未聞有丁丁之聲伐木井閈未見有翛翛之羽鳩
工而規制忽還舊觀擬之雲壘天造非匠者功益侯
雖
興朝宰邑第四人而勤政久任視邑事等家事實開創
第一人也若考作室肯堂構亦乗基二君文鴻儒人

倫袁帥分麻邑如韓公來爲祭酒則國子　祓莫
故有是績時朏既望落成諸生再拜前致辭曰初郡
城大黃岡首建文廟是歲稱大魁兹經營猶莉過之
侯進諸生升堂部之曰麻勳名麻自有耳吾何最哉
經國大業不朽盛事惟文章也
上方釋金戈弄柔翰務以甯士人文浮靡不宗先聖之
術爲憂
御製楷模之臨軒釐飭之意得經明行修之士同治此

天下耳夫文章者原本五經也詔命策檄生于書序
述論議生于易歌詠賦頌生于詩祭祀哀誄生于禮
書奏箴銘生于春秋惟原本經術故能使精義覆開
拔辭飈起匪曰蘭芷不自朱藍何由變情遷質哉吾
崇修學宮欲使麻士瞻仰雲章知國重聖術衰然經
學以應旁招耳凡風俗所好尚觀其所營建而知之
也凡邑媚竿寶樹知好術若浮圖道觀桃花知好尚
者黃白川巖別墅相望知地有幽處城市臺榭交錯

知地有貴遊儀釆風問俗輶車入邑觀兹學宮巍煥雖欲不以令爲崇聖術不可得也麻士過學宮改觀雖欲不聳目不自顧所學亦不可得也此吾之志也大蒲生再拜謝曰謹受教于是以重修學宮之績及侯之言也而記之

立浪園記　曹胤昌　邑人

貴興碧落浪人所居遊也處乎寥廓之觀而園焉則巴脈竺天瀛島心緬以清節至焉一乎淨滿之致而園焉則巴拘碩鯨觸濤立矣九蓮三山又在地中浪人有不得避姑取超有不能一姑取寄云淵明菊和靖梅屈蘭王竹戴顒鸝舌弘景松聲因性所近而取適焉二氏所稱洞天福地肺絡相連非還丹子不得至[illegible]都玉京之下三十六天皆實有城闕居人雲裳

受吏至聖大賢慶之浪人既鮮飈渡之津滯羽樊中接天無計居既不敢上山亦不敢深居僻山山偶園然金谷也奢土室也隘壙也哀窩也恣園焉斯可爾園而立浪者浪松也萬松摩霄骨撑髮豎其有立之義抑悲風激盪中猶有未撼者存乎是有異焉園山也取致以水水溪也取致以池以泉松園也取致以竹以古藤以雜種之樹以遠望之茶山環於石石園也取致以艸壁以土坪嶂崖複洞爲亭閣也取致以

而廊以脩堤以潤攻刹川也疑暮晴而雨色四時也
疑一幢萋霜而鷓歌雪而蕉影祄從岸俺出雲賁蕭
一線溝猱鳥道爾捫蘿蹲壁緣薜荔墻入立浪園
門畠曠若行野石虎之鬭矣松則龍而馴鬭不勝馴
也曰馴龍衍磴而栢丁々雨折而蕉扇々雲出名寶
隅筠籬望文石半背妝西子濃抹澆背一鷺矣蒼々
者梅傲而不敢索其笑亭々者梧過而不暇攜以吟
下坡陀循半規池咫尺閬辨宮闕不得渡又上而坡

下而亭矣藤篁蒙菁萬葉交影人浸葉中水怒葉下
風泉壯亂語不得聞津橋而西則桃花泊傍燦然山
參差桃々先後花然洞光谷影霞片水聲西湖柳堤
秦淮葉渡煙中閣鏡中山昔年畫舡紅夢入此盖依
稀近之泊而賓々而水亭汎其伏流而出者乃爻磯
激魚頭々影荇藻不可得漁然柳絲拂水輒亦驚竿
賈以上皆平臺種梅而抑其左則雪山之額也界天
台道矣選濤而亭其右則漲殺萬松其末燹火焉忽

々涯々其古懷襄其未平也周視徑塌矣旁瞰石背
有隙摩身背以入如鼠穿竇曰文石峽也越石橋藤
蔓陰森九天銀河窺隙其外過破袖亭沿塘陟到谷
莊似人間籬落紆棧閣入縮虹廬又一洞天矣西折
徑松風而上蹲冊雲亇鐵蓮半覆怪樹生石腹石髓
滴瀝鳥動人犢術魂醒骨冷其古僊服烝之巖循巖
而南陟嶺巔則龜峰鵰石襟帶岡掃其翠色洞纈白
而透迤以西千里盡望下坐石舫內虬虎以皋外渡

瀾斯遠近而几案度則鬻品曠馴龍衍也大抵部署
因其自然歷亂序於思理喬木千章凋池工匝石族
而居曰文曰怍以寢以飛以詠曰鬭山半二石特詭
秀壁者坐而橫紫蘿冠錦苔帔春朱花秋紅樹簪戛
綠雲步障石而玉女立而秀以文乎伏者削而案蕩
與繚則虎而圈沼與臨則牛而飲蕉與覆則鹿而夢
矣受屐笻蔦攖席桄每月明夜深主人獨嘯輒不意
武丘洞籲石底潭之背峽之旁亭閣之照竹依松鸞

魚疑鳥依稀豐壁飛來間遠山疊東而不露其童僧
磬下升而正愛其孤龜雁兩名巒隱躍左右而琵琶
半遮不肯遽開其罨柴桑半坐煙靄封斷而邈若山
河其間晴粧雨翠千變萬狀近棲而遠托旅逝而獨
抱反扃而徧尋節遊而近之有不賍剪割而棄濶之
以深其睠懷皇人風小年日不足樂浪人饑娯老乎
頑山不衡麓水非江漢茅之屬不如北竹木之屬不
如南垣有淋不能塈池有漏不能甃櫺檻有朽以敝

麻城縣志　卷之十　十四

不能丹漆以經久遠伐楊而几劚松而臺東艸而席
縛繩而床瓢以柳壺以瓦筋以竹簫芋巾布冪蕭然
乞塞園多山花梅梨李菊野樹香不之數而九里香
廼特馥丹桂寶珠茶移植山上者如貴游子入野人
道士羣反不韻哉花亦畦戹於水且石不暢畦匕亦
花戹於貧且僻不與花具云爾廼移株輙活肖無槖
駝種樹之方好鳥來巢豈有薛翁幻禽之巧即朋四
海而飈集樵牧迂道以嘆游岸庵梵聲長塗人語嘹

嚦若在坐隅駉龍衍之蒼莽則瑶池讌而冠佩醉譁
毘陽鏖而鹿象怒角也卅雲亢之龍邃則鐵船峰之
石蓮雲水王泉之洞室也避壽亭之雨之月之雪谷
莊之水秋之鈎夏雪卸之酒杯之劍泱漁賣之蒲團
石舫之番楊松之野燒瀑之落嘽之吐月破衲亭之
冷雨酸風縮虹廬之抱琴篝讀近於禽慶脊於向平
切於宗炳雖儉不及贊皇之平泉而侈已過樂天之
池上跡不至散稠不至整樸不至陋文不至纖劍俠

麻城縣志　卷之十　十五

而其有嬋娟枯僧而有其炯爛湖海嶽山而有其一
丘壑至乃風動茶榕難其闘者棋閒峽雨君或聞之
水沉對屑闘爐是不燼之灰緑韞攤經秦火出未燒
之字或則休糧汞日鍵戸詮　亦有乘輿騎驢下山
乞食鈎松簾而進雨則鳥鼠亂其圖書挈土鉎以居
雲則狼豹馴於鷄犬山有勝事則元霄之放燈脩褉
之採蘭姉獳之鋤藥脊屬之飯藤花有勝景則紅子
树落桊堦松毛徑石蒲古溝霞飛曉灶不辨晴紅山

亂厨烟難分纔白每秋空晝聽枯藤落于迸打星庵疑於鬼兵更復掃春風而逸童塵響夜谷而默鳥虫桃花似女妖盈來二女之鬟醉桀漫山明滅看寒山之火是則武溪男女莫幻樓臺華山嶼蒴徒游蟻蝶庶幾鄭谷眞個廬山矣其有梧而坪有蔬而圃有磧而王以春有絶巘而平崗以彎弧以走馬或則力艱劙作而莫䠞盤遲之斤亦時憂畏驅馳而輙斷草堂之手與會不及標舉斯在或有不名有不至也間者

圖爲卷素派以歌章耿懷神而慰羇孤脱卅神而成界道山川槃白何殊煙掌之螺咲黛依然不異菱花之巧移情送目郎是居人朗月清風便當良友誠恐桃花未穩終窮風濤清福難消特生塗難則傀將悵鷄聲而思薄廟因晨風而懷遠人不旣傷乎嗟乎章臺之銅散其墨花緑野之石殘爲梁白奈何以電蠶之呵而欲永海桑之玩况椎蓬鬭于棗栗恒兒曾無名山洞室之懐足以觸其雲木念先之感而更望其

蔣花舊徑薙艸開堦不以難乎是以李衛枯園室火居人叔夜新篁園無主者亦知派山烟景百歲之内剪爲童巔而雪堂偶築于黄州愚溪亦標於西粤寓意寄情若鷺黙汀沙霞鋪暮漢聽其聚則成文而葳之鳥有豈至于匡公五老定結斯廬靈運萬斤轟驚幽壑者乎况乃景陽鐘斷勾楯簫寒駿馬臺傾鬱葱拏猻其何有于兹園巍者曹對影婆娑尺堦其幸編身傭佃陶復爲居亦云溢量而胥心未掃斧搆如斯

不旣多與余家近衡峯浙流可達寧不欲訪于蔣之高蹤讀異書於峋嶁而虎劉嘷遲禪鍊仙移未免桃片浸於汚溪不涅封其青髓蘿攀莫極杖屐惘然更復肺病數年而累絲難殺鹿門以繫勝具維艱比年裴几船携蔣蒿自刈旣少娅兒之童子結伴羅浮襄無戕際之鞭奴相依傳奧是用不得不坐選家山甗尋短水巳非梅福求閒之意亦豈鑑湖許乞之恩耶寄居遊自尚歲月而巳園仰周丁此仍生於其可以

圍焉者其可不必圍焉者則爲乎結行側而強遊人
爲是沾匕者哉

無念禪師塔記

梅之煥　邑人

恭惟禪師術斷鈍根早磨慧劍言語文字不立大心
直取法王艱難險阻備嘗捨命始登覺路一掃三塗
六道出之萬死一生正法眼方開老婆心復切未明
如我明如喪似有情癡一法纏通萬法通更無理障
成己以成物總此一成救世如救焚急於自救點化
者十之一二惟鄧宗伯尤高足之徒許可者百不二
二於家司馬有祝予之慟羅浮山客西有道人管各

窺其一斑竿更期於百尺西方有聖人出爲未能或
之先也東土以我公歸兮更莫爲之後矣念不盡不
佛何忍遽歸然有寄有還豈容久戀爰成寶塔用備
歲時當如來降誕之辰正浮圖合尖之日息形[redacted]息
影倚然七尺之軀忘生未忘骸聊將一抔之土聊函
半偈無煩開石鄉之文舍利外光不用借漆燈之焰
嗚呼南山之銅猶有隙靈光之殿獨歸然不獨川嶽
效靈抑亦神理綿邈況乎紹佛紹祖又自無滅無生

獅子楷聲林烏猶然訴嘷麒麟高卧野狐不敢浪嘷此日雍門已不聞孟嘗之淚仙年華表豈從與丁令之悲求大藥而駐朱顏只爭早暮置虛器而運虛想一視與亾決地得泉水豈專在於是高陵為谷由同卷石之觀原非藉有涯以托無涯亦不假無字而凝有字與煥也聆木樨轉語所謂見而知之誌黃葉遺蹤庶有聞而起者嗚呼藏廿楮於無縫之鄉豈云譽墓碣斐履以太史之簡聊榜傳燈

石洞道人佳城記　　柯之煥　邑人

曾君諱鎮者別號石洞道人舊隸芹宫傅士術七長者等唑而於虛舟翼翼小心虞碎顱于隕葉寥落功名之夢一場蕉鹿驚殘辛酸兒女之緣幾度峽猿凄斷慕長齋之蘇晉雅愛逃禪希玩世之嗣宗聊以卒歲蓋鄉人之善者其葛天之民與向也再來雲無心而出岫老之將至水有時而回淵爰偕孺人某氏卜因石洞頂卜生城宛矣龐公偕婆居然同穀同穴使

今日常運死想庶仙年翻作鶴遊勞乎雍門動荆棘之悲柳下巖燕蘇之禁且躍馬終黃土牛山何必沾衣然寒鴉幾夕陽羊碣猶為墮淚昔文靖不保五畝弟吉者尚致慨於廿棠況北邙僅占一杯為後者忍忘情于宿草無問或緇或素以至君雲君仍有如護拮捲之思豈直魏摯擁之守自昔稱仁人君子斯其土矣從今惟名山大川實式臨之何須銅北山之銅請試問鹵歸之屐緱嶺鸞已去碧桃依舊春風遶陽

鶴重來華表巋然明月特勝　二章約法永為千歲宗盟

書

戒子書　　鄒來學　邑人

字寄妻男楊氏鄒瀚餘不及言自離家之後將及二載鄉市各處親憐朋輩人事之往來以及家務人口種作屋宇塘池樹木頭畜等項二兒家道安否涸海二子生理俱不知詳悉爾雖有家信一二次止開些須畧節豈想父在遠方時時懷念以此一事觀之爾之平昔爲人苟且簡慢懶惰粗糲無狀可知其待父毋如此又不知相處內外親戚隣里何如毋憂爾少

讀書識見寡操歷淺至親至眷不知尊重小男小女不知撫字左隣右舍不知和睦年老之人不知恭敬貧難之人不知眷顧患難之人不知憐憫爲惡之人不知廻避爲善之人不知倣效有恩之人不知報本有究之人不知洗雪與人飲酒不知深淺醉後之言無天無地無禮無法醒後諸事不知與人交錢不知伏義和好之晴如兄如弟如膠如漆一文相競諸[illegible]不顧鄉間往來常乘騾馬見人不知下地大悄長幼驕傲放肆作揖不知低頭識者莫不恥笑誰肯勸戒說爾好者欣然而喜春風滿面說爾歹者勃然作色怒氣滿懷至若起家不知要節儉耕作不知要辛勤畜養不知要水草樹木不知要栽種子弟要教訓屋宇要打掃內外要防閑出入要謹慎夜晚防盜賊豐年防旱乾有日防無日用人要飽煖待下要恩愛我憂爾之不能爲人不止此數者聊說其大畧爾書每

說牛死比之常人家一牛使數載而不傷者何也蓋因心痛此牛牧養得法水草依時爾書又說無本錢比之別人家一般納錢糧起人情又當相應人夫凡事豈人爲出于思慮想要知何者爲起家之計何者可以納錢糧何者可以備荒旱務要長遠莫顧眼前我每想自己仕途數年間必有深過以致禍惡上及先妣下及湧兒自朝至夕惶懼省責又慚薄德非材勞數次之章奏遭幾番之薦拔誠恐有負朝廷之委

托乎文肯貪汙以辱名節貽後患於子孫乎况因守制三年爲家室之累往々作事不守本分致人嗟怨冢思有之後爾當洗心滌慮改過遷善愈謙愈卑更讓更和平昔之仇隙者今則待之如芝蘭昔時之搆怨者今則待之如骨肉事々守己件々安分官府一跡不至外事一毫不爲廣結人情薄敬鄉里貧淡乃安樂之本清閒是享福之源人家有長短不要偷寒而泥暖鄉里有過惡不要面是而背非隨步而行全

憑方寸不必東思西想不論爾強我弱看破事情冨貴浮華皆爲外物有命所拘思之思之愼之愼之盡心以守之勿以予言而輕易之二兄不知來否早晚慇懃孝順周先生在家或一月或二月常去拜問毋事一一請正而行當以父事之我自幼而長死生患難之交止一二而已你毋親好生將息來年必有此行鄒濬八月未定起程濬兒喪事可停於西畈非邊横星内當々看下地整理灰磚一到就不久安葬於後山高阜處或樊橋左右其餘皆不盡言爾回再行計議鄒紀兒鄧胡仲亭等不知比常用心何如便中一一寫來大姐常々去看諸親尊長亦常看諸公俱致意後另書奉

後學甘振奇曰覩人不如其所勉而於其所忽譜公此書皆家常瑣細之言而公存心之忠謹立身之勤儉與夫居官之請其正氣俱可知矣予童時即見有刊公此書傳世者今幸承乏公里得悉公行實又見其子孫[illegible]翩聯爲西陵望族不亦宜哉

與周栁塘

梅國楨邑人

前在黄安聞楚侗先生瞑眩之論眞有味乎其言以惟人生大造最宜大省悟大憤悱方大長進若不肖者行多跅𨄅譽之長厚亦既迭宕而憒悱矣而世情俗見斷割未能近日以來動違清議夫木無不罅隙之蠹人無不間隙之尤諸所加於不肖者皆實々有之而又側大會發高論不肖之顔厚矣自今以往閉門自訟如前所云瞑眩之藥更新其耳目重易肺腸以求信於朋友若復優游歲月以人言爲不足惜是

竊儒名以文巨奸結黨類以延虛譽徒以未識者爾
堅僞行反以回向聲之心不肖曾以此爲耻而躬自
蹈之可勝痛哉可勝痛哉惟門下察於衆口之外諭
其虛實而時賜藥石焉斯回生之力也若下愚終不
可移清議絕不可逭不肖非朝市之鄙夫而山澤之
癯耳寧復與有道者相接哉言語激切幸其亮察

與萬兆　梅國楨　邑人

里中人來傳云家父有書與足下會逢足下之不若

而裂其書抵之地且與使人手相格也以理度之必
無此事而足下包藏盛意則知之久矣足下之所欲
者吾土地也土地小故而寒家又濡弱可狎視者何
足以煩爪牙之利而試毒螫之威哉兇人各有所寶
以詒子孫不相悖也鴟得腐鼠見鵷鶵而嚇之則甚
惑矣寒家日孳孳以禮義忠信詒其子孫而惟恐其
不足足下日孳孳以土田宮室財賄詒其子孫亦惟
恐其不足今足下金帛足以饗士堂可建三丈旗面

息壤千畝則古者一成之賦也足下所不足者非土
地亦明矣奈何一觸於目輙張吻而嚮之本田雖寒
家故業所當世守者然足下以得地爲實寒家以退
讓爲寶各得其寶以聽天命而詒子孫豈不兩全而
足下必爲是孳孳者必如何而後快哉人謂足下見
邑侯有所督過於寒家故因而爲此使寒家不敢言
而足下又因以取媚而幸免於三尺之外是足下之
智不若癸矣何也邑侯之於寒家不過以其不能將

順故薄示懲创耳足下於平旦幾希之時試一反思
其所以日積月累以成此大名者雖足下能一一自
數之乎其不能自數而汗出毛竦不病而惛未寒而
慄者皆在人耳目而上之人所稔聞者也彼邑侯者
固吾道中之君子而易事難悅者一旦別其薰蕕而
謂足下之藉此以行險徼倖也吾恐爲幕上燕矣今
爲足下計宜亟反心易慮將數十年秘謀毫髮不掛
於心而少知人世之有所謂理法者雖杯水車薪勢

不相敵而齋戒沐浴以事上帝庶幾有矜而免之者而又親師友以教其子弟使知大易用譽之義若曇十二棋而餒春冰所謂逆取而順守之即足下之土田宫室財將或有能保之者若恃一時之詐力而欲爲後世之計既得人之故業而又重傷其孝子慈孫之心自古及今或有能晉其終者特區々寡昧未之見且聞耳語曰爲善尚未蒙福爲惡將欲何求政謂今日在足下勉之而已近見西方大士視一切皆爲

泡影獨於墮惡道者尤有濟拔之心焉故不敢以何擇爲辭而忘其藥石幸足下鑑我馳驅毋使他日嘆曰悔不用梅君之言則足下家門之福也

與某公　　梅國楨　邑人

世上最艱苦事都任在自己擔當無一毫退悔心是大豪傑世上最便宜事儘讓與別人受用無一毫羨慕心是大豪傑人忌害我不與計較常人能之我有恩於人而人忌害我不與計較非有大識見者不能也人之好趣承旨耳但識趣落在一邊亦是一種才無是才而效其所爲徒自取愧悔也一生便擡頭不起矣即如先輩中有君官君鄉俱負重望只因容易作書爲人所輕護聲望大損其心本是從厚但欠慎重耳可見凡事不可不慎也

與某糧儲

敝邑連歲大祲去年尤甚十室九空道殣相望奔走百里外採蕨爲食食多輒病且死麻屬豆餅平時以

養豬畜者得之不啻芻豢間有擔石之儲則羣起而奪之有相殺者豈不畏王法迫不得已也私家之藏既盡官廩所積不多轉輸火策告糴無門人心洶々非轉徙四方則聚而爲盜耳幸賴兩臺老公祖題准十五年南糧改折十六年漕糧免十分之三行文到將一時聞者莫不鼓舞稱慶庶幾再生此米見在水次未經起解但恐遲至無知乘時射利者將前米花用販賣則上意成虛下民失望如入口之食忽成畫

餅餤已之民不捬之壑雖欲賑之將無及矣乞嚴加禁諭有炤例糾完折色若即以本色給領計二次可得米六千餘石兼以積穀發賑不三月即接麥秋民知利而不害皆懷樂土重犯法不惟違主恩明職守而斃百萬生齒之命皆仁臺之所造也伏乞留神地方幸甚世道幸甚

泰舜峰開府救荒書　梅國楨　邑人

今冬萬曾城刺不敢以賤名姓再実瀆人乃臺下以

爵吏之舊隆禮先之言及地方旱傷與若痌瘝在身碰懷下問彼時以臺下持在大體不宜以瑣屑聞也及返敝廬時值元日墟里無烟行路稀少自是以來城市之間道殣相望附郭之近公行剽劫則僻遠之地又不待言不圖全盛之時見此蕭條之狀自古救荒惟蠲與賑今經費有定數帑藏無積貯蠲且不可誰能議蠲若賑則欲取之本縣而倉庫空矣欲中請轉發而司府空矣欲勸借富室而閭閻空矣更兩月始及麥秋枵腹之人朝不及夕其何能待耕牛盡歸屠肆穀種望之遠方而春來無雨池堰俱涸即力能辦者亦不敢議及牛種恐如往年以重價棄之無用之地也將來之事又不可知爲今之計必不能出一奇以利民惟去其所以害之者使自爲計而已如通道路以便灌輸安商賈以通泉貨截渠魁以息盜賊寬胥從以省搔擾皆去其害民者而民自利矣本地既無儲蓄則轉輸全賴他方而道路之間劫奪爲患

雖眾如丘山不敢望也捕盜員役有能設保甲嚴緝捕而不時以身察之則道路通而糧自集矣然糧雖集而無所取價也勢必貸之當舖而時事之爲當舖害者非一事也讌會則取什物餽送則取金幣即酬其直不過十之二三而寸之不理者固多也每獲盜賊則駕言起贓應捕人役串將他人當票一槩混取則變轢騙害無所不至利小害大彼何樂而爲此乎惟禁所以害當舖者則泉貨通而小民有賴矣至於

凶荒之時盜賊易起或以爲迫於饑寒曲爲寛縱亟以爲漸不可長一槩誅　是二者皆過也縱一眞盜則害及良善聽其牽連則濫及無辜故眞盜議死甚者梟示則法嚴而人不敢犯餘黨不問俟其再犯則情通而人不見擾凡此數者皆老生常談人所厭聞然謀及老成詢之父老皆以爲救時之急無要於此矣或以爲此有司之事不宜聞之上臺然各有分地則兼制之爲難未奉明文則專擅之爲慮臺下酌其可否明布教令則虛文塞責所從來久矣向承虛問敢布其愚惟特則省覽而不罪其狂無任皇恐瞻望之至

與劉邑侯　梅國楨　邑人

不孝不欽令一人擅入衙門通邑所知非因其可遁事細訪乃知有李夢麟梅可訛不知嫡名併可通三人常常假借本家名目可通恐其不信又假其一詞以實之事雖實而人則非不孝素不以一字入公門即有詞豈不令家人親去而使他人代也蓋不孝自叨鄉書至今三十六年矣院道公祖屢疏通問況敢有一字一人有所干謁鄉里平民以此相信相許今老矣肯毫忽背爲舉生平負盡乎聞可通悖傲異常須枷號始足示警此輩刁頑朴責非所懼也因遺家僮完納轍銀併白鄙心種種之懷容遲日面悉

與文明府　梅國楨　邑人

共聞造就之恩等于生成知己之感深于骨肉寒家數年以來門祚衰否家父匏繫于丘園某也蓬轉于天涯諸弟株守于佔俾百歲祖母甘旨不充而齮齕之事且時時有之自明公下車始得安枕矣而弟樓弟森俱蒙國士之遇國楹國　小壻劉承緒皆與進入學今樓森得溷賢書何一非造就所及天地高厚之恩將何爲報即欲啣結來孫而已敝邑士風漸不如前一假詞色則家族家人便得憑藉恣睢冒犯矜不可言寒族人雖知守法而人衆難齊家人又易隨

風而靡惟望一以法繩之使寒家父子兄弟不至擭罪名致不致取怨鄉人則明公之賜不但生我已也

與表兄劉太凝館師　梅之煥邑人

秀才時聞瀛州如仙庶常時見館師如神兄今仙且神矣豈屑下問人間猥事視一切買豎爭言正白樂天所謂何異諸天觀下界一微塵裏鬬蝸牛但五濁惡世不平事多不得不借平章軍國者一平之似又不得槩為厭棄也聞兄為里中無罪之士多方噓植

於首輔之前此無與弟事而弟却切骨感服世間君無此一種天日不在天上矣海內名節咸以弟之不辯謗加稱譽以為有得於犯而不較之道夫長厚何必名而欲浮薄少年少醒沉迷知　神明聖主之不可欺大家從實處過庶於事不至決裂耳司空歸聞先生口益刻刻張傷於虎口而事之惟謹始而畏之久而與之俱化但不知中山狼何以報德也平章得不平此公案得一洗雲翳而俱見天日乎此辯鄙猥語極知可厭不應上瀆天際真人然無刹不現身無處不濟度此神之所以神仙之所以仙也若自了漢則世尊所欲打斷脚脛者去司空幾何哉

與唐撫臺　梅之煥邑人

黃麻當危急存亡之秋鄧元戎忽領大兵至億萬生靈始有再生之望敝邑使祖臺福庇我兵屢獲奸細內應不敢竊發渠魁稍有戒心暫退以俟我懈意實未嘗一刻忘黃麻也二月廿五六夜連獲奸細于城

外皆供俟三枝齊到必入麻城過夏江北之寇破鳳潁等處者彼處堵截皆從光羅入黃麻前次之從麻城西馳者仍在德安隨州一帶眈眈虎視不盡楚竊不已也已破之處不留亦不再往陵寢可慮者全在承天鳳陽則非其所戀且各處大兵雲集鳳陽矣鄧元戎若自討便宜只令走無賊之處今偏守賊入之衝此其忠肝義膽不亦令人所難其戰非在羅山破賊親自衝鋒斬獲無算何其勇也此其[illegible]賊擄者悉給

怙放歸不以充斬獲之數婦女之有丈夫家者皆令送還何其仁也各兵所獲之財物仍盡賞本兵以作其氣何其廉也紀律嚴明在敝邑秋毫無犯市易不奪何其嚴也生等閱將帥多矣自未有如此逝乘絕塵者賊之耳目甚長鄧元戎今日去賊明日即復來從黃麻而蠶食席捲承天陵寢大可寒心伏乞祖臺會同直指公祖照原部文檄發糧餉俾暫駐黃麻等處仍合疏題請借重鎮楚得以聞警即隨處追勦

庶三楚不至斷首入虎口也生等即有公揭到部然必祖臺會題而後於事體更便時危情急不暇擇音統惟慈照

與洪制臺　梅之煥　邑人

憶非兩郵可沽屬庇年來荏苒風塵鉄馬間間乃仰止之懷則非雲泥所能隔也適有天幸敝楚亦在德星垂照之中三戶驚魂咸有起色不啻二天之慶又可知已賊所殘破之處不久戀亦不再往江北諸賊

皆分道入楚敝邑則其門戶也耽耽敝邑非一日矣以備禦有素頃又每伏鄉兵擒其奸細內應絕而勢少綏然意未嘗頃刻忘也本月內破鳳陽等處者皆從羅山分三股入敝邑焚殺之慘視二月更甚焉前從敝邑往德安等處者又厚集而圖大逞敝邑之危不止累卵幸鄧帥大兵恰至賊聞而始退舍避之忽接部文又令舍黃麻而赴鳳陽矣明知賊不在鳳陽而不得不奉行唯謹鄧去賊必復來敝邑如有失則

門戶壞而席捲長驅承天陵寢大可寒心二月初三辰刻賊過敝邑城下為先聲所奪不敢攻然各村鎮名戮之慘尚不忍聞則被破之郡邑又當如何凡賊到之處逆奴慣盜及遊手遊食之徒從者如市兵民無不呼千歲間呼萬歲其輜重之多供奉之侈皆未可名狀似此光景撫之一字已無望矣惡貫滿盈勢極必返正天道神明藉手於祖臺之靈以彰天討之日也然勦亦何容易言也勦此則逃之彼勦彼則又

逃之此分勦則兵力單合勦則岐路雜我兵集而彼徉遁我兵撤而彼復來屢屢何日而已耶况救援於已破之處諺所謂賊過安兵且方盡安於已破之處而慮其未破者以俟其來是祗爲賊開方便之門也敝邑輿情欲借鄧帥鎮楚而仍部其所統之兵如賊從楚入豫則楚躡其後而豫擊其前從吳入楚則楚遮其前而吳躡其尾兩下夾攻庶不止驅之出境而以隣國爲壑也鄧帥紀律嚴明調度有法軍士在城

寂若無人賊至界嶺聞名宵遁敝邑甚德之而欲依爲命敢向祖臺直陳之百萬生靈所繫呼籲俱殷然爲敝邑圖瓦全正爲陵寢門戶求萬全也不嫌草野仰瀆雲霄恃高義必有以鑒原之臨穎曷任主臣

復張邑侯年丈（時舉劉太凝爲張公子師太凝後官少宰學士）　梅之煥

待金馬而避世殊愧歲星焚銀魚以還山幸依化日願爲小相每慚伊朱傳之音持助正人忽示我霍光之傳惟自任天下之重也故樂得英才而教之淹貫古今不數太平半部匝優仕學何假南面百城宰相用讀書人亦知不學之無術秀才以天下任是必有志者竟成救時相豈易言哉同年情何可當也惟年臺壽國壽民與作人之愷弟裁小子亦狂亦簡獲卒

歲之優游

晏張邑侯　梅之煥（邑人）

二月維中三陽正少晴郊日麗棠枝夾道清陰紫陌風柔麥葉平分細浪試問韶光幾許恰輕煖輕寒還詢樂事如何堪一遊一豫團南[illegible]墅邑聽北斗復聲睞來兩岸鶯花真成兩部喚醒一簾風月不用一錢露晃行春攀轅卜夜觴曲池而泛月不爭上巳之芳辰訪石塔於摩雲猶識咸平之故事酒嘗新熟花看

舉開君子之至於斯賢者而後樂此已 射擁簪金切驅車

跋

跋無念卷

梅國楨 邑人

常珍上人以此卷示予予讀之再過其中有可喜有可疑有可論王士琦者余快友九年別矣不知坐進此道也一可喜有無念出吾里中二可喜卓吾告近溪先生文如哭如笑若飛若舞叙其平生出處襟度如畫三可喜中有書云周元孚人品甚高但似於詞章勳業氣節着脚意頗少之於詞章勳業氣節着脚即不可捨詞章勳業氣節飲食男女之外於何處覓佛耶此可疑卓師[redacted]近溪文謂其無與傳衣鉢者為惜死夫近溪誠宜惜死特不宜為無傳衣鉢者惜耳衣鉢之不傳豈盡人過孔子及門之士三千人最當意者莫如顏子其次曾子顏子死曰天喪予伯牛亡但曰命矣夫諸弟子不以為偏一旦獨呼曾子之名而授之以道餘皆不與焉諸弟子不以為私見一互鄉童子任一闕黨童子人有後言矣藉令以互鄉之恭謙闕黨之愨勤而修其得朋列之高足子路必自攝之蓋孔子胸次最虛用力極高擇人甚精而教之甚當其材當時能游大人以重其師者莫如子貢與季孫暱而彌子親者莫如冉有季路彼方皇皇焉得君而仕貧不若簞食瓢飲與夫衣不被肘之寒士是以亦傾心向之而卒得其力近溪先生以法本平等不擇人故其弊至此不知擇人所以為平等也猶幸其出於無意不至拂人之性故其弊亦止此而已卓師他日有言不肖者入會則賢者必不來雖近溪亦未免此累[redacted]未須以此足之近溪將爽然自失肯惜死耶此其可論者

書卓吾和尚塔

梅國楨 邑人

塔在龍潭湖之陽卓吾先生自筋以為他日藏蛻地也屋成托余壻劉承棨以署書屬余卓吾本知余不

菩薩乃漫爲之而余亦以漫應之意各有在也夫卓
姓李名戴贄字宏甫官姚安太守今名其載不以
姓氏不以官閥而稱和尚從佛名也即百歲後當廟
封尉稱姚安守而正以塔壘從佛教也屋之上爲寺
前塑佛像甃以磚石加垩焉卓吾之愛其身可謂至
余竊怪世人之愛其身者必享富厚之樂有妻子
之奉以快意生前而後爲生後計卓吾捐家室守枯
寂厭世蠹賊惡[redacted]且精潔其藏而又不比於牛眠馬

鬣之習尚也卓吾可以尋常比擬乎余亦不知所爲
書矣

詩

萬松亭詩有引　　宋蘇　軾眉山

麻城縣令張毅植萬松于道周以庇行者且以名
其亭去未十年而松之存者十不及三四傷來者
之不嗣其意也故作是詩

十年栽種百年規好德無人助我儀縣令若同倉庚
氏亭松應長子孫枝天公不救斧斤厄野火那憐冰
雪姿爲問幾株能合抱殷勤記取角弓詩

岐亭五首并叙　　蘇　軾眉山

元豐三年正月余始謫黄州至岐亭北二十五里
山上有白馬青蓋來迎者則余故人陳慥也爲留
五日賦詩一篇而去明年復往見之季常使人勞
余於中塗余久不殺恐季常之爲余殺也則以前
韻作詩爲殺戒以遺季常季常自爾不復殺而岐
亭之人多化之有不食肉者其後數往見之往必
作詩乜必以前韻凡余在黄四年三往見季常而

季常七來見余蓋相從百餘日也七年四月量移汝州自江淮徂雒送者皆止慈湖而季常獨至九江廻復用前韻通為五篇以贈之

昨日雲陰重東風融雪汁遠林草木暗近舍烟火濕
下有隱君子嘯歌方自得知我犯寒來呼酒意頗急
拊掌動鄰里遶村捉鵝鴨房櫳鏘器聲蔬果照巾冪
久聞蔞蒿美初見新芽赤洗盞酌鵝黃磨刀削熊白
須臾我徑醉坐睡落巾幘醒時夜向闌唧唧銅餅泣

黃州豈云遠但恐朋友缺我當安所主君亦無此客
朝來坐菴中惟見峰巒集

其二

我哀籃中蛤閉口護殘汁又哀網中魚開口吐微濕
刳腸彼交病過分我何得相逢未寒溫相勸此最急
不見盧懷慎蒸壺似蒸鴨坐客皆忍笑髡然發其冪
不見王武子每食刀机赤琉璃載蒸豚中有人乳白
盧公信寒陋衰髮得滿幘武子雖豪華未死神已泣
先生萬金璧護此一蟻缺一年如一[illegible]七遭迂客
君無廢此篇嚴詩編杜集

其三

君家蜂作窠歲歲添漆汁我身牛穿鼻卷衰莫相濕
二年三過君此行真得得愛君似劇孟叩然未為急
家有紅頰兒能唱綠頭鴨行當隔簾見花酒映疎冪
為我取黃封親拆官泥赤仍須頰素手自泛萬項白
樂哉無一事十年不蓋幘閉門弄添丁談用兒女泣

西方正苦戰誰補將帥缺披圖見八陣合尹謝衆客
不須親戎行坐論教君集

其四　軾

酸酒如薑湯甜酒如蜜汁三年黃州城飲見雞黍窄
我如更揀擇一醉豈易得幾思壓茅柴禁綁奴飲白
西鄰推甕盎醉倒豬與鴨君家大如掌破
何從得此酒冷面妬君赤定應好事人千我酒盃中
為君三日醉蓬髮不暇幘夜深欲踰垣臥作一生同

老奴亦笑我鬢齒行秃鉄三年已四至歲歲真過客
人生幾兩屐莫厭頻來集

其五

枯松强鑽膏枯竹欲瀝汁兩窮相値遇相吾聊自濕
不知我與君交遊竟何得心法幸相語頭門知緩急
願爲穿雲鶻莫作將雛鴨我行及朱夏煮務輕羃々
故鄉在何許西望千山赤茲遊定安歸東黟葉家白
一歡寧復再起舞花墮幘行將出苦語不笑雜眠泣

吾非固多矣君豈無一缺各念別時言閑散更主客
空堂淨掃地虛白道所集

陳季常見過詩三首今錄其二　蘇

仕宦常畏人退居還吾客君來輒館我酒但飮濕
東坡有奇事已種十畝麥但得君眼青網日夜懸

其二

屋無遮羃
送君四十里只使一帆風江邊千樹柳石供李白
此行非遠別此事故無窮願長如此想春麓

道觀山白水崖　己亥清明後日攜家來遊　吳季堅

拂衣歸去來西山有嘉遯林花紅紫雜尊酒清渢渾
挈攜妝琳宮抖擻擺塵坌清明雨新霽山色逾秀潤

龜峯詩　程南金　休寧

萬峰々色一峰前上天下天雲蒸然佛磬數聲落空
寂松花五月飛寒烟江晴欲辨鷓鴣草日暮恐來瀟
湘仙夜半呼龍伴清骨短衣聊對石牀眠

夏日龍湖　李贄　溫陵

暑在人還倦竹深風自涼茶來頻我酌酒到與君嘗
徙倚窺馴鹿聞呼過短墻沉吟秋日近容易得相將

又中秋劉近城攜酒龍湖

舉網澄潭下凭欄看得魚誰將從事酒一問子雲廬
水白沙鷗淨天空木葉疎中秋今夜月爾我獨躊躇

湖中春望　劉譜　邑人

峭寒祈放草痕齊依約來時路不迷月落曉雲循繞
岫泉飛春雨欲平堤鸞篦笑憐新製雁字含嗔擲

鸞題誰解聠魂消未得年〻多任神湖山

麻姑洞　　周應巘　邑人

繫馬攀崖尋洞戶野花叢竹亦荒凉潺湲玉液下幽
壑迢遞藤蘿穿石狀烟繞翠微凝羽服風敲黃葉想
鳴璫可憐書信寂寞久空有玉壺仙醞香

過周子竹莊　　劉侗　邑人

長年官道輪蹄側結得園林向此藏歲儉不妨妝椽
栗客來偶爾著冠裳竹光太遂苔升屋花緒無端蔓

過墻門外况臨沙十里暮應疑月曉疑霜

初夏東山書屋　　周禮　邑人

松杉換新裳乃在夏之候結屋四無隣凉風沁石竇
樹淨雨初浴濕雲墮峯右入顧綠茸〻千山萬山秀
攤書延古人茅破不知漏有時發清謳適我良非謬

同劉同人和道觀山石上韻　　周損　邑人

石淙鳴壑秋丘中日月遲挈瓢下尾亭飲水不飲渾
清響寄山客白雲知秦坐靜聽泉夜心濯月瀨芳潤

後同孝植劉貞和韻

劉子有小阮遲我續秋遊紫蟹盤飧充黃蝶菊叢渾
洗石〻可讀汝力剔其坐帶水看筆法千年學淹潤

春暮眺柏子塔　　朱祖法　駟水

群山開氣象表〻立千尋不識亭松路猶瞻剎柏林
有心來日午無影問秋陰不上徘徊久飛花

五言古

初至江夏諸子過訪　梅國楨邑人

風吹布帆裂倒捲大江流沿廻青山磯忽見黃鶴樓諸子嬖相慰一尊夜未休且勿言名姓吾今倦應酬

七言古

壽穆侯　梅國楨邑人

西風萬里海天秋玆洲仙子御風游青蛇原自豊城劍黃鶴飛來江漢樓〻頭玉笛正悠揚劍氣凌空五

色光坐令白日星河近不獨中宵魍魎藏朗然吹罷月華高今古乾坤一羽毛澤叟浪聞三洗髓曼倩空傳千歲桃芙蓉十二常似春鳥媚花嬌處〻新丹成好向九天上散作春光滿八垠

輓熊烈女　梅國楨邑人

楨也神遊廣漠野眼中有泪不易灑誰家有女節獨苦驚看不覺泪如雨百年恩愛在結盟結盟為重恩愛輕一朝夫婿不可活〻[illegible]可許股可割〻股事夫郎以身肯令夫死別從人以口齧土〻欲摧大地為我裂塵埃以頭觸棺〻欲裂棺〻殼〻頭上血〻污麻繩還自縊其知親戚紛相衛使生只是灰中燼可憐對面不相信嬌來含泪君為妝起向阿姑與翁祭我今從爾勿復憂但令獨處守郎休回身閨戶聲呪吼天地反覆山川走又如雷電礴研風雨驟破門已作觸柱死自古豈無臣之忠高牙大纛金門迴又豈無婦之節合懽雙帶同心結豈如女未入夫門生死

尋常事一言首陽之薇空復青汨羅千載流濁涇後忽綱常標閭閻頓令山水生顏色男兒操此七尺軀龍逄比干俱丈夫仰天血泪灑肝腑一滴能教滄海枯

送丘謙之守保寧　梅國楨邑人

一夕涼風生吹斷都門柳送君不能別惆悵對尊酒記得讀書城西邊我正垂髫君少年奇毛健翮俱神[illegible]可以萬里同翮〻豈意[illegible][illegible]榆枋我為鴟鳶君

鷓皋浮沉遠近隨所向一〻千里永相望我來上書不得意君亦遣自榭陽至燕市同爲慷慨歌巴江又攬澄清轡濃陰滿覆巴江路是君手種甘棠樹父老來看舊使君重聽兒童歌五袴人生事業須及時四十專城亦不遲功名到手好自愛予㜎種〻何能爲

五言律

感懷十首與康樵趙徵士甫師仲　梅國楨　邑人

薄俗不可問吾將還舊廬誰知肝膽在但覺鬢毛疎

對老從爭席王門莫曳裾郡縣來彈鋏意不是歎無魚

其二

故國花開後天涯柳放初可憐千里客不見八行書莫倚遭龍壓還須混狗屠當年班定遠投筆意何如

其三

久客拂青萍相看眼自明一從然諾後便覺死生輕細雨迷山苑浮雲擁帝京何來二三子差足慰平生

其四

誰信鷦栖日還如行路難看花翻作恨對酒強爲歡鄰舍無分燭兒童有逐丸何如山徑裏偃蹇竹皮冠

其五

一望江天色蘼蕪幾度新吟來終憶越裘敝莫干秦短髮愁中世浮蹤夢裏身此生難自料何況眼前人

其六

歸去亦不惡閉門愁介繻壯心空自賞骨相未應殊歲月淹詞客風塵況酒徒不知廊廟上曾有起江湖

其七

長安春色好一度一長嗟斷厭人間世休論夢裏花有身堪借客無地可爲家因憶蒙園吏吾生信有涯

其八

傲骨難諧俗人情已自知久居鄉里熟三逐故交疑搖落悲花片攀留倩柳絲升沉今莫問未及盖棺時

其九

故國草萋〻王孫路欲迷[illegible]鳥[illegible]

待詔非金馬全神或木雞[illegible]有此其陰[illegible]

其十

楊花風自急未比客愁多世事看如此吾生將若何

別來疑自璧歸去愧青蘿莫是荆高侶相逢得和歌

七言律

寄友人　梅國楨　邑人

蕭蕭驪馬又黄州太史何如惜壯游孤鶴再横赤壁

楚背人重到竹居樓風吹古道征衫薄雲捲長空月

影流別後相思立江渚白蘋紅蓼滿汀洲

送文明府　蜀人　梅國楨　邑人

星軺去去度秋風楚水巴江道路通自是南行須召

伯敢從西蜀借文翁春回白雪鳴琴裹雨過青山拄

笏中父老只今看擊壤不妨遊子獨飄蓬

丘謙之園亭　七言　梅國楨　邑人

小苑斜連驛道傍酒旗歌吹遶遶夕陽科頭盡日無迎

送醉踏飛花滚水長

元旦趙芝田明府入覲二首

何處離樽傍暫留城邊新月竹邊樓橋垂霜柳寒猶

緑河帶冰斷不流鳴鳳正朝三殿日飛鳥還繞一

枝秋誰言別後長安遠夜夜分明望斗牛

其二

百詠山城片作碑御屏名姓久相知獨憐鳧舃追隨

處忽是驪歌凄斷時楚纊冬温懷愛月漢宫春曉冷

南枝青蒲此去條封事言事惟無一字欺

其三

枯菀年來世態新巫咸無夢到湘濱灰寒安國人猶

溺律煖鄒陽谷自春敢謂九淵重見日但知千載不

戊塵星辰曳履同天處莫許南箕近紫宸

荆楚文庫

〔乾隆〕麻城縣志

〔清〕黄書紳 姜廷銘 修
〔清〕章學誠 裁定

前言

《〔乾隆〕麻城縣志》二十八卷附文徵六卷掌故六卷，清黄書紳、姜廷銘修，清章學誠裁定，清乾隆六十年（一七九五）刻本。

黄書紳，字佩之，清廣東陸豐人，舉人，官麻城知縣。姜廷銘，山西保德州人，拔貢，官麻城知縣。章學誠，字實齋，號少巖，浙江會稽人，進士，官國子監典籍，有《湖北通志》《校讎通義》《文史通義》等。

邑志自清康熙九年（一六七〇）邑令屈振奇领修以來，凡百二十年未有再修，其間種種變更增益亟待補輯。乾隆五十五年（一七九〇），黄書紳到任，適逢清廷修《大清一統志》，又有湖廣總督畢沅開局纂修《湖北通志》，皆需各縣新志以備採集。書紳遂延請章學誠爲總修，主持編纂之事，又任邑中鄉紳爲分修，歷五年脱稿，未及付梓，書紳即抱病卸任。乾隆六十年，姜廷銘繼任，志稿方得刊刻成書。

是志更改康熙志體例，依章學誠方志『立三書』理論，將全志分爲三部分，即以『通志』爲主體，分紀二、考八、表三、畧一、傳十三、叢談一，凡二十八卷。其中『紀』分皇朝大事紀、古大事紀；『考』分輿圖、山川、古蹟、建置、賦役、祀典、金石、藝文；『表』分職官、選舉；『畧』爲政畧；『傳』分仕績、忠烈、孝行、義行、隱逸、藝術、仙釋、流寓、列女。此外取一縣之會典則例爲『掌故』，成六卷，又仿文選文粹爲『文徵』，亦成六卷。除將舊志原綱目分門别類重新編排外，改爲以表格記載職官、選舉等内容，使之便於觀覽，一目了然。又在舊志基礎之上增添部分綱目，如『金石』『祀典』『忠烈』等。

内容上，『山川』『古蹟』前志備載，是志將其中因古人得名者詳增其根據，以免附會。『建置』增添百二十年之興廢增減。『政畧』因年遠而多有淹没，是志依貢士鄒知新家藏志稿傳其大略。『傳』中各目皆依省、府、縣志及採訪所得增入條目，而舊志有所漏載者，是志特爲立傳。『文徵』擇録麻邑文人之雅馴者，而不若其他志書那般拘泥於一縣之事。

是志纂修時間與章學誠纂修《湖北通志》時間高度重合，兩部志書體例近乎完全一致，可謂章氏「立三書」理論成熟之作。而章氏所纂《湖北通志》因故未得刊行，現今僅餘《章氏遺書》内殘篇五卷。若要研究該《湖北通志》與章氏方志理論，是志足可作爲參考。

據《中國地方志聯合目録》，是志有清乾隆六十年刻本，存於中国故宫博物院、中国台灣「故宫博物院」。本次據故宫藏本影印，該藏本存在缺頁現象，致序言不全，可往《〔光緒〕麻城縣志》首卷尋其文本。（彭筱溦）

目録

麻城縣志目録下……四八四

往來心目間又讀
先太高祖都督公忠
節詩麻邑諸君子所
贈也慷慨激昂與史
傳相發明具見都人

士好義之誠不禁心
嚮往之已酉秋余筮
仕羅田與麻接壤私
冀公便一覲　先人
舊治爲幸今歲乙卯

春奉檄委署麻篆周
歷仙洞龜峰龍池鳳
嶺諸奇如經舊遊風
景猶是欲繩祖武而
愧未能也嘗見世家

大族其子孫類能繼
承先業炳烺事蹟卓
有可傳乃自屈公後
越百二十餘年中一
方之典章經制

攷八表二畧一列傳四忠孝節義等傳十三而詩文另爲文徵附焉期年脱稿蔚然可觀旣授梓黃君以

疾去任接署諸公時未久無暇計此余忝天假之緣獲履 先人舊治樂觀厥成節廉俸與經理者亟蕆

乃事抑余猶有望焉攷周官小史掌邦國之志以觀其土地風俗物產貢賦之盛衰也今載筆諸君鞠醺

究明兢兢研削成此不苟生長兹土者撫舊觀新以追先達而敦古處風氣人心蒸蒸日上後之宰是邑

耆嗣而續之亦足以
昭垂不朽矣詎不盛
哉

乾隆六十年歲次乙
卯仲夏月

內廷教習文林郎知湖北
黃州府羅田縣署麻
城縣事太原姜廷銘
撰

重修麻城縣志序

自漢儒撰風俗地理
諸書而郡邑始各有
志邑志之修蓋即民
風士習以驗政教之

漸被方今
文治昌隆仁風翔洽將
以備輶軒之采則文
獻不可以無徵麻城
之隸於楚北也壤介

光黃境聯英六其地
山水清遠土風厚善
其民寡求而不爭其
土靜而文樸而不陋
尊德樂道獨異於他

邦東坡先生嘗稱之
余膺
簡命來宰茲區見其農
力稼穡士習詩書俗
尚古風宛遊唐虞之

世人皆彬雅儼肰鄒
魯之遺而瑰意畸行
之士亦往往出乎其
中益由
列聖相承漸民以仁摩民以

義致天下之太平巳
久矣麻特不遺一隅
者耳宰於斯者可不
亟為鼓勵以副
聖天子作人之至意哉顧

涖仕之初所急先務
者有二一則書院之
久廢也一則縣志之
未續也爰與邑中紳
士議修書院幸衆擎

易舉閱數月而功成
次及修志衆亦欣然
樂從顧此志之不修
者已百有二十餘年
矣風土猶是人物日

增考獻徵文半多淪
失欽奉
上諭纂修一統志徵取各
州縣志如麻志之疎
略何足以上塵

御覽爰延浙紹章君為總
修邑中諸君子為分
修據所見聞加以採
輯務舉道一風同之
盛民安物阜之隆以

及忠孝節義仕宦科名一一筆之越五載始脫藁付諸梓人未克告竣而余以抱病在告悵何如之惟望署篆姜君同寅踵成其事則余之寸心未慰其即寄於姜君以待慰者厚有幸矣是為序

乾隆六十年歲次乙卯季春月穀旦

勅授文林郎知麻城縣事

粵東黃書紳謹撰

麻城縣志修輯職官

裁定

候補國子監典籍戊戌進士　章學誠

叅訂

知麻城縣事嶺南　黄書紳

知羅田縣署麻城縣事太原　姜廷銘

分校

麻城縣儒學教諭　張立誠

麻城縣儒學訓導　李本榮

麻城縣縣丞　吳端

督刻

麻城縣城守　易光殿

麻城縣虎頭司巡檢　朱杏堂

麻城縣鵞籠司巡檢　陳霈霖

前麻城縣典史　顧琦

麻城縣典史　楊天顏

分修

鄒藻

程宗洛

胡翹霜

鮑梁

總理

成价

熊鍾

鄒占魁

校對

楊盛齊

成憲

蔡焞

重修縣志舊序

洋縣 屈振奇

國有史邑有志巨細不同其致一也於以考故實示勸誡義至重亦至著矣山川之險易民物之豐約賦役之增減風俗之淳漓一覽炯然斯考故實者徵焉筆其好修而非好修者可知也筆其貴顯而不貴顯者可知也筆其以德傳以位傳而德而不位位而不德者又可知也故示勸誡者亦備是也昔之論史者至尊其權於天雖一邑志乎對之亦增凜然懔然者矣麻邑舊志兵燹罔存邑鄉君師可訪得燼餘數紙補綴增益之前令餘杭王君屬王茂才汝霖

者刪訂草創未就振奇待罪此邦慨文獻之久湮徵大典之未舉周爰咨度勿慊于衷會邑周君遠害搜遺編數則增入周君巨公重定次第余亦少加削潤既成帙授諸梓予觀麻城之地圉楚而疆豫其士大夫敦節義矜勤絃誦壤則中上中下間稻麥外無他產蠶桑給賦之十一尠富商大賈民朴質務農桑間一二黠者好訐訟情亦隨見吏斯土者矢清慎勵以自黽勉出至誠相與終始自可免於隕越嘗上稽往令自元宋以前闕略無考間存姓氏遠有明盛時王陳文戈劉連張宋德政口碑至今表表

國朝如王君又韓孫君伯生存心惠愛於民尚謂思不倦夫令之優劣眎乎民懷任之賢能徵於去後前之楷後之鑒至於士食舊德農服先疇沒世而名不稱子孫而恥祖考展視往牒古道照人倘亦有寤寐不釋者可反而思其故矣振奇願與諸君子永念之

縣志舊序

宋祖法汝南

曾子固論史曰明足以周萬事之理道足以適天下之用智足以知難知之意文足以發難顯之情若是乎史學之難也余謂一邑之志與史學無殊而志有倍難於史者志之視史言乎記載不及史之該備言乎體裁不及史之深微言乎文藻不及史之華贍曷云乎倍難史則承明金馬著作之庭鐘鼓漏長緗綸晝靜蘭畹之芳芬娛目天之華與絶塵輯志之署非有承明金馬之榮也不過訟庭記室喧沸倥偬而已史則聞見洽聞爛然總至珠鱗濯錦玉瀲韜霞龍縑之潤色連篇鳳藻之光輝溢目輯志之人非有聞見洽聞之助也不過令長師儒參互考訂而已史則經營纂組需以歲年遷固宏達陳范清華終身之記述焉多兩世之淵源益廣輯志之時非有經營纂組之專且久也不過惜陰程晷之敷序裁成而已況一代網羅甚富歷世文獻不孤巖邑咨諏鮮據爲合者或有其意而無其具有其具而無其時所以國史日月有記註而邑志則百年數十年曠缺而不輯者多矣無怪乎志之倍難於史也余讀漢書地理志禹貢荆州之域江漢朝宗于海沱潛既道雲

夢作乂厥土塗泥有曰西陵及後周始曰亭州未聞有麻城之名自石趙將麻胡秋築城始名麻城昔爲僻壤今號名區文獻軼群甲于天下余髮未燥即聞其衣冠風政田園物產管絃沸稷魚蝦腥市聲光雄埒震耀隣封乃洸黃問之絶無而僅見者若夫四民之首人文秀出家絃戶誦科第則麟經之鄉會名魁無出其右官績則巖廊之宮保上卿代不乏人私心向往匪朝伊夕康熙戊申仲春時值山水明秀阡陌妍麗因與屈令君有鷄黍之約策蹇尋芳入其境而問賦登耗異矣問田腴瘠異矣問戶口生熄異矣問賢科人物異矣問宦績官師異矣問流風習俗異矣問亭舍置郵異矣而其素稱爲名區者相傳如故也總因叠罹寇燹四方焦土萬井寒煙非復昔日之麻城矣于邑而重修邑乘非循良吏豈克勝任幸漢上屈君擅騷賦之宗饒經濟之略以賢書名魁登制科高榜守嚴一介才裕十奇自戊申别後拮据三載手口卒瘏薄賦省刑袁民造士棐堂課藝則一邑凶履之彥咸歸陶冶棘闈掄才則七澤三湘之英盡收網羅善政多端難以枚舉公餘之暇搜其遺編而纂承之凡經紳衿茂異之耳目逸入韻士之

口吻無不虛懷下問如綺口笥服之王茂才汝霖草創于前如邑紳雨周君潤色脩飾于後屈君分品彙集大成寧質毋文寧經毋諧寧簡毋蔓寧嚴毋濫寧黜其臆測而歸諸蕩蕩平平之路則庶乎一方之龜鑑百代之典型也屈君政成報最瓜期已及

內召在即不日膺清華之選行將天祿石渠重輝國史舉天下之山川風俗人物事蹟臚列于前一覽變通其勸至治將治天下猶治麻勿謂此麻志耳而淺視之也時剞劂告竣問序于余屈君乃余秦闈首拔異才素有文字之知樂觀厥成揮毫而爲之序

縣志舊序　周維秬

麻城漢晉以前未有也春秋時黃國在今汝寧府定城縣非今黃州也秦漢後曰西陵曰西陽者皆爲今黃州非今麻城也築城自麻胡秋始麻城名自隋開皇始稽諸往牒龜峰爲舉水所出則柏舉載筆於麟經虎頭爲險要所爭則五關扼雄於宋史麻雖下邑其可以僻壤少之哉然典章政教風土之經緯也文人須士山川之英華也上下數千年間掞經緯之宏猷則峴碑未勒擷英華之芳譽則荊箭之材麻固若是寥寥歟志方輿之詳者莫如明之一統志以予所聞漢之毛玠寓宅花橋迄今馬鬣之封土人憑弔毛氏之裔猶能觀縷其先世事而志但載毛玠於陳留抑亦遷居以後固或失於表章歟今觀一統志所采錄者在唐唯都督閻公在宋唯眉山集中詠萬松誌桃黃傳方山子數事吾讀眉山文而知東坡表章吾麻之功爲不可泯矣夫以一坡翁將操觚於二百里外之臨皐雪堂間而麻之寥寥數千年無傳人者輒覺璀璨增色向使黃無坡翁則並此數事不傳向使麻更有坡翁又安見其所傳之僅此數事而已耶然則贈言百里纂修邑乘是誠後此表章

者之責也烏可以不汲汲乎哉　屈侯之來涖吾麻也甫三稔課士則尊酒論文勤政則戴星視事催科則廷無敲朴剔弊則吏杜浸漁善政斑斑日不暇給迺復濡毫漢水搦管質當縣志一書旁搜肆討裒益舊稿綴輯新編顛則區爲八部帙則盈乎十卷於是近代以來政績雲蒸人文霞蔚他日有使輶軒而采國風者則我　侯表章之功當不復令蘇髯笑人矣

凡例

一詳異兵戎雖見於縣實關

朝廷我

國家仁漸義摩年豐人壽偶有偏災

皇上必大爲賑卹加惠元元至周且渥謹以

皇朝大事紀居首而以古大事紀次之

一各縣皆有輿圖而關隘形勢所係甚大麻邑在萬山之中五關最爲要害故詳著其地并古人之所防禦亦悉志之

一山川古蹟前志皆已備載但有因古人而得名者必一一詳其根據不敢稍有附會

一建置自有定制賦役已有全書祀典歷有成憲但自前志迄今相距百二十餘年書院多所興廢祠宇多所存亡坊表亦多增減必皆綜其時地以志之

一金石藝文舊志不載然嗜古之士每於荒碑斷碣必摹刃追亦攷古之一助也至藝文書目甚富謹摭提要以爲折衷

一表以紀年月蓋於紀傳之中寓編年之意故官職之先

後科目之甲乙瞭如指掌較舊志便於觀覽

一尹丞之政治儒師之訓課世遠年湮書缺有間爰據貢士鄒知新家藏志稿存其大畧以垂不朽

一麻邑自有明以及

國朝人文鼎盛登顯秩者多垂名竹帛如李文祥劉天和周宏禴周宏祖梅國楨梅國樓梅之煥李長庚等明史各有列傳其無傳者摭省府縣志採訪增入以傳信焉

一儒林文苑古史原分爲二誠以學有淵源文垂典則致不同也舊志未分今特各爲立傳

一忠孝大節也實爲庸行

昇平之世忠臣無節可見故明末猶有數人至孝爲順德非欲求名即間有處人所難潜德幽光亦宜闡發洪之孝子之心轉以滋戚今惟憑採訪增入識者鑒之

一義行如喻儀之請改糧米爲折色隱逸如張懋子之稱九螺逸人藝術如樊子晉之審病察脉預知八十年生死仙釋如麻姑之飛昇土主之顯應尙矣後此各有其人詎不備哉

一列女惟節孝貞烈得天地之正氣故無論已旌未旌或年例小有不符而貞節爲人共信者憑采訪一體增入亦善善從長之意

一附載墳墓除前府縣志所載今惟以明史有傳及內官京堂以上外官三品以上皆續志之其餘不能悉載

一叢談宜居文徵掌故之後但其事其言皆新奇可喜閲者精神爲之一振於以徵文考典亦有以會其通故移置於上函之後

一古文詩賦凡志俱括以藝文但拘於一縣之事未免所收太畧謹就麻邑之文人學士擇其雅馴者録之與志

相輔而行名之曰文徵

一縣有六房吏戶禮兵刑工其經制綱紀各有攸司亦足以資治理而昭法守故取一縣之典則爲掌故以備觀覽焉

麻城縣輿圖

麻城縣地輿全圖

每方十里

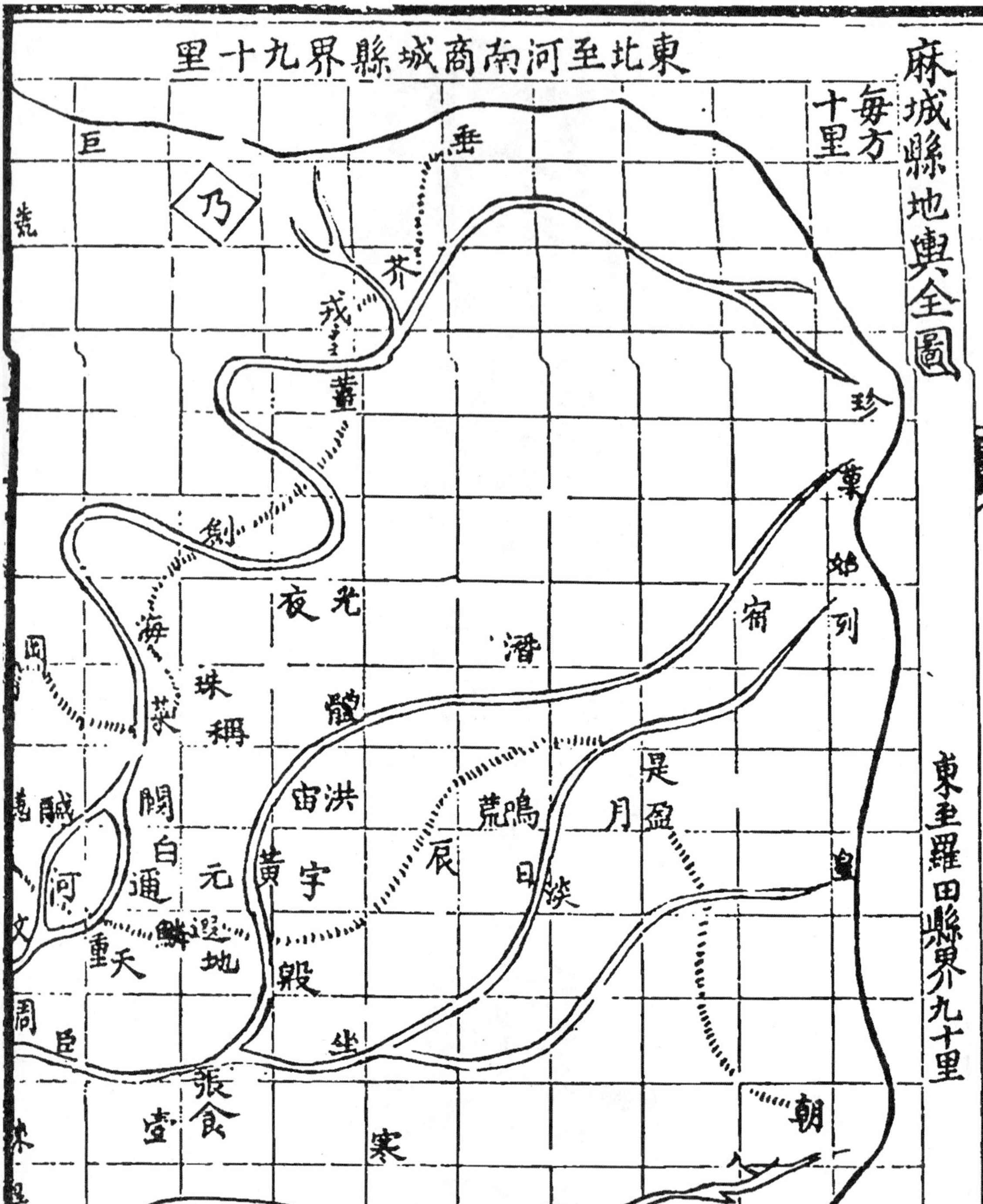

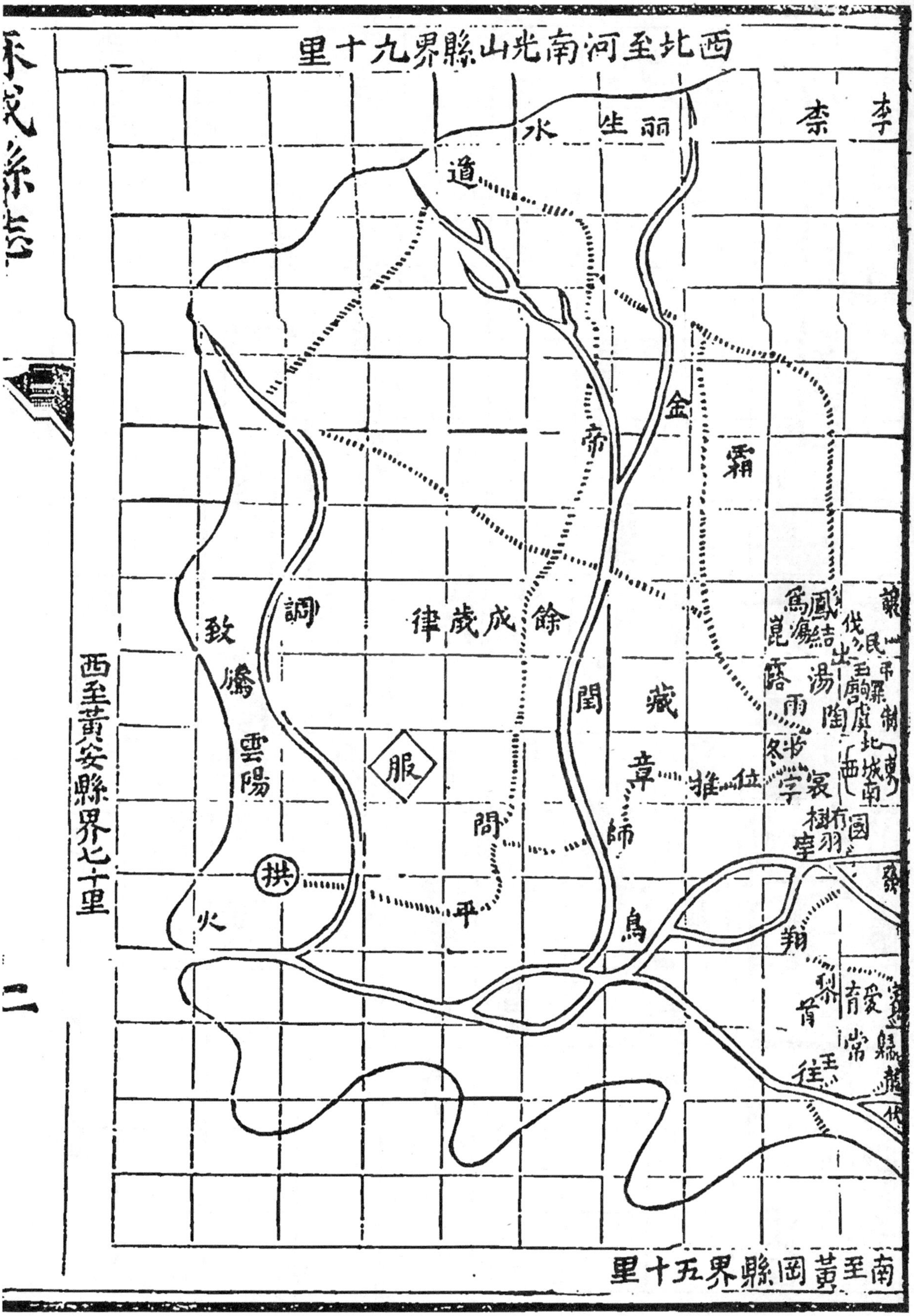

麻城縣志
二
西北至河南光山縣界九十里
西至黃安縣界七十里
南至黃岡縣界五十里
李
柰
丽
生
水
道
金
霜
帝
調
律歲成餘
致
騰
雲陽
閏
藏
服
章
推
位
問
師
拱
平
火
鳥
翔

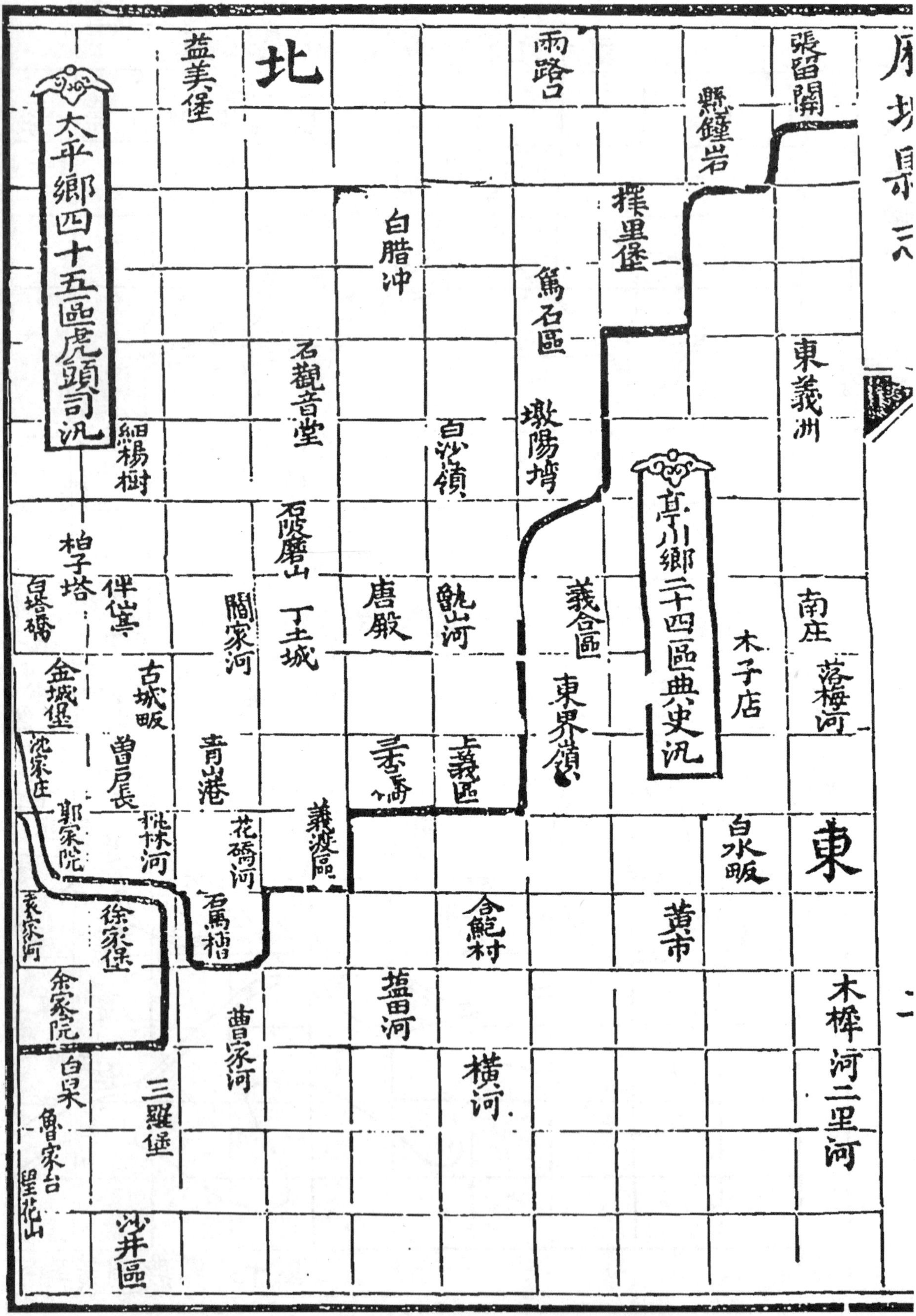
北
東
張留關
雨路口
懸鐘岩
太平鄉四十五區虎頭司汛
亭川鄉二十四區典史汛
白腊冲
石觀音堂
東義洲
白沙嶺
細楊樹
柏子塔
石磨山
唐殿
義合區
南庄
閻家河
木子店
落梅河
金城堡
古城畈
東界嶺
青山港
上義區
沈家庄
鄭家院
桃林河
花橋河
白水畈
袁家河
徐家堡
黃市
余家院
曹家河
藍田河
木樨河二里河
横河
魯家台
望花山
沙井區

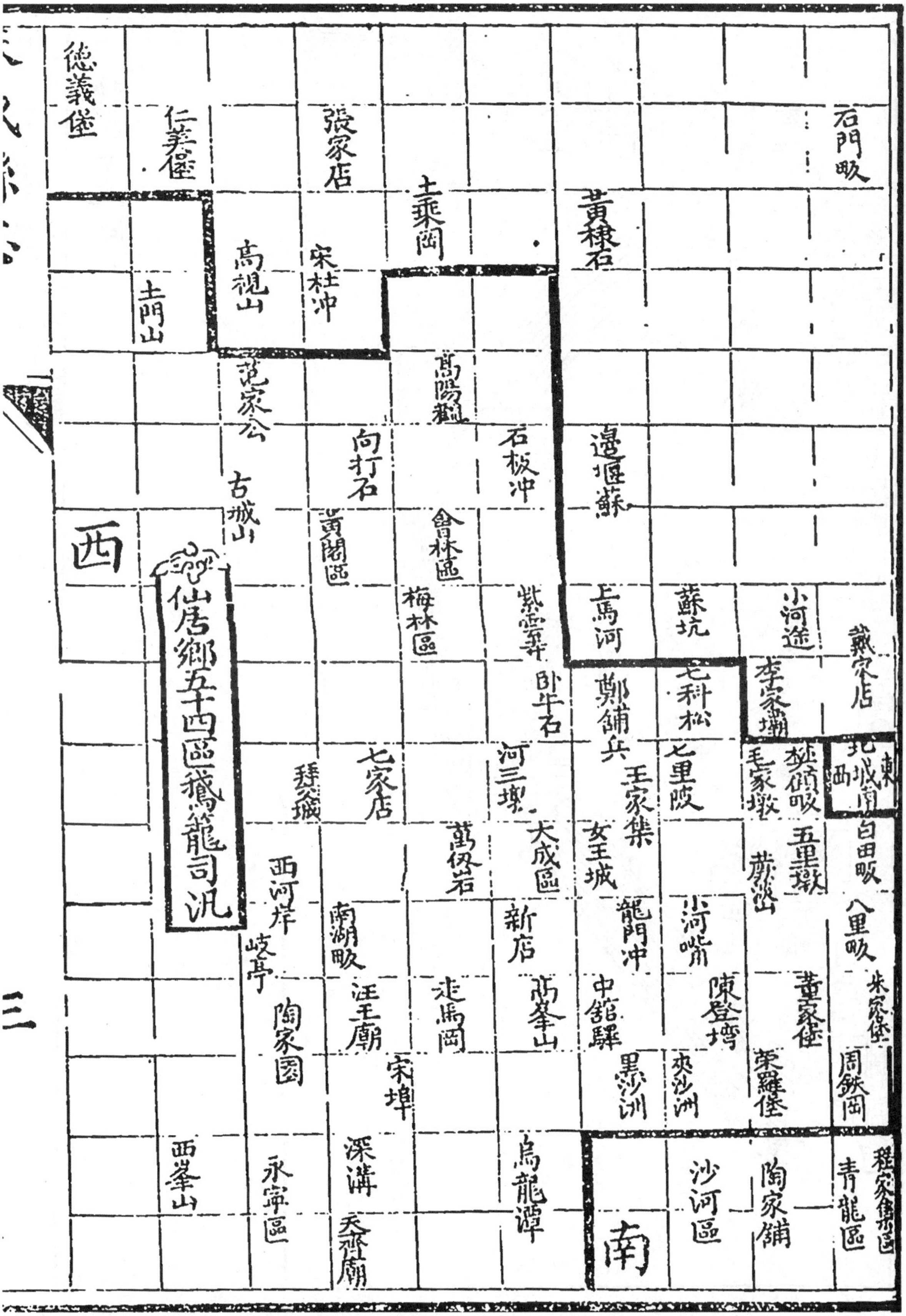
德義堡
仁義堡
張家店
石門畈
黃棣石
高視山
宋杜冲
向打石
石板冲
古城山
會林區
梅林區
西
仙居鄉五十四區隸鵝籠司汛
上馬河
蘇坑
戴家店
七科松
卧牛石
七家店
王家集
七里陂
毛家墩
五里墩
白田畈
大成區
女王城
西河岸
南湖畈
新店
龍門冲
小河嘴
八里畈
岐亭
汪王廟
走馬岡
中館驛
董家堡
陶家園
宋埠
夾沙洲
周鐵岡
三
西峯山
永寧區
深溝
天齊廟
烏龍潭
南
沙河區
陶家舖
青龍區

麻城縣城池圖

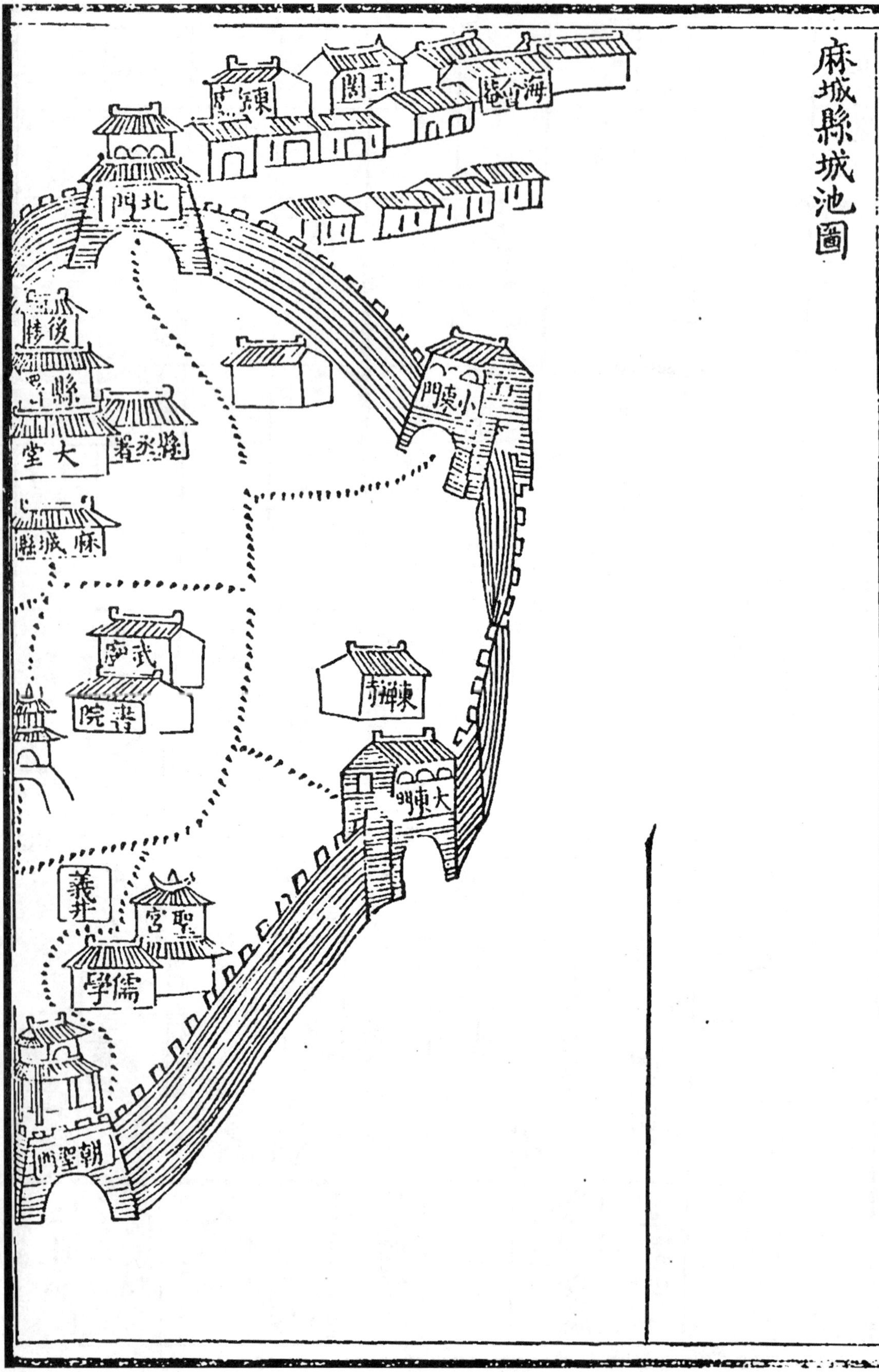

營汛
三老堂
城隍廟
翠峯寺
禪堂
火神廟

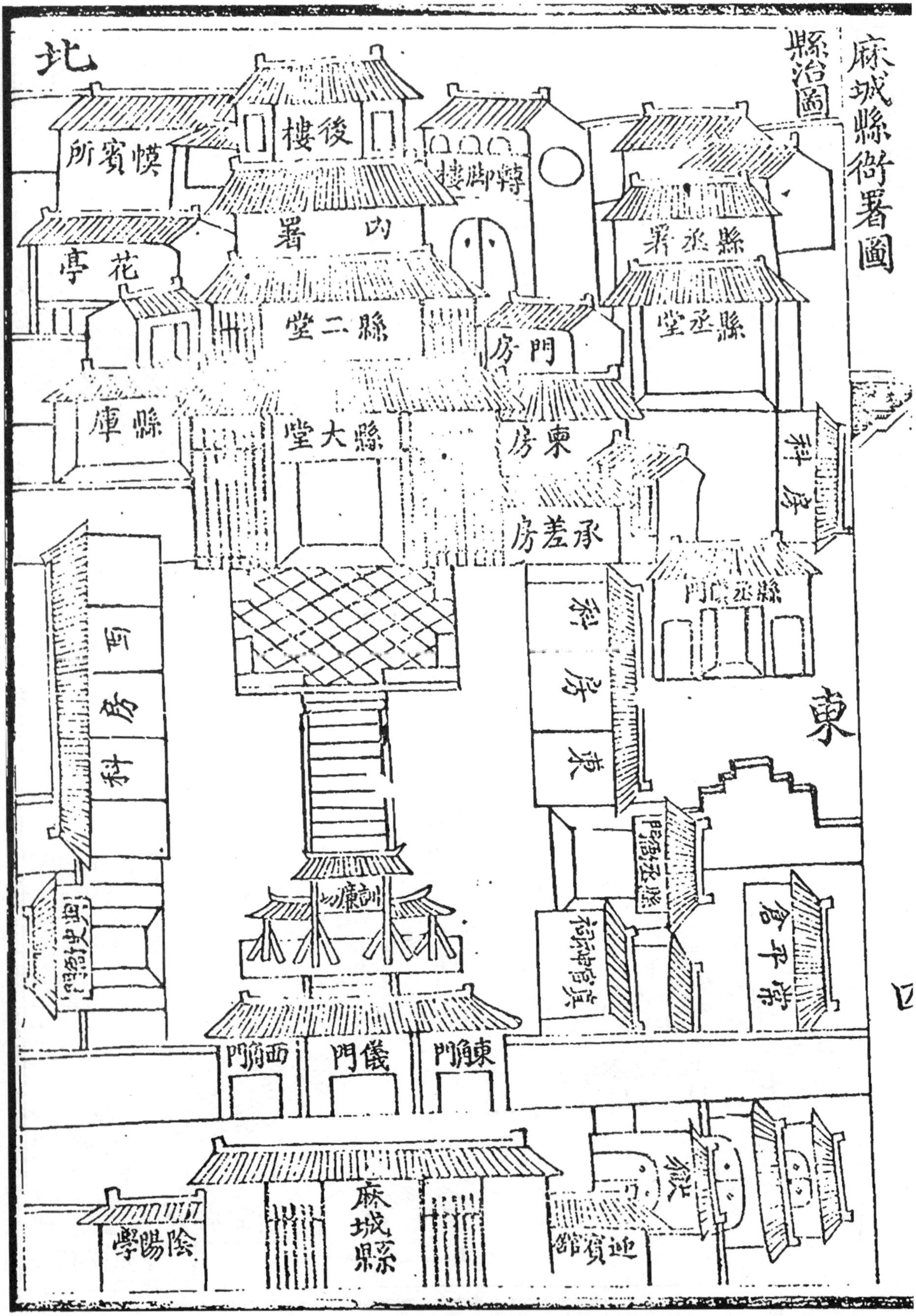
麻城縣衙署圖
縣治圖
北
後樓
內署
花亭
縣二堂
門房
縣丞署
縣丞堂
縣庫
縣大堂
東房
承差房
縣丞門
東
常平倉
西
西角門
儀門
東角門
麻城縣
陰陽學
迎賓館
獄

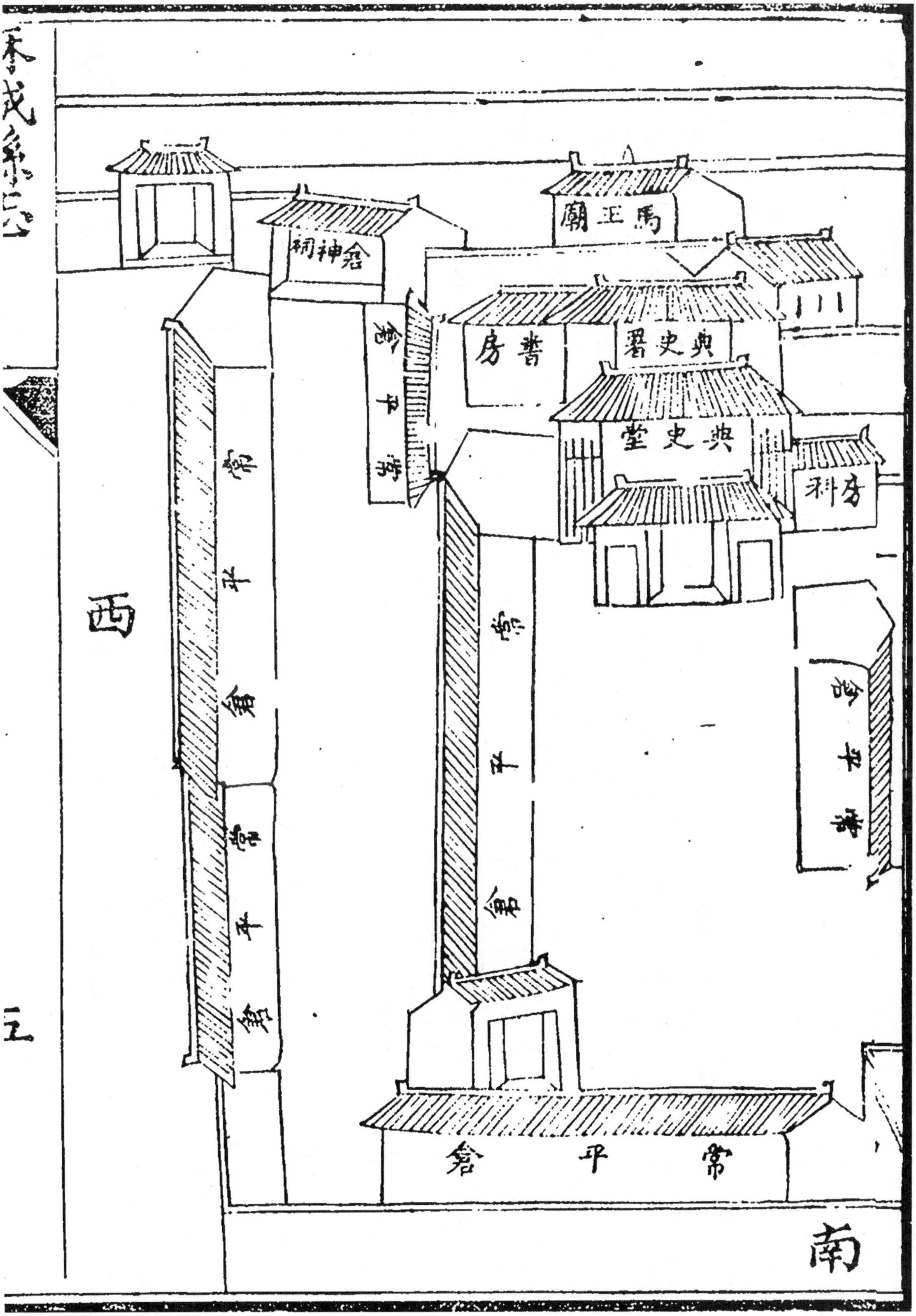
馬王廟
倉神祠
典史署
書房
典史堂
科房
常平倉
常平倉
常平倉
常平倉
常平倉
常平倉
西
南

文廟儒學圖

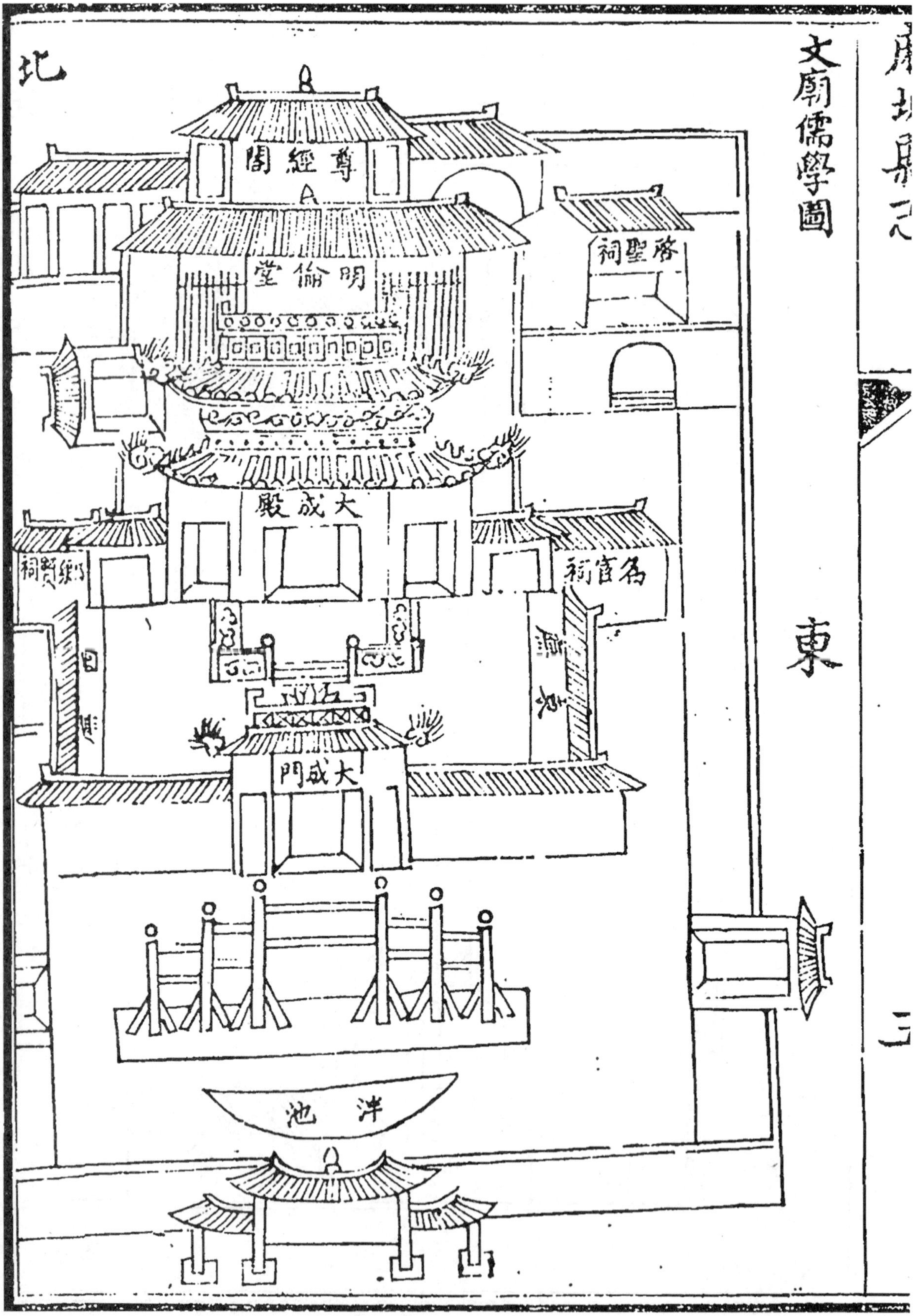

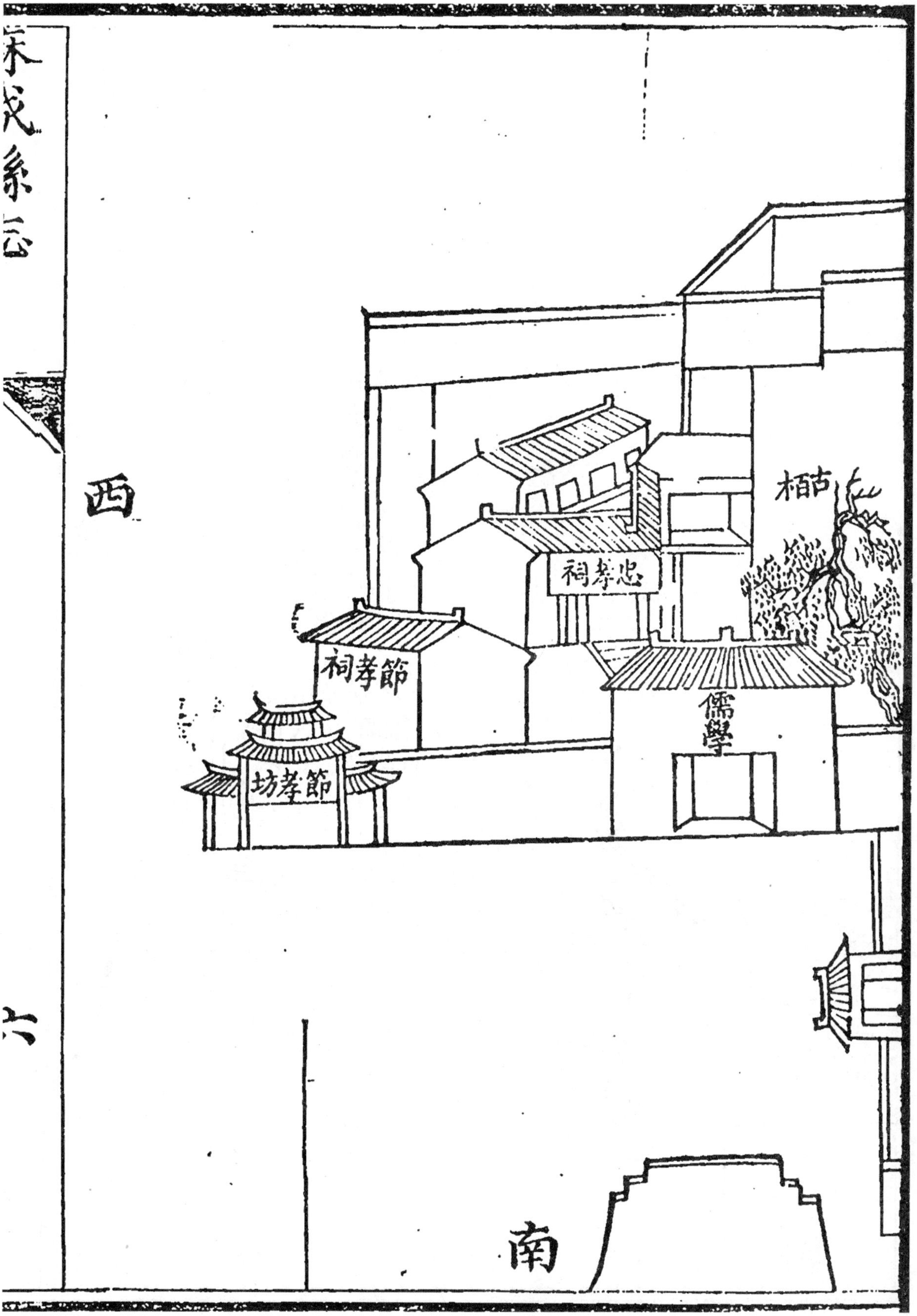
麻城縣志
六
西
南
忠孝祠
節孝祠
節孝坊
儒學
古栢

武廟書院文明樓圖

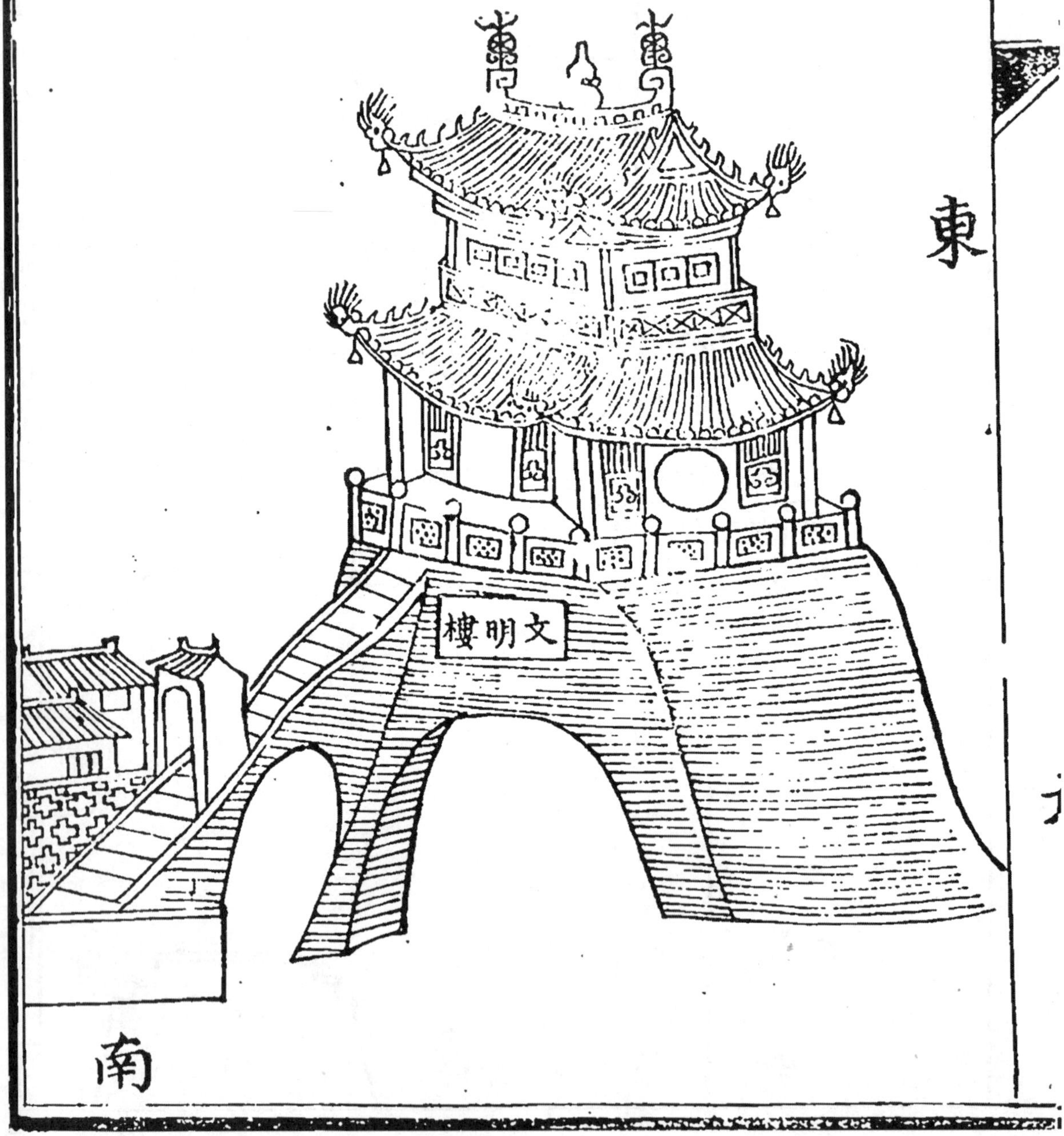

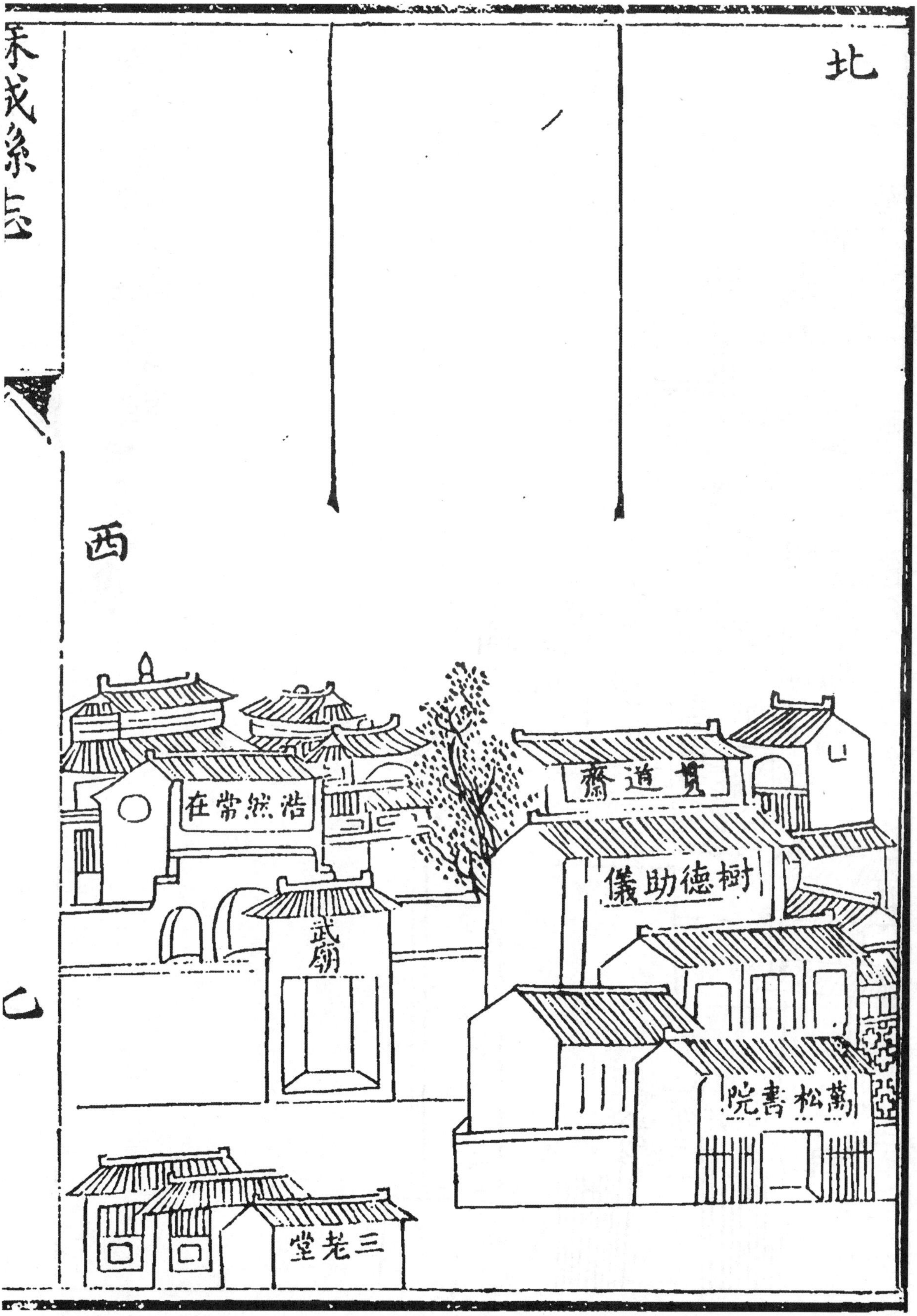
麻城縣志
北
西
浩然常在
貫道齋
樹德助儀
武廟
萬松書院
三老堂

黃州府同知衙署圖

駐防岐亭東

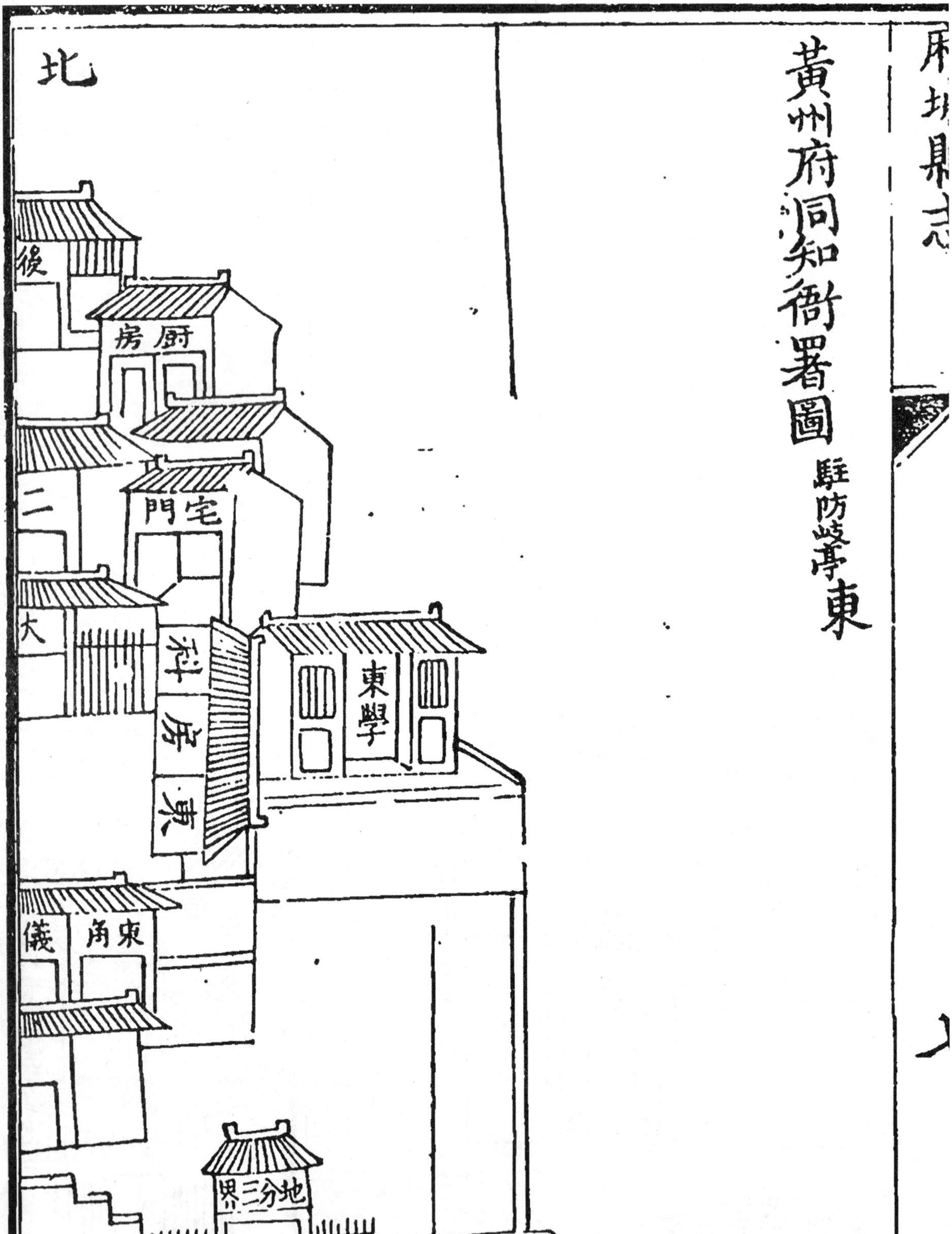

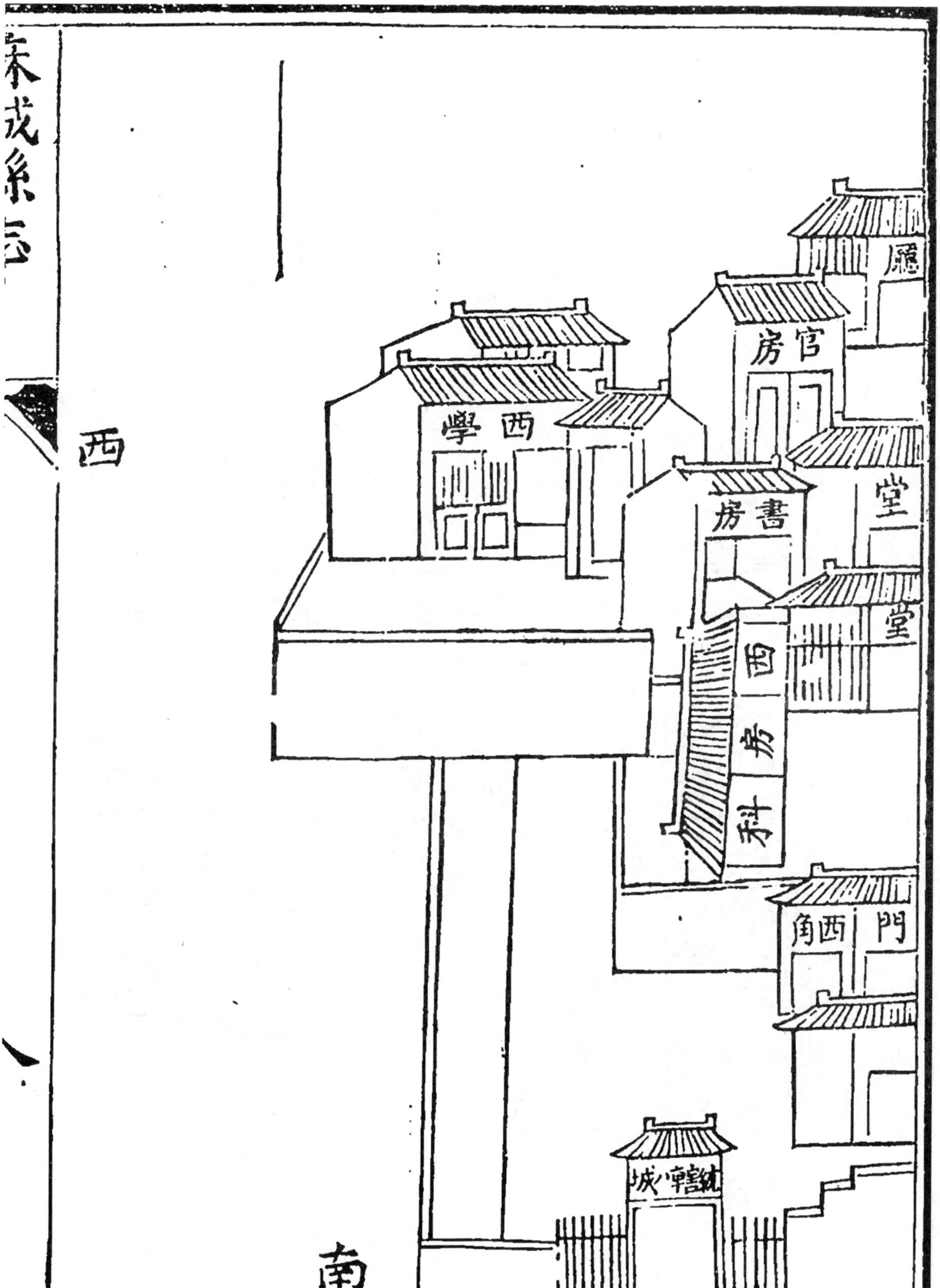
西
南
西學
官房
書房
西房科
堂
堂
西角門

麻城縣志
白雲臺
東
南

北
西

白雲庵城北儷居山有石隆隆高起上平如臺雲氣旋繞叢匆欝結若層巒高觀重樓疊閣峩而龍逶蛟飛鸞翔鳳翥恍有仙靈翠集於斯或回

此儕始遊賞之所好事者因鳩工庀材列数楹于其上歲久傾圮仍還舊觀並則此天造地設之區正不必丹楹而刻桷也

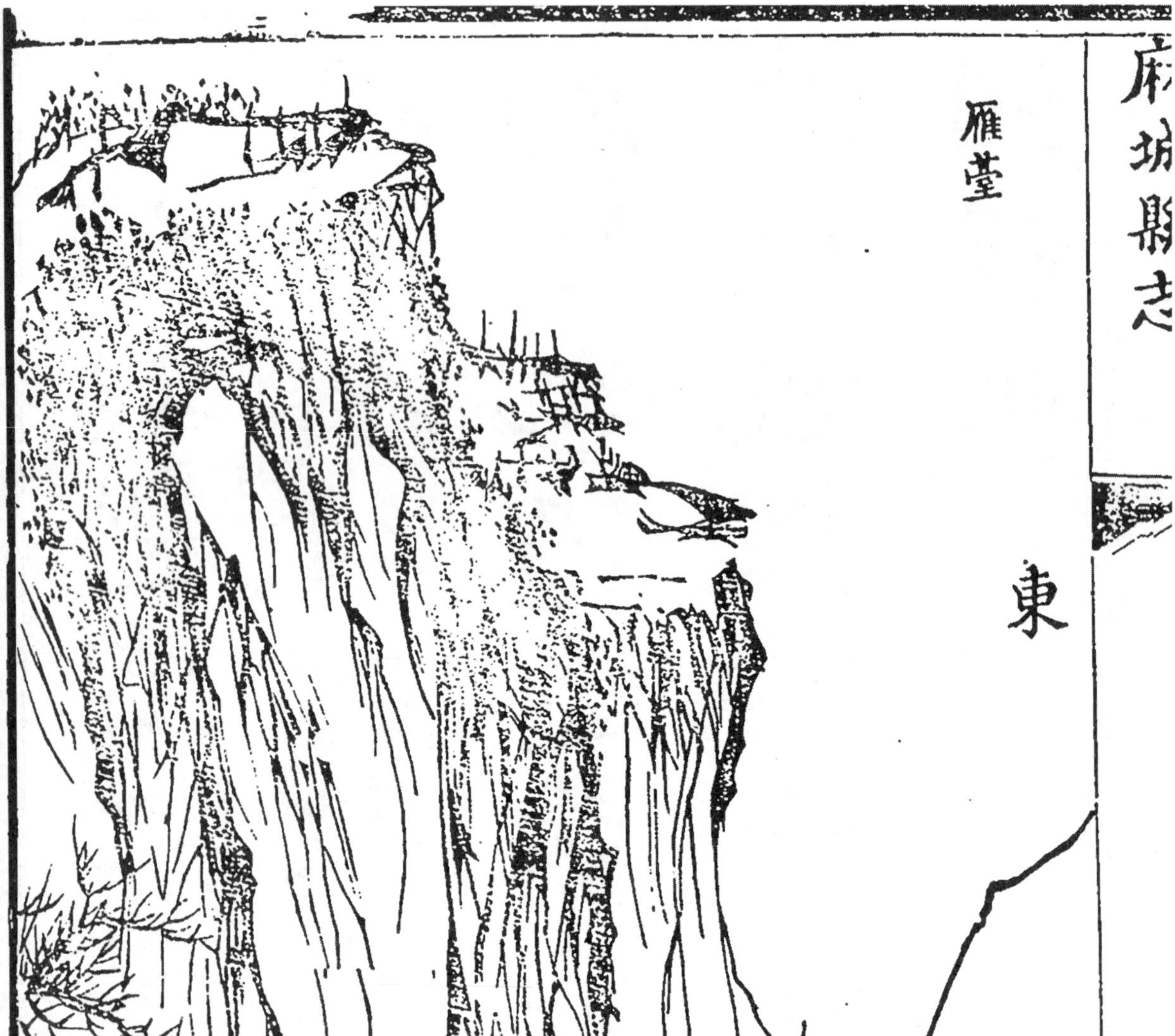
麻城縣志
雁臺
東

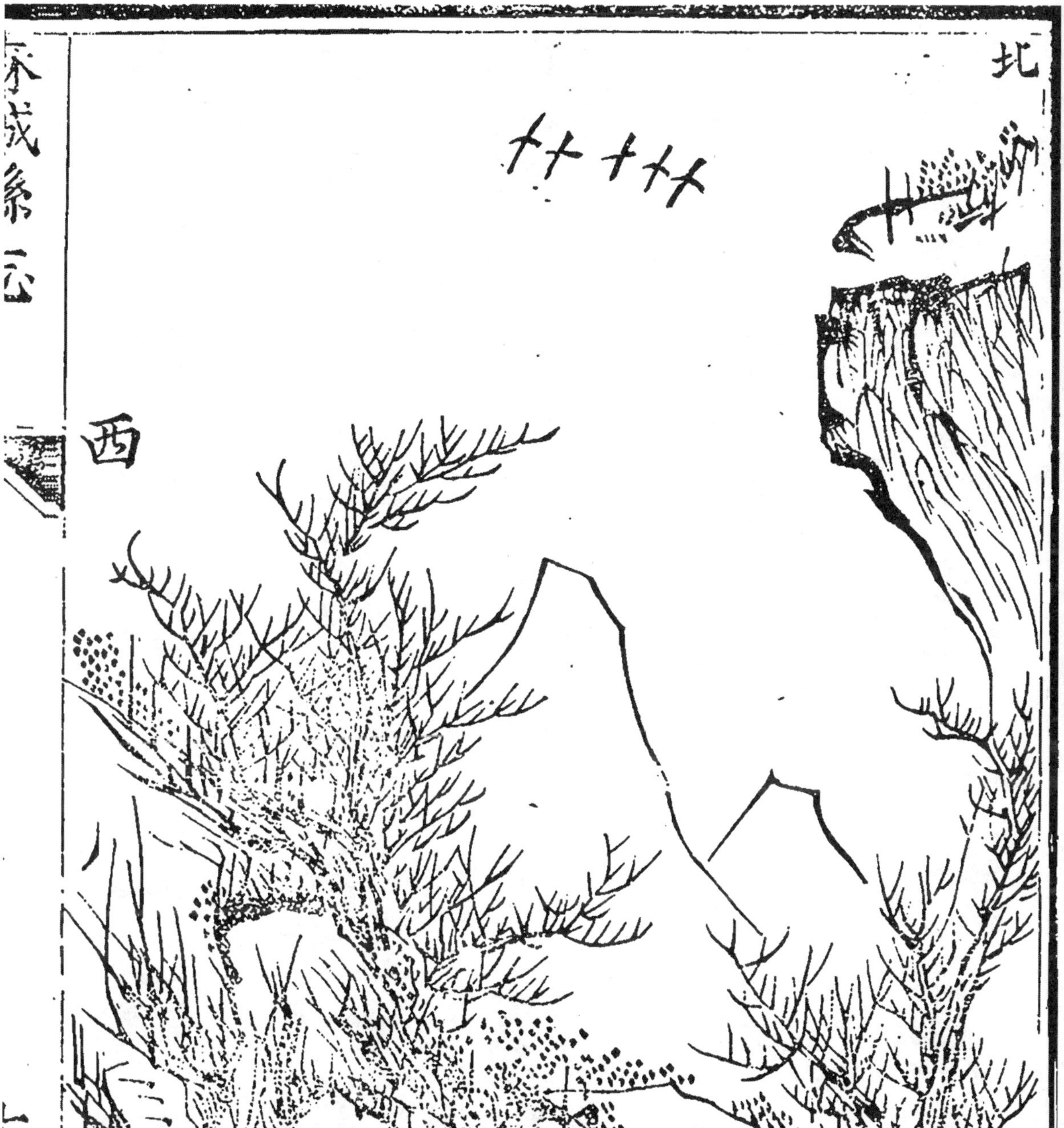
北
西
南

雁臺在白臯山上石形高聳洞中空上有釋道一書無生處闇道一於此說法大衆雁行拱聽雲間飛雁上下集成列臺今石有雁跡其上爲獨

峰禪室傍刻龍田董子書左刻清風石名刻明月石旁有小洞相傳爲無念道一與梅長公憩息之所今勝跡宛存而說法無有如道一者

北
釣魚臺
東

西
南

釣臺在龍湖中前瞰龜峯後枕玉山有大石如龜蹲水心横三丈許縱倍之周柳塘圍結茅於其上暇則僞柳陰垂釣其旬記則猶有環竹遶沙

潭漁岬潭攓雲洞柏塢小赤壁杠坵耦耕谷諸勝今頹垣廢瓦無一存者而其臺猶是後有繼其志者脩而葺之亦柳塘之樂與同心者也

麻城縣志

北
西

龜峯旭日

人惟處之高斯見之遠自龜峯以至海隅日出不知其幾千萬里也然遊人於夜半後踞嶮崖東望蒼茫

烟霧中忽見火輪平地迸出俄而金光萬道燿爍射人蓋旭日之方升也泰山日觀峯不獨稱其奇矣

鳳嶺朝雲
東
南

北
西

鳳嶺朝雲

邑西北十五里許近麻姑洞側有鳳嶺焉相傳有鳳集此豈仙姑之跡以來歟何鄉雲之有爛也迄今朝

暾初射雲集嶺頭五色祥
光陸離璀璨而飛行之中
忽若有鸞翔鳳翥矯翼於
茲者則且疑鳳鳥之將至
也

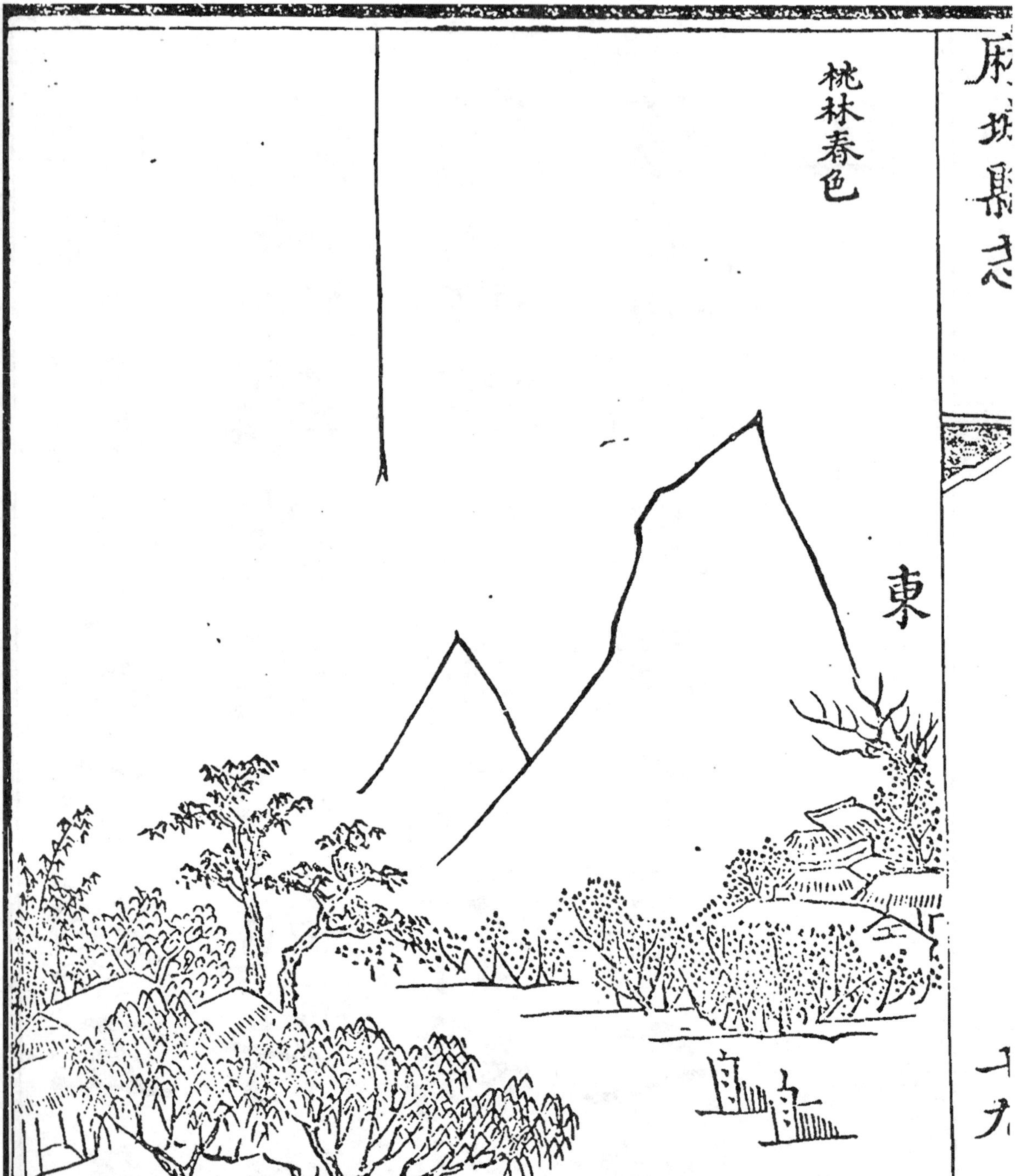
麻城縣志
桃林春色
東
南
十九

北
西

桃林春錦

桃花林自武陵之勝芳華鮮美兩岸掩映阜絶千古矣而麻邑之盛則更以十里傳時當春光明媚次第

開發見華灼葉蓁望之爛如文錦良辰美景遊人恒絡繹不絕古稱花縣其是之謂歟

柏子秋陰
北
東
麻城縣志
十

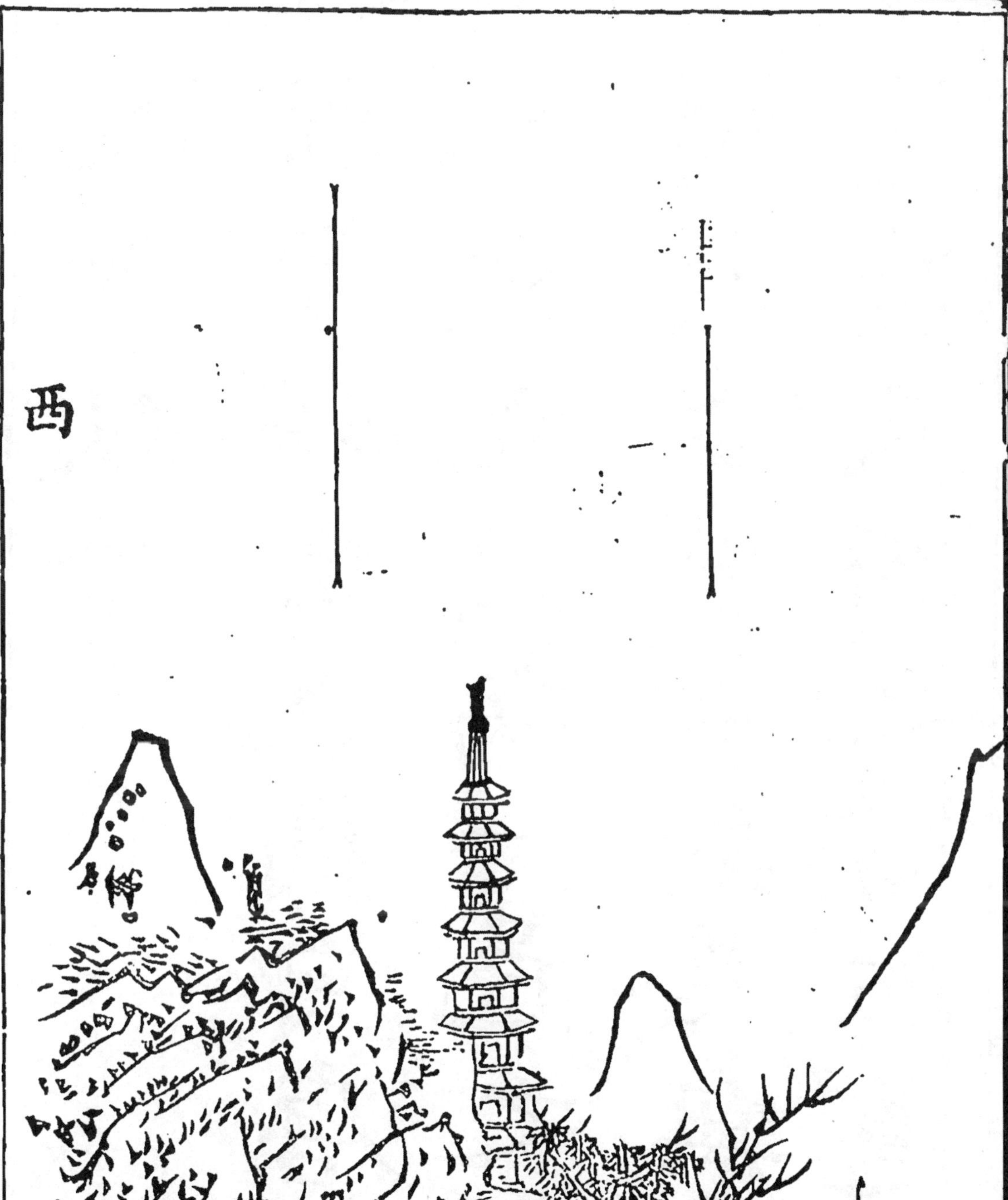
西
南

柏子秋陰

柏子塔名也創自唐朝高九丈九尺爲一邑之望相傳於立秋時刻塔無影可見若天時之陰然遂以秋

陰著都人士爭往觀之嘗聞中州有無影塔日中則無影云係地之中也茲當立秋而無影不亦異乎

麻城縣志
三
龍池夜月
東
北

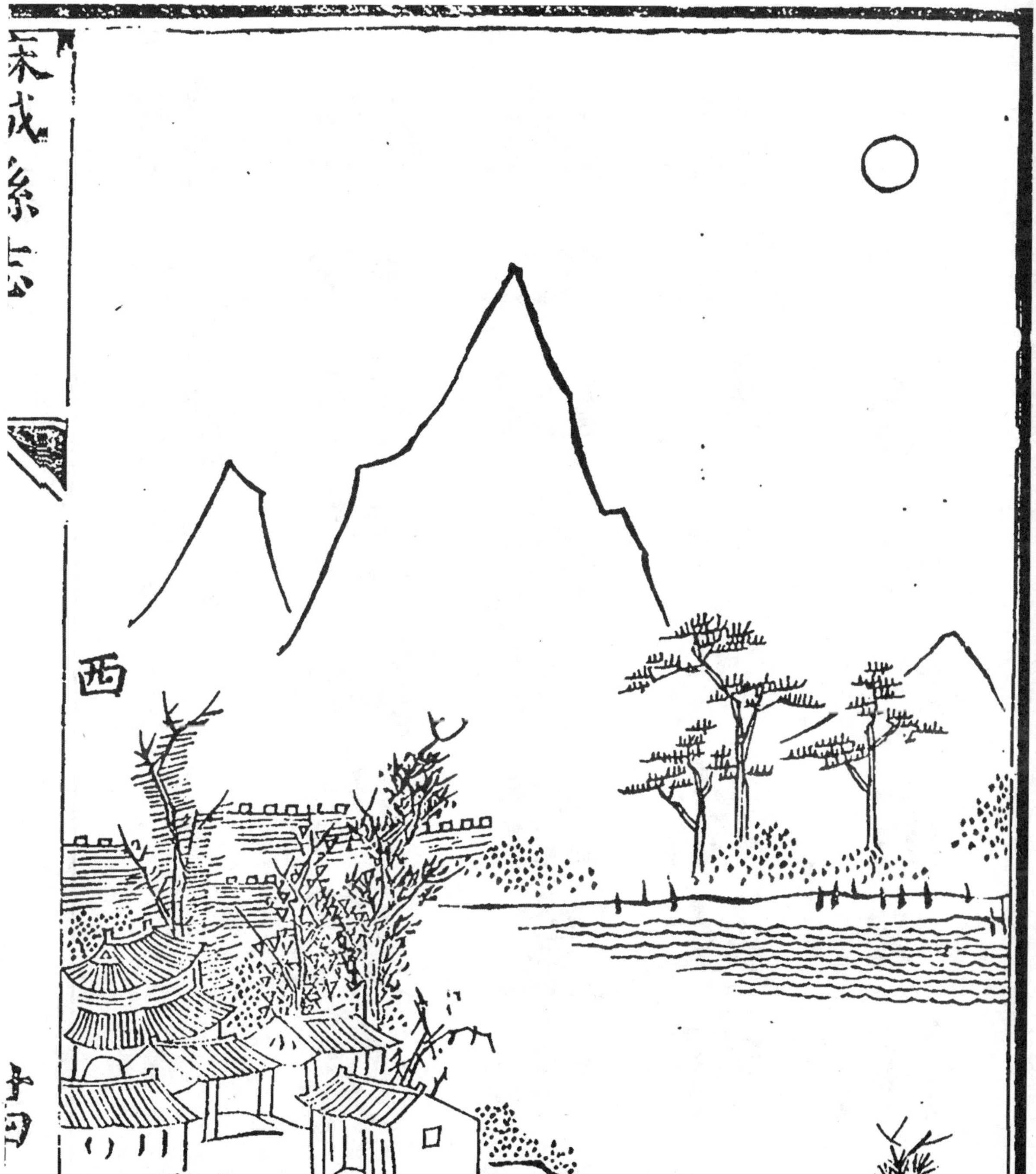
西
南

龍池夜月

池以龍名海內衆矣此獨綴之以夜月者豈以驪龍之珠光如滿月故有俗說之相沿歟夫亦以龍池清

澈月色溶溶當更沉夜静
霧釋烟消墅水嵌冰輪倍
形皎潔人在琉璃界中樂
而忘返則夜遊之妙誠無
有過於此矣

麻城縣志
瀑沛飛泉
東
南

北
西

瀑布流泉

泉之流有如噴玉者有如濺珠者有如晶簾者惟白臯險套之下則爲瀑布焉夫以空山寂歷遠聽流泉

已足令人心曠況一片晶光從空而降穿雲破霧練影全舒炫人目有不沁人心者乎看山景者自當以此爲寂

麻姑仙洞
北
東
麻城縣志

麻城縣志
西
南
廿八

麻姑仙洞

洞以仙靈仙以姑異故姑既仙去而麻之人感姑德者則尸祝于洞焉每當春色宜人士女咸集則見鳳

嶺文雲獅峯吐霧蒼松翠竹秀簇懸崖而洞口琪花一株可望而不可即其花片又往往隨清泉流出則儼靈之有以隱護之也

萬松古亭
北
東

西
南

萬松古亭

城西七里圖舊傳宋邑令

張公植松萬株以庇行者

曰作亭于中今松皆化石

亭跡已無存矣然故老傳

聞言之則津津不倦知亭
雖朽而公之德固不朽矣
爰繪斯圖使人從筆墨淋
漓快覩亂龍拳曲穆然而
思種松之人爾

編列山川鄉都橋梁塘汛市鎮古蹟驛舖八景字號

各山字號

天　四望山　東十五里　地　駐驊山　東二十五里
元　氈　山　東三十里　黃　遊蕩山　東三十五里
宇　雞籠山　東四十里　宙　小勅嶺　東四十里
洪　大勅嶺　東五十里　荒　龜峰山　東六十里
日　八疊山　東六十里　月　什子山　東七十里
盈　天井山　東八十里　昃　剪刀山　東八十里
辰　鹿角尖　東五十里　宿　九歌山　東九十里

列　雨流山　東一百里　張　白皋山　東南三十里
寒　丫杈山　東南五十里　來　五龍山　西南三十里
暑　鳴　山　南三十五里　往　望花山　南四十里
秋　雲陽山　南四十五里　收　七里岡　西三里
冬　靜明山　西十里　藏　大安山　西二十五里
閏　朱　山　西三十五里　餘　青　山　西四十里
成　礦　山　西五十里　歲　大聖山　西五十里
[redacted]　奉道山　西五十二里　呂　紫雲山　西七十里
調　香　山　西七十二里　陽　九螺山　西八十里

雲　拘羅山　西八十里　騰　丫頭山　西八十里
致　馬頭山　西八十里　雨　黃土山　西北五里
露　五腦山　西北八里　結　道冠山　西北十五里
爲　仙居山　西北十二里　霜　梅花腦　西北四十里
金　會龍山　西北三十五里　生　陽臺山　西北九十里
麗　羚羊山　西北九十五里　水　分水嶺　西北九十里
玉　霸王山　北十里　出　鳳嶺山　北十二里
崑　麻姑洞　北十二里　岡　胭脂山　北三十里
劍　陰　山　北四十里　號　駱億山　北八十里

巨　木陵山　北一百里　闕　九龍山　東北二十里
珠　祖公山　東北二十五里　稱　蛇　山　東北三十里
夜　大腦山　東北三十五里　光　雲霧山　東北四十里
菓　石門山　東北九十五里　珍　黃蘗山　東北九十里
李　修善山　西北九十里　柰　鳳嶺山　西北九十里

各川字號

菜　栢塔河　東北十五里　重　桃林河　東十五里
芥　杜家河　北八十里　薑　福田河　北七十里
海　洪家河　北二十里　鹹　小河途　北十里

河　新河　東一里　淡　舉水　東北六十五里
鱗　閻河　東二十里　潛　三河口　東六十里
羽　高岸河　南十里　翔　麻溪河　南二十里
龍　白杲河　南三十里　師　浮橋河　西南二十五里
火　松溪河　西八十里　帝　林店河　西北四十里
鳥　兩河口　西南三十里　官　横河　南六十里
人　木梓河　東九十里　皇　義井河　東一百里
始　東義洲　東北一百里　制　龍池　北門外
文　黑龍池　東三里　字　化龍池　西十里

鄉都字號

乃　太平鄉都　東西北　服　仙居鄉都　西南
衣　亭川鄉都　東南

橋梁字號

裳　太平橋　西門　推　李木橋　西北十里
位　替家橋　西十里　讓　祖公橋　北二十里
國　甘露橋　南門外　有　塔兒橋　西二里
虞　後原橋　北關東　陶　百花橋　北
唐　三里橋　北三里　弔　五里橋　北五里
民　七里橋　北七里　伐　潭谷橋　北十里
罪　豆腐橋　北二里　周　滚子橋　南十里
發　劉曾橋　南三里　殷　三空橋　東四十里
湯　古風橋　西七里　坐　長生橋　東四十里

塘汛字號

朝　黄泥岔　東九十里　問　宋埠塘　西五十里
道　舊店　西北九十里　垂　兩路口　東北九十里

市鎮字號

拱　岐亭鎮　西七十里　平　宋埠鎮　西五十五里

章　中館驛　西三十里　愛　迎河集　南三十里
育　炎興集　南三十里　黎　普興集　南二十五里
首　孫陳集　南二十五里　臣　閔家集　南十五里
伏　白杲鎮　南三十里　戎　福田河　北七十里
羌　邉店　北七里　遐　閻家河　東二十里

古蹟字號

邇　白雲臺　東十五里　壹　雁臺　東三十里
體　釣魚臺　東二十五里

驛舖字號

率　十里舖　南十里　賓　白塘舖　南二十里
歸　白杲舖　南三十里　王　望花舖　南四十里

八景字號

鳴　龜峯旭日　東六十里　鳳　鳳嶺朝雲　西北十五里
在　桃林春錦　南里許　竹　栢子秋陰　東二十里
白　龍池夜月　北關外　駒　濕冷泉　東南三十里
食　麻姑仙洞　西北十五里　場　萬松亭　西三里

麻城縣志卷之一

知縣事嶺南黃書紳纂修

皇朝大事紀

皇定神都威弧南指麻介光黃同歸如水邑舊政新事典功起百五十年大書特紀

世祖章皇帝順治二年乙酉

詔免大兵經過地方正糧一年歸順地方免三分之一採訪新增

五年戊子縣民周承謨等嘯聚謀叛知縣徐鼎討平之故明江西金聲桓據省城風聞江北承謨等因從北鄉倡亂由東南山綿亘及英霍揭竿山谷間知縣徐

鼎請兵討平之舊志

八年辛卯縣故明紳梅氏家僕方繼華等聚衆爲變伏誅麻城僞言有

旨贖僕如前明時梅錮家僕方繼華等斂金囑蠹借廢官包古丁糧呈控撫院批行復串黨條列主僕九欵知縣徐鼎爲蠹所誤榜揭三日凡邑中臧獲挾退殆盡遂成大變縣人周損密揭羅總督行牌體察諸生王元凱鄒愷梅鈿田奕埏等赴省愬變會審讞明麻城丁

糧花由糧從田攤丁隨糧派向無包免將方繼華等
七人按律正法餘黨復亂絶家長王士杰一家五命
衆逼城下時巡按入境檄巡道提兵靖亂疏入徐鼎
去官因須
國朝律例奴僕有
勅賜陣獲家生價買四項四境主僕遂定舊志
九年壬辰旱斗米銀五錢採訪新增
十年癸巳
詔豁免九年租稅三萬七千有零十分之二同上

壬辰癸巳間縣民李有實等相繼爲亂知縣王潞勦平
之
東山李有實等復倡亂廹知縣王潞蒞任招安解赴
内院洪標下效用復入荆西山圖功自贖被殺膺
卹典復有李集桂熊東泉等之亂皆知縣王潞勦平之舊志
十一年甲午
詔豁免六七兩年民欠租稅採訪新增
十四年丁酉旱
詔發積穀以賑之

時黃州知府于成龍並勸民輸賑全活甚衆
十七年庚子
詔蠲免十二年至十五年民欠租稅
十八年辛丑旱
聖祖仁皇帝康熙元年壬寅
詔蠲免順治十五年以前未徵租稅
三年甲辰
詔蠲免二年水災十分之三
四年乙巳

詔蠲免順治十八年以前各項舊欠租稅
六年丁未蝗害稼
七年戊申五月大水
衛圯城墻二十餘丈
十年辛亥大旱
詔免本年租稅十分之三以上皆新增
十三年甲寅鮑世榮等作亂同知于成龍率兵捕斬之
麻城人鮑世榮周鐵爪萬野于僧頓徹等作亂擄窟
峰山黃岡何士榮陳于藻等應之據東山時討叛賊

吳三桂大兵在荆岳間同知于成龍同把總羅登雲率鄉兵禦之協鎮王宗臣時鎮蘄水遣千總李長武把總吳國禮領兵赴援至黄土岡遇賊官兵據險劄營時賊雖衆而烏合無紀律官兵至倉皇出應千餘人持火槍一呼齊發後復無繼成龍在山上望見麾官軍同鄉兵蹙之國禮中火槍死何士榮就縛陳于藻降得賊僞印及劄付各名册按名追捕無遺者東山賊平府志

是年旱災

詔著照分數蠲免採訪新增

十八年己未旱災奏

詔著照分數蠲免

二十五年丙寅旱災

詔蠲免租稅之半

二十八年己巳

詔蠲免餘項租稅

二十九年庚午旱災

詔蠲免租稅之半

四十四年乙酉

詔蠲免四十五年民欠

凡地丁銀米舊欠未完者並停輸納

四十五年丙戌

詔蠲免四十三年以前未完銀米

四十八年己丑縣民一產三男

陶有光妻張氏

五十年辛卯

詔蠲免五十一年並以前舊欠

凡本年地畝人丁銀並歷年舊欠俱著免徵

六十一年壬寅八月大水

衝城垣百餘丈壞民居無數

世宗憲皇帝雍正元年癸卯積雨無麥苗

二年甲辰四月縣雞翅遍生人指

四年丙午

詔發帑銀採買穀石

凡省倉及府州縣應貯之處加謹收貯

八年庚戌

詔蠲免湖北九年分租稅四十萬兩

今上皇帝乾隆十年乙丑

詔蠲免湖北十三年分應徵租稅

除漕糧項外其地丁銀米一概免徵

十五年庚午六月連旬大雨山墜洪石

近山居民多被沖壓

二十四年己卯六月二十七日大水

高阜盡淹

三十五年庚寅七月縣東北飛蝗入境

官民力捕之患遂息

十二月二十二日卯時地震

四十年乙未二月十四日雨豆

四十三年戊戌大旱

詔蠲賑緩徵

是年太平仙居二鄉五十三區被災七分田地塘六千二百六十二頃七十畝五分二厘

詔發帑三萬一千八百七十四兩七錢七分五厘蘄州撥協倉穀五千石撥動縣倉穀一萬一千四百一十五石八斗五升賑濟極次饑民貧生二萬五千七百二十五戶男婦大口八萬八千九百五十六口小口二萬八千八百五十四口蠲免民賦地丁錢糧及南糧正耗米石折徵等銀四千一百三兩七錢九分四厘隨同正項蠲免耗羨銀四百五十一兩四錢一分七厘應徵蠲剩銀兩緩作二年帶徵

五十年乙巳旱災

詔賑卹蠲緩

是年太平仙居亭川三鄉一百二十區被災八分九

分田地塘八千五百二十七頃五十三畝九分

詔發帑一十一萬九百七十九兩八錢二分五厘撥動縣倉穀六千石賑濟極次饑民貧生三萬九千六百四十三戶男婦大口一十五萬八千六百七十一口小口七萬二千八百一十一口蠲免民賦地丁租稅及南糧正耗米石折徵等銀一萬五千六百六十三兩二錢一分六厘隨同正耗蠲免耗羨銀一千七百二十二兩九錢五分四厘應徵蠲剩銀兩緩作三年帶徵

五十一年丙午大旱

八月飛蝗彌空半月乃止

五十二年丁未四月初三日飛蝗遍野

集地厚一寸許旋即自斃

五十四年己酉秋豺虎四出食人

附郭鬼神壇牛棚山數食人鄉村夜無行者歷冬乃

止以上皆新增

麻城縣志卷之二　紀二

知縣事廣南黄書紳纂修

古大事紀

春秋後事見魏太和晉宋以降歷世孔多惟古可鑑往迹

斯羅

三國

魏明帝太和二年戊申蒲寵增西陽戍兵

吳揚言欲獵江北孫權擬自出豫州刺史滿寵度其必

襲西陽預爲之備權聞之乃還魏志滿寵傳

按麻城在三國時魏名西陽屬弋陽郡後屬吳

吳赤烏四年陸遜以三萬人守西陽

遜以西陽爲重鎮國之藩蔽故置重兵以守之吳志陸遜傳

晉

僞趙石勒使其將麻胡秋築城

麻城之名已兆於此晉書載記

宋

文帝元嘉二十五年戊子置長鳳縣

以豫部蠻民故立此屬西陽郡宋書州郡志

二十九年壬辰西陽蠻反遣沈慶之討之南史沈慶之傳

三十年癸巳復遣武陵王駿統諸軍討西陽蠻平之同上

是歲蠲西陽郡租布宋書世祖本紀

孝武帝大明八年甲辰省建寧左郡爲縣

初分西陽置建寧左郡至是省爲縣屬西陽郡宋書州郡志

順帝昇明二年戊午沈攸之反遣其將公孫方平據西陽陳

劉懷珍督軍討之

隙以劉懷珍持節督豫司二州郢州之西陽軍事遣建

寧太守張謨游擊將軍裴仲穆帥蠻漢軍萬人出西陽

破方平軍數千人收其器甲陳書劉懷珍傳

齊

和帝中興二年壬午梁遣軍主吳子揚率衆取三關魏東豫

州刺史田益宗遣將破之

益宗遣光城太守梅興之步騎四千進至陰山關南八

十餘里據長鳳城逆擊子陽斬获千餘級梁建寧太守

黄天錫築城赤亭復遣其將黄公賞屯於漴城與長鳳

相持益宗使安蠻太守梅景秀爲之犄角擊破天錫获

其二城魏書田益宗傳

梁

武帝天監二年癸未魏長鳳戍主奇道顯取梁陰山白藁二

戍綱目

六月大水

漂損居民貲業遣使周履量蠲課調梁書本記

三年甲申魏統軍諸靈鳳敗梁軍于三關

豫州刺史馬仙琕永陽戍主陳可等率衆一萬于三關

南六十里因山起石名爲竹墩遣輔國將軍齊陰太守

蓟沛以精卒二千戍之後於關南四十里麻陽舊柵起

城仙琕輕騎東西爲之節度關南之民多懷觀望魏郢

州刺史司馬悅令西關統軍諸靈鳳掩擊敗之盡燔其

城樓儲蓄擒蓟沛及其軍主劉靈秀魏書司馬悅傳

普通八年丁未刺史夏侯夔等攻穆陵等三關克之

夏侯夔自西陽武昌二郡太守遷司馬州刺史帥壯武

將軍裴元禮直閤將軍任思祖出義陽道攻平靖穆陵

陰山三關克之梁書夏侯夔傳

陳

宣帝大建五年癸巳敗齊師于陰山關

西陵太守周炅隨吳明徹北討所向克捷齊遣尚書左丞陸騫以衆二萬出自巴蘄與炅相遇炅留羸弱輜重設疑兵以當之身率精銳由間道邀其後大敗騫軍虜獲器械馬驢不可勝數進攻巴州克之於是江北諸城並誅渠帥以城降進炅散騎常侍追炅入朝初蕭詧定州刺史田龍升以城降陳以爲鎮遠將軍定州刺史封赤亭王及炅入朝龍升以江北六州七鎮叛入於齊齊遣歷陽王高景安帥師應之如是令炅爲江北道大都督總統衆軍以討龍升龍升使弋陽太守田龍琰帥衆

二萬陣於亭川高景安營於木陵陰山爲其聲援龍升引軍別營山谷炅乃分兵各當其軍身率驍勇先擊龍升龍升大敗龍琰望塵而奔並追斬之高景安遁走盡復江北之地陳書周炅傳

隋

高祖開皇八年戊申十月甲子隋大舉伐陳敗其兵于岐亭隋高祖本紀

時命楊素率水軍東下以伐陳陳南康內史呂仲肅屯兵岐亭正據江峽於北岸綴鐵鎖橫截上流以遏戰船素與大將劉仁恩登陸先攻其柵仲肅軍夜潰素乃徐去其鎖引水軍以上焉隋書楊素列傳

五代

周世宗顯德五年戊午敗吳人于麻城

時世宗將張勳從征淮南攻黃州擊敗吳人于麻城宋史張勳列傳

宋

太祖開寶七年甲戌九月麻城縣產芝

生于縣廨柱上刺史王明取以獻宋史五行志

真宗咸平三年庚子八月黃州合郡雞長夜鳴經冬不止

孝宗乾道間分處江湖流民于黃州

江湖旱荒流民北渡江薛季宣行淮西爲表廢田相原隰立貳拾貳莊於黃州故治東北以戶授屋以丁授田頒牛及田器穀種各有差廩其家至秋乃止凡爲戶陸百捌拾有五分處合肥黃州間並沿邊歸來者振業之宋史薛季宣傳

淳熙七年庚子大水舊志

寧宗嘉定十二年己卯金人犯麻城宋史寧宗本紀

十四年辛巳二月己巳金人犯五關破之進拔麻城縣

金興定五年金將僕散安貞出息州奪洪門山柵統制黃某圍兵五千保黃土關堅壁不出安貞遣輕兵分爲左右軍潛登別以兵三千直逼關門翼日右軍會於山巔俯瞰關內守關者望之駭愕不能立中軍急攻奪黃土關遂入梅林關拔麻城縣金史僕散安貞傳

理宗淳祐六年丙午元兵攻宋虎頭寨克之

元定宗元年冬萬戶史權引兵攻此關寨舊志

開慶元年己未八月元兵由麻城渡江宋師禦之敗績

元世祖忽必烈以兵渡淮取大勝遣張柔由虎頭關分道並進官軍皆遁世祖己未八月入大勝關張柔由虎頭關與宋兵遇於沙窩柔子宏彥擊破之遂由麻城渡江進圍鄂州會元憲宗崩乃班師還元世祖本紀及張柔傳

元

世祖至元元年甲子十二月黃州地震元史五行志

按元史獨恤五行無專屬麻城之條今姑以係于黃州者録之畧爲近切

二年乙丑七月黃州蝗同上

三年丙寅七月黃州大水同上

七年戊辰五月大水采訪新增

十一年甲戌六大旱人相食舊志

十二年乙亥大旱疫采訪新增

十三年丙子大旱同上

成宗大德二年戊戌夏大旱舊志

秋大水同上

三年己亥十月黃州旱元史五行志

七年癸卯正月大水舊志

十年丙午七月民大饑同上

詔以米七萬七千八百石賑糶于黃州等郡縣元史成宗本紀

十一年丁亥大疫舊志

仁宗皇慶元年壬子八月天雨毛同上

七年戊午六月黃州旱元史五行志

文宗天歷二年己巳黃州路旱免租賦元史文宗本紀

三年庚午正月黃州饑元史五行志

順帝至正七年丁亥五月黃州大水同上

十一年辛卯九月麻城人鄒普勝聚衆爲亂陷黃州諸路

普勝用袁州僧彭瑩玉以妖術惑衆因相聚爲亂蘄羅
田人徐壽輝狀貌推爲之主即僞位建國改元以普勝
爲大師分兵四出連陷黃州等各郡縣 明史陳友諒傳
十二年壬辰黃州大旱荒人相食 元史五行志
十三年癸巳黃州大旱 同上
是年黃州復大疫 同上
十四年甲午大旱 采訪新增
明
太祖洪武四年辛亥十月大霧雨雪

黑色草木竹柏皆枯 舊志
八年乙卯秋七月丁丑免黃州府被災田租 本紀
按明代蠲賑甚多然本紀皆統言湖廣所包極遠施
非麻城一縣所可得私不便編列其指出黃州者只
此一條故栞錄之
十年丁巳正月夜雨水黑如墨汁 舊志
宣宗宣德元年丙午大旱
自正月不雨至六月
二年丁未大雨水

三年戊辰六月隕霜殺稼
英宗正統十四年己巳大旱 以上皆舊志
憲宗成化四年戊子大旱 采訪新增
八年壬辰盜刦縣庫 同上 一云丁酉盜刦縣庫破獄囚
九年癸巳大水 舊志
縣前河西徙抱東禪寺破泮池 采訪新增
十一年乙未縣頻火災 舊志
十二年丙申縣多火災
民遭連歲火患皆荷擔而立 同上

孝宗宏治元年戊辰大旱疫 同上
八年乙卯國始董宦盤據山谷侵寇麻城 采訪新增
武宗正德三年戊辰六月六日大水
射圍民房衝把無算
四年己巳三月麻城土賊據仙姑洞大肆焚掠
是年麥旅生
七年壬申三月二十八日流賊火縣署公館及民屋殆盡 以上皆新增
五月霸州賊劉六等由麻城東道至團風鎮

賊劉六劉七等自河南取道麻城至團風奪舟入江殺都御史馬炳然登陸至漢陽焚漢口爲官軍所敗劉六中流矢赴水死劉七等仍入舟至黃州順流抵鎮江至通州颶風大作棄舟走保狼山爲陸都御史完所蹙劉七亦赴水死賊盡平舊志

八年癸酉訛言鬼兵至

民間皆撒灰擊銅器以自衛采訪新增

十一年丙子十二月有熊飛過縣

逐至北郊獲之同上

世宗嘉靖二年癸未虎食人

虎至縣西北郊食人甚衆舊志

八月無雲而雨

三閏月乃止

三年甲申麻城土賊胡廷鳳爲患提學副使許宗魯諭降之

廷鳳岐亭人逃居西山每秋徂春來到縣刼掠屢寇岐亭大爲民患提學副使許宗魯臨縣遇諸岐亭撫諭之乃退遂城岐亭立捕盜通判署並鐵壁關巡檢司

是年大疾

五年丙戌縣西街宋氏生子二首四臂四足

十年辛卯蝗自商城來

其飛蔽日食稻粟立盡

十三年甲午菜花不實

悉成人物禽獸龍鳳之狀以上皆舊志

十四年乙未正月大雷采訪新增

十五年丙申十二月大雷電

十七年戊戌五月十八日大水

平地深丈餘

二十年辛丑八月蝗自光山來

聲飛轟然如雷所過田禾無遺

二十一年壬寅大風拔木發屋

民居室廬多被壓壞

九月初四日霜降午後大雷電

二十三年甲辰積雨十旬

自正月至於四月麥苗盡壞

夏復大旱

晚禾無收

十月恒燠
桃李皆花竹笋出麥秀實
十二月十六日姑霜十七日大雨雹
二十五年(丙午)四月二十日東北有黑氣如牆西南大雪雹
雹形如鵝卵如馬首麥盡壞
二十六年(丁未)十二月十八日大雷雹(以上皆采訪新增)
二十七年(戊申)夏白兔兩見
初見縣東鼓陽灣再見香草園皆獲之以獻于官(舊志)
三月城西七里岡鄭氏豕生三子一牛首頂有肉角一猿

首一豬首(同上)
二十九年(庚戌)五月初三日大霾雨土黃霧四塞七日乃止(同上)
十一月二十五日大霜及霧
凡水流簷溜皆悉成串珠名曰霜掛又主兵葦著樹叢
如蠋刺行人鬚眉俱白(采訪新增)
三十年(辛亥)五月十八日亢熱
河魚盡斃馬蹄踏土火出
三十一年(壬子)四月螽

黑質而長食麥花盡
六月二十六日大水
九月中旬有鸛集于五腦山
數約萬計飛集紫微神祠其旋如蓋其立若排竟日而
散次年復來亦爽其期
三十二年(癸丑)五月初三日大水
河見水怪民溺死者以千計鄰界道觀河一市盡棄(以上皆采訪新增)
三十三年(甲寅)大旱蝗

自正月至于九月諸種不收蝗自東山入無食自去(舊志)
是冬大疫(同上)
自春徂夏(采訪新增)
三十五年(丙辰)十二月初三日大雪
深以丈許路斷行人(同志)
神宗萬歷十七年(己丑)大旱疫
麥禾兩盡人民受災死者無算(舊志)
三十六年(戊申)大水
水侵雉堞城中危急忽龍池岸裂斷水洩城乃獲全有

人見神人立雲中以捧斷岸疑以爲土主神助云
四十四年丙辰八月飛蝗蔽日
四十六年戊午七月十五日有火星降于白田坂
自北而南著草木皆然
熹宗天啟元年辛酉冬大雨雪
凡三閱月
四年甲子秋大霜
晩禾無收
莊烈帝崇禎元年戊辰大水

二年己巳大旱
是年復大饑
庚午辛未間麻城謠言有旨贖僕衆口哄傳縣內人亂
一夜間時欲爲變者忽然于教場內驀樹紅旗書萬人
一心下懸倭刀并叛主榜文時知縣蔣煜出示畧云僕
之叛主猶子之逆父臣之背君必殺毋赦至若聖旨何
人敢出諸懷中藏之袖裏僞造詐傳罪尤加等如不遂
悛將倡亂之人立刻處死悔禍安分則概宥不論示懸
各門衆遂貼然

八年乙亥春二月流賊始寇麻城
是時知縣劉星耀督衆守城賊不敢遽行近城劄石堰
覇陂等處燒城外北關次早過城下而去由東南入山
掠傷甚慘
是冬流賊復至陰山守將馬雷二人戰死之
先是春間賊過麻城上官使馬雷二將鎮守冬賊又至
二將不諳地利督守兵百餘深入堵勦爲賊衆所圍全
師俱覆二將死之
按馬雷二人及下石都司俱應塡名但他書無可考

姑仍其舊云
九年丙子夏蝗
飛時遮蔽天日薄于林藪盡成蝗樹
九月大雪
十二月流賊寇麻城石都司死之
賊札營西七里岡知縣劉星耀發城中義勇同守兵隨
石都司出戰賊騎衝突勢如風雨兵衆盡潰殺傷甚衆
石都司陣亡于西關外以上皆舊志
十三年庚辰二月王心宇家豬產五子皆異狀

一白象一黑象俱長肉鼻有一目在面中狀甚獰惡一
獅首一猴首形極怪異士民聚觀如堵未幾合縣僕人
叛主千百爲羣乃古今罕有之奇故先兆此獸妖也采訪
新增
三月大疫至九月乃止
死者相望于道慘不可言同上
是年大旱蝗舊志
十四年辛巳巡撫宋一鶴等提兵至麻城剿賊破走之
會副總兵王允成劉良佐督師丁啟睿都督左良玉同

駐兵麻城賊至東義洲左良玉潛師夜襲之大破賊衆
俘馘甚多
是年復大旱蝗
時寇疫洊臻米價騰湧民病饑人相食
十六年癸未四月張獻忠入據麻城
先是春間闖賊至麻城旋即西民里民明承祖及僕輩
洪樓先等結聚里仁五道二會活埋殺所讐倡亂各鄉
砦鳩衆圍城討亂會衆使湯志至潛山縣地方迎入賊
張獻忠於四月初六日入城會衆奉以爲主遂改易爲

長順洲旋渡江攻陷省城安立僞官督朱山砦不降時
周文江被陷暗通鳳陽總督馬士英內應反正爰受武
御甲申乙酉間文江復於黃葉山共擁張僭樞旋敗已
復有五腦山之公會時知縣陸晉錫拱聽而已僑居朱
山縣內大亂以上皆舊志

麻城縣志卷之三　考一

知縣事嶺南黃書紳纂修

輿圖考一　沿革　疆域　坊鄉　市鎮

洋洋建寧光黃之會巉絕五關山礪水帶民生其間土樂以泰惟茲撫柔甘雨時沛

沿革

麻城春秋時為弦黃二國地後屬楚秦屬南郡漢為西陵縣地宋置建寧左郡大明八年省為縣屬西陽郡〔舊志後魏孝昌二年置安陽按隋地理志汝郡真陽縣注云有後魏安陽縣後廢考真陽今河南汝寧府正陽縣也與今麻城無涉〕

元嘉二十五年以豫部蠻民置赤亭長風二縣俱屬西陽大明八年赤亭併入陽城南齊復置建寧左郡治建寧縣梁置信安縣又有北西陽縣〔據隋地理志縣或誤作郡〕陳廢北西陽置定州後周改亭州又有建平陰平定城三郡〔據隋地理舊志云後周分亭州置東義州誤〕隋開皇初諸郡俱廢建寧省入信安十八年改信安曰麻城〔按北齊書文宣紀天保十年詔於麻城置衡州在此大河北衡或誤作衡遂以為北齊置衡州於麻城考麻城建縣始於隋梁陳間有信安無麻城也又陳定州刺史田龍升以城北齊齊因置衡州尋為陳將周炅所復北齊亦未嘗入有今黃州境也〕屬黃州大業初屬永安郡〔即黃州改〕唐武德之年折置陽城復置亭州領麻城陽城二縣八年州廢仍有陽城入麻城屬黃州〔改永安〕天寶初屬齊安郡〔改黃州〕乾元初屬黃州〔改齊安〕元和三年省入黃岡縣大中三年復置宋因之屬黃州齊安郡端平二年移自什子山元至元中復舊治屬黃州路其信安故城在今縣東十五里石勒將麻秋所築也什子山在縣東八十里建寧赤亭故城並在縣西南長風故城在縣西北今治城元末邑人姜鎔等築明屬黃州府

國朝因之

疆域

五季齊陳以木陵山為界〔築大活城〕

後周顯德中與南唐畫江為疆麻城為周南界

南宋紹興間與金畫淮為疆麻城為宋北界

明初麻城輪廣二百三十里分析黃安縣後東西界廣一百六十里南北袤一百五十里東接英廬南達荆楚西鄰申郡北抵弦蔡　東至羅田縣界九十里至縣一百八十里　南至黃岡縣界五十里至縣一百八十里　西北至黃安縣界五十里至縣一百二十里　西至黃陂縣界九十里至縣一百八十里　北至河南光山縣界九十里至

縣二百四十里　東北至河南商城縣界九十里至縣一百九十里　北至京師一自光山由西驛路計程二千七百四十里一自光州由東路計程二千四百七十五里水路五千一百七十里　南至黃州府一百八十里　西南至湖廣省二百四十里　東南至江南陸一千五百三十里水路一千八百三十里

坊鄉

城內街有中街東街西街南街北街後街儒學街

里房街在縣東濠成化中知縣胡琮立仙居鄉六十八間

亭川鄉二十四間隔古濠東水衝基屋俱廢太平鄉九十六間在濠西基屋俱存今為僑居者所占正德間候璧編為儀從天今亦隱廢矣其地雖為民居相傳猶存倉基邊之名

西濠街成化間知縣胡琮因盜刼庫獄以治西空弱將糧戶程天用官田傍古濠東西建屋招民居住每間認糧一升後隱於民知縣李寶出令民每間門面每年賃租銀一錢五分以充公用未久奸沒惟卷籍尚存工房

城內巷有東巷西巷萬家巷冷家巷田家巷申家巷曹家巷龔家巷貢家巷橙子巷

城外街有南關街西關街北關街

初分四鄉曰太平曰仙居曰亭川曰孝感統一百三十里各有圖成化八年以戶口消耗併為九十四里復併孝感一鄉入仙居為三鄉嘉靖四十二年建置黃安縣復析太平仙居二鄉二十里入黃安止六十四里

太平鄉在縣東北轄二十五里分四十五區虎頭司巡檢領之

仙居鄉在縣西南轄二十五里分五十四區鵝籠司巡檢領之

亭川鄉在縣東南轄二十四里分二十四區巡捕典史領之

太平鄉

區名	周圍	距縣	東界	南界	西界	北界	牌	甲	保
義渡	三十里	東三里	沈家庄	金城堡	白田畈	古城畈	十六	一	一
郭家院	八里	東十里	石槽	金城堡	桃林河	伴仙亭	十	一	一
金城堡	十五里	東十里	郭家院	古城畈	龍山河	丁士城	十一	一	一
沈家庄	十里	東十里	小河途	金城堡	細楊樹	柏子塔	十九	一	一

伴仙亭 十二里 東十五里 篤實區 白沙嶺 閻家河 柏子區 十三 二 一
石馬槽 三十里 東十五里 曹家河 白田畈 沈家庄 桃林河 十一 一 一
古城畈 十一里 東十五里 閻家河 青山港 伴仙亭 柏子塔 十六 一 一
花橋河 三十里 東二十里 石陂區 唐殿區 上義區 桃林河 十二 一 一
青山港 十里 東二十里 桃林河 曹家河 石馬槽 古城畈 十二 一 一
閻家河 二十里 東二十里 丁土城 桃林河 伴仙亭 細楊樹 九 二 三
丁土城 十五里 東二十里 白沙嶺 古城畈 閻家河 柏子區 十四 二 三
石觀臺 十里 東三十里 石門畈 上馬河 柏子塔 白沙嶺 二十 一 二
石陂磨山 二十里 東三十里 古城畈 花橋河 閻家河 三杏橋 九 一 二

三杏橋 五十里 東四十里 墩陽灣 龍山河 土城崗 白沙嶺 三十八 二 一
唐殿區 五十里 東四十里 曹家河 義合區 石陂磨山 花橋河 三十八 一 一
白沙嶺 四里 東五十里 墩陽灣 三杏橋 石觀臺 篤實區 三十三 一 一
龍山河 五十里 東五十里 李子店 唐殿 上河區 墩陽區 三十七 二 一
白蠟冲 二十里 東六十里 石門畈 邊堰蘇 宋杜冲 張留關 三十五 二 一
篤實區 六十里 東七十里 東義洲 墩陽灣 白沙嶺 懸鐘岩 三十八 二 一
墩陽區 六十里 東七十里 東義洲 三杏橋 北沙嶺 篤實區 三十 二 一
擇里堡 三十里 東八十里 張家店 土乘崗 黃棣石 德美堡 三十五 一 一
桃林義渡 十里 東十五里 花橋河 石馬槽 青山港 古城畈 十 一 一

上義區 六十里 東五十里 龍山河 鹽田河 花橋河 唐殿區 三十九 一 二
張家店 四十里 西七十里 北界河 黃棣石 土城崗 白蠟冲 十九 一 一
上馬河 六十里 西二十五里 白[illegible]橋 李家壩 鄭舖兵 邊堰蘇 三十三 三 一
高視山 二十里 西七十里 張留關 邊堰蘇 石板冲 仁美堡 十八 二 三
仁美堡 三十里 西八十里 益美堡 高視山 擇里堡 北界河 三十七 一 一
李家壩 十五里 北三里 白塔橋 五里墩 三家墩 上馬河 三十三 一 二
小河途 十五里 北十五里 伴仙亭 大東門 白塔河 蘇坑 十二 一 二
戴家店 十里 北四里 宋家河 本城 李家壩 白塔橋 八 一 二
曾戶長 二十五里 北十五里 閻家河 柏子塔 小河途 丁土城 七 一 二

白塔橋 三十里 北十五里 柏子塔 李家壩 上馬河 邊堰蘇 五十四 四 一
蘇坑區 二十里 北二十里 柏子塔 小河途 白塔橋 細楊樹 二十四 一 一
柏子塔 四十里 北二十五里 石觀臺 閻家河 小河途 細楊樹 二十四 二 一
細楊樹 四十里 北三十里 邊堰蘇 蘇坑區 柏子塔 楊柳河 三十五 六 一
邊堰蘇 二十里 北二十五里 大細楊樹 白塔橋 上馬河 白蠟冲 三十七 二 二
土乘崗 三十五里 北七十里 邊堰蘇 黃棣石 王家樓 仁美堡 五十六 一 一
黃棣石 四十五里 北六十里 白蠟冲 邊堰蘇 土門山 張家店 三十八 二 二
宋杜冲 六十里 北七十里 張留關 高視山 益美堡 兩路口 二十八 二 一
兩路口 二十里 北九十里 張留關 宋杜冲 北界河 羅田界 二十 一 一

益美堡	十五里	北九十里	高視山	仁美堡	擇里堡	光山界	九	一	一
德義堡	四十里	北一百里	擇里堡	張家店	黃安縣	光山縣	二十三	一	一
石門畈	二十五里	東北七十里	懸鐘石	董家灣	長竹園	河南商城縣	三十九	一	一
懸鐘岩	八十二里	東北六十里	篤實區	白沙嶺	石門畈	九歇山商城界	四十五	二	一
張留關	四十五里	東北一百里	河南界	白蠟冲	高視山	河南界	九十	三	三

以上太平鄉共四十五區虎頭司巡

仙居鄉

區名	周圍	距縣	東界	南界	西界	北界	牌	甲	保
毛家墩	二十里	西五里	李家壩	本城	樊顧畈	鄭舖兵	十二	一	一
樊顧畈	十五里	西八里	七里畈	董家堡	七科松	毛家墩	三十七	一	一
七里畈	十六里	西二十里	董家堡	夾沙洲	小河嘴	樊顧畈	四十六	一	一
小河嘴	二十里	西二十里	七科松	七科松	王家集	女王城	三十	一	一
七科松	十五里	西二十五里	樊顧畈	小河嘴	臥牛石	鄭舖兵	三十五	一	一
女王城	七里	西二十五里	七科松	中館驛	小河嘴	龍門冲	十二	一	一
紫雲寺	十二里	西二十五里	夾沙洲	高峯山	黑沙洲	汪王廟	二十	一	一
太成區	十五里	西三十里	女王城	黑沙洲	中館驛	龍門冲	十五	一	一
中館驛	七里	西三十里	女王城	黑沙洲	大城區	龍門冲	五十	一	一
王家集	十里	西三十里	七里畈	紫雲寺	小河嘴	小河嘴	十六	一	一

龍門冲	三十四里	西三十里	大成區	中館驛	萬仞岩	女王城	三十八	一	一
夾沙洲	十五里	西三十里	紫雲寺	高峯山	黑沙洲	王家集	二十九	一	一
臥牛石	十五里	西三十里	七科松	龍門冲	王家崗	高陽觀	十七	一	一
鄭舖兵	九十五里	西三十里	石板冲	自塔橋	七科松	河三墩	二十	二	一
河三墩	五十五里	西四十里	土乘崗	鄭舖兵	高陽觀	梅林區	五十五	一	一
高峯山	三十里	西四十里	走馬崗	烏龍潭	石湖畈	夾沙洲	三十	一	一
萬仞岩	五十八里	西四十五里	龍門冲	洋郊城	七家廟	范家砦	四十五	一	一
七家廟	十八里	西五十里	拜郊城	萬仞岩	黃安縣	范家衆	三十六	一	一
拜郊城	五十里	西五十里	黑沙洲	宋埠	七家廟	萬仞岩	六十四	一	一

梅林區	三十里	西五十里	河山墩	高陽觀	會林區	土門區	四十	一	一
會林區	三十里	西五十里	梅林區	向打石	黃安縣	土門山	三十八	一	一
高陽觀	二十五里	西五十里	鄭舖兵	臥牛石	向打石	梅林區	四十七	二	一
向打石	七十里	西五十五里	高陽觀	臥牛石	古城山	會林區	二十五	一	一
宋埠區	十里	西五十五里	西峯山	陶家園	西河岸	拜郊城	五十	四	一
南湖畈	十五里	西六十里	高峯山	汪王廟	宋埠	西河岸	三十	一	一
黃岡區	十里	西六十里	天齊廟	西峯山	黃岡縣	陶家園	十二	一	一
西河岸	五里	西六十里	深溝區	南湖畈	汪王廟	宋埠	九	一	一
深溝區	十五里	西六十里	汪王廟	萬仞岩	岐亭	宋埠	三十六	一	一

汪王廟	十里	西六十里	南湖畈	深溝區	岐亭	西河岸	十五	一	一
岐亭區	九里	西七十里	汪王廟	永寧區	黃安縣	陶家園	四十五	二	一
永寧區	十五里	西七十里	陶家園	黃岡界	西峯山	岐亭	十一	一	一
范家衝	三十二里	西七十里	卧牛石	萬仞岩	七家廟	古城山	三十九	一	一
古城山	二十里	西七十里	向打石	范家坳	黃安界	會林區	三十六	一	一
陶家園	十三里	西七十里	陸家畈	黃岡界	岐亭河	雙廟灘	十五	一	一
五里墩	十里	南五里	白田畈	八里畈	蕨淡山	本城	九	一	一
白田畈	十五里	南十里	石馬槽	艸鞋店	義渡區	古城畈	十六	一	一
蕨淡山	十里	南十里	五里墩	艸鞋店	董家砦	樊顧畈	二十	一	一
八里畈	十里	南十五里	袁家河	朱家堡	董家堡	余家院	二十	一	一
余家院	十二里	南十五里	白田畈	袁家河	八里畈	董家堡	十二	一	一
徐家堡	十五里	南十五里	曹家河	沙井區	朱家堡	袁家河	十四	一	一
陳墩灣	二十五里	南二十里	八里畈	黑沙洲	夾沙洲	董家堡	十二	一	一
袁家河	二十五里	南二十里	白田畈	徐家堡	八里畈	余家院	二十	一	一
董家堡	三十里	南二十里	袁家河	陳墩區	八里畈	蕨淡山	七十四	三	一
朱家堡	十二里	南二十五里	徐家堡	榮羅堡	陳墩區	八里畈	十三	一	一
榮羅堡	十里	南三十里	徐家堡	白杲區	三羅堡	朱家堡	十五	一	一
黑沙洲	三十里	南二十五里	中館驛	高峯山	夾沙洲	紫雲寺	十九	一	一

新店區	十里	南四十里	大城區	拜郊城	龍門冲	萬仞岩	十九	一	一
周鐵崗	三十里	南四十里	陳集區	走馬崗	走馬崗	陳墩灣	三十七	一	一
走馬崗	十里	南五十里	程集區	黃岡界	高峯山	墩陽灣	四十五	一	一
烏龍潭	十五里	南五十里	走馬崗	玉皇閣	天齊廟	高峯山	三十二	一	一
天齊廟	二十里	南六十里	陶家園	黃陂區	宋埠	走馬崗	二十五	一	一
西峯山	三十里	南八十里	深溝	岐亭	黃安界	黃安界	二十四	一	一
石板冲	二十里	東北四十里	鄭舖兵	河山墩	梅林區	黃棣石	三十四	一	一
土門山	四十里	東北六十里	黃棣石	盤龍集	黃安縣	張家店	六十六	一	一

以上仙居鄉共五十四區鵝籠司崗汎

亭川鄉

區名	周圍	距縣	東界	南界	西界	北界	牌	甲	保
本城五門	十里	城內	古城區	五里墩	毛家墩	戴家店	四十五	五	三
曹家河	四十里	東四十五里	義合區	鹽田河	詹家台	八里畈	五十	一	一
義合區	十里	東五十里	黃市	曹家河	唐殿	饒山河	二十九	一	一
合鮑村	十五里	東六十里	二里河	東界嶺	義合區	白水畈	三十二	三	一
鹽田河	三十五里	東七十里	合鮑村	東界嶺	橫河	曹家河	三十六	一	一
東界嶺	二十五里	東八十里	黃岡婁	萬居畬	鹽田河	白水畈	二十四	一	一
黃市區	二十里	東九十里	木樨河	白水畈	木子店	東義洲	五十二	一	一

白水畈四十里	東一百二十里	二里河	合鮑村	義合區	黃市本區	三十五	二	一
木子店三十里	東一百里	落梅河	龍山河	黃市	東義洲	七十	一	一
二里河三十里	東一百里	羅田縣	黃岡界	合鮑村	白水畈	四十二	二	一
東義洲五十五里	東一百十里	羅田界	木子店	璩陽區	河南城	九十	一	一
落梅河四十里	東一百十里	羅田界	南庄	木子店	東義洲	六十	一	一
南庄區二十里	東一百二十里	羅田界	木樨河	木子店	落梅河	四十五	三	一
木樨河四十里	東一百二十里	羅田界	二里河	黃市	南庄	三十	一	一
沙井區九里	南三十里	蔣林寨	鹽田河	曾家台	白杲區	九	一	一
白杲區七里	南三十里	沙井區	望花山	三羅堡	燊羅堡	三十五	二	一

麻城縣志　卷之三　輿圖考一　十一

三羅堡十五里	南三十五里	白杲區	程集區	陳墩區	燊羅堡	三十七	一	一
曾家台三十里	南四十里	鹽田河	橫河	望花山	沙井區	四十三	一	一
望花山二十里	南四十里	曾家台	陶家舖	青龍區	沙井區	十九	一	一
程集區十二里	南四十里	青龍區	黃岡三鄉	周鐵崗	三羅堡	十七	一	一
青龍區九里	南四十里	望花山	黃岡三鄉	程集區	三羅堡	七	一	一
陶家舖三十里	南四十五里	橫河	沙河	黃岡界	望花山	十	一	一
沙河區九里	南五十里	橫河	黃岡界	黃岡界	陶家園	二十	一	一
橫河區三十里	南七十里	黃岡界	黃岡界	望花山	曾家台	七十	一	一

以上亭川鄉共二十四區與史崗汎

市鎮

閻家河集在縣東二十里爲東山聚貿地

三水灣集在縣東二十五里

萬壽集在東五十里

三河口集在東六十里

木子店集在東七十里

槐樹店在東七十里

東義洲在東南九十里

麩子河集在東南五十里

麻城縣志　卷之三　輿圖考一　十二

鹽田河集在東南六十里

黃岡廟集在東南九十里

閔家集在南十五里

孫陳集在南二十五里

普興集在南二十五里

鮑家集在南三十五里

沙集在南二十八里

迎河集在南三十里

王家集在南三十里

六合集在南四十里
白杲鎮在南三十里
望花山鎮在南四十里
中舘驛鎮在西南三十里
騎龍集在西南四十五里
宋埠鎮在西南五十五里瀕河水陸之衝南北貨物輻輳
前所未有
岐亭鎮在西南七十里
和尚潭在西四十里

艾陽寺集在西五十里
蟠龍集在西五十里
順河集在西六十里
張店集在西北七十里
范店集在西北九十里
楊家墩集在北八里
胭脂嶺集在北十二里
洪家河集在北二十里
伍家河集在北二十五里
陰山畈集在北四十里
王福店集在北四十里
乘馬崗集在北六十里
福田河集在北六十五里
杜家河集在北八十里
雨路口集在北九十里南北於此分界

卷之三

輿圖考二 關隘 形勢 橋梁 寺觀

關隘

縣北境接壤河南山谷盤阻窮民逋匿剽掠爲奸宋時據
地設險則五關其要害也李𡌴奏乞復之其關俱在麻城
陰山關在縣北五十里不甚高峻而横斜盤繞據高臨下
北望二十里皆在目中後魏任城高澄督淮南遣其風戍
奇道顯攻梁陰戍破斬其戍主龍騎將軍都鑾侯梅甬祖舊志

虎頭關在縣北七十里商城縣界今立巡檢司元定宗元
年冬權萬戸耀兵淮南攻此關寨進圍黃州後張柔從世
祖攻鄂亦乘此關舊志
修善關縣北八十里在五關之傍一名修善衝關統志
黃土關一統志在縣北九十里接河南光州光山縣界金
興定五年僕散安貞本名阿海出息州軍於七里鎮擊敗宋兵
宋黃統制團兵五千退保此關金史僕散安貞傳
白沙關在縣北九十里西接黃安縣界北接河南光州光
山縣界魏書世宗紀景明四年鎮南將軍元英大破梁將
吳子陽於白沙水經注倒水南流逕白沙戍西元和志白
沙關西至大活關六十里在黃州西二百四十里北至光
州界二十五里寰宇記白沙關在黃岡縣北一百二十里
玉海白沙關西至大活關六十里在黃州西北二百四十
里大活關在州北二百里穆陵關唐志作木陵在麻城西
北八十八里木陵山上陰山關北至光州陰城縣二百里
大城關在縣北九十里羅山縣界元世祖巳未二月入此
關今屬黃安地舊志
木陵關一作穆陵關在縣北一百里南北朝齊陳分界處

齊置北齊廢梁書普通八年勑夏侯夔攻平津木陵陰山
三關克之舊志
宋李𡌴奏乞復五關之險疏畧云虎頭關形勢最險兩
山千仞一澗衝激黃土關形勢聳峭白沙關與黃土相
去密邇木陵關山路峭壁委折而上大城關山勢不甚
高峻而横斜盤繞修善關亦在其傍使諸關之兵據險
効死賊豈能遽入乎
長嶺關在縣東北一百里商城縣界明嘉靖中盜起九龍
潭兵備僉事沈龍議建守備府于此舊志

鐵壁關在縣西四十里土名鵝籠山嘉靖中西山盜起分巡檢事林遂建議設鵝籠山巡檢司今其址存舊志

黑石寨光山縣界又有漣康寨下有鮑家莊西有大石牌俗傳闖索西征經此舊志

臺山寨在縣西一百里元世祖伐宋初破大勝關繼破臺山寨擒守者胡知縣師今天臺山屬黃安縣地舊志

形勢

龜峰鳳嶺森列後先碧澗大河映帶左右舊志

介在萬山之中襟一衣帶之水梅國楨漕運議

縣北枝光汝山谷盤阻陳周炅破五關而江北之地復元張柔董文炳出五關而鄂州震昔人謂欲守江南先守江北不其然乎府志

麻邑介光黃之間梅國楨送邑侯劉翼白序

麻城山谷靈巇奇峰仙源崒嵂委匝虎頭白沙之雄關木陵大城之騷鐃北控天中東引吳會曹應昌儒學記

麻邑在楚之東北延袤數百里高山峻嶺蜿蜒磅礴環列而聳峙者不可勝紀其土厚而肥其俗醇而朴其人質直而好義劉希向儒學記

橋梁

桃林橋在縣東十五里至元初鄉民蔣德俊建舊志

聚賢橋在縣東十五里相傳為元學士虞集故里舊志

紅石橋在縣東十五里統志

花橋在縣東十五里至元初建舊志

望魯橋在縣東六十里在龜峰之麓統志

南門橋一名古亭橋明宣德間知縣孫仕忠建成化間知縣胡琮重甃舊志

塔兒橋在南門外二里許有小浮屠級鑴佛相上有宋咸平二年識以下舊志

廣仁橋在縣西□里許紳士毛鳳韶建

相公橋一名太平橋在縣西門外明宣德癸丑年知縣孫仕忠重建

橙林橋在縣西二里

樊家橋在縣西南十五里山西汾州府介休縣商張墄

岐及徽州客商余元賜重建
李沐橋在縣西二十里官田畈本縣孝廉李沐建州同王
導域重修
獅子橋在縣西四十里以上舊志
岐亭橋在縣西七十里岐亭鎮宋蘇軾與陳慥會此處統志
萬壽橋在縣西五十里袁家山下縣人袁墀同族衆捐貲
募修
普樂橋在縣西北八里五腦山麓乾隆五十三年貢生熊
鏸重修

永豐橋在北門外州同鄒本監生成价重修
福元橋在北關廂
三里橋
五里橋
七里橋俱在縣北
望仙橋在縣北八里舊傳為麻姑昇仙處
擴谷橋在縣北十里
祖功橋在縣北五十里
觀音橋在縣北九十里縣人吳宗建

馬公橋在縣西南四十五里為赴省通衢馬縣令過此橋
適成故名
仁壽橋鄒艮士孫慕嶧重修
破子橋在白田畈橋頭寺側嘉靖辛丑縣人熊吉建後劉
大賢補修
行壽橋康熙甲子年建乾隆九年熊嘉會熊桂菴等重建
張三港橋邑東四十里雍正七年陽顯昌子應箕應尾仝
重建
萬壽橋在上河區段國祥捐修

陳家義橋俗謂義作石在中館驛南二里州同職陳光裕
現於此設有義漿義燈

寺觀

城內

關帝廟　城隍廟二廟並城外東岳府相公廟鄉區五顯山傳九師廟化主廟沙街廟俱詳壇廟

東禪寺在東城明正統間建後李萬五重修以下舊志附新增

九蓮菴在南城

福城菴在九蓮菴之南

萬壽宮去福城菴數武

三元都會府在城隍廟之北御史毛鳳韶年七十建廟求嗣果應至今邑人求子者多驗

萬壽寺在南街周思久大書梵王宮及澄心方丈今額

玉皇殿　準提閣　二廟相連在萬壽寺左

法華菴在西城陽基塘北岸

馬王祠在縣治右

繡佛寺在北街梅司馬女澹然捨宅以繡爲功課故名

古佛菴在北街西菴

華藏菴在古佛菴後巷

文昌閣在北城乾隆巳巳紳士丁劭周楊徐李張王梅宋董朱劉林趙等二十四人積建今因廢敗經公讞復續呈付歸闔邑損湊重修

城外

恒河寺近東城上與白衣菴相望康熙間大水兩圮今俱爲洲

半偈菴在東河岸

東竺菴東河岸里許竹木森森蔚然蒼秀

針芥室與東竺菴相望

折葦菴針芥室間壁相傳昔山水暴漲有一古木結成達摩像宛然天成毫無斧鑿之跡寺僧取供奉之至今猶存

詹家堂在針芥室左數武知府詹淑建東側有祠宇一所

念力菴在朝聖門河岸

禪堂朝聖門南原在今義塚處後移建於此名新禪堂因施其處爲義塚

火王廟供奉火神規模壯麗現黄梅五祖法眷投此住持

海潮菴與禪堂火王二廟咫尺

翠峯寺南門外東里許

甘露菴在南關

三曹廟在塔兒橋

荷葉菴在西畈

牛山寺在牛棚山東北隅

紫竹菴在小西門外
經堂在北關之西
玉閣在龍池南岸
海會菴玉閣間壁
南堂廟在龍池北岸右爲烈女廟今頽
地藏菴在福元橋東
清和寺郎沙佛菴
桃園北里許
凌碧寺北二里餘以上舊志附新增

三鄉
雲舫菴縣東二十里以下舊志附新增
大覺菴在土城區其區額我愛其靜知縣趙蒼璧題又此處金地知縣姜𢹂題又大地慈航知縣傅天培題
定惠寺東八十里天井山麓
西峯寺在定惠寺之東
什子河寺在什子山北有四面佛像
大竹園康熙甲子知縣祁嘉謨題其區額爲寶林門前有石井泉水高一丈二尺四季水滿長流

九龍寺在東北九龍山有栢子塔相傳唐德宗四年虛應禪師建塔九級頂覆以鐵鑊鑊側一栢蟠根而生每立秋日午塔無影
青龍寺隣栢子塔唐虛應禪師建
棲眞寺亦虛應禪師建多古栢
芝佛寺在龍湖北岸建寺掘地得三芝類佛像因名今失其一統志
鐘山寺東北五十里相傳至元間掘地得一鐘因立寺後寺廢鐘由鳳陂達河至大江逆流而上抵江夏鐵佛寺寺

僧感夢得之
地藏菴東北五十五里陳家冲明縣丞周崇恭建龍潭水曲虎石峯環咫尺崇恭居宅在焉
珠照寺進士周之夫生員周世錫建寺基幽敞山水繞拱遊人多登覽焉
最上菴明天啟三年儒士喻儀建
法眼寺郎黃蘗山僧無念道場
陳家廟亦名寶藏寺縣東南六里明進士戶部員外陳楚産住宅改建墓郎塋於後置有田地山塲至今後裔守爲

香火奉祀之資廟中殿供劉關張神像
慧雲菴在東南七里岡明天啟間巡撫梅之煥建内奉東岳神並諸佛像及崇禎二年流寇肆毒之煥建護生堡保護鄉人全活甚衆鄉人德之塑像其中享祀不絶
東溪寺距城十七里僧震音建山清水秀竹木松栢叢集古刹也
雞籠寺一名湛寂寺明萬歷時無念祖師建　御賜藏經陳娘娘隨賜袈裟一件巡撫梅之煥題爲湛寂法門其寺左鹿角右遊蕩真天然福地也縣東三十五里

能仁寺距城六十里龜峯之北相傳唐太宗建
雲臺寺在東山山本巍然特聳如臺又上冲霄漢俯視諸峯羅列皆出其下
栢水寺東南一百里唐高峯禪師建
鳳棲菴住土拔冲山清水秀宛如鳳形前邑令夏封泰因易爲鳳棲焉僧碧霞普參梅雲等俱確守清規至惠泉爲掌教訓示有法目今宏毅振興佛法其廟宇亦大有可觀
千佛寺在縣南十里鋪知縣吳願行改爲一佛寺寺濱大河康熙間大水汎溢有鐘自水面浮至寺門寺僧取之因改爲鐘到寺鐘存今仍以一佛寺稱之
汲水寺明萬歷四十七年知縣莊應德建住持僧海棠清修山門外有古松一株大數十圍鬱然蒼秀
靈覺堂在董家堡董天策闔族建
玉皇殿在白杲山之陰山高而頂特平明天啟間巡撫梅之煥建
三教堂在白杲山之陽上中下凡三院明僧道一肉身藏塔中有塔院藏經樓僧精舍皆傍巖倚木爲邑佳景士人多讀書其地

玉皇閣在白杲乾隆庚子年董秉恭合後裔重修
土主廟在白杲董士宏士毅建
忠義寺西南四十三里進士胡躍龍建寺側環河竹木森列景致幽邃中祀武聖像故以忠義名
水口寺在拜郊城區明永樂間知縣楊福四建
鐵佛寺與水口寺相望明萬歷間同知楊王庭建中供大佛及諸神俱銅鐵像茂林修竹四望鬱然遊覽者鮮不至其地也

寶光寺在中館驛南瀕河

沙明寺在西南四十里推官周損捐貲建茂林陰翳彌望平沙損與劉侗讀書處

關帝廟在岐亭南城成化三年成綎重建感應靈顯進士彭信古遵古酹願各獻對聯後孟司馬酹願獻額裝金異常至金爲朔望行香首及之廟

文昌宮在岐亭南城外宮前重建石橋曰觀察橋宮內聯波水瀉文瀾任蘇海韓潮奔注都歸此地螺山排筆架萃江花毛穎發揮盡在吾徒楊王材題岡邑知府陶國幹記書

添壽寺係天啟壬戌進士陶承謨爲福建提學時將馬頭山田庄山場大段建廟爲其父順祈壽顏曰添壽寺後設木主於其中子孫世祀焉

香山寺西南七十里御史趙訪建西側祠堂即其子孫歷代祭祀之所廟貌巍峩樹林掩映亦勝景也

大安寺西二十五里大安山中

東際寺西三十里黃泥圳僧慧聰建

聽松菴西三十五里西陽鎮明宣德間楊萬戶裔四支仝建

大雄洞明進士周思敬建廟側右有虎穴虎時出入其中因名大雄洞且山嶺崇峩竹樹蒼翠後周塔進士曹應旦於其地攻舉子業甚賞之多作碑文於廟中今尚存

奉道觀西五十里

紫荆寺在礦山

西陵寺明天順四年建崇禎三年重修距縣六十里近黃安界門首古柏三株挺然獨秀

烟霞寺即道觀磯匾萬古烟霞康熙　皇七子多羅淳郡王書住持僧逵清徒衆道興等置後廟宇神像燦然一新

淨月寺原名隱谷菴在仙姑洞下僧慈容建廣聞重修

元妙觀北十五里明景泰間建

湧泉菴北四十里明刑部侍郎陳以聞建

鏡智菴北五十里僧波恬創康熙乙酉年重修以上舊志附新增

選佛廠在白杲鎮開山和尚旻巘清少業儒長而入釋中丞梅之渙賞之隨徧參吳越宗主得法於靈隱具足大師後歸鄉適關東卞居士宿皈依在勤淸馳百金爲結茅地時地多鬼魅旻巘力爲拔濟人遂救寧皈依者甚衆遂創建佛殿僧寮規模宏遠其徒旦標旦孚亦能了悟元與光大禪門歷百有餘年其法嗣益蕃衍焉

麻城縣志卷之三　　考一

輿圖考三　風俗　物產

風俗

家誦詩書士尚名檢工詞翰善嘘奬後進達則爭相朋殖民習勤苦通技藝輕遠遊南窮炎嶠北盡霜廬往往以筋骨起家通志

麻城士風厚善樂於爲儒出重名節處尚廉恥府志

風俗淳質好儉約隋志

山水清遠士風厚善其民寡求而不爭其士靜而文樸而

不陋尊德樂道獨異於他邦蘇軾跋韓魏公詩

甿俗富庶秀民樂於爲儒而不輕釋其業彬彬喜學有鄒魯之遺風宋關[illegible]神光觀記

山靈川媚常生大賢爲家國瑞應許天瑞靈堂記

光黃間多異人蘇軾方山子傳

風俗稱有禮義子弟知有孝友趙仫陳慥墓誌

風和氣平獄訟稀少秦觀謝表

農力稼穡冠婚喪祭多用家禮此其近淳古者然尚氣喜鬬健訟惑風水溺佛老崇淫祀此其所宜變者冠禮皆於大昏親迎之日先行加冠禮涼燬尊式士庶各如其分舊志

婚禮取門戸相對者結姻重媒妁通婚啟問名納采親迎悉遵古禮俗尤喜幼時結親彼此過書束具聘儀下禮後有外貿遠出者女終自守待不字至於聘貲妝奩貧富各從其便以下舊志

喪禮親設訃於戚友沐浴殮畢殯於中堂家人裂布裹頭成服孝子麻衣草履率其下皆孝服涕泣祭奠杖踊飦粥苫凷如禮戚友赴吊多以七期致奠第好延僧道誦仙佛經云做善事超度庶民家亦鼓樂治具醵錢坐夜擇地營

葬用形家言其導送如治喪

祭禮春秋各祭掃其墓有宗祠者則祭於宗祠四時節序及生忌日祭於寢其家祠祭序長幼族長主之具牲醴几筵楮幣祭畢燕歡分胙而還世家有祭田以供時祀

社斂錢市牲醴以祀土神祀畢少長歡焉

儺人朱衣花冠雉尾執旗鳴鑼俗名急脚子比戸致祝大抵祛沴祈福之語

歲時∴元旦五鼓起向北叩首曰祝聖啟門以酒酹地而拜日出方還室子弟以次拜賀自是親友慶賀讌飲或以

粔籹相饋三日以牲醴祀門戸神飲酒後各理舊業立春先一日觀迎春以土牛身首色卜水旱以芒神帽鞋占寒煥比戸焚香酹酒曰接春

十三日試燈元夕張燈是日粉米爲圓曰元宵張燈火每燈相遇爭勝負必鬬雖死不悔農人以火炬照田兒童擊鼓鑼巡園圃逐諸蟲害稼者兒童磨磚石二寸許上圓下鋭就地鞭之名曰得螺諺語楊柳活打得螺

二月十五日曰花朝民家多以是日嫁娶

三月三日醮真武寒食架鞦韆清明掃墓簪柳踏青兒童

爲風鳶之戲田家浸種東作方勤鄉人作葺餅俗名軟麵

四月八日是爲沐佛之期僧造烏米相遺問

端午角黍交贈採藥插艾蒲雄黄泛酒繫綵辟惡是月作紙舫祈神爲龍舟會備旗旛鼓樂扮人物故事競尚華靡動破中人之産

六月六日曬書籍衣物造醬醋鹽豉俗以爲半年福

七月七日乞巧中元祀先又浮屠爲盂蘭會

八月中秋作餅相送具菱藕瓜菓爲賞月之讌

九月重陽登高掃墓民家釀酒

十月朔日曰十月入田家飯牛以陰晴占穀價

十一月有家廟者合族祀祖先

十二月初八日啜臘粥雜杭豆棗栗亦有以是日嫁娶者兒童以雞毛植錢孔中縛以綵線踢之名曰毽子二十四日曰小年掃舍宇夜祀竈神數日内金鼓爆竹喧聲不絶具酒饌祀祖先曰年羹飯

除日張春聯於門闔戸後燃燭焚香拜祖先及尊長曰辭年更闌後或出聽人言語以卜來歲休咎曰聽讖田家以夜半候釜中輒得五穀米粒以其枵飽占來歲豐歉曰試

鍋合家促坐飲酒曰圍年或有圍爐終夕不寐者曰守歲

東北之民朴而足中土之民秀而達南土之民巧而遊西土之民狡而貧

諺云東鄉田莊西鄉文章南鄉經商北鄉酒醬童謡云水打蔡家園麻城中狀元

耕種鮮佃民大戸多用價買僕以事耕種長子孫則曰世僕

歲儉民多携家入山谷掘蕨根濾粉煑食之多有以上舊志

物産

縣三鄉並置太平連仙居東北厥壤高墳亭川接仙居西南厥壤曠衍平原諸境土沃肥仁山磵等田地磽确薄穀之通產者有粘穀（七月收）中遲（八月收）晚糯（俱九月收）有黍有粟有麥（大小二種）有秋蕎巨勝有黑黃紅菉等豆樹茲喜種其宜也欲孤其弱也欲扶物土宜而布之得其食斯疆云爾穀食外佐餐者蔬附郭內外暨各鎮鄉區多灌園業群負販者仰給焉其蔬爲芥爲菘（即白菜）爲芸臺（即油菜）波稜爲莙蓬（土名冬莧）萊菔（即蘿蔔）爲葱韭蒜椒薑瓜類甚夥三五爲族寒匏懸籬爲南瓜（土名番瓜）紫瓜（俗名茄子）之屬水蔬爲茭菰（茭米周禮六粟之一）野

蔬爲薺菜（土名地菜）地不宜果梨棗等味劣不中食俗尚樸無奇花異木諸草卉不利民用者概置不收瀕湖渚多楊多欅柳山多松柏多桐（子可榨油）多構（即穀木皮可作紙用）多烏桕（子榨油作燈燭）用遠屋多桑柘以供蠶桃李供食品棠梨供鏤板茶供瀹椿供屋椽竹不甚巨供作竹器藥多車前香附之屬至若鳥獸蟲豸胎卵濕化縷覼莫罄其有關日用者不可省也毛之類若馬牛犬豕以若兎獾狐狸獵者取焉羽之類若鷄鵝鴨外若梟鴈雉雀弋人慕焉蟲則蠶絲蜂蜜民均瀕之邑無長江大湖所畜不過常鱗凡介耳問諸水濱舉網可得亦食貨資也其魚魴謂之鯿鱮謂之鰱陽橋謂之白魚鯇謂之草魚鮒謂之鯽鮆謂之聚刀鱅謂之胖頭鰷謂之鰔鱨謂之黃顙白小謂之銀魚鰑謂之鰓其介蝦鱉龜蚌跳梁蹄涔凡此皆通產也其有境內專產諸物並宜指証連翹苧布通考數徵土絹山楂府志足證明統志紀竈峰之白艾本草綱目記拘螺之蜈蚣至鹿毛筆之名又有一統志在焉其木棉盛夾洲木炭聚閻家河市東山出楮皮紙皆可資生例得備書於册

山川考

郁郁龜峰湝湝舉水崒嵂瀠洄既高且沘靈氣之鐘唯清淑只眷言兹郊君子所止

四望山在縣東十五里山至險峻可以四望元末鄉人曾城聚衆結砦保障全活甚衆山澗有石洞名風洞每大風起先响土人憑爲占驗後山洪石墜洞口遂塞統志

駐蹕山在縣東二十五里相傳唐王駐蹕於此舊志

[illegible]山在縣東三十里統志

遊蕩山在縣東三十五里相傳唐王遊此故名下有唐殿今扯無存舊志

鷄籠山在縣東四十里僧無念建剎舊志

小勅嶺山在縣東四十里舊志

大勅嶺山一名赤嶺山在縣東四十五里統志

龜峰山在縣東六十里元和志以爲八十里舉水所出春秋吳楚戰于柏舉卽此地也舊志自麓陟巔二十里許惟石參天虬松偃蹇上有虎跑井白龍黑龍井祈雨輒應統志

八叠山在縣東六十五里在龜峰之南路盤折乃得踰上有亭有寺憇行人焉統志

什子山在縣東七十里攢巒揷漢宋端平間徙縣治於此統志

天井山在縣東八十里舊志

剪刀山在縣東八十里山峰峭削望似剪形舊志

鹿角尖山兩尖對峙有寺焉時旱人多祈雨於其間舊志

九歇山在縣東九十里高巖峭壁石逕微通往來者屢息乃逾統志

雨流山在縣東一百里舊志

白臬山一名白額山東南三十里山高飛泉望如瀑布上有雁臺奇峰異石森列萬狀明萬歷間僧道一居此今有上院中院下院統志

了枘山在縣東南五十里有佛侍僧無念習靜處舊志

五龍山在縣南三十里有唐貞觀年間修建古剎通志

鳴山在縣南三十五里有古寺在其麓石壁嵯峨有洞居山腰昔道者於此辟穀化後無能入者舊志

望花山在縣南四十里爲往來通衢舊志

雲陽山在縣南四十五里在鳴山側山勢西迤半皆平岡

曰青邱山烏石山高峰山豹子山統名邑南山統志

大崎山在縣南五十里爲黃岡縣界自八疊山鳳皇崖東界嶺至此山勢皆崩以其麓爲小崎山爲象棋山通志

靜明山在縣西十里舊志

大安山在縣西二十五里北有石級名百丈階自七里岡至此踰白沙關爲宋時達汴之通道統志

朱山在縣西三十五里崇禎季周宅結砦保聚多所全活舊志

青山在縣西四十里上有石閣又西爲大聖山舊志

礦山在縣西五十里中有古刹及龍王洞統志

奉道山在縣西五十二里淸風嶺之南中有蓮花石仙人石風穴龍泉下有滴水崖統志

紫雲山在縣西七十里今界黃安下至岐亭

香山在縣西七十五里有古寺人多拜禱

九螺山在縣西八十里岐亭鎮昔張憨子隱居於此自號九螺山逸人以上統志

拘羅山在縣西產金脚蜈蚣爲李時珍本草首稱又有丫頭山馬頭山蓋邑西境焉舊志

黃土山在縣西北五里統志

五腦山在縣西北八里卽張紫微飛昇處四峰環拱中峰獨峙神祠據焉通志

道觀山在縣西北十五里烟霞夕照秋霽後尤爲勝景舊志

會龍山在縣西北四十五里上有古寺舊志

陽臺山在縣西北九十里舊志

羚羊山在縣西北九十里西南有分水嶺倒水分流之處南流爲文陽寺河北流入河南光山縣界統志

霸王山在縣北十里俗傳西楚霸王項籍駐兵於此下有陂名霸陂傳爲飲馬處統志

鳳嶺山在縣北十里相傳有鳳集此統志

仙居山在縣北十二里相近有鳳凰巖下有仙洞石室雲泉諸勝昔麻姑棲以修眞以下統志

飛龍山在縣北三十里俗傳寺棟一晝龍飛去故名舊志云夏月不暑無蚊山有井旱可溉田南爲薄刀峰仙姑洞

道觀山層巒絕巘縣治在其下

陰山在縣北四十里懸崖千尺登覽數十里皆在目前石級層累河水激衝上立陰山關有洞口底深莫測

駱億山在縣北八十里山以人名下有駱家坂一名落衣山俗傳仙人落衣於此峰巒層疊發自界河羚羊山分水嶺

木陵山在縣北一百里上有木陵關樹木茂密岡巒鬱然爲一邑之望以上統志

九龍山一名柏子山在縣東北二十里即柏子塔基以下舊志

祖功山在縣東北二十五里

蛇山在縣東北三十里

大腦山在縣東北三十五里體勢崢嶸卓然秀杰一方

雲霧山在縣東北四十里高撐天表常有雲氣往來

石門山在縣東北九十里以下舊志

黃蘗山在縣東北九十五里上產茶筍萬歷間僧無念開荒建剎在商城縣

花石崖在縣東三水灣崖簇玲瓏每杜鵑開紅翠交加有若錦屏去月亮崖磯入水中截壁有洞口形如偃月以下舊志

燕子崖在縣東四十里居殿側俗傳有燕子樓今廢

觀音崖在縣東六十里龜峰山上崖空如屋中有石像

噴雪崖在縣東六十里龜峰山上泉出高巔飛流如雪

懸鐘崖在縣東北六十里峰孤萬仞河水激流術家所謂地雄星遠望如鐘懸天半以上舊志

萬仞崖在縣西四十里亦名萬人崖四面高峻中深曠俗傳可容萬人故名元末邑人依崖立寨避兵無危石壁上刻有理問金理問銀證盟等字士人往往巡遊題詩今爲佛寺統志

君子崖在石鼓山之陰山頂有巖有石碗石臼現存通志

十丈崖在縣四十里舊志

鳳凰崖在縣西北十五里道觀山間有仙姑石室相傳周

姑修眞處靈泉清洌通志

石城砦一名石子崖在縣東四十五三面壁立一逕袤通

明季人多保聚焉通志

道觀磯在五腦山左谷中觀廢近有僧菴舊志

春風嶺在縣東九十里一名東界嶺輿地紀勝縣有春風嶺多梅花蘇軾自新息渡淮道經七嶺統志

烟支嶺在縣北十三里舊志

七里岡在縣西三里宋縣令張毅植松處以下舊志

梅花腦在縣西北四十里亦名猴山

東風洞在縣東六十里龜峰望龜亭石磴峻層深邃不可測投石其中東風即起

仙女洞在縣東南三十里白額山上

麻姑洞麻姑修眞處有小洞即石爲龕立姑像於上龕後石泉清冽不盈不涸內有小人魚數十頭四足長尾黑質紅腹遊人激水則出或携歸越宿仍返池內

花石洞在縣西北九十里羚羊山洞逕暗通雙山門約十餘里元末鄉人于此避兵

臥龍石在縣東三十里盤曲蜿蜒

馬跡石在縣東六十里龜峰下相傳唐太宗駐蹕於此馬跡尚存

合掌石在龜峰山側與試心石相對如兩掌拱能仁禪師以爲門訊之狀

試心石在龜峰與合掌石對盤踞龜頂望之甚危險心正者過之如常陰險者輒悸焉

人跡石在龜峰山舊傳唐貞應禪師立化處雲根深處足跡印于苔蘚間至今尚存

棋盤石在龜峰頂觀音崖東形方面平盤石如局可以對弈旁覆以大夫松翳以羅漢草世傳唐太宗曾弈棋於此

馬踏石在縣北三十里圓如蹄印以上舊志

垂山水水經注垂山水北出垂山之陽與弋陽溳水同出一山水之東有南口戍又南逕方山戍西西流注於舉水一統志在縣東今名柏塔河舊志柏塔河亦名界河出光山縣界逕黃土關外南流又逕縣東北三十里又南逕縣東至縣南合桃林河爲縣前河有二源一源商山之西界嶺兩路口山南流爲杜家河福田河府志謂二河水注之未晰逕虎頭關又南逕石香爐底陰山一水四折名四道河府志謂四道河水注

之未晰南底洪家河會於白塔河一源光山之東界逕黃土關南流爲乘馬崗河上馬河南東爲白塔河會洪家河逕蘇坑底小河頭小河溪之水注之又南北沙河之水注之合流縣東新河初分復合逕城東底高岸河統志

舉水水經注舉水出龜頭山西北流逕崇龍戍南又西流左合垂山之水又西南逕顏城南又西南逕齊安郡西倒水注之又東南歷赤亭下謂之赤亭水南流注於江謂之舉洲一統志源出縣東北黃蘖山西南流入黃岡縣界三十里入江在縣名岐亭河其入江處爲三江口寰宇記岐

亭河在縣西北八十里舊志舉水源出縣東北西南逕虎頭關陰山坂南逕縣東十五里爲閻家河以岸多桃花亦名桃林河折而西會柏塔河縣東河卽閻家河有三源一源商城之石門山逕石門坂至陳朋坂一源黃蘗山獅子峰左逕高山响水潭與石門之水合爲三河口西流黃土嘴逕釣魚台爲閻家河一源獅子峰右榮家山細分水嶺逕鳳凰山三水灣西底永興洲與閻河水合南至古城下東波河桃林河之水注之西折至高岸河與縣前北河合稍西滙麻溪白蘗二河又西南會浮橋河又西南過宋埠至岐亭鎭合松溪河原出黃安縣界名岐亭河又西南逕黃安縣界南入黃岡境注於江統志

倒水水經注倒水出黃武山南逕白沙戍西又東逕梁達城戍西東南合舉水一統志在縣西今名浮橋河源出羚羊山分水嶺右流爲張店河林店河長潭南沿艾陽寺名艾陽寺河東折逕西陽鎭會東山支流底沙灣下爲浮橋河又南至金家河夾沙洲河爲兩河口與縣河合統志

新溪河在儒學前舊有泮池成化癸酉因水衝激成溪築長堤植柳合流縣前河舊志

新河在縣東一里一統志明正統末縣令王世祿以縣前河滙諸水恒有暴漲之患議於河之東岸鑿河以殺水勢至嘉靖初縣令杜朝紳始成之名曰新河至縣南仍入縣前河統志

閻家河在縣東十五里俗傳唐洪州都督閻伯璵所居舊臨河上故名舊志

桃林河在縣東十五里源出雁門山自遊蕩山右逕上河底四望山與閻河水會自爲一派舊志敘舉水爲閻家河下名桃林河似以二爲一岸多桃花故名舊志

橫河距縣東六十里源出大崎山之黃泥拗下爲磨子河逕鄭山西流爲沙河入黃岡界底方一渡西南入於江通志

木稱二里河在縣東九十里源出商城界嶺南逕羅田界又南至黃岡縣入巴水統志

義井河在縣東一百里源出河南商城縣界東南流入巴水統志

義州河在縣東一百里源出商城長嶺岡分水嶺東南流逕白水坂入巴水又南入於江統志

高岸河在縣南十里卽縣河之下流有洲焉以砥之閻家

河東汪焉舊志
麻溪河在縣南二十五里源出龜峰右逕唐毀沿盧家河朱家河底方家口西過林家寨入汝陰河統志
白杲河在縣南三十里源出龜峰山左㭭爲曹家河鹽田河逕鳴山之麓白杲西歷楊家嘴北爲汝陰河合縣河統志
沙河堤在朝聖門外明隆慶時建以護城歲久坍塌知縣吳顧行重修舊志
黑龍池在縣東南三里有小溝入於河卽縣八境中龍池夜月處舊志

化龍池在縣西十里樊家橋俗傳巨鯉化龍以下舊志
龍潭在縣北門外
黑龍潭在縣東十二里
响水潭在縣東五十里河中亂石叢立每春夏水激聲聞四五里　㭬栳潭
響龍潭在縣南十五里白蘗山飛泉瀑布百十餘丈時响如伐鼓聲天卽雨旱則工人競聽之
龍孔潭在縣西十五里岩有石穴水半浸焉潭深莫測
烏龍潭在縣西三十五里有小泉雖旱不涸

螺殼潭在縣西六十里宋埠右側
瀉油潭在縣西六十里
永興洲在縣東十五里緊附閻家河之東大水漲溢遷徙靡常每秋冬亦一鬨之市也以上舊志
夾沙洲在縣南十里東北河會處地卑而水不能浸民多保聚焉近比屋植桃一勝景也洲潤里許長三四里水打蔡家園麻城出狀元俗傳在此統志
夾洲在縣西三十里縣前河與浮橋河會處潤三四里長十餘里其土沃其民勤耕耘種植桑麻木棉稱饒足焉舊志

中洲在縣西七十里岐亭之南二水中分林木茂密爲一邑砥柱統志
大塘在縣東南二里舊志
白田畈官塘在縣東南十五里以下舊志
沙河塘在縣東南十五里
龍潭冲塘在縣東二十五里
馬家山官塘在縣東南二十五里
潘家塘在縣東南五十里
松林塘在縣西北三里

宋家塘在縣西北四里
栗林塘在縣西北四里
雷石塘在縣西北七里
七里岡官塘在縣西北十二里
石牛冲堰在縣東三十里
白石堰在縣東三十五里
千工堰有二一在縣南十五里一在縣北八里
蕭家堰在縣南六十里
土堰有二一在縣西五里一在縣北十里

夾堰在縣西七里
黑龍潭堰在縣西十五里
響水堰在縣西八十里
紅石堰在縣北十里
王家堰在縣北四十里
落鱗陂在縣東十五里正紅石橋一統志世傳此陂龍昇
鱗落故名
閻公陂在縣東十五里
落葉陂在縣東二十里以上舊志

鳳陂在縣東三十里輿地名勝相傳有鳳浴此故名東南
五里有山名鳳皇臺一統志
太子陂在縣南四十里相傳唐太子植蓮於此日夕汎舟以下舊志
一路陂在縣西十五里
七里陂在縣西二十里
宗泥陂在縣西三十里
霸陂在縣北四里
牛陂湖在縣東十里

丁家湖在縣南一里
三角湖在縣南二里
七里湖在縣南三里
北茭湖在縣北五里
南湖在縣南十里
官湖在縣西十五里七里陂
草坡湖在七里陂
謝家湖鄧家湖在新店畈
西南湖在宋家堰河之南

梅興港在縣東十五里
楊家港在縣□十五里
楊林港在縣西四十四
白雀港在縣東南五里正白田畈產蓮芡
義井在縣街大旱不涸久雨不溢冬温夏凉若義存焉
官井在縣左街其味清洌
清泉井在儒學前取淘盡沙泥方見清泉之義
仁愛井在城隍廟右知縣王世祿開鑿民懷之因名
縣井在縣丹墀知縣杜朝紳鑿

青陽井在西門陽基塘右
胡家井在北門
甘露井在南關外其味清甜
相公井在西關相公廟
廟門井在北關東嶽廟左 以上舊志
按麻城之山皆自北而來故敘山自北始北東由孝感羅山縣南黃安縣北陽臺山至本縣西界轉路口山是爲縣之北界縣前河源發焉東石門山閻河之水出焉又東爲九敧山爲黃檗山陰而龜峰特峙高二十餘里廣袤七十餘里上凌霄漢其西爲縣諸山祖其東則東義洲有水焉所云舉水源也南經八疊山至東界嶺北起大崎山入黃岡境至聚寶山計程一百三十里大江横攔府治建焉 參一統志府志 又南爲象棋山爲雨流山雲霧山中爲望花山五龍山張師腦腦右覓兒山左龜山中青邱山東獨山高峰山豹子山萬松諸山屬焉龜峰中自東而西爲遊蕩山轉北則四望山而南爲白檗山鳴山黃家山終縣之南境其北西山正北修善山鳳嶺山與陰山祖功山隔溪相對轉西木陵山木陵關在焉分爲

駱億山飛龍山仙居山至霸王山有小溪以界之自西而南爲會龍山豕木山薄刀峰道觀山麻姑洞五腦山其名勝也正西黑石寨層巒叠起羚羊山分水嶺是爲浮橋河水之源西之南萬人崖左范家畚管山青山朱山梅花腦大聖山皆支分也右界黃安五雲山嘶爲古城山丫頭山九螺山西峰山馬頭山絡繹不絶直極黃岡之西鄉云

古蹟考

先民有作蹟與歲湮愛斯傳之久而蓋新桃黃蘇步孰掇其倫嗚乎人往乃惟其人

呂陽城在縣東五里今廢舊志

麻城故城在麻城縣東晉築城梁置信安縣隋改曰麻城元末移於今治而此城廢北齊書文宣帝紀天保十年詔於麻城置衡州隋書地理志永安郡麻城梁置信安又有北西陽郡陳廢北西陽置定州後周改曰亭州開皇初廢

十八年縣改名焉唐書地理志黃州麻城武德三年置亭州八年州廢以麻城來屬元和三年省入黃岡大中三年復置元史地理志黃州路麻城兵亂徙什子山歸附還舊治名勝志麻城故城石勒使其將麻秋所築縣志麻秋所築城在今縣東十五里今城元末邑人姜鉻等創統志

東義州城在縣東九十里周以史寧為通直散騎常侍東義州刺史築城以居今廢舊志

閻公城在縣東閻家河畔相傳為閻伯璵故里統志

女王城在縣西三十里瀕浮橋河今址存舊志

北江州故城在縣西梁置後齊廢魏書地形志北江州梁置魏因之治鹿城關隋書地理志木蘭開皇初別置鹿城縣尋廢按北江州當是後齊并入湘州因改湘州為北江州後齊之北江州非即梁之北江州也統志

赤亭故城在縣西劉宋置縣尋省宋書州郡志文帝元嘉二十五年以豫部蠻民立赤亭縣屬西陽孝武大明八年赤亭併陽城魏書田益宗傳梁建寧太守黃天賜築城赤亭按北周及唐於麻城置亭州當以此得名統志

建寧故城在縣西南劉宋置郡尋改為縣齊復為郡隋廢

宋書州郡志孝武大明八年省建寧左郡為縣屬西陽南齊書州郡志司州建寧左郡隋書地理志永安郡麻城有建平陰平定城三郡開皇初並廢統志

長風故城在縣西北劉宋置縣後省宋書州郡志文帝元嘉二十五年以豫部蠻民立長風縣屬西陽不詳何時省魏書田益宗傳梁遣軍主吳子陽寇三關益宗遣光城太守梅興之據長風城統志

竹墩城在縣西北通鑑梁天監三年上遣馬仙琕築竹敦麻陽二城於三關南注麻陽即今黃州麻城縣統志

北西陽城在縣西北梁置縣陳廢唐武德三年復置陽城縣八年省入麻 舊志

濋城梁建寧太守黃天陽遣其將黃公賞屯此以拒魏將田益宗 舊志

南定州故城在縣東北梁置隋廢魏書地形志南定州梁置魏因之治蒙籠城水經注舉水西北梁逕蒙籠戍南梁定州治 統志

岐亭古廢縣九域志在麻城縣西七十里陳南康内史呂仲肅屯兵於此宋龍邱居士陳季常與蘇東坡遊觀處嘉

靖丁亥通判羅瑞登築城掘出龍集縣碑未知何代立縣於此今爲兵備府天啟辛酉通判韓煥駐劄岐亭建置衙廳增脩城郭人物輳聚遂爲一縣巨鎮 舊志

什子山廢縣宋端平間徙治於此尚有斷碑數面存蓋避兵難僑治也明崇禎末年縣紳衿復立砦居之恃險不守爲光山舉人劉鼎闢襲破之西陵文物盡矣 舊志

劉金吾濠上明人以官錦衣爲金吾也濠在西畈去邑二里許茂林脩竹夾岸盛植芙蓉至秋如霞如錦累石爲島島有亭亭外有洞以太湖石甃之深入水底引水爲沼沼有樓舫徑花嵌石差參綉錯週迴曲折掩應不閒中有一堂董元宰題曰魚樂堂名賢多所遊詠花閒四時簫管晝夜歌童舞女盡態極妍泝流而上與濠相望二里許則爲牛山別墅石亭佛閣時聞竹籟松風把酒登臨山川在望可謂窮一時之盛美矣金吾歿後濠止有沼山止有佛閣知縣蔣羽公集句聯其閣云魚樂不知人換世牛山何必淚沾衣可慨也夫 舊志

三老堂一名耆英堂在縣治前街右成化中知縣朱篙御史吳公爲縣致仕觀察使周鑑方伯李正芳僉憲董應軫

建燬縣令文舜階繼修

國朝康熙己酉知縣屈振奇重修 舊志

衡門第在小西門外李孟白別業其子李春潮讀書其中與衡門第相接者爲百花橋乃孟白之弟李來卿所搆卷石小草點染皆有佳致邑鮑子知刻有百花橋近藝士人皆膾炙之 舊志

囊山屋在龜峰東什子山後上有張仙堂流水鳴屋下池上竹甚美梅惠連結廬今爲僧舍 舊志

環陽樓在北關外梅少司馬所創俯龍池臨大河沿河畫

竹以桃楊掩映其中樓外有深池擊舫游泳花鳥親人又有山茶一株高二丈許紅英綠葉翠色覆被中庭云舊志

桂香樓在南門外舊志

雁臺在縣東白蘖山之南其石平坦高峻僧周道一開建道場其下早晚率群弟子功課唸佛于其上則群雁號鳴繞聽刻有雁臺集數卷行世舊志

釣魚臺在縣東二十五里鳳陂河兩水夾流巨石突起河中宛爲臺址臺下有潭而潭則深不可測周石壘建寒碧樓于其上側有芝佛寺臺亭今廢舊志

鳳凰臺在縣東三十里三水灣北孤峰獨秀河流襟帶郎鳳陂之東南五里山相傳昔有人於八月十五夜經巖側時松濤息響山阿寂寥忽若有吹洞簫聲尋之不見還數十步仍復好音迭送或曰此鳳鳴也故名舊志

白雲臺在縣西北十五里仙居山地形平坦如臺常有白雲罩嶺世傳麻姑遊觀之所舊志

萬松亭在縣西七里宋縣令張毅植松萬株於縣西岡立亭其上爲觀民風之所蘇東坡每過之因記以詩明天順間縣人董應軫重建統志

飛仙亭在仙居山麻姑於此飛昇舊志

桃黃菴在岐亭鎮蘇軾記有王翊者得雄黃於桃核內吞之甚甘自是斷葷肉翊有菴名桃黃自號桃黃山人通志

泊石菴在縣東六十里漸山麓椎石開小洞幽窗陳儒樸結菴洞口因號漸山舊志

桃花塢在七里橋瀕河數百畝皆植桃花今廢通志

杏花村在岐亭有杏林杏泉陳慥隱居處旁爲蘇步橋統志

牛山別業在城西二里金吾劉延伯所築今廢舊志

尺五天在城內西隅爲翰林梅公岑小築舊志

沈家庄在縣東十里爲都御史梅之煥宅前臨桃林河崇禎季以禦寇築爲堡舊志

湖庄七里陂翰林劉洪源建樓臺湖上今廢舊志

茭湖庄在縣北五里爲兵部侍郎梅國楨衡湘別墅舊志

湯家埠在朝聖門外三里許梅氏所刱前俯大河後繞長溪松徑竹塢袤延數十頃植奇花異卉于其中而亭臺樓閣之勝隨景布置遊者竟日忘倦舊志

香草園在縣東五十里俗傳嘉靖間雨見白鹿通志

立浪園在石牛冲堰北松谷中曹應昌構通志

百可園在城南關內鄧東里刱自作有湖亭十景詩以寫其勝舊志

緣仁館花園在西關外周柳塘所刱日與諸名勝講學於中園內鳥語花陰欄楹相接明窗淨几幽雅宜人四座置異石四壁多名公啚畫其案頭清供多尊彝琴劔古物觀所布列咸井井楚楚令人目肅舊志

瓜園故老相傳讖云水打蔡瓜園麻城出狀元自順治庚子年起桃林河水逆上與縣河水合入乾沙河即瓜園也冲出一石刻有蔡佳二字邑孝廉周世垣居其地所親見

云舊志

桐公橋外園花卉列植周柳塘葺今廢舊志

朱山谷口園學傳周行可置今廢舊志

墨池在新店朝列大夫周小野别業舊志

龜峰馬跡世傳唐太宗破蕭銑駐蹕于此有馬蹄雙跡舊志

按唐書蕭銑稱帝於江陵武德四年高祖使趙元王孝恭與李靖討之僞將周法明降詔以爲黃州總管則太宗未嘗至此舊志悞也

岐亭古松岐亭城北五里許杏花村陳季常祠之後山古松一株高不逾數丈榦潤數圍其大枝四若按方而出餘聳忽偃枝垂乃升修廣均一盤踞石上陰蔭數畝人恒可近而不可犯焉每逢霜雪甚尤爲挺峙昔五腦山神祠內大松若翠參天旋曲似蓋名曰紫微侯松後遭雷火遂壞今歷數百年杏花空名是松獨在其亦歲寒後彫之僅見者與俗傳爲陳公手種陳公異人也故所植亦異舊志

墓附

三國魏毛玠墓在縣東十五里花橋按三國魏志毛玠陳留平邱人官尚書僕射以事免官卒於家玠墓不應在麻

城姑以傳疑統志

唐閭伯璵墓在縣東閭家河統志

宋陳慥墓在縣西南岐亭鎮之杏花村統志

元毛廷元墓在縣北八里五腦山之麓元勅葬府志

喻千祿墓在縣南三角湖舊志

古城虞家墩墓俗傳爲虞集又傳墓有集譔誌非集墓舊志

趙元亮墓在縣西打磨山府志

明鄒來學墓在城西十里樊家橋勅葬府志

劉璲墓在力田庄明勅葬採訪新增

劉天和墓在鎖口河 勅葬
梅汝觀墓在白塔河 勅葬
梅國楨墓在唐殿畈家河
劉　采墓在縣東
周思敬墓在邑西鷄兒崖
李正芳墓在沙河李家圳
舒崑山墓
劉淑湘墓在羅家舖
劉守有墓在四柾橋廖家樓側

曾大有墓
李文祥墓在戴家店後
梅國樓墓在閻家河袁家寨
彭遵古墓在仰天窩彭家寨
蔡應陽墓
李長庚墓在北門三里橋
田生金墓在夏家均
劉承禧墓在四柾橋富家樓
周宏祖墓

周邦璟墓在小勅嶺
田生芝墓在葛家均
梅之煥墓在沈家庄河東
周宏禴墓
陳以聞墓在大河冲
王育德墓
劉鐘英墓
劉　僑墓在東山康山寺側

國朝

張　颺墓在長冲
鄒士璁墓在七里畈
鄒汝魯墓在石家岡
蔡先春墓在鬧市河

麻城縣志卷之六 考四

知縣事嶺南黃書紳纂修

建置考一 城池 署廨 廢署 倉厫 養濟院 義塚附

昔在胡秋有淑其城百工繼作殖庭覺楹有舉莫廢百度以貞億萬斯年視此經營

城池

縣城舊爲土城晉時後趙石虎使其將麻胡秋築城後廢興靡定元末兵變鄉民姜銘聚民修築居守兩水淋漉城廢基存明宏治乙未知縣韋厚甃以石建樓于上萬歷癸酉年巡撫都御史趙賢巡按御史舒鰲奏建甎城允之知縣錢節朋奉旨修建簡卑崇禎乙亥年知縣劉星耀歐里役增修周九百五十八丈有奇高一丈七尺厚一丈後傾圮過半

國朝順治年間知縣王潞修葺雍正丁未己酉知縣譚荅楊思溥李作室乾隆丙寅年知縣夏封泰三十三年知縣劉希向相繼修葺城濠惟東西有之譙樓前舊有觀風河相通二濠以觀風橋梘其上今廢河止有水溝皆塡爲基址青濠在城外自萬歷癸酉建城則圍於城內漸爲水塘

至崇禎乙亥後乃星而居矣知縣劉星耀既增其城復深
其濠於外而城守益固
國朝康熙八年巳酉冬知縣屈振奇即譙樓舊基重建鼓
樓而觀風河橋竟失其處
城門四隅各一宏治巳未年知縣韋厚撤改以石甃于下
上建樓後俱廢嘉靖戊申知縣金勿鼎新之為巨門者七
次者十餘各有扁正東曰山接龜峯正南曰路通蘇壁正
西曰日近帝鄉正北曰星拱天闕其在儒學右曰古亭大
觀餘曰尚書里尚義門文魁門東里門崇文門近孔門今

俱廢時七門崇禎乙亥年知縣劉星耀重修城廓題正東
門曰賓暘西門曰寅餞南門曰迎薰北門曰拱辰東南門
曰朝聖東北門曰小東西北門曰小西

署廨

縣治正堂三間洪武七年知縣趙乾建成化中知縣劉規
胡琮重建正德壬申賊燬巳卯知縣王世祿蔡時重修
國朝順治乙酉賊燬丙戌年歇里役知縣李衡修乾隆二
年知縣陳鼎鳩工重理
後廳三間洪武初知縣趙乾建正德七年賊燬正德乙亥
知縣蔡時修
國朝順治乙酉賊燬丁亥年知縣李衡修乾隆三十年知
縣楊朝宗修二堂及內署學房知縣楊永芳竣事
庫房三間在大堂右
簡房二間在大堂左
東西曹房各九間
訓廉房三間
知縣宅在堂後
後堂三楹舊額曰琴鶴軒

縣丞宅在後廳左
典史宅在後廳右原係主簿宅
吏舍在儀門內右
清軍廳在儀門左
大觀樓三間萬歷年知縣劉文琦建
東譙樓康熙六年知縣孫宏甡新建
前門右牌坊一知縣杜朝紳建天啓年知縣趙洪範改作
三間
國朝順治丙戌歇里甲役重修

譙樓一座在縣治前正德初圮嘉靖癸丑知縣陶天忠重建庚申知縣蘇松重修崇禎辛未年災

國朝順治巳丑年知縣徐鼎修

迎賓館在頭門內之左知縣王潞移置

監房在儀門外左

倉房在儀門內左右

陰陽學在縣東洪武十五年訓術李伯才開立在縣志

醫學在縣東洪武十五年訓科鄭希顏開立

申明亭在縣門左凡民作奸犯科則書名罪揭於亭中以

懲惡警俗原九所今俱廢只存一

旌善亭凡民間孝子順孫義夫節婦則揭其行實於亭以勸善導俗原九間與申明亭同今止存一洪武年縣丞劉瑀建

稅課局在治南洪武九年大使李常文開立後裁革正統十二年縣丞翁選改立布政司分司

講武廳在鼓樓左後侵於民今在南門外塔兒橋東

歌舞堂在鼓樓右後侵於民

清源門在縣治左知縣莊應德題其額云江漢首邑

望岐門在縣治右扁曰文獻名區

鐘鼓樓在縣治前街嘉靖癸丑知縣陶天忠建庚申知縣蘇松重修崇禎辛未災

國朝乾隆二十九年知縣羅均仝邑紳建改題扁曰文明樓

虎頭關巡檢司在縣北七十里洪武四年巡檢張興勇立

鵝籠司巡檢在縣西四十里嘉靖丙戌年盜起西山僉事林遂奏疏添設為戲壁關

岐亭距縣治西七十里與岡陂安三邑接壤北距光一百

餘里南距黃一百餘里蘇子所謂光黃間也鎮前河一自邑西流繞於東一自北沙河關今隸黃安縣東流環於西雖一邑重鎮實楚黃扃鑰也明嘉靖五年以盜起西山駐補通判羅瑞登築城約週五里五門二十八樓居守條陳防禦十事萬歷庚申年通判韓煥復增城垣

國初因之順治丁亥後改以同知駐防先舊署頹圮官寓民舍同知胡鏻捐葺舊通判署為弍署儀門一大堂一左右科房六鐘鼓亭二元堂官廨學房各成次第後先增理秩然肅觀瞻焉

廢署附

北察院明萬歷五年知縣連三元新建崇禎癸未年賊據城折毁

國朝順治乙酉年五甲歇役與縣治同修今廢

府館在縣治南明洪武七年趙乾建今廢遺址尚存

分司在縣治前明正統十二年縣丞翁選建宏治巳未知縣葺厚重修後毁改建爲遺愛祠又今改爲

關聖廟及馬王廟

主簿宅舊在縣堂右今裁

東西幕廳各一今廢

石亭二均在縣署内知縣蘇松建今廢

井亭二均在縣署内知縣杜朝紳建今廢

接官亭在縣北三里店知縣陳子文立今廢

觀稼亭在知縣衙後圃昔傳外多良田稼成之日登立眺望豊歉之象宛然在目今廢

敬一亭在儒學明倫堂後明萬歷知縣連三元建今廢

望龜亭在龜峯山上舊志

伴仙亭在縣東今廢舊志

倉廒附

常平倉在縣署内東西二側倉廒六十一間

社倉分建各鄉共倉廒一百一十座

太平鄉社倉

白塔橋倉建松影菴　宋杜冲倉建黄柏冲廟

兩路口倉建東岳廟　閻家河倉建祖師殿

三杏橋倉建汪家廟　白蠟冲倉建天皇寺

唐殿堰倉建東華菴覺明寺　丁土城倉建大覺菴

白沙嶺倉建落布菴法遠菴　邊堰蘇倉建獅子菴東岳廟

高梘山倉建迴龍寺雨花菴　古城畈倉建圓通寺

仁美堡倉建夏家廟夏家堂　青山港倉建婁家廟

土乘崗倉建白衣菴汪家廟　柏子塔倉建柏子寺

墩陽灣倉建東岳廟卧雲菴　石門畈倉建迴龍寺

土門山倉建東岳廟易家堂　細楊樹倉建善慶菴

石板冲倉建楊家廟鄧家堂　上馬河倉建白廟

張家店倉建新佛寺　伴仙亭倉建胡家堂

黄棣石倉建水口寺石家寨程家廟

懸鐘岩倉建騎龍寺法雲菴　小河頭倉建圓通菴

篤賢區倉建無花庵木龍庵　烏坑區倉建水口寺

仙居鄉社倉

陶家園倉建朝聖寺西慶寺　深溝區倉建東岳廟

紫雲寺倉建蔡家廟　宋埠區倉建法幻寺

永寧區倉建林河寺桀家廟　西河岸倉建楊四廟

古城山倉建馮家廟鰲魚寺　七家廟倉建七家廟

會林區倉建東岳廟　龍門沖倉建完山寺

烏龍潭倉建準提菴　走馬崗倉建會斗觀

周緘崗倉建段家廟　陳墩灣倉建圓通菴

朱家堡倉建圓通菴　汪王廟倉建汪王廟

岐亭區倉建關帝廟　八里畈倉建沙堤寺

萬仞岩倉建廣林寺孝義堂　范家岔倉建東岳廟

女王城倉建金家廟站脚寺　拜郊城倉建騎龍鎮

西峯山倉建葉家廟興隆寺　大城區倉建祖師殿

梅林區倉建東岳廟道觀寺　天齊廟倉建天齊廟

臥牛石倉建聽松菴胡家堂　玉皇閣倉建嚴家廟

何三墩倉建張家堂迴龍寺　夾沙洲倉建胡家堂

南湖畈倉建南無廟祝家廟　黑沙洲倉建古佛寺

鄭舖兵倉建胡家堂烏窠寺關帝廟　高峯山倉建王家廟

亭川鄉社倉

曾家河倉建唐建廟　鹽田河倉建淨土寺

黃市區倉建石林寺　東界嶺倉建蔡家廟

望花山倉建吳家堂　落梅河倉建胡家堂

白水畈倉建白水寺岐山廟　東義洲倉建大聖寺

曾家台倉建婁家廟東岳廟　白杲區倉建選佛場

南庄區倉建東岳廟箭若庵　沙井區倉建沙街廟

青龍區倉建龍王廟　橫河區倉建棲龍廟

龍池區倉建相公廟東岳廟尉芥室福城菴

二里河倉建延壽菴

養濟院附

養濟院在大東門內乾隆三年奉文建立至乾隆二十年知縣胡鵬年修

義塚附

漏澤園在縣西石家山縣人熊經請於知縣商清用價買於民者

毛氏義塚在縣西一里土名鳳凰窩處士毛文昭所施

西門外義塚北門外義塚順治壬辰巡按聶　檄行縣立
石
西門外牛棚山東西義塚知縣吳顧行買施
五里橋西義塚知縣吳顧行買施

麻城縣志卷之六　考四

建置考二　壇廟　祠祀附　學校　書院附

壇廟

社稷壇在縣城北門外西偶明洪武初知縣趙乾建成化
初知縣朱嵩重建
國朝雍正十年奉文修建清隱占甃石臺
風雲雷雨山川壇在縣城南門外東南洪武初建成化初
知縣胡琮改建縣東南
國朝雍正十年奉文修建清隱占甃石臺

先農壇在縣城南門外東南雍正五年奉文修建
厲壇在縣北洪武初建
武廟在縣前街左
城隍廟在縣南洪武初建嘉靖辛卯署篆推官嚴肅暨知
縣尚德恒重修明勅封監察司民顯佑伯秩正四品歲無
特祀惟厲祭主之次則附風雲雷雨壇
東嶽廟在北關廂縣人周宏祚大書岱宗駢蹕
張相公廟一在五腦山一在西門外一統志宋時縣人張行
七歿沿江諸廟繫獄適有火災釋行七捍之立止至五腦

山入馬俱化邑人爲建廟

傳元帥廟在縣東一里民有疫禱之立應

化王廟在龜峯相傳即前縣令張毅也

沙街廟在白杲東五里即東嶽行祠士民朝謁祈禱不絕

祠祀附

文昌祠在高岸河蔡家園因水打蔡家園之讖始建

陳季常祠在岐亭北二里杏花村季常墓側

遺愛祠在縣前街左　祀

明

知縣文德　連三元　宋一麟　塑有三像後增修爲

武廟祠列殿左復塑有典史張敬祖像

忠節祠在縣治內　祀

宋

邑令趙令歲　都監王遠　判官吳源　巡檢劉卓

名宦祠　祀

宋

進士知縣錢治　知縣張毅

元

達魯花赤掌印馬兒崇

明

知縣張谷雒　知縣趙乾

知縣黃琮　進士知縣高謙

進士知縣王籃　進士知縣胡琮

進士知縣劉規　進士知縣聶賢

進士知縣劉溥　進士知縣陳子文

進士知縣尚德恒　進士知縣王三宅

進士知縣文德　進士知縣鄧應祈

知縣韓僉可　進士知縣宋一麟

國朝

知縣王澔

鄉賢祠　祀

明

賜進士河南參政劉從政　鄉進士吏科給事蔣輔

歲進士內江知縣吳山　賜進士都察院右副都御史鄒來學

賜進士山東參政劉訓　解元福建僉事董應軫

賜進士雲南副使周鑑　賜進士山西布政李正芳

鄉進士貴州僉事鄧　逵　賜進士福建僉事趙　訪
鄉進士沂州學正贈員外喻　哲　鄉進士犍爲教諭曾　啟
賜進士戶部郎中萬　山　鄉進士蘇州同知萬　祥
鄉進士開縣知縣邱　瑩　賜進士山西參政董　樸
賜進士豐城知縣贈僉都御史劉　璲　鄉進士陳　情
賜進士兵部主事李文祥　賜進士江西布政曾大有
鄉進士江西副使周廷徵　賜進士惠州知府贈兵部侍郎梅　吉
賜進士太子太保兵部尚書贈少傅劉天和　鄉進士陝西知州李文欽
鄉進士崇德知縣贈兵部尚書劉　漢　賜進士四川參政曾大顯

賜進士福建參議詹　瑩　誥封江西副使周　賢
鄉進士蓬州知州董士毅　賜進士福建參議曾　烶
賜進士僉事毛鳳韶　賜進士刑部郎中贈光祿大夫劉　濴
賜進士四部尚書贈太子少保劉　采　誥封貴州副使周　霑
賜進士陝西副使黃　卷　賜進士廣西副使劉廷舉
賜進士戶部尚書耿定向　賜進士瓊州知府周思久
誥封兵部侍郎右都御史梅汝觀　賜進士太常寺正卿周宏祖
鄉進士山西布政蔡應陽　賜進士山東參議周思稷
賜進士吏部主事劉守泰　武進士太子太傅錦衣衛大堂劉守有

誥贈刑部尚書李承祥　賜進士兵部左侍郎贈兵部尚書梅國楨
翰林院河南參政梅國樓　賜進士杭州知府劉　奕
鄉進士廣信同知楊王庭　誥封太常寺正卿周　業
賜進士四部尚書李長庚　賜進士刑部侍郎陳以聞

國朝

處士曾　鎮　誥封奉政大夫王路闊
鄉進士長垣知縣董　璋　誥封內閣學士禮部侍郎鄒　惺
誥封翰林院檢討曾　湄　翰林院內閣學士禮部侍郎鄒士璁

忠孝祠　祀

明

忠李文祥字天瑞　忠熊嗣先號懷慎
忠梁庠號養吾　忠張勝天
忠彭有漢　忠周之茂
孝子毛性中字正道　孝子喻　沿
孝子趙悅性　孝子周　志
孝子鄒學成　孝子夏思慎
義士毛可問號思溪　義士喻　儀
義士田可東

國朝
義士顏時熙
節烈祠祀
元烈　聘蒲女　節劉門張氏
明烈梁門羅氏　節周門劉氏　烈戴門董氏
烈周門李氏　烈王門毛氏　節周門劉氏
烈李門鄒氏　烈劉聘熊女　節梁門王氏
國朝
節李門梅氏　節李門陳氏　烈　聘劉女
節曹門黄氏　節劉門周氏　節涂門戴氏
節楊門鄒氏　節楊門蔡氏　烈阮女端懿

烈丁門程氏　節周門鄒氏　烈劉門顏氏
節程門魯氏　貞張聘李女　節李門項氏
節楊門董氏　節李門袁氏　烈曹門吳氏
節李門劉氏　節胡門張氏　節唐門董氏
節曾門俞氏　節戴門蔡氏　節丁門陳氏
烈　聘周女　節吳門劉氏　節董門熊氏
烈劉門周氏　節丁門梅氏　節周門貢氏
節李門蔡氏　節陳門董氏　節胡門孟氏
節程門鄒氏　節劉門陳氏　烈周門蔡氏
節宋門徐氏　節鮑門張氏　節董門鄒氏

節鄒門丁氏
貞熊聘成女

學校

儒學在縣治東元季燬明洪武三年張谷維趙乾相繼修建正統後知縣楊順翁選胡琮陶天忠推官嚴肅次第修葺至嘉靖尚德恒修理學宫立名宦鄉賢祠

國朝順治知縣王潞葺補康熙知縣屈振奇加修中爲

聖廟東西兩廡前戟門櫺星門後明倫堂明洪武初趙乾修順治庚寅年知縣徐鼎重修後爲尊經閣明萬歷知縣連三元建

爲敬一亭今廢堂右爲教諭署左爲啓聖祠戟門之左爲名宦祠右爲鄉賢祠櫺星門之右爲儒學門門内右爲訓導署署前爲忠孝祠門外右爲節烈祠康熙四十九年庚寅知縣馬元勛合鄉紳重爲修理

文廟大成殿南寧縣知縣鄒汝默承修分修兩廡貢生周基國貢生梅肇錫櫺星門儀門第一部位候選縣丞李廷對明倫堂候選州同鮑珩孝廉候選知縣胡文炳尊經閣啓聖祠翰林萬綱祐名宦鄉賢二祠附監楊從龍貢生鄒汝栻乾隆元年丙辰知縣陳鼎修葺董事成蒲生員李封學正李巽梅岷源梅岱源生員鄒廷衡訓導張鳴鐸知縣鮑砥泮舉人胡鵠舉人胡廷光

周志和監生三十二年丙戌知縣劉希向重修
文廟啟聖祠明倫堂暨泮池黌門併垂憲萬世坊勸事鄒
本州同李華副榜成倫訓導梅樹仁樹學監生丁雄均廪生侯映甲舉人
張曲江貢生鄒光廷生員
訓導學署乾隆三十七年重新首募鄒本李華拔貢程宗
洛文庠周敦敎甘文煥周煥

書院社學附

龍溪書院在縣西明天順間邑紳周兌建久廢
白杲書院在縣南明宏治間邑紳董樸建今廢

蔣公書院在南門外知縣武進蔣羽公建今廢
東溪書院在蓮湖明宏治間邑紳熊經建今廢
道峯書院在牛棚山明嘉靖間知縣陳子文爲隱士毛鳳
起建今廢
輔仁書院明嘉靖間邑紳周思久建今廢
白雲書院在縣北今廢
明德書院在五腦山今廢
萬松書院原在縣西七里岡後移建城內前街即南察院
署康熙四十九年知縣馬元勛改爲書院五十八年知縣
吳顧行增修買東側屋七間又買隙地大段造生徒房舍
東西各十二間又買頭門南首舖屋二重乾隆乙酉年知
縣劉希向捐修後傾壞五十六年知縣黃書紳重修衛千總縣
人鄒占魁董其事
養蒙書院雍正十年知縣李作室建至乾隆二十五年知
縣胡鵬年撥吳顧行所置學田穀貳拾捌石羚羊山租錢
壹拾貳千作師徒膏火五十六年知縣黃書紳增穀拾石
錢量加
社學在縣治內古鳳橋雍正癸丑知縣李作室建以敎貧
不能就塾者

回車書院在邑南沙河區明天啓中周旻周晟自山東
歸奉
像於邑之棋山寺乾隆癸丑歲岡邑在籍知府陶國幹見
寺中側供
聖像捐基五畝費千金有奇借麻邑在籍知縣程琮暨兩
邑紳士商耆等鳩貲蕆工恭迎
聖像敬妥積中外設神主春秋致祀焉

麻城縣志卷之六　　考四

建置考三　營汛　驛舖　坊表

營汛

國朝康熙十三年因吳逆猖獗增設麻城守備一員千總一員把總二員兵丁二百五十名蕩平後於十八年二十一年內裁去守備一員千總一員把總一員兵丁一百七十六名節次裁去今存留把總一員兵丁四十九名

把總營署八楹馬房一楹駐防本城防城汛兵二十五名內馬兵一名戰兵二名守兵二十二名

舊店兩路口黃泥岔三路各防兵五名內戰兵一名守兵四名塘房一座一重四間哨樓一旗桿一烟墩五

宋埠塘房於乾隆二十七年十一月奉淮部咨添設額外一員領守兵九名塘房一座前一重三間後一重三間哨樓旗桿烟墩一如上數四塘俱有盤查匪類牌二扇什物架等項所有各丁器械等項俱在營存局糧銀俱在黃州協領給

驛舖

縣驛額設八舖共舖司兵五十名

縣前舖舖兵捌名徭編壹名永充柒名舖舍在鼓樓街至十里舖拾里

十里舖舖兵陸名徭編貳名永充肆名舖舍在高岸河至白棠舖拾里

白棠舖舖兵柒名徭編壹名永充陸名舖舍在八里畈至白杲舖拾里

白杲舖舖兵柒名徭編壹名永充陸名舖舍在白杲街至望花舖拾里

望花舖舖兵柒名徭編壹名永充陸名舖舍在望花山至

沙河舖拾里

沙河舖舖兵柒名徭編壹名永充陸名舖舍在沙河區至黃岡縣交界之道觀舖拾里以上俱在府大路接道觀河

黃福舖舖兵肆名徭編貳名永充貳名舖舍在邊堰蘇至王家樓舖拾里

王家樓舖舖兵肆名徭編壹名永充叁名舖舍在王家樓交河南省光山縣屬之長潭舖肆拾伍里

以上各舖司兵徭編共玖名（每名原額正閏工食銀肆兩伍錢玖分玖釐）永充共肆拾壹名（每名原額正閏工食銀壹兩捌錢）共銀壹百壹拾伍兩

壹錢玖分壹釐

舊館驛在中街今廢

中館驛在縣西三十里今廢

東館驛在縣東今廢

按縣例馬分養於縣北九十里王家樓以便北來應付後養於縣治中馬由縣中應付今裁

坊表

冢宰坊爲吏部尚書李長庚立

大金吾坊爲太子太保劉守有立

祖孫宮保坊爲劉天和劉守有立

繡衣坊在儒學前爲御史鄧楚望立

學士坊爲翰林院吏部侍郎劉鍾英顯忠校尉劉幼堪立

秉銓典禮坊按察司陸鰲爲吏部主事周思稷禮部主事周之夫立

尚書坊爲四部劉采立

百歲坊爲誥封熊宜人立

翥鳳坊爲進士萬山立

都憲坊爲都御史鄒來學立

羣英坊邑令蕭贇立

憲臬坊爲副使王本儉立

雙亞魁坊爲熊經熊夔父子俱中第九名立

奕葉登榮坊爲參政董樸御史董綖參議董經董石立

太保坊爲尚書劉天和立

烏府坊爲御史曾大有立

黃門坊爲給事曾大顯立

世科坊爲僉憲喻冲立

憲伯坊爲僉憲王宇立

京兆坊爲府尹劉淑相立

繡衣坊爲御史毛鳳韶立

育賢坊在儒學前

由義坊在縣東

廣濟坊在縣東

明倫坊在縣東

青雲坊在縣東街

立政坊在縣南

宣化坊在縣南

通泉坊在縣南
永寧坊在縣南
甘泉坊在縣南
集賢坊在縣南
敎化坊在縣南
經元坊在南街爲萬祥立
戊戌進士坊在南街爲熊經王本儉立
一脇甲科坊在南街爲董氏立
進士坊在西門爲周思久立

仙里坊在縣北
崇德坊在縣北
文會坊在縣北
拱辰坊在縣北
金榜題名坊在北街
方伯坊在北街
科甲傳芳坊爲曾氏立
恩榮坊有二一在鎖口河爲劉訓立一在霸陂爲李澗立
經魁坊在霸陂爲李潤立

麻城縣志卷之七　考五

賦役考　戶口　田賦　均徭　雜稅　食鹽

厥賦下下古稱荊州惟正之供毋致息慾征舒斂薄獨瘼是求皐皐之世民逸以休

戶口

明洪武二十四年册定數壹萬伍千捌百零玖戶男婦拾萬零伍千壹百壹拾貳口
永樂十年册定一萬五千八百一十戶男婦十萬零四千一百八十口
宏治五年册定一萬三千四百二十三戶男婦一十三萬零四百九十三口

宏治十年册定一萬三千四百六十八戶男婦一十三萬七千九百三十六口
正德七年册定一萬三千五百五十戶男婦一十四萬伍千零九十五口
嘉靖三十五年册定一萬九千三百八十戶男婦一十四萬八千二百四十口
萬歷四十七年册定八丁一萬零六百零五丁

崇禎時册定亦如之

國朝初定戸一萬零七百零四戸口一十一萬零二百八十七口原額人丁一萬零六百零五丁額徵並加增顏料等項（每丁派銀叁錢貳分零貳毫捌絲玖忽伍微壹塵伍纖）共徵銀三千三百九十六兩六錢七分零三毫零六忽捌微八塵三纖三渺康熙四年豁免運夫人丁七十三丁豁除丁銀二十三兩三錢八分一釐一毫三絲四忽五微九塵五纖實在人丁一萬零五百三十二丁實徵銀三千三百七十三兩二錢八分九釐一毫七絲二忽二微八塵八纖三渺

自康熙十一年至五十年逐次編審增四十九丁（康熙十一年增八丁二十一年增十一丁二十五年增八丁三十年增三丁三十五年增四丁四十年增陸丁四十五年增四丁五十年增五丁）共增額銀一十五兩六錢九分四釐一毫八絲六忽二微三塵五纖額內額外共一萬零五百八十一丁實徵銀三千三百八十八兩九錢八分三釐叁毫五絲八忽五微二塵三纖三渺遵奉

恩詔以康熙五十年丁册定爲常額又隶同不在額徵以內之優免丁銀二百六十五兩二錢五分連額徵共銀三千六百五十四兩二錢三分三釐三毫五絲八忽五微二塵三纖三渺於雍正七年題准丁隨糧派歸入闔省糧內均攤（每糧銀一兩派徵丁銀一錢二分九釐六毫四絲九忽七微二塵三纖一渺三漠八茫六沙四灰六漂七銖四溟九燼以該縣實徵糧銀扣算）計減原徵銀一百八十二兩四錢八分四釐九毫三絲三忽三微肆漠七茫八沙六灰該徵銀三千四百七十一兩七錢四分八釐四毫二絲五忽二微二塵三纖二渺五漠二茫一沙四灰內除彙報夏水偏災等事案內乾隆二年奉准部文開除山水冲壓丁銀三兩九錢八分一釐一毫三絲一忽七微三塵七纖九渺五漠又前項冲壓丁銀內有驢脚麂皮應派丁銀一錢二分六釐

一毫一絲四忽三微一塵六纖八渺六漠八茫實徵丁銀三千四百六十七兩八錢九分三釐四毫零七忽八微零二纖一渺七漠零一沙四灰其自康熙五十五年至乾隆三十一年編審十一屆共增二千三百九十丁（康熙五十五年增一百七十六丁六十年增一百八十三丁雍正四年增一百九十丁九年增二百二十六丁乾隆元年增二百六十九丁六年增二百六十九丁十一年增二百九十三丁十六年增三百零六丁二十一年增三百一十五丁二十六年增一百一十三丁三十一年增五十丁）欽奉

恩詔永不加賦

現在戸口太平鄕之義渡區共土著流寓大小男女九百

七十一口郭家區七百一十五口金城堡區五百八十三口沈家庄區一千零三十五口伴仙亭區七百三十一口石馬槽區一千一百九十八口古城畈區一千一百三十六口花橋河區一千五百二十七口青山港區七百九十五口閻家河區二千六百一十三口丁土城區一千七百六十九口石觀音堂區一千七百一十一口石陂磨山區九百一十八口三杏橋區三千二百六十六口唐殿區一千零五十口白沙嶺區二千三百一十二口龍山河區二千五百六十七口白蠟冲區二千八百三十九口篤實區

三千九百六十二口墩陽灣區三千三百七十六口擇里堡區二千七百八十五口桃林義渡區一千一百二十一口上義區四千零四十八口張家店區一千一百四十八口上馬河區三千六百六十六口高視山區一千一百三十六口仁美堡區一千四百六十一口李家壩區五百三十三口小河途區（原缺）千（原缺）百（原缺）十（原缺）口戴家店區三百零六口曾戶長區四百六十四口白塔橋區五千一百二十一口蘇坑區一千七百八十二口柏子塔區一千四百八十五口細楊樹區二千九百八十九口邊堰蘇區二千九

百五十九口土乘崗區一千二百五十一口黃棣石區一千零一十五口宋杜冲區四千八百六十二口兩路口區一千八百二十四口益美堡區三百九十三口德義堡區三千五百八十口石門畈區一千一百四十四口懸鐘岩區一千七百零二口張留關區四千二百一十五口

仙居鄉之毛家墩區共土著流寓男女一千六百六十三口樊顧畈區一千九百六十七口七里陂區一千九百一十三口小河嘴區二千八百六十九口七科松區二千七百七十四口女王城區五百六十六口紫雲寺區一千六

百零六口大成區二千零四十四口中館驛區四千五百六十二口王家集區八百三十四口龍門冲區七百九十七口夾沙洲區六千七百七十四口臥牛石區二千二百七十七口鄭舖兵區三千一百零六口河三墩區二千三百三十五口高峰山區五千三百一十一口萬仞岩區一千七百八十七口七家廟區四千三百零四口拜郊城區二千七百八十六口梅林區二千七百四十五口會林區五千一百五十九口高陽觀區三千三百零四口向打石區二千七百六十七口宋埠區五千五百四十七口南湖

畈區三千五百一十四口黄閣區一千九百二十八口西河岸區六百零九口深溝區二千零一口注王廟區七百九十六口岐亭區七百八十口永寧區五百三十一口范家畚區一千九百五十九口古城山區四千三百零三口陶家園區七百九十五口五里墩區九百五十口白田畈區一千七百一十四口蕨淡山區一千一百三十八口八里畈區三千六百三十六口余家院區三百七十一口徐家堡區八百四十七口陳墩灣區四百七十二口袁家河區三千二百二十六口董家堡區八千八百八十二口朱

家堡區九百七十七口樂羅堡區三千零九口黑沙洲區一千六百九十七口新居區一千零七十九口周鐵崗區一千二百二十口走馬崗區一千五百九十一口烏龍潭區一千七百零九口天齊廟區二千零七十五口西峰山區二千零九十三口石板冲區一千零一十一口土門山區一千七百二十九口

亭川鄉之本城共土著流寓大小男女一萬二千零三口曹家河區二千一百八十二口義合區一千九百一十三口合鮑村區九百七十口鹽田河區一千七百六十四口東界嶺區一千五百六十七口黄市區五千四百六十九口白水畈區三千零九十二口木子店區二千七百零七口二里河區一千四百六十二口東義洲區五千六百零三口落梅河區三千四百七十八口南庄區三千七百五十七口木樨河區一千九百四十九口沙井區五百五十二口白杲區一千二百一十一口三羅堡區二千四百四十五口曾家台區二千七百一十八口望花山區一千三百二十五口程集區一千三百零九口青龍區六百三十二口陶家舖區一千一百三十八口沙河區二千九百八十二口横河區一萬零七十七口

田賦

一土田

原額田地塘共一萬零四百四十九頃六十七畝二分四釐

明洪武二十四年册定官民田地塘四千零八十八頃六十七畝九分八釐

永樂十年册定官民田地塘四千三百三十三頃一十九畝四分

宏治十五年册定官民田地塘四千一百五十九頃六十六畝六分

正德七年册定如之

嘉靖二十五年册定亦如之

萬歷元年知縣穆煒文田均粮册定官民田地塘共計一萬零四百四十九頃六十七畝二分四釐

天啓崇禎册定亦如之

國朝因明額數永爲定例

原額田七千四百二十四頃六十六畝二分二釐每畝科秋粮民

米一升八合九勺七抄該米一萬四千零八十四石五斗八升三合二勺一抄四撮

內二斗以上起科沒官等田米六千四百三十三石一斗八升五合五勺七抄一斗以上起科沒官等田米四百八十九石九斗三升八合六勺二共官米六千九百二十三石一斗二升四合一勺七抄每地米塘米一石帶科官米四斗零二合二勺九抄七撮三圭四粟地三則共米一千九百七十四石四斗一升九合三勺八抄帶科官米七百九十四石三斗零三合零一抄塘米一千一百四十九石九斗六升九合五勺五抄六撮帶科官米四百六十二石六斗二升九合八勺三抄五撮二共帶科官米一千二百五十六石九斗三升二合八勺四抄五撮除清該官米五千六百六十六石一斗九升一合三勺二抄伍撮每米一石並加增等項派銀一兩一錢二分二釐九毫八絲六忽柒微二塵扣筭該銀六千三百六十三兩零五分八釐一毫四絲五忽三微三塵九纖三渺民米七千一百六十一石四斗五升九合四抄四撮每石照前則例該銀八千零四十二兩二錢二分三釐四毫零二忽二微三塵五纖八渺

原額地貳千四百一十八頃八十畝五分九釐內凡三則

上則地二百九十七頃二十畝七分七釐每畝科秋粮民米一升八合五勺該米五百四十九石八斗三升四合三勺八抄每石照前則例該銀六百一十七兩四錢五分六釐七毫零六忽九微三塵九纖四渺又帶科官米二百二十一石壹斗九升七合該銀二百四十八兩四錢零一釐二毫九絲三忽五微零三纖八渺

中則地柒百六十九頃一畝六分二釐每畝科秋粮民米一升三合六勺該米一千零四十五石八斗六升二合該銀一千七百七十四兩四錢八分九釐零三絲六忽九微五塵二纖六渺

又帶科官米四百二十石七斗四升七合該銀四百七十
二兩四錢九分三釐二毫九絲三忽四微七塵九纖三渺
下則地一千三百五十二頃五十八畝二分（每畝科秋糧民米二合八
勺）該米三百七十八石七斗二升三合該銀四百二十五
兩三錢零伍毫六絲九忽五微五塵八纖二渺又帶科官
米一百五十二石三斗六升該銀一百七十一兩零九分
八釐二毫二絲六忽二微五塵四纖二渺
原額塘六百六頃二十畝四分三釐（每畝科秋粮民米壹升八合玖勺七抄）
該米一千一百四十九石九斗六升九合伍勺五抄六撮

該銀壹千二百九十一兩四錢零二毫一絲六忽二微九
塵二纖二渺又帶科官米四百六十二石六斗二升九合
八勺三抄五撮該銀五百一十九兩五錢二分七釐一毫
三絲零五微一塵六渺
以上田地塘共一萬零四百四十九頃六十七畝二分四
釐內除稟報夏水偏災等事乾隆二年奉准部文開出山
水冲壓田地一十一頃八十二畝七分實田地塘共壹萬
零四百三十七頃八十四畝五分四釐
額載秋糧米二萬四千一百三十二石零九升七合一勺

八抄內除官米六千九百二十三石一斗二升四合一勺
七抄又除學田濠米伍石六斗一升五合零一抄實在派
徵民米一萬七千二百零三石三斗伍升八合（內有免粮二千零五十九石每石派銀八錢一分五釐二毫四絲三忽三微二塵一纖七渺四漠無免粮一萬五千一百四十四石三斗五升八合每石派銀一兩一錢六分五釐二毫四絲三忽三微二塵一纖七渺四漠）內除山水冲壓
米一十九石七斗三升六合三勺二抄實在秋糧米一萬
七千一百八十三石六斗二升一合六勺八抄
夏稅小麥二百零二石三斗四升五合四勺（秋粮內帶派）
夏稅絲六百一十二斤六兩二分七釐五毫四絲（秋粮內帶派）

桑絲二十九斤一十三兩三錢三分三釐三毫四絲（秋粮內帶
派）
額徵並加增共銀一萬九千三百六十九兩八錢四分八
釐二絲一忽六塵五纖三渺內除山水冲壓銀二十三兩
零四分二釐四毫二絲二忽九微一塵二纖六漠六茫實
征銀一萬九千三百四十六兩八錢零五釐五毫九絲八
忽一微五塵三纖二渺三漠四茫（內有舊書原載班匠額銀四十四兩四錢及班匠額內豁免冲壓四分四釐八毫零七忽八微三塵六纖三渺四漠二茫係乾二十三年奉文於奏銷冊內刪除班匠名色統歸地丁條編造報）

加增九釐每秋粮一石派銀三錢三分九釐一毫二絲五忽七微該銀五千八百三十四兩一錢零八毫二絲四忽一微六沙內除山水冲壓銀六兩六錢九分三釐零九絲三忽三微三塵五纖四沙二漠四茫實徵銀五千八百二十七兩四錢零七釐七毫三絲零七微六塵五纖一沙七漠六茫

以上人丁田地塘條餉及增益人丁並優免丁銀等項共銀二萬八千八百八十一兩五錢六分三釐三毫三絲八忽二微八塵四纖二沙內除豁免運夫丁銀二十三兩三錢八分一釐一毫三絲四忽五微九塵五纖又

除丁隨糧派等事案內閣省均攤人丁應減銀一百八十二兩四錢八分四釐九毫三絲三忽三微四漠七茫八沙六灰又除豁免夏被山水冲壓丁糧銀三十三兩五錢九分零五毫三絲三忽六微六塵八纖五沙七漠二茫又除優免丁銀二百六十五兩二錢五分查優免丁銀已於書後另款作收以符奏冊闔縣額實總數實徵銀二萬八千三百七十六兩八錢五分六釐七毫三絲六忽七微二塵零伍沙八漠一沙四灰

起運款項

戶部項下

解南農桑絹疋損共銀一十七兩五錢四分二釐一毫八絲二忽京庫米折疋損潟銀共銀一千七百一十八兩五錢零一釐四毫五絲五忽八微四塵解費銀一十五兩四錢六分六釐五毫

兌軍折色疋損共銀三十零八兩四錢八分九釐七毫九絲二忽解費銀二十六兩七錢五分五釐三毫四絲四忽

派剩太倉米折疋損共銀五百二十六兩三錢八分七釐七毫五絲解費銀四兩七錢三分七釐五毫

額解南京戶口鈔本抄疋損帶閏共銀九十三兩四錢七分三釐五毫四絲六忽零五塵八纖六沙解費銀八錢一分四釐一毫

北京絹並新加絹共銀七百一十兩零三錢六分八釐七毫一絲三忽三微

解南疋米本折蘆蓆貓竹囤頭等銀一百二十一兩七錢零七釐三毫六絲

解南糧運官盤纏銀二十一兩五錢

宗祿折色銀二千一百七十二兩六錢九分六釐三毫八

絲五忽八微解費銀二兩七錢七分零七毫
茶價雜用共銀九十八兩五錢六分四釐六毫解費銀四錢零一釐官員俸薪共銀一百二十四兩
民校等銀二百九十五兩
代徵黄岡縣附近本縣舊洲額徵北京乾魚正損共銀一十七兩七錢五分五釐六毫二絲五忽二微五塵解費銀一錢五分九釐八毫零二忽
解南乾魚正損共銀二兩七錢八分八釐六毫二絲三忽七微五塵解費銀二分五釐九絲八忽

賦役舊編冗款裁剩銀一千六百七十四兩三錢三分二釐二毫四絲五忽
加增九釐餉銀五千八百三十四兩一錢零八毫二絲四忽一微零六渺
以上共銀一萬六千四百八十八兩三錢三分九釐一毫四絲七忽零九塵九纖二渺
禮部項下
北京藥味正損共銀四十兩零七錢九分四釐解費銀三錢六分七釐七毫

解南藥味價銀五兩零一分八釐七毫六絲三忽七微伍塵
以上共銀四十六兩一錢七分九釐八毫六絲三忽七微五塵
工部項下
緞疋正損帶閏共銀九十九兩一錢二分四釐八毫一絲七忽解費銀八錢四分七釐四毫
翎毛正損共銀一十兩零一錢七分九釐解費銀九分一釐六毫

活雁正損共銀七錢五分零六毫九絲六忽解費銀六釐九毫
營膳司料正損共銀三百零六兩五錢二分八釐一毫四絲六忽解費銀二兩七錢五分八釐一毫六絲
軍器銀一百一十七兩二錢五分三釐三毫解費銀一兩零五分六釐四毫七絲九忽七微
白硝鹿皮正損共銀二百六十二兩六錢解費銀一兩四錢六分三釐四毫如遇折色之年每兩另派京損銀九釐
胖衣褲鞋正銀水脚共銀二十七兩七錢五分

綾紗紙價銀一百九十七兩九錢一分九釐九毫一絲五忽九微六塵候部文之年方派不必於每年帶徵

以上共銀九百二十九兩九錢七分二釐八毫二絲四忽六微六塵

光祿寺項下

甲丁庫供應等銀正損共銀三百九十二兩七錢解費銀三兩五錢三分四釐叁毫

新加顏料等銀三百四十九兩一錢九分五釐八毫

以上共銀七百四十五兩四錢三分零壹釐

新裁官俸役食等項

順治九年會裁修宅家伙各役工食銀二百八十六兩四錢

順治十二年新裁柴薪油燭膳夫廩糧門神鄉飲弓兵供應等銀三百八十六兩五錢五分四釐三毫一絲六忽七微

順治十六年新裁民壯馬快草料銀二百零六兩四錢

康熙二年新裁書辦廩糧等項共銀二百五十三兩二錢

康熙三年新裁貢生盤纏銀二十一兩

康熙四年新裁教官俸齋門斗草料銀九十三兩九錢二分

康熙五年新裁都事檢校官役俸食銀一百七十二兩五錢二分

康熙六年新裁推官心紅銀二十兩

康熙七年新裁總督轎傘扇夫工食銀七十二兩

康熙十七年新裁知縣心紅紙張油燭併修理倉監教官喂馬草料科舉等銀二十六年奉文撥入起運共一百七十七兩九錢零五釐七毫六絲一忽零七塵五纖

以上共銀二千一百八十九兩九錢零零零七絲七忽七微七塵五纖總共銀二萬零三百九十九兩八錢二分三釐零一絲三忽二微八塵四纖二渺內除奉撥關帝三祭及支給奉復廩糧銀八十三兩七錢四分六釐八撥存項下彙造加入原撥協驛站江濟改補正項一千二百五十九兩六錢零八分零二絲二忽八微零一纖七渺四漠五茫該額銀二萬一千五百七十五兩六錢八分四釐零三絲六忽零八塵五纖九渺四漠五茫內除豁免運夫丁銀壹十壹兩二錢六分三釐四毫五

絲一忽一微五塵七纖陸渺零一茫又除閏省均攤八
丁應減銀一百八十二兩八錢八分四釐九毫三絲三
忽三微四漠七茫八沙六灰又除豁免冲壓銀二十五
兩七錢零五釐五毫九絲六忽零五塵零貳渺六漠捌
茫實徵銀二萬一千三百五十六兩二錢三分零五絲
五忽五微七塵八纖零二漠八茫一沙四灰

存留支給款項

布政司經歷俸薪銀六十兩　皂隸四名共銀二十四兩
門子一名工食銀六兩

照磨俸薪銀四十兩　門子一名工食六兩　皂隸四名
共銀二十四兩　馬夫一名工食銀六兩

庫大使俸銀三十一兩五錢二分　皂隸二名共銀一十
二兩

知府薪銀四十二兩九錢五分六釐　庫子四名共銀二
十四兩　斗給五名共銀三十兩

知縣俸薪銀四十五兩　門子二名共銀一十二兩　皂
隸十六名共銀九十六兩（雍正六年奉　文撥銀一十八兩給仵作及學習仵作工食皂隸款下止給）馬快八名工食銀四十八兩（乾隆十六年奉　文□馬快名色銀七十八兩）

改爲捕役即民壯三十名（雍正十一年撥給本縣虎頭司巡檢民壯四名又奉裁六名乾隆七年又奉裁二名）共銀一百八十兩（內撥給本縣虎頭司民壯仍在此內支給工食其奉裁八名工食四十八兩均解司以作加增修理器械之用乾隆元年奉　文每名每年加增修理器械銀一兩四十二年裁減一年每名五錢）燈籠夫四名工食銀二十四兩（雍正四年裁歸另款解司充餉）

看監禁卒八名共銀四十八兩　轎傘扇夫七名共銀四
十二兩　庫子四名共銀二十四兩　斗給四名共銀二
十四兩

縣丞俸薪銀四十兩　門子一名工食銀六兩　皂隸四
名工食銀二十四兩　馬夫一名工食銀六兩

典史俸薪銀三十一兩五錢二分　門子一名工食銀六
兩　皂隸四名工食銀二十四兩　馬夫一名工食銀六
兩

鵝籠虎頭司巡檢二員俸銀共六十三兩零四分　皂隸四名
共銀二十四兩

教官二員俸銀共三十一兩五錢二分　齊夫六名共銀
三十六兩（二官各半分支）膳夫二名共銀一十三兩三錢三分三
釐三毫三絲三忽三微（廩生支領）門子五名共銀二十二兩六
錢

撥運欵項

時憲書銀二十三兩零一分三釐五毫解費銀二錢零七釐一毫二絲一忽四微

科舉銀二十兩零捌錢二分五釐解費銀一錢八分七釐三毫八絲四忽五微

按察司表夫銀九兩乾隆十八年奉文停止另欵解司充餉 脚馬解費銀五錢四分二釐七毫

均徭

各巡司弓兵徭編四十一名永充二十名共銀一百二十

七兩二錢零七釐六毫五絲

各鋪司兵徭編九名永充四十一名共銀一百一十五兩一錢九分一釐

各河渡夫六名存銀四兩六錢　各渡修船存銀一兩五錢

迎送皂隷實存十名工食銀五十兩零八錢三分三釐

祭祀雜支

文廟二祭共銀四十兩

崇聖祠二祭共銀七兩

關帝三祭銀三十五兩七錢四分六釐連前共銀二千二百二十六兩二錢五分二釐六毫五絲二忽九微

山川壇二祭共銀一十兩

社稷壇二祭共銀一十兩

名宦鄉賢二祭共銀七兩

縣厲壇三祭共銀一十一兩　厲祭米折銀二兩二錢二分

香燭銀一兩零五分

以上各項祭祀均祭案內按欵增減計餘銀一兩九錢

九分已照實徵之數歸入起運項下充餉

鄉飲二祭共銀五兩

歲貢花紅每年該銀六兩

新舊會試舉人以二十五名為率每年該銀二百兩

對讀生五名書手五十名刊録匠四名每年銀五兩三錢二分三釐三毫三絲

本縣吹手八名共銀五十八兩五錢六分備用銀一百一十七兩六錢零一釐三毫五絲發補鋪兵工食

孤貧三十名每口各米叁石六斗共銀五十四兩每名布花銀三錢共銀九兩

部寺解費銀六十一兩二錢五分五釐二毫八絲三忽七微

存留實額銀二千一百四十二兩五錢零六釐六毫五絲二忽九微又添設廩糧銀四十八兩

添撥各項

虎頭關民壯四名工食銀二十四兩

教官加品俸銀四十八兩四錢八分

先農壇祭祀銀五兩

常雩禮祭祀銀五兩

以上各項銀兩除虎頭關民壯工食係本縣撥給其餘均不在該縣存留支款額徵之內

驛站

協編武昌遞運所紅船三隻共水夫三十名銀二百一十六兩（帶運銀三兩六分每隻修船銀一十二兩）共銀二百五十五兩零六分

齊安驛馬六匹共銀二百零九兩九錢四分二釐

站船水夫四名又新加二名共銀三十六兩六錢

建設太平驛馬二十六匹共銀七百九十三兩

太平驛支應銀一百三十七兩二錢

館夫二名共銀一十二兩二錢

夏口驛站船水夫三名共銀一十八兩三錢

協編襄陽府屬呂堰驛馬一匹共銀三十八兩五錢三分一釐六毫（解費每兩五釐）該銀一錢九分二釐七毫

原派荆州將軍祿新議改抵蘄州額派呂堰驛馬價銀七十兩（解費每兩五釐）該銀三錢五分

李坪驛支應銀三百八十兩

走遞夫馬

排夫一百四十名共銀一千零二十四兩八錢內撥本縣

應役轎傘夫六名入抵經制外實徵銀九百八十兩八錢四分

建設太平驛站夫八十名共銀五百八十五兩六錢

脚馬四十五匹共銀一千零九十八兩

以上三項各款共銀四千六百一十五兩三錢一分三釐六毫係本縣原編驛站夫馬之項所有現設排夫名數及抽裁緣由合併開載以備查考

排擯夫六十四名該工食銀四百六十八兩四錢八分歷奉裁革現實存夫一十二名工食銀八十七兩八錢四分

脚馬三十名該草料並馬夫獸醫工食藥餌等銀六百四十九兩二錢

兵部項下

秋糧折色起運

觧南江濟水夫一百二十三名共銀五百零三兩六錢八分五釐（每兩京損銀九釐）該銀四兩五錢三分三釐一毫六絲五忽

觧南柴薪四名共銀四十八兩帶閏銀一兩六錢

皂隸九名共銀八十二兩三錢五分三項連前原編額徵

驛站共銀五千二百五十五兩四錢八分一釐七毫六絲五忽內除豁免故夫丁銀七兩八錢二分五釐七絲六忽四微八塵三纖六渺沖壓銀四兩四錢一分四釐六毫九絲三忽四微五塵九纖五渺三漠四茫又除仍照協濟徒多轉折等事案內抵補各衙途動支民賦解司充餉一千二百五十九兩六錢零八釐零二絲二忽八微零一纖七渺四漠五茫外實徵銀三千九百八十三兩六錢三分三釐九毫七絲二忽二微伍塵五纖一渺二漠一茫內有每年排夫工食應於本縣額編驛站銀內動用銀八十七兩八錢四分又編設驛站酌用買補馬價銀二百七十五兩五錢八分五釐三毫零六忽五微四塵零四渺六漠六茫撥協歸州巴東工料馬價等價一千零九十七兩九錢八分五釐七毫八絲三忽七微八塵三渺五漠五茫紅船水手工食銀二百五十五兩零六分裁二銀一千二百三十七兩三錢二分二釐八毫八絲一忽九微三塵四纖叁渺裁夫馬工食工料銀一千零二十九兩八錢四分俱解道支用並移司充餉

隨漕項下

運糧官軍行月二糧米一千一百一十九石七斗五升六勺四抄又原代黃陂縣運糧官軍行月糧米七百三十三石二斗零七合七勺伍抄共銀七百四十一兩一錢八分三釐三毫五絲六忽

江西運糧官軍月糧米五十七石六斗九升三合五勺四抄該銀二十三兩零七分七釐四毫一絲六忽

淺船銀五十五兩七錢三分五釐該銀五錢零一釐六毫一絲五忽

以上原額共徵銀八百二十兩零四錢九分七釐三毫

八絲七忽內除豁免運夫丁銀一錢一分六釐一毫三絲一忽四微二塵一纖七渺又除豁免冲壓銀九錢三分四釐三毫四絲六忽二微八塵四纖七渺四漠二茫實徵銀八百一十九兩四錢四分六釐九毫零九忽二微九塵叁纖五渺五漠八茫

南糧正米該正米五千六百三十四石六斗該耗米一千四百零八石六斗五升二項共南糧正耗米七千零四十三石二斗五升內除豁免冲壓米八石零八升零二勺七抄三撮三圭六粒六粟外實徵米七千零三十五石二斗

六升九合七勺二抄六撮六圭三粒四粟於特請

皇仁等事案內奉文自康熙三十九年爲始每石七錢改徵折色應折徵銀四千九百二十四兩六錢一分八釐八毫零八忽陸微四塵三纖八渺

額徵驢脚米八百四十五石一斗九升該銀一百六十九兩零三分八釐該銀六百七十六兩一錢五分二釐二共額徵銀八百四十五兩一錢九分內除豁免冲壓銀一兩零九分五釐五毫二絲九忽一微三塵八纖二渺九漠一茫外實徵銀八百四十四兩零九分四釐四毫七絲零八微六塵一纖七渺零九茫

麂皮另派京掮該銀一兩四錢六分三釐四毫內除豁免冲壓銀一釐八毫九絲六忽八微四塵八纖四渺三漠四茫外實徵銀一兩四錢六分一釐五毫三忽一微五塵一纖五渺六漠六茫

門攤雜課銀六十二兩零八分八釐

優免充餉銀九百八十五兩九錢

代徵黃州衛籽粒計料銀六兩六錢五分六釐二毫七絲

雜稅

牙帖稅銀玖拾柒兩貳錢（該縣原經報部牙稅銀陸拾肆兩叁錢乾隆二十五年於遵
旨議奏事案內遵奉部咨分別繁盛偏僻量增稅銀叁拾貳兩玖錢）

當舖（每座每年納稅五兩開歇不一原無定額）

田房稅正額銀九兩六錢（盈餘銀兩儘徵儘解原無定額）

牛驢稅銀（儘徵儘解原無定額）

食鹽

國朝額銷鹽引一萬一千二百六十引

麻城縣志卷之八　考六

祀典考

千室之邑有神是依脩我祀事以格幽微授筵設几酒吉牲肥庶其景福惟民之歸

文廟

大成殿

至聖先師孔子正位南向

每月朔望知縣以下官詣廟行香歲春秋仲月上丁日致祭雍正三年奉

旨郡縣下祭牲用太牢乾隆三年奉　部頒定祭品

先師正位

帛一白色　爵三白磁　牛一　羊一　豕一　登一太羹　鉶一和羹

簠二黍稷　簋二稻粱　籩十形鹽藁魚鹿脯榛菱栗芡棗白餅黑餅　豆十韭菹菁菹芹菹鹿醢筍菹魚醢醓醢脾析兔醢豚胉　酒罇一

四配各一壇

每位帛一白色　爵三白磁　羊一　豕一　鉶一　簠二

簋二　籩八減黑餅白餅　豆八減脾析豚胉　酒罇一

十哲東西各二壇

帛一白色　爵三白磁　豕一　鉶各一　簠各一　簋各一　籩各四　豆各四　豕首一　酒罇一

兩廡東西各三壇

帛一白色　爵各四銅　豕三　簠各一　簋各一　籩各四形鹽鹿脯栗棗　豆各四菁菹芹菹鹿醢兔醢　酒罇一

崇聖祠五壇雍正元年加封孔子五代改啟聖祠爲崇聖祠　爵鉶簠簋籩豆牲

帛視四配

配位每位一壇

帛及籩豆簠簋視十哲爵用銅牲用豕首豕肉各一減

鉶羹

從祀位東西二案

祭品視兩廡銅爵用三牲用豕肉一

武廟

每歲春秋仲月　及五月十三日致祭

春秋二祭祭品

帛一白色　牛一　豕一　羊一　籩十　豆十

五月十三日祭品後殿不用牛餘同

後殿雍正三年追封三代公爵

光昭公正中南向
裕昌公東一室南向
成忠公西一室南向
春秋二祭祭品
帛各一（白色）　豕各一　羊各一　籩豆各八

先農耕耤田
每歲仲春亥日巳時祭
先農壇午時行耕耤禮祭日承祭官率各官請
神位供於壇上衣朝衣行禮祭畢送　神入祠

祭品
帛一（白色）　羊一　豕一　鉶一　籩四　豆四　簠二
簋二

社稷壇
每歲春秋仲月上戊日祭社主居左稷主居右
祭品
帛一（黑色）　豕一　羊一　鉶一　籩四　豆四　簠二
簋二

常雩祭在初夏
祭品與先農同

風雲雷雨　山川　城隍之神共一壇
每歲春秋仲月合祭風雲雷雨居中（帛四）山川居左（帛二）城
隍居右（帛一　俱白色）
祭品與社稷同

厲壇
每歲清明日七月望十月朔請城隍之神出主其祭榜
無祀鬼神分祀之羊三豕三飯米三石香燭紙酒隨用
祭時有告　城隍文

軍牙六纛霜降日武官致祭
帛一　豕一　羊一

金石考

紀德銘功金石是託好古探幽窮極崖壑字蝕文奇蝌蟠虎攫惟其護之有光斯灼

毛玠神道碑

在花橋之麓梁大同九年彭城黃斌建立此碑舊志文載文徵

南唐摩崖碑

在龜峰山側舊傳唐元宗駐此刋舊志

按五代史南唐李璟稱帝於昇州謚元宗麻城爲其

屬邑則碑係南唐所建無疑俗云唐元宗非也

新修浮圖塔碑

宋咸平二年已亥正月立據採訪

浮圖塔記曰蓋聞聚沙爲塔證口位於金輪秘像成口貫口空之玉宇令口崇厥勝事口口有弟子陳志口科淨口建此口口口伏口於淳化五年在東京口咽喉口口口口口口口乃焚香口佛口保安和併口口口眷屬口口口口口將麻城縣口口有地命口口匠造浮圖口口口果嘗聖力口遂全安是以不負初口卲徒口口口庄田爾自口口果口愿因佛力恒矗立以無疆祈冀名光永固茲于不朽時口設齋嚴贊鐫石靳銘口口口之矣

大宋咸平二年已亥歲正月丙辰朔十五日記

龜山石刻

在龜頭石壁上宋知縣張毅因祈雨遊山適江西進士吳與弼在此住山僧圓熹熙寧三年七月立舊志

東坡詩石刻

在天井山東定慧寺內舊志文載文徵

陳季常墓碣

在杏花村側嘉靖初有發其墓者見石碣軒車都尉趙伋撰文宣義郎邵伯温書丹舊志

合掌石蔣著題名

在龜峰山合掌石上熙寧五年春三月邑大夫張仁甫嘗約遊龜峰不果冬十月圓喜師長老靈跡話別于合掌石前江西進士蔣著題同上

白水巖石刻

在縣西道冠山刋前人字蹟有云吳季堅攜家來遊巳

亥清明後一日吳季堅無可考已亥亦不知是何代巳
亥然其詩則古楨甚舊志文載文徵

道觀磯石刻

在五腦山左谷中有水從磯頂而出右有石壁如幅刻
宋元祐庚子建浦黃權攜家過此留題其上旁一刻王
戌三月上巳康伯攜家遊此同上

什子山斷碑

宋端平間徙治于此存有斷碑數面其字皆剝蝕不可
攷爲何時所建據採訪

九螺山石刻

宋張愨隱居于此自字九螺山逸人因題詩而鐫諸石
壁上舊志詩載文徵

青山石刻

距縣西六十里石壁聳削盤折而上有閣皆石累成魁
傑半雲漢石壁上鐫青山堡三字又嵌有青山賦字跡
模糊亦未詳爲何代建何人作也據採訪

道觀山摩崖詩

在歇馬亭曲水池上元達魯花赤馬兒蒙詩刻今剝蝕
無存同上

儒學題名碑

在明倫堂西成化四年戊子四月立莆田柯潛爲之記
舊志文載文徵

東定慧寺大鐘

相傳下葛川山飛來鐘腹鐫嘉靖二年歲次癸未孟春
月立據採訪

明世宗御製敬一箴

在明倫堂西嘉靖五年丙戌六月立舊志文載文徵

龍集縣碑

岐亭古廢縣嘉靖六年丁亥通判羅瑞登築城掘出此
碑未知何代立縣于此舊志

紫微張侯靈應碑

在五腦山嘉靖二十四年乙巳十月立縣人雲南按察
司僉事毛鳳韶撰貴州布政司參議曾烶書舊志文載文徵

李家菴石刻

明董其昌爲李長庚題隱菴二字據採訪

鴈臺石刻

其地爲明釋周道一修煉處也建上中下三院肉身藏石塔中塔上大同二字梅中丞之煥書由下院而上院山間有一石勢甚穹窿可避風雨石上有道一手書無生處三字字係飛白苔蘇布護然熟視愈明洵仙跡也傍就石鑿茶爐一所形迹宛然上爲鴈臺臺甚寛平又逶迤而上爲白臬峰石壁摟有獨峰禪室傍鐫龍田董子書左鐫清風右鐫明月石字俱蒼古登臨之際氣象萬千別有一洞可容數人即梅中丞與僧無念道一憩息之處有亭亭廢遺趾尚存同上

蔣侯育士德政碑

萬歷年間立縣人劉鍾英撰據採訪文載文徵

沙街廟碑

在縣南三十里廟爲東嶽行祠萬歷三十三年乙巳四月縣人周宏綸撰同上

興福寺碑

在五龍山天啟六年丙寅四月立縣人劉鍾英撰李長庚書同上

蔣侯修學碑

崇禎六年癸酉十月知縣蔣煜立據採訪

蔣侯脩學□□碑曰昔范延貴押兵過金楚張中縣□天使□路來見者□□□□□□□□□知之則首舉橋道歎並修葺以對□□□□同薦拔朝□見其子惠亭□□□□□□□□使治豈無人於此者而□名臣往往□此卜流查則□也大凡天下之所以□治督□□□□□□傳舍其官故以傳舍視□無之而□傳舍也不以傳舍視之又無之而爲傳舍也第奉□□□□□忽者而大者皆可推□文忠嗚□□記足以觀

□□見□□學宮岩岩□□多□□□□□□□之中庭草凄□梅花□□無翰□□□先聖□天之□□□興賢造士之門而□□□此又得以貴文□□之色而騰□辟之光此□傳□□□者之□□□邑聖殿齋宇以及名宦鄉賢等□自大父母蔣君□在□而□□□□□新其愷悌□人□遇諸□以禮而□之以□□之□□□□□以文而董正□以行雖□儒□□其甲乙評題亦無不精詳□慎從來所未有也始□□□□□□其餘特畀□中之一□耳□以□

之諸名臣當根古人不見我今君侯方輯玉五雲歌湛
露之□□□□□□□此□□涇宥於此□□其遺愛
則無□□□□□□服官亦無傳舍乃□□□古名臣
之相□□者是則是效庶不負君侯作人盛心乎若□
□□□□□□□□□□□□□□□一何足□報
也侯諱□別□□□南吳之武進人也□□□
崇禎六年癸酉歲小春月初之□□

王侯修學碑
順治庚子十一月立縣人曹應昌撰據採訪文載文徵

蔡佳二字
順治庚子年起桃林河水逆上與縣河水合入乾沙河
冲出一石刻有蔡佳二字本縣孝廉周世垣居其地所
親見云舊志

修儒學碑
在大成門西順治十七年知縣王潞重立縣人嘉定知
縣曹應昌撰湖廣按察司僉事王發祥勒石據採訪文載文徵

誥勑碑
在西門外貴州分守思仁道布政司參政張颺文張縣

海毋梁氏墓前順治十八年正月立據採訪

歸併里粮碑
康熙十年知縣屈振奇立同上

王公戡亂碑
康熙二十七年戊辰冬月立吏部侍郎王澍灤撰據採訪文

城隍廟碑
康熙五十五年十月縣人內閣學士鄒士璁知縣吳顧
行等立據採訪

麻城義學新置學田碑
康熙六十年辛丑十月立縣人徐家麟撰據採訪文載文徵

傳族施田碑
在北門外東岳廟乾隆十七年五月紳士等立生員唐
典撰同上

文明樓碑
在鼓樓上乾隆二十九年二月知縣羅均立同上

重修儒學碑
在大成門西乾隆三十一年五月知縣劉希向立同上

仁愛碑

爲典史張敬祖立縣人梅國樓撰同上

會館碑

乾隆四十七年壬寅十一月立縣人梁景陽撰同上

好德堂記碑

乾隆五十八年　廣東欽州馮敏昌撰

麻城縣志卷之十　考八

藝文考

亭州文學肇興于明九流六藝爲擷其英相競著述家滿卷盈仿彼向錄以永令名

經

明

彭好古易鑰五卷見明史藝文志

劉承烈易學就正十卷見舊志

梅之熉春秋因是三十卷四庫書目

是編專爲春秋制義比題傳題而作每題必載一破題而詳列作文之法

國朝

王楠周易本義補遺采訪新增卷未詳

王可任讀易便覽同上

李之素孝經正文一卷內傳一卷外傳三卷四庫書目

提要是書成於康熙丙辰以朱子古文孝經刊誤爲本首爲正文一卷經文每章之後綴以詮釋數詞旨頗爲簡略次爲內傳一卷雜引經史子集之言與孝經相証

佐者次爲外傳三卷則大舜以下迄於明末孝子行實也

周維藩四書詳說十二卷 採訪新增

甘學洵四書解悟十六卷 同上

胡翹霜楓圍字考四卷 同上

鄒藩音韻便檢十二卷 同上

熊調鼎經古文攷釋 同上

史

明

劉天和仲志五卷 四庫書目

提要是編乃天和官總督河道都御史時以濟寧仲家淺有先賢仲子祠故志建置之由而並及其生平行事大略名之曰令名志崇禎中仲子裔孫於陛等復增損舊本易以今名又繪象列圖於卷首殊不雅馴

問水集三卷 四庫書目

提要嘉靖初黃河南徙天和以右副都御史總理河道乃疏汴河自朱仙鎮至沛縣飛雲橋又疏山東七十二泉自鳧尼諸山達南旺河役夫二萬不三月訖工詔加

工部侍郎此書蓋據其按視所至形勢利害及處置事宜詳述之以示後人一卷末有河本末一篇爲工部都水郎中鄖城楊旦所作以紀天河之續後四卷則皆其前後奏議之文也

惠湖大紀 見舊志卷末詳

關陝奏議 同上

安夏錄 同上

周宏綸代州志二卷 見明史藝文志

劉侗名物考十卷 四庫書目

提要是書分二十三部附物理考通徵志二篇皆采輯類書而成卷帙無多搜羅甚隘不足以供考核也

帝京景物略八卷 四庫書目

提要是編詳載北京景物奕正摭求事迹而侗排纂成文以京師東西南北各分城內城外而西山及畿輔並載焉所列目凡一百二十有九每篇之末各繫以詩採摭頗疏王士正池北偶談嘗譏其不考薩都拉集失載安祿山史思明所造雙塔事考據亦多不精確其爲朱彝尊日下舊聞所駁正尤不一而足其割裂藝元二字

爲塑工姓名一條殆足資笑噱又伺本楚人多染竟陵之習其文皆側調么弦音同鄭衛且漫無裁制惟以纖詭相矜如太學石鼓一條舍石鼓而頌太學殊傷冗濫又首善書院近在同時泛敘講學尤爲猥雜方今奉

命重輯日下舊聞考古證今務求傳信朱彝尊之所撰且爲大輅之椎輪伺等弗詭之詞並可爲覆瓿用矣

毛鳳韶浦江志略八卷 四庫書目

提要是編乃嘉靖丙戌鳳韶爲浦江知縣時所作分疆域民物守官城社財賦學校人物襍志八門又分子目

四十有五較他志頗爲簡質而大旨欲仿通鑑綱目以名字爵謚爲褒貶又仿尹起莘例自爲發明而敢署邑人之名已非志體至於正傳之外間有附錄自云仿春秋大全不知春秋大全何與志書之例蓋明之中業士大夫亦如是之陋矣

方民悅交黎撫剿事略五卷 四庫書目

提要嘉靖二十八年間安南范子儀及瓊州黎那燕入寇歐陽必進方總督兩廣檄都指揮俞大猷等討平之民悅述其始末爲此書卷一爲地圖卷二之卷四爲奏疏卷五爲公以案明史俞大猷傳是役皆大猷之力以嚴嵩薄其賞不得敘民悅專歸功於督撫亦非事實也

王兆雲明詞林人物考十二卷 四庫書目

提要是編錄明一代文士起於洪武迄萬歷仿昭明文選之例其人現在者不登每人各詳其事迹與所著作者凡四百二十三人又補遺四十四人共四百六十七人其敘述頗無法則如劉基一傳至二千言所記皆望氣占夢委巷流傳之事惟傳末附所著有劉誠意伯集一語並所著黎眉公集亦漏載此自小說家言何關文苑又淩稚隆傳稱其纂輯五車韻瑞大爲詞林諸公所

鑒賞則其別裁又可知矣

王氏襍記十四卷 四庫書目

提要是編凡湖海搜奇二卷揮塵新談二卷白醉瑣言二卷說圃識餘二卷漱石閒談二卷烏衣佳話四卷皆雜記新異之事本各自爲書後人裒爲一帙總題曰王氏雜記非其本名也其中烏衣佳話明史藝文志作八卷此本僅前後二集每集分上下卷或爲合併或爲缺佚均不可知然志怪之書無關學問其完否亦毋庸深

考滙其中記張孚敬晚遇一條謂廷臣議追封大禮拘
於俗說濮園之非云云則意存左袒不爲公論有不可
不糾正者耳

鶯座新書八卷 見明史藝文志

王氏青箱錄十二卷 同上

烏衣佳話八卷 見明史藝文志

湖海搜奇 採訪新增

鄧楚望紀聞 見舊志卷未詳

笑林 同上

劉承烈聞見錄 見府志卷未詳

同道錄 同上

格物解 同上

彭好古類編 採訪新增卷未詳

雜說六卷 同上

國朝

王汝霖麻城縣志稿 見府志卷未詳

周維秬鹽略 同上

麻城縣志十一卷 採訪新增

鄒知新麻城縣紀略十四卷 同上

熊調鼎二十一史提綱 同上

子

明

周宏禴何之子一卷 四庫書目

提要是編乃其初謫代州州判時所作汝南吳同春序
稱其語伊闕似子然九流競起雖多以怪譎爲宗要無
不可尋文索解宏禴此書乃以常詞故爲澁體其命名
之義似取禮記倀倀何之之語已也爲好異至如書中

太虛冥無無以無無無無無則虛虛虛則實實實則
極極極則易易易則始諸語殆至不可句讀則尤爲無
取矣

周宏祖內外篇二卷 四庫書目

提要是編乃內外所論皆性命道德事物剽取老莊之
旨外篇則自天文地理錢穀甲兵皆各有論然皆略涉
藩籬不能得其精要也

劉天和注陶節菴傷寒六法 採訪新增卷未詳

幼科類萃 同上

經驗良方同上

毛鳳起心學畐同上

致知說同上

國朝

李之素省身輯要二十二卷采訪新增

家塾贅言一卷同上

王田寶藏上下二卷同上

胡躍龍時術遺編三卷同上

熊調鼎碎金零拾二卷同上

徐家麟拗堂夜話卷末詳

劉振鐸書法省吾十二卷同上

彭長溪醫見私會同上

博宗方同上

彙編歌訣同上

集

明

熊經東溪集見分省人物考卷末詳

嘯文自怡集見府志卷末詳

毛鳳韶聚峰文集同上

石潭集見通志卷末詳

鄧楚望詩刪續稿同上

詩城摘錦同上

邱齊雲吾兼亭集同上

粤中稿見舊志卷末詳

國雅中選集同上

劉秉鑰歸正解見舊志卷末詳

周之夫青袍草同上

壺隱草同上

李檢齋遺稿同上

邱坦南北遊詩稿同上

楚度遼詩集見舊志卷末詳

劉侗文稿見府志卷末詳

熊吉柏舉文集三卷同上

董樸文集二卷同上

周更生倦遊草二卷同上

梅鋤桐下詩選一卷同上

周世遴詩選一卷同上

梅圻資餅堂詩草一卷同上

周道一雁臺集選一卷同上

劉天和火安遺稿卷末詳

鄒宗彥問餘堂稿卷末詳

國朝

曹應昌疏堂文集見舊志卷末詳

紀異十律同上

詩文集見舊志卷末詳

黃素臣詩我二卷以下俱采訪新增

周維秬紀咏二卷

蓼園文集六卷

褭餐集

黃倫鴻雪草三卷

梁中斗守雪堂詩集

劉淑頤偶焉集

李中黃逸樓四論

鄒士璁西[illegible]堂詩稿一卷

董天策柳沙稿

李佐坡鄰堂詩集卷末詳

胡鐖霞軒詩集二卷

胡鋐端池文稿六卷

胡翔霨武陵遊草四卷

胡翿霜詩賦銓題八卷

知縣事嶺南黃書紳纂修

職官表

從政之數御史是司官不可曠位不可尸爲良爲酷按籍以知載題其名昭示來兹

後趙

麻胡秋石虎使築城督工嚴峻因以姓名城

後周

史寧東義州刺史

梁

吉士瞻西陽太守　蕭詧　李洪遠俱定州刺史

陳

田龍升　陳方慶　章昭遠

周

周炅　周法尚　周法僧俱定州刺史

唐

徐嚴字景肅縣令

宋

錢治字亘範武進人進士　張毅字仁甫元豐間任　翟起宗字元振金壇人

胡定之岐亭酒以上俱縣令　張恂字公亮龍泉人進士　李臺卿瀘州人

楊挨臨川人進士以上俱主簿

元

馬兒崇蒙古人　樂九成蒙古人　秦達善縣貢生敎諭

明

知縣　敎諭　訓導　縣丞　主簿　典史

洪武

張谷維　夏均縣貢生　輔桂縣貢生　南石岳進士

趙乾浙江歸安人　鄧泰江西南昌人

楊子秀浙江餘姚人　張宗琦四川重慶人

永樂

孫士忠　鄧林邑貢生

王士光　張德宣

黃琮高安人　王懋宜興舉人

高謙米旨人　朱瓞

	正統	景泰	
王盛 山東蒲臺人	楊順 潁上人 鄧謙 江西德安舉人		
		陳祖舜 四川人 陳鉞 莆田舉人	
朱華 長壽舉人	熊復禮 桂林舉人 陶春 浙江人	王紋 宜山舉人 劉顒 萬安歲貢	李士實 延雄歲貢 李芳 蘇州歲貢 王用 四川舉人 陳鏜 泌陽舉人

成化		宏治
李[illegible] 舉人 劉珂 萬安進士 朱嵩 四川歲貢 胡琮 蘇州進士 劉規 巴縣進士	薛承學 江陵進士 陳興 許州進士	孔榮 番禺舉人 高清 揚州舉人辛亥
劉涓 閩縣舉人 曾瑀 番禺舉人		李恩義 廣東舉人 王章 黃巖舉人
費濱 廣東舉人 薛理 湘陰歲貢 敖仰学 新喻歲貢		陶俊 蒼溪歲貢 夏滾 德興歲貢

		正德
知縣	任；聶賢 長壽進士甲寅任；韋厚 長興進士戊午任；劉溥 安慶進士庚申任；楊暉 蕪湖舉人；薛价 蒲州進士甲子任	宋賢 四川解元；侯璧
教諭	楊珣 潮陽舉人；張嵩 宣撫司舉人	張舜舉 武功舉人；梁飛
訓導		馮崇 雙流舉人；汪朝宗
縣丞		
主簿		
典史		

		嘉靖
		五年增設捕盜通判駐岐亭
通判		羅瑞登 上虞舉人；李瑤 四川重慶舉人；鄭渭
知縣	諸城舉人辛未任；蔡時 浙江新昌人進士乙亥任；王世祿 廣德州進士戊寅任；王應賢 中牟進士辛巳任	杜朝紳 重慶州進士癸未任；陳祥麟 福建進士戊子
教諭	閩縣舉人庚辰任；楊英 泰和舉人	戴恩 儀封歲貢；汪泗 開化人戊子任；齊理
訓導	浮梁歲貢；嚴球 慶符歲貢；劉以讓 巴縣選貢；周楫 都勻選貢	王機 永嘉監生；陳恩 墊江歲貢；鄭質夫
縣丞		高公勺 內江歲貢丁未任
主簿		何銓 句容歲貢庚午任；段宏
典史		曾賢；周政

北直安肅人官生　任　天台歲貢　閩縣監生
李景藩　譚大智　黃傑　劉瑀
郭逵　汝寧舉人　潼川州歲貢　同安貢生　李琅
山東舉人　陳子文　何　祥青　雲翁　選　周珠
查應元　閩縣進士庚寅任　內江舉人　遂寧監生　蘭溪人
江西歲貢　貢安國　殷子瑞　耿瑄
郭大治　王生賢　寧國歲貢　威遠歲貢　廣西人
廣東歲貢　盧陵舉人　沈一貫　魏洪量　張友清　馮士祿
郭任　羅道卿　無錫舉人　威遠歲貢　銅陵人　南充人

長州進士　吉水舉人　張翺　黎大鵬　葛堯潋
李實　邵武舉人　新蔡歲貢
浮梁進士　泰伯修　吳晉良　林盛
黎泮　全州舉人　浙江人
樂平舉人甲辰任　林繼習　張瑞　宋玉
潮陽舉人丙辰任　順慶監生　北直人
羅士賢　高嵩　杜煜　吳壁
番禺舉人丙午任　胡錦　四川監生　潼梁人
餘杭歲貢庚申　杜紀

金勿　任　張大經　監生
富順進士戊申任　成都監生
何遷　林環　延津人
黃鈆　餘姚舉人庚戌任
江漢　蘇禮　歙縣監生　廣元人
陶天忠　吳祐　楊秀　王學
鄞縣進士壬子任　新都監生　石阡監生　修武人
雍渫

隆慶

尚德恒　南充進士丙辰任　夏賚　南直監生　富陽舉人　胡康　井研人
蘇松　廣安州進士辛酉任　湯　高孫穗　繁昌吏員　翟清　浙江人　寧陵人
胡昇孔承宣陳　萬會士賢呂承信金鳳
餘姚舉人　臨水人　雲南人　雅州監生　萊蕪人　壽州人
瞿翮　雷汝恒　游霽　張邦　孫鳳

四川進士　九江舉人　汝陽人　宣撫司監生　蠹壁人

穆煒　新建進士

楊薦　南充人

張時制　武安人

張愷　塩城人

萬歷

韓煥　蘄州人庚申任

錢節用　富順進士癸酉任

詹長鳳　海陽舉人

袁椿　沔陽貢生

劉士元

白生輝

譚世仁

何仁言　桂陽歲貢

周拱　豐城歲貢

李益德　河南監生

龍時　荔蒲監生

王三宅　汲縣進士甲戌任

郭鉞　豐城舉人

潘元珍　歲貢

鞠壯　監生

甘浩　合州人

吳興仁

王詡

連三元　永年進士

王尚禮　歙縣舉人

左親臣　雲南歲貢

陳藻　四川監生

周守邦　四川監生

四川人

文德　浩州進士

薛應期　江夏舉人

胡試　江夏歲貢

鄒智　荔蒲人

喻利　南昌人

鄧應旂　內江進士

王九思

周惟德　松滋歲貢

羅舜卿

劉資　西平監生

蕭經　峽江人

游朋孚　婺源進士

王尚賓　漢陽歲貢

鍾岳　雲南監生

陳自明

吳繼高

韓僉可

李尚遜

陳鳳陽

李善　新喻人

瀘州舉人己亥任　嘉魚歲貢　德陽監生

劉文琦　南充進士

劉良知

王應振　漢陽歲貢

吳海　四川人

張鍵　瀘州進士

蔡藎明　漢陽歲貢

譚汝謹

王肇興

祝萬年

劉奎鼎

鄧天錫　南鄷人

鄒祿　江西人

陳旻　浙江人

張翼明　永城進士

湯衡

李觀　雲南監生

劉夔

宋一麟

南樂進士壬子任

牛科　巫山監生

莊應德　武進進士丙辰任

劉日曦　彭澤舉人丙辰任

陶珂　武義監生

何可大　保定監生

朱子化　浙江人

天啓

戈允禮　保山進士癸丑任

趙璧[illegible]　雲南舉人

王夢尹　澧州歲貢

應昌期　浙江仙居人貢生

吳伯政

甘芳　豐城人

趙洪範

孫承志

陳義

甲定進士甲子任
莆田人

崇禎
宋雲龍 貴州人歲貢
蔣煜 武進進士戊辰任
馮奇 江夏舉人
梁㬅璧 貢士
沈時敏 貢生
毛鑛 貢士
張敬祖

張文蔚 河南拔貢
劉曐耀 金谿進士甲戌任
吳一鯤 江西舉人
王用予 舉人
周道昌 江西人貢士
許起鯤 嶽州休寧人
姜澄 貴州人丙子任
李體用 樂澤人歲貢壬午任
周應科 癸未任
徐即陞 辛巳任

畢恂
孫節
鄧學禮

華亭進士庚辰任
雲南舉人丁丑任
杜特彥 金州舉人辛巳任
鄒學成 舉人
陸晉錫 上海恩貢
蕭頌聖 定遠歲貢辛巳任
溧水監生
歐陽瀾 肇慶監生
湯澤 山東監生
姚士選 廣德人
鄭高 莆田人
呂士達 直頼人

國朝
通判
順治二 吳洗心
知縣
教諭
訓導
縣丞
典史
巡檢

乙酉年 鹿邑舉人
三年丙戌 李衡 恩縣恩貢
陳之前 武昌歲貢
四年丁亥 曠賢倫
同知 裁華道判以黃州同知移駐
徐鼎 江南華亭進士
胡鎔 南樂歲貢
五年戊子
賈國相

六年己丑 大興人
沈一道 江夏舉人
魏左相 應城歲貢
八年辛卯 劉愷 鄒平進士
九年壬辰 徐世臣 餘姚人
十年癸巳 施泰 浙江人拔貢
十一年甲午 王潞
堵際亨
朱之鼎

	十二年乙未	十七年庚子	十八年辛丑	康熙	三年甲辰	四年乙巳	六年丁未	八年己酉	九年庚戌
同知	李之栓 山東舉人	郭永祚 新鄉拔貢		同知		屠宏 順天拔貢	張登舉 遼陽進士	佘三汲 遼東蔭生	于成龍 永寧州副榜
知縣	餘杭恩貢		苗增秀 大興貢生	知縣	孫宏猷	樂安恩貢		屈振奇 洋縣進士	
教諭	陳應善 景陵舉人			教諭				高遠 漢陽舉人	
訓導	漢陽舉人 邵烈 澧州歲貢		張祚應 鄖陽歲貢	訓導					
縣丞	四川人	李繼文 歲貢		縣丞				張文德 順天恩貢	
典史	王興隆 大興人		徐朝興 曲阜人	典史	王政	韓城人		樓可瞻 大興人	
巡檢				巡檢			崔隆 虎頭司		

	十五年丙辰	十六年丁巳	十七年戊午	十八年己未	十九年庚申	二十二年癸亥	二十三年甲子	二十四年乙丑	二十五年丙寅
同知	陳吳	佟世俊	趙邦牧	翁介眉 錢塘例監	蘇應麟	王瑞芳 滄州拔貢		王民皞 臨川拔貢	
知縣			崔泗璽 高平例監				祁嘉謨 大興歲貢		
教諭		黃熊 漢陽舉人		陳仰可 應山舉人			萬士彥 隨州歲貢		
訓導			朱士上 通山歲貢						李際盛 公安歲貢
縣丞		蔣杓 長州監生		陳希堯 正紅旗人					
典史	楊蕙芳 大興人				裴士珍	莘縣人		吳必顯 仁和人	
巡檢						張彭年 鵝籠司			

二十六年丁卯		趙蒼璧 錢塘進士	汪僎 漢陽歲貢			黃起有 華州人	
二十八年己巳	楊玉桂 階州例監	鄭雅 盧龍歲貢					
三十一年壬申		侯國章 正白旗例監			劉興詮 正紅旗監生		
三十二年癸酉			許錫祉 江陵舉人				
三十四年乙亥		翟鴻儀 聞喜進士			呂蒙禎 溧陽貢生		盧起秀
三十五年丙子		金世禎 奉天貢生		程大純 孝感例貢		章振 大興人	
三十六年丁丑		姜楠 保德人進士後陞吏部侍郎有傳		張岱 嘉魚貢生			
三十八年己卯		劉丞啟 故城貢生					

三十九年庚辰	白琄 鐵嶺人鑲紅旗廕生	傅天培 奉天監生					
四十年辛巳			劉舜卿 大冶歲貢				
四十一年壬午	蔣尚忞 鑲紅旗副榜						
四十七年戊子						吳德盛 虞城人	
四十八年己丑		馬元勛 泌陽進士	明濂 興國州舉人		盧遇 延安人		王伯宏
四十九年庚寅			蕭蓮芳 沔陽舉人				
五十年辛卯	王鸞 長安監生	金廷襄					
五十四年乙未		吳顧行 長州歲貢					
五十八年己亥			歐陽孚昇			汪炎	

五十九年庚子	六十年辛丑	雍正	二年甲辰	五年丁未	七年己酉	八年庚戌	九年辛亥	十年壬子
	郭朝祚 鑲紅旗歲貢	同知	郎翰 鑲黃旗監生	孫爾振 葉縣監生	胡學成 長汀監生	孟瑞 正紅旗監生		
		知縣	楊思溥 閬中舉人	譚芬 南豐舉人			李作室 沁源舉人	
沔陽舉人		教諭					曹志紳 雲夢舉人	
王希詮 漢陽歲貢		訓導	袁其修 沔陽歲貢				孫之異 安陸歲貢	向嵩 遠安歲貢
		縣丞		楊瀚 無錫例監		秦虒 江南人		
房山人		典史						
	何伯彩	巡檢						

十一年甲寅	十二年乙卯	乾隆	元年丙辰	三年戊午	七年壬戌	九年甲子	十年乙丑	十二年丁卯	十四年己巳
		同知	曹輯五 無錫舉人		耿覲業 江都監生	岳都 鑲紅旗生員			敬昌
李肇梅 福清貢生	陳鼎 海鹽監生	知縣		丁翊壽 長興舉人	龔之璜 大興人	夏封泰 歸德進士			
		教諭							
		訓導					林霞舉 大冶歲貢	廖宗乾 遠安歲貢	
		縣丞	李日瑛 吉水貢生		張成器 丹徒貢生			胡纘祖 汾陽例貢	
	馬延芝 宛平人	典史		岳東 順陽人				王德鳳 鞏縣人	
		巡檢							邵爵

麻城縣志　卷十一　職官表　十九

年	1	2	3	4	5	6	7
	鑲紅旗官生						
十六年辛未	富宜	賀溥 韓縣舉人	劉肖堂 漢陽舉人				喻
十八年癸酉	謝辛	單言揚 高密進士			李天眷 山西舉人		
二十一年丙子		杭世馨 錢塘舉人	秦廷章 建始拔貢				
二十二年丁丑	彭遵泗 華陽翰林	孟炳 滿洲人		熊道 漢川歲貢	鍾光國 湖南人		
二十四年己卯		胡鵬年 北直舉人					
二十七年壬午	袁傑	羅均 邵武進士		王之緯 鄖西歲貢		吳尚志 湖南監生	
二十九年甲申		劉希向 山陽進士			諸元昌 浙江監生	朱輔業	
三十年乙酉	張京琯		李芳華 孝感歲貢		高其僅 北直副榜		王柽
三十二年丁亥	張元文		丁崇	謝聲亮		王嘉猷	

麻城縣志　卷十一　職官表　二十

年	1	2	3	4	5	6	7
	歸德副榜		江夏舉人	興國舉人		浙江監生	
三十四年己丑		顧駉 如皋進士					
三十五年庚寅	沈治安 直隸人	楊朝宗 陝西舉人	王定璜 武昌舉人	王立咸 黃陂歲貢			王敬仁 金谿人
三十七年壬辰	阮龍光 新建舉人		戴學焞 孝感舉人	鄧以琢 江陵舉人	衛法祖 陝西監生	裴大文	
三十八年癸巳		楊飛芳 昆明舉人					
四十一年丙申	潘元會 浩川舉人			程龍甲 鍾祥歲貢	章楷仁		趙欽中 成都監生 鵝龍司
四十四年己亥		李正中 衡陽舉人		李中璵 石首歲貢	湯汝楠 江南監生		
四十六年辛丑	阿敏 奉天人	龔子捷 高明舉人			屈振甲 江南監生		
四十七年壬寅		葛桂芳 巢縣舉人		李本榮 鍾祥歲貢		顧錡 江蘇監生	

四十八年癸卯	鄧起峯 霍邱拔貢	王佩蒸 婺源進士	彭之煥 京山舉人		沈輝吉 蘇州廩貢	孫必貴 安徽監生 虎頭司
五十三年戊申		郭瑾 北直舉人	王守正 江夏廩貢		楊界 鑲黃旗監生	章濬 四川監生 鵝籠司
五十四年己酉	袁紹德 太和人	沈清直 浙江舉人	劉喻義 漢陽舉人		吳端 山西拔貢	趙秉鑰 陝西監生
		楊樹本 桐鄉副榜				王路
五十五年庚戌	劉源溥 香山舉人	黄書紳 陸豐舉人	張立誠 天門舉人			姜濬 陝西廩貢
						龔兆棠 直隸考吏
五十七年壬子	陳燴 秀水人				孫士濤	楊秉絕 直隸考吏
						賈心誠 山西監生

麻城縣志　卷十一　職官表　三十三

五十八年癸丑	木特布 鑲紅旗官生	慶恩			楊天顏 廣東[redacted]	陳霈霖 浙江人 戠籠司
五十九年甲寅	施謨 仁和舉人	花尚阿				朱杏堂 浙江監生 虎頭司
		馮振鷺 舉人				
六十年乙卯		姜廷銘 保德州拔貢				

麻城縣志　卷之十一　職官表　三十四

選舉表

伊古賢書以升多士閻田趙毛赤亭杞梓越至於今雲興鵠起尙其念之顧諟青紫

唐

閻伯璵 戸部侍郎

宋

田　蕙 大理評事　田　桂 御史　戴　珠 家乘載元舉八

元

秦達善 本縣教諭　毛廷元 團練副使　毛廸功

王松齋 同知　上官公謹　趙璧峰

成大用 以上薦辟　趙玉峰 樞密使進士　毛文穆 解元

明	進士	舉人
洪武二十		劉從政 解元
六年 癸酉		
二十七年 甲戌	劉從政 叅政	
二十九年 丙子		熊紹祖 知縣 盧　懷 審理

建文元年 己卯		黃瑞禮 知縣 毛　賢
四年 壬午		趙獻文 御史 鄔　玉 知縣
永樂三年 乙酉		王秉常 知縣 蔣　輔 給事中 劉　旭 進士
四年 丙戌	劉　旭 同知	
六年 戊子		畢以成 鄒　正 陳以忠 同知 周　愷 知縣 張　淵 教諭 楊　貞 同知
九年 辛卯		丁　質
十二年 甲午		段　志 項　琥

年	中欄	下欄
十五年丁酉		喻友誠教諭
		陳敬
十八年庚子		鄒泰運同
		鄒來學進士
		林志聰
		王以清
		周鑑進士
		李溥
		汪洪教諭

年	中欄	下欄
二十一年癸卯		陳綱
		金珂縣丞
		徐謙教諭
		程讓教諭
		張廸知縣
宣德四年己酉		楊忠紀善
		楊廷春教諭
七年壬子		董應軫解元參議
		李正芳進士

年	中欄	下欄
		劉訓進士
八年癸丑	鄒來學都御史	
十年乙卯		鄧逵御史
		李太初教諭
		金球
正統三年戊午		李鑑御史
		胡應先知州
四年己未	劉訓參政	
六年辛酉		陳敏知縣

年	中欄	下欄
		趙訪進士
		丁懋仁知縣
		劉克昌
七年壬戌	李正芳布政使	
九年甲子		黃睿知縣
		項九霄知縣
十年乙丑	周鑑副使	
	趙訪御史	
十二年丁卯		蕭允功同知

景泰元年庚午

董緒 通判
周洙 知縣
鄒淪 知縣
項九萬 通判
李能芳
喻哲 學正
熊祥 知縣
江榮 學正
吳宗飛 教諭

四年癸酉

曾啟 學正
徐公善 同知
程子龍 知縣
周坤 教諭
鄒宗道 教諭
鄭瓚 審理
劉仲輔 知縣
劉仲銓 同知
謝旭 通判

七年丙子

黃琦 知縣
周瓘 同知
朱兌 知州復姓周
黃瑀 知縣
劉綱 知縣
程儉 知縣
李灝 進士
彭大倫 推官
張嗣玉 訓導

天順三年己卯

周旻 知縣
唐瑩 知縣
萬山 進士
鄒騏 進士

六年壬午

鄒瀠 知縣
周㬎 教授
董紱 進士
李濂
陳本德

成化元年乙酉		盧瓚山東榜官教諭
		羅孟芳司務
		劉瑄知縣
		蔡必興通判
		黃時中知州
		喻宗府進士
		曾夔知縣
		喻珍知縣
		王本儉進士
		趙永實
二年丙戌	萬山郎中	
四年戊子		毛成魁
		王誾縣丞
		江伯鯤知縣
		林舜知縣
		唐學知縣
		鄭景和推官
		李玉樹教諭

五年己丑	李[illegible]參政	
	鄒騏參議	
七年辛卯		萬祥同知
		鮑琦知州
		高成知縣
		馮鑾僉事
		李宏知縣
		胡濟南知縣
		李本芳知州
八年壬辰	董綬知縣	
十年甲午		鄧廷
		秦安知縣
		凌山進士
		邱瑩知縣
		李騰芳長史
		曾大賢學正
		熊經進士
十三年丁酉		段景春知州

十四年戊戌	王本儉副使 熊經知州	秦尚賢州判 桂相知州 舒崑山進士 明紳知縣 毛彝通判 熊璋知州
十六年庚子		董朴進士
十七年辛丑	喻宗府知府	劉璲進士 劉壽山 趙繹 陳倩 阮章進士 李沐教諭順天榜
十九年癸卯		李文祥進士 楊潤僉事

		鄒同知縣 周廷璋知縣 盧廷春通判 董佐
二十年甲辰	董朴參政 舒崑山副都御史 凌山員外	
二十二年丙午		董紘進士 劉瑩學正
二十三年丁未	李文祥兵部主事	周珪通判 汪文燧通判 成公器教諭 鄭琦 鄭尚和知州 董經進士
宏治二年己酉		曾大有解元進士 毛騏知州

三年庚戌
劉璲知縣
董紘參議
周廷徵副使
汪正參政
李潤經魁
熊縝知縣
蘇勳參軍
喻淳知縣
余本教諭

五年壬子
王寶知州
袁倫知縣
王袞知縣
唐書知縣
喻文英知縣

六年癸丑
曾大有布政
董紘叅議

八年乙卯
陶寶解元知縣
梅吉進士

十一年戊午
李文璧知縣
趙源潔知縣
王本元通判
秦尚參教諭
李文欽知州
劉天和進士
陳時知縣
陳文長史
王宇僉事

劉漢知縣

十二年己未
梅吉知府
阮章副使

十四年辛酉
曾大顯進士
趙賓
熊夔推官
阮朝聘
謝廷珪推官
耿光教諭

十五年壬戌	曾大顯參議	曾煥推官
十七年甲子		侯正綱知州 王廷知縣 毛馭知縣
正德二年丁卯		毛驌知縣 毛鳳知縣 李漢中廣西榜 鄧楧通判
三年戊辰	劉天和尚書宮保	詹瑩進士
五年庚午		熊綖知縣 毛驗知縣 鄭雲翔進士 劉光通判 周傳知縣 董士毅知州
六年辛未	鄭雲翔參政	

八年癸酉		阮朝東解元進士 周文熙進士 劉淑相進士 毛鳳韶進士 喻冲僉事 喻希義知縣 秦鏜知縣 胡承學 鄒崇義知縣
九年甲戌	周文熙僉事 劉淑相府尹 詹瑩參議	
十一年丙子		吳孔祥通判 熊大輅知縣 鄒崇仁知縣 徐爆 吳濂

十四年己卯

喻希禮進士
陳仲愚知州
彭鳳儀
楊鳳教諭

十五年庚辰

毛鳳韶僉事

嘉靖元年壬午

劉采進士
周載運使
劉燦進士
阮朝隨知縣

二年癸未

喻希禮御史
曾烶參議
阮朝東副使

曾烶進士
周岱進士
劉淞
阮朝策進士
鄒驗知縣

四年乙酉

汪篤初知縣

五年丙戌

李采推官

汪三山
劉木同知
周雍通判
李采進士
陳全教授

七年戊子

周資知縣
李寵進士
朱文式教諭

八年己丑

劉采尚書
陳念郎中

林文明知縣
陳念進士
曾嘉語知縣
方民悅進士
羅大會
冷珂進士中四川榜
黃卷進士中北闈

十年辛卯
黃　卷僉事
邱　柟推官
蔡　完同知
黃　梅知縣
周廷聘知州

十一年壬辰
劉　滌郎中

十三年甲午
王　采郎中
駱　億知州

十四年乙未
周　佖主事

方悅民副使
劉廷舉進士
周宏毅通判
萬　崴知州
周宏烈
陳仲晦本名學朱知州
董　性知州

十六年丁酉

十七年戊戌
阮朝策知縣
李　寵知府
冷　珂布政

十九年庚子
劉　瀾知縣
方民懷知縣
彭　曉
方　治進士

二十年辛丑
方　治主事

二十二年癸卯
劉　炎知縣
宋文木知縣
周　載知縣
郭進賢知縣

二十五年丙午
張　衷知州
鄧楚望榜姓周進士
邱　梁通判
周　賜
明　善知州
胡玉璣知州

二十八年己酉
江　渾知縣
何一乾參軍
趙　教進士

彭　台
李本仁 教諭

二十九年庚戌
劉廷舉 副使

三十一年壬子
耿定向 進士
周思久 進士
劉　湅 進士
朱繼孔 通判
袁　亮 苑馬卿

三十二年癸丑
劉　湅 知縣
周思久 知府
趙　敎 僉事

三十四年乙卯
朱繼曾 改姓熊員外
蔡光祖 郎中
周宏廸 知州
周宏祖 進士
方　岳 山東榜

三十五年丙辰
耿定向 尚書宮保
方　岳 參議

三十七年戊午
陳　讜 進士
劉　方 通判
梅汝求
熊　讓 主事
曾嘉祐
蔡應陽 布政使
周思大 知縣

三十八年己未
鄧楚望 副使
周宏祖 光祿卿

四十年辛酉
阮　孝 知州
邱齊雲 進士
邱龍雲 同知
曾家祿 知縣

四十一年壬戌
陳　讜 改姓唐僉事

四十三年甲子
劉守泰 解元進士
董　石 進士
謝　鰲 知縣
周思韶 知州

年	進士	舉人
		周思敬進士 耿定力進士 黃　嵘知州
四十四年乙丑	董　石知府 邱齊雲知府	
隆慶元年丁卯		徐雲山推官 周思稷進士 阮宗孔知府 梅國楨本名鼎進士
二年戊辰	周思敬侍郎贈尚書 周思稷參政	劉　諧中北闈進士翰林 李　爵中四川榜進士
四年庚午		梅春元改名在廷同知 李巫泰知縣 周宏祁 王寵麟知縣 曾家奔同知

年	進士	舉人
五年辛未	劉守泰主事 劉　諧給事中 耿定力侍郎贈尚書	
萬曆元年癸酉		周宏鑰進士 鄒思亮通判 李世薦同知 羅樹聲同知 梅維範 陳楚產進士
二年甲戌	周宏鑰尚寶丞	
四年丙子		徐　期 李承槐進士 黃順乾知縣 周至德參軍 毛思龍 詹仰望知府
七年己卯		黃　圖解元進士 劉　奕進士

		黃建袞進士　謝師啓教諭　鄒思哲
十年壬午		劉承芳審理　梅國樓進士翰林　梅國森　汪源浩教諭　王之機參政　黃在中知縣

		魯之賢御史　閻遇知縣
十一年癸未	梅國楨侍郎　梅國樓參議　陳楚産主事　劉奕知府	
十三年乙酉		彭遵古進士　劉秉綸長史　王可相同知

		彭好古進士　吳從周司務　楊王庭同知　詹淑知府　周崇惠進士
十四年丙戌	彭遵古尚寶卿　李承槐主事　彭好古僉事	
十六年戊子		周應嵩進士

		周制知縣　劉文杰同知　李鼎　劉承緒
十七年己丑	周崇惠僉事　周應嵩博士	
十九年辛卯		梅維芳　周應明進士　李長庚進士

田生金 進士
鄒　衡 評事
劉　泮 同知
汪之澄

二十二年甲午
黃會中
毛可教 知府
曹大受 副使
周邦基 進士改名邦璟
黃位中

二十三年乙未
周應明 主事
李長庚 尚書
鄒　琯 通判

二十五年丁酉
熊嗣先 同知殉難
王成位 同知
毛茂春 司務
周之夫 進士
楊之彬 同知
熊所師 推官

二十八年庚子
周應崙 知縣
田生芝 進士
曾汝鑣 知縣
王育德 布政使
鄒人昌 進士

二十九年辛丑
黃建衷 主事

三十一年癸卯
王　奇 知縣
梅之煥 進士翰林
毛調元 知縣

王養中
李　廸 主事

三十二年甲辰
梅之煥 巡撫
田生金 太僕卿

三十四年丙午
鄧漢臣 知縣
張繼孔 同知
鄭天懿 知縣
李新楚 知縣
陳以聞 進士

田生蘭 主事
閻察言
周世盛 知府
三十五年丁未 周之夫 知府
陳以聞 侍郎
三十七年己酉
王之楨 知縣
劉鍾英 進士翰林
周崇極 僉事
宋應軫 主事

李 延 主事
三十八年庚戌 鄒人昌 知府
四十年壬子
周維光 知州
劉涵清 知縣
毛舜嶽 進士
蔡茂春 進士
劉孔源 推官
四十一年癸丑 周邦璟 侍郎
劉鍾英 侍郎

四十三年乙卯
劉忠清
鮑之祥 進士
周應昕
毛丹彩 推官
劉秉衡 知州
四十四年丙辰 田生芝 通政使
周之茂 進士
四十六年戊午
劉承棠 進士
梅之耀

周士美
田宏恩
曾嗣禹 教諭
周 振 中北闈進士
四十七年己未 周 振
天啟元年辛酉
劉 伸 進士
陶承謨 進士
趙之英 進士翰林
曾嗣仲

二年壬戌
蔡茂春 知府
陶承謨 參議

四年甲子
毛舜嶽 知縣
佘士瑞 進士
董九功 學正
周世璽 知縣
李雲程 中山東榜
楊　曾
周應華

七年丁卯
周世垣
鄒師提
熊世懿 進士
陳鵬舉 副使
陳儒樸 進士
周　渫 助教
李鄧林 知縣
張夂徵 中北闈進士

崇禎元年戊辰
張夂徵 知縣

三年庚午
劉　伸 知縣
劉承棠 推官
蕭　垄
湖公國
朱師忠

四年辛未
鮑之祥 知縣
趙之英 御史
熊世懿 博士

六年癸酉
朱之理

詹應熊
曾元公 知縣
馮九思 推官
劉　怡 知縣
董　璜 中北闈同知
劉　侗 中北闈進士

七年甲戌
劉　侗 知縣
周之茂 知府

九年丙子
江山柱

十年丁丑 余士璿推官
毛羽儀
十二年己卯

鮑修吉
毛祈蕃進士
毛羽儀進士
毛元暉
曹應昌解元進士
謝應申
劉鍾蓉

十三年庚辰 毛祈蕃
十六年壬午

梅念殷
周損推官
葉采
王山玉
喻勳進士
董珍
鄒知新知縣
董璋知縣

十七年癸未 曹應昌知縣
陳儒樸行人司

明武進士

庚辰 周宏謨遊擊僉事世襲
癸未 劉守有錦衣衛指揮加宮保
己丑 萬吉齡遊擊
庚戌 梅國林錦衣衛指揮
丙辰 梅廷和都司遊擊
戊午 彭信古遊擊參將世襲

武舉人

金萬里守備
丙子 周宏謨解元進士
邱坦解元
萬吉齡進士
鄒斗虛遊擊
劉守有進士

己未 邱坦遊擊參將
辛未 周應旴指揮
甲戌 金行文參將
劉幼堪
丁丑 黃萬里都司
庚辰 劉承禧會魁榜眼錦衣指揮
癸未 袁千里守備
丁亥 吳應邦
壬辰 劉僑督都加宮保

劉守濟左都督
梅國林進士
梅廷和解元進士
梅漣
彭信古進士
萬瑞鳳都司
金行文進士
庚子 金元韻守備
癸酉 金啓玉守備

乙未　羅四維榜眼遊擊	辛酉　周應盱進士
鄒之寵	丁卯　周應嶠
蕭明時	甲子　周應延
梅守盛	甲子　曾仲存守備
黃定儀遊擊	黃萬里進士
喻秉鉞把總	劉承禧進士
羅萬有會魁守備	萬瑞暹
袁尚絧	袁千里
	羅四維進士
	吳邦應
	彭益孫副將
	劉僑
	劉允升錦衣衛千總
	劉承繩指揮
	陳紹宗總兵
	袁世章參將
	羅啟芳都司
	洪天祐守備

	蕭演華都司
	陸邦鐵
	徐世華
	胡星祥
	丙午　李廷標遊擊
	劉成胄指揮
	何維揚守備
	顏盡臣遊擊
	陳玉前總兵
	胡思名守備
	梅滋千總
	黃定儀
	鄒之寵
	袁尚絧
	周思旦
	周之謨
	周思治
	周世傑

金啟生
金石城
劉鍾震
劉䌷堪
蕭明時
梅守盛
喻秉鉞
羅萬有

明武勳
楊仲祥 萬戶
彭有謨 副總

明薦舉 洪武年間例
吳山 知縣　喻文偹 知縣　嚴教 知縣
夏均輔 邑教諭　鄧林 邑訓導　桂南 邑訓導 俱明經舉
劉夢 同知　趙洪 知縣 俱人才舉　馮英
熊瑄 俱賢良舉　吳仁山 未詳

明貢生 恩拔歲副
馮子恭 僉事　張遜 主事　史仲鎰 員外
黃銓 以下同知　夏証　詹仲讓
梅國槃 拔　劉承禮　毛添佐

余祚　李玉　周祥
鄒庠　周應泰　劉子弼
李長年　田生玉 俱同知
董楫 以下通判　董渠　王璉
汪添昂　劉昺　董檖
王之謨　李燧　劉仲瑆 俱通判
吳敏 推官　余學淵 推官　董子昂 州同
曾仲禮 州同　劉天申 府經歷
王廷介 以下知縣　方暘　于軫義

袁春　楊福四拔　喻珊
周廷制　李亥　李閂
王之策　董子延　廖敦
朱大坤　詹仰斗　董繼舒
王都俞知縣　梅之煒助教
鄒崇敬以下教授　晏然　楊時春副
劉天民　楊鳴鳳俱教授
鄒崇禮以下學正　萬鶴齡　萬彭齡
楊赤副　周代俱學正

梁宸以下教諭　梁賓　熊吉
劉守巽　劉暹　梅渾然俱教諭
徐賓以下訓導　周營　馮濂
盧勳　王美　鮑鳳
余向華　周偁　周應時
鮑馨　劉堯祚　楊浹
李文佐　梅厚菴　周之禮俱訓導
周仁縣丞　周崇恭縣丞　周溥主簿
毛本學以下未任　劉德敏　董治

鄭昌期　朱大任　李春榮
曾若洛　鄒思觀副　董子大
鄒承午副　楊濾拔　楊淅
董子範　鄒顧　鄒之龍
周之甫　周崇柱　周世建副
李長策恩　周宏禮　周宏祐
王重慶　李作霖副　駱于麟
李淪　曾晟　周掞恩
李文裕　李承裕　楊之發副

劉文聰　曹應旻　李春時拔
李春捷拔　熊逢昌副　劉允定
陳淑　謝寅和　毛應時
黃道　阮伯成　李守
張繼哲　陳濬　鄒思誥
李華　鄭雲翀　鄒璉
吳學成　王路闢

明恩選

張淑安知縣	張應奎	曾三畏推官
黃銘吉	鄒承流副	鄒承申通判
唐明德	曹巽之	王則乾拔
萬一坤縣尹	李進州判	趙誥
董桯通判	董廷對光祿署丞	李春瀾光祿署丞
李文簡知縣	楊渭知縣	楊民仰知縣
董樵知縣	李涇教諭	董士齊訓導
周文俊照磨	周文盛經歷	周之俊經歷
李承模縣丞	楊檻庭縣丞	楊義縣丞
於仲達縣丞	孫一謙吏目	

麻城縣志卷之十三

選舉表二

國朝	進士	舉人
順治二年乙酉		項始震中京闈進士
三年丙戌補鄉試		劉暉學正
四年丁亥	喻勳知縣 項始震知府	
五年戊子		周禮進士 金九鼎知縣
六年己丑	周禮知府	
八年辛卯		王元士進士 萬邦維進士 胡躍龍進士 董畤升進士 黃倫 顏允基 高翥
九年壬辰	胡躍龍知縣	
十一年甲午		江漢英 唐封進士

		郭更名
		毛祈華
十二年乙未	萬邦維主事	
十四年丁酉		鄒宗彥進士 鄒四知教諭 吳虞廷知縣
十五年戊戌	鄒宗彥知縣	
十六年己亥	董時升知縣 王元士知府	

十七年庚子		鄒琬進士 周維秬進士 葉蓮 劉本源中京闈
康熙八年己酉		袁進
九年庚戌	唐封 鄒琬知縣	
十一年壬子		蔡楷 蕭之年

十二年癸丑	周維秬知縣	蕭一舉 李如龍教諭
二十年辛酉		喻士鼎 陳世封學正 黃道茂
二十三年甲子		鄒士璁進士翰林 袁同賢本姓鮑進士
四十四年己丑	袁同賢知縣	

二十六年丁卯		鄒汝治 王楠知縣 鄒汝魯進士 曾世煌中貴州榜
二十七年戊辰	鄒士璁內閣學士	
二十九年庚午		陳文錦
三十年辛未	鄒汝魯大常卿	
三十五年丙子		郭林教諭

		王琬 教授
四十四年乙酉		李遠 學正 曾謹 進士翰林 朱梅 本姓唐知縣 蔡仕 本姓王教諭 李煥 進士
四十五年丙戌	李煥 知縣	
四十七年戊子		胡文域 江世偉 教諭 鄒汝模 進士 鄒汝黙 知縣
四十八年己丑	曾謹 檢討 鄒汝模 庶吉士	
五十二年癸巳		徐家麟 教諭 曾從致 曾鋭 知縣 唐治 知縣
五十三年甲午		李廷翼 教諭

		萬諏 知縣 胡文垣 鄒懋衡 知縣 程均 教諭 董昌其
五十六年丁酉		梅任均 彭際泰 教諭
五十九年庚子		萬繩祜 進士 胡錦 知縣 楊龍光 胡鑛 郭琰
六十年辛丑	萬繩祜 庶吉士	
雍正元年癸卯		周邦孚 解元本姓潘教諭 鄒瑜 祝湛 鮑起泮 中書 萬詢 知縣

四年丙午		鄒攀梁 監大使知縣 梅　淳 彭奕明 丁酉丙午兩科副榜准作舉人知縣
十年壬子		蕭斯芝 周際聖 彭　韶 進士 宋大蘇
十一年癸丑	彭　韶 教授	
十三年乙卯		萬繩宗 進士

乾隆元年丙辰		甘學淳 進士
六年辛酉		黃　鶴
七年壬戌	甘學淳 知縣	
九年甲子		江曾默 教授
十二年丁卯		侯天柱
十三年戊辰	萬繩宗 教授	
十七年壬申		葉　栻 教諭
		吳家騊 進士 阮文經

		王國柱
十八年癸酉		鄒茂材 教諭知縣
十九年甲戌	吳家騊 知縣	
二十一年丙子		郭　湛 知縣
二十五年庚辰		梁景陽 解元進士 侯映甲 知縣
二十七年壬午		李　濤 程　琮 進士
二十八年癸未	程　琮 知縣	

三十年乙酉		鄒茂槐 訓導
		胡翔霄 通判
三十四年己丑	梁景陽 太僕少卿	
三十五年庚寅		王秉謙 教諭 張　沆
三十六年辛卯		程　璘
		楊　琯
三十九年甲午		梅英斌
四十二年丁酉		王　勸 知縣現任

四十四年己亥
鄒藻
胡翹霜
李尉 恩賜

四十五年庚子
吳世渭

四十八年癸卯
鮑榜
李愈達

五十一年丙午
陳邦傑 榜名橋

五十三年戊申
江培福
鮑鵬

王勲

五十四年己酉
郭僑楚
李元淑

五十七年壬子
袁履謙

五十九年甲寅
汪步丹
熊良駿
李元憖

國朝武進士

康熙庚辰 錢奇策 本姓李名廷岳都司

武舉人

順治辛卯 夏翺 千總
丁酉 金龍翔 千總
庚子 丁良捷 千總
彭進
孫鼎鉉
康熙癸卯 劉先定 千總
萬略 守備
吳紹起 守備

陶朱
張其維
丙午 袁斯年
己酉 李文舉
程宗孔
劉再昇
李大謨
壬子 曾試
辛酉 田奕坤

蕭儲
庚午　胡之致
胡封魯
癸酉　李荃
周時懋
錢奇策本姓李名廷岳進士
壬午　周成皋
葉濂
乙酉　吳國璽

癸卯　陳登科參將
庚子　王銓
雍正癸卯　鮑啟湘千總
鄒維翰
丙午　彭壽言
己酉　彭枝指揮
乾隆庚午　胡美瑜
馬自強中雲南榜
癸酉　胡美珍千總

己卯　鄒占魁運千總
李廷輔
乙酉　李廷楚
辛卯　唐楚甲
己亥　黃天定
癸卯　熊紹漢現任寧波運千總
羅鳴皋中四川榜
戊申　石占鰲
王道誠

己酉　方大元
壬子　田夢飛

國朝武勳

蔡得春總兵
李士文總兵

國朝貢生恩拔歲副
程　浩同知　李春江訓導　鮑之煒訓導
余維新　鄭羽南知縣　田宏恕訓導
周　搢知縣　陳士琳　史聯元知縣
楊　會訓導　李孔茂訓導　李春旺
鄒世美訓導　成一鄉訓導　王國章教諭
毛之璋教諭　謝加恩教諭　劉章孫訓導
王龍翔訓導　黃　鉉　喻之章
曾汝魯　梁中斗　毛燕若

梅　垌　李中素知縣　劉懷馨
周長流　曾之萊　黃元吉
陳子乾　徐大韓　徐勉　汪文桌
黃　元　王宏祜拔二次副　周　楨
李之素　馮八樞　萬　幾
白光啟　陶同文　薛從王
毛羽長　黃正運　阮貧石
楊親傳　戴　暉　陳肇輿
董天策　胡士上　金　湛

盧之鱗　張若棫　董　紳
陶承奇　江漢偉　張熙載
周維藩　曾偲熾　蕭凌雲
江漢書訓導　黃文耀　鄒芝芳
曾尭徵拔　劉　彬　劉　琇恩
吳紹夏訓導　鄒起鳳　羅汝繼
阮鳳昌　周炳枝　胡如鵬
田法夔　龔斐成　蔡來儀副
趙惇典　周時先　龔士任

曾尭愷　李素文　鄧艮爽訓導
胡維錕　梅肇錫　萬　諮
李廷材恩　董學洙拔知縣　成　撰副訓導
蔡慎恩　李　前　鄒懋栗副
董學源拔州判　彭奕明二次副榜作正知縣　熊寵錫
顏日成　劉士元　熊調冉
李維烈　黃國琰　陳　禪拔知縣
熊　約　梁景陽副進士僕少卿　鄒茂材副舉人知縣
曾銘肅恩　鮑啟濂拔　劉亦亭

馮士彬（恩）　郭士模　范宏鋭
曾廷望　周之棟（拔訓導）　阮文諄
丁慰祖（副）　周鋈　汪廷謨（副）
程宗洛（拔）　劉宏坦　陶永祺
程璘（恩舉人）　鄒茂林　熊學韓
鄒佐履　陳勰　王槐年（訓導）
王家棣　蔡朝邁　胡鳳濟
羅寅斗（二次副）　汪昇泰（恩）　丁楚珣
甘芝檢（副）　梅士林　程合璧（恩）

鄒藩　羅文濬　郭喬楚（拔舉人）
李華（副）　詹鍾普　程其溶
吳以寧　程其湘（副）　鮑枏

國朝薦舉錄用

張飈（布政）　王承畤（知縣）　萬象（知州）
毛文埜（知府）　王有容（知府）　田宏慮
蔡之治　黄素臣　王都俞（知縣）
徐志尹（州同）　鄒知徵　劉亢（知縣）
楊搆（知縣）　程之渫　程百朋
鄒知彰　何克孝（同知）　朱珍（府訓導）
張鳴鐸（廪生保舉知縣）　鮑啟泌（副榜保舉通判）

國朝例選

張文豹知縣　王延雍監運使　萬　魏知縣
王孟猷知縣　梅映月州同　梅先月
楊知衍廪貢州同　鄒　屺訓導　萬成章知縣
許　寧縣丞　張　均訓導　鄒汝謙知縣
鄒汝諒鑾儀衛經歷　田深猷縣丞　熊紹龍訓導
鮑啟江縣丞　鄭文坦通判　周　鈺縣丞
成　倫廪貢訓導　鄒汝森州同借補縣丞　鄒綏衡巡撿
丁雅均巡檢　鮑　楝廪貢知州　鮑　材附貢知州

鮑　標同知　鮑　楊通判　鮑杭縣丞
丁楚江巡檢　彭啟鎬巡檢　彭啟楞典史
周舒泮巡檢　鄒茂烈典史　吳之瑶巡檢
何五福典史

貤封附

明

劉　夢以子從政　贈御史　周仲僖以子鑑　贈御史
鄒惠和以孫來學都御史　贈左副　鄒希曾以子來學都御史　贈左副
李思敬以孫正芳　贈布政　李　瑗以子正芳　贈布政
董世才以子應彰　贈叅議　劉從憲以子訓　贈御史
楊添源以子廷春　贈教諭　周伯玉以子坤　贈教諭
周貞常以子兌　贈知縣　萬　鏞以子山　贈郎中
鄒　瀚以子騏　贈叅議　萬　鑑以子祥　贈同知

鮑志靈以孫琦　貤贈知州　鮑仕學以子琦　封知州
董　紹以子樸　贈員外　毛本學以子駁　贈主事
楊時春以孫潤　貤贈僉事　楊本輝以子潤　封知州
梅玉隅以子吉　贈郎中　周　洙以子廷徵　贈御史
劉仲輢以孫天和太保兵部尚書　贈太子　劉　璲以子天和　贈同上
陳孟常以子文　贈員外　王本榮以子宇　贈知縣
詹復初以子瑩　贈主事　劉際源以子光　贈通判
劉仲軽以孫淑湘　贈布政　劉　瑚以子淑湘　封布政
周　坎以子文熙中　贈給事　毛　鏌以子鳳韶　贈知縣

鄒　驄以子崇仁　贈知縣　吳　璋以子孔祥　贈知縣
劉紀公以孫釆　贈尚書　劉　漢以子釆　贈尚書
周廷徵以子載　贈轉運使　周廷儀以子岱　贈主事
鄒　淮以子驗　贈知縣　萬玉璇以子棉　贈知縣
李　瀅以孫寵　貤贈郎中　李文玉以子寵　封郎中
黃　璲以子卷　封員外　劉　濬以子廷舉　封郎中
鄧　植以子楚望　封御史　周　篪以子思九　封主事
袁　杲以子亮　贈郎中　胡　藻以子思銘　贈守備
周　鉞以子宏祖　封御史　董子竹以子石　贈御史

蔡　珩以子應陽　贈御史　蔡　宿以子　封司務
劉　灤以子守有付五軍都督　贈太子少　周　篇以子思稷　贈知縣
周文容以孫思敬　贈侍郎　周　任以子思敬　贈侍郎
周　法以子思稷　贈知縣　鄒　輯以子思亮　贈通判
梅汝觀以子國禎　贈侍郎　梅　寶以子在廷　贈同知
楊民試以子王廷　累贈同知　李　坊以子承槐　贈知縣
周　霑以子崇惠　贈僉事　詹易巽以子淑　累贈同知
李承祚以子長庚　累贈尚書　周宏祐以子應明　贈主事
梅國森以子之煥　贈巡撫　曹　富以子大受　贈長史

周崇唐以孫邦璟　贈太常正卿　周　業以子邦璟　贈太常正卿
李承大以子廸　贈知縣　陳大道以子以聞　贈主事
周之亮以子世盛　贈同知　周應説以子崇極　封僉事
劉子勲以孫鍾英　贈侍郎　劉幼城以子鍾英　贈侍郎
李承桂以子延　贈主事　劉守豫以子承禮　贈同知
劉守濟以孫僑　贈太付　劉承棨以子僑　贈太付
鮑　治以孫之祥　貤贈知縣　鮑啓敬以子之祥　贈知縣
周應曦以子損　贈推官
萬仲昇以曾孫正貴　贈封楚府典儀

國朝貤封

陶　順以子承謨　贈僉事　曹巽之以子應昌　贈知縣

陳以聞以子儒楧　贈行人　陳五德以子鵬舉　贈郎中

鄒承敬以子知新　贈知縣　董士嚴以子璋　贈知縣

程自勝以子浩　贈同知　金應學以子九門　贈知縣

張上銘以孫颺　贈布政　張學海以子颺　贈布政

胡公國以子躍龍　贈知縣　鄒　甲以子宗彥　贈布政

楊世泰以子會　贈訓導　鮑宗芳以子同賢　贈知縣

鄒承第以孫士璁　贈侍郎　鄒　惺以子士璁　贈侍郎　以孫汝魯　贈府尹

鄒文璧以子汝魯　贈府尹　唐世興以子治　贈知縣

萬邦依以子象　贈知州　萬　魏以子繩祜　贈庶吉士

胡奎龍以子文域　贈學正　胡文垣以子錦　贈知縣

江漢瑞以孫曾默　貤贈教授　江策廷以子曾默　贈教授

吳來儀以孫家駒　貤贈知縣　吳　桂以子家駒　贈知縣

程世焯以孫琮　貤贈知縣　程　里以子琮　贈知縣

梁汝璜以曾孫景陽　貤贈　梁　灼以子景陽　贈

梁森材以孫景陽　貤贈　梁　燿以所生子景陽貤贈

成　蒲以子倫　贈訓導　鄒率訓以子茂材　贈知縣

胡　鋐以子翔藹　贈通判　鮑啓沃以子楊　贈通判

鮑禹門以孫標　貤贈同知　鮑啓汾以子標　贈同知

甘受信以孫學淳　貤贈知縣　甘雲彰以子學淳　贈知縣

鄒　彬以子茂烈　贈典史　何尚志以子五福　贈典史

補

毛生輝以子文埜　贈知府

鄉飲附

國朝

周禮　楊世泰　王仕　阮鳳昌

董昌期　梅肇錫　鄒汝楫　鄧艮爽

郭士模　鄒本以上正賓

董儀　成宗復　董淳　李廷鳳

梅禹錫　丁愈廷　程先廸　梅夢熊

張文楷　王涵以上介賓

劉在德　鄒至誠　唐玉元　吳

曹企璉　鄧士鎬　郝其昌　羅永賢

鄧鍾華　鮑汝潮以上耆賓

第五册

麻城縣志卷十四

知縣事嶺南黄書紳纂修

政畧

我聞良吏雷動雨滋所至民樂所去民思錢張胡翟實政之師述彼令蹟以詔職司

宋

錢治字長範武進人以本州進士中景德二年茂才異等科初爲洛陽縣進遷寧國軍推官監麻城茶場以茶稞增倍遷著作郎終尚書屯田郎長於決獄歷六縣皆有名蹟

歐陽脩謂錢令甚有能政舊志

張毅字仁甫常入山祈雨雨降賦傳刻石夾道植松萬株立亭其中名萬松亭後蘇軾謫黄過萬松亭作詩詠之統志

翟起宗字元振金壇人以累舉恩授麻城主簿有惠政後陞爲知縣舊志

胡定之岐亭監酒蘇軾書稱岐亭監酒胡定之載書萬卷隨行喜借與人看統志

張恂字公亮龍泉人嘉定戊辰進士調麻城縣主簿值湖賊亂恂出討不踰月賊退大吏上其功陞襄陽府判累官至戸部侍郎龍泉縣開國男食邑三百戸舊志

楊揆字純父臨川人登進士第調麻城尉向士璧知黄州檄入幕尋以戰功升三品宋史列傳

元

馬兒蒙任麻城達魯花赤襟懷軒豁政尚清簡暇日登山臨水賦詩自適府志

樂九成蒙古人從學孛木魯子華以世胄知縣事治有聲青田劉基常言九成質粹而温行果而毅學博而知要可想見矣府志

明

知縣張谷維披荆棘立學校創始之功居多舊志

趙乾浙江歸安人洪武初任有謀畧設施政聲丕著建大成殿明倫堂學校以興後即家焉統志

胡琮蘇州進士成化中由御史左遷麻城縣勤撫綏修廢墜雖風裁凜凜豪右憚之而小民皆得輸其情府志

黄琮高安人有幹濟才民從其化去而思之舊志

高謙陝西米脂人爲政勤謹鯁直果斷民心信服舊志

高清南直揚州人宏治辛亥任建漏澤園有惠政舊志

王篚山東蒲臺人正直廉能折獄如神舊志

聶賢字承之號鳳山四川長壽進士宏治甲寅任凡大政疑獄所司不能決者剖斷如流有青天之謠擢御史歷刑部尚書舊志

劉規字應乾巴縣進士宏治間麻城知縣優禮耆舊政尚德化有蒲鞭示辱之風二子相繼登第統志

劉溥字公濟安慶進士宏治間麻城知縣性質實爲政嚴明尤惡異端凡一切淫祠皆火之以袪民惑府志

王世祿廣德人正德中麻城知縣縣河每衝激爲患世祿

别鑿新河以殺水勢爲政簡易愷悌事不繁而民不擾統志

黎泮江西樂平舉人嘉靖中麻城知縣值歲大祲盜賊蠭起白晝羣奪倉廩泮擒爲首數人杖斃仍命富戶平糶於是食足盜息統志

蘇松廣安州進士嘉靖間麻城知縣築河隄重建鼓樓修縣志額退思軒曰淸風亭戒石坊曰體國愛民通志

陳子文閩縣進士嘉靖中麻城知縣明達有爲徵稅糧立條編法民皆稱便府志

高公勺內江人嘉靖中由歲貢任麻城縣丞政尚寬恕不衒聲譽儆裘贏馬自得也署縣篆有黠盜議刦庫忽相戒曰恐累高公遂解去府志

金勿字希顏號心齋四川富順人由進士嘉靖戊申任雄才不羈苦節不變發奸正俗勤民下士識耿定向先生于諸生中拔置第一除盜賊立城門孳孳爲治舊志

何銓句容人歲貢嘉靖庚戌任律巳嚴三載廉介如一日愛惜里甲拒絶請託署篆時分巡到縣責其簡禮士大夫銓白其素操乃止舊志

陶天忠浙江鄞縣人進士嘉靖壬子任重修學宮譙樓舊志

尚德恒四川南充人進士嘉靖丙辰任建便民倉於岐亭修學宮立名宦鄉賢祠匾縣堂曰靑天白日擢御史舊志

杜朝紳崇慶州人進士嘉靖癸未任有政聲民心悅服舊志

穆煒號龍峯江西新建進士隆慶間任多惠政其最著者爲丈田均糧一事先縣有官民夾官二等之田最爲民病煒均糧以淸弊丈田以均糧民解倒懸歌思不倦舊志

錢節用四川富順人進士麻城知縣萬歷初詔天下繕城節用出藏以充公費分作以均任役閱七月而城成統志

王三宅河南衛輝人進士萬歷甲戌任擢刑科給事中舊志

羅瑞登浙江上虞人舉人任黃州通判鎮岐亭條陳防禦十事

韓煥蒲州人萬歷庚申駐劄岐亭修通判署增鎮城垣

連三元永年人進士先任常熟以治行著復任麻城時稱吳楚健令建北察院及尊經閣

文德號舜階四川涪州進士德政稱最擢御史

韓愈可四川瀘州舉人萬歷二十七年任不煩獄不苛徵不畏強禦風裁凜凜寬猛得宜縣人思之

劉文琦四川南充進士清里甲慎訟獄懲叛僕

宋一麟直隸南樂進士萬歷壬子任清竈鋤強

柴子化浙江人萬歷四十一年任能詩文愛民治盜有賢聲

弋允禮字敬輿雲南保山進士天啟癸亥任在官八月以丁艱去獎絶風清愛民如子至今縣人頌德曰前文後弋比之召杜官至大京兆

趙洪範號芝亭南直嘉定進士天啟甲子任有惠政擢御史

應昌期浙江仙居貢生天啟間任慈恕愛民政多寬易

蔣煜號羽公武進進士崇禎戊辰任鋤叛課士解繁決滯綽有吏才

宋雲龍貴州貢生崇禎癸酉任駐岐亭明斷有氣節遇事持大體治聲卓然

劉星耀號壽洨江西金谿進士崇禎甲戌任性渾厚在任六年值流寇之亂濬築備練城賴以全以上皆舊志

馬人龍鎮筸人崇禎時知黃州府提兵千餘至麻城遇賊滿天星等擁衆數十萬掠麻城北鄙人龍同將雷應乾爭前殺賊戰於陰山畈賊尸蔽野會大雨賊四面環攻二將

及所部皆死之今陰山畈有雷馬二將軍廟統志

許起鯤字天魚休寧監生崇禎丁丑任主簿潔已愛民儒雅閑適有文吏風陞沈邱縣去以下舊志

李體明河南滎澤歲貢崇禎壬午任縣丞長厚寬和到任未久獻賊破城罵賊不屈死

張敬祖崇禎年任持已清廉詰奸治盜有遺愛縣人祀其像于旌善亭

陸晉錫字晝公南直上海人恩貢乙酉蒞任裁斷明決値縣大亂之後以至誠應人多所平定未一年解任去以上皆舊

志

國朝

王潞字又韓餘杭人由恩貢知麻城八年修舉廢墜擒勦賊寇有封疆功舊例南糧皆收貯岐亭水次後移城內東南達宋埠時或淺涸運送艱難潞率里長至宋埠水次收納費省十之二通志

孫宏甡樂安人由恩貢康熙甲寅授麻城縣能振紀綱絶苞苴先是縣徵收法七十四里共六櫃六册吏胥作奸那移號卷民多受害年終銷算里役所費不貲宏甡至每櫃

作小廂如其里數一櫃一廂一流水册月立其限合民自輸月終躬親會計那移弊頓清民勒碑門左非獨惜其去以紀德也蓋亦恐良法之歷久而弊焉府志

賈國相字調元北直大興貢生順治戊子任縣丞慈信明決任事敢爲士民稱良陞樂至縣去舊志

施泰字鍾英浙江烏程拔貢順治癸巳任慈明樸謹廉潔有守無玷官箴陞商河縣去舊志

徐世臣浙江上虞吏員順治壬辰任爲人謹篤尋罷去

姜檮字崑麓山西太原府保德州進士授麻城縣始之官以車一乘僕二人麻城故壯縣訟獄紛綸盜賊數起檮至踰月不出一令縣人疑之其老奸宿豪皆曰令如虎方臥未可測也縣故健訟訟者日數十百人檮爲期五日一收告令訟者立堂下以次傳訊單辭摘發洞中隱微即決遣之案無留牘訟爲稀省功令凡劇盜不時獲守土者奪官吏皆諱盜而苛責被刦者困辱過於失財由是被刦者倒以竊報雖捕獲終無死法坐死輒爲上官所詰而盜益逞檮始至盜發即以情白大府曰此劇盜也請雖以竊報而盜法治之大府許諾獲九人即日杖殺其七餘斃獄中自

是境內皆晏眠遂以廉能入爲行人游陞至侍郎以上皆舊志

屈振奇字鷺容陝西洋縣進士康熙庚戌任胸饒經濟畧薄賦省刑養民造士治號循良初振奇繼孫宏甡任確守舊尹善政不變第銷算陋習猶未盡革迺於征比之初即總計全征之數每月分限給單民完足額聽其竟去是不待銷算於足額之後已銷算於每月征比之限矣而銷算之弊剔除始盡足濟前法之所未備康熙十三年賊萬野于等作亂據東山振奇從知府于成龍把總羅登雲率兵禦之賊倉皇出走悉就縛追捕無遺孽振奇謀畫力多焉

建鍾鼓樓修儒學己酉同縣人周維秬纂輯縣志多所表章

趙蒼璧浙江錢塘進士康熙丁卯任博學能文章温醇爾雅公餘卽進諸生講學工書法風骨遒勁清介多惠政有治聲擢御史

吳顧行江南長洲歲貢康熙乙未任撫字有方頗多建立崇禮學宮修書院有犯科者准其以田畝折贖捐作學田歲在己亥春歉舊貪旣盡外販不至民乃大困顧行立法次第接濟縣人被澤不忘乞善畫者爲圖以獻時大吏奏

朝廷德政令州縣舉行社倉見顧行所刋文大喜今傳有建學建倉賑饑諸序記實心實政可歷久不斃云

譚芥江西南豐舉人康熙丁未任性耿介警敏馭吏甚嚴撓法輒抵罪治事僅二年調去作留别陽城詩四首詩載文徵

李作室山西沁原進士雍正辛亥任性廉介法令嚴明蠹吏屏息無敢法者好微行訪民間利病得鉤距法推鞫無遁情盜賊斂息舊例征收多用差役反致遲延作室定三限法每限期以二十日皆里長董其事不事追呼而輸將自速諺語三年不出長單册三年歲内報全完盡實錄云

陳鼎浙江海鹽監生雍正乙卯任倜儻有幹才先是涂楊疑獄十餘年不決多被屈者到任後廉得其實頓洗沉冤衆始結稱能吏焉

丁翊壽長興舉人乾隆戊午年任明於聽斷胆畧過人縣有劇盜羣踞山僻偵者不敢前翊壽挺身入首從俱就縛嘗驗尸東山至尸場未卽座輒步尋嶺谷三里許至一庄後指云此眞死所也衆不解翊壽曰凡草皆竪立此獨平衍如踐必昇死人踐躪所致耳詰之果服後以才幹調漢川歷鍾祥卒於官

單言揚山東高密進士乾隆癸酉任性端莊治尚清肅諸吏衣服舊多僭踰言揚率以儉樸飭冠履吏胥不得服紈羅等威立辨附郭數大坂薪木皆仰給縣東荒山山民糾黨拒禁搆訟數年言揚判荒萼任民樵採烟火得以不匱因勒碑以垂久遠

羅均福建邵武進士乾隆壬午任精明強幹嘖嘖有能吏聲治前文明樓康熙八年前縣屆振奇重建後日就傾頽均捐廉營造士林多鵲起未幾以他縣事去弗竟其才人多惜之

劉希向山陽進士乾隆甲申任治先教化尤加意人才捐廉俸修黌宮築城垣丈學田資生徒膏火每衡文士多肯服和厚端方非公無敢私謁解任後囊橐蕭然

顧駟江南如皋進士乾隆巳丑任斷事明決姦猾無所藉手縣胡姓祖塋路屍案猾吏輩欲文致成獄駟燭其奸覓屍親傾骸去無一連株者其平允多類此

郭瑾永平臨榆舉人乾隆戊申署任愛民如子聽訟公平明允無疾言厲色受責者咸無怨詞選閒調去縣士女祖道旗亭焚香泣送數十里不絕

沈清直江南武進舉人乾隆巳酉任下車廉諸吏奸狀嚴加懲創每折獄片言立決處事無問鉅細洞悉情偽大吏重之凡一切疑案多屬聽斷以明察稱以上皆新增

師儒

明

陳祖訓四川人任教諭留意學政士類丕變以詩名舊志

陳鉞莆田人舉人儀範清肅儒林坊表

張舜舉武功人舉人正德初任持身謹飭督士嚴謹每會課卯入酉出少踰規矩先聲廩膳並胄子弟多所造就

梁龍閩縣人舉人正德庚辰任勤敏精愼敷教樂善

林繼習朝陽人舉人嘉靖丙辰任溫醇誠信遇事能決以上舊志

貢安國寧國歲貢嘉靖間任麻城教諭日與諸生講習署縣事清惠得民府志

江泗字蘭谷浙江開化人嘉靖戊子任莊重樂易長于詩舊志

詹景鳳號東圖海陽人舉人萬歷初任以詩文名尤長於書畫至今縣人士寶藏其墨蹟舊志

劉日曦彭澤人舉人萬歷丙辰任精制舉業一時翕然宗之後登天啓壬戌進士舊志

胡試江夏人明經親賢愛士不愧師儒陞知縣舊志

蕭頌聖定遠人歲貢崇禎時任麻城教諭癸未獻賊破城授之官不屈死統志

黃傑字忍江福建同安歲貢溫恭和易践義履仁一時士類心誠服之舊志

馮奇字元之江夏舉人崇禎間任教士嚴肅師範凜然陞上蔡令

孫節字省齋雲南甲子舉人崇禎戊寅任有風概陞南京學録轉吏部司務同上

國朝

劉肯堂漢陽舉人辛未任上制舉業頗神諸生采訪新增

劉喻義漢陽舉人乾隆五十一年任樸老端方文章亦爾雅深厚

鄧以瑑江陵舉人乾隆甲午任樸茂老成嫻於吟詠同上

麻城縣志卷十五　傳一

列傳一 自唐至明

惟此長風賢喆之藪曰祀於鄉尚論以友清懿闓儀尤俗之厚我録其行足以式後

唐

閭伯璵進士桑居臨河上今名閭家河爲袁州刺史時征役繁重袁特殘破伯璵專以惠化招撫逃亡皆復數年間商旅闐輳州境大治改撫州百姓相率隨之舟航相繼吏不能止其見愛如此到撫一年撫復大治代宗徵拜戶部侍郎未至卒語林

明

吳山字仲安洪武初舉明經仕合州學正善教化擢內江縣以廉稱尋丁艱去補知青城至石首卒山博學多聞尤精春秋鄒來學輩出其門分省人物考

劉從政字恭明洪武甲戌進士拜監察御史謇諤抗直彈劾無所避保靖宣慰司族屬相仇殺從政齎勅撫諭之歷河南山西參議皆清慎綽著能聲卒於官分省人物考

李寧字景安洪武初知餘干縣才識英敏値寇盜竊發寧

卒鄉兵協同官軍擒盜魁邏散其黨數百人歲饑移粟賑濟民懷其惠勒石以誌不忘楚紀

喻文偉明經爲縣訓導以身教遷懷遠縣以廉介稱舊志

李癸明明經知蒼溪縣九載廉介不易其素致仕歸環堵蕭然嘗師事喻文偉每過其墓必下馬徒步舊志

楊敬洪武初知富陽縣剏置廳宇建立學校寬猛得宜民懷其惠楚紀

鍾亮洪武中知定陶縣有惠政秩滿當遷民奏留之乃復任舊志

蔣輔永樂舉於鄉爲裕州司訓秩滿轉吏科給事中舊志

毛添佐字公輔永樂間由知州署肇慶府事守正奉公敬賢禮士庶務修舉民思慕之府志

董應軫字宗南宣德壬子鄉舉第一授鄭州學博擢福建提學僉事天順七年廣西大藤峽賊亂舉朝以經濟推應軫陞參議平蠻有功致仕歸通志

董紱應軫之子成化壬辰進士知湖口縣清慎惠民縣有蘇觀渡水齧堤壞紱重築之民被其澤府志

董樸字汝淳紱之子成化甲辰進士知重慶府儉已愛人明禮義正風俗以艱去淪民銘德於石起楚雄知府課農桑立碉堡建學舍增祭器尤勤講學諸生貧不能婚葬者資助之陞江西參政歸惟敝廬以終老府志

董士毅字維遠樸之子正德庚午舉人授四川南充縣一介不取有青菜布衣破轍羸馬之評陞知蓬州知州清操益勵歸時囊無長物正德戊辰大旱捐穀倩人埋瘞饑殍不下數千統志

董陞士毅之子嘉靖丁酉舉人授安岳縣撫民以寬馭吏以嚴課諸生除巨盜斷冤獄民爲立碑頌之府志

王本儉字節之成化戊戌進士初授吳縣改豐城父遺詩勗之因刻石後堂日夕自省由是豐城大治歷桂林副使會蠻寇譁本儉提兵蕩平之卒於軍通志

鄒來學字時敏宣德癸丑進士授戶部主事督餉陝關規畫有條理陞員外郎從王驥征麓川有功正統土木之變擢僉都御史提督軍務巡視畿甸東北諸關隘能以權智集事請分遣文武大臣帥兵據險邀敵歸路廷議韙之景泰癸酉陞副都御史明年巡撫南畿賑蘇松饑民勸農桑修水利姦吏勢豪悉繩以法又請留京儲以備賑濟復軍

運以省勞費時善其議以勞遘疾卒諭祭葬孫鄒騏成化進士刑科給事中以耿介稱楚紀

鄧逵宣德乙卯舉人授江津縣狷介不苟政暇課諸生文藝訓誨不倦一時科第甚多擢御史官貴州僉憲府志

劉訓字忠言先世有名芟者從高帝起兵官同知賜田麻城因家焉訓成正統巳未進士知金壇縣有惠政性儉素治蔬圃以自給拜監察御史廉直有風裁冢宰王翱特疏薦其治行爲天下第一陞山西參政子仲軜令崇德孫璲另傳統志

劉璲字士約訓之孫宏治庚戌進士知豐城縣愷悌果斷興學育才縣好淫祀首毀之以正民俗自守狷介不私一錢徵斂有方姦猾屏迹述職爲江右第一府志

劉天和字養和璲之子正德三年進士授南京禮部主事劉瑾黜御史十八人改他曹二十四人補之天和與焉出按陝西鎮守中官廖堂奉詔辦食御物於蘭州天和謂非所辭不往堂奏天和拒命詔逮之部民哭送者萬人錮詔獄久不釋吏部尚書楊一清疏救法司奏當贖杖還職中旨謫金壇丞刑部主事孫繼芳抗章救不報屢遷湖州知府多惠政嘉靖初擢山西提學副使參遷南京太常少卿以右僉都御史督甘肅屯政請以肅州丁壯及山陝流民於近邊耕牧且推行於諸邊尋奏當興革者十事田利大興改撫陝西請撤鎮守中官及罷爲民患者三十餘事帝皆從之洮岷番四十二族蠢動天和誅不順命者又討平湖店大盜及漢中妖賊就進右副都御史母憂服闋以故官總理河道黃河南徙歷濟徐皆旁溢天和疏汴河自朱仙鎮至沛飛雲橋殺其上流疏山東七十二泉自鳥尼諸山達南旺河濬其下流役夫二萬不三月訖工加工部右

侍郎故事河南八府歲役民治河不赴役者人出銀三兩天和因歲饑請盡蠲旁河受役者課遠河未役者半之詔可十五年改兵部左侍郎總制三邊軍務兵車皆雙輪用二十人遇險即困又行遲不適於用天和請倣前總督秦紘隻輪車上置砲鎗斧戟廂前樹狻猊牌左右虎盾連二車可蔽三四十人一人輓之推且翼者各二人戰則護騎士其中敵遠則施火器稍近發弓弩又近乃出短兵敵徙則騎兵追復製隨車小帳令士不露宿又毒弩矢修邊牆濠塹皆從之吉囊十萬衆屯賀蘭山後遣別部寇涼州副

將王輔逐奪其蘄寇莊浪總兵官姜奭屢敗之進天和右都御史寇復大集兵將入犯天和策寇瞯西有備必東窺檄延綏副將白爵胥行與參將吳瑛合寇果東入黑河墩遇爵伏兵大創而去既又入蒺藜川爵尾擊之寇多死尋入寇家潤張家塔爲爵瑛所敗犯寧夏者總兵官王效復破之帝大喜進天和左都御史吉囊犯河西天和禦却之進兵部尚書寇將入平虜城天和伏兵花馬池寇戰不勝走河上遇伏兵多死於水吉囊乘虛寇固原剽掠且壓會涇潦弓矢盡膠無鬭志而諸將多畏縮天和斬指揮二人

召故總兵周尚文令立功會陝西總兵官魏時角寇至黑水苑尚文盡銳夾擊殺吉囊子小十王寇退寧夏巡撫楊守禮總兵官任傑等復邀擊敗之鐵柱泉斬獲共四百四十餘級論功加天和太子太保廕一子錦衣千戶前後賚銀幣十數遷南京戶部尚書召爲兵部尚書督團營言官論天和衰老遂乞休歸家居三年卒贈少保謚莊襄天和初舉進士劉瑾欲與敘宗姓謝不往晚年內召陶仲文以刺迎稱戚屬天和返其刺曰愧矣吾中外姻連無是人仲文恚其罷官有力焉（明史）

劉守有號思雲萬歷間武進士出身襲祖莊襄公廕官錦衣衛加太傅神宗寵眷殊渥子承禧號延伯亦武進士襲職好古玩書畫奕葉豐華人以謂縣之王謝也（舊志）

劉僑字東卿天啓辛酉襲祖莊襄公錦衣職授北鎮撫司魏忠賢屬陷汪文言僑不從削籍歸崇禎初起用命訊畜允升易應昌僑素從二人端方保全之後委緝六部十三省事僑極言耳目難信忤旨謫戍馮元颺疏僑忠直宜還職報可未用卒（統志）

劉漢字天章號坦菴宏治舉於鄉知商水縣以流賊劉六

等入縣謫崇德丞遷建德愛民好士有古大臣風初賊至掘窟以藏家口妻女薰灼死惟一子七歲以鼻置土罅得免即端簡公采也（舊志）

劉采字汝質漢之子嘉靖己丑進士時張璁當國采爲會試所拔高等特嚮意采不肯往謁補宿州約己裕民發姦摘伏屬歲饑上吏督糶急采請移帑羨代輸至秋民爭償無逋者歷官副都御史巡撫山東時苦採礦命下嚴急采疏請緩辭極婉剴獲允御史某請開膠萊河通海運采條其不便者五事遂寢先是詔近畿撫臣屯兵臨清備入衛

後歳以為常士卒㡳……累遷南户部侍郎疏請裁諸費不經者鋳工從卒以之糧殺侍郎廷議以采代采至處以鎮靜條畫悉當機宜凡運艦至戒主計者剔除一切收支積弊轉輸稱便反側乃災異自劾免穆宗立起南京工部尚書改兵部尚書凡四載乞休歸采歴官四十餘年清介如一日卒年七十四諭祭葬贈太子少保謚端簡分省人物考

劉天民字養達天和之從弟訓新淦學憲委品隲諸生卷被録者餉以金叱還之内艱補常州訓歸田杜門課子瀾嘉靖舉人知銅梁孫守泰解元登第吏部主政蓋家教也舊志

劉瀾字汝觀號鎖山天民之子嘉靖庚子舉人授銅梁縣縣故多逋賦瀾禁隷卒不得入鄉擾民藉端乾沒惟以牒付族長督率如期人無敢負者有盜魁朱宏仁以賄賂滑通官左右剽刼四十餘年莫敢訐瀾廉得左右主名首置之法又知鄉保長王貴重武勇任俠為宏仁羽翼瀾密進語曰我故知……故也汝欲富何不為官除賊受上賞貴重……與典史周堯平畫策縛宏仁餘黨悉除尋以憂歸再起補高陽縣多巨璫好以非理撓法瀾無所聽璫皆怨為蜚語謀中之瀾竟拂衣歸

李正芳字彦碩夙有隱德正統壬戌進士歴東昌南陽知府善政著聞改保寧時趙鐸反正芳率兵討之設奇制勝厥功甚懋累任山西布政去後民甚思之府志

李瀷字士清正芳之子成化己丑進士官至參政事繼母孝友愛諸弟當官廉平父正芳子文祥文欽俱以直聞舊志

李文祥字天瑞祖正芳山西布政使父瀷陝西參政文祥自幼俊異弱冠舉於鄉成化末登進士萬安當國重其才

以孫宏璧與同榜欵於家文祥意弗慊也屬題畫鳩語含刺安深銜之未幾孝宗嗣位郎上封事畧曰祖宗設内閣六部贊萬幾理庶務職至重也頃者在位多匪人權移内侍賞罰任其喜怒禍福聽其轉移讐視言官公行賄賂阿之則交引驟遷忤之則巧讒遠竄朝野寒心道路側目望陛下密察渠魁明彰國憲擇謹厚者供使令更博選大臣諮諏治理惟……委任不復嫌疑然後體統正而近習不得肆也祖宗……法司專徇己私不恤國典豪強者雖重必寛貧弱者雖輕必罪患及奸宄養成玩俗兼

之風尚奢麗禮制蕩然豪民僭王者之居富室擬公侯之
服奇技淫巧上下同流望陛下申明舊章俾法曹遵律令
臣庶各守等威然後禮法明而人心不敢玩也然國無其
人誰與共理致仕尚書王恕王竑孤忠自許齒力未衰南
京主事林俊忠南通判王純剛方植躬才品兼茂望陛下
起列朝端資其議論必有裨益可翊明時且賢才難得自
古爲然習俗移人豪杰不免惟茲臣庶不盡庸愚能知自
愧郎屬名流樂其危災乃爲猥品願陛下明察羣倫罷其
罔上營私違天蠹物者餘則勉以自新旣開改過之路必

多遷善之人臣見登極詔書不許風聞言事古聖王懸鼓
設木自求誹謗言之縱非其情聽者亦足爲戒何害於國
遽欲罪之昔李林甫持此以禍唐王安石持此以禍宋違
近驟聞莫不驚駭願陛下再頒明詔廣求直言庶不墮奸
謀足彰聖德大率君子之言決非小人之利諮問倘及必
肆中傷如有所疑請試面對疏奏宦官及執政萬安劉吉
尹直等咸惡之數日不下怨詔詣左順門以疏內有中興
再造語傳
咨辨析而出謫授陝西咸寧丞
南京主事夏崇文論救不納工部主事莆田林沂復請召

文祥及湯鼐納崇文言且召陳獻章謝鐸等時安已去吉
直激帝怒嚴旨切責之廷臣多薦文祥率爲吉直所沮宏
治二年以王恕薦召爲兵部主事監司以下餽贐皆不納
到官未踰月復以吉人事下獄貶貴州興隆衛經歷都御
史鄧廷瓚征苗咨以兵事大奇之欲薦爲監司文祥曰昔
以言事出今以軍功進不可固辭不得乃請齎表入都固
乞告歸疏再上不許還經商城渡冰陷死焉年僅三十明史
李文欽字天存濍之子宏治戊午舉人仕南陽通判以母
老乞養不許遷陝州知州未幾棄官歸養母卒哀毀骨立

居鄉質直見人言不順正色責之其風概不愧父兄云舊志
周鑑字以人號孔明正統乙丑進士授監察御史出按江
西大學士陳循子所爲不法鑑置大辟陳切齒伺無所得
乃諷部遷雲南副使九年不調鑑洗貪墨理誣枉開寶泉
壩溉田數萬頃後擢山東按察使乞歸姓譜
周廷徵字公賢號墨沙鑑之孫宏治己酉舉人正德中除
臨淮教諭擢卬巴安夾西時安化王寘鐇反廷徵調榆林
副總參遊
害令楊英爲書密達仇鉞擒寘
鐇逆首惡何錦等械送京師朝廷遣都御史楊一清大監

張永總兵始至永以功不由己乃追還寘鐇別自報捷又盡奪寧夏將士功與諸貴倖紀功給事中郄夔懼而自盡寧夏幾變賴廷徵威望素孚又爲撫定而自其功於朝尋陞九江兵備副使流賊劉六等南竄廷徵晝夜籌畫賊不敢逼分省人物考

周戴字汝厚號愚齋廷徵子嘉靖鄉薦戶部司務歷員外會北邊入寇部議遣官督餉難其人戴獨往時帥臣驕悍戴與抗禮詢家世益重其父風知楚雄歷長蘆都轉運使老於家生平無疾言厲色與人交輒吐情愫人無不愛之

舊志

周鉞字汝舉號魯山廷徵子任河南郟縣縣丞莅任月餘值巨盜百人晝劫王兵馬埽其帑報至知縣胆奪不能語鉞前請曰令惟守藏第以兵授丞丞任獲之遂疾馳行劫所謂裨校曰賊必從某道出走某道是皆負重可徒手縛也既而伏發皆就擒兵巡僉事林騰蛟聞而激賞之曰孰謂丞一書生而不堪大將印知縣死檄鉞攝郟篆適嚴嵩私人鄢懋卿者不解臺務而理鹽法以挾重呵喝諸御史州縣無不篋贓金奉者郟吏以所見聞請鉞嘆曰丞惟一身有婦耳何所得數百金鄢至大失望乃出二故篋付典史緝之鉞曰此欲借爲名耳陰備二新篋典史入以所緝故篋見鄢大怒蹴破之使呼公入盛氣謂曰丞無耳耶不知我當知御史吾奔走吏也而敢傳客遇我即徹篋之不能新將使委臺臍於草莽鉞陽謝曰何者不以屬丞丞飭新篋二不能遽獻迨巡二篋入鄢視篋則新也而中枵然愈失望然無以難之笞典史而去林騰蛟激賞之曰吾屬州縣長三十也而僅一周丞男子何寡也林以名御史失嚴嵩意外授風采益峻獨遇鉞有加禮臥病且死後事悉以

屬鉞曰吾不欲死齷齪吏手也遂改攝宜陽已攝盧氏治盧之旬日行獄得老吏當戍者飲食之日以一邑大事報我當寬若吏叩頭曰左藏贏金三千無知者請爲公壽公得金具白諸司以充官用後復還郟郟賦繁故有荒額二千石當蠲盡爲豪右所占民不得邀惠鉞廉狀密白上官請覈實諸豪爭啐上官議竟格鉞憤投劾歸子宏祖貴贈監察御史

周宏祖鉞之子嘉靖二十八年進士除吉安推官徵授御史出督屯田馬政隆慶改元司禮中貴及藩邸近侍廕錦

衣指揮以下至二十餘人宏祖馳疏請止賚金幣或停世襲且言高皇帝定制宦侍止給奔走掃除不關政事孝宗召對大臣宦侍必退去百餘武非惟不使之預亦且不使之聞願陛下勿與謀議假以嚬笑則彼無亂政之階而聖德媲太祖孝宗矣臣又聞先帝初載欲誅太監張欽義子錦衣兵部尚書彭澤執奏再四今趙炳然居澤位不能效澤忠無所逃罪報聞已請汰內府監局錦衣衛光祿寺冗思院冗員復嘉靖初年之舊又請倣行古社倉制詔皆從之明年春言近四方地震土裂成渠旂竿數火天鼓再鳴

隕星旋風火雨黑豆此皆陰盛之徵也陛下嗣位二年未嘗接見大臣咨訪治道邊患孔棘備禦無方事涉內庭輒見撓沮如閱馬核庫詔出復停皇莊則親收子粒大和則權取香錢織造之使累遣糾劾之疏留中內臣爵賞謝辭溫旨遠出六卿上尤祖宗朝所絕無者疏入不報其冬詔市珍寶魏時亮等爭不聽宏祖復切諫尋遷福建提學副使大學士高拱掌吏部考察言官惡宏祖及岑用賓等謫宏祖安順判官而宏祖謫未幾拱罷量移廣平推官萬歷中屢遷南京光祿卿坐朱衣謁陵免明史

周宏禴字元孚倜儻負奇好射獵舉萬歷二年進士授戶部主事降無爲州同知遷順天通判十三年春上疏指斥朝貴言兵部尚書張學顏被論屢矣陛下以學顏故逐一給事中三御史此人心所共憤也學顏結張鯨爲兄弟言官指論學顏而不敢及鯨畏其勢耳若李植之論馮保似乎忠讜矣實張宏門客樂新聲爲謀主其巡按順天納娼爲小妻猖狂干紀則恃宏爲內援也鯨宏既竊陛下權而植又竊司禮勢此公論所不容祖訓大小官許至御前言事今吏科都給事中齊世臣乃請禁部曹建言曩居正竊

權臺省羣頌功德而首發其奸者顧在艾穆沈思孝部曹言事果何負於國哉居正惡員外郎管志道之建白也御史龔懋賢因誣以老疾惡主事趙世卿之條奏也尚書王國光遂錮以王官論者切齒爲其附權奸而棄直言長壅蔽之禍也今學顏植交附鯨宏鯨敢竊柄世臣豈不聞已不敢言奈何反欲人不言乎前此長吏垣者周邦傑秦燿當居正時燿則甘心獵犬邦傑則比迹寒蟬今燿官太常邦傑官太僕矣諫職無補坐陟京卿尚謂臺省足恃乎而乃禁諸臣言事也夫逐一人之言者其罪小禁諸臣之言

者其罪大往者嚴嵩及居正猶不敢明立此禁何世臣無忌憚一至此哉乞放學顏植歸里出燿世傑於外屏張鯨使閒居而奪世臣諫職嚴敕司禮張誠等止掌內府禮儀毋干政事天下幸甚帝怒謫代州判官再遷南京兵部主事十七年帝始倦勤章奏多留中不下宏禴疏諫且請早建皇儲不報尋召爲尚寶丞明年冬命監察御中閱視寧夏邊務巡撫僉都御史梁問孟巡茶御史鍾化民取官帑銀交際宏禴疏發之詔褫問孟職調化民於外河東有秦漢二壩宏禴請以石爲之濬渠北達鴛鴦諸湖大興水利

還朝以將材薦哱承恩土文秀哱雲明年承恩等反坐謫澄海典史投劾歸卒於家天啟初以嘗請建儲贈太僕少卿明史舊志宏禴號二魯宏祖之弟熟讀綱目下筆千言鄉場五策雙行密書王世貞賞之其文詩著作甚多有周罔卿詩集刊行

周宏謨字元文宏祖族弟萬歷武進士官遊擊同李如柏等戰平壤會倭關白陷朝鮮王師敗朝用沈惟敬議令宏謨同惟敬往諭倭就款還疏倭情甚悉復遣往議封貢至朝鮮仁施縣病卒贈都督僉事廕黃州衛千戶通志

周宏廸字元惠宏祖族弟嘉靖乙卯舉人授灌縣政尚嚴明後陞石屏州府志

熊祥景泰庚午舉人授蒲江縣築城修學建演武場政績不著子纘知成都縣有賢聲後知邛州府志

曾啟景泰癸酉舉人授犍爲教諭誨人不倦士習爲之一變舊志

劉綱景泰丙子舉人知清遠賑饑有方民賴以活創闢學宮規制宏敞均賦役勤撫字士民爲立遺愛亭府志

宋兌字維東景泰丙子舉人知濰縣專務以德化民不爲矯激之行秩滿奏留復任後陞濟寧牧府志

周庠貢生正統中知陳州緩刑罰興學校其復業之民計口授田教以種植居數年州漸富庶百姓戴之如父母府志

鄒潾天順壬午舉人授石泉縣時經番夷之害民多逃徙潾善於招撫復業者甚衆府志

黃時中字宜之成化乙酉舉人知阿迷州時初設流官百務肇舉時中善於撫綏得夷民心府志

萬祥號河東成化辛卯舉於鄉授蘇州推官舉卓異士民保留陞本府同知丁艱服闋門人董樸勸其補任祥引毛義捧檄爲言授徒西塾學者稱爲河東先生縣城址瀕河

春夏患衝激廉請於縣令捐貲疏上流爲新河以殺水勢至今賴之舊志

邱瑩號北山成化甲午舉人知開縣持政廉平榜其門曰愛百姓如子受一錢非官府志

熊經字載道成化戊戌進士知無錫有惠政諸生邵瑩吳學輩皆其所資給鑒拔者時有徐姓作石槨於太湖欲毀民居開河通舟經弗許六載內召爲人中傷出知陝西隴州以疾致仕經性剛氣豪善談論敦孝友有東溪集行世分省人物考

尋崑山字楚瞻幼奇頴成化甲辰進士累官副都御史所至有政績能文章一時碑碣多出其手明統志

唐書宏治壬子舉人授巫山縣知修石城民永賴之府志

曾大有字世亨宏治癸丑進士授定遠知縣黌舍官廨城郭坊市悉爲增修撲滅妖賊孔布等一境晏然徵拜監察御史直聲震臺端以忤劉瑾除名瑾敗起擢知府累陞江西布政使分省人物考

陳文字簡之宏治戊午舉人知崇明縣遇風潮大變奏請賑濟活三千餘人又擒海賊施洪父子以抗言忤巡按某調延川歷戶部員外郎出爲襄府左長史文外和內剛居官清介歷任幾三十年田廬如故著有自怡集府志

曾大顯字世榮宏治壬戌進士累官禮科給事中忤劉瑾謫江西布政司照磨歷晉參議所至有風裁以疾乞歸府志

毛駁宏治甲子舉人授太平縣綜理有方剖決無滯吏民不敢欺府志

毛鳳韶字瑞成正德辛未進士知江浦縣有善政擢監察御史上弭災八事如復舊制以鞏鎮守尤關天下利害巡按陝西雲南貪墨吏皆望風引退終雲南僉事著有聚峯文集明統志

詹瑩字廷玉正德甲戌進士南戶部主事歷官福建參議耿恭簡先進遺風載詹瑩居官淡薄用鹽豉粥云云舊志

劉淑相字養忠正德甲戌進士授南京兵部主事武宗南狩參贊尚書喬宇選一人奉迎諸司皆憚相獨請往得旨還宇深器焉歷任順天府尹執法秉正權貴憚之未幾與內閣訐奏下錦衣獄尋歸卒於家分省人物考

阮朝東字子西嘉靖癸未進士累官四川提學副使不設町畦廉儉終身若無官者弟朝策亦進士家庭友愛鄉評

高之舊志

喻希禮字節之嘉靖癸未進士以重慶推官擢御史會議大禮大獄杖謫者多竄荒徼希禮因禁中祈嗣上疏極諫世宗震怒尚書夏言力捄之謫戍六安十餘年赦歸卒隆慶朝追贈光祿少卿賜祭明史附薛侃傳

曾烶字日宣號筆山嘉靖癸未進士知獻縣擢給事中世宗南狩抗疏立輦廷杖下獄謫靈州州判直聲動一時累陞福建參議拜命未就而歸通志

陳仲晦嘉靖丁酉舉人任石屏知州治海口建六閘軍民稱便府志

劉廷舉字巨塘嘉靖庚戌進士授分宜縣以不附權要調上蔡尋爲袁州知府廉平仁恕威惠並著時大饑廷舉發廩捐俸施粥民賴以活申明聖諭頒刻小學士風丕變去之日有徹底澄清一巨塘之謡府志

周思久號柳塘嘉靖進士以瓊州知府致仕抗志希古品詣卓犖與耿定向相友善嘗謂門人歸善楊起元曰學必求至聖人非但欲爲好人也歆之酒酒酸又謂之曰世人云酸秀才願子他日無忘此味也及起元館選引山鷄自

矜其羽爲喻建輔仁書院工詩律書法著有石潭集學者稱石潭先生舊志

耿定向字天台號楚侗嘉靖丙辰進士行人擢御史督學南畿焦竑出其門歷卿寺巡撫福建進尚書廕子謚恭簡生平力學敦行歸里講學執經履滿戶庭以下舊志附黃安志

耿定力字叔台隆慶辛未進士與兄定向究心理學初官民部陞成都守以文章飭吏治遷福建提學道時稱冰鑑累官至操江少司馬

二公原麻城人隆慶末析邑西隅併黃岡黃陂地建邑黃安縣而公等遂入籍焉故亦載黃安志

麻城縣志卷十六　　傳二

列傳二明

明

周思敬號友山嘉靖甲子舉人隆慶戊辰進士官戶部郎爲江陵相公張居正所鑒賞後竟以救援臺官忤其意時論賢之累官至戶部侍郎倭賊起護解糧餉協同大將軍劉綎討平有功贈工部尚書父祖誥封廕一子賜祭塟舊志

附新增

周思稷字養初思敬之族弟隆慶戊辰進士臨海知縣慈祥廉靜有古循吏風在縣五年嘗清丈田畝稽核戶口不事察察而人不敢欺又酌定鹽課上下利之陞戶部主事府志

周之夫號赤城思稷子萬歷丁未進士由推官轉禮部郎歷溫州知府先是分考浙闈得潘曾紘陸鰲陶崇道稱知人工制舉業有青袍壺隱諸草行世舊志

熊吉字柏舉進士經之孫舉人夔之子以貢爲南陵訓導課士有聲督修城池收瘞暴骨縣人德之陞壁山教諭不赴解組歸與毛鳳起劉承烈講習理學年八十八卒子應淯官四川峩嵋知縣采訪新增

羅樹聲字伯實萬歷癸酉舉人知灌縣以清敏稱西征之役軍需旁午樹聲供億有方民以不擾又捌觀陞西安府丞府志

孫一謙萬歷時爲南京刑部司獄給囚米甚均衣敝至爲囚浣補一切舊弊釐革殆盡囚深德之秩滿轉靈山吏目王世貞爲詩美其行府志

王之機萬歷壬午舉人歷官四川參政會建昌猓亂之機受命偕劉綎討之攻克桐槽諸砦大小五十六戰諸猓巢穴一空改雲南復以才幹機警著績滇藩莊兵爲盜與執法忤投劾歸府志

陳楚產字北學困童子試遂以白衣中式成萬歷癸未進士仕博野知縣清廉勁直百姓稱之遷兵部主事歸里數十年不起凡縣中利弊輒言於長吏篤交友不以貴賤易視鄉人咸敬愛焉通志

梅國楨字克生少雄傑自喜善騎射舉萬歷十一年進士除固安知縣中官誥國楨請收責於民國楨僞令民鬻妻以償民夫婦哀慟中官爲毀券擢御史會哱拜反明史魏學曾傳

哱拜西部人煽衆作亂因命魏學曾督師討之學曾師久無功時寧遠伯李成梁方被論廷議欲遣爲大將未敢決國楨獨疏保之乃遣成梁子如松爲提督將遼東宣大山西諸鎮兵以往而國楨監其軍遂與如松至寧夏初學曾欲招東暘朝令殺拜父子贖罪遣卒葉得新往四人方約同死折得新脛置之獄巡撫朱正色以賊詭請降而張傑嘗總寧夏兵故與拜善遣傑入城招之朝乃舁得新見傑得新大罵賊被殺傑亦繫不遣而學曾以賊求撫爲之請帝切責及是城中百戸姚欽武生張遐齡射書城外約內應夜半舉火外兵不至

賊殺其黨五十人欽縋城出來奔當是時賊外以求撫緩兵而陰結寇爲助然糧盡勢且困七月學曾與夢熊國楨定計決黃河大壩水灌之水抵城下時套寇卜失兔莊禿賴以三萬騎犯定邊小鹽池用土昧䥫雷爲前鋒而別遣宰僧以萬騎從花馬池西沙湃口入爲拜聲援麻貴擊之右溝寇稍挫分趨下馬關及鳴沙洲學曾令遊擊龔子敬扼沙湃口而檄延綏總兵官董一元搗土昧䥫雷巢斬首百三十餘級寇大驚引去遇子敬圍之十重子敬死寇亦去賊援遂絶學曾益決大壩水八月河決隄壞復繕治之

城外水深八九尺東西城崩百餘丈著力兔宰僧復入李剛堡如松貴等擊敗之追奔至賀蘭山賊亦懼求款未決會學曾得罪罷朝命以夢熊代夢熊遂成功初學曾之遣人招東暘朝也留固原十餘日以俟之帝責其玩寇李呴渡河又稍遲松山河套寇先入官軍用是再失利學曾嘗上疏令監軍無與兵事帝爲飭國楨如其言國楨頗憾之及至軍劾諸將觀望而頗以玩寇爲學曾罪給事中許子偉亦劾學曾惑於招撫誤國事國楨又言僉事隨府從城上躍下賊令四人下取我軍咫尺不敢前又北寇數萬斷

我糧道殺戮無算匿不以奏帝遂大怒逮學曾至京然學曾逮未踰月城壞而大軍入賊竟以破滅夢熊既代學曾亦賜尚方劍時調度靈州獨國楨監軍寧夏賊被圍久食盡無援而城受水浸益大崩國楨挾諸將趨南關秉忠先登國楨大呼諸將畢登賊退據大城攻數日不下國楨使間紹東暘朝承恩互相殺以降貰其罪三人內猜疑東暘朝遂先誘殺承恩黨文秀承恩亦與其黨周國柱誘東暘朝殺之盡懸東暘朝文秀首城上開門降如松率兵圍拜家拜倉皇縊闔室自焚死夢熊自靈州馳至下令盡誅拜

黨及降人二千慰問宗室士庶寧夏平夢熊正色國楨各上捷奏而俘承恩獻京師帝御門受賀詔磔承恩於市夢熊正色國楨各廕世官如松功第一如薰貴秉忠等加恩有差學曾初奪職爲民敘功以原官致仕學曾任事勞勩灌城招降之策本其所建及宣捷帝召見大學士趙志皐張位志皐位力爲學曾解尚書星以下多白學曾無罪國楨亦疏言學曾應變稍緩臣請責諸將以振士氣而逮學曾之命發自臣疏竊自悔恨學曾不早雪臣將受萬世譏如松亦言學曾被逮時三軍雨泣夢熊亦推功學曾帝

初不聽既而復其官居家數年卒夢熊以功進右都御史初卜失兔爲都督其部長切盡台吉最用事切盡台吉死卜失兔不能制諸部經畧鄭洛專事羈縻學曾以洮河之變惡諸部爲逆襲殺明安會拜及著力兔宰僧遂聲言與拜爲一家而卜失兔莊禿賴亦引兵助之及拜誅切盡台吉之此吉宰著力兔宰僧莊秃賴等頓首花馬池塞下悔罪求款夢熊爲奏請帝以夢熊初主學曾言其前後異議令要諸部縛叛贖罪著力兔等求款益堅夢熊乃與巡撫田樂奏上四鎮款戰機宜俟朝議中外相仗莫敢決卜失

兔遂率諸部入人定邊總兵官麻貴等擊却之夢熊以功加太子少保未幾切盡台吉從子青把都兒犯甘肅總兵官楊濬副總兵何崇德禦之斬首六百餘級夢熊復加太子太保兵部尚書尋入爲南京工部尚書而都御史李汶代自洮河變後寇頗輕中國招撫議既絶諸部數入犯四鎮遂頻歲用兵云夢熊雖功多其品望遠出學曾下卒官國楨既招降承恩以夢熊貪功殺降劾其罪夢熊奏辨言拜所畜家人皆死士緩一二日東暘朝黨復集必再亂臣寧負殺降名以絶禍本帝爲下詔和解之論功擢國楨太

僕少卿踰年遷右僉都御史巡撫大同久之遷兵部右侍郎總督宣大山西軍務在鎮三年節省市賞銀十五萬兩有奇父喪歸未起而卒贈右都御史明史附魏學曾傳

梅之熉號惠連國楨之子晚披緇爲僧號稿木傳涉羣書於海内名宿頡頏主盟以襲廕官値國變卽解組歸祝髮入山衣蠶食糲以終其身刻有文稿及春秋因是並翻譯諸釋典舊志

梅國樓字公岑號瓆宇萬歷癸未進士擢辭垣官行人典試浙江遷工科給事中時河決議復故道請專設總理國

樓力保潘季馴上遂命潘爲都御史總理河道有功萬歷十四年征永寧蠻時安堯臣外怙平播功內仗水西有撫鎭雄制永寧之心國樓爲川南道督兵協討俘獲蠻丑者詢知鎭雄將曾大功兵五營屯大壩水西兵已渡馬蹄堡約攻永寧堯臣所遣彭月政等助逆不退于是遺咨總兵侯國弼等始知歸惡堯臣而川貴兩撫馳奏堯臣稔惡急發師擊之毋使弛復爲蛇蟒復爲河也疏上廷議無敢決用師者國樓遂亦不能竟其志後遷廣東貴筑道江西南贛兵備道布政使司參議年七十餘告休歸里 明史

梅之煥字彬父侍郎國楨從子也年十四爲諸生御史行部閱武之煥騎馬突教場御史怒命與材官角射九發九中長揖上馬而去萬歷三十二年舉進士改庶吉士居七年授戶科給事中東廠太監李浚誣拷商人之煥劾其罪疏上言今天下民窮餉匱寇橫兵疲言官舍國事爭時局部曹舍職掌建空言天下盡爲虛文所束縛有意振刷者不曰生事則曰苛求事未就而謗興法未伸而怨集豪傑灰心庸人養拙國事將不可爲矣請陛下嚴綜覈以責實事遏言路以重紀綱別臧否以惜人才庶於國事有濟時

朝臣部黨角立之煥廉柢自勝嘗言附小人者必小人附君子者未必君子蠅之附驥卽千里猶蠅耳時有追論故相張居正者之煥曰使今日有綜名實振紀綱如江陵者誨誡之徒敢若此耶其持平不欲傳會人如此出爲廣東副使禽誅豪民沈殺烈女者民服其神海寇袁進掠潮州之煥扼海道招散其黨卒降進改視山東學政天啟元年以通政參議召遷太常少卿擢右僉都御史巡撫南贛丁內外艱家居當此之時魏客亂政應山楊漣首發忠賢之奸忠賢恚甚拷殺漣由此悍然益誅鋤善類慣傒楚人矣

謂漣被逮時過麻城漣罪人也之煥與盤桓流涕嘗削籍其實漣未嘗過麻城也無何逆黨梁克順誣以賜私詔徵賍莊烈帝卽位乃免徵起故官巡撫甘肅大破套寇斬首七百餘級生得部長三人降六百餘人明年春寇復大入患蹤豆創環大黃山而病諸將請掩之之煥不可曰幸災不仁乘危不武不如舍之因以爲德焉遂不戰踰月羣寇望邊城搏顙涕泣而去冬京師戒嚴有詔入衛且行西部乘虛犯河西之煥止留遣兵伏賀蘭山後邀其歸路大兵出水泉峽口再戰再敗之斬首八百四十有奇引軍東戍

悍卒王進才殺參將孫懷忠等以叛走蘭州之煥遂西定
其變復整軍東明年五月抵京師已後時矣有詔之煥入
朝翌日又詔之煥落職候勘温體仁已柄政矣初體仁訐
錢謙益之煥移書中朝右謙益至是體仁修隙之煥遂得
罪之煥雖文士負材武善射旣廢無所見所居縣阻山多
盜之煥無事輒率健兒助吏捕無脫者先是甘肅兵變其
潰卒畏捕誅往往亡命山谷間爲羣盜賊勢益張至是賊
數萬來攻麻城望見之煥部署輒引去帝追敘甘肅前後
功復之煥官廕子然終不召明年病卒明史按之煥別傳之煥少孤從母日

課書盈寸倜儻雄駿異於凡兒萬歷癸卯與楊漣同舉於
鄉以功名節義相期許甲辰舉進士選庶常同館孫承宗
獨推重之改吏科給事中輒扼腕時政上疏極言其大指
務在破私交紬黨論矯時救弊愛惜人才尋出爲廣東按
察司副使多所平反天啓元年擢都察院僉都御史巡撫
南贛是時魏璫與大獄逮楊漣考死言官擿漣黨以煥爲
首誣煥在省中受取賕賂坐削籍遣戍會懷宗即位召以
原官巡撫甘肅煥鈞校羣吏威嚴服邊方其功最著乃以
閣臣某指劾遂解官歸里流賊起秦隴蔓延光黃開煥以
軍法部勒鄉人賊不敢犯麻城者八年後敘甘鎮前後功
加級廕一子忌之
者盈朝卒不果用

楊王庭字自邑號中愚生世族幼而岐嶷萬歷乙酉舉於
鄉初任潯陽令江之岸北地形窪下民聚廬於此庭下車
夏流氾溢民惟待斃庭曰吾爲民父母視數萬民就死不
救縱獨生有愧願渡江與之俱死乃破浪親往捍築垂潰
之堤立就潯人感之名楊公堤爭建祠以祀時萬歷中鑛
使四出庭持正忤璫坐是不得內召平調桃源令尋晉廣
信府丞署篆饒守已倦遊歸里敎子孫俱文章名夫人朱
授宜人封手不釋紝紡戚族之貧者咸仰給焉歿祟祀鄉
賢江右艾南英過麻慕之爲傳通志附舊志

按明崇禎甲戌入祀鄉賢考語　看得本官正大律身光
明率物早歲以文章聽鳴鹿多士服其子雲中年以政事
矢懸魚當道許爲伯起權璫橫湖口與之均茵抗禮搢紳
賴以觀聽者七十二城大浸壞江堤毅然破浪捍築黎民
幸而生全者百千萬命江以西淮以北皆桐鄉之民也歌
召父咏杜母非循吏之效歟林泉泄泄雖已十年鄉黨恂

恂有如一日施仁活族子孫洵有貽謀老成典型桑梓
譽之不倦所當祀諸俎豆有光垂之百世不祧者也譖

詹淑字茂修萬歷乙酉舉人授資陽縣在官九年公正慈
廉條陳勸農養生省用恤刑等議皆見施行府志

彭好古字熙陽萬歷丙戌進士知歙縣擢御史歷僉事剛
直不撓風格類古人府志

彭遵古字且陽好古季弟與顧允成友善性耿介厲名節
同舉萬歷十一年會試會南畿督學御史房寰連疏詆都
御史海瑞遵古同顧允成諸壽賢抗疏劾之畧言寰茹賢
醜正不復知人間羞恥事臣等自幼讀書即知慕瑞以爲

當代偉人寰大肆貪汙聞瑞之風宜愧且死反敢造言逞誣臣等所爲痛心因劾其欺罔七罪始寰疏出朝野多切齒而政府庇之但擬旨譙讓及得允成等疏謂寰已切讓不當出位妄奏奪冠帶還久之以御史言起叙授終光祿少卿明史附顧允成傳

彭信古字龍陽好古仲弟與伯季俱諸生信古試輒鈍謂季弟遵古曰爾利於文每冠軍爾試予與爾易之及揭榜遵以信文仍擢首乃輟書嘆曰大丈夫奚事毛錐玉門定遠可按劍呼也遂因武籍登萬歷癸未進士累官朝鮮參

戎朝鮮用兵信古率步兵用大梧擊斃其渠魁衆軍進逼賊壕毀其棚壽以礮裂失利充爲事官後敘功賜廕府志

蔡茂春萬歷壬辰進士知建德縣興學育才勸農積穀徭役維均捕盜恤孤設義塚立小學興利除害無不條舉府志

曹大受字無可萬歷甲午舉人知浙江新城縣理滯獄鋤巨憝因性鯁介左遷蜀藩典簿會奢賊變募死士擊之以功擢貴州兵備副使復晉階一級意有不合竟拂衣歸府志

李長庚字酉卿萬歷二十三年進士授戶部主事歷江西左右布政使所在勵清操入爲順天府尹改右副都御史巡撫山東盡心荒政民賴以蘇盜蔓武定諸州縣討禽其渠魁四十六年遼東用兵議行登萊海運長庚初言不便後言自登州望鐵山西北口至羊頭凹歷中島抵北信口入歷兔兒島至深井達蓋州剝運一百二十里抵娘娘宮陸行至廣寧一百八十里至遼陽一百六十里每石費一金部議以爲便遂行之明年二月特設戶部侍郎一人兼右僉都御史出督遼餉駐天津卽以長庚爲之奏行造淮船通津路議牛車酌海道截漕運議錢法設按臣開事例嚴海防九事時議歲運米百八十萬石豆九十萬石草二

千一百六十萬束銀三百二十四萬兩長庚請留金花行改折借稅課言臣考會計錄每歲本色折色通計 千四百六十一萬有奇入內府者六百餘萬入太倉者自本色外折色四百餘萬內府六百萬自金花籽粒外皆絲綿布帛蠟茶顏料之類歲久皆朽敗若改折一年無損於上有益於下他若陝西羊絨江浙織造亦當稍停一年濟軍國急帝不悅言金花籽粒本祖宗舊制內供正額及軍官月俸所費不貲安得借留其以今年天津通州江西四川廣西上供稅銀盡充軍費於是戶科給事中官應震上言考

會典於內庫則云金花銀國初解南京供武俸諸邊或有急亦取給其中正統元年始自南京改解內庫嗣後除武官俸外皆爲御用是金花銀國初常以濟邊而正統後方供御用也會典於太倉庫則云嘉靖二十二年題準諸處京運歲糧不拘金花籽粒應解內府者悉解貯太倉庫備各邊應用是世宗朝金花盡充兵餉不知陛下初年何故歛之於內也今不考各邊取給應用之例而反云正供舊額何相左若是至武官月俸歲不過十餘萬乃云所費不貲哉且原數一百萬陛下始增二十萬年深日久巔末都

忘以臣討之毋論今年當借即嗣後年年借用可也毋論未來者當濟邊即見在內帑者盡還太倉可也若夫物料改折隆慶元年會行之以解部濟邊六年又行於南京監局亦以濟邊此則祖宗舊制陛下獨不聞耶帝卒不聽時諸事捌始百務叢集長庚悉辦治天啓二年遷南京刑部尚書就移戶部明年召拜戶部尚書未任以憂歸崇禎元年起工部尚書復以憂去久之代閔洪學爲吏部尚書六年正月修撰陳于泰疏陳時弊宣府監視中官王坤力詆之侵及首輔周延儒長庚率同列上言陛下博覽古今曾見有內臣參論輔臣者否自今以後廷臣拱手屏息豈盛朝所宜有臣等溺職所立賜譴黜終不忍開內臣輕議朝政之端流禍無窮爲萬世口實帝不懌次日召對平臺時副都御史王志道劾坤語尤切帝責令回奏奏上帝益怒及面對詰責者久之竟削其籍明史

王成位號儀寰萬歷丁酉舉於鄉歷任至肇昌府同知事繼母以孝聞晚年講學著易不衰舊志

楊之彬萬歷丁酉舉人姚安知州慈惠潔守敏才卓識省獄訟平賦役蠲苦丁復鹽市修學宮一州利弊盡爲釐舉

其大者開擴城郭功尤茂著府志

熊所師字呂源家貧歲歉有知交餽稻數十斛分給親友一時悉盡從弟妹不能自存者敎養婚嫁之萬歷丁酉舉於鄉任贛州府推官守將縱兵剝民按法劾罷隨爲州將所中謫廬州判州有豪強犯法前任屢捕不出所師攝州事擒置諸法後調北流縣卒櫬歸貧不能葬通志

王育德字澤寰萬歷庚子舉人初知嵩明州東川土蠻之變以擊賊功陞僉事守永昌佐巡按姜壽策擒斬叛蠻馬一駿分巡臨元規復十八寨觀察黔中銅平蠻耳山苗倡

亂卒兵入其界撫之黔賴以安後晉陝西右布政入覲卒於京 通志

周制號岐陽萬歷舉於鄉仕開化知縣潔已惠民民祠祀之其子延齡孫長流俱經明行修 舊志

田生金號雙南萬歷甲辰進士由推官擢御史累歷太僕卿有節概聲望以縣中雀角困林泉其官臺諫時復方孝孺友族家一疏爲人所稱 舊志

邱坦號長孺萬歷丙午武舉第一官至海州參將即弁官歸坦能詩有北遊稿南遊稿楚邱集度遼等語 舊志

陳以聞字寄生號石泓萬歷丁未進士授吳縣不畏強禦調無錫行均田均役法發運弁勤免狀數決大獄甚有風力遷禮曹晉尚寶寺丞以與楊漣高攀龍善忤魏璫削籍崇禎初起官累少司寇被論歸卒 府志

周崇極字無所舉萬歷已酉鄉試歷安溪象山南陵知縣仕南陵時有中涓奉差歸輜重絡繹須役夫五六百人驛遞不堪其擾崇極令如數在盡傳入治庫內計蘭花數百盆崇極碎其一則金珠實其中將盡碎之中涓戢抑急出金募役人咸快焉後陞貴州道僉事時有叛苗都御史執其魁付治之崇極給苗冠帶且誡曰姑貰汝罪效順則止不然將盡戮毋赦諸苗喜曰旣釋我罪又榮我身遂相戒勿叛朝議善之 採訪新增

曾之賢字伯艮萬歷壬子舉人任深澤知縣北俗輕生賢禁溺溢嚴反坐刑以是清他縣疑獄上官多藉讞決奏最擢御史首劾罷貪撫張明綱巡按宣大會代藩廢長立幼上疏切論實爲當時國本地也後卒於官 通志

周邦璟號桂明萬歷癸丑進士行人擢監察御史督學南畿名流多出其門魏璫時削籍崇禎朝起河南道入司京察徙太常卿晉大理寺遷南京兵部侍郎爲人廉隅寡言笑 舊志

劉鍾英字俊卿號大凝萬歷癸丑進士官翰林值廷擊東宮一案舉朝沸騰或勸上章公曰皇上誠慈皇太子誠孝忍不爲君父留餘地耶明旦太子果下令曰張差瘋人打死便了外廷何得有加詐語說衆乃服其識天啟辛酉典試閩闈崔田等嗔不附黨削籍歸自是楊左周夏以次逮獄一日都御史梅之煥憤甚過某言謂往京一語件楊左諸君死公從容爲言忠激忘身無異抱薪救火向使唐李

訓鄭汪少濟以狄梁公之學問何至仇士艮殺二王一如四宰相耶梅意乃解崇禎戊辰起洗馬司業祭酒尋遷禮部侍郎再疏乞養疾歸性醇篤不喜聞人過居官不附黨不沽名不越職言事舊志

田生芝號瑞陽萬歷丙辰進士任密雲縣陞吏部主事累陞光祿卿通政使爲人沉摯詳縝初治密雲值餉運孔棘縣解額豆餼苦芝力行海運以便至今德之舊志

萬吉齡字叔廸萬歷武進士官貴州都司壽九十四爲人温克書法倣詹景鳳晚年尤佳舊志

陳鵬舉字雲卿號六息天啟丁卯鄉薦任定遠學博署篆禦賊有方畧陞蔚州守遷刑曹郎舊志

鮑之祥字若孩崇禎辛未進士臨川知縣時軍興加派祥不忍鞭朴涕泣勸諭值編審召里長聚庭下面均徭役吏不敢欺疏布自奉如寒素府志

余士瑞字季美崇禎丁丑進士任福清縣節操清介以理學倡教化後官九江節推適左良玉兵下江南至九江闖上大肆虜掠官民屏息士瑞仗義切責良玉左右兵之斷其手股受重傷而死時論憤之此宏光甲子年事舊志

周損字遠害號逌收少與劉侗善共硯席者十餘年侗入北雍損從之遊共著帝京景物畧選詩皆出損手登崇禎巳卯鄉榜癸酉會試副榜授饒州府推官饒俗多盜下車捕數十人盜爲斂跡值馬士英兵過樂平民苦其擾聚衆殺之英怒欲屠城院司議執殺兵者以獻樂平民將挺而走險上司檄損攝縣事損單騎往諭民皆投戈乞命損曰日兵民互殺適足相當復重戮吾民以激之乎今國用告匱若以償金諭未必不從如不獲命職敢任其咎民聞者

歡聲震天損首爲捐俸次視民貧富斂之共得萬金以報且許續金若干乃得不屠及索所許損屢以空文婉拒尋遂寢損博學善詩文疾革時惟勉子力學敦行無一語及家事舊志

董璋字公朗崇禎壬午舉於鄉爲人厚重有容官長垣縣興利除害政尚寬大子時升舉進士任山東夏津縣舊志

補遺

嚴毅字近仁以明經選授教諭俱載府縣舊志其家乘備載其陞授萊蕪縣知縣引見時建言稱旨任萊蕪擒捕盜

賊斷獄平允有古良吏風惜乎前志遺之

麻城縣志卷十七　傳三

列傳

國朝

項始震順治丁亥進士授縉雲知縣時山寇縱橫鄉邑殘破始震招撫之寇散民安民間婦子散失者捐金贖歸陟大理同知府志

王有容字自牧爲龍巖知縣時方軍興徵夫取餉羽書旁午有容多方爲民請命乘便增城浚濠儲糧置械及漳郡失守巖孤城無援有容乞師於贛與民瀝血死守賊逼城

有容調兵據勝屢挫其鋒賊解去城賴以全通志

汪淑間字邁陶順治己亥進士揵爲知縣安輯流遺縣人德之府志

王元士字大周號九山順治辛卯鄉魁己亥會魁任浙江定海縣因海防禦賊有功陞廣東瓊州知府在任除鹵鹽陋規搜明邱濬海瑞後裔拔取之士民稱頌不衰擬陞羅定道未任卒以下採訪新增

萬象字天成授新貴縣陞黃平州知州再任山西解州知州恪恭乃職治著循良大吏以清廉上薦轉刑部山西司

鄖中平反亦多允當

程浩字天行號知菴父自勝號昆岡厚重有禮明萬曆間授靜海典史清介有惠政卒以鯁直忤縣去士民皆哭送之生二子長達字大行府庠浩其次也少穎異好學能文十四入泮食廩餼應順治八年拔貢生授通判改授河南按察司經歷巡撫賈漢復聞其清介委署臨潁民多便之署虞城閱月以俸滿轉台州同知時海寇鄭成功艤帆出沒無常浩日與知府郭曰燧等協辦軍務歷府縣考試公明有聲復攝黃巖篆告病歸行李蕭然其清介始終如一

初浩

朝考時晤同科貢生羅載惇述及生庚遇合無不相同遂視若昆弟後羅陞黃州守卒於官家口不能遽歸浩寄帑歸橐有古人風其致政時軼事云

胡躍龍字羣吉公國子順治辛卯舉人壬辰進士任鄖陽府教授時府經兵火黌宮未及修理躍龍捐貲重建偱西山遺孽跳梁頻年大兵進勦委給糧行間士無譁者連攝鄖竹房三縣篆武當香稅典史者舊有例人爭營之躍龍兩委監不受一錢涖鄖九載直指李公稔其治行列首剡遷直隸新城縣旋致仕歸重修拜郊堡北門岐鎮東深溝二橋近宅有朱家堡大河春夏設舟秋冬建橋募善醫者和藥濟世前後約費數千金於祖居設塾教子弟多所成就從子文域生數月失怙撫猶巳子遂舉戊子亞魁授隨州學正值歲饑族屬鄉鄰連日不舉火者甚衆從弟生員胡輝田窘迫來告躍龍遂慨然以穀數百石徧周卹之軼事詳墓誌銘

鄒宗彥字俗儀號坦菴少貧困撫諸弟友愛倍至明季土寇竊發築堡捍禦中順治丁酉經魁戊戌進士庚子同考

北闈所得皆知名士同鄉劉本源亦其一也旋授綏陽縣愛民如子政暇以春秋課士癸卯連科獲雋者二十餘人秩滿陞澤州知州未授病卒綏陽署縣人德之祀名宦

張颺字扆儀明末避難往來黔楚二十餘年善弓馬熟韜畧

大清定鼎後以武功歷安籠鎮總兵官旋改文階累官廣東布政使司

引見時恭聆

聖訓慎以持衷勤於涖事敬書匾額懸掛中堂任粵五年

權攝督撫印篆年六十八休致歸里
胡呈祥字叔文少貧投軍行驍勇絕倫以弁員効力滇黔
從征吳逆有功授徽州參將
鄒世美康熙癸卯歲貢任湖南沅江訓導幼穎異經史過
目成誦好作詩長於集古捐俸修學宮與同學謝公置學
田四十石兩院保舉署沅江縣
鄒士璁字石瞻康熙甲子舉人由戊辰庶吉士授檢討典
試山東隨督學山西約條悉關大體逮辛卯擢內閣學士
兼禮部侍郎明年春充

廷試讀卷官癸巳
命山東祭告監賞綠旗兵丁以
覃恩貤封
誥命正三品廕子越三年乞休出入禁闈三十餘年
天恩屢錫及解組而車騎祖餞名公卿贈以詩歌宦成之
美擬二疏焉致仕歸以餘貲建祖祠置田以供族衆祀事
清閒淡泊足跡不出戶庭其長子汝模入詞垣人以爲靑
瑣世業
鄒汝曾字鈍齋康熙丁卯舉人辛未進士初任清豐縣清

豐錢糧舊以富民催編戶差役催富民民甚苦之汝曾力
去其弊一時完納甚速縣入學止十五六名汝曾設義館
勸考課月捐俸以給薪水督學按臨取進二十二人再任
獲嘉縣夏秋逾時未雨汝曾至潔禱虔告下車而甘霖大
霈縣西有來雲寺東西二院界與延津縣接居民置地二
十四畝爲香積資明末寺廢地失墾後搆訟兩縣各爲袒
護汝曾剖折之俾各得一十二畝訟端頓息
簡命行取陟御史轉爲大理時有家人以事誣其幼主者
獄上汝曾托疾未署押因得緩獄大吏隨雪其冤有知縣

杖奸民甃仇家夜竊尸懸周元勛門縣役與周有隙誣周
重獄申部汝曾駁之得白爲僉都御史時
賜石硯詩文外任奉天府府尹雖性至嚴毅好獎勵後進
平反庶獄
憲皇帝時任太常寺卿因獻黃河清頌徵引錯謬罰修荆
州堤
王楠號頤中康熙丁卯舉人候補中書改授常德武陵教
諭著有周易本義補選程墨華寶集以授諸生詳請興革
十要重修文廟兼修堤塍朔望課文二藝撰武陵人文一

卷丁酉大計巡撫李發甲表薦第一授羅源縣莅任部揹修文廟興義學修縣志訟皆立決捕盜如神伸理冤獄不避權要署閩縣時有把總被誣侵蝕馬饟擬斬楠理其冤將軍不懌楠曰職在核實縱奸廢法故殺負心官可去勘不可更也己亥巨盜薛彦文橫肆五縣震動楠密示捕員二更於城東獲奸宄爲内應者次日恊同營將入山搜獲賊首衆黨悉平巡撫黃國材特薦因老病乞休士民感德鐫碑志之長子文焯邑庠生次文熺籍常德沅江歲貢

鄒汝謙字謙公由貢授岳陽縣潔己愛民掃除一切陋規

修學宮培書院文風大變岳俗輕生多株連無辜謙訊明郎令押埋莠民不能獲利全活者衆鄉愚不識禮教同宗無服輒聯婚謙諭以百世不通之義違者立杖斷離風俗一正岳民勒碑以紀其實再攝靈石潞城篆人咸戴德乞休歸里布裳徒步恬如也

鄧良璦字理豐康熙庚子歲貢邑令吳顧行延掌義學十二年訓課有法續刻西陵課藝一時知名士多出其門乾隆己未選蒲圻縣訓導兼教諭事重修學宮大興文教致仕歸里公舉庚辰鄉飲大賓年九十四卒

王琬字序周性醇厚動必以正善屬文中康熙三十五年鄉試在山西試院衡文極公正人不敢干以私任岳州教授有廩生某以事得罪岳州知府必欲褫生名琬固護得免後某生力學成名亦任湖北教職士論亟稱之其孫聯登賢書早入仕籍咸以爲隱德之報云

蔡仕本姓王康熙乙酉舉人任湘潭教諭補諸生時路給遺金四錠日暮俟遺金人來尋詰實盡還之是科任郎登榜

徐家麟字遠睟康熙癸巳舉人以明通榜補孝感學教諭

後任均州學正嘗贊理縣令吳顧行葺義學置學田刻西陵課藝縣東桃林河倡設義渡請諸公製文勒石免其差派至今稱利賴焉生平善詩古文詞若散帙往往見諸他集

程均字和安康熙甲午舉人任桃源教諭署常德教授教士懇摯辦祭誠敬諸弟子員受薰陶者皆列巍科歸後囊空衣敝晏如也

成撰字西翰號豫二壬子副榜任枝江訓導撰舊志潛修拈題自課縣内知名士多出其門髦而猶勤同知彭欽賞

以武公未老題其額撰亦手録身經五世太平日眼見四君全盛時之句書聯以誌喜年九十三歲卒

李遠字邉彰康熙乙酉舉於鄉任嘉禾教諭巡撫延聚嶽麓書院口講指畫多取造就遷永州府教授年八十一告歸

鮑啓泌字師鄴號念齋雍正丙午副榜保舉任湖南石門縣縣多虎患及泌到虎多遁去調任通道除採買轉長沙通判丞修貢院除開銷帑項外捐銀四千餘兩號舍一新署衡州府適通道猺寨嘯聚大吏因泌任通道時撫御有方檄委查驗即單騎往曉以大義責懲首犯數人餘悉省釋苗民帖服蓋其居官清正所致也

甘學淳字右泉號簡齋乾隆壬戌進士任江西興安知縣性廉潔不苟取政簡刑清與民休息下車即修造芝陽書院延師教育文風丕振有僧海 犯奸餽重金不受又有富人牛死人誣以私宰爲之辯明後餽酒内藏白金召其人笑與之其清操類此以大計解組歸先是武生毛明經爲縣訟師屢懲斥責常語人曰渠不愛我我却愛渠不過要我做好人耳至是率縣中士民成萬民衣傘流涕蔫送

歸家後隱居東山無長物不計有無時有江姓懷厚賄求干謁公庭答曰吾平生如婦人守寡豈肯臨老嫁人耶江負慚而去刻有窻稿及口頭語詩子椿縣學生

吳家駒號栖堂乾隆甲戌進士授確山縣縣當孔道舊苦供給家駒除勘合外無所與民賴以安聽訟無留牘鄰縣疑獄多委決信陽富民杜姓因姦殺人投刀而逸州弗能決家駒廉知死者爲杜舊佃遽令決庄前塘水落而匕首見徑拘杜以刀合傷處脗合遂伏罪甲午歲大祲因始縣報歲失實民攜槁苗質告知縣夜逸大吏委家駒往撫境内帖然所至多平反呼吳青天四校鄉闈所拔皆名宿任十二年擬薦卓異以疾歸民遮道攀轅依依不忍舍去

鮑棟字宇週廩貢生知州署印江縣鄰縣歉收搬運者衆米價頓長棟諭富戶減值出糶有廖戴吳三族互爭田界訟數十年不決棟往勘無所可否置酒勞之三姓者皆皤然悔願以爭界廢爲閒壤任鎮遠適滇省徵兵所辦夫役例撥赴差時日給食集人守候概使自食棟捐貲給之轉仁懷同知向例廳學止六名詳請廣額三名文風因以蔚起戊戌因公赴省道見民多菜色禀請大吏捐廉賑濟遂

於省城外設二廠施粥飢民大蘇以卓異引見卒於京

鄭文坦由附監捐通判任四川攝廣元捐建義學置學田任彭水縣屬通衢役夫工食素爲胥吏侵蝕乃捐銀給夫懲胥吏勒碑杜弊在綿州時有蕭姓先與貧生婚後嫌貧悔之坦捐俸三百金爲生置田宅斷蕭女歸生生以力學成名

鮑材字作舟附貢生居家孝友處世端方任雲南嵩明州知州一以廉潔自矢不久卒於任

成倫字展言學富品優乾隆癸亥癸未兩爲修學宮及修鼓樓首領以廪貢任孝感縣訓導三署教諭事懇懃訓課

和易嚴明奉委編查俗淳恥格舊有學舍傾圮自解囊修葺加增維新歷九年以疾告歸士人思慕不忘述之碑誌

梁景陽字鳳喈號梧岡乾隆庚辰

恩科鄉試第一辛巳擢國子監學正己丑成進士歷官吏部郎由科道累至太僕寺少卿廉介明敏待人真誠篤摯乙巳歲以年逾六十預千叟

盛宴拜賜有加有同年友卒於京無子遺三女流離失所景陽昏其長女次女幼女則挈之歸里縣會館在京者創自有明舘側被侵蝕贖而新之里中好義者咸踴躍襄事經理指示景陽一身任之本末具載碑記

侯映甲字麗山庚辰經魁初授祁門縣廉明果斷試童子杜館冒弊絕風清調蕪湖捕蝗有功陋歸悉屏以丁毋艱服闋分發甘肅授高臺縣卒於任子幼扶櫬規家徒四壁無朝暮資未幾其子亦卒無繼祠者豈廉吏可爲而不可爲耶

胡翔霄字裔雲號晴沙乾隆乙酉舉人內閣中書任杭州通判遇事勤敏委辦兜盤頭海塘衆議撤舊柴塘翔霄不可外仍柴塘內加石塘工始竣杭州多火災羣不逞輩因

火搶奪翔霄至諭令折民房斷火路其救火兵丁及諸無賴不得藉端搶奪違者按律坐府內肅然歷署九府所在有聲著武林遊草四卷卒於任以上採訪新增

麻城縣志卷十八　傳四

知縣事嶺南黃書紳纂修

列傳四 儒林

惟古儒林經師授受著述淵源承先啓後斷航絕梯流爲學究裒輯鄉評一方俎豆

明

毛鳳起字瑞東號道峯爲縣生員究心性命之學聞陽明先生倡道東南徒步從之居數年有所得歸而授徒作心學圖致知說以淑人士先生之道以誠敬爲入門以踐履爲寔地嘉靖壬辰詔舉賢良敦行遺逸之士有司以鳳起應辟不就知縣陳子文築道峯書院復其繇役以居就教者益衆鳳起德性和易志行高潔孝友敦睦老而彌篤崇禎年間後人塑其碑位於五腦山明德堂祀之舊志

王可任號重菴爲縣生員少喪父有弟三人俱乳稚可任且讀且治家撫弟供母十餘年稍長學問日裕德行日修士紳及知縣穆公雅器重之入闈不售遂棄舉子業留心理學之奧與周石潭耿天台相友善晚年著讀易便覽與紫陽相發明卒之日遺命書紳云生無益于時分也死無

逃於後遇也循分安遇守常俟命吾何求哉嘗纂蘧伯玉爲人因自號知非子云子成位中萬歷丁酉鄉試

謝天眷字夢膏爲人不循尺幅磊落有概從周思久遊受業於耿定向之門潛心理要識者一見即許爲法器尙氣節而不落於任俠談名理而不溺於章句馮少墟鄒南皐高景逸爲理學宗者俱契重之

毛可學號思溪爲縣生員敦尙躬行倡明正學以孝友著聞凡學使至楚俱以眞儒優獎年七十三卒崇禎年從通縣公議與劉承烈並祀五腦山明德堂 以上舊志

劉承烈號拙齋爲縣生員幼喪父稍涉章句即以聖賢之道爲己任從耿定向講學甚加器重縣中無論童叟俱稱爲拙聖論學以格物爲宗著有同道録格物解聞見録等書行世 府志

麻城縣志卷十九 傳五

列傳五 文苑

大道散著文別爲科東京以下流別滋多逐末遺本勢如江河約舉百里傑者不磨

明

鄧楚望字震卿號東里嘉靖己未進士鄉舉年最少爲貧欲仕廷試時內閣夏言惜之命撤席歸久之始登第官行人外補按察副使解官年僅五十林下三十餘年賞花賦詩築百可園自娛著有詩刪續稿及詩城摘錦紀聞笑林

等書子茂林 舊志

鄧茂林字仲翔見時聰穎英年淹貫百家數困棘闈遂懷棄舉子業服古敦行師事袁某袁諸子不肖以百金私付茂林囑好存貯爲身後計袁歿即攜金爲治喪具其子續曾嶶曾暨孫輩均克繩祖父皆忠厚傳 舊志

邱齊雲號謙之以弱冠領鄉薦嘉靖乙丑進士年方廿四任四川富順縣陞戸部郎出爲湖州知府其致政時年僅三十八宦情甚淡惟寄興詩酒躭情遊覽刻有吾兼亭集粤中稿國雅中選集子邱坦 舊志

梁宸字西橋少穎悟嘗館太史童承敘家童偶閲漢書有遺失宸悉記無訛成童補廩三讓貢與年長者卒就廣文與吏部許深相善屬臨選時自擇書付小史相示宸而允心否曰有命乃簽成都僻遠許爲扼腕旋欲致其子補廩檢宸確辭曰年少當力學功名易得亦易失也府志

劉諧號宏源隆慶辛未進士選庶吉士改兵科給事中外補福建按察僉事遷餘干知縣喜獎寒士居鄉折節後進抗上而不慢下年未冠作西湖律詩百韻人競傳之舊志

周應明字子艮號瀛海萬歷辛卯鄉試第五會試第四授

禮部主事卒於京美豐姿一目重瞳儁才博學能文著小草爲世所稱亦能詩工書法繪事舊志

王兆雲號亦同嗜書築樓名垂雲藏之交遊悉江左名士著有王氏雜記八卷明詞林人物考十二卷鶯座新書八卷王氏青廂録十二卷烏衣集話八卷子陞號西陽工書法舊志

劉師召號魯橋講學著書梅侍郎國楨出其門舊志

周世遴字伯譽工制舉文臨川陳際泰以制舉文稱大家其序文陳周伯譽遺稿云周伯譽何以死而竟死矣然伯譽未嘗死且惟伯譽可以死也予閲人未有如伯譽者西安徐子卿其殆是乎子卿售而伯譽夭伯譽夭而諸人壽皆數之不可測者余生平性嗜子卿冀復得一子卿而伯譽則死矣非子卿而售非伯譽而壽亦獨何哉舊志

王都俞號在明亦工制舉文才思迅發張天如顧麟士楊子常吳次尾等相與交善咸推重之採訪新增

周延齡字大年總角即有才名清修耿介甚有雅操其交制歷仕陝浙竟不一履任所惟以麟經教授閭閈間縣俊秀多出其門遠及滇黔千里負笈受業見重於督師丁啟

睿迓之帷幄一總戎希陞遷持餽五百兩托關説於丁詢之果稱其職乃爲力請得允却其謝金曰受之則非公其不苟類如此明末輪歲薦不就士類高之其子長流著有麻城春秋文選行世其家學淵源云舊志

劉侗字同人號格菴爲諸生即見賞於督學葛公禮部以文奇奏參同景陵譚元春黄岡何閎中降等自是名益著聞崇禎甲戌捷南宮授吳縣令之任卒於維揚舟次初客都門取燕人於奕正所抄集著爲帝京景物畧八卷其所爲詩制舉藝先爲武昌孟登刻於蘭陽名龍井崖詩及雉

草後萌光三十二義為譚元禮刻於德清為人以千秋自命不苟同於世故詩文亦幽古奇奧不以一字拾人殘瀋傳志

曾晟號秋崖明歲貢前御史之賢子博學瑰行為縣名士閔人吳與泌為立秋崖逸老傳所著詩文極富散軼殆盡今惟縣進士周蝶園之序存舊志

國朝

王汝霖字用肅縣諸生少有文名為文援筆立就督學王發祥嘆為當世史才知縣王潞嘗以縣志屬之纂修會遷去不克授梓稿藏於家庚戌志成多所採取府志

周禮字在曾順治己丑進士會詔進士有願從軍者聽禮從大軍下廣東授高州知府遇事果斷不畏彊禦清理冤獄忤上官放歸以詩酒文章自娛家無擔石晏如也與黄岡奚祿詒同修府志年八十餘卒府志

鄒知新字師可幼少慧苦學不輟長而能文由舉人順治八年官襄陽宜城縣教諭作士有聲督撫洽按五薦志切親民不樂内轉國學陞山東萊陽縣知縣以解逃遲限解任歸田誦讀自娛著有縣志一十四卷文簡事該惜未付梓今志多所取証焉以下採訪新增

楊世泰字以祉同知王庭子邑諸生以次子會官封訓導究心經史終日杜門孝友性成淳和共仰公舉鄉飲大賓年八十有九眼觀五世才萃一堂相繼遊泮明經登科從仕人咸稱教學之淵源云

楊晉字順之世泰三子早食餼有文名集稿刊行士林心折子知數字極其年六歲而孤肅遵母訓十二歲督學奇其特見面取入學次年食餼拔送江漢書院諸大吏咸器重焉日與名宿詩文往來著有列稿及春秋文選行世

李春江字公楫少聰穎以神童名十三歲冠童子試次年

食廩餼年十六拔貢

廷試第一授武昌教諭嗜學摹古與鮑子知譚友夏劉同人艾千子輩頡頏文事

李中黄縣增生少孤事母孝教弱弟極嚴博極羣書嘗著作知名士心折焉著有逸樓四論以上採訪新增

李中素字子鵠少孤性孝友慷慨好施以故家益落工詩文兼長於書畫由廩貢授湘鄉諭為岳麓書院長卓異陞閩縣知縣閩多欺隱至則請按戶清糧自封投櫃由是歡聲載道上吏頒式通行之隨以能廉調臺灣值野番跳梁

討擒渠魁餘黨悉平卒於任通志

周維秬字錫卣號巨公順治庚子舉人康熙癸丑成進士授河南沈邱縣未任少穎慧博學能文端方孝友康熙庚戌縣志與纂修焉著有麥園文集於家以下採訪新增

董天策字克勤康熙壬申歲貢參議應鬯五世孫御史振之元孫以春秋教授遠近學者稱柳溪先生知縣姜構特見尊禮匾其廬曰名重江都有四書文稿春秋文稿柳溪雜稿藏于家

李佐字良哉號螺峰縣學生好讀書不修邊幅工書法尤

善吟咏著有坡隣堂詩集

李之素字雲山歲貢生山居積德讀書動靜必由禮義堪爲後學式著有省身輯要二十二卷孝經內外傳六卷等書行世子煥成進士

熊調鼎字繼周襟胸曠達與物無爭尤時自警醒嘗自題齋云飲酒看花才到二分便怕與人持世合成三反方安其敬慎蓋素履也以歲貢銓選訓導不就教授生徒多方開示里邑望其衣冠者皆曰我家先生家無宿糧勤於學問輯有念一史提綱經古文叹釋惜乎不能梓每多放失

胡鉉字勳鉅號震軒廩貢生曾祖公國崇禎甲午舉人祖躍龍順治壬辰進士父文址年十二入學食廩餼貢入太學鉉少好學通經術易義尤精壬申鄉試卷爲房官陳龍友所賞薦不售遂絕意科名益肆志於詩古文詞善衡文每考試論斷諸生等第高下發科遲速輒奇中性孝友撫弟綸成立訓誨勤懇始終如一居家嚴肅遇子弟過誤雖年長必加飭責未嘗有恕辭知縣劉希向甫下車訪縣名宿往謁首舉弭盜安民數大事悉嘗採納既乃匿跡山村絕不過熟曲縣益重之後卒躬奠其廬著有端池文稿

六卷霞軒詩集二卷藏於家子潛瑞縣諸生翔靄乾隆乙酉舉人內閣中書任杭州通判翹霜巳亥舉人

程九萬字鳴玉生員若深子幼聰俊博覽負文名與兄弟琰琮璘等師資切劘文詞下筆立就豪邁稱首族伯渭南家素豐因乏嗣伯母阮氏以賢且愛立九萬爲繼數年族人爭奪阮氏以渭南鬻婢晏姓有數歲子係其遺孤百計購來更立之九萬乃卽日束裝歸退然返處晏如也攻苦積學弱冠就學使試巳入彀因脫字中落使者榜示遺珠之憾賫志以歿縣人惜之

甘學洵字鳳川性遲鈍有經史癖家貧不能具書每乞假於人手披口吟欬血數升不輟至作文講說輒擱束前言沉思冥索所見解悉從靈府瀹出質之先正寔有發明卒由諸生著有鳳臺文藝四書啟蒙二十九卷

侯天柱字宕峰乾隆丁卯舉人曠達不羈善談論口若懸河胸無畛域教訓生徒娓娓開道無不沁人心曲學者多受其益

李巍字奠川增生性孝友父病痰手足不能運巍左右服侍廢田園延名醫其後家益落兄弟同心財物不私已兩

弱弟賴以成立愛讀書尤精古學頗得王父鵲山遺意以上俱採訪新增

馮士彬字偉文天懷坦直行誼高潔以明經應銓訓導届選

憲文催促堅以疾辭邑侯慕其賢三舉鄉飲介賓三讓不就自以制藝取士來縣中聞人頗饒著作然家多放失彬裒輯成帙令無墜先型人有就正者無遠邇必直言無諱嘗自言曰人來相質是知我也質而弗直是負人也直而不愛乃人負我也寧人負我無我負人年九十而終其剛

方之性至老不渝

麻城縣志卷二十　　傳六

列傳六　忠烈

勇哉氣矜危臨順受取義成仁並光星斗

明

張勝天順六年任雩都尉長河峒賊竊發勝率民陳世用等禦之賊圍急援兵不至死於陣府志

熊嗣先字懷愼萬歷間舉人授南充縣陞敘州府丞以督兵死奢賊之難贈秩廕一子黃州衛百戶統志

彭有謨少貧困從戎累立戰功崇禎間授副總兵援登萊

麻城縣志　卷二十　列傳　十一

有功登萊人生祀之後里居率衆禦流寇以衆寡不敵力戰而死府志

周之茂字松如崇禎甲戌進士歷官水衡郎服闋需次都下闖賊破京城搜得之迫使跪不屈折其臂而死府志

周應泰字子登宏綸長子崇禎時任武昌教諭歷陞陝西寧羌知州時流寇圍寧羌應泰堅守數月城陷被執不屈罵賊而死次子生員葉同遇害題叙廕一子採訪新增

周世岐字文生任北直隷寧衛守備盡忠死節遂葬於寧衛蔡家塘同上

麻城縣志卷二十一　　傳七

列傳七　孝行

古云孝弟通于神明閭門穆穆白華載賡録爲子篤匪曰令名

明

趙悦性孝友以詩書教授生徒父母同日死悦號痛盡哀負土成墳人或助工哭而辭之廬墓側六年感二白鵲馴繞墓門正統中旌通志

梁庠母病篤庠身不離榻衣不解帶者三載有古人所未

麻城縣志　卷二十一　列傳　十二

爲者里中稱爲苦孝舊志

周志生係遺腹母董氏卒志廬墓三載兩院嘉其孝行錫以聯云母氏劬勞四紀孀居貞節義子心純孝三年廬墓繫綱常府志

喻沿毛性中鄒學成夏思鎮俱刲股救親府志

國朝

何佐鼎諸生家貧事母孝甘旨不缺每攜子同戲母前取樂授徒遠方念母輒徒步百餘里歸省無倦色母卒佐痛幾絕合葬父三曾墓右天大雪夜半成塚佐不忍歸塚旁

有枯樹中空佐坐臥樹間凡十四日族里爲草蓬居之佐朝夕哭奠服闋仍廬墓知縣吳頤行重其孝弔唁常賙之竟卒墓側以下俱採訪新增

袁藻元庠生父病秘結月餘百藥不效勢危劇跪榻前啣溺管吸兩晝夜大通其父痊活數年知縣屈振奇奬以匾曰曲全子道知縣姜橚旌其門曰孝全三禮

陳發祥行八司儒樸子幼失怙事母黄氏孝母卒葬陳家河地離家三十里祥廬墓三年

彭韜字丹廷少失怙家貧母苦節韜稍長讀父書輒泣下

母性嚴奉命惟謹及舘河南諭妻鄒氏奉養不離左右後韜成進士不肯遠宦就安陸教諭以母老便於迎養其至性始終不渝云

蔡愼思字二餘歲貢有愼德尤篤於孝父生員蔡瑗講學至夜半偶倦據案寐必敬立候覺父病侍湯藥不解帶者經年既歿哀思盡禮三年寢柩側母毛氏素畏雷愼思聞雷必衣冠依膝下夜則起侍床前嘗應試在外聞雷輒涕泣同寓友咸歎服妻鄒氏孝亦如之足稱兩美其長媳胡氏孝事公姑姑患氣痛甚劇氏私刺肱血和酒進服痛立止姑頭昏氏登樓取菊墜折肱恐貽姑慼忍呻吟旋愈人謂孝以感孝云

胡有才家貧爲人傭工每得肥甘必攜歸就養母病割股和藥救之父衰老成寒疾才抱父足睡者六年卒後復廬墓

袁雪梅篤石區人事母孝母沒葬深山中雪梅廬墓三年雍正十一年知縣李作室贈匾旌之

張在乾患瘋顛每疾作輒往市恣取酒肉不給價而去子廷化自忍饑寒訪父飲食處如價付還毫無怨色凡二十

餘年爲父故長齋拜斗祈疾愈聞者嘖嘖稱孝

歐陽鉉字南山至性純篤七歲失怙母病半載鉉奉事不離左右夜則號泣祈禱兩割股以進母壽愈童子何知孝愛根於天性也

尉賦字士朝父病羸性多躁急所欲皆先意順承病篤醫說便之甘苦可決生死賦每嘗試不以爲穢禱於神以股肉進壽卒寢苫枕塊甘旨屏絕繞柩哀毀者三年如一

商廷周村家農也甫十齡父歿母夏氏年五十攖夙疾家貧爲人牧日得十錢資母食長傭工里左朝食母後出日

未旰而已侍側矣母既昏耄多得罪隣里廷周輒踵門涕泣請罪隣亦爲改容焉後母益衰夜患寒廷周先抱衾同寢解衣取温歷二十餘年如一日母九十四歲卒其送終諸事悉如禮廷周今六十四歲言及其母未嘗不痛悼唏噓蓋其天性獨厚也

劉洪元劉禔遺之季子甫三歲父遠貿稍長詢知父遠出輒思慕欲往尋母以其幼堅止之已洪元成立卽慨然曰天下豈有無父之人乎老母既有兄侍養天涯海角我必往尋不得父誓不歸由蜀而黔而滇城縣村墟無不徧歷

至南徼關於店中殘簿見父名知父出關已久遂裹糧齎足冒險阻以往嘗一夕憩大樹下夢一老僧若爲指示迷途狀遲明遇老僧與夢符異而詢之僧告以其父所在如其言果見老叟操鄉音乃其父也跪禀曰大人安乎兒洪元至矣老叟矍然起呼洪元小字爾何由來此爾少患癬體有疤瘤試與捫之信因相持大慟然父初無歸志洪元朝夕泣請懇父交遊委曲勸諭始許束裝山路崎嶇負父以行五六十日抵水次賃舟東下踰兩月至家家人相對欷歔有如夢寐時雍正六年四月也禔遺歸年七十五在外三十六年歸家五十日壽終

李重貴懸鐘區人齡餘喪母及長父死送歸山臥墓旁不起其兄糞汚臥地亦不起於是廬於墓側在深山茂林中絕不與世人往來三年畢因思已少失恃未盡子心復廬於母墓側食長齋服齊衰三年其後竟不歸娶將些微田產付其弟兄自攜錢十餘千付懸鐘廟僧與之同淡泊終其身以報親恩重貴稍識字文理却不甚通而能篤於所生如此

鄒廷翼國學生性慷慨磊落母嘗有疾翼徧求良醫百藥

罔效乃焚香告天割股食之而母疾遂愈後其父病亦如之蓋其計無所出委曲迫切之情有不能自已者

姚大志伯父琰與父坤友愛同居琰無子志事之如父素嬰痼疾志侍湯藥及卜禱備至未效乃刲股和藥以進應愈而病起

熊元璧字美盛國學生其母婁氏於雍正丁未年病甚時年已六十醫藥不愈元璧匍匐禱於神將左手股肉割以啖之母病遂痊至辛亥年母又病如前元璧再將右手股肉割以奉母母得無恙因享高年謝世

程世和之子程秀因母患病已入膏肓百藥不效秀割股煎湯以進母病遂愈越二十一年始卒

張志遠太史會謹之甥也弱冠苦心力學父病篤醫藥罔效遠割股救之病乃痊竭力甘旨數十年如一日

儒童陳哲州同陳光裕之長子儒士陳文質之孫四齡失恃聰慧過人事兩繼母以孝待異母弟俊傑以友且憤勉讀書小試屢拔前矛不幸年纔十九而殞

列傳 義行

好行其德古聖所稱既富既穀鄉之規繩

元

蔡昭卿官元朝奉郎好善樂施本縣城內建萬壽寺助銀五百兩穀二百石本縣北門外建南堂廟助銀二百兩穀二百石

明

喻儀字麟野諸生以縣不通舟楫漕糧運兌甚爲民苦萬

歷二十四年儀呈請當事奏准永改折色入一條編內徵解今碑記尚存府志

田可東字季川讀書靜退尚義好施曾有故人寄千金其人旋死十餘年倏其子成立還之封識如新鄉里以潛德稱之府志

周應嵩字子中號中嶽萬歷己丑進士光祿卿宏祖之子少穎悟過目成誦爲人磊落不羈好施予父沒以所市易田產還其主者無算一日置數十金於篋爲同塾友盜去家僮私啟友所緘金在焉乃囑緘如故置其處終身不言

其盛德事類如此初授南京國子監博士踰月得疾歸卒舊志

劉守棠字子功縣諸生莊襄公家孫以恩廕讓其叔父溧以世廕讓其弟守孚人以是稱其有讓德夭折士林惜之舊志

飽時發諸生敦古處好施與歲歉散貲財捐粥濟餓三年不倦年六旬約僕焚契歸其財產人多德之以下採訪新增

胡公國字爾定號彤廷崇禎庚午舉人揀選知縣未任事繼母鄧氏朝夕不離左右鄧素多疾病奉侍湯藥衣不解

帶者經年睦鄉鄰多義舉時值土寇猖狂建拜郊堡督丁男竭力捍禦保全數萬人兼紀道賈同春縱兵剽掠地方苦之彤廷躬赴經略盧公象昇轅陳訢兵始輯

周檙字若庸邑諸生崇禎十年奉巡撫余建砦邑西梅侯山變遺產備一方之急躬犯矢石御賊全民十一年有賊犯砦以計擒賊頭目張靖徐槐等解縣巡撫朱臨驗功移咨禮部授河南商城教諭

蔡之瀾諸生好善樂施與本府許文岐爲世誼文岐陞下江防道駐蘄州適賊陷蘄被執不屈遂受刃公聞變冒死入賊背屍殮之親送文岐家鳴於巡按以殉難請賜祭葬賜太僕少卿子作揖年七歲被賊離散僕李文縱蕭文卜負之逃遇賊將孤主藏匿俟賊過復負逃他處賊平送歸禋祀賴以不絕雖二僕之義亦先世隱德之報也

國朝

鄒惺字克忠幼穎異六歲失恃時外父趙之英居史館遂從遊京師同館如吳偉業張溥諸名輩嘗亟稱之之英歿御史奏疏多出其手後之英巡視遼東卒於軍無嗣惺聞訃間關千里扶櫬南旋值流氛肆虐奔走四方至

國朝定鼎黃屬土寇竊發其父避居縣北鄙命惺留城與當事多方守禦幸獲保全辛卯夏叛僕作亂惺偕同縣上告變時督部羅巡按亟命分巡使者率兵赴縣殲其渠魁亂乃息縣胥吏叢奸額外賦常十倍正賦惺數白諸上司剔弊實如地丁徵解悉出縣官驛遞夫馬不重派里甲至今賴之甲寅滇黔變起縣中蠢動惺陰破其謀且曰此輩叛服靡常宜爲善後計時徐守道于郡守撫勦並用悉如所言其濟變之畧屢定大亂後子孫科第聯翩相繼任卿尹皆其教督力也

周長流字子謙號秋山康熙壬戌歲貢居縣河東河舊有官渡後改於高岸河渡遂缺流捐造義渡置庄田募渡夫卽名義區覔請祁趙各縣令批示豁免區內一切差役子階樹孫士适先是諸姪相繼沒皆有孀婦遺孤產盡廢流祭併將各款彙冊請本縣姜𢄙鈐印示後𢄙弁言於首曰人禀七尺軀内以治其家外有益於世乃不負皇天生我意耳濟川舟楫王政所關敦本恤孤家聲攸繫一一區畫周詳纖微至靚斯冊也六行其備矣乎今足以法後可以

傳不獨周氏一家之訓余喜其有裨風敎綴數言於簡端旋經南平李際盛江陵許錫祉僉表其堂爲六備堂云

鄒德智縣生員生平廉潔退讓敦行孝友好古博學知縣吳顧行延爲義館師長生徒甚衆康熙戊戌年三十有二歲病故妻戴氏自縊死知縣請將鄒德智從祀文昌閣并其夫婦節行詳請學政贈額文章節義

李經邦監生於康熙六十年捐穀二百石入會林區東岳廟建倉貯積賑貸區人賴之當經縣爲詳報雍正元年本府蔣國祥贈匾柱史流仁

胡文垣字簡士躍龍子康熙甲午舉人揀選知縣未任居鄉積善適歲歉鄉里所借錢穀百餘券悉還之族黨爭訟輒勸息著有近思堂文稿

鮑珩字友韓附貢康熙戊戌冬珩令甲保於附近五區中計貧戶給穀十餘年樂施不倦雍正二年縣大饑穀昂貴珩復捐穀給貧民近村賴以不斃雍正五年陰雨連綿穀不熟珩出穀減價闔縣蒙惠至今思之

蔡瑗生員雍正元年賑江西饑捐穀一千石制臺楊給好義足風匾知縣吳顧行給大善之門永免徭役牌雍正二

年捐橫河區社穀三百石太守蔣國祥及知縣吳顧行給紫陽屏翰匾

李廷對字論思太學生考授縣丞性渾厚居家尚樸質閉戶教子古道照人有友負千金貧不能償廷對不言且厚恤其家時縣有捕盜者誤致七人適當事便詢力白其誣後果得眞犯艮善以全爲族長教子姪諄諄於孝弟長子對乾隆己亥科以耆儒觀場欽賜舉人明年加國子監學正三子畢篤學力行屢試高等食廩餼乾隆己酉鄉試年七十九歲

欽賜副榜至壬子科八十二歲尚觀光不倦知府先福贈以匾曰信安儒瑞生平樂善曾於唐家壪捐置義塚共修諸道橋梁施丹藥濟人全活甚衆有死而復甦者性孝友雖自處淡泊於貧乏宗親必隨力周恤有堂兄卒於廣東捐金令其子爲歸櫬計歷爲縣長吏所禮重而延主山長凡修建鼓樓儒學荒歲經理賑粥多出其手然非公不至潔已勵操孫輩亦遊庠食餼舉於鄉人以爲廷對貽謀有後澤云

鮑啟泮字思樂雍正癸卯舉人候選中書縣典商向俱照

月三分起息啟泮嫌利重乾隆二年出貲募商於城中設典息止照月二分各典照例俱減丁卯縣歉收糧貴啟泮捐貲往漢鎮買米運至孫陳集減價出糶貧者賴之鄉里婦女守制者每歲給穀以成其操厚道多如此

鮑啟江任陝西寶雞縣丞仝考職主簿周基國捐養濟院田地共三石二斗二升坐落縣南門外五里墩三角湖等處地方其田地畝數詳載養局條內

王國翼字以寧諸生文章宗先輩重然諾好施與康熙已未歲饑捐穀三百斛府丞翁義之書敦尚仁誼以旌焉

張文楷字宜式監生少孤與兄縣庠文正相友愛竭力養母性好施濟捐白塔河義渡人無病涉七十四歲知縣劉希向行鄉飲禮延爲介賓贈以匾曰德綿壽永

鄭焜鄭炳監生性孝友四世同居好施與以望花區係南路通衢民畏充里甲因捐田以辦公區衆勒碑胡家涼亭以誌不朽

喻絳生員家極貧遊泮後教讀爲業兄弟雖析居其修金仍均給弟輩

王萬琰字文茂少貧父歿西川終朝痛感年十六往尋父

墓旣得因與無嗣叔伯柩并扶歸安葬其在蜀時弟因貧析居萬琰歸勸其復合後殖稍豐隨爲周卹丙子江南歲歉路中拋棄赤子萬琰負至店以錢給主撫養戊戌年蜀饑有棄男女者收養至次年豐登令各主領去內有一男一女無歸男爲已子女賠貲與彭姓結婚乙巳年本鄉歲歉自冬暨春均糧以爲應接於宗族則尤加厚焉

劉朝驥諸生性厚重里中有李姓貧道身故子亡遺老媪欲嫁兒婦償債朝驥急止之退還原券戊戌大饑鄰族乏食朝驥按月給米其逸行多類此

太學生劉文泌性孝友爲人慷慨磊落言行不苟輕財賙樂施與至老不衰有古人風丙子春歲歉米昻値有稲數百斛減價過半濟貧乏資其生活者甚夥邑宰單言揚心嘉賴之詳請各　大憲賜有好義可風四字其匾至今存焉

劉汝林兄弟四人汝林居次各分爨汝林貿易遠方歸置田三十餘石將田與公共居屋盡付弟兄及再往外復獲利然後自制私產其妻洪氏因夫外出晝夜紡織亦獲置田數畝見夫歸囊橐有餘遂將所私置田付祠堂作祭費人共稱之

五世同居熊氏貢生鍾字允萬父世珹母陳氏繼母徐氏皆誠篤有隱行鄉里稱其賢鍾與妻李氏事之克盡孝養弟五人監生鉉生員國珍聲亮鑠鏻皆有才學而家事一稟命於鍾鍾亦身任其勞瘁至老不倦一門之內雍雍如也蓋鍾之先世孝友廉讓伯叔昆季之間不異財者五世矣鍾能守其家風而益以醇謹溫裕爲制行之誼子監生紹沅理問紹湖姪紹涔紹渾紹溢紹泮紹潢紹洙紹澄紹浙紹淢孫生員棲楷棨楠姪孫杰曾孫之炳之煥等十餘人鍾教育之皆恂恂率其訓云

儒士劉湖幼業儒善演易其效如神後棄儒就賈居家孝友因母何氏病遂許施藥以求母愈而母病獲痊邑內服藥者病痊亦不可勝數遂施藥十年湖沒後其兄監生劉德源弟劉潤繼續施之至今不倦

戴德綮字止齋廩膳生舉人戴珠之八世孫庠生戴後之子也讀書立品註有孝弟忠信禮義廉耻以訓族人並將居屋田地施作祀產邑人高之今三里橋戴氏郎其後裔也

麻城縣志卷二十三　　傳九

列傳九　隱逸

達性逸情風跡雲上高人之行奕世所放

宋

張憨子隱居九螺山自稱九螺山逸人東坡志林所云黃
州故縣張憨子行止如狂者也熊吉贊云內史之顛以閑
其君惟子之顛獨成其身龍德而隱今鮮其人九螺之山
因子益名通志

王翊建桃黃菴自號桃黃山人熊吉贊云桃黃之菴中有
隱君尸居蔬食抱樸含眞匪道曷依匪善休行無懷之氏
葛天之民通志

元

陳聰世居西山力田務本以禮義廉恥訓鄉邑舊志

甘望魯幼爲人牧奮志攻苦研窮程朱之學卒成名儒以
黃陂有二程望魯臺因以自號府志

明

董紹號明山以明經考選不樂仕進嘗暇日登山臨水徜
徉忘歸留心著作因家世冠裳謙謹過於石氏淸高絕俗

子樸登進士封禮部員外郎舊志

黃卷字景文嘉靖乙丑進士累官副憲年踰強仕即解組
歸服犢鼻褌躬督田事與奴僕同甘苦嘗從鄰舍借耒耜
鄰人負送卷曰但借足矣豈可復荒汝工因自肩還又嘗
以隻鷄尊酒候知縣曰瓦尊可見還知縣笑與之其淸樸
如此府志

李瑞號自岡家貧誦讀希古與劉采爲莫逆友萬歷元年
建縣城瑞糧里輸工親操畚鍤往役焉時采致政村居以
老友役特爲入城省之舊志

周振應嵩之子萬歷巳未進士値天啓朝感時畏禍遂絕
意仕進年五十卒舊志

陶順以子承讜貴封　壽九十九歲居岐亭日與市兒
戲弄樸茂如木鷄可見善養生矣舊志

劉秉鑰更名孩之號三草萬歷舉於鄉授知縣棄官歸築
室東山讀易足不入城市三十餘年著歸正解詩有別致
長艸書晚目暗能揮洒如故舊志

朱之玗號晦生諸生晚講易授徒數困棘闈遂棄舉子業
寄情山水遊自杲築石室居焉與釋道一相友善閱藏經

於興福寺閟足不履地者二載諸經多取識跋老戒殺年八十無疾而逝採訪新增

朱家亨字太宇少習制舉業情操不苟萬歷末詔舉賢良遺逸備詹事府用有司以家亨應不就焚香課讀以壽終子師忠崇禎庚午舉人同上

萬鑑字孔昭號太貞自幼樸厚純雅年既長勤於耕讀得丹靑山水之趣遂隱居不仕人以處士稱之戶科都給事中蔣輔愛其克家以女名守貞字之相助爲理處士家日以裕性好施鄉黨有貧乏者皆賑給之初不計其後之償否也其子祥貴顯鑑雖戒其盡心王事而游優林下終未至於官舍焉同上

國朝

曹應昌字石齋別號石霞幼聰穎作文倣徐庾體不事家產巳卯舉鄉試第一癸未成進士授嘉定知縣放懷詩酒不修吏治會巡按考察問刑名錢穀幾何應云文章頗能幾句簿書非職所長因左遷閩鹽官首領値鼎革解綬歸里讀書立浪園不關世事洪承疇聘之不起晩歲研精佛乘有疏堂文集府志

劉淑頤字百年家世未詳幼倜儻有奇才足跡遍天下所如多不合隱居龜峯山麓之澄波草堂著有集唐詩全稿名倜焉集以下採訪新增

梁中斗字季昂歲貢生少以李鄴侯自況數奇不遇晩年隱居鳴山之谷口莊著有守雪亭詩

楊從龍字又雲歲貢親傳子以附監考授縣佐性和樂雅有介操生平持正敢言急公善事凡邑中巨務頗其經理焉年八十有八教子訓孫成名卒業其三男成功尤樸茂無淆孝思不倦龍又可謂有後矣

鄒倫字子陶舉人早喪父事兄如事父潔清自好惟詩酒文章自娛知縣丁翊壽延爲山長教授生徒成名者甚夥

蔡猷遠優生性孝友教授生徒雍正二年本學教諭歐陽汝壁訓導王希詮奉檄遵舉濳德詳申知府布政使皆給額

王國柱字天木頎壬申鄉薦性謹厚勤學不倦教授生徒不干外事晩年閉扉謝客獨處課孫勉人以忠厚勤苦爲先鄉里咸敬重之

鄒本字大立由貢生考授州同性淳厚其才識隨父岳陽

任贊襄善政七載其父以老致歸日侍二人極孝養及親歿葬祭如禮每月朔望必適墓所瞻依如生時數十年如一日生平擇人而與相見以禮久而不渝彬彬然有古人風爲族長新祠宇清祀田息訟平爭以功正著聞又嘗督修學宮勷建鼓樓及道路橋梁捐貲踴躍鳩工不倦公舉鄉飲大賓年八十卒

鄒藩字方伯太常卿鄒汝魯之次子也性聰穎博極羣書一覽無遺惟與弟藻閉戶互相劘切訓子孫必存大家風骨襟懷亢爽不屑作家人計晚歲教授生徒講解純乎正

學其生平道義自矢裹足不入城市終身布素人不識爲貴介公子也六十餘僅以明經老以上皆新增

程先廸字咸惠邑庠生性寬仁以孝友聞好善樂施徧及孤寡累世施藥餌以濟貧苦刻有感應篇陰隲文施送八十時邑令延爲鄉飲介賓年九十餘卒至今子孫蕃衍

麻城縣志卷二十四　傳十

列傳十　藝術

氣傳於形技進乎道一藝成名豈云小造

樊子曾讀書明理審病察脉預知人十年生死醫家宗之通志

鄒橘泉名希魯洪武初居縣西二里許牛棚山以名醫濟世任醫學訓科刻有橘泉方卷行世子來學官都憲子孫科甲雲仍冠蓋相望其仁術之開家宏遠矣東吳錢溥作有傳以下採訪新增

順菴橘泉之六代孫長業儒遇異人傳授方脉棄儒爲醫精於切脉洞悉表裏之微卒爲名醫

全存恒原姑蘇生員博學長詩賦寄籍麻城以醫著名品行俱卓其子有成克紹其傳

有成字庸玉少精舉子業屢試不利遂讀父書博覽方卷於醫學獨頎其傳

蔣云貴字恒宇博學能詩於方卷無不精究凡病有疑難他人棘手者能應手奏效遠近迎接履滿戶外爲縣良醫

屈大寰爲興國州生員其目雙瞽脉精太素知人壽夭貴

賤吏能曉暢元理人共稱之居麻城卒

陳雲山方脉俱精識見更迥

王松竹居新店販其用藥不以多味而有奇效精曉脉理不泥方卷人共稱之

彭長溪精通醫理刻有醫見私會博宗方卷彙編歌訣以行世後學宗之俱爲名醫

宗合泉其目雙瞽專治幼科如神以手摸小兒卽立判生死不爽

歐陽之旦字旭之生員幼好學遇異人授以大易數遂棄

舉子業精通數學每課吉凶無毫髮爽不三年而名揚海內赴南寧侯左良玉幕欲授以官辭不就後就武昌學官至

國朝定鼎執政亦迎置都中欲薦之仍堅辭（以上皆採訪新增）

蔡密得茅山法正傳六月求雪掌心運雷呼風喚雨驅鬼役神奇幻莫測後密法傳縣人謝龍謝龍傳法於縣人汪炳汪炳以其法傳與陶眞人仲文顯於世廟云（舊志）

宋有章習道法能以符呪治病嘗濬池得一古銅印篆刻蔡密二字又一鐵方条廣狹上下以二寸餘計上鐫一文字章得之其術益進比遇妖異事驅役皆應縣凡旱三禱三應知縣陳鼎鄉士鄒汝魯舉人周際聖各贈以匾額年八十餘坐逝徒仰止精其業（採訪新增）

會鎭號石洞道人於柏子塔石洞幽栖畫山水筆墨蒼老鶴髮藜杖籜冠羽服望之若仙劉子侗爲作序（舊志）

曹愫號素庵幼通經史不遇遂以畫名世工繪馬雁紳士家珍重之（採訪新增）

麻城縣志卷二十五

列傳十一　仙釋

真靈之位三寶之宗幽修密睨仰止雲蹤

晉

麻姑石虎時麻胡秋女胡秋猛捍人畏之築城嚴酷晝夜不止必鷄鳴乃息姑憫之僞作鷄鳴羣鷄皆鳴衆得且息後父覺欲撻之姑逃入山洞修道後於城北石橋上飛昇人名其橋曰望仙名其洞曰麻姑洞統志

唐

釋真應禪師住龜峯山與名流往來如慧遠之在東林也戒律精嚴跏趺坐逝又虛應靈應禪師皆有道場舊志

張化主不知所出處在龜峯山得道爲神勑封爲化主至今有化主神廟鐵像猶存舊志

宋

土主神產蜀璧山縣世稱張七相公宋封紫微侯明封助國順天王其先人官大理評事母楊夫人崇敬三寶喜施濟以故誕神神三月能言七歲通詩文尤好元理少有神人謂曰此子有夙緣應以童身證道顯法于楚年十七歷遊

至麻城見民間多血食淫祠盡燬之止存東嶽廟主祠者訴於官禁獄三年値邑中火災神自揣厄滿當出示神通使人白邑令曰我能禳但取良馬朱棒聽用登馬棒指火滅而神從烟飈中飛騰以上後人以望仙名之立祠五腦山歲旱潦祈之必應人民疾厄祀之必痊湖山險阻呼之必安嗣續艱危禱之必吉無感不通楚郢陳應善梓傳以傳舊志

明

童大智禪師祖居麻城之東山以苦行證果居寺臨海于海龍王借千步沙作佛道場波中卽涌沙洲出有洗蓮池造佛刹迎大智居之大智潛往燒火三年蓮池不知也蓮池與衆異食大智不悅不肯留臨別語蓮池曰汝關著門吃些罷至今中門不敢開開則沙石飛入食中以下舊志

無念和尚本縣人名深有自幼出家苦行修持數十餘年于王瓜茹子還飯錢等語參証有頓悟內典經義罔不精通著有語録于縣東北黃蘗山開剏道場

周道一和尚本縣人名之首爲縣生員父思善夢白衣道人入室而生棄舉子業祝髮爲僧自號金牛小子其祝髮

詩有云金牛小子今而後五日三朝剃個頭徃遊武夷山久居之後于縣東雁臺山剏建道場著有雁臺集涅槃已十年開塔覶之面目如生移出 供養多時仍送塔中

國朝

周大勝生明季年未弱冠屏紛華結茅菴居大勝尖山修煉得道年七十餘無疾終里人立廟祀焉凡祈禱輒應乾隆甲午戊戌巳亥乙巳等年大旱此地十餘里獨多雨澤庇護力也以下採訪新增

釋嗣容本靈隱寺僧參學來麻至仙姑洞下欲結庵居之

地荆棘叢生素多虎豹僧敲木魚募化七晝夜土人壯其胆遂予其地爲之結庵名曰谷隱僧趺坐誦經庵外虎豹甚馴時以飯與虎羣欣然就食其後嗣心如洗塵滌煩追慕宗風亦結茅洞側奉仙姑香火學坐工法足不下山者幾二十年

釋松門本明戶部尚書倪元璐之裔元璐殉節後即棄家剃度來麻於寺旁隙地種松數千株日汲水以溉十年後翠色宜人望如峯嵐因名之曰翠峯寺僧博學善詩古文詞士大夫多與之遊焉

釋獨省住持城北繡佛寺有行力市人咸供養之預知圓寂期先數日徧辭諸素徃來者告以某月某日西歸臨期沐浴更衣端坐與送者作別而逝徒以火葬

釋性哲由黃梅五祖至麻募化諸天金像時久旱無雨河水亦涸與大衆定某日起程當有水送歸衆皆含笑及期大雨河水泛漲登舟告別衆皆嗟嘆嘗市刑重囚數人每夜深輒相呼嘯僧獨坐戶塌唪誦頂光隱透諸聲頓息後延任持火王廟齋居坐化

釋眞覺自幼習儒値明季投永興寺爲僧聽戒師講法華

經至是法住法位世間常相住豁然自悟悟得山河大地無非自己全身聽講楞嚴經至無有涅槃佛無有佛涅槃當下見自己天眞了無生滅後依九龍霈和尚付以衣鉢仍住汝陰說戒十一會付法於麗中僧其圓寂之日預使司侍通耗於麗中至期泊然而逝

釋麗中汝陰現和尚之法嗣也住松泉庵工詩律其付法時師喝一偈曰龍得水時增意氣虎過山勢長威獰自此元風大扇三楚咸得清涼其說法示偈皆以韻語出之佛門中之嫺於風雅者縣人熊御史贈以句云高提祖印知

府周禮顏其匾曰元光四照知臺灣李中素集唐句松際露微月心清聞妙香以贈今麗中語録猶存其山中雜韻尤爲膾炙人口

僧山濟者亦縣東人有清規好修飭梁橋道路以乞鉢爲生積有米斗餘時方旱鄰人多乏食有一偷兒乘夜入僧室行竊時月微明僧假寐聞戶樞聲乃張目覰偷兒入以橐負米出方行數步忽蹶地僧曰汝何不徐行乃若是莫傷汝足否無畏仍拾粟去偷兒怖委之而去見周思久三戒傳

國初時有道人姓傅形貌奇古衣服藍縷善談名理士大

夫多與之遊久而人知其異有疾病者求之遂以其矢與屎遺之人不肯食則自取而啖之人呼爲傅邋遢後有危急不得已者竟以與之輒效有一大比之歲衆文士往問傅道士鄉場題目將及門伊迎之曰諸君子何如此文質彬彬的坐定衆問之力答以不知適有爆竹聲即曰望天三銃衆辭出路有罵雞者即曰這个人就不存一點仁義之心是科首藝即文質彬彬一句次即王天下有三重焉三即雖存乎人者二句一一皆驗人以此益奇之忽一日辭去鄉城内外有相距百里之遥者皆以一刻作辭竟不

知所往以上俱新增

麻城縣志卷二十六　　傳十二

列傳十二　流寓

鸞止鳳棲奉桐朝旭君子之來紀其芳躅

漢

毛玠字孝先陳留平邱人玠攜幼子家於麻城有魏武手
書萬古高風四大字迄今子孫珍藏之府志

唐

陸餘慶蘇州人舉制策甲科第任陽城尉舊志

宋

洪渥撫州臨川人以進士從鄉舉有能賦名監麻城茶場
以死清貧不能歸葬亦不能返其孥遂家于麻城按洪渥
傳渥為人和平與人遊初不甚歡久而有味家貧以進士
從鄉舉有能賦名初進于有司輒不出久之乃得官官不
馳騁又久不進監麻城茶場卒遂家焉舊志

李孝基奉職官岐亭以同僚誣搆死室無餘貲母老口衆
無歸棺櫬無備陳季常既捐其有以周之又言于郡將率
鎮人行助其乏復嫁其女舊志

陳慥字季常少時使酒好劍嘗與蘇軾遊西山馬上論用
兵及古今成敗自謂一世豪士晚棄田宅遯於光黃間曰
岐亭菴居蔬食徒步往來山中妻子奴婢皆有自得之意
人見其所著帽方聳而高因謂之方山子及蘇軾謫黃州
過岐亭識之人始知為慥云府志

元

鄒遷八江西人官主事避難麻城居縣西北之黠兵山今
分土為黃安葬黃安北關外地名鄒家港其墓現存子九
人各占籍一縣自慶一至慶九裔皆蕃衍惟麻城係慶五
之後科甲蟬聯子姓皆以詩禮傳家彬彬多文學風採訪新增

喻千祿江西人黃州刺史多惠政工詩賦精陰陽律曆諸
書與其弟百祿寓居麻城墓在三角湖上舊志

明

趙乾歸安人元趙子昂之裔洪武初知麻城縣後寓居於
縣西之牛棚麓子孫家焉舊志

趙弼南平人元末避兵居漢川門人陳祖舜任麻城教職
弼因寓麻城喜登高吟賦有八景詩以下採訪新增

黃紱其先封邱籍平越人父中商重慶娶于張生公長依
舅氏張宗琦為麻城學職從如麻城學春秋歸平越補衛

學生正統丁卯以春秋中雲南鄉試第五明年登進士歷官南京戶部尚書改左都御史公廉峻直執遇事風發正色山立卽重忤時貴弗恤智巧所避公毅有之人率笑其呆然亦以是獲名

劉春四川巴縣人弟名台父規任麻城知縣隨任春授禮記于舉人劉瑄台授春秋于進士劉旭後歸兄弟俱中四川解元俱登進士春歷官禮部尚書爲時名卿台歷官參議壽九十餘

吳雲浙江縉雲人父音民任麻城縣縣丞雲授麻城春秋

登進士有名于時

張大用四川順慶人祖瑞任麻城縣縣丞大用隨任受學于王大賓歸中進士歷官僉事

劉成穆四川崇慶人父杜朝紳任麻城知縣成穆隨任授春秋于陳僉歸復劉姓中四川鄉試魁

國朝

吳與泌號亦白閩人家世未詳或曰明季顯宦罷官流寓麻城與曹石霞曾秋崖輩相友善博學善詩文稿無存者所傳有秋崖逸老傳

彭念祖黃安拔貢遷居岐亭官山東兗州知府

秦邦鐵康熙癸卯武舉自黃岡遷居岐亭後補運糧千總未任卒子孫世籍麻城以上採訪新增

第七册

麻城縣志卷二十七　傳十三

知縣事嶺南黃書紳纂修

列女一

倣古劉向列女有傳女也士行克稱聖善節孝貞烈堅鋼百鍊彤管揚芳令人欽羨

元

蒲烈女縣吏蒲汴女（舊志作蒲拱女）年二十六爲紅巾賊所執欲汚之女紿賊以隨我至山橋僻處比至前拔簪刺其一目賊伏地衆賊追刃之罵不絶口死（通志）

明

知縣劉漢妻張氏漢任商水知縣流寇至城陷張同女鸞仙死土窟中正統中旌（統志）

尚書李承祚妻曾氏御史筆山女嘗買新宅掘地得金數千曰宅乃新購金豈我有召原業主還之

保寧推官熊夔妻吳氏夔中宏治辛酉鄉試乙丑入都吳隨夔入南雍卒業監邸淸暇與夫朝夕誦讀有疑相質常曰吾益友也時姻族毛汝溪陳雙泉同在監時來質疑問義論說古今吳子覘之一一辨釋多所起發家居常戒其

子曰富貴非所論為名儒無忝也女紅暇則與姑姊妹輩
坐說經史列女傳及孝順事蹟等書或誦詩至崖山正氣
等篇則繼之以泣手餘古聖后賢母孝女烈婦傳成集後
為火所焚之
舉人周宏烈妻李氏年二十夫病願先死以明志及夫危
不食而死次日夫乃卒統志
主事李文祚妻鄒氏夫謫死鄒年僅三十苦節四十餘載
王世貞題其家曰一門七節萬里孤忠蓋氏後一門繼者
有六云府志

熊烈女諸生幼學女也許聘劉康康邁疾且篤女齧左股
肉遺之為幼弟誤棄復封寸許父母遺啖康稍瘥閱月死
女聞訃慟僕絕粒父母力救乃曰不令我哭弔於劉終不
生於是偕之往觸棺毀裂是夜再自縊姑救解泣諭之曰
吾子未汝諧何必死女曰見食以股即事以身矣不死何
歸舉家防益密遂呼父母與姑曰請許我伴姑孀終餘年
姑喜諾女伴起櫛沐拜康靈入室閉戶撞撲破門視之則
觸柱壁立死矣御史屠鰲給以銀與康合窆事聞旌表
周宏祚妻劉氏劉端簡采季女夫早死孀居三十餘年坐
臥一樓執翁姑喪盡禮以節孝聞通志
舉人周宏祁妻騶氏夫死以憂毀殉夫弟宏禴稱其大節
似父希禮云府志
劉文妻毛氏幼工詩年二十四夫沒矢志不易年逾八十
卒事聞旌表刻有毛文貞集統志
知州王寵麟繼妻李氏年二十夫卒子幼李哭泣不食經
四十日而疾革知族衆將不利於孤豫戒家人置棺中勿
封殮族衆果蝟集謀孤殺母氏從棺中言巳知汝輩計必
出此矣衆大慙去李乃瞑目統志

董應長妻鄒氏夫死觸棺頭裂姑與母抱持勺水不入口
者六日遂絕事聞旌表統志
王師妻李氏師卒氏年僅二十餘越兩月生子山玉鄰媼
勸以改適李泣曰我此餘生與呱呱隨分待盡而已其叔
母亡遺一女晝夜哭李更撫字之尋鄰家火起氏撞地呼
天同一老僕扛夫柩出柩輕若神助自是家業盡焚飢寒
益甚終無怨言山玉能讀書且奉甘旨無缺以壽終通志
葉振華妻余氏隨夫避流賊於斑竹園勢危迫度不免遂
自經夫解數四抵暮乘夫不見縊樹間死統志

王娫春妻李氏鴻臚李長至女土賊徐大元等乘亂殺娫
看父子祖孫五人李肓險奔控破 冢皆擒獲後赴部置法
李請得逆首祭於夫墓哀感路人遂服籠茹苦以終通志
生員戴崇禮妻董氏年二十偕夫避流寇難時子曜甫六
月餘授其乳母囑善視之行至楊家冲遇賊猝至賊擁上
馬奮身躍入深塘死府志
鄒行弟女年十六未字父母早喪依兄居牛棚山崇禎辛
巳監軍孔貞會領兵至麻城有兩兵至兄家窺其艷鞭兄
欲挾之女匿後園踰牆出兵知之追至畈中女宛轉百計

莫脫紿曰無苦相持吾隨汝歸又紿之曰吾已至家將何
往乎當許吾櫛沐換去泥衣許之女入廚卽拔刀自刎死
女叔生員鄒思試居城聞之走報孔道給銀備衣棺封殮
二兵置法通縣公舉請旌以寇亂未行女父名思識卽都
憲六世孫
生員王掄廉妻吳氏掄廉師事謝夢賫潛心理學舉業搆
疾而夭吳百法求死未得復念姑翁俱老奉侍無人遂以
未亡人代夫孝養盡瘁人無間言壬午爲賊所擄奪刀自
刎死

馮玉二妻李氏玉二弱冠病殤李年少翁姑伯叔皆欲嫁
之李輒號慟不已志不可奪李乃舉析箸時所受田地盡
還翁姑惟率一婢紡績牲畜以爲生仍序妯娌行供養翁
姑成禮撫幼姪以延夫祀御史熊克美扁節孝二字以旌
之追癸未春流賊寇麻李母子媳婢奔避遇寇卽投汊街
河而死
周滴于妻周氏滴于遠商崇禎乙亥周氏被流賊擄去所
擄衆男女俱長跪哀鳴周獨昂然不屈賊怒必欲屈之周
曰頭可斷膝不可屈身不可辱也賊怒殺之

張祖望妻傅氏縣宦王仲韜之婢其夫隨客于閩年久未
歸主母逼其另配傅大呼其夫者三遂投懸崖而死年二
十有六節烈出一婢子亦奇矣哉
鄒友二妻唐氏友二早喪有二子唐堅志撫孤翁年老惑
于繼姑劉氏百計逼嫁唐舉刀截耳示以死守之志終身
族黨稱之
王山甫妻鄒氏名勝大鄒思直之女也嫁山甫居北鄉時
賊至圍砦鄒先與夫約曰我若遭賊擄誓以必死恐屍首
難認我將耳鐶裹于脚帶內爲記夫記其言崇禎戊寅二

月砦被賊破擄鄒及一子一女以去鄒力持兒女罵賊誓不受汚賊怒將其子女撞石而死鄒痛入心骨罵賊愈甚求死愈迫賊怒以木椿釘婦腹而死後九日夫往收屍果不能認忽記婦言解其脚帶有耳環在焉見者哀之

生員王汝楫妻毛氏進士毛祈蕃之女事姑事祖姑以孝聞汝楫携婦避亂武昌癸未五月獻賊破武昌汝楫携婦出城被賊擄顧謂汝楫曰事急矣當以一死酬夫遂呼奴罵不絕口賊怒將婦霍然刀下嗚呼烈哉

王貞一妻鄒氏名伯弟鄒思伋之女嫁貞一生一子一女俱被賊擄鄒棄子女不顧罵賊不絕口抵死不受賊汚賊怒甚剖婦胸而死

韓某妻楊氏小字奈有殊色北關外十里許有楊家墩其女族也甫適韓即爲兵掠主黠奴劉店數月抵死不辱兵怒且憐許其父贖身苦赤貧百計貸鬻得脫猶負劉飯値未歸劉貪其艾數強之弗就經溽暑楊裂衣爲帶渾體密束劉逼之愈急楊私計詰爲父母冀可止黠奴不識名義暴如故一旦大事兜勢楊哀惶呼黠婦與救婦反助黠楊遂刎頸血濺阿婦婦與黠尙未知之其節烈奇慘兵火亂

離中不多見者黃州洪周祿作絕句哀之詩云芙蓉爲肉玉爲身鐵石心腸離亂人任道千番凌逼苦夜深霜劈血痕新

儒士朱應麟妻榮氏應麟遠館河南崇禎癸未春卒于館生徒扶櫬至以百金賻辭不受質衣物營葬負土成墳後事畢從容以身殉知縣蔣煜贈奇烈可風匾今存麻溪河朱氏祠

廩生胡石銘妻宋氏生二子一女石銘病以子女相托及殂宋哭死甦者數四瘞畢躬紡績以鬻其子苦自淬勵時有舉人江欲娶之遣人踵其門宋大罵觸其惡思强逼之宋携子女謁中丞梅之煥白其事梅深佳而憐之召江責其非謀遂寢宋歸激烈不自忍大哭於石銘之靈請從權以完名節遂削髮爲尼并二子一女皆披剃焉杜門不出作苦如初庚辛之交兵荒洊至勢不能支不數年宋卒二子遂終於僧矣岳州教授王琬曾爲行狀以記其本末

生員梁鎮妻羅氏與長男孟孫之媳王氏崇禎乙亥歲寇經白杲鎮與孟孫均外出羅携王避於鳴山賊獲羅勒之上馬羅曰吾士人妻也豈爲賊婦延頸就殺王見姑死曰

吾豈獨生賊亦殺之後人埋其屍于山麓夫堂弟雪亭有
詩讚之

國朝

生員秦在妻王氏戊子巳丑等年北山周與議倡亂麻城秦在來從之鼓惑鄉衆王泣諫曰亂不可作汝必欲爲此當早備一棺俾吾母子寢處其中勿俟禍之及也秦在竟不聽仍往從與議偪官兵進勦婦携八歲子往砦避之砦衆不納婦卽不上砦謂其子曰汝父爲逆誰砦肯相容乎至一田中身久藏有利刃將其子刃死隨而自刎其相隨

一婢名桃見亦大哭自刎三人刎死一處見者無不墮淚非獨婦烈也其婢一烈矣哉

生員李春流妻梅氏年二十六夫歿遺二女辛勤教育稍不循法卽責之治家嚴肅內外無間言二子亦孝養備至長中黃名諸生次中素臺灣知縣康熙十年　旌通志

周方旦妻蔡氏結褵一載夫病疽淹床蓐者四年屬纊日値氏生辰登樓雉經手揮其女曰汝可依外祖母弗戀我也先其夫刻許死遂同穴葬之康熙十九年　旌通志

曹惕妻吳氏年十八夫卒無子立嗣子退一承夫祀苦節五十八年康熙五十六年建坊通志

監生阮文炳女名端懿許聘監生葉棫號莪峯之長子汝熾女年十七未嫁汝熾歿女聞訃引帶自縊死莪峯迎柩合葬雍正十二年　旌後莪峯又專置祀田以垂永遠

鄒貞女舉人鄒汝治之女幼許字蘄水進士徐廣淵子如樸未婚如樸死鄒年二十聞訃號泣力請於父母往弔之遂茹素奉姑立從子爲嗣從子復夭鄒與媳陳氏依姪守貞以終乾隆元年　旌

貢生胡文陞妻張氏年十九歸胡二十八歲夫沒張追欲

雉經頓族戚勸得免姑年八十四篤疾彌留張憂毁骨立卒後哭盡哀斂袝窆厝悉如禮越數載子生員維銓監生維鉊相繼沒張痛幾絕族屬謂曰氏幸存姑若夫奠掃可無缺義不得死値長媳董氏願繼柏舟志張乃撫媳相依倚焉張聰慧職刺繡外兼工詩賦文詞著有梅軒詩集所作吊雷馬二將軍詩用石砭張太史原韻其詩云青霄何處展秋鷹衆鑿聲喧淚疊層一片塵沙埋碧血四時風雨伴寒燈同心許國原吾分合志成城盡爾能遮莫剛腸摧賊膽只今英烈震西陵韻致沉雄絕無脂粉氣可稱赤亭

閨秀守節三十三年乾隆二年　旌府志

曾昇士妻徐氏生員徐如璜女昇士早卒徐苦節三十餘年事姑盡孝教子有方於乾隆九年四月建坊子曾璽媳董氏舉人董義山女于歸一載曾璽卒董意欲同死難捨孀姑姑歿喪葬盡禮立嗣繼後雖九夏紡紝不輟亦守節四十餘年府志

李貞女生員李中黃女許聘監生張坦未嫁坦卒女聞訃痛哭不已求往張親殮畢乘間自縊以救甦乃依姑以處足不踰閾守貞四十餘年乾隆三年建坊府志

吳應泰妻劉氏苦節四十六年　張文址妻周氏　彭選之繼妻梅氏　梅介錫妻田氏　曾之燕妻喻氏　鮑雲際妻張氏俱乾隆三年建坊府志

生員戴如珊妻蔡氏　鮑如哲妻劉氏　李士珍妻閔氏

李克志妻鄒氏　王鋌妻陶氏俱乾隆四年建坊府志

廩生楊晉妻鄒氏廩生楊知數妻蔡氏晉有文名早夭鄒年二十六黃口三孤矢節撫之無何二子繼亡僅季子知數娶蔡氏舉孫親傳甫就塾而知數又夭蔡年二十八婦姑相依益勵冰霜撫孤訓讀數十年如一日人稱雙節後親傳食餼明經蔡年九十于乾隆四年　旌府志

生員何三曾妻葉氏雲南平度州知州調元女也年二十一三曾隨父之彥俱歿于滇雲任所遺孤㑭三歲葉奉姑扶夫櫬以歸居苫廬紡績事姑教子佐力學成諸生守節五十七年卒佐事母有孝稱哀號廬墓以終

生員程世炳妻曾氏生員曾元弼女年十七于歸事舅姑先意承志甘旨溫凊每佐其夫所未逮生子有增四歲夫歿一慟幾絕轉念其子尚幼忍死須臾以養以教十有二年致有聲譽忽夭曾慮夫之不祀也白於翁姑立夫胞姪

若深為嗣慈嚴並著視曩時所以教其子者無異深亦能有聲黌序焉乾隆六年建坊府志

武舉王鉎之繼室儒士陶雲之女也婚數月而鉎卒時康熙三十一年陶年十九以身殉投繯者再為家人救甦因以親老在堂姑在室遂封髮毀容勉力事高堂育孤子知縣吳願行贈以匾曰金堅玉潔商城縣令費師益贈以匾曰天壽貞德乾隆五年　旌舊志

監生王經世妻程氏貢生程懋仁女年二十夫亡生遺腹子濬程氏翁早逝惟姑與祖姑俱存程孝事二姑存歿盡

禮教子有方九十二歲卒乾隆五年　旌府志

高元愷妻凌氏年十九夫歿苦節教子歷四十餘載乾隆七年建坊以上府志

李廷茂妻劉氏　王楚觀妻鄒氏　生員梅廷松妻丁氏生于康熙二十年于康熙四十二年適梅四十八年夫故時丁年二十九六十四歲守節三十五年　俱乾隆七年建坊

楊次春妻董氏年二十五夫歿一孤夭紡績養姑喪葬盡禮守節三十餘年乾隆七年建坊

副榜陶同文妻李氏年二十六夫歿奉養舅姑以孝稱守節三十餘年乾隆八年建坊

李俊公妻陳氏乾隆八年以事姑孝建坊祀節孝祠

陳次水妻朱氏夫早歿奉繼姑盡禮撫遺孤成立守節五十一年乾隆八年建坊

生員董玉琳妻鄒氏年二十六夫歿奉姑撫孤辛勤備至守節四十餘年乾隆九年建坊

董元化妻徐氏董子麟妻高氏徐年二十四夫歿撫二孤成立高年二十九夫歿奉姑徐氏盡孝撫孤成名徐守節三十五年高守節四十八年俱乾隆十年建坊

易士周妻陳氏乾隆十年以烈婦建坊

生員唐棣妻董氏夫早歿孝事舅姑教子成名守節三十餘年乾隆十一年建坊

丁懿妻陳氏夫卒屢欲自盡以救甦奉舅姑教嗣子孝慈兼至守節三十餘年乾隆十一年建坊

涂伯祿妻戴氏夫卒事翁姑盡孝教子監生志政志仁志德有成守節三十八年乾隆十三年建坊於北門官井正街

李滿垣妻袁氏夫卒守節五十三年乾隆十一年　旌

甘權聘妻曾氏乾隆十一年建坊

生員周文坤妻貢氏夫卒孝事舅姑撫二孤成立守節三十一年乾隆十三年彙請以上府志

汪世侃妻萬氏生員萬其恵之女二十歲歸汪閱六載夫歿萬觸棺昏暈絶而復甦轉念翁姑年老矢志孝養卒皆喪葬如禮又悲宗祀無承撫夫姪起峯爲子以綿似續至乾隆十五年建坊給匾清標彤管年八十歲而終

生員王修敬妻董氏年二旬修敬卒遺一子嘉樂尚在襁褓董忍死爲王存一綫苦教其子後嘉樂入成均有聲黌

歷紀八旬有餘乾隆十五年　旌府志

儒童李域妻蔡氏適李八載夫卒蔡年二十八矢志堅貞柬躬禮法事公姑敬養備至慈嚴撫子女乾隆十九年守節四十三年建坊年八十三歲卒

儒童劉自任妻陳氏青年矢志孝順公姑撫養孤子且以夫弟夫婦旋亡撫三孤不啻已出後又以嗣孫繼子宗祀有人守節四十六年乾隆二十四年建坊

儒童董誠妻熊氏生員熊之温女夫故時氏年二十四歲生一子甫一月熊能上事翁姑下撫弱稚且以紡績之貲

為夫弟膏火之費俾得以早列膠庠乾隆五十六年身故守節六十二年乾隆二十六年建坊

李位妻項氏夫歿撫遺腹子子逝又教孫天錦就學補諸生九十一歲卒守節七十一年乾隆五十三年　旌

楊必選妻曾氏曾汝榮之女于歸五載事姑教子動中禮法其子易魁吏目職亦盡孝道乾隆三十九年建坊

貞女陳大姑監生陳戒德之女生於康熙五十年許聘董時肅之子董諄病故陳年十九以死殉不遂旋適董奉姑姑病瘓凡臥起一力扶持飲食湯藥親調奉進夜則伴臥榻前衣不解帶姑卒營辦喪葬備極艱辛初撫立一子長娶鄒女子故陳憐鄒年弱欲令自便鄒感姑高節亦矢志靡他乾隆三十九年　旌

儒士程九萬妻鄒氏岳陽令鄒汝謙女拔貢程宗洛之母也九萬讀書積行為縣所推重以數奇困於知遇鄒適三載夫卒即以身殉經勸救數四得免自後事衰翁孝養倍至撫孤子教養維殷有祖姑節孝未揚鄒獨請坊　旌表平生識詩書一言一行悉嫻大義翁姑逝後念毋老擇近居朝夕問候時奉甘旨遷居之日有孤燕飛來廻旋不去每集幃幕旦夕哀鳴鄒以白絨繫其足自是每歲必來儒

學江陵鄧以琢題有句云可憐精白毫無滓時染霜幃血淚紅鄧董立有傳刊龍池節孝坊係乾隆四十一年　旌

貞女成姑生員成蒲之女幼許聘熊楚興未結褵而楚興歿成矢死靡他竭誠以奉公姑悉力以營葬祭第苦無嗣可立日以為憂年六十一卒乾隆四十七年建坊祀節烈祠坊建北門外永豐橋東園

儒童陳焯妻董氏董西顧之女年二十三適陳閱四載夫故觸棺仆地幾死孀姑泣告以大義董忍死依姑事生送

死教子大坦老成謹厚克纘宗支乾隆五十四年　旌

儒童江緒妻吳氏吳作珍之女年二十一于歸時夫已染沉疴吳延醫調治夜則焚香籲天卒不起吳以老姑胡氏與孤子故不能死家貧苦惟勤紡績兼以針紉因得於老姑盡生養死葬之禮且得教子成美讀書成人守節四十二年乾隆五十六年建坊入祀節烈祠

舉人胡纊妻孟氏年二十一適胡未一週而夫歿夫病篤遺言我死明日所生必男須善撫之次日果產遺腹子氏痛夫亡水米堅不入口願以身殉姑含淚責以存孤大義

始留殘喘家無中人產衣食僅禦飢寒子稍長就外傅其祖文垣命名奕鴻孟慈嚴並濟不稍姑息以故早歲成名書香世紹翁姑存歿緣分盡禮悉藉紡績爲湊辦資內外嚴肅雖宗族子姪時節拜慶從不踰閫里黨咸稱道弗置卒年六十六歲苦節四十五年乾隆二十七年　旌

監生鄒旭衡妻丁氏年十九適鄒二十三歲夫故生有二子長子未娶歿次子光宙娶生員成天漢女未幾卒丁支身子立內外兼營茹苦飲冰一循禮法乾隆五十三年建坊媳成氏始生一子歿守志折事孀姑朝夕奉養逢姑怒必下氣怡色晝夜在姑側苦節已二十年病卒

鮑文龍妻戴氏年二十一歲夫病奉藥寢食俱廢越二載夫歿觸棺腦裂母救治乃痊姑老多病紡績以供藥貲撫八月孤其健成名凡里中苦節不能自存者必竭力玉成之里閈咸奉爲女箴焉乾隆四十六年　旌

袁之進妻巢氏巢啟先之女年二十二歲于歸越四年夫故巢觸棺仆地昏死再三父母責以撫孤大義巢乃忍死家素壁立巢苦經營以供翁姑及翁姑歿鄰里有哀其貧爲之周之者巢以爲非出己力雖一絲一粟卻不受其孫

媳周氏亦早年夫卒見祖姑炳節亦願矢柏舟一門兩節皆巢有以成之也乾隆四十二年建坊

盧具瞻妻曾氏生于康熙二十六年十七歲適盧一載夫卒事翁姑盡禮教子以嚴守節三十七年六十二歲歿乾隆十四年請　旌

儒童曾之杰妻喻氏庠生承華女夫故氏年二十四歲乾隆五年　旌氏性聰慧建坊自作敘文所著文詞詩句遺稿甚多數被水災氾濫遺失八十二歲守節五十八年

列女二

國朝未旌

劉之衢妻蕭氏年二十適劉值明季流寇起本族有附賊黨者衢獨攖其鋒遂遇害蕭慘痛失志報復生子翼運僅數月囑僕婢負子走匿乃糾合同宗請官兵勦除凶類平定後擇師教子成明經蕭以未亡人備嘗艱苦卒能手刃夫仇撫孤成立貞操五十年亦志能女也

監生蔡涉謙妻胡氏進士躍龍孫女其姑鄒氏進士鄒璣

孫也有孝行稱於族黨鄒素多疾病一日氣痛甚劇諸藥不效胡氏刺手滴血冲酒飲之立止又患頭昏胡氏登樓取藥失足墮下股骨錯出不越宿完如初

馮世壽妻王氏恩貢生馮士彬之嗣母夫故無子時年二十七歲矢志守節撫夫姪士彬爲嗣訓以讀書立品閭里聲稱八十二歲卒守節五十九年

馮時和妻白氏生于明天啓二年崇禎辛巳年完婚至順治丙午年白年二十六歲撫幼子家貧苦事公姑克盡婦道年八十四歲守節六十年

監生夏廷灼妻周氏生于康熙四十四年十八歲適夏生二子雍正八年周二十七歲夫疾割股啖夫視以身代夫卒撞棺泣血願以死殉翁姑勸以大義乃矢志靡他孝事翁姑養教二子成立沒年六十四歲守節三十七年

劉天馴妻唐氏夫故唐年十九撫夫姪其忠爲嗣終節以續禋祀年八十二歲卒守節六十三年

劉其忠妻唐氏夫故唐年二十五歲一子僅三歲以禮自守與姑唐氏一轍年四十七歲故守節二十二年

貞女徐姑生于康熙壬戌年幼許聘吳有章有章遠貿未婚待三十餘年遂往夫家堅貞自守至乾隆十八年壽終

年七十二歲

范雲妻馮氏夫故馮年二十八歲與孀息[illegible]氏撫育幼孫現年六十七歲

生員周洋妻劉氏生二子聖植端植夫卒劉年二十五奉姑備極孝敬命子就傳卒業詩書年七十卒其子聖植娶胡氏二十六歲而隕無子胡誓矢靡他事上待下一體乃姑儀則撫姪以承夫祀壽屆六旬戚族贈匾云松年著節以嘉其懿行

周士文妻陳氏生一子夫逝陳年二十三堅不去帷每令子就傅膏火維艱陳以紡績助其不給年六十四歲守節四十一年戚族咸欲請　旌陳固辭

監生胡灼妻黄氏完婚五年夫故無嗣年二十二歲至今八十二歲守節六十年

儒童王嘉謨妻臧氏年二十六夫故家徒壁立辛苦備嘗依兄弟以居儉勤敎子守節五十四年壽八十而卒

儒童汪庭基聘妻陳姑陳昌言之女年未及笄而夫亡聞訃奔吊見姑蕭氏哭子喪明遂相依奉養者歷二十四年

姑歿葬畢避居蓮花洞十數載改居室爲祠堂捐田以奉祭祀知縣丁翊壽錫書以著其苦節

儒童江自渡妻馮氏夫故馮年二十五子幼無翁姑有憐其貧苦欲奪其志者馮據義正言引刀以截其髮卒敎子成立八十二歲卒苦節五十七年

儒童嚴大械聘妻劉姑劉慕樓之女也甫十歲母歿遂適嚴時舅已歿越四年而大械卒姑命劉歸劉不允願奉姑老越二年而姑又歿三年喪滿祖姑又勸之劉指天以誓曰若不代姑奉祖翁姑終者不可以爲人服侍未嘗離左右丙申祖翁終丙午祖姑終茹荼集蓼志益堅貞年四十三歲守貞二十九年

儒童鄒明溥妻王氏年二十適鄒家貧王紉織佐讀越二年明溥故王氏年二十有二持刀將自刎同居者見而奪之復登樓自縊母救得甦又服毒五日不食未死戸族念其苦節歲給資養六十六歲卒

梅柯妻胡氏年十九適梅翁卒胡供給喪事盡禮姑疾扶持藥餌不安寢食者兩月夫病篤王割股進食罔效卒無子胡年二十二撫夫兄子爲嗣掃葉燃松紡績營食延師

課讀卒年七十二歲

庠士詹大戸妻汪氏庠士程傳孔妻詹氏即詹大戸之妹皆生於明季至順治三年山寇尚未除盡傳孔在舘被殺詹氏年二十五歲棄家依兄嫂守節幸有二子長應昌次憲文數月後寇猶未靖大戸請官勦除機洩寇追至側路潭截殺之族棍乘因欲嫁汪汪年三十歲剪髮破面具稟守志撫詹氏之長子爲嗣田產聽戸族分去姑嫂終身齋素苦節立家汪卒於康熙三十年時年七十五守節四十五年詹卒于康熙十五年時年七十五歲守節五十年

詹鍾明妻曾氏生一子鍾明年二十七而卒曾氏柏舟矢志戚族贈以匾曰玉潔冰操現年七十二歲守節四十二年

熊鍾德妻潘氏羅田縣生員潘泮旭之女婚百日而鍾德卒無子潘氏以翁姑爲父母竭力奉事數十年不變其志近撫姪爲嗣現年六十五歲守節四十七年

監生李元溥妻丁氏年二十四歲夫故無子撫夫兄次子爲嗣丁奉姑孝謹敎子成人至今六十九歲守節四十五年

儒童陳作哲妻朱氏適陳六年一子週歲夫故撫子苦節越兩載翁姑繼亡朱愈苦守今八十六歲守節六十年

廩貢楊知衍次子生員親佺早卒妻顏氏年二十七歲觸棺昏斃姑曾氏救甦誡曰汝翁攜汝夫從此大勑嶺院以公祖奉政公等塋瓊奩將近守焉今郎不幸亏猶賴汝氏志遂定依姑哀慕孝奉終身且盡出僕衆僅留幼丁蔡從先母子伺役盤曲公塋常親巡省惟無應繼之人遂未立嗣苦節三十餘年歿

儒童董以執妻劉氏適董時年十八事翁姑得歡心越五載夫歿撫夫姪爲嗣以承宗祧躬勤紡績苦守三十六年現年五十九歲

儒童董光燦妻徐氏廩生徐瀓女于歸三載夫遠遊西蜀三十餘年杳無踪跡家有祖姑及翁姑年老在堂貧無擔石徐躬勤紡績以奉甘旨迨祖姑及翁姑相繼而亡痛一子一女又夭無所依托寄居母家苦志自守現年五十九歲

周其昌妻宋氏黃岡縣宋敏德女年十八適周夫卒撫子成人家多古書字畫或勸變價爲家什計宋不可乃益勤

女紅以濟貧營翁喪葬宋生于康熙丁丑卒于乾隆丙午年九十歲

劉炎煦母王氏素嫻禮教煦九歲失怙哀毀幾於滅性母諭之曰爾身父之遺體即母之所爲命者爾是殆重傷其親也煦乃節哀寄學外塾紡績以給嚴於課讀每夜深不輟倦則引機憤擊長而羸以父生徒詞館李時勉力貢入成均篤行益力隣有爭競母必設酒食令煦爲排解族黨空乏多寡分給子之賢皆母之力也

儒童郭亮基妻熊氏年十八歸郭生子夫故一哭痛絕自

酉至亥家人以簪啓齒灌救乃甦因勸以子弱數棺未葬於是屏鉛華卜吉葬舅姑以夫附葬教子戒奢崇儉守節五十年乾隆五十三年卒六十八歲

李必英妻羅氏年二十夫故矢志守節孝事翁姑今六十歲守節四十年

李必興妻閆氏生一子甫歲半夫卒矢志撫孤孝養翁姑今六十一守節三十九年

石銓妻劉氏年十九于歸二十四夫卒長齋守節撫二子成立卒于乾隆已卯年八十二歲

王培棟妻曾氏年二十九夫故奉養翁姑撫子成立現年六十一歲困守已歷三十餘年

王培棫妻唐氏夫歿翁姑念氏青春聽其自便唐矢志不他現年六十一歲其苦守已三十五年

儒童杜承爚妻阮氏年二十七夫故子垓方四歲守節自誓家貧勤紡績以事舅姑乾隆二十三年卒年七十一苦節四十四年

監生鄒台衡側室李氏夫故李年二十八歲艱苦自支生五女俱李所嫁現年六十歲守節三十二年

胡逵妻周氏夫歿周年二十四歲教子若孫暨曾孫成立年八十二歲終守節五十八年知羅田縣陳士鳳來麻顏其額曰氷操鶴髮

周重珩妻宋氏年十七夫故守節家貧紡績營生宋親栽茉莉一株三十年不改柯易葉宋死後茉莉亦枯守節五十餘年

周眞諒妻喻氏夫死喻年二十二歲無嗣依父喻巖家紡績度日現年六十一歲

喻坤妻傅氏夫死傅年二十四歲子僅三齡敬事翁姑訓子成人年八十三終

喻道妻彭氏夫死彭年二十四歲子僅周歲矢志撫孤年八十一歲終

喻和也妻王氏夫死王年二十七歲紡績度日教子成立現年七十歲

劉貞女幼許聘彭象未婚象遠貿流落未歸劉守貞毋家不肯再聘依姪劉景中年八十歲終

喻步瀛妻鄒氏夫死鄒年二十九歲長素自守姑病割股救之現年七十歲

周志侗妻聶氏適周四年夫卒時姑年七十室如懸磬聶
躬紡織以媳代子賴終餘年撫孤成立現年五十九歲
李光渭妻周氏年十九生一女夫卒周投繯求死翁姑力
勸乃止立姪苦守竭力事翁姑現年已七十二歲
儒童李崊妻周氏年二十六歲夫卒遺一子一女家貧如
洗紡績度日教子讀書歲時祭祀不缺至今七十餘歲人
皆稱服
儒士白世珩妻杜氏生員白廷踏母夫故杜年三十立志
撫孤家貧紡績戒子讀書苦節五十二年現年八十一歲

操持如故
文童李元繡妻曾氏歲貢曾廷望女乾隆二十四年夫卒
于九江遺二子家貧十指度日現年六十一歲守節三十
三年
陶紹對妻李氏乾隆十七年于歸成婚月餘夫貿遠方不
歸翁姑在堂賴李女紅以奉甘旨後相繼亡喪葬悉爲辦
理守期三年姑歸母家相依爲命現今六十八歲
儒童丁楚澍妻王氏年十九適丁生一女夫病王焚香請
以身代及歿王年二十二立親伯之子廷踏爲嗣是時老

翁尚存晨昏必令子省問後以疾終守制三十一年
陶梓妻陳氏年二十于歸生一子夫故陳年二十二歲教
子讀書子試不利乃棄書業農供奉甘旨如禮法皆陳提
命也現年六十一歲
文童唐泰妻陶氏生員陶同揆女年二十三夫歿守節三
十年
胡廷桂妻曹氏武舉之致之媳廷桂死曹年十九矢志守
節知縣吳顧行贈勁節凌霜匾守節五十四年
丁貞女生員丁謹度孫女幼許聘胡維墉年十七聞夫喪

匍匐歸夫家年餘翁姑俱逝丁飲蘖茹荼撫三齡夫弟天
定成家共守貞四十三年
甘曾泉妻宋氏夫死宋年二十一歲子杞係遺腹生家貧
無靠有欲強奪其志者宋引刀刎頸幾絶媒妁懼遂不敢
復言守貞五十二年
楊其清妻梅氏梅衛邑女夫死梅年二十五歲家貧撫幼
子亚廷等成人守節五十一年
楊亚廷妻甘氏進士學淳女夫故甘年二十三歲其孀姑
袁病臥床數年不起甘服侍湯藥罔敢懈每冬夜紡綿無

火至鷄鳴方息如是者三十餘年卒能訓子德剛成入守
節四十四年
胡以高妻歐陽氏夫死時年二十五歲家貧撫幼子女成
入守節四十一年
汪克均妻歐陽氏夫死二子尚幼訓誨極嚴及長務令其
親明師益友戒絶浮華凡子所交遊來必禮待人咸稱之
年八十縣紳士製有匾聯并壽文以紀其寔
戴乾衞妻蘇氏二十一于歸生一子乾衞因川省教學卒
於長寧蘇聞訃欲以身殉念一子伶仃乃茹荼飲蘗撫之

成立年九十二卒守志六十三年
儒童蔡思齊妻阮氏歲貢阮鳳昌女年二十九夫死守志
教子綽有丈夫風卒年八十四歲
戴之紀妻徐氏之紀歿徐年二十七無出家貧立志苦守
撫姪祥兆爲嗣娶蔡氏祥兆年二十五亦卒媳蔡氏年二
十二與姑相依徐氏卒年六十五蔡氏現年四十六歲
李垣妻王氏垣年十八遭風疾難成婚禮王二十歲于歸
侍垣惡疾越八年夫卒撫姪爲嗣貞節不懈年七十八歲
卒

李如璋妻王氏年十九歲夫卒撫養遺孤持身節儉年五
十九歲歿
阮長餘妻謝氏年二十夫喪堅志守節孝事孀姑至六十
餘年卒
阮守富妻戚氏年二十六歲夫卒有欲奪其志者堅拒撫
數歲遺孤誓不再嫁年六十餘卒
吳敏學妻余氏年二十喪夫撫養遺孤苦節自守年七十
三歲卒
董金用妻陳氏年二十八夫卒即矢志自守家貧能撫孤

成立現年六十二歲
鄭尙忠妻李氏年二十五喪夫止遺一女守志養姑糟糠
度日現年六十一歲
儒童鄭志融妻葉氏夫故葉年二十八歲矢志靡他自甘
虀糲教子讀書成立年八十餘終
熊祖顯妻葉氏生一子祖顯故葉年二十一歲守節不移
艱苦備嘗歷數十年如一日現年六十一歲
儒童熊士京妻任氏年二十五夫故事舅姑盡禮撫一子
教之現年五十八歲守節三十三年

儒童熊士瑗妻歐陽氏年二十八喪夫奉事舅姑惟謹撫
子成立年八十二歲守節五十四年
甘楊材妻王氏夫故王年三十家貧苦守現年六十一歲
守節三十一年
張之國妻段氏年二十六歲夫故家貧苦守一子早喪婦
[illegible]氏亦以節自勵現年六十八歲守節四十二年
胡世達妻熊氏歲貢能灼之女年二十八歲夫故矢志堅
守奉翁姑恪尊禮法教子以正撫孤以勤儉年六十八歲
卒

江貞女善化教諭江漢書之孫女江華之女也幼許字徐
姓年十八而徐子殀女聞之請於父母哀服從唁詣靈席
稽首至地而氣絕踰時始甦誓以身殉人嚴守之其舅姑
家以居住狹隘令反母家女不得已蓬首垢面屏居一室
不出戶庭年三十六無疾而逝
江曾爲妻楊氏年十八適江甫四年生子女各一曾爲讀
書成瘵疾不起楊年二十二苦節自誓值家道中落楊勤
操作竭力佐舅姑甘旨教子慈嚴子培瑛得援例成名現年
六十歲守節三十八年

楊曾慕妻黃氏于歸二載夫故無子撫夫之兄曾想第四
子大濟爲嗣家貧苦節五十年教子濟勤學已補邑弟子
員
儒童江維塏妻項氏年二十適項生一子甫二年夫故子
殤江累次求死弗得時夫家貧舅姑繼歿親支竟無嗣可
立以奉祀父憐其無依令還與母居江遂居母後以紡織
自給越三十年俟夫堂弟生子而始嗣焉年六十九年
千總胡美珍妻張氏生員張翙女美珍弱冠中乾隆癸酉
科武舉後分發四川重慶府副府歸娶張年二十六赴任

生一女越三載美珍奉檄分守巴堂過勞歿張售釵珥
殫經營偕姑及女賃舟扶夫柩歸葬如禮家益窘張勤紡
績嫁女養姑姑死葬亦如禮其夫兄美瑜中乾隆庚午科
武舉早故無子氏竟無嗣可立現年已六十矣
朱日孚妻劉氏年十九適朱二十一歲生子灼甫三月夫
故劉立志守節事舅姑更以孝聞撫子成立卒年八十一
歲
儒童蕭偉妻劉氏年二十適蕭生一子夫故劉誓欲相從
嘗引刀自刎經人救得釋家貧苦節撫子成立歷四十餘

年現年六十七歲
文童李天祿妻程氏黄岡進士程興仁之女早歲孀居柏
舟矢志撫姪元湘爲嗣姑成氏晚年傷足出入藉人扶持
程年久不懈現年六十二歲守節三十餘年
施維禮妻項氏年二十適施四載夫故家極貧無倚賴苦
節四十餘年卒年七十
馮思芳妻劉氏適馮生一子禮如夫早故撫子成立爲監
生守節六十餘年現年九十歲
監生龔學泗妻李氏學泗早故李撫子秀成名守節五十

年卒年七十四歲秀娶婦金氏生子天爵秀又早歿金上
奉孀姑下撫弱息現年七十一歲守四十餘年
貞女梅四姑儒士梅商彝之第四女也年三歲許配朱慶
升之第四子德鑰閱十三年鑰卒梅聞之將欲投繯家人
勸止又六年媒者多至其家與其父議姻梅請於母曰事
急矣請歸兒於朱以絶外議否則兒不生父乃拒媒者既
而其舅至女懇其父延入後堂拜見啼泣求歸朱氏舅未
允乃絶粒三日不得死父慰之曰女志固美矣更待十年
而後可梅恚曰十年父母老舅姑衰女何託焉乘其母赴

同里慶會卽投繯殞命其舅迎柩與德鑰合窆以長子次
男緒元爲之嗣
吳宗玉妻董氏董正達之女十八歲適吳二十三歲夫外
故僅遺一子歲餘家無立錐苦節度日竭力事姑教子及
子敏學年未四十又外故再撫孫以成家鄰里贈以匾對
享年八十有七守節六十四年
黄鎧妻彭氏彭士誠之女生康熙丁酉至乾隆二年成婚
年二十一至乾隆十五庚午夫故時年三十四歲養子黄
元佩現年七十七歲守節四十三年

儒童董諫妻梅氏梅賜祿之女生員元洛之妹生於康熙
五十七年戊戌至乾隆五年完昏八年癸亥夫故梅年二
十六歲至四十年乙未守節三十三年而終
董之聰妻熊氏生於康熙五十五年丙申至雍正十二年
完昏十三年乙卯夫故熊年二十歲遺腹生一子熊紡績
以養翁姑逮卒喪葬如禮撫孤子成家至乾隆四十四年
守節四十五年年六十三歲
儒童鄒知禮妻傅氏傅在天之女生於康熙三十八年十
九歲適鄒年二十三歲夫故矢志守節孝事翁姑教子珠

讀書後以醫著知縣夏封泰贈以匾曰孝慈高節至八十歲身故守節五十七年

儒童戚仗光妻龔氏年二十一歲夫亡生一子勢溥甫六月因公姑勉以存孤乃求死不得家貧紡績代夫孝事翁姑葬祭不怠撫子讀書入成均今六十三歲守節三十八年

儒童陳維愷妻李氏于歸八月夫亡年二十一歲家無斗粟食不再餐情愿撫子苦守年六十六守節四十五年

儒童盧之璧妻蔡氏年二十五歲夫故守節五十年現年

七十五歲與國州總兵題其匾曰節全壽永

王必傳妻黃氏鉅德之二女年二十一歲適王生二子二十三歲夫故黃上奉翁姑生養死葬盡心竭力教二子成立現年六十歲守節三十七年

儒童唐玉妻劉氏年十九歲于歸二十三歲夫故孝事公姑喪葬盡禮現年五十五歲守節三十二年

儒童劉維岳之妻何氏二十歲適劉二十四歲夫故現年五十六歲守節三十年

儒童戴昊熙妻王氏舉人王國柱之女生於雍正乙巳年至乾隆癸亥歸於戴夫卒於乾隆丁卯時王年二十二歲撫姪爲嗣清操自勵現年六十八歲守節四十六年

鄒桂妻丁氏二十歲于歸二十八歲夫故生一子七十四歲終守節四十六年

熊懷元妻李氏年二十適熊三載夫卒無子紡績營生現年五十五歲守節三十二年

監生喻梓妻曹氏生員曹炎女年十七適喻七年夫卒事姑孝至殯葬哀禮倍至撫獨子文燦延師教誨曹日身勤機杼終年六十一歲守節三十七年

喻輝隆妻李氏十九歲適喻四年夫故家貧紡績度日奉姑惟謹撫孤成立受室生子甫三齡孤兒復卒李又以衰年撫其穉孫及弱冠而孫又殞命李遂賫志以歿終年七十三歲守節四十年

桂久盛妻萊氏年二十于歸二十五歲夫故事姑以孝姑病危萊割股救甦兩嬰孩撫之成立至兩子俱逝又苦撫弱孫克勤克儉現年八十一歲守節五十五年

生員曹文龍妻龔氏年十六于歸二十夫故舉遺腹子鎮龔撫茲藐孤以養以教俾以成人卒年六十四歲守節四

十四年

陶應傑妻李氏年十九于歸二十二歲夫故遺子甫一齡事曾姑及翁姑以孝生養死葬一身肩任撫子成人現年五十二歲守節三十年

江陳妻吳氏吳潮之女二十四歲孀居守制動尊禮法年六十四歲守節四十年

陶堂妻汪氏黃安縣生員汪王之女年二十二夫歿紡織度日事翁姑十八年里黨以孝稱年六十一歲守節三十九年

葉文煥妻曹氏監生曹然之女十九歲于歸二十一歲夫卒遺腹生子教以義方繼姑欲奪其志而孝事益堅紡織以供其養今年六十有四守節四十三年

儒童辛問易妻劉氏劉漢盛之女年十九適辛至乾隆三年五月夫故劉年二十四歲撫二子成立現年七十九歲守節五十五年

儒童熊萬資妻周氏生員周秉斐之女夫歿時周年二十五歲事姑孝敬教子朝相名列成均年八十五卒守節六十年

儒士范正源妻王氏于歸後正源遠遊貴州思南府李公之幕卒于官署時王年二十四歲現年七十三歲守節四十一年

儒童馮壽妻鮑氏夫故時年三十歲守週歲一子年至八十六歲守節五十六年進士程琮及其鄉人題其匾曰寶婺齊瞻

屈元淮妻余氏夫歿時年三十歲教二子成人現年六十七歲守節三十七年

蔡萬琰妻王氏夫歿時年二十六歲撫嵗餘一子現年五

十歲守節二十四年

陳子正本姑毛妻陳氏夫歿時陳年二十一歲遺孤未及週歲陳躬勤紡績以事衰姑教子以嚴挑燈課讀雖寒暑不輟今五十二歲守節三十一年

丁楚眉妻王氏夫故時年二十七歲無子依姪紡緝度日現年六十歲苦節三十三年

黃藍田妻周氏生員周彩臣女夫沒周年二十二歲生一子家雖貧教子力學以紡績為課讀資壽終八十二歲苦節六十年

項笙妻蕭氏監生蕭然女適項一載夫故時蕭年十九無子依姪項持脩紡績度日事姑孝撫持修入成均現年五十六歲
胡汝川妻黃氏汝川卒黃年二十四生一子事哀翁生死俱盡力勤儉持家撫孤兒成立現今六十四歲巳勵節四十年目擊五孫繞膝亦善報也
祝其齡妻袁氏生員袁廷斐女適祝半載夫沒家貧撫嗣苦守敬事翁姑孫曾迭見　卒　年七十五歲守制五十五年

項徇妻蕭氏蕭名之女夫故蕭年二十一生二子事翁姑孝訓子嚴子故復育二孫現年七十四歲巳苦守五十三年
監生項傳妻劉氏年十七適項生一子夫故劉以頭觸柱腦裂幾死姑佘氏醫救得活時年二十七養姑盡孝教子有方子入泮後復沒劉又與媳龔氏撫孤孫入監生劉現在見曾孫年六十三歲巳勵志三十六年
項智遠妻胡氏胡之紀女夫歿胡年十九歲撫子從先成立孝事翁姑睦和妯娌現巳守節六十二年

朱長裕妻曾氏生員朱第觀之母也年二十二適朱二十三夫故止遺一子相依爲命與夫弟原析居後夫弟將家業廢盡臨歿託曾以保聚其婦王氏及其子女四人曾毅然承當與之茹茶集蓼藜藿糟糠嘗盡苦境教之耕讀成巳志兼成嬸志撫子孤並撫姪孤守節幾四十年而終
王顯怡妻丁氏生于康熙庚午年二十歲適王二十一歲夫死家極貧苦撫夫姪爲嗣早喪又撫孫惟事紡績以度日至乾隆乙未歲終年八十六歲
陶廷選妻丁氏丁時鰲女夫故遺二子一女家甚貧丁勤紡績養孀姑撫育子女守節三十九年至七十歲卒其女劉陶氏適儒童劉士堂二十七歲夫喪亦以母爲法守節巳三十八年現年六十四歲

儒童洪天濟妻張氏夫故無子孝事翁姑撫姪爲嗣守節三十九年現年五十八歲
汪庭型妻劉氏夫故遺子撫育善事翁姑守節三十九年現年六十歲
洪人光妻王氏王世科女夫故遺子貧寒王不辭勞撫之善事舅姑處孀帷三十五載現年六十二歲

洪光直妻毛氏生員毛墀女夫故撫姪爲子守節三十年
現年六十三歲
劉懷瑾妻饒氏年二十夫故事翁姑維謹撫姪承宗至五
十一年故守節四十年
張大金妻劉氏生員劉廷全妹年二十五夫故撫姪爲子
以承夫祀守節三十九年現年六十三歲
蔣大文妻洪氏適蔣數載夫故撫孤守節三十五年現年
五十九歲
儒童程璵妻戴氏年二十一于歸時璵應童子試卓然有

聲以刻意攻苦得疾卒戴年二十七奉翁姑者近四十年
教二子攻舉業不事姑息夜靜必課以誦讀寒暑不倦稍
不如法譴責隨加守節三十五年現年六十二歲
儒童程景洛妻鮑氏拔貢鮑啓濂之女景洛苦志螢窗未
遂志而卒僅一女纔數月鮑自幼聰慧侍父側聽講綱常
大義及古今事蹟輒記不忘至是勵志氷霜事翁姑以孝
處妯娌以和迄今三十餘年行年六十紡績不怠以奉八
十衰姑愈加謹焉
儒童胡濱妻傅氏年二十七夫亡遺孤僅二歲傅自刎登時

氣絶賴戚族醫救獲痊後遂聲嘶越二年遺孤復夭遂歸
依父母刻苦自勵撫姪繼祀現年七十三歲守節四十六
年
程道遠妻戴氏年二十八歲夫亡遺孤僅數月家貧紡織
撫孤成立卒年七十八歲守節五十年
儒童葉汝炳妻胡氏于歸四年夫卒忍死撫孤訓課不少
姑息持家謹嚴有法內外肅然現年六十一歲守節三十
七年
武解元夏韜之元孫夏志昂妻李氏生於康熙戊申進士

彭鵷贈匾云壼儀弃世太史夏力恕亦贈以徽高陶柳年
七十七歲卒守節四十九年
萬坦妻梅氏年二十二于歸生子文銳八歲夫故撫子成立
文銳妻鮑氏越十年文銳卒鮑氏痛觸幾絶姑泣勸止撫
二齡孤子教訓不倦家貧勤紡績以供姑膳至乾隆二十
九年姑故鮑養生送死盡禮守節三十四年
候選州同吳國瑜妻程氏係文林郎程世焯女適吳九載
夫歿程年二十九歲孝事公姑供膳必豐炎持姑扇徹夜
志疲姑年垂暮忌言棺程密爲預備教子慈中有嚴守節

四十一年七十歲卒
貢生李天錫妻吳氏適李七載夫歿時年二十六歲柏舟矢志足跡不出門庭孝事孀姑溫凊悉如典禮凡事不尚繁華教子期於正直守節三十六年六十二歲卒
馮鎮朝妻戴氏夫歿戴年二十五歲紡績維勤言動不苟孝事公姑教子成名守節四十七年七十一歲卒
生員吳斌妻黃氏適吳八載夫歿黃年二十八歲孝事孀姑伴宿二十餘年炎則持扇寒則溫衾延師訓子期於文行並致現年七十五歲守節四十七年

吳泗妻鄒氏年十九泗卒一子尚襁褓應門無五尺之童姑氷飲蘗備歷艱辛苦節十餘年
熊祖輝繼妻梅氏適熊九月輝卒家貧壁立或勸以再醮梅矢志靡他撫夫前一子歲餘愛如己出紡績自支歷四十餘年如一日矣
曾廷柏妻鄒氏年二十九夫卒一子僅三歲守志撫孤備歷辛苦事翁姑孝現年七十七歲守節四十八年
生員吳英妻貢氏進士吳家駒之曾祖母英卒貢治內兼以治外性嚴整上下肅然每伏臘祭會輩瞻拜惟謹勵節五十餘年壽八十有四歲
梁　妻曾氏太僕卿梁景陽之曾祖母曾年未三十翁暨夫卒於外遺稚子三曾姑長齋供佛不理家人事兩世孀居有以奪志煽惑其姑者曾語姑曰婦節同松柏姑無慮撫孤成立得以克繼本支後以曾孫景陽貴貤封恭人
楊之春妻梁氏適楊三載夫卒時梁年二十有二無子並無嗣可立翁姑令其他適梁以死誓志越數年翁姑繼亡遺弱弟數歲撫育畢婚生子梁引爲己子甫週而夫弟又卒兩世遺孤一身撫育內外無間言歷四十餘年卒

梁生忠妻朱氏時年二十六夫卒遺子甫數齡家計蕭然餬口維艱朱勤紡織以資生俾遺孤得以成立現年七十歲守節四十四年
戴廷桂妻黃氏年將于歸夫遊蜀寄書稱不歸黃翁姑與父母懼無所依有廢盟意黃聞之不勝惶恐竟自歸戴誓以死生翁因入蜀找伊夫歸夫復出旋卒於蜀時黃年二十有八氷霜自凜撫子成立歷四十年
趙廷普妻胡氏夫卒胡年未及三十生一子僅半歲撫孤誓志歷五十年至辛亥歲卒

戴丕顯妻梁氏夫卒梁年二十有三無子家徒壁立梁矢志柏舟撫猶子以爲子焉歷五十年卒

胡塤妻戴氏年二十適胡甫六月夫故無出堅貞自守親操井臼事翁姑以孝聞現年六十歲始終不渝

蔡作城妻戴氏夫卒戴年二十餘無嗣戴凜氷霜守義自誓歷三十年如一日

羅文起妻畢氏起卒畢年二十七歲守志撫二子成立今七十歲

王文灼之妻詹氏年十八于歸夫卒時年甫二旬屢欲自

麻城縣志　卷二十七　列女二　四四

盡輒阻後擇繼承祧苦節六十七年

凌行浤妻劉氏夫年二十五卒遺一子二女劉矢志守節子思潤入成均備歷艱苦歷紀七稔有奇縣人稱之

鄒鵬妻朱氏二十年矢志屏鉛華謹色笑年七十有二鶴髮童顏如處女閭里咸敬憚之

凌璉妻劉氏夫故劉年甚少生子懷見甫七月撫育成人後年七十有餘而逝

汪之維妻王氏王奎明之女康熙壬寅年生巳未于歸庚申夫故止生一女無子倣廬一間竭力紡績事翁姑二十餘年喪葬如禮現年七十三歲守節五十五年

張秉赤妻盧氏康熙五十二年適張五十八年生子金鑑五十九年夫故年二十八歲上事孀姑下養孤子並老僕一口皆賴盧之女工紡織度日至乾隆二十一年九月病故年六十四歲守節三十六年

張思貴妻伍氏年十九適張二十一歲夫故無子伍投繯者再家人救之得免誓不再嫁孝事翁姑治家有法現年七十七歲守節五十六年

儒童楊厚載妻蔡氏庠生蔡華之女年二十于歸二十三

麻城縣志　卷二十七　列女二　四五

夫故無出撫子承祀奉事公姑現年六十歲守[illegible]年

陶貞女庠生陶取然之女名砥姑自幼與戴姓議婚戴子夭矢志不嫁識字知禮事父母孝順兄弟和睦年八十一歲

陶貞女陶二有之女原與胡姓議婚未嫁胡子貿易西蜀不歸女遂矢志守貞與兄弟同奉父母現年七十六歲

附貢生成儉妻李氏生員李義女夫早卒遺二子家[illegible]家駟李教讀嚴謹俾於成立年四十八歲卒守節二十一年

儒童戴士儀妻江氏年二十適戴一年生子二年夫卒江
年二十三歲柏舟自矢教子慈嚴並用事姑盡禮姑死竭
力殯葬守節三十五年
庠生詹煇妻屈氏乾隆丙子年夫故屈壬子年卒守節三
十七年稟請邑令黃　給有節比松筠匾
監生周金鈄妻李氏夫歿李年二十四歲不忍夫絕祀撫
姪灝成立卒年七十一守節四十年
儒童李元睦妻董氏年二十三歲適李一年夫歿無子翁
姑在堂董足不踰閫勤紡織以供甘旨立夫姪

守節三十三年
鮑維賓妻范氏年二十二夫故無子貧之難支奉姑至孝
常勤紡織以備薪米現年六十七歲
李貞女李廷煌之女許聘徐文偉未嫁而文偉歿李年二
十三歲乃奔喪爲徐撫嗣教之成立年六十歲守貞四十
四年
黃存文妻陳氏陳北斗之女年二十二歲夫故矢志自守
茹蓼飲荼現年七十八歲守節五十六年
盧紹寧妻李氏夫故李年二十二歲止生一子年六十三

歲卒守節四十一年
優生張一恒子儒童張鉞妻萬氏年十六適張生子大源
二十夫故教子成名奉翁姑以孝翁沒萬逐日奠禮祈祝
姑算卒年五十二歲守節三十二年
貢生周頴燾妻曹氏適周生子際雲甫歲夫故周年二十
二歲時有利產圖孤者凡搆訟十五年賴府縣定案禍乃
息備受辛苦卒能易危爲安撫孤存祀五十三歲歿守節
三十一年
生員周道坦妻唐氏坦早卒唐年二十　紡績養

姑撫孤大鏞教之讀書克承先業卒六
一年
儒童毛尉妻周氏夫故周年二十二歲生有一子出
之事翁姑孝謹翁感其孝於三子分關外撥田四斗書
家乘族人咸知年六十歲卒守節四十年
李躍龍妻阮氏年十八于歸二十六歲夫故生子李鎔甫
六歲家徒壁立紡績營生上事翁姑承歡菽水卒年八十
六歲守節六十年
庠生羅宏亮次子學簡妻鮑氏二十歲于歸二十六歲夫

列女三

國朝旌表

林國瑞妻黃氏年十九夫卒撫遺腹子念均業儒有聲黃持守修潔年八十六歲而終

林三友妻王氏年二十二夫卒無子家貧辛勤紡績守節三年七十五歲而卒闔族立貞節傳芳匾在祠

妻王氏生二子世才年十九而卒王家貧

六十九歲卒

周氏舉人周際聖女年二十 兒

夜讀佐以機聲三更弗輟或勸之曰汝子孤弱毋自守教

周曰惟勞所以成愛也至七十四歲終守節四十八

劉次黃妻李氏生員李南士女年二十適劉踰七載夫疾刲股食之莫能瘳夫卒即屏絕鉛華義方教子事翁姑以孝聞年七十四歲卒守節四十七年

劉茂杖妻曾氏年十八歸劉僅八月茂杖遠貿外卒遺腹生子曾撫之家無升斗食蘗飲水勤於紡績人皆稱爲苦

卒泣血觸才絕粒數日願以身殉勉從翁訓育教兩孤如松如栢得以成立現年五十八歲守節三十二年

廩生成振妻黃氏二十二歲于歸越六年夫故矢志堅操撫孤成立七十時鄒太史士璁題贈勁節稀齡匾額八十三歲卒守節五十五年

監生楊立功妻周氏監生周堵女夫早卒一子盛唐繼撫六弟成功次子盛齊承祀周孝事翁姑辛勤教子克[illegible]遂爲學勵行至乾隆乙酉周卒年七十四歲四十四年

二十二歲夫亡　乾

成立不墜家聲年七十八歲守

[illegible]發妻鄒氏鄒文臺之女年二十適劉夫卒時歲茹冰飲蘗撫三子於成教以勤儉鄒紡績辛苦終日倦致家道日益興隆現年六十二歲守節三十三年

庠生鄒德智妻戴氏智三十二歲故戴自縊殉節　前縣主吳韻行詳請學憲給匾褒揚曰文章節義

節年五十九而卒
吳文墀妻王氏監生宏任之女年十七歸吳年餘夫卒無
子翁姑令其改適王以死自誓其父偉舅氏周之邠喻以
任重道遠氷薄淵深王對云只須心堅挑不起一頭頭擾
走不動一步步挨常懷氷薄淵深自無傾險難渡因自念
[illegible]子可立乃出嫁貲爲舅娶妾果生子文麟逾七月而姑
[illegible]期年而翁亡三年而文麟生母卒家業蕭條朝不保夕
而[illegible]撫養文麟成立守節四十三年
[illegible]士梅鴻洛妻姚氏生員姚端白[illegible]每經七載

夫溺死姚繞岸號哭亦欲投水時[illegible]止家
[illegible]志勵節事姑十年頗能先意承志姑歿後撫子教讀
年七十一終守節四十四年
儒童王之楷妻丁氏夫歿丁年二十一歲一子尚未週歲
丁欲求死者數次屢經孀姑叱止乃遵命撫子事姑姑食
長齋因於昏祭大典外不殺一牲恐違姑志自姑病以至
姑沒一一如禮現年五十八歲守節三十七年
俞之輔妻劉氏夫故時劉年二十一子週歲家亦貧遺田
二畝棉地親自耰鋤以爲紡績貲本現年五十三歲守節

三十三年
儒童周宏梅妻江氏年二十喪夫無子惟姑在堂江竭力
事姑與同榻者三十年偶遇風寒即弗解衣就寢念無嗣
可立因自廢粧奩爲夫親叔湊辦以爲生子計夫叔身故
無子江乃爲夫叔立嗣並自立嗣慈嚴兼盡現年五十四
歲守節三十四年
[illegible]子廷橚妻熊氏廷校妻周氏親娣姒也先後適李各生一子
夫俱早逝是時孀姑在堂見兩子繼亡家產菲薄憂其難
守熊周窺知姑意同誓不負日勤紡績[illegible]奉姑年

[illegible]塏一切棺槨衣衾俱以生前預備[illegible]後亦[illegible]尊體教子
[illegible]成人熊年六十歲守節三十五年周年五十三歲守節三
十一年
任天旭妻蕭氏十九夫故遺腹生子家產菲薄時有強暴
勸其改嫁蕭抱子哀求鄰里護持強暴乃止年七十六歲
守節五十七年
徐鳳樓吳氏年二十四生一子夫卒吳苦自守現年六十
八歲
周行健妻吳氏夫卒子四歲吳以紡績爲活計至老仍操

作如常現年七十三歲
儒童毛致純妻曾氏夫故曾年二十七翁早逝奉姑孝謹延師教子至於成立守節五十一年至六十八歲而卒
監生鮑汝一妻彭氏生一子雙替夫故彭年二十三事繼姑至孝家計艱難茹荼辛苦守節四十七年現七十歲
王振和妻李氏夫溺死四川李年二十五翁姑早喪與父母相依又仝父與子往夫溺處望江泣祭至老清操益勵年五十九守節三十四年
劉國應妻趙氏年十六適劉越三載[illegible]苦既鮮

兄弟又無叔伯事姑撫幼莫不如禮[illegible]歲守節[illegible]十三年
劉汝翼妻李氏適劉五載夫故遺二子劉年二十三歲遂携子哀靈守制三年足不出戶撫子成立不幸子病卒又撫孫以繼宗祀現年七十四歲守節五十一年
劉恕妻白氏適劉十載生五子夫故白年二十八歲室如懸磬族人有欲奪其志者被辱而止白紡織不辭寒暑撫五子以成人現年七十九歲守節五十一年
郭茂煌妻程氏程觀揚之女年二十一于歸僅十月夫故

無子撫姪孫以承夫祀守節五十年
楊允宜妻羅氏羅文彩之女夫故羅年十九仰事白髮公姑皆藉其織紝以生養死葬備極辛苦撫育孤子卒能授室成家現年七十九歲守節五十年
儒童石朝東妻曾氏年二十六夫故生有二子曾養姑教子歷盡艱辛年八十四歲守節五十七年縣紳士贈有對[illegible]云二十六歲矢貞怳割股救姑幸獲安全邀上壽五十七[illegible]誓勁節忍寒枵腹罔辭勤苦慶餘年匾云賢淑著聞
張煥妻董氏年二十七夫故遺子五[illegible]孀居孝

慈兼盡年七十六而終其子漢源娶[illegible]年二十六漢源故無出陶撫夫弟之子為嗣亦守節三十八年
陳貞女儒童陳廷揀次女幼許能楚望方擬于歸而楚望卒陳焚奩將自縊父母覺而勸止之遂斷髮毀形終身不嫁年五十七歲而終
鄧岳岱妻田氏備守備田一進女生于順治庚子年二十五夫故遺一子士鎬田仰事俯育兼盡其道年八十歲而終守節五十五年
張漢凌妻周氏監生張能夏冢媳庠生周邦之女夫故周

年二十四上有鶴髮翁姑下有黄口二子茹荼苦守孝慈兼盡年七十有六

張炳妻李氏適張三載炳逝李年十九遺子漢全李提夫志不以家貧異志撫孤成立名列成均今已七十五歲守節五十六年

高型于妻陳氏生員陳思會之女生於康熙丁亥雍正丙午于歸夫故時陳年二十有四無出立夫兄監生高基之子為嗣貞守至六十八歲終

鮑姑廩生鮑霖之女幼許聘姚大璋[illegible]先卒鮑年十八矢志自守數十年甘心貧苦至今五十歲

鮑啓泮妻曾氏生於乾隆乙卯年乙亥年泮卒曾年二十矢志守節現年五十二歲

鮑啓泓妻金氏生於乾隆乙卯年庚辰年啓宏卒時年二十六矢志自守現年五十八歲

鮑名揚妻陶氏生於乾隆巳未年戊寅歸鮑庚辰夫卒矢志守節三十三年

鮑極妻朱氏生於康熙庚子年乾隆辛亥年歸鮑夫因家貧遠貿朱以紡績奉養公姑數十年始終如一

梅仲才妻胡氏年十八適梅二十而寡遺腹生一子家貧有荒地數畝胡負兒於背勵草自給鄉里嘆息事姑二十年曲盡孝養現年七十八歲

熊均安妻曹氏年二十四歲均安疾篤曹割股救之不瘳旋卒家貧子幼紡績營生鄰里稱爲苦節七十四歲卒

儒童熊宗主妻徐氏年十九歸熊甫六載夫卒家貧子幼有不忍其凍餒者勸之改適輒痛哭數日勺水不入口翁年老染病十餘年徐極盡孝養苦節四十八年

楊翠如妻熊氏適楊四載夫故一子僅三歲志凛冰霜親操井臼教子出就外傅其子積累成家鄰里有窘乏者必給貲分給鄉人稱之年六十而卒

羅洪勳妻熊氏生員熊爾嘉女年十九適羅甫一載夫卒竊縊自盡姑救之既甦後慨然曰翁姑尚在吾死則無奉事吾夫諒亦不願也自是朝夕承歡歷久不懈年五十二而卒守節三十三年

唐尚珍妻熊氏年二十四歲生二子而夫卒教子義方待人皆以仁恕爲本年八十三歲而卒

劉之容妻熊氏生員熊爾夏女年二十二而夫卒無子撫

夫姪承祀姪亦早逝五服內無人可立擇立族姪孫爲嗣木支祖塋立石碑以垂久記年九十歲而卒

徐必恕妻聶氏生員聶區卜之女年二十四夫卒無子撫夫姪爲嗣守節六十年現今八十四歲

李文魁妻周氏年二十適李六載夫卒周守志自甘事翁姑如禮年七十終

監生曾文海妻丁氏監生丁宏仁之女丁雍正甲寅年生乾隆丙子九月于歸次年正月文海卒是年八月生一女夫卒時丁年二十四歲矢志守節撫女于歸現年五十九

歲

萬繩戒妻田氏生於康熙丙子年丙申適萬生子霞壬寅夫故田年二十七歲苦節自守不出戶庭年七十九歲而卒

熊宗玗妻詹氏年十九夫卒子女俱無自甘淡泊紡織自給終身苦節不懈現年六十一歲守節三十一年

劉棫妻秦氏年三十一夫故姑食素飲食必親自製造晨問安昏送寢姑歿哭死而甦者再現年六十五歲守節三十四年

曹學濂妻饒氏年二十六夫故舅姑先逝止憑紡績與夫柩偕居各盡其禮有夫堂嫂新寡族人欲奪其志嫂懼依饒遂得免霜操共凜人皆嚴憚焉現年七十

吳栴妻羅氏年二十六夫故毀容婺而足不踰閫撫姪恩嚴並濟守節四十年

李森妻鮑氏年二十四歲夫故撫嗣子克承夫志十旬九食三十餘年節操倍堅

鮑儉妻喻氏年二十六夫故喪畢坐臥一小樓好潔淨衣食非經手者不取鄰里或飲食之概不受晚年持大士咒

不懈年八十一歲卒

黃士魁妻吳氏年二十適黃夫卒立嗣成就夫志現年七十二歲

黃楚善妻鮑氏年二十五夫卒二子繼亡祖姑八旬孀姑失明鮑強力支持奉養惟謹姪幼失恃姪媳故姪孫在襁褓鮑皆撫之成立五世鮑一身經紀現年六十五

趙貞女幼受鮑有隆聘年十九而有隆卒女聞訃閉戶自縊兄破扉入救得甦趙徐從母往弔悲號昏絕漸醒母勸之歸趙女曰此即女宅也何安歸撫姪爲嗣衣食不給茶

苦是甘年六十有七
倪之炳妻黃氏二十成室越五載夫故嗣子復故惟與孤孫女相依守節四十九年雖至戚罕覯其面
儒士鄒茂權妻余氏年二十于歸止三載生一女夫故余勺水不入口者數日誓以身殉家人力勸得解撫姪居孀悉有禮法教子以義方現年六十四歲苦節四十一年
黃士品妻王氏年二十二歲夫故子僅月餘守節四十五年
黃時卓妻李氏年二十生一子僅一月夫故苦節四十九

年
曾熹行妻熊氏年十九適曾逾年生一子甫月餘夫故勺水不入口累日衆勸以爾死黃口難存乃稍進飲食矢志撫孤不幸子死貧病交攻孑然無告現年八十三
甘時妻白氏年二十夫故膝下更無男女惟與八旬老姑相依爲命苦節三十三年
金文浚妻徐氏年二十夫故凡鄉鄰有貧乏者隨力施與訓子曲盡義方矢志四十四年
儒士盛必大妻王氏王朝賓女也年二十于歸越三年夫故苦節不渝現年七十二歲守節五十年
徐檜妻周氏年二十于歸二十九夫故事上接下一宗禮法現年六十六歲守節三十七年
鮑如河妻王氏年二十一次年夫故止一女矢志奉養翁姑翁故姑瞽出入扶持未嘗離左右家貧苦薪米不給與姑共相悲慰現年五十八歲守三十五年
鄭徽妻劉氏年二十四歲夫歿一女依姪終身年八十六歲守節六十二年
熊貞女幼許鄭瑜爲室熊年十七瑜亡熊聞訃奔自縊

救甦赴吊泣血數日父母令女歸熊曰此吾家也義不反顧奉養曲體親心蓬首跣足紡織暇更荷鋤犁宛然一男子也翁姑亡哀痛之誠驚傷鄉里羣爲完助殯葬現年七十七歲守貞六十年
李飛鵬妻程氏年二十于歸半載夫故無子守義心堅金石六十一歲卒
李國用妻闕氏年二十二歲夫故孝事孀姑禮待宗族氷雪之心久而益潔年九十而卒
丁懌妻王氏適丁二十五歲夫故室如懸磬教子義方現

年八十五歲
王貞女幼許聘蔡應昌將近婚期應昌遠出日久存歿不知翁姑勸其他適王泣云其人或有歸期生則候以終身死則從於地下我心如石誓不轉移勤儉紡績處子終身年六十四歲卒
閭士聰妻鄒氏夫故年二十八節操松柏順事翁姑守節三十八年現年六十六
胡貞妻余氏年二十八夫故家貧撫子成立守節五十三年現年八十一歲

江勳妻程氏程紹志女年二十一歲夫故痛夫無嗣矢志苦守後撫姪以承夫祀守節三十二年現五十三歲
會貞女許聘尉承理年十八未婚夫遠出十餘年翁姑勸另適會以死誓待字三十年卒未歸毅然適尉奉姑以終衣食維艱清操益勵足不出戶者六十年
鄒會詹妻詹氏夫卒年二十有二慟幾絕念遺孤方襁褓翁姑衰邁忍淚強起凡生事葬祭一如禮無少怠年七十卒相國王熙大宗伯張英太史張希良各為詩歌傳記以贈

鄒定臣妻曾氏年十八適曾夫以書魔病卒曾年二十四其夫弟丕江妻王氏亦二十四夫故苦益甚共凜冰霜時稱為一門雙節曾年五十六歲卒王年五十四歲卒
鄒思哲妻詹氏哲卒詹年三十苦節自守撫遺孤嚴加教誨名噪諸生其長子以明經授官通判知府莊題其門曰坤德利貞
夏廷素妻鮑氏年二十二夫故遺腹一子翁姑先逝夫兄亦亡支持內外兼營嚴師敎子禁侈靡戒浮薄樂推與家故多僕丁夫歿令從良者十餘人子早故其孫五人半歿

宮牆鮑之家法不墜矣年五十八歲守節三十六年
王國基妻胡氏夫歿胡年二十六生一子家徒壁立貧而益堅子婚後貿蜀不歸有孫胡撫媳及孫苦益甚守節四十七年卒
王崇忠妻楊氏夫卒無子楊年二十九撫姪如已出夫弟歸益落魄楊為娶黃氏黃苦瘵癉澣洗皆楊甘唾責耐饑寒乾隆巳酉歲卒守節四十一年
王國璉妻羅氏貢生羅廷桂女夫歿羅年二十二撫姪娶媳陳氏嗣子故生遺腹子羅與孀媳共撫遺孤現年七十

三歲守節五十一年
羅廷楨妻王氏夫沒王年二十八獨居孤苦教子有方乾
隆丙申歲卒守節四十三年
貢生羅廷桂妻曹氏夫沒曹年二十九歲教子成名乾隆
丁酉歲卒守節四十九年
貢生羅廷槐妻王氏生員王宗智女夫沒王年二十八撫
四子成立現年八十一守節五十三年
[illegible]珀妻王氏王殿臣女夫沒王年二十一甘貧訓子乾
隆丁未歲卒守節三十八年

麻城縣志　卷二十七　列女三　[illegible]

羅洪壁妻董氏夫沒董年二十八撫子二成人乾
歲卒守節五十三年
羅洪周妻陳氏知縣陳禪孫女夫沒陳年二十四矢志訓
子現年五十五歲守節三十年
梅巨鰲妻黃氏夫沒黃年二十五孝翁姑和娣姒俾子成
立乾隆戊申歲卒守節四十六年
曹思近妻王氏生員王經邦女夫歿王年二十有八赤貧
孤苦晚年無倚其兄舉人王國柱憫之迎至家闔族題有
蘗苦氷輝匾乾隆戊申年卒守節五十一年

陳敦偕妻王氏夫沒王年二十六堅貞不移現年五十六
歲守節三十年
王際隆妻鄒氏夫沒時年僅二十有五撫姪為嗣謹身慎
言乾隆癸卯年卒守節三十五年
宋一相妻鄧氏夫沒鄧年三十立志教子乾隆丁未年卒
守節五十一年
畢法妻羅氏夫沒羅年三十生一女有利其改適冀[illegible]
業者陰為議婚事成始令媒告知羅方烹茶聞語擲壺擊
客客踉蹌去遂携女奔母家不歸已而族屬擬氏訟興雖

麻城縣志　卷二十七　列女三　[illegible]

乃得遂其志孝事公姑生死盡禮現年六十八歲守節
十八年
董德流妻曾氏夫沒曾年二十八乾隆壬寅年故守節四
十年
陳源淪妻丁氏夫沒丁年三十現年七十七歲守節四十
七年
曾𧼈妻喻氏乾隆二十三年夫故喻年二十九歲守節三
十四年
喻之友妻林氏夫故立姪承祧林現年六十歲守節三十

九年
生員張思銘妻江氏生員江宰衡女夫没江年二十八撫子成立乾隆四十二年故守節四十六年
喻元偉妻丁氏夫没時年二十三家貧養翁姑無缺教子約列黌序現年五十五歲守節三十二年
丁之璧妻喻氏夫没生遺腹子教誨成人子復没上事老姑下撫孀媳現年五十五歲守節三十二年
喻灼妻袁氏夫故袁年二十八現年七十二歲守節四十四年

謝貞女謝均道女幼許字白姓未適夫故謝貞節自守八十三卒知縣賀賜千古奇貞匾立於祠
劉永類妻梅氏乾隆戊辰年夫故梅現年六十八歲守節四十四年
張文煥妻顧氏夫没時顧年二十六清白自矢現年七十歲守節四十四年
鄒學洙妻周氏乾隆壬戌夫故周年二十八撫子蔚楠承祧卒年七十八歲守節五十年
羅文宗妻劉氏夫没劉年二十八誓志不易現年六十七歲守節三十九年
胡錫璉妻李氏生員李吉女夫故李年二十五撫姪文翰爲嗣翰旋没與媳黄氏相依現年七十八歲守節五十四年
胡鍾妻吳氏乾隆庚午夫卒吳年二十七勤苦自勵守節四十二年
盧紹美妻魏氏乾隆癸亥夫故魏年三十現存守節四十二年
王榮臣妻梁氏乾隆癸酉夫故梁年二十九現年六

歲守節三十八年
王采芹妻朱氏夫故時年僅二十一歲貞操無玷現年七十歲守節四十九年
鮑正言妻盧氏夫没盧年二十一剪髮矢志六十四歲卒守節四十三年
生員林占春妻金氏年十九夫没茹蘖飲冰斷機垂訓守節四十餘年
金湃妻郭氏年二十湃故姑王氏孀居性嚴潔郭養姑教子苦節四十年

儒童董意妻胡氏監生胡濟宇女生於崇禎丁丑于歸夫故胡年二十五立姪承琮爲嗣娶媳王氏子故胡遂自食素撫兩孫續北希聲孤幼維時賴氏撑持兩孫皆能成立訓之勤學胡善燈佐讀並教姪承瑤身列宮牆胡守節四十五年至康熙丙戌年七十而卒

湯聖言妻黄氏年十九夫故生遺腹子課讀成人現年八十四歲苦節六十五年

金士婣妻彭氏年二十二夫没勵志貞潔年七十卒守節四十八年

藍世光妻項氏年二十歲夫没苦守五十年現年七

李應璽妻梅氏夫没梅年二十四訓子嚴毅守節四十餘年

李應鎤妻熊氏夫没熊年二十三堅守三十餘年現存

監生熊綏繼室陳氏夫没陳年二十二謹守三十八年

熊太和妻陳氏夫没陳年二十八事翁姑孝訓子有方年近古稀苦守四十二年

戴學權妻朱氏生員朱正女夫卒朱年二十六茹蘖飲冰年九十卒苦守六十四年里中稱其嚴潔似父云

儒童董彦妻陳氏生於崇禎巳巳適董夫没陳年二十五歲苦守教子訓媳勤慎紡績陳守節六十七年壽九十卒子承瓔繼故孀媳王氏時年二十五歲亦志凜冰清守節六十五年壽九十終

生員朱士錦妻黄氏舉人黄道茂女生子一夫没黄年三十後子遠館不歸哭子喪明壽九十卒守節六十年

羅士燿妻朱氏士燿客死朱年二十五産遺腹子撫成負父骸歸葬朱年七十卒苦節四十五年

朱峻妻董氏年十九適朱越八月峻卒遺腹子[illegible]貝

撫兩孫成立苦節七十年卒時年八十九歲

董子美妻朱氏適董生一子夫没董年二十一有族姪彌月喪母失乳幾斃其父抱之泣董慨然以鞠育自任親乳哺之使與巳子並教養成人始遣還卒時八十一歲守節六十年

朱汝壽妻王氏夫没年十九立姪承祀年七十卒守節五十年

饒仕榮妻黄氏夫没黄年二十三至六十四卒守節四十一年

夏克仕妻金氏夫没堅守現年七十苦節四十年

胡懋灼妻曾氏夫没曾年二十奉翁姑嗣猶子茹荼飲蘗現年六十八守節四十八年

周世燦妻鄔氏夫歿鄔年二十二存半月遺孤日夕哀號勺水不入口毋諭子幼無依應緩死乃力女工供口食守節四十九年現年七十一歲

劉光煦妻項氏夫没項年二十四栢舟自誓守節三十二年

胡美珠妻郝氏美珠隨兄美珍任病故郝聞訃觸壁氣絶

復甦年二十三家奇寒飲氷齧雪閱三十五年

周廷芳妻鄒氏夫没鄒年二十二子未逾年殤苦守家無升斗資族長給地一畝成厥志貞節三十七年

劉綱妻楊氏夫没無子楊年二十三事姑孝撫姪延祀矢志四十三年六十六歲卒

萬繩穆妻劉氏生員劉亦愷女夫没貧無子孝事繼姑嗣子逝爵閩成疾卒守節四十四年

李科妻魏氏科死魏年二十九志在從一撫二孤成立守節六十七年壽九十六歲卒

李洪職妻陳氏夫没苦守姑病十餘年陳侍湯藥不解衣帶三年六十三歲卒守節三十七年

周重鑾妻廖氏年十六適周越三年夫卒廖將從周地下其姑劉同人女也諭曰若殉夫重吾老人慼不若從夫治命立後爲愈顧死易立孤難耳乃以仲兄子嗣無何嗣子夭遂斷葷醴事愈苦節愈烈六十餘年不復闚人世事

鄒貞女内閣學士鄒士璁次女許聘生員周馮未嫁馮卒決志過門守節

監生胡文掞妻周氏州同周燮女也周本名門文勤以禮

法年二十適胡勤紡織佐讀掞殷志功名數奇屢薦不售欝欝不得志周輒爲委婉勸解掞歿遺孤九歲周哀號過節誓相從地下伯叔責以撫孤大義乃免遂撤鐶鈿操家政延師訓子内外秩如中年患足疾兀坐三十餘年辛苦備嘗孫姪輩入問起居必戒以勤學持家數事戚族欲爲請　旌不果尋病卒守節四十四年

彭大鏊妻周氏貢生周炳枝女周幼習詩書長工繪繡年二十九夫歿家益落堅志守節資緘黹爲餬口計居守一樓持身氷潔後以子啟鎬任廣東寛仁司巡檢貤封孺人

卒年八十四歲守節五十五年清操多八口矣
金暢妻熊氏貢生熊祖望女年十七適金篝燈佐讀終夜不倦夫故熊年二十哀號逾節屢絶復甦母力諭乃止終其身屏鉛華不苟言笑時翁姑年俱老晚有兒息懼不克立屬於周周撫幼姑叔俾至成立雖極勞苦無怨言鄉里咸稱之現守節三十五年
儒士陳定泰妻林氏年廿二夫没子彬僅八月林撫養成立勤紡績操家政事翁姑篤孝喪葬皆林料理孀居六十年八十二歲卒

監生劉梁妻陳氏儒士文質女夫卒年廿五子常昭遺一歲外操持孝事翁姑喪葬親爲營辦撤其環瑱義方訓子鄰俱無間言現年六十歲守節三十五年
余天錫妻蕭氏蕭夔修女年二十四夫故守制孝事翁姑現年七十二歲苦節四十八年
監生蕭繩光妻屈氏屈九皋女年二十七歲夫卒守節三十七年六十四歲卒
生員馮秩五妻劉氏夫没時年僅十八貞操至今現年八十三歲守節六十五年

劉孔柏妻江氏年十八夫没苦守卒年八十一貞節六十三年
梁宗灝妻劉氏年二十四夫没矢志靡他食貧不悔現年六十一歲守節三十七年
陳國珩妻項氏乾隆五年夫故矢志貞操撫子若孫成立現年七十二歲守節五十二年
周湘妻項氏湘早卒項年二十一歲家徒壁立隨翁姑寄居外祖喻宅性沉靜寡言笑持家儉教子嚴苦節四十餘年壽六十四歲卒

周貞女周富寧之女許聘饒興珍年十九未嫁聞興珍訃誓以死從父母苦勸方止遂終身不字家極貧依兄嫂度日女獨守一室履不出戶績紝自給有道及饒者輒爲出涕現今八十歲尚存
劉楞妻董氏董道安長女十九適劉夫故董年三十事翁姑恭順撫兩子成立舉動循禮家政嚴肅至乾隆癸卯年身故年六十五歲守節三十五年
徐廷智妻董氏董道安次女年十八適徐年二十一夫故撫夫伯兄次子爲嗣未幾夫兄長子死夫兄嫂繼亡仲兄

年老無子每泣告人曰吾手足三人幸延一脈非弟媳之
茹苦誠求大懼徐門之不祀也迄今孫亦成丁董現年七
十守節四十九年
金貞女幼許聘梅門未歸夫故貧窘難堪勸其改適誓以
死守及父母繼亡遺弟僅週歲有欲強奪其志者百折不
回撫孤弟成立年七十卒
周之模妻胡氏武舉胡美珍美瑜之妹年二十適周越三
載之模卒迫欲從死奈姑與娣姒力勸乃免遂撫夫兄與
山教諭之棟次子爲詞誨之力學以成父志事袁姑始終

盡禮年六十八而終
趙文奎妻陶氏年二十二歲孀居上事袁姑欽冰姑藥撫
姪覲光爲嗣訓之力學爲監生年八十四卒
丁楚漢之妻曾氏年十九適丁越三年夫故守一子明楠
得以成立現年四十五歲守節二十三年
史烈女史象玉之第三女也幼聘儒童劉曾望未婚曾望
故女聞之自縊家人救甦欲適劉奉事翁姑父母禁止不
得聞父母有議婚意女遂不食而死
管貞女管宗秀之次女幼許聘阮紹祖未婚紹祖故女年

甫十六而矢志自守父母憐其少已許別家女深沉有識
計託族姊李母潛踪入阮拜於靈前號號痛哭遂執婦道
奉姑至姑喪泣血三年幾死者再撫夫兄次子爲嗣現年
八十歲
董與權妻鄒氏歲貢鄒茂林妹適董生二子與權沒鄒年
二十八一痛幾絕因素明大義以姑老當奉子幼無依勉
作未亡人事姑生祭葬無缺禮教二子不幸迭喪止餘幼
孫係次出復撫養成立差慰藉焉家無儋石儲衣食皆資
紡績壽八十五卒守節五十七年

儒童丁楚瀛妻張氏鄉飲介賓張文楷之女戊辰歲于歸
時年二十至辛未夫亡年二十三歲張以翁夫相繼而沒
隻身事姑九載無少懈撫子成立繼緒不墜守節四十二
年
儒童成原泉妻李氏年二十二歲無出夫故願以死殉因
翁姑年老勸解迨翁卒繼姑孫氏與李同苦節嗣子鵬南
延師訓課屢試前茅今六十七歲守節四十五年
儒童董文鸞妻楊氏生於康熙壬辰歲二十適董生兩子
年二十三歲夫沒時姑唐氏已守志年老楊勤女紅以事

姑分餘粒以養子姑没遂斷葷醴撫幼成立爲長子本泰畢婚無何兩子繼亡楊守節五十二載年七十五歲其子本泰故媳李氏年二十五歲亦事姑孝敬守志三十五年現年六十閭巷稱董氏一門三節孝

程志道妻劉氏劉洛士之女生於康熙丁丑年至巳亥歲完婚雍正二年夫故時年二十八歲守節至今巳六十七年

吳治烈妻何氏年十七適吳經六載夫故撫姪鋭爲嗣躬勤紡織孝奉翁姑撫嗣子成立現年八十七歲七子亦年

逾六十幸目覩曾元林立

監生吳棶蘇妻鮑氏年十九適吳越三載夫卒現年五十五歲守節三十三年

周仲遴妻丁氏丁喬惠之女二十四歲適周一歲生子季杜又一歲夫卒丁以姑老子幼三世一身姑緩死迨姑卒乃攜子寄居母家紡績自力教子成人現年七十六歲守節五十一年

葉椿妻熊氏年二十二歲夫亡孀居撫嗣子兆元事翁姑甚謹訓子成名爲生員卒年六十二歲守節四十年

熊文源妻劉氏夫故劉年二十四歲孝事翁姑撫子成立鄉鄰頌其純節贈以德美松筠匾額共守節六十一年

儒童侯映第妻周氏夫故於乾隆癸未周年二十二歲生二子方數歲撫養成人現年五十二歲守節三十年

儒童董標妻張氏生員張文錡女年二十一適董越一載生一子夫没節孝四十六年現年六十八歲

曹貞女曹斐徵仲女也幼許金勤哉之四子方笄而金氏子故曹號痛欲絕絕粒數日乘家人防範稍疏持刀自刎咽斷過半父母救治踰晝夜復甦嗚咽流涕曰女子從一

而終者也即不許女身過金門願後勿議婚姻二字從此與母祖依母病篤女泣曰與其無母不如我死可以益母壽乃禱于神割股以進母病得瘥後股瘡不合終忍痛強顏恐傷母氏心也縣人作詩章以贈

姜希訓妻羅氏年二十二歲生子作成纔九月夫故羅哀毁幾絕因姑病忍喘侍湯藥茹荼教子年六十卒守節三十八年

羅永揚妻袁氏年二十二歲夫故誓以身殉賴家人防範力得不死絕葷屏飾紡績奉姑育從子重武爲嗣恩勤教

誨如已出現年六十五歲守節四十二年
丁之文妻周氏周念德次女夫早故一子繼亡氏志堅操紡織自給苦守二十三年現五十三歲
監生楊從桂長子儒童敏功妻喻氏 監生喻倫女年二十八歲夫故一子盛朝五歲次監生田功張氏儒士鳴鑾女一子盛世三歲俱以貧窘堅守孝養老姑教子皆能以正喻現年五十七歲守節二十九年張現年五十歲守節二十四年
吳海寧妻鄒氏鄒士慶之女生於乾隆丙戌年乙巳年適

吳生有二女甲寅年七月二十六日夫故氏誓以死殉三二十八日自縊卒年二十八歲
儒士張宣哲妻萬氏年十九適張不數年夫故一子文郁僅九歲寡婦孤兒煢煢相弔族人逼令改嫁氏斷髮堅心以止族念遂茹荼飲血教子成人以承先緒守節二十九年
吳霞山之妻徐氏吳鳳翔之女年二十于歸甫數月夫故遺腹生子世道氏惟勤紡織慈嚴並濟教子成人現年六十八歲守節四十八年

列女四

國朝 旌 未

李烈女李琬之女也幼許聘陳姓及陳病李欲往問父母不許陳卒李號哭欲往致祭又不許李以死自誓父母防之甚密女無隙後二十餘日有人來議婚父母私許之女聞之奔至園中自縊
呂志仁妻郭氏年二十歲翁先卒越三月夫又卒郭經營喪事十六日葬畢即自縊岐亭同知鄧 贈匾曰金香志

骨聯云冰雪為心祗覺剪皮金而自盡松筠著節何庸賫蒂草以營生蓋深嘉其烈焉
李烈女尹上華之聘妻未笄而上華卒李年十七聞之欲往哭其喪母阻之李毀面去飾乘母出外遂自經死尹姓感之迎李柩與夫合葬事在乾隆六年三月十一日
儒童成天祚妻祝氏生員祝必昌女也祝孝養舅姑咸稱賢淑年二十三夫故當以死殉公姑勸勉延至三日入房自縊面貌如生
毛烈女邱之德之聘妻之德未婚而卒毛欲至邱家不得

晨昏哭泣數月後有議婚者卽潛至後園自經
張烈女許聘儒童程金典張年十六金典病劇張聞信白母欲往服侍母不允越二日訃至又白母欲往送葬母亦不允女曰生不送我往死必送我往程家去是夜卽自縊面目如生兩族迎送女棺與程氏子合葬鄉里送者數百人莫不淚下
李烈女監生李經邦之女許聘儒童周士毅李年十七士毅病故訃至李方食聞訃卽停箸入房關門自縊母趙氏窺見急喚家人解救得甦嗣是飲食少進女紅廢棄復號

慟月餘卒不食死族人哀之
儒童蔡學柳妻周氏周邦傑之女于歸數載學柳故周決志從夫於地下姑勸諭百端勿聽防護不及飲鴆而死乾隆丙戌年知縣劉希向申請學政胡紹南給匾獎其烈
夏廉聘妻劉氏蘄水縣劉時周女也廉十六夭亡時劉年亦僅十六聞訃水漿不入口者數日父母百般勸慰莫解私自投水而死
鮑烈女鮑子知之女許聘蔡作楫三歲喪母依姑戴氏撫養年十七未婚合家避流賊於戴家寨會寨破逃散賊將

辱之鮑守貞投巖死
阮紹猷妻徐氏年二十五歲夫歿無子徐俟殯殮畢撫棺號泣引刀刎死
啓烈女父法颺初唐及笄降賊李有實委禽焉其父以其行弗軌不許遂適熊啓之其歸寧也李於路邀之唐不屈曰寧作刀下鬼不爲反賊妻李怒刃之罵不絕口死
儒童江國章妻熊氏監生熊必陵女年二十適江夫卒越七日熊自縊以死邑尊聞而遣吏吊祭時乾隆辛酉事
[illegible]侍安妻程氏年二十歲夫故卽自縊知縣馬元勳贈節

烈維風四字
王尚泰妻董氏董珍之女幼時嘗割股以救父年二十適王逾年夫故董自刎解免毀瘠哀號殘喘僅活後因母病歸侍湯藥其父憐之與王家議改適董聞輒自責曰父不諒女心是迫女死卽引薙刀斷喉死時年二十九
曾烈女生員曾朗之女甘學洵之長子權之聘妻權死曾年二十堅請於父母改服奔喪撫棺痛絕稍甦姑防閑甚密遂留甘力盡婦道終喪從姑省墓觸石頓絕詳請學院批曾姑清操夙就勁節性成失所天於甫聘之時殞一命

於服終之日死生無愧　旌表允宜遠近憐之贈詩序者數百篇

劉烈女曹銘聘妻生員劉禮女也年二十一未于歸銘歿劉聞訃問父節烈二字於義何居父不答蓋不忍其一旦就死也防之甚密曹度不能自由乃佯改志櫛沐飲食如常夜半防者少疎竟縊而死知縣吳碩行題其匾曰貞烈可風爲贊曰大義是赴何私何戀

生員周烜妻徐氏知州志尹姊也順治己丑衛生堡値流寇亂烜見勢危逃出徐哭數日陰藏小刀堡潰徐囑僕負兒子急行兵至取刀自刎時稱節烈焉

周銘階妻何氏夫病篤誓以身殉及臨危何私服毒先一日卒

監生鮑汝時妻曹氏生一女夫沒觸棺頭裂救甦數月女夭曹復自縊死

周烈女州同周爕女也性專一工詩許聘生員顏日升未字日升沒周痛絕屢投繯以救得不死一夕夢夫謂曰爾果有志相隨明旦拾梧桐下物是汝全志期矣翌午女沐浴作書遺兄嫂至樹下吞異草立死顏哀之舁櫬與日升合葬時于成龍同知府事駐岐亭聞而嘉之作輓詩曰山上青青松天中皎皎月皎月與青松自古俱淸潔君不見兔魄浮晶光四時耀氷雪盈昃不能無將圓旋復缺又不見松立萬峯巔堅剛出奇特嚴霜頻相摧臨死不易節毋今魂返歸惟此堪表白

生員周昌妻劉氏昌以故家中落蹭蹬名場致疾且篤劉侍藥罔效康熙戊子春昌大漸劉乃內計曰事不可爲矣因投繯死不踰晷而昌亦逝嗚呼視死如歸眞烈矣哉

儒童熊士材妻李氏李百魁女年二十三完婚夫疾李割股食之旋卒李終日悲哀未踰年亦卒

儒童謝嘉言妻毛氏夫卒毛以死殉姑等力挽始忍死撫子承祀越明年姑病毛割股啖姑延壽數載知縣吳　贈匾愚孝格天四字獎之

喻於義妻金氏事姑孝姑徐氏疾劇金刲股和藥以進獲痊

董澤久妻蔡氏其母阮氏病危蔡歸省母病割右股烹飧翁董艮臣病篤蔡又割左股烹進姑胡氏病急蔡再割右股和藥俱獲痊

生員王文思妻羅氏事姑孝姑病篤割股和藥遂痊

王文燦妻董氏克盡婦道姑丁氏病董齋戒割股默禱旋愈

劉士模妻周氏幼至劉家爲閨房姑早喪事翁如父婿配後益謹婦道年二十六喪夫遺二子撫育後歉歲而抱重病子德曾痛母焚香割股以進得延一載卒

吳國貴妻胡氏妾李氏名懿德胡氏病篤李氏割股救之三日病愈活七年李氏割股後食長齋以終鄉鄰戚族送慈孝流輝匾以嘉之

[illegible]貧[illegible]至誠妻程氏素好善樂施雍正乙巳歲歉捐米賑濟鄉鄰署麻城縣楊思溥給程女宗善果匾額又捐銀六十兩入祠以充積貯乾隆癸亥重修祠宇

監生陽應賓妻曾氏曾姍之女事上撫下孝慈素著夫歿曾年三十歲與家創業淡泊自安教子愈篤讀書成立尤樂施舍鄉鄰戚族貧乏不惜脫粟相遺人以此服其賢

曹之元妻唐氏生一子而元卒事姑以孝聞會歲大祲唐弟以疫卒其家比鄰閉戶塗隙水火弗與通唐卒禮其喪而歸而唐家無恙

吳天錫妻周氏夫早卒生一子而跛周懼不克有後新婚之夕焚香祝天卒致蕃衍事翁姑孝食上必親視寒煖之節起居雖夜必起善居家致貲累千金

李士盛妻劉氏夫卒劉二十六歲子文廣文夫俱幼堅執苦節撫養幼孤壽至八旬里族稱之

杜塤妻庫氏二十三歲夫故一子遠貿西蜀六餘年未歸客死於外氏惟藉針紉度日年八十卒守節四十七年

吏員杜承熏妻蕭氏守節三十五年

[illegible]武治妻馮氏守節三十年

[illegible]董直方中妻盧氏副榜盧[illegible]之女也適董年二十三生長子二歲次子三月夫遠遊粵東陡染奇症卒于途訃音至盧投繯者再翁姑勸勉之得不死未幾長子夭若撫次子勞紡紅工鍼黹以度日矢志二十八年現年五十一

黃文良妻周氏年二十七夫卒無子撫姪爲嗣事翁姑孝養守節二十餘年乾隆丙午春儒學彭師顏其匾曰貞操松筠

鄒森妻曾氏年二十三夫故撫子成立翁姑有病日夜不寢病愈方安乾隆二十三年卒守節三十五年

儒童王國熙妻熊氏監生熊元璧之妹監生熊正琇世珇世珹之姊貢生熊賡熊鏞監生熊鷹熊鵰熊銑之姑母武舉熊紹漢之姑祖母夫没熊年三十一歲撫孤成立年七十四歲守節四十三年知縣羅均給有節壽流芳匾

李如久妻吳氏年三十四歲夫故無嗣吳矢志孝事翁姑年五十九歲卒

熊永文妻喻氏喻廷梅女年二十六夫亡上事孀姑死能盡哀撫子成人卒年五十二歲守節二十六年

[illegible]安射妻伍氏年二十八夫故悲號不食欲以死殉

卷二十七　列女四　合

[illegible]其撫夫弟之子爲嗣其夫弟妾丁氏亦二十八歲喪夫與伍相依合志守節

李世輝妻徐氏適李六載夫故氏年二十六歲遺腹生一子氏紡織自給撫之成立現年五十四歲守節二十八年

儒醫陳仲玉妻王氏仲客於京師二十八年歸卒王事姑盡孝撫一子入成均

劉殿元妻余氏年二十八夫卒撫夫姪爲嗣愛如巳出生平言笑不苟卽夫之伯叔家慶吊外不輕舉足惟以女工爲業年五十六歲卒

劉以式妻梅氏年二十一適劉三載夫没梅撫孤成立族戚會贈以匾云志節永貞

儒士梅書洛妻王氏王映璧女年十九適梅六年夫故王晝夜紡績倍極勤苦竭力事姑撫子多方卒年五十二歲守節二十七年

任義妻丁氏年十八適任僅數月夫貿外故依夫兄嫂守候不數年夫兄嫂繼亡遺兩夫姪俱幼丁視爲已子撫養教誨出自艱難内外力作家道蒸蒸蔚起皆丁之力也

[illegible]養鋭妻高氏高孔亟之次女夫無伯叔高上事翁

志　卷二十七　列女四　金

[illegible]夫病沉毒已久止存淹淹氣息高晝夜辛勤不怠及夫故高年二十八歲觸棺欲絶家人兢勸以存孤乃止撫養教育年五十四歲守節二十六年

生員董時措妻蔡氏舉人蔡楷之女生員董觀光之嗣母也生於康熙十六年丁巳至三十五年丙子完婚三十八年巳卯夫故蔡年二十三歲立夫姪觀光爲嗣守節二十二年而終

監生鮑楫妻彭氏進士彭韜之女適鮑生一子甫三歲夫故彭年二十五歲矢志堅貞事姑孝敬嘗遇鄰家火彭撫

夫柩號呼鄉鄰將扛柩出忽風反火滅人咸異之現年五
十歲守節二十五年
儒童王淮妻李氏年二十三歲夫亡生子鳴鳳家貧紡績
不倦今七十三歲守節五十年
徐貞女監生徐勉菴之女許聘鄭志成之子維泮方議擇
吉于歸泮以疾卒徐年十八聞訃即凶服過門守志代事
公姑未半載亦以憂慮染疾賫志以歿臨死惟囑同穴以
信其誓云
[illegible]士廷國權妻羅氏年十九適王夫卒於乾隆戊辰年時

李[illegible]十九歲撫姪文思爲嗣勤苦自甘和丸課讀教子
成名卒於乾隆癸巳年守節二十六年
袁廷侄妻萬氏二十四歲夫故生一子五十二歲終守節
二十八年
李堦妻劉氏適李上六載夫卒子幼家貧守節六十八年
李坦妻黃氏生員黃裳之女適李八載夫卒現年六十二
歲
吳鐘妻詹氏生員詹士成女年二十適吳七年夫卒事姑
克孝教二子讀書長道淳業儒次詢入泮現年五十六歲

守節二十九年
桂必攀妻喻氏年十八夫故事姑袁氏孝順惟謹苦撫弱
女現年三十九歲守節二十一年
儒童周聖思妻李氏監生李陵岡之女年二十適周二載
夫故守節四十三年撫嗣承祀現年六十三
生員陳大華妻劉氏年二十而嫁于歸之日夫已病篤劉
親嘗藥餌衣不解帶經五月餘夫沒劉誓不欲生奈以翁
姑衰老無人侍奉夫前弱息無人撫畜遂苦自支持仰事
[illegible]盡其道現年三十七歲守節十五年

[illegible]源妻梅氏梅楚川之女於乾隆四十三年適郭事翁
姑以孝五十年夫故苦節自守現年四十一歲
洪大學妻王氏王太元之女年十七適洪生一子夫故時
王年三十現年六十一歲守節三十一年
余純泰妻汪氏夫早卒氏撫稚孤四子傾心好善捐建廟
宇甚多惟雪台寺巍然特聳覆一區俯視左右四山如礪
面夾麻羅兩河如帶且其台高百仞單磚砌結歷今百餘
年毫無崩折凡鄉里公務會議於斯以爲一方名勝猶嘖
嘖稱汪氏不置也

周代翰妻方氏割股救姑
嚴志和妻鄭氏年十九而夫卒絕食者數日誓不獨生翁
以長子之次子𪄪爲之立嗣鄭撫如已出日勤紡績敬事
翁姑今已二十三年
吳必江妻黃氏年二十適吳二十二夫故生子方數月家
道亦貧誓志自守不幸子死翁沒有勸黃再醮者皆受辱
而去立夫姪爲嗣繼夫禋祀日勤紡織以爲生活計現年
五十歲
[illegible]貞鮑斐然妾趙氏生於乾隆丁亥年丙午年夫卒趙年十

[illegible]志守節現年二十六歲
鮑毅然妻鄒氏生於乾隆乙亥年壬寅年夫卒年二十八
矢志自守現年三十八歲
太學生張繼韓之長子監生張宏學繼妻鄒氏監生鄒應
天女適張二年姑沒夫亡鄒年二十八立志自守翁令主
持家事數年間處置悉當待夫前妻之子尤篤恩愛現年
四十五歲守節十七年
晏錫躬妻袁氏適晏七載生三女夫卒袁年二十二歲無
子以姑年老夫弟幼沖送往事居責無他委且誓曰必俟

夫弟舉子立之以承夫祀庶可告吾夫於地下後夫弟舉
子名珠遂立焉現年四十八歲鄉里無不稱之
萬仁貴妻甘氏適萬夫死時年二十三歲事翁姑益恭無
子遺腹生一女現年四十七歲守節二十四年
張楚桃妻江氏江國标女夫故無子年十九矢志自守繼
姪劉氏憐其孤弱就而勸之江以不諒而泣自是持齋痛
絕鉛華今止三十一歲而堅確之思已十二年如一日
汪士芝之妻童氏生員童金魁之女士芝病篤童割股以進
[illegible]卒[illegible]哀毀不欲生數月內怏怏而終

[illegible]曾氏生二子夫卒曾晝夜操作撫子成立現年
五十八歲守節二十一年
黃天定妻程氏夫卒無子程啼血絕粒願相從地下賴左
右力勸得免撫夫兄之子爲嗣苦節自誓現年八十五
鄒貞女內閣學士鄒士璁孫女廕生汝霖女幼許黃安縣
太史張希良孫炳驤驤幼喪父母以讀書成勞卒鄒聞訃
求死不得即欲往祖姑劉促止之迨祖母八旬鄒白父請
親送張門躬自拜祝祝罷復請於祖姑詣翁姑與夫葬所
成禮祭奠痛哭失聲越數月祖姑憐女善病令仍歸侍親

聞不數載遂以憂鬱卒
王淮妻吳氏雍正十年完婚乾隆十三年夫故吳年三十
三歲至五十一年身故守節三十九年
吳鎧妻梁氏太僕少卿梁景陽再從姊鎧以疾早卒梁事
姑撫繼冰操自矢歷五十餘年
王安國妻鄒氏乾隆癸未年于歸辛卯夫故哀毀骨立見
翁姑痛追過甚鄒及婉言強容以慰朝夕承順一子教誨
□擇師友非正人不令往來恐貽先世羞里黨咸稱其
□節三十年

□□□妻甘氏年二十于歸二十八歲夫故苦節自貞盡
婦道兼盡子道事後姑咸其孝敬倍加憐惜現年五十七
歲守節二十九年
金鎰妻甘氏年二十適金二十四歲夫故屢自縊姑覺弗
遂現今二十九載人無間言
甘學游妻李氏年二十適甘夫遠出粮無越宿李勤紡績
以供翁姑朝夕翁姑繼逝李竭力支持葬祭盡禮後夫歸
旋故婦道無虧操家有法
生員夏廷勳妻田氏歲貢田法夔之女夫故田年三十一

歲一子五歲事孀姑悉諭意旨教子成立不幸子授室後
與媳俱故田現年八十二歲
羅貞女王文博聘妻未婚文博卒時年僅十六聞訃奔喪
撫棺痛絕復甦遂留守志事上孝律身嚴立姪爲嗣乾隆
戊戌卒守貞二十七年
雷童熊紹洿妻伍氏十九歲夫歿伍以身殉祖姑及翁姑
以其有娠力勸乃止不數月生一子名杰伍遂立志匪他
翁監生熊鋐旋卒而伍上事祖姑及姑與伯叔姑皆能孝
□養今雖止守節八年而冰霜之操凜凜

□□王崇煌聘妻婚禮未成崇煌卒王年二十奔喪入
門哭殮後撫姪爲嗣乾隆己丑卒守貞二十八年
王崇儒妻羅氏夫歿羅年二十九爲子娶余氏子旋故余
亦矢志靡他再世孀居羅現年五十六守節二十七年
夏超興妻曾氏乾隆二十八年夫故年二十三歲守節二
十九年
甘松妻陳氏夫沒陳年二十二家貧苦守四十三歲卒守
節二十一年
丁國棟妻劉氏乾隆二十九年夫故劉年二十五現守節

二十八年
曾永藻妻董氏夫没投繯救免矢志堅貞乾隆乙巳歲卒
守節三十八年
施必華妻張氏乾隆庚辰夫没撫子教媳現年七十一歲
守節三十二年
黄[illegible]琦源妻黄氏乾隆丙子夫故黄志凛冰霜現守三十七
年
胡士爵妻蔡氏乾隆乙酉夫没蔡年二十九歲現守二十

[illegible][illegible]妻袁氏夫没立姪兆昌爲嗣昌没依媳徐氏守節
二十八年
王槐元妻劉氏槐元夙膺羸疾劉侍湯藥不離榻夫没劉
年二十三悲號絶粒姑諭得不死悉焚嫁時服飾娣姒譙
集[illegible]蔡未嘗著身也事姑以孝聞族孝廉炳謙於其帨辰
祝以聯云三十載氷心惟飲蘗千秋戲胆更餘茶稱實錄
云
鄧清拱妻任氏夫没任年二十四矢志貞節現守二十餘
年

朱義妻梁氏義客廣死二子俱幼梁年三十二家貧苦守
撫兩子循謹漸至素封年七十、並卒守節四十三年
方一智妻黄氏夫没黄年三十三撫幼子藉針黹作生活
計年七十卒守節三十七年
朱和川妻羅氏夫没維年三十二與寡娣姒同撫幼子以
縂一脉克振家聲年九十卒守節五十八年
鄒士由妻程氏夫爲虎斃程年二十五生子方週歲族人
欲奪其志程逃避自誓年七十四卒守節五十一年
[illegible][illegible]妻查氏夫没守節三十五年現年七十歲

[illegible][illegible][illegible]何氏夫没守制愼容止寡色笑數十年如一日
訓子嚴肅家漸豐皆何勤儉所致也
鄒退東繼室劉氏適鄒僅六月夫没現守二十二年
劉維義妻胡氏胡韓潮女潮產業寒薄胡勤女經計出納
家用稍給差得父母懽已而適劉維義試輒不利胡慰曰
事須耐久有志竟成夫子只患不讀書不患無功名分有
我在閫以內無庸慮維義乃列志攻苦三更燈火胡紡績
佐讀湯水不懈後維義以勞瘁病歿胡痛以身殉遇救得
甦足不踰閾事姑孝居家無疾言厲色守節二十餘年

監生蕭華淵妻熊氏年二十四歲夫卒現守節二十有二年

蕭斯蕊妻胡氏胡維煌女夫貿蜀四十始字結褵九年夫歿家貧勤女紅以事姑分餘粒以養姪內外無間言守貞三十年年八十卒

貢之綱妻胡氏夫死胡年二十二無出撫子承祀家貧紡績守制自營辦翁姑後事外有伯叔翁姑之嗣者三人生事葬祭胡皆身任之守節九十年

[illegible]妻郭氏儒士郭素女年十六適唐生一女夫卒時年

[illegible]家計蕭條母女相依紡績度日爨火不繼同族有延之食者不往餽之食弗受乾隆乙酉十月十四日夜半郭知力不能支將祖先誥勅一切俱焚用帶先東女死即自縊次日鄰里知之皆嘆其節烈

張世珍妻丁氏丁正芳女年二十二歲適張敬事翁姑和睦妯娌三十一歲夫死敎子及孫丁皆竭力其孫聲顯現列例貢八十二歲卒守節五十五年

黄有志妻田氏年二十二歲夫故無子田矢志柏舟撫子延師敎之成人現年四十歲守節二十五年

洪祚妻祝氏年十七適洪二載夫故守節二十有七年

侯映科妻劉氏夫故乾隆二十九年劉年三十五歲生一子年十二撫養成人現年六十三歲守節二十八年

唐亦樓妻羅氏夫沒羅年二十有七毀形矢志事翁姑極盡誠敬時夫兩弟皆幼羅撫之恩義兼至一日家不戒於火羅不顧貲財往撫夫姑兩柩痛哭願以身代火忽頓熄鄉鄰族黨觀者莫不驚異嘆爲精誠所感

監生唐志源妻江氏年十九適唐二載而夫故三月得遺[illegible]艱備至稍長延名師訓廸倍加嚴謹紛華靡麗一

[illegible]人目嘗語孤曰我不幸汝父早逝所賴惟汝無成我何所望孤兒梓跪聽命江自夫故後不爲儀飾家中巨細事務皆有紀筭不憚勞苦日勤紡織有餘積則以周貧之者鄉鄰族戚無不服其賢明

周公振妻余氏夫故余年三十四歲苦撫二子今五十二歲守節二十八年

鄭鳴鸞妻胡氏生於乾隆戊辰年十九歲適鄭癸巳年夫故胡時二十六歲自經者數次家人防守正嚴勸以立繼胡乃撫姪爲嗣勤苦操作荻敎有方覯子受室胡卒於本

年十月十六日守節二十一年
蔡貞女蔡禮之女許聘陳中遭母喪陳欲娶女女父未允
陳即惡言傷女父並辱及女女聞而指天立誓永不適陳
及届星期遂決志不往陳因另娶奈女命不辰未久父卒
止有一弟貧無立錐女以紡績弟以耕種相倚爲命守貞
四十八年
周承章妻劉氏割股救姑　周思登妻張氏青年守節
周作妻吳氏　周思過妻吳氏　周之寰妻林氏三代節
周世泰妻李氏守節兵冦流離生死不變　周重沂

周志顯妻劉氏二代節孝　周思穆妻萬氏斷
周之敦妻黃氏　周源妻趙氏割股救翁　周志信妻趙
氏　趙[illegible]妻周氏周承謨之女　陳學思妻董氏
周世家妻陳氏
李耕田妻丁氏丁利時之女年三十夫卒矢志柏舟力勤
紡績孝事翁姑撫三子維鈞維銑維鎮成立教孫曾讀書
次孫文璧入泮年六十時知縣楊　贈有節壽帳文七十
時太守李　贈有節壽屏文年八十卒
唐貞姑監生唐從仁女幼許聘葉懋懋遊西蜀不歸從仁

著人往尋不獲越二十餘年有另聘意女聞之泣懇膝前
并求兄弟代懇矢死靡他因取名誠心守貞不字年七十
四歲卒
庠生彭山陰之女國學童元坦之妻文庠童金印之母彭
氏康熙甲戌年生年十六時因母病割股救母知縣吳顧
行　贈匾褒獎題曰閨孝維風
徐晉英子旭鍾妻萬氏萬載富之女十九歲于歸二十歲
夫故遺腹三月生子萬勤苦厲志事翁姑盡孝終日憂慮
成疾卒年二十六歲守節八年

女馮氏馮長秀之女年二十夫卒氏欲以身殉
人力勸以事親養子爲大乃忍死奉養和丸教子人和成
立現年五十一歲守節三十一年
[illegible]吳啟模妻楊氏年十八于歸乙亥年夫故生一子夢
艱辛勤教訓撫之成立現年六十一歲守節三十九年
汪貞女許聘儒童劉應瑶及笄而劉歿女矢志望門守節
歴十有八年因姑老無依過門奉養現年四十五歲
羅維亨妻吳氏年十九于歸生子文鳳甫三月而夫故吳
矢志柏舟茹荼撫子年五十二歲守節三十一年

儒童李景周妻魏氏監生續重長女年二十于歸二十九
夫故遺三子士鑑士鍠士鏞維時翁姑年邁產業僅地七
升魏日事耘鋤夜勤紡緝以上事翁姑下撫幼子成立年
九十五歲守節六十六年
儒童趙思寧妻楊氏年二十夫歿事八旬老姑盡孝立
嗣不幸姑與子並媳相繼而亡又撫養幼孤孫現年五
十有八守節三十八年
監生田煥妻彭氏進士彭翻孫女庠生彭範也女氏年二
八載夫故事翁姑以孝敎子成立現年五十七歲

卷二十七　列女四　九十八

十九年
儒童田煜妻郭氏年十九于歸三載夫故敎養二子俱已
成立現年四十八歲守節二十六年
儒童毛塝妻王氏生員王應槐妹夫早卒王青年無出
以死殉家中防守累月翁姑以年老爲解乃矢志養親
盡孝道撫子立繼迪以義方已歷四十餘年
儒童董承琮妻王氏王君榮之女夫歿王年三十勵志貞
潔事孀姑以孝敎兩子以嚴次子揚旋卒王身勤紡緝漸
至素封助弟妹婚嫁無吝色喜施濟修橋補路長子續年

六十獲一孫文彪曾元蕃衍族隣以爲賢母之報
劉作模之妻周氏周敬五之女十八歲于歸逾八月夫外
貿邸故生一子氏苦守敎訓成人年八十三歲守節六十
五年
儒童盛世穗妻彭氏夫卒彭年二十無嗣姑病時彭割股
姑紡緝度日現年七十歲守節五十年
儒童喻威及妻徐氏事姑孝順姑病割股以救年八十一
歲卒
鎮淳妻董氏監生董時雨之女知縣曾銳長媳氏年

卷二十七　列女四

七年十九適曾甫經三月夫沒董矢志食素衫
稱氏年老病篤氏割股以救姑獲痊撫夫弟始生月餘之
姪玉樹爲嗣自哺食以至於成立備極艱辛乾隆癸未年
學縣詳請
旌表奉督學贈匾曰清標彤管辛丑年七十四歲終守節
五十五年
羅廷栢妻徐氏二十三歲于歸六載廷栢身故生子觀國
一人氏敬事孀姑辛勤紡織不憚饑寒惟諄諄擇師訓誨
勉以學問勗以端方守節三十三年現年六十有二歲

夏有珍妻陳氏陳厚坤女適夏逾年而珍病醫藥不效氏夜焚香割股以求救珍隨愈生子後夫沒氏矢志苦守事翁姑曲盡儀節翁病甚復割股以甦翁戚族咸稱其孝云

李煇妻張氏生員張天祜之姊十八適李二十一歲煇故誓以死守事繼姑以孝撫孤子以嚴家貧躬勤紡緝守節四十餘年而卒

生員張天祜之子大由妻范氏生員范自燮女年十八適張二十歲夫逝止遺一子氏矢志自守撫孤事姑克盡慈□二十餘年

□天祜之次子大田妻陽氏年十八適張僅八□夫逝投環赴溺者再其姑曾氏再三勸慰得以不死止生一遺腹子氏喜施舍濟貧窮惟祈保子雖室內空虛不計也 歲守節 年

李宗源妻曾氏年十九適李逾五年夫沒氏殉死再三家人勸免辛勤紡織上以敬事翁姑下以撫育雙男一女其曲盡苦心子茂桂茂梅得以成立現年五十九歲守節三十五年

貞女陳姑生于康熙甲辰年幼聘於董姓適董有家難董郎浪遊西蜀故兩姓之盟雖訂而于飛之願未酧迨董氏子自蜀訃聞貞女一慟幾絕遂誓守不字願從父家老未幾父沒母年亦衰有弟六人皆年少不更事貞女以煢煢一身上事高堂下撫諸弟區處經畫有男子所不逮者卒於乾隆五十二年年八十四歲

吏目職成家駿之妻鄒氏國學鄒學渠女年十九適成二十五歲夫故氏求死翁姑勸諭遂矢志孝事翁姑朝夕不怠因時無可立之子憂心盼望現年四十二歲

□鄒汲之妻宋氏庠生郭岐存之媳克自宋大□於康熙己亥年至乾隆戊午年二十于歸二歲夫歿以姑老忍死守制姑媳二人相依爲命能以婦兼子道年六十九歲卒守節四十六年

王必仁之妻周氏先承女年二十九夫故生有二子氏撫養成人凡事必教之以正年七十一歲卒守節四十二年

何世文之妻江氏江宏能女年二十六歲夫故生有三子教之成立次子承繼堂伯三子承繼堂叔以全三房之祀現年六十八歲守節四十二年

陳學珠之妻江氏江思正女年廿三歲夫故有二子氏以

養以教撫之成立現年五十五歲守節三十二年

周大化之妻彭氏彭遥光女年二十五歲夫故生一子氏辛勤教訓克底於成現年五十五歲守節三十年

劉光直妻周氏直病數年氏揣夫不能起每與人言誓以身殉及夫死五日往哭夫墳時小姑從行哭畢令小姑先歸氏遂投水死

劉兆懷之妻章氏兆懷早卒氏年二十二歲生一子光遠族人欲嫁章氏氏避於母家誓死不嫁撫孤成立尋其子卒撫孫應學又早逝氏茹荼飲蘗日夜悲悶年……三十二年

萬太史絅祜之姪曾孫萬煜妻曾氏夫故時氏年二十一子歲餘氏撫之成立

儒童李英妻馮氏馮仲修之長女年二十歲于歸二十六歲夫故氏以翁姑在堂代夫孝養且憐夫家獨傳六代育孤子備極艱辛故其子賡颺名列成均孫作霖早遊庠序卒年六十一歲守節三十五年

鮑士智之妻吳氏生于康熙四十五年二十二歲適鮑二十八歲夫故生有二女紡績度日卒于乾隆四十年年六十九歲守節四十一年

張立功之妻楊氏夫没時氏年二十七歲上有老姑下有二子以養以教故長子錫純名列太學次子純錦身列黌宫現年六十一歲守節四十一年

監生熊循道之妻李氏李作儒之女生于雍正戊申年乾隆甲申年夫故氏年三十六閤家七十餘口氏操家政巨細咸宜悉聽其言并和睦妯娌訓子義方時稱其賢卒年五十四歲守節一十八年

……其之女將大女五歲喪父七歲喪母伯叔撫養……伯父世與有疾百藥不效女念撫育之恩割股以祈病愈女時年十二今伯父現存八十餘歲女現年二十二歲

張士材之妻黄氏黄天茂之女年二十二歲夫故止生一子甫八月辛勤苦守撫子成立年八十卒守節五十八年

張志良之妻丁氏十九于歸甫八月夫故以身殉者再姑曾氏晝夜防護得不死遺腹生一女氏矢志栢舟飲冰茹蘗撫姪桂承祀如已出守節五十九年七十八歲無疾而逝咸稱節孝之報云

趙鋒中妻程氏程重珍女十七歲于歸十九歲夫故矢志
堅守撫侄成矩承祀七十歲卒守節五十一年
汪澤瑫妻李氏年十九適汪二十二歲夫故矢志苦守遺
一子名逵繼氏撫孤成立現年六十歲守節三十八年
國學鮑烱妻吳氏年二十八歲夫故守節三十七年
通判鮑楊妻熊安人二十八歲夫故守節二十九年
丁之鑑妻杜氏亦貧矢志守節三十年
黃天寧妻程氏于歸二載夫故現年八十五歲
[illegible]妻董氏治家有法

[redacted] 列女四 [redacted]

[illegible]妻楊氏萬八傑之母年二十四夫故[illegible]
成立
李勳妻郝氏治家儉約
鮑如秀妻盧氏亦割股愈翁邑令趙聞之贈兩孝同堂
徐士敬妻吳氏年二十三歲夫故守節三十八年
李晉任妻曹氏年二十九歲夫故守節四十九年
甘桓妻張氏年二十三歲夫故守節四十八年
李正春妻唐氏年二十于歸二十二夫故貧苦之極死矢
靡他卒年八十五歲守節六十三年

舉人張沆妻黃氏儒士黃士容長女年二十九歲夫故生
三女無子冰蘖異常窘貧更甚始則寄居母家今依夫兄
嫂以就食其苦守益堅已歷二十一載現年五十歲
儒士吳文淑妻黃氏秉性貞靜夫卒時氏年僅二十生子
甫週歲氏志凛冰霜歷六十年不變現年八十歲
葉仲福妻熊氏夫卒時氏年二十五歲生一子添富早殀
氏猶決志苦守竭力以事高堂現年五十二歲守節二十
年
[illegible]之妻林氏夫卒年二十一歲私自投繯以殉

列女四

[illegible]遺腹子世順名列成均眼觀四代年八十[illegible]
卒守節五十九年
廩生詹之鎰嫡孫必發妻嚴氏國學生嚴覽滙之妹年二
十三歲夫卒止遺一女撫夫兄之子廣生爲嗣氏身自操
作教子讀書能文未遇五旬時鄉鄰贈有匾日勁節延[illegible]
現年[redacted]歲守[redacted]十[redacted]年其子廣生妻嚴氏即嚴覽滙[illegible]
女亦二十三歲夫亡無出氏立志守節撫夫弟之子澤[illegible]
承夫君之祀竭力以事孀姑人稱一門雙節
詹必發妻嚴氏二十三歲夫故守節三十一年現五十四歲

第十二册

叢談

[illegible]目録

麻城縣叢談

知縣事嶺南黃書紳纂修

志家撰輯一方故事取材夥矣有典則者編以爲志案牘簿録編爲掌故詩文雜著以爲文徵華實兼收體用並舉抑亦可以已矣畸篇賸説不中史裁瑣語雜言或支旁[illegible]乃知虞初九百七略未嘗不取以廣異聞也掇述所餘[illegible]

叢談一卷

王翊麻城岐亭人得石子如桃黃翊吞之自覺精神有[illegible][illegible]號桃黃山人熊吉贊云桃黃之菴[illegible]

[illegible]翊[illegible]之匪道曷依匪善奚行無[illegible]

民出湖廣總志宋蘇軾仇池筆記云黃州岐亭有王[illegible]家富而好善夢於水邊見一人爲人所毆傷幾死見翊[illegible]號翊救之得免明日偶至水邊見一鹿爲獵人所得[illegible]幾鎗翊發橐以數千贖之鹿隨翊起居未嘗一步捨[illegible]居後有茂林果木一日有村婦過林中見一桃熟而絡[illegible]獨在木杪乃取而食之翊適見大驚婦人食已棄其核[illegible]而剖之得雄黃一塊如桃仁及見而吞之甚甘美自是[illegible]葷肉齋居素食不復殺生亦可謂異事也東坡志林

東坡在黃州陳季常慥在岐亭時相往來季常喜談養生
自謂吐納有所得後季常因病公以書戲之曰公養生之
效有成績今又一病彌月雖使皐陶聽之未易平反公之
養生正如小子之圓覺可謂害脚法師鸚鵡禪五通氣毬
黃門妾也前輩相與可謂善謔也宋稗類鈔

虞學士相傳爲虞集墓在邑東虞家墩按元史集臨川
字伯生何以葬於此豈流寓耶聞有好事者嘗啟墓視
[illegible]乃集文非集墓也舊志

[illegible]城人幼同季弟遵古從伯[illegible]
叢談

[illegible]磺山有崇常爲妻女
[illegible]叱之聲如山頹詰旦往視則一白[illegible]
以董紙爲行人司使安南途中夢金神捧盆出於
頭一顆復見在人首鼻內取出雙筯食其二睛仍
插入鼻竅隨捧大牌一面上書青草池邊六六灣
讀輿圖四字寤未解其意至安國王會宴以麪作人首
席除二睛外皆置以毒紙如夢食之得無害徐與紙談
中夏事故卽出一對云黃河岸上三三曲紙應聲曰青草
池邊六六灣安王起席請服曰妙對天使何知小邦土名
物產紙曰嘗讀輿圖始悟夢兆三三者九曲也六六者三
十六灣也

正德初霸州賊劉六等流劫河南山東直隸等[illegible]
四月賊首陽虎由商城至東林岡遇農夫問[illegible]
在見神人乘烏騎于雲表驚懼遁去神蓋紫[illegible]
也舊志

[illegible]陽鳳正德十四年己卯鄉試第二爲陝州[illegible]
[illegible]初適有察院入秦各官送至黃[illegible]
[illegible]紙一幅[illegible]天字[illegible]
[illegible]方道游[illegible]
[illegible]恬靜如常[illegible]
[illegible]保其無恙察院謝曰此宰[illegible]
稱史未赴任而沒

李沐麻城人始爲縣吏官令出票取堂鼓云鼓
釘輕擊遠聞且晚同聲陰晴一韻令賞之[illegible]
順天鄉試曾建橋於官田畈鄉人名其橋爲李[illegible]
舊志

崇禎己卯吏科給事章正宸主楚試曹應昌得冠[illegible]

生員歐陽旦號旭之幼嗜學長而重交遊樂施
光汝間遇異人授以大易數歸而棄舉子
書外生死形骸骨立洞造精微毎課吉凶
年而名揚海内凡王公大人以下修謁
之官公堅拒之迫赴寧南侯左良玉幕授以
不耐煩劇爲辭後不得已領武昌博士之
帶爲執政迎置都中亦欲疏
而終

生言序
重寧背靈
自息疏淡軀形
祥
于塒
出憚不韙
不能

麻城縣志

麻城縣志目録下

麻城縣志卷之一

文徵

方志古者列國史官之遺所以紀事必有經緯文字必協體裁不可徇文而失質也至於詩文雜著間見旁出志家往往列於藝文既不免於猥濫或矯枉太過刪而去之則又黯然無色用是折中文質別爲文徵一書與志相輔而行以見十五國風固不可與八國一語同爲一編而亦未嘗非並行而不悖也

麻城縣志卷之一

知縣事嶺南黃書紳纂修

藝文志一

奏疏

吏部驗封清吏司主事臣李文祥謹奏爲請立新政以保天命事竊惟帝王爲政恃權與法權貴一不可使近習分分則政出多門而禍亂作法貴立不可使小人玩玩則心無所忌而僭奪興恭惟皇帝陛下英武夙聞仁孝懋著羣臣溢於耳目四海遍於口傳咸望祖宗之業在此中興帝王之治由茲再造然舉裘必挈其領張綱必提其綱今之綱領實權與法不先提挈無由舉張往事難追多言徒咎臣謹以切於今日者昧死言之　祖宗立六部三法司設內閣大學士參贊萬幾分理庶務任專責重無掣肘之嫌事隳責歸鮮城狐之托治隆俗美職此之由頃者位多小人權由內侍賞罰任其喜怒禍福變於轉移讎視言官痛加摧挫公行賄賂濫設冗員阿順者則接引超遷違忤者則毒讒竄逐朝野寒心道路側目譬人身之疾病實腹心之癰疽伏望陛下密訪

渠元明章國典少留謹厚謙畏者隨侍左右以供使令吏宜妙選大臣親諏治理推心委任不復猜疑或相朋比爲私許令科道面劾自今內侍仍有恃威脅制弄權囑託者許得奏聞區處間傳內批密旨亦許執奏封還俱爲定規權一於此則體統正而近習不得分矣立大明律罪犯輕重各有科條稽古定制服色器用罔敢僭踰故善惡知勸懲之方貴賤明等威之辨國體益尊民志素定頃者法司惟狥己私不遵成憲豪橫有庇者雖重罪必寬容貧弱無告者雖小嫌必鈎距惠及姦宄之雄養成傾頹之俗綱紀

盡廢詐僞滋興豪室僭王侯之居富民擬公卿之用崇玩好而費民財飾虛器以耗國脉伏望申明律令使執法之官一遵成憲如有罪不當科獄囚情異者必連坐以懲不恪稽古定制乞示頒行其長惡稔姦之徒務令巡察等官嚴加督訪貴倖必懲豪黠罔赦法立如此則禮度明而小人不敢玩矣權一法立政事可新使無其人誰與共理臣切聞致仕尚書王竑王忠孤忠自矢獨立敢言年力未衰尚堪効用南京刑部主事林俊思南府推官王純皆抱忠貞兼優才識論其全德容有小疵要在良工固當大用伏

望起竑等置之公輔俊等列諸諫垣旦夕親其議論政事庶有補裨此非微臣私言實乃士林公議且人才難得自古爲然習俗移人豪傑不免惟茲臣庶不盡愚庸但恐言出禍隨動先咎至故局促轅下之駒偃息籠中之雀豈不思奮顧此牢形亦知媿乎素尸每託辭於時勢蓋人雖下愚誰無義理之心性但中人不免身家之累能知媿負是亦名流樂其危菑斯爲下品伏望明照庶物公選羣寮其閒素分不材甘心無恥營私罔上違天蠹物者小臣則遂罷黜大臣則禮遣歸少礪士風庶華國憲餘可自新者一

切賜以明詔感其良心務使驅策以圖實功不容退託而逃清議東方朔詼諧之臣以武帝爲君力陳規論裴矩隋之佞人逮唐貞觀開亦强支持黽勉忠良之列既開自新之路必多遷善之人如此則權一而事不悖法立而永無愆國政日新天命世眷信可以中興信可以再造副羣臣之望符四海之思臣生斯世際斯事寧不爲萬古之一快也哉抑又有當急正而不可須臾緩者初臨大政之時衆皆竦仰賢哲量之以行藏其道姦邪窺之以作止其惡畏庶覘之以休戚其情治亂安危在此一舉虛心聽納漢宣

帝以致中興屈已求賢宋仁宗由之再造今欲立致太平莫若先開言路言路開則羣邪懼伏君德益修仰冀內宸必能察此伏讀前詔乃獨見遺祇許科道內彈仍以挾私逆阻臣切聞之犯上干主其罪可知乖忤貴臣禍在不測人欲十言其一猶懷反噬之憂誰敢無中生有輒快報復之計此必權倖小人自慚不軌私相交語以爲初政之日義士彈冠若不懼以危言討以定律則必暴我姦情縱使免禍一時亦必貽譏萬世用是壅蔽聰明豫示不軌欲箝衆口於未發不虞姦狀之彌彰且復以風聞妄言爲禁夫

朝廷京師之極京師四方之極政事之或是或非臣寮之一善一惡譬諸日星麗天誰不知其昏明河海振地誰不知其深淺使俱排以風聞謂不可信則謂孔顏爲賢未必皆由已見指盜蹠爲惡是亦出於口傳人心允愜士論不疑況古昔帝王懸鼓設木自求謗毀言之縱非其情聽之亦足爲戒何害於國遽欲沮止李林甫持此說以亂唐王安石持此說以毒宋遠近駭聞賢愚驚愕伏願速頒溫詔廣求直言不墮姦謀使彼知人心之不可盡欺公論之難以獨掩痛示懲於既往庶知戒於將來且今言官跡其論列不無奮激之偏要其心志皆出忠誠之切更願少霽嚴威輒假優禮言切而理愜者必引導以盡其情識寡而辭拙者亦含容以嘉其意諫諍無隱者褎其直而勿責其非謀猷可採者獎其能而急行其策惟當斷以一心不必搖於衆口大率君子之言決非小人所利儻一問及必以前事中傷如無嫌疑乞賜片時引對臣草茅新進積無怨讎但能隨衆以浮沉終可歷階而貴顯臣之於君子之於父吉凶休咎義實相關隱默欺謾心則安忍故不避斧鉞力盡愚衷片言有益夕死且甘草木同區幸生何補臣不

勝懇切待命之至

奏疏

順天府府尹臣李長庚爲畿輔重災民隱日切敬循成例懇賜賑卹以安邦本事竊照今歲七月不雨亢害異常其艱苦之狀已盡寫於前後諸臣之疏

皇上虔祈雨澤不啻桑林發粟賑援恩施菜色具在軫晰之中無容臣復贅矣臣以外藩蒙簡偕臣允升以差竣還

京會值北場事緊趨發嚴程兩路所經情景如一前後至涿州境內饑民環繞老幼牽扶臣等細詢之俱云遭值異災賴恩以不卽死惟是七月方雨秋期已近補種難施四

顧田園杳無青草窮簷圜堵不見炊烟伏地而泣訴於臣以臣等爲府臣也何以爲府民計乎比入都城匆遽秋闈始得竣事而連日以來風霜高隕聞菽菽之類一畝所收十不一二粒食何藉人情轉感先無入土之種矣安所論收旣無在田之禾矣安所論食春夏之間民情皇急者正虞其有今日也至於今日則向者驚心之慮實爲剝膚之危從此自冬徂春時日尙遠當風雪嚴寒之際處青黃不接之時撤屋爲薪掘草爲食屈指而計度日如年京師根本之地關係至重與四方不同臣等濫民牧之官而流離滿前呼號盈耳皆國家之赤子也心則何忍且恐搶奪竊行揭竿可慮皆國家之隱憂也心則何安饑民環集待哺之口正煩倉庫兩空手援之策安在惟此畿民十年以來屢逢旱溢扶羸起瘵肉骨煦枯幼者得壯壯者得老皆上之所活也仍有祈始終之惠於上而已臣查得三十二年水災之後京師五城並宛大二縣煮粥給過米壹千伍百柒拾壹石肆斗俯允部覆發埽積米捌千肆百柒拾貳石爲煮粥之資惟時奉揚德澤者府臣許宏綱也三十九年復罹災傷俯允府臣劉學會之請以知事杜冠時所查出

兩縣孤老冒濫米肆千柒百零伍石布壹千叁百零柒匹煮粥授衣於先次年再發米捌百石以爲展期煮粥之用此前茲之成憲也今歲旱災尤倍往昔而府臣所請孤老冒濫米布連年節省現積京倉倘徼垂念比照往歲事例將前項清省餘米得發伍千石容臣等陸續領發兩縣照依三十九年所立粥廠城內六廠城外二廠令兩縣丞簿等官分理各廠而以府佐二員總理其事臣等時往查核務使饑民得沾實惠庶不致屢次全活之民一旦爲溝中之轉也再照救荒之法待極貧者在煮粥待次貧者無如

平糶今年現荷允發臨德二倉米拾萬石平糶其宛大二縣派各該叁千石近又蒙改通倉其待京邑至爲優渥矣但以一縣而平糶三千數若爲多然都城爲五方雜居奚啻億萬其口而止糶陸千則若爲少查得三十二年戶部奉平糶過米壹拾捌萬陸千捌百壹拾柒石臣彼時叨在戶曹身受其事其在今歲縱不敢如昔之多而以授食之口度之旣非肆伍萬石不可者更祈於兩縣原派叁千石外加發貳萬石俱改京倉以省腳價臣等遵照部議粳米每石陸錢粟米每石伍錢其所糶銀錢解爲戶部四十月

折色之用一。轉移閒而市司不歸利賴頁多臣等職任所司目擊關心攄誠上請伏乞勅下戶部查議施行臣不勝懇乞待命之至

說

墓誌不可無說

熊吉

嘉靖初予創邑志姑丈萬南橋翁曰麻城本無志而子創爲之宜愼諸備而核辨而不誣斯可以傳信也予恪承之未幾又謂予曰近日岐亭有發陳季常塚者墓中聞有碣石已聞於官以發塚治罪予驚曰此有宋方山子高賢也與蘇東坡往來唱和甚夥坡集中所謂龍邱居士者碣必有銘誌必名筆必是足以重吾志然重治之必避罪諱跡投水火矣翁盍言於官許其出誌石以贖罪庶所存者重

也官司以爲然果得之乃輕車都尉趙伋撰文宣義郎邵伯溫書丹伯溫康節先生子也遂備錄入邑志今方山子之墓乃巋然於杏花村者誌之以也隆慶初予自江南轉官西蜀時宦情巳薄乃不役於家居與弟姪子孫日徜徉林泉撫時酬物以自適也話中有及邑東牛牽崗今爲上舍劉謙者置得之拓宅基基後有古塚塚前有刻石曰劉謙之墓訝其與巳姓名符感而止不然夷矣合二事觀誌之不可無也如此何今之治葬者惟修齋醮盛旛旐而獨畧此不知送終垂遠在此不在彼也弗思甚矣萬歷丙子

姻家朱南溪始祖墓在西河爲溪水所圯南溪遷置河東壙中骨木盡爲塵燼惟漆紙如故内有朱書志磚云失潮四生于七里岗汪王社人年五十二歲建文元年五月二十二日葬于取而觀之憮然嘆曰嗟夫此大奇事也于今行年八十有七始聞此年號乃見自墓中使墓不記誌不出天下後世誰則知之意造物者之不容秘也噫然則誌可無耶

學字說

劉鍾英

爲文之難可知也爲字之難不可知也文取平時之積聞積見而組織以成章聞見離於耳目而組織憑於心靈其初爲間架脈絡首尾虚實杳無着洛則操筆成章誠難字取案頭之某帖某法而摹倣以成形法帖著於點畫而摹倣在於手腕其間爲遒勁蜿蜒輕重疎密明有規格則操筆成形宜易於易不難於難心手巧者可無言也以余視字與文難等耳我之醜也帖之好也稍爲摹之似好者可繪醜者可脱摹之稍久覺醜益醜好益好摹愈久而愈覺

醜之可憎好之不可近眼覩手書像直爲直而多傷於曲也像曲爲曲而多傷於直也像其疎密以爲疎密而卒不肖也蓋以眼入心以心主手下手而若與心眼相背也豈好醜非習可轉耶乃善書者未有不從學書得之者豈非腕下之資與爲文之資自分靈蠢自有難易也余不自安於醜而欣羡其好好即非我可得而姑以習企巧以勤補拙也亦曰熟之而已矣

論

主將務延攬英雄之心論　梅之煥

爲將者有自見其才之心不若有憐才之心自見其才者人用者也憐才者用人者也而以我用人又不若人自爲我用葢人心在我而後我得以盡其才也今夫均是人也而獨卓然以英雄稱此千萬之一二耳是難得也天下幸無事華言華服之徒皆能繩趨尺步接武雲臺及危急存亡之秋惟是二三英雄當之是難能也以難得之人當難能之事此必有難報之恩者也凡人中有所負雖未著顯

功而其心莫不自異自異而上不異之則觖望且甚於常人故收常人易收英雄難何也彼其志不在小也收常人難收英雄易何也彼其心思自見也是以千金不顧而一言合或以身酬九死不辭而一人知可以無恨曉月之玦澄川也瑩也惟英雄能識英雄也晨風之集北林也適也惟英雄能致英雄也山谷之傳聲響也虛也惟不自爲英雄能受英雄也此延攬之說也如第衣食之爵祿之若豢犬馬者然吾恐龍不可得而豢也好龍而龍入室神告之矣或謂英雄玩世多不自檢非也天下豈有不檢之徒而得稱英雄者哉第其品出驪黄調異下里雞羣野鶴衆眼翻驚熱血一腔無地可灑壯心不堪牢絡惟有跳出格外以發舒其沉鬱無聊之氣耳此草昧英雄多起嘯聚而屠肆酒人間所以多隱君子也自非上之人破格收之祇爲敵國資耳然史稱大將軍青未嘗招士驃騎亦倣此意又何也葢漢武以雄才大畧歲詔郡國舉異能卽田安任仁方養惡嚙馬帝亦遣趙禹擇得之臣下又何須招士故君王神武駕馭英雄卽主將無延攬名可矣

宋有四篇文字論　　董天策

古今無所爲文也理而已古今無所爲理也性而已性之所在而理出焉理之所在而文出焉言理不及性是使天下無理矣言文不及理是使天下無文矣善乎劉靜春之言曰宋有四篇文字太極圖西銘易傳序春秋傳序是也吾聞之六經之外無文字非無文字也爲非載道之書也漆園之南華嘗讀之矣吾愛之慕之願效之而甚不欲其經之也靈均之離騷嘗讀之矣吾愛之慕之願效之而甚不欲其經之也楊子之太元嘗讀之矣吾愛之慕之願效

之而甚不欲其經之也所以焦氏自焦氏耳不可以易韓傳自韓傳耳不可以詩二戴自二戴耳不可以禮呂氏自呂氏耳不可以春秋凡此非不足於文也理不存焉耳非不自矜其理也性不存焉耳是則文自秦漢以下日以繁亦文自秦漢以下日以寡宋何得而有之宋得而專有之也且如以文論則誰非文者三晉無文字而淵明以歸去之辭傳唐無文字而退之以原道之篇傳卽以宋論亦誰非文者讀正氣歌令人有古道照顏之感焉讀封事書令人有北海盟心之思焉凡此皆宋不得而專之宋之四篇不得而專有之者也然實有宋得而專之宋之四篇得而專有之者天下之理言其終不若言其始始可以統終終不可以統始也太極則萬物之原之所自始矣且言其偏不若言其全也全則可以兼偏偏不可以兼全也西銘則生順殁寧之所自備矣至於易歷數聖之手而爲五經之原不有若序則吉凶之義進退之節有經之旨如是窮經之旨反不如是者矣至於春秋文成數十其旨數千不有若序則變例之書微詞之紀有我之見止此而聖筆之見實不止此者矣而宋有以圖之有以銘之有以序之文惡

乎不惟宋有之更惡乎不惟四篇有之也哉況其圖中有易陰陽剛柔卽天地合德之義也圖中有春秋主靜立極卽體元法天之義也銘中有易乾父坤母卽資始資生之義也銘中有春秋修吉悖凶卽一予一奪之義也分之則四合則一也求其義則理外無所爲義求其理則性外無所爲理王者明之而王之純者出其中儒者明之而儒之大者出其中矣文惡得而不惟宋有之宋之文惡得而不惟四篇有之乎至若用修爲學士謂天下文章莫大於是也則宰相之所以爲文亦惟宋得而有之者矣

文

告城隍文　　梅國楨

某奉天子命宰是邑惟是民之姦宄善良懽忻疾苦某實主之繼神奉　上帝統主是邑惟是雨暘寒燠疾厲災祥神實主之某識淺材疎心徒勞而力不足以致廢墜未修弊孔未窒蠡賊未遠流亾未集某之不職且自知之何況于神歟入夏以來雨澤愆期禾苗焦卷將失有秋此非某之所能爲緊誰執其咎夫神之降殃必當其罪某實不職民則何辜其或苞苴未絶冤抑弗伸棄善保姦避强擊弱

愛民不如愛子治官不如治家以苛刻表風裁以催科著勞績以私情骫法以偏聽傷公獵虛譽而少誠心急趨承而怠矜恤有一于此神鑒昭然宜罰及厥躬加之災眚以謝天子爲居官不職者之戒今某業已無益于民而神又舍某之身而民是殃是重瘠吾民也今與神約三日不雨期五日五日不雨期十日十日不雨是神之失職與某等耳卽不能有所加于神神亦何辭以復　上帝且儼然廟食四境士民顒時而祀哉激切陳詞惟神裁察

禱雨告文　　梅國楨

某年月日知縣某敢昭告于本縣城隍之神自秋七月不雨至于春三月二麥失望民無所依某實不德以貽民憂故事禱雨則遷神南郊禁民屠酤朝夕拜以父老子弟從夫居已私室而使神暴露於外不順洋洋擁輿徇而父老子弟僕僕道路私饜酒肉而欲以口腹繩民非所謂以身率人也請出就館舍躬默思過爲吾民請命于神其身有隱慝穢行是糾是殛毋以殃吾民所不以其罪罪某而殃及吾民者豈惟某之罪惟神亦頗有焉然後與神爲吾民

請命于　上帝神卽暴露於外其何說之辭惟神裁之

告河文　　梅國楨

萬曆十四年秋七月順天府固安縣知縣梅國楨敢昭告于滹河之神某奉天子命以令長茲土也維是一二小民朝夕力作以供租稅而衣食其餘以相生養於太平之年屢歲大祲民將阽於逃亡荷天之庥幸及有秋而河水又從而齧齕之某聞四瀆百川各有主者將使之宣洩元氣以潤物則民也往年陰沴爲惡浸淫汎溢漂溺我室廬蕩搖我城郭我是有隄防之役則是神之不利我民也今又不循故道衝嚙我壞土瀆齧我隄岸使父兄子弟畚鍤從事日夜不得休息洪壞化爲潢淤禾黍雜於荇藻嗷嗷之民餔及口而奪之是天方福之而神顧禍之將非神之所以祗承　上帝之意也茲用拜伏河滸以俟神命神其率循故道還我土膏豈惟某一人之賴一邑父兄子弟是賴若仍憑恃威靈恣意妄行而莫之省改是告之而神莫聞也或聞之而不從也告而莫聞爲不明聞而不從爲不仁上帝簡百神以爲川瀆主豈其以不明不仁之主而肆其淫溢以貽生人之害必不然矣惟神裁之

後學屈振奇曰讀公諸文其愛民之意溢於楮外斯誠

不負居官者當與韓昌黎祭鱷魚文並存

募修帝君祠文

董天策

天下羣奉　帝君矣抑知帝君之所自始哉自其神棲梓潼曰梓潼帝君自其司籍文昌曰文昌帝君其爲帝君一也然此其後焉者原其始則西晉末生於越巂張氏者耳此猶其後焉者更原其始則十七世爲士大夫至是始跨驢而仙耳夫何代無士大夫其以士大夫而帝君者則未之前聞抑何代無帝君其以士大夫而帝君之且千百世共帝君之無異詞者未之前聞追讀帝君文云吾爲士大夫未嘗酷吏虐民救人急濟人艱憫人孤容人過廣行陰

隲上格元穹乃曠乎思恪乎慕曰此帝君之所以爲帝君也歟天下有位尊而人弗之尊者德不稱其位後之人從而奪之有位弗之尊而人尊之者德克配其位後之人從而予之若帝君者所謂德克配其位後之人從而予之者歟予嘗跂焉仰止欲私建一所如登帝君堂私繪一像如覩帝君面私懸其文於座右如聞帝君訓因以之風厲乎子弟抱此志而未就者有年一日里之僧佛旨者云其廟旁有帝君祠年深頹廢慨然有重修之志自度力不從心思募邑中士大夫共輸之力以勷乃成夫邑中固多士大

夫者嘗見人有休烈懿行特聞士中者則士樂推而引之以爲士重曰此吾士中人人有以休烈懿行特聞大夫中者則大夫樂推而引之以爲大夫重曰此吾大夫中人今帝君明明是士明明是大夫且十七世已爲廣行陰隲上格元穹天下尊帝君而奉之者世世如茲豈非士大夫之所愛之慕之願效之而樂崇而祀之以爲士大夫重者哉且正不必士大夫也僧能立帝君祠而肅然而瞻禮之誦法之則僧重凡耕者商者軍者蠢焉而狂狡者能立帝君祠肅然而瞻禮之誦法之則耕者商者軍者蠢焉而狂狡

者亦重徒曰帝君上司文衡吾饗祀日隆名位可致是借修善之舉因之爲謀利之資者也帝君有靈爲之代愧

引

建岳王廟引

梅之煥

自古以忠死者多矣，惟武穆岳王無論其經戰陳之處與不經戰陳之處以至婦人孺子厮養奴隸談及莫須寃狀靡不髮指眦裂目慘心傷雖忠義之入人深哉亦其所以死者異也何者等死耳或主猜焉而死或勢屈焉而死或功成焉而死卽均死於忠而人心悲憤不平之氣猶有所托以解武穆何以死哉金字旌忠繡旗標勛主眷隆矣兀术痛哭沿海旋師南風競矣高鳥未盡良弓已藏以補天

浴日之忱拔山倒海之氣區區一秦家小兒探囊而杌置之坐令一腔熱血不得灑於梓宮青衣之前賀蘭朱衣之側而灑於獄卒之手也父子枕籍憔類無遺自壞長城爲虜報怨以極忠遘極寃以極寃鼓極憤以極憤繫極思則武穆王之不泯檜成之也乃寻獨於王有異焉夫天下未有權奸在內而大將得以成功於外者一白面書生且猶知之以王之算無遺策獨懵於此哉洎乎風波片紙賫志沒地已矣百萬貔貅江上老兩宮環珮夢中歸此乾坤何等時而陰魂凝望墓木皆南猶眷然有恢復之思焉語曰明知無益事故作有情癡匪忠曷癡匪癡曷忠故曰其愚不可及也王方驂赤螭賓帝所俯視六陵悲來無地後之享不享何心獨計諸人者卽巧於檜而適以相成任事者卽危於王而有所不避是皆於今日人心國事有大關也尸而祝之以風於有位使明哲保身之說不至爲蓄縮者抵口而讒人罔極交亂四國亦庶其有豸乎

建宋賢祠引　　于成龍

岐亭之有季常也非岐亭有季常乃季常有岐亭耳由來人以地傳者十一二地以人傳者十八九余每讀方山子傳因感其初在岐亭時韜晦動閑菴居茹蔬岐中人士莫知器識迨東坡公一過杏花村坐蕭然環堵中依依有故人情一旦使其地與人並傳千古是黃州之有岐亭因季常之一寓而岐亭之有季常又因蘇子之一識故夫岐亭之得名良有以也余奉
命守鎮茲土將幾三載計三載中承委署郡邑者四監兌給賑者二曁請
天顏自
闕下數月乃得還黃其間僕僕奔奏頗爲鞅掌是歲春朔之秋始偕岐中士子過杏花村謁季常先生墓尋昔時所謂蕭然環堵者竟不可得噫嘻賢人處此何今古落落多同乎爰與諸紳士約謀建椽茆數間於杏花村址邀士子讀書其中歲時伏臘豆雞壺酒奠飲於季常先生墓側余聞光黃間多隱君子後有賢人處此必以此都人士能深緇衣之好亾者尚爾存者可知自余來岐後俾賢人接踵俗

美風醇庶幾乎大宋團練使一識之於前五百載重溫之於後坡公或不笑余之陋劣矣是爲引

募建福田河橋引

徐庭蘭

楚豫之交有河曰福田本名沸天北抵光山界三十里南二十五里抵陰山關再行四十餘里達麻城河廣十許丈獨淺澁不受航石磷磷起逼削岸嶨嶷鬼兵持千百斧割人物蹄足方春夏雨集時上源纔下水即鯨奔蜃哭喧豗若暴雷霆聲沸天茲其所以名此河既南北當孔道水盈尺無渡理顧不得不渡涉人物其內一失足蹼即破顱斷脰以毙負擔者偶有所脫失甫覺已漂去大河五六里雖甚寶愛然終不可收拾一歲間若此類凡數十土人毒之

因據其酷虐之實而惡以謚之曰哭天云舊嘗架石梁其上康熙間再成再圮於水蓋中幹自西徂東界楚豫旁一支南趨麻支凝自作祖則先斷爲大峽其附支垂左腋南北踞以爲峽衞者横側成峯巒皆滙其水九里沖而故石梁横當沖口水下峽久不得快騁至是復有所邀截則怒乃還攫衆流驟伐之孱者梁不堪一再戰其速圮固宜又地距兩省縣邑遠濱河居民少欲有所修飭自度無以勝前人故數十年來目擊蒸徒之辛苦雖甚痛憤卒以無奈何且止行浮屠戒月者僧於豫而卓錫於楚嘗覸其徒河濱之茶菴聞往來之毒是河也審覸其地慨然曰是可爲也遂告河兩岸善信願以檀施力鼎建虹橋而厚積其勢計十餘丈橋當爲水門九内好停即可以殺剽悍而經久遠議即具託余以數言疏其意余因詰之曰師志誠善矣顧工程大朱提數千取辦檀越囊槖中亦甚艱鉅哉師自計事必濟否不徒儆師藤杖芒履否僧曰惡是何言吾行十方久建石橋以百數資費倍吾所欲營亦十數未盡仰希國帑也况吾採石近山而輔以向所圮則其費省而賢士夫讀書懷古嘗欲擴乘輿濟人之惠博施天下豈復惜

爾堵物而富商大賈之喜捨者固將以便其身圖則其施必倍今吾所需不過二千金斯足何艱鉅之有哉予但爲列其所以然俾得藉手諸檀越無爲憂事之或不濟矣余聞是言已不禁拊髀曰壯哉師知勇兼乃可屬大事他日橋既就則沸天之險平而楚豫行者亦先噭而後笑即以是河爲師與諸檀越種福之田也其亦可

攷

忠節祠攷

鄒知新

按忠節祠舊志與郡志俱存其名然其地與人之名皆不可攷是祠乃風教所關要不可廢而不講也歷攷往牒立政立教合廟食於茲土者不可無人惟效忠全節則鮮及讀宋史趙令晟傳喟然嘆曰其在斯乎令晟守黃三郄巨盜一禦判將及金人犯黃力屈城陷罵賊而死酌以酒則揮之衣以袍則褫之其忠節益可想見州人乞立廟以祀之當宁贈秩賜謚以旌之云今麻非黃之屬耶民非州之

人耶其爲祀令晟無疑夫遺愛者存其棠過化者仰其風矧保障之功班炳之節而廢祀可乎君子以義起而建祠則典司之禴禱乘之光也故並錄其傳於存羊之下爲良有司告時都監王遠判官吳源巡檢劉倬皆不屈死法得並以祔食垂於不朽云

四賢攷

鄒知新

新在京邸考職於順治壬辰歲館穀於北學院朱嵩若先生衙中讀殿閣詞林記得乎麻邑三人焉曰周鑑曰李文祥曰鮑楚山是將摭諸國乘輯諸史官臧否異同之間而其人之賢可想也按大學士陳循傳曰循入秉鈞軸擅易儲宮恃權剛愎不能容物謀取鄉人塚域傾陷御史周鑑王豪士論鄙之又讀大學士萬安傳曰安結貴戚萬通夫妻以求援進妖術繼曉李孜省以固寵舉朝側目莫敢顯訟其過庶吉士鄒智率同館士吉人李文祥上疏發其奸

卒致斥逐夫以循之羅鉗吉網靡所不爲安之嫉忠保姦竊權禍國而鑑與文祥直道不阿犯顏敢諫雖傾斥不顧也不賢而能之乎又讀侍讀學士吳節傳節爲諸生時偕劉球李紹王原受學於麻城鮑楚山夫以節之學博才雋簡易質直時政之規國學之範穆哉休矣至若劉忠愍之殺身成仁凜凜大節李禮侍之行果而確簡在當宁端器端硎泝流尋源楚山亦賢矣哉史官一代直筆國乘萬世信史然且不敢蔽賢況邑志乎乎故特表而出之又讀李氏書有楊廷和字介夫四川新都人爻春湖廣提學僉事

按公系出湖廣之麻城五世祖避難入蜀居新都以天順己卯九月十九日生公公幼舉于鄉登成化戊戌進士改受庶吉士嘉靖朝爲首相以議大禮削籍爲民子慎號升菴登正德辛未科進士狀元及第公之祖去麻僅五世其於吾邑鍾靈有自矣亦奇矣哉

岐亭山川古蹟攷

王元士

岐亭古麋縣處麻治極西之境與岡陂安三邑接壤北距光二百餘里南距黃一百餘里故曰光黃間前明嘉靖時以盜起西山駐捕通判羅瑞登築城約週五里五門二十八敵樓以守之

國朝易以同知分鎮則岐亭雖非重鎮亦楚黃之扃鑰也不綦要哉粤稽水道一自麻邑西流環繞於岐之東一自北泌關今隸黃安東流環抱於岐之西二水合流經九十里至團風入江岐北三里有杏花村即方山子隱處清端于公建祠顏其額曰宋賢祠祠後墓三中季常先生左大儒甘望魯先生右張慜子今爲一塚碑係開山道人所立惜不傳其姓字再北里許有古松生石上相傳慜子所植大數拱根如蜒繞枝葉四邊披起曲曲盤盤垂蔭數畝之地望之如偃蓋然凡遠近學士大夫以及騷人遊客之賞勝者僉比之大陵之巽台州之奇云近城一山名九螺山西石崖鐫刻詩句即張慜子修甜處崖前有亭曰逸亭西望江漢如在目前也岐之南一橋據廣輿所載曰岐亭橋又曰綠楊橋蘇子嘗月夜訪季常過此吟云解鞍欹枕綠楊橋

是也至今呼爲東坡橋橋下泉水且重且馨橋之東有桃黄菴林木陰翳王翃號桃黄道人所居故名岐東名硯池畈田萬頃平如抵掌時作墨香是豈地氣之所獨鍾與亦諸賢侯政治之所感與其古賢人君子之留芳不泯與亦醖釀於此以待後來之發瀉有時與是爲攷

書

戒子書

鄒來學邑人

字寄妻男楊氏鄒瀚餘不及言自離家之後將及二載鄉市各處親鄰朋輩人事之往來以及家務人口種作屋宇塘池樹木頭畜等項二兒家道安否澍海二子生理俱不知詳悉爾雖有家信一二次止開些須畧節豈想父在遠方時時懷念以此一事觀之爾之平昔爲人苟且簡慢懶惰粗糲無狀可知其待父母如此又不知相處內外親戚鄰里何如每憂爾少讀書識見寡操歷淺至親至眷不知

尊重小男小女不知撫字左鄰右舍不知和睦年老之人不知恭敬貧難之人不知眷顧患難之人不知憐憫爲惡之人不知迴避爲善之人不知倣效有恩之人不知報本有冤之人不知洗雪與人飲酒不知深淺醉後之言無天無地無禮無法醒後諸事不知與人交錢不知仗義和好之時如兄如弟如膠如漆一文相競諸情不顧鄉間往來常乘騾馬見人不知下地大帽長衫驕傲放肆作揖不知低頭識者莫不恥笑誰肯勸誡說爾好者欣然而喜春風滿面說爾歹者勃然作色怒氣滿懷至若起家不知要節

儉耕作不知要辛勤畜養不知要水草樹木不知要栽種子弟要教訓屋宇要打掃內外要防閑出入要謹慎夜晚防盜賊豐年防旱乾有日防無日用人要飽煖待下要恩愛我憂爾之不能爲人不止此數者聊說其大畧爾書每說牛死比之常人家一牛使數載而不傷者何也蓋因心痛此牛牧養得法水草依時爾書又說無本錢比之別人家一般納錢糧赶人情又當相應人夫凡事量入爲出千思萬想要知何者爲起家之計何者可以納錢糧何者可以備荒旱務要長遠莫顧眼前我每想自己仕途數年間

必有深過以致禍惡上及先毋下及溥兒自朝至夕惶懼省責又慚薄德菲材勞數次之章奏遭幾番之薦拔誠恐有負朝廷之委托寧又肯貪汙以辱名節貽後患於子孫乎況因守制三年爲家室之累往往作事不守本分致人嗟怨蒙恩宥之後爾當洗心滌慮改過遷善愈謙愈卑更讓更和平昔之仇隙者今則待之如芝蘭昔時之搆怨者今則待之如骨肉事事守已件件安分官府一跡不至外事一毫不爲廣結人情溥敬鄉里貧淡乃安樂之本清閒是享福之源人家有長短不要偷寒而送煖鄉里有過惡不要面是而背非隨步而行全憑方寸不必東思西想不論爾强我弱看破事情富貴浮華皆爲外物有命所拘思之思之愼之愼之盡心以守之勿以寻言而輕易之二兄不知來否早晚慇懃孝順周先生在家或一月或二月常去拜問每事一一請正而行當以父事之我自幼而長死生患難之交止一二而已

後學屈振奇曰觀人不於其所勉而於其所忽讀公此書皆家常瑣細之言而公存心之忠謹立身之勤儉與夫居官之靖共正直俱可知矣寻童時即見有刊公此書傳世者今幸承乏公里得悉公行實又見其子孫皆科第翩聯爲西陵望族不亦宜哉

與某糧儲書

梅國楨

敝邑連歲大祲去年尤甚十室九空道殣相望奔走百里外採蕨爲食食多輒病且死麻屑豆餅平時以養猪畜者得之不啻芻豢間有擔石之儲則羣起而奪之有相殺者豈不畏王法迫不得已也私家之藏既盡官廪所積不多轉輸失策告糴無門人心洶洶非轉徙四方則聚而爲盜耳幸賴兩臺老公祖題准十五年南糧改折十六年漕糧免十分之三行文到縣一時聞者莫不鼓舞稱慶庶幾再生此米見在水次未經起解但恐糧里無知乘時射利妄

將前米花用販賣則上意成虛下民失望如入口之食忽成畫餅嗷嗷之民若擠之壑雖欲賑之將無及矣乞嚴加禁諭有照例納完折色者即以本色給領計二次可得米六千餘石兼以積穀發賑不三月即接麥秋民知利而不害皆懷樂土重犯法不惟達主恩明職守而數百萬生齒之命皆仁臺之所造也伏乞留神地方幸甚世道幸甚

秦舜峯開府救荒書

梅國楨

季冬寓會城初不敢以賤名姓唐突閽人乃臺下以屬吏之舊隆禮先之言及地方旱傷真若痌瘝在身虛懷下問彼時以臺下持在大體不宜以瑣屑聞也及返敝廬時值元日墟里無烟行路稀少自是以來城市之間道殣相望附郭之近公行剽刼則僻遠之地又不待言不圖全盛之時見此蕭條之狀自古救荒惟蠲與賑今經費有定數帑藏無積貯緩且不可誰能議蠲若賑則欲取之本縣而倉庫空矣欲申請轉發而司府空矣欲勸借富室而閭閻空

矣夏兩月始及麥秋枵腹之人朝不及夕其何能待耕牛盡歸屠肆穀種望之遠方而春來無雨陂堰俱涸即力能辦者亦不敢議及牛種恐如往年以重價棄之無用之地也將來之事又不可知爲今之計必不能出一奇以利民惟去其所以害之者使自爲計而已如通道路以便灌輸安商賈以通泉貨裁渠魁以息盜賊寬脅從以省搔擾皆去其害民者而民自利矣本地既無儲蓄則轉輸全賴他方而道路之間刼奪爲患雖粟如邱山不敢望也捕盜員役有能設保甲嚴緝捕而不時以身察之則道路通而糧

自集矣然糧雖集而無所取價也勢必貸之當舖方可時事之爲當舖害者非一事也譏會則取什物餽送則取金幣卽酬其直不過十之二三而付之不理者固多也每獲盜賊則駕言起贓應捕人役混將他人當票一槩混取則凌轢騙害無所不至利小害大彼何樂而爲此乎惟禁所以害當舖者則泉貨通而小民有賴矣至於凶荒之時盜賊易起或以爲迫於饑寒曲爲寬縱或以爲漸不可長一槩誅戮是二者皆過也縱一眞盜則害及良善聽其牽連則濫及無辜故眞盜議死甚則梟示則法嚴而人不敢犯

餘黨不問俟其再犯則情通而人不見擾凡此數者皆老生常談人所厭聞然謀及老成詢之父老皆以爲救時之急無要於此矣或以爲此有司之事不宜聞之上臺然各有分地則兼制之爲難未奉明文則專擅之爲慮臺下酌其可否明布教令則虛文塞責所從來久矣向承虛問敢布其愚惟特賜省覽而不罪其狂無任臯恐瞻望之至

比例改折書　　徐儀

國家州縣賦役北兌最爲重大然舟楫通利者以納米爲便山徑崎嶇者以改折爲便麻城接壤河南居萬山之中北接光山至縣山路一百二十餘里東自東界嶺至縣山路一百四十餘里東北接商城至縣山路一百六十餘里俱皆鳥道懸崖每人肩負米不過貳叁斗日行不過三四十里自邑至岐亭一百餘里自岐亭至大江又一百二十餘里皆小溝也大約遠者至江三百六七十里近者亦三百餘里故邑之兌米壹石得至掛口所費不下叁肆石萬

民嗷嗷流離逃竄其源多出於此兼以二十一年及二十三年龍水泛漲腴田半淤小河盡塞搬運之苦視昔更加倍矣況本縣人多田少計一歲所收卽豐稔僅能供一歲之用而北兌所費不貲富者已貧貧者已徙支吾展轉日甚一日大端麻城黃安地里相近山川相同黃安之糧一半麻城所割也黃安向荷哀矜全賜改折麻城差繁役重十倍黃安苦樂未均萬民嗟怨萬歷十年堅任文知縣哀懇求改已得俞允隨被貪肆許主簿幹徵本色蓋折色萬民所共便而本色惟管糧官及房保戸棍之所甚利也本

省偶折叁萬柒千柒百前後爲祁陽等十四州縣泒改叁萬叁千有零其所餘肆千蓋留以待麻城今廣濟縣復以爲請彼自馬口鎮巡司至龍坪及武家穴三面邊江其邑之地遠水者不過四五十里即該縣申文亦止云百里遠近難易與麻邑迥絶且云麻城以數少情弊此廣濟士民不昧之本心也今見麻城有請而廣濟復驟變其説而云麻城有紫潭河夫紫潭乃黄岡之河往者黄安之運道也各縣士民豈不耳聞目見乎況廣濟已泒改叁千矣夫三面近江之地已得改叁千而四面阻山之邑反不得沾其

惠恐麻城士民之告爭無已也大端地理之遠近山川之險阻圖籍可考彼此俱知又非筆舌之可以那移伸縮者伏乞仁臺軫念衝疲荒凉之邑優恤流離困苦之民查守道見行明文並本府刑廳開報二縣鄉圖遠近水次秉公改折是一視同仁萬代之所瞻仰也

與唐撫臺書

梅之煥

黄麻當危急存亡之秋鄧元戎忽領大兵至億萬生靈始有再生之望敝邑仗祖臺福庇伏兵屢獲奸細内應不敢竊發渠魁稍有戒心暫退以俟我懈意實未嘗一刻忘黄麻也二月廿五六夜連獲姦細于城外皆供俟三枝齊到必入麻城過夏江北之寇破鳳頴等處者被彼處堵截皆從光羅入黄麻前次之從麻城西馳者仍在德安隨州一帶眈眈虎視不盡楚屬不已也已破之處不留亦不再往陵寢可慮者全在承天鳳陽則非其所戀且各處大兵雲

集鳳陽矣鄧元戎若自討便宜只合走無賊之處今偏守賊入之衝此其忠肝義膽不亦今人所難哉昨在羅山破賊親自衝鋒斬獲無算何其勇也凡被賊擄者悉給帖放歸不以充斬獲之數婦女之有父母夫家者皆令送還何其仁也各兵所獲之財物仍盡賞本兵以作其氣何其廉也紀律嚴明在敝邑秋毫無犯市易不奪何其嚴也生等閲將帥多矣自未有如此超乘絶塵者賊之耳目甚長鄧元戎今日去賊明日即復來從黄麻而蠶食席捲承天陵寢大可寒心伏乞祖臺會同直指公祖照原部文檄發糧

餉俾暫駐黃麻等處仍合疏題請借重鎮楚得以聞警即隨處追勦庶三楚不至駢首入虎口也生等即有公揭到部然必祖臺會題而後於事體更便時危情急不暇擇音統惟慈照

與洪制臺書　梅之煥

憶昨西郵叨沾廕庇年來荏苒風塵缺焉問問乃仰止之懷則非雲泥所能隔也適有天幸敝楚亦在德星垂照之中三戶驚魂咸有起色不肖二天之慶又可知已賊所殘破之處不久戀亦不再往江北諸賊皆分道入楚敝邑則其門戶也眈眈敝邑非一日矣以備禦有素頃又每伏鄉兵擒其姦細內應絕而勢少緩然意未嘗頃刻忘也本月內破鳳陽等處者皆從羅山分三股入敝邑焚殺之慘視二月更甚焉前從敝邑往德安等處者又厚集而圖大逞

敝邑之危不止累卵幸鄧帥大兵恰至賊聞而始退舍避之忽接部文又令舍黃麻而赴鳳陽矣明知賊不在鳳陽而不得不奉行唯謹鄧去賊必復來敝邑如有失則門戶壞而席捲長驅承天陵寢大可寒心二月初三辰刻賊過敝邑城下爲先聲所奪不敢攻然各村鎮屠戮之慘尙不忍聞則被破之郡邑又當如何凡賊到之處逆奴慣盜及遊手遊食之徒從者如市其輜重之多供奉之侈皆未可名狀似此光景撫之一字已無望矣惡貫滿盈勢極必返正天道神明藉手於祖臺之靈以彰天討之日也然勦亦

何容易言也勦此則逃之彼勦彼則又逃之此分勦則兵力單合勦則歧路雜我兵集而彼佯遁我兵撤而彼復來擾擾何日而已耶況救援於已破之處諺所謂賊過安弓且弓盡安於已破之處而虛其未破者以俟其來是祇爲賊開方便之門也敝邑輿情欲借鄧帥鎮楚而仍部其所統之兵如賊從楚入豫則楚躡其後而豫擊其前從吳入楚則楚遮其前而吳躡其尾兩下夾攻庶不止驅之出境而以鄰國爲壑也鄧帥紀律嚴明調度有法軍士在城寂若無人賊至界嶺聞名宵遁敝邑甚德之而欲依爲命敢

向祖臺直陳之百萬生靈所繫呼籲俱殷然爲敝邑圖瓦全正爲陵寢門戶求萬全也不嫌草野仰瀆雲霄恃高義必有以鑑原之臨穎易任主臣

麻城縣志卷之

知縣事嶺南黃書紳纂修

文徵二

序

志略序　毛鳳韶

天下稱文獻上國莫如楚楚諸郡莫如黃黃諸邑莫如麻益山川淑靈之所鍾禹文聲教之所被墳典邱索之所遺猗歟盛哉顧舊章遺軌湮沒無存而俗亦因之日趨於敝嘉靖乙未蘇侯松以名進士來令嘆曰可以麻城而無志

乎乃以托於鳳韶先是庠生熊子吉輯志草旣而劉子子弼邱子龍雲亦與校焉傳悉備物實紀以傳信公評以息爭亦云勤矣韶因而修之定爲九志事以類從王者建邑居民必先正其疆域疆域志第一疆正則民物各止其所民物志第二民物非官守不治官守志第三官守莫急於城社城社志第四城社資財用以守財賦志第五財賦足可與教學學校志第六學校興而人材出矣人材志第七其諸雜務亦不可不書雜務志第八八者非藝文不傳藝文志第九大書爲綱分註爲目發明爲傳不可遺者爲附

錄一邑之故庶可觀矣然秀造之區文物之藪一時之得未敢謂無遺也故曰志畧以俟後之君子夫志以資治也昔孔子論庶而富富而教萬世爲政者之律令條格也麻城地闢民聚舊稱富庶比屋有教今不然矣稽民數登耗之故究財用盈縮之原察士學興替之幾以施救療以起凋瘵以復全盛舍斯志其何以焉抑徵熊子不及此熊子勵志聖賢之學究心當世之務劉子邱子力於進修務其遠大此亦足徵云志既成以復於侯侯曰詳而不蕪簡而不遺其事核其文古其義備斯足爲麻城之志也夫遂刊

之以傳而麻邑自是愈有聞矣侯之賜夫豈微哉因復序之以申侯經遠之志此其首事云

穆侯遺思序

黄　卷

古之稱吏治者兩漢爲盛兩漢郡邑之吏有去後思者不過數人而止如黄公之在頴川杜公召公之在南陽何君公之在鄠劉祖榮之在斗陵攷其得民之政或以種樹或以墾田或以修治陂池或以均平賦役所居無赫赫名去後常見思者以興民利可爲久遠耳穆侯遺愛所以繫麻人去思者其在斯乎侯惠政不可殫述其大政民尤德之者在於丈量均糧一事先是麻城之田有官民夾官二等官田額重而無差民田額輕而差重避重額則改官爲民

就輕差則沒民爲官籍牒之亂至無紀極又大家報重直以致輕則之田小民隱重糧而希輕田之價富者田多稅少貧者產去糧存又有敝者多田之家以田遺人而贏其糧貧民謀朝夕急存其糧而轉售之久之田亡而糧存訟者無虛日是兩病矣兼之在公又以那移爲姦在私又以詭射爲弊千瘡萬孔未可以更僕數民之阽於危亡也其何日之有侯至而洞悉其情以爲不均糧則弊不止不丈田則糧不均慨然以奉詔書佐百姓爲已任分地畫區因人授事蚤作而夜思弗憚勞怨不期月而報成盡一邑之

田履畝而稅之無敢有遁情者由是經界正而井地均則壤成賦姦慝不作畎畝之民得安其田里無愁苦怨憾之心侯之惠也愈久而愈思之此民之所以不能忘歟蓋侯愛民之心本於天性政執大體不事刻核不務矜炫又度量無所不容當意者不輕喜雖拂已亦未嘗怒不以察為明而人未嘗欺不以嚴爲威而人未嘗敢犯不以搏擊為風采而人未嘗不知畏憚撫琴置酒下車問俗衆寡小大無不盡得其情而未嘗敢干以私夙夜惟務條晰其利弊而拊循其人民閔閔然如慈母保其赤子歷四年如一日

也故民戴侯之厚澤而歌詠其深仁悵悵然亦如赤子之遠其慈母不能一刻下於懷也此民之所以不能忘歟詩曰樂只君子民之父母言得民也又曰蔽芾甘棠勿剪勿伐言遺思也其侯之謂乎侯諱烽號龍峯新建人

邊華泉詩序

李寵

余少時聞歷下有華泉邊公幼穎儁弱冠舉進士凡四晉秩太常寺躋大司徒文望蔚起時海內文人有若大復何公崆峒李公胥與追還正始力振風雅三公者余悉未逮覯也何李二公集已流布宇內世共珍矣余昔任南太博購公集弗得慨公之逸其集也是年夏予竿遷司農郎奉使蒞東土獲與公仲子交值刊公舊本因得諦觀全集寧弗足償平昔願覯之私耶何也學士大夫搦管抽思摹擬風騷世所紛也然褒焉刺焉祝焉傷焉誡之矣寧足以軒翥翰塗馳跡藝苑終隨代汩沒之耳乃公則悟妙上乘體

裁各備蜿蜒鍧礚雄渾沖淡見公心之敦厚焉精搆遐思意寓詞表見公心之溫柔焉撫物情之變態悲人事之代謝弔古今之異勢感風俗之澆漓見公性情之中和而磊擷焉眞鴻才之妙擬哲匠之冥造公曷克臻茲也先正曰樂聲淡而不傷和而不淫淡則慾心平和則躁心釋公周旋禮樂多歷年所優柔饜飫審音諧律茹古食今始可以被管絃協金石匪漫敷者刊論矣鼎峙何李並駕聯翩以鳴昭代之盛不於公屬而誰貸也耶公所樹以不朽將不

亦在茲也歟於是藝無所爲始述平日慕公之深暨今讀
公之集俾取正於尚友者耳

錢侯新建縣城序

劉廷舉

今上御極之元年詔天下諸司繕城守修險阻以備不虞
侯得詔愉然曰今歲邑大祲而驅之役民弗堪矣無何撫
按檄再至乃謀之邑人邑人曰可未也又謀之士大夫士
大夫曰可未也又度其貲力以謀之監司於是議免役以
充公費議分作以均任役畫地授役矢以天日無所容私
且出公藏鏹官錢以貸失業者城廣爲丈凡九百五十有
奇木甓瓦石之材以枚數至三百餘萬用人力以工數至
四十萬經始於萬歷元年十月凡七閱月而城成夫興是

大役責成乎數月之間人莫以爲勞也說在靈臺之章矣
先是侯涖吾邑首問民間疾苦知俗敝於好訟負氣以淫
侈相競躭遊遨不事本業與夫強掩弱衆暴寡賤凌貴同
室相傷而自撤其藩籬也豈獨無城之患哉侯於是以禮
爲教使民閑於君臣父子長幼之節敦雅崇儉驅游惰以
歸農凡陵轢嚚競輒以禮法防治之由是生養遂敎化行
至治有金城此民所以悅忘其勞歟雖然斯有形之險也
邑人知所以形於未形者乎公侯干城國家之屏障也而
形勢不與焉禮樂敎化斯民之隄防也而封守不與焉廉

恥禮節人心之郛廓也而城池不與焉生茲土者使人人廉平慈惠有體國愛民之心上下和而元氣壯雖無城而守固矣不然城足恃乎此侯意也敢述以告來者書繼侯志俾吾邑爲萬世金湯云侯諱節用字以中蜀之富順人隆慶辛未進士

王侯少崖新政獎勵序

耿定向

上卽位之二年大計天下羣吏用言官請求賢良可爲守令者久任之又命撫察諸臣廉部內有政理者不時疏名以聞民莫不舉手加額曰主上倣古爲治加意元元如此太平可立致也侯時首在選中廷議又以麻城爲鉅邑遂從民望而任之侯入境問政知百姓苦吏急也於是宣布詔令訪咨幽隱皇皇焉如恐不勝視事之明日取政所不便於民者悉更之出左右爲民害者數十人蠲苛救敝凡可以佐百姓者無不勞心究圖不數月政通人和頌聲四起諸憲使檄獎侯者接踵而至民得檄又莫不舉手加額曰使君愛民獲上公道彰彰如此太平可立致也邑大夫士欣逢盛美不能已於祝頌且將宣百姓之情而昭上德也屬予序之予惟國家之求賢也以安民爲理君子之修己也以安百姓爲盡性若今之役役於簿書邀承間者非希世以取寵卽延歲月以待遷故以嚴酷爲能則操下如束溼薪以寬和爲名則白晝大都剽吏奪金而莫之問甚至違道以干譽咈百姓以從欲而弗恤者豈惟非設官爲民之意而於幼學壯行之志亦茫然未之思矣侯以天下

國家爲心者自布衣時曉達吏事卽慨然有康濟羣生之志又忠誠出於天性惓惓以體國愛民爲念故其所注措如操刀而割也於是姑舉其大者民莫病於里甲公收其貲而私倍之旣已括其免役之征又不免於臨役之費是兩賦矣侯至悉祛諸害而去其浮供具在官民無告擾者又莫病於催科厚斂無藝而尅掊之輸者旣竭脂膏以取盈逋者又售田廬以相償是兩病矣侯至悉索諸弊而不利其贏當庭斂散民無困於横征者訟者民之大害昔人所謂竭人膏髓而人不知也邑俗尙爭汙者因之爲縣攫

持勤至傾圮又告訐多門訟者無所措其手足侯正己約下僚屬嚮風詞無擅受庭無苛罰田野晏然知有生民之樂矣法者天下之平多行於編民而不行於豪右强擭弱衆掩寡肌粟之民日凛凛焉重足而立誰爲之主也侯守法不阿彊者屏息庭轂之前民得曳履而爭是非矣故事新吏至胥史佐職以清勾爲利文牒遍於山谷間又故多盜捕者縱持無虛日株連蔓引村里騷然侯以安靜爲治裁決多自已出諸伺者不敢一毫竊發又廉威所帥盜祟不煩捕治而自解散卓有渤海之風焉四境之內民不見吏犬不吠夜人得安枕而臥矣在昔令麻城名宦姑蘇胡侯以風采聞巴邑劉侯以惠愛聞長壽聶侯以清介聞閩中陳侯以才諝聞侯皆兼而有之以故是舉也眞可爲賢賀也或曰以侯初政超越今昔卽如古者疏名屏上增秩賜金召見便殿憑几而禮在旦夕間一獎足爲侯重乎予曰不然昔周茂叔在合州以趙清獻爲監司不能知及趙轉徙熟視所爲乃竊執其手曰幾失君薦之於朝夫以清獻之賢茂叔之政尙相知之後如此是獎也可易言耶衆曰然遂相與賦甘棠予亦爲賦南山有臺之章融融而樂

書以賀之侯諱三宅號少崖衞輝汲縣人隆慶辛未進士

都憲鄒公奏議序

彭華

天地間陰陽二氣常相與屈信消長而錯雜紛擾有不能齊者是以天下不能常治常安而禍亂兵戈水旱荒歉不測之虞往往出於治安之後雖曰人事之感亦氣數之所不能免也氣數之至雖天亦末如之何也已然或者豫生豪傑奇偉之材及時而出以佐人主而消弭之天之仁愛蓋若是其深也哉國家自聖祖戡定禍亂肇造人紀休養生息至於宣德正統間信乎八荒無虞而世底隆平矣奈何已巳之禍變生非意繼是而後邊鄙多事內或連數郡

不熟夫豈獨人事之不修也殆亦氣數然耳然遭此大變須臾而定天下安然如泰山之固人心未嘗少有動搖者蓋我列聖至仁大澤積累之厚而上天眷佑之深豫生豪傑奇偉之材以擬之而一時悉心宣力左右聖明獻謀議奔走疏附者森列乎中外故遂有以革強虜而安黎庶若副都御史麻城鄒公其一也公自通政參議進僉都御史總督永平山海糧儲兼督薊州遵化庸崇荆諸邊關軍務方當百務叢錯之際綜覈名實刻期樹功繕倉庾轉芻粟築城浚池立屯堡精器械舉將練兵明賞罰革蠹弊事事爲之所京師賴扞蔽焉遂進副都御史而邊境無虞矣乃東南數郡大旱百姓騷然朝廷材公又移賑之於是蠲逋負免徭役發廩勸分興水利督耕耨詢察吏治旌賢良儆貪惰勇往行之讒謗不恤然竟以憂勞成疾及歸議事而道卒矣公凡兩受重寄鞠躬盡瘁而其功在邊尤多蓋至今民猶頌之不忘當其施張小者立變大者疏聞其奏牘文移所得而讀之猶可以想見其心思措置之日嗚呼偉哉華幼侍先大夫在京師時公自進士爲戶部屬嘗得瞻拜焉蓋恂恂章句儒者及臨事變而設施乃如此可以闚

武夫豪吏之口而奪之氣孰謂建事功不在儒生耶公之子淪領鄉薦自太學生爲開州同知其孫騏登進士拜刑科都給事中皆有遠大之望者暇日相與輯錄公奏議一編附以文移將錄諸梓傳示子孫而令華序之嗚呼公可謂有後矣

送雪崖陳侯政湖校序　熊　吉

莆陽陳公以名進士尹東安之明年政通人和落落有聲中丞朱公侍御唐公交章薦之曰能乃更尹茲麻城麻城楚甲邑也地饒而蕃庶業儒力農世家鉅族棼如也南蘄黃北陳蔡水陸之會多迎送之勞焉長山大谷之民愿而信巫競倰負氣俗痼已矣號稱難治公下車進諸生而詢其狀乃喟然曰予有以理之矣通其變使民不倦神而化之使民宜之故曰化而行之存乎通神而明之存乎人以德善俗予取諸漸焉遏惡揚善予取諸大有焉裒多益寡

稱物平施予取諸謙焉於是正身率物公好惡均徭賦遠釋老放鄭聲崇儉黜浮好惡公則遏惡而善揚矣徭賦均則物稱而施平矣釋老遠鄭聲放浮黜儉崇而俗可善矣俗善而民可言理矣稱物施平而勞可節矣遏惡揚善而勞可解矣恢恢乎若無所事者歲杪以疾假月餘百姓皆焦然不寧入春公振衣出治神采煥若則又忻忻然以手加額喜曰我公庶幾無疾病與比季春既望公倏然謂邑長老曰予與居有日矣衆駭愕公曰予獲政湖校矣乃出其章以示時有惜公者曰更化善治非俗吏所能而親民之官苟非其人則民受其殃貞明如我公鎮定如我公平易近民如我公　聖天子不肯爲我民少留以造明福以建復古之治乃歛茲大用於一校其誰能不齎咨悵惘焉者公乃恂然曰受職怠事惑也棄其民以自便利惑之甚也食君之祿與二三子朝夕周旋予豈能漠然判秦越於予心哉然天下風化實惟學校惟茲良材以牧寧我國家予方淺薄懼忝厥位使幸而盡瘁以底有績於予心猶兢兢焉又何以惜爲哉且予章七上乃得遂所私造物其以是假予夫豈不快然於予心哉又奚以齎咨悵惘爲哉於

戲是可以觀君子之所養矣天下事固有衆人以爲難而居之獨易者亦有衆人所不堪而若獨以爲甚快者顧其人何如耳使公之心不繫茲職則雖所謂卿相師保苟欲去之未有不以爲易者使公之心不安於去則雖簞食豆羹亦或有不堪於色者公之行也是故可以觀君子矣夫政教一也難易之機則繫乎人公於理煩治劇不以爲難而何有於一校者昔胡安定教蘇湖分經義治事等齋及門之徒類皆實才一時號稱多士故曰教者長養之也政者規正之也政寓於教而聖人之責塞矣公嗣其職業於

數百年之後則其所以端本善治果行育德範圍曲成爲往聖繼絶學爲萬世開太平正君子性分事也安定云乎哉書曰罔俾阿衡專美有商愚於公亦云

送二府省川彭公陟南兵部副郎序　熊吉

留都天下根本本兵國家重寄故守備宮府參贊機務其任爲最重其選爲最精也嘉靖四十有三年南京兵部職方司缺副郎大司馬克齋李翁以請於朝大冢宰養齋嚴翁愼揀庶僚得寧國二守省川彭公請補上俞之朝野咸嘖嘖以爲得人行有期南陵邰侯仰邁於公爲屬有相臨之分有相期之雅祈一言以志別或曰皇上握乾建極久道化成文恬武熙內寧外謐雖桂海冰天日際月域罔不率俾可謂治安之極矣故凡豐亨豫大之時多諱言兵斯

時也斯任也其亦清而不要者奈何以公屬之予曰嗟乎安不忘危治不忘亂古聖王之所以保大圖艱成康之時號稱極治軍法寓於比閭簡閱重於蒐狩所以教民者未嘗一日忘兵也周公克詰戎兵之訓畢公張皇六師之言臣之所以告君者亦未嘗一日以兵爲諱也易曰澤上于地萃君子以除戎器戒不虞澤上于地水之聚也除戎器戒不虞兵之聚也水潰則竭兵銷則廢聚者有備而弗輕於用之謂也是故治忽安危之機凜乎其可畏哉然重俾難任必於方叔元老而後克壯其猷一韓一范而後西賊

破膽故擇之不可不精而蓄之不可不豫也我翁經緯之學精練之材休休有容之量蹇蹇匪躬之心其必能聚衆思廣忠益開誠心布公道折衝樽俎之間運籌帷幄之內皆久安長治之策也　聖天子之所簡在賢宰相之所慎揀益精擇而豫蓄之也嗟夫方泰切復隍之憂旣濟謹衣袽之戒願公日惕勵焉以上不負君相下不負所學云

送太府近溪入覲序

熊吉

舜典三載考績王制諸侯五年一來朝故虞廷咨牧命辟勅治可謂厚矣必繼之以黜陟之典周官計吏詔王受會可謂詳矣必重之以廢置之文鼓舞人才變通吏治二帝三王則巳然矣我皇上壽考作人久道化成四十有四年乙丑羣后肆朝寧國太府近溪羅翁例入覲南陵儒學屬吏熊吉暨諸生受翁顧復之愛乎他之造敢無一言以授與者効罔極之私恩耶我翁之治寧也以正學迪士以鄉約化人以禮樂淑民心以孝弟興民行遊衍有所講習有

堂藏修有室率之以長老聯之以師儒將之以童冠讀聖訓尊君也致良知事心也序少長秩分也歌咏以養其性情鼓鐘以宣其志氣庖廪致餼大烹以養賢也觀聽圜橋同人以逮下也勞來匡直涵泳薰陶俾人自易其惡自至其中忽不知其入於聖賢之域矣或曰是教也非政也翁之治寧也如斯而已乎予曰嗟夫教者政之經也士者民之率也政教兩事而理一士民異名而心同傳有之凝士以教凝民以政教修而士成政平而民安然後可以爲民之父母詩曰愷悌君子遐不作人又曰愷弟君子民之父

毋是也仰惟　皇祖首建太學於京師立郡縣學於天下里置塾以督教鄉置鐸以徇教村置鼓以會衆學置飲射以崇禮其論中書省曰治國之要教化爲先教化之道學校爲本其諭御史臺曰教化行則閭閻可使爲君子教化廢雖中材或墮及小人大哉皇言其所以端治本隆化源衍國家靈長之祚與天地同其悠久矣我翁仰承德意洞識治體敦崇教化培養元氣只今一郡六邑吏治精明士風純一俗美化孚民安物阜至此而後知善教之入民深一於士者乃所以一於民也蓋嘗論之以乾乾夕惕宅心

以蹇蹇匪躬事君以循循善誘育士以孳孳爲善導民惟翁有之夫考績者詢民之瘼也述職者述己之職也翁之治行當爲天下第一由是入相天子以左右民將天下蒙至治之澤矣豈惟寧耶眞儒之功用可少也哉故曰有天德便可語王道

送邑侯劉翼白入覲序　梅國楨

麻邑介光黃之間民生無貴賤自從塾師習章句上之爲博士弟子取科第及明經選或以訓詁餬其口於四方次則爲府史功曹不成則力田無商賈灌輸之利亦無百工淫巧之技士民奉官司惟謹令即行禁即止有淳古之風焉而往往目爲難治不佞竊嘆冤哉此可結繩治爾奈何被此名也不佞久於外戊子歸而漸異矣辛丑歸而大異矣髫齔之童皆能操權詐以侮人以凌駕爲節概以詆毀爲才辯相見煦若春風而中多荆棘附耳刺刺布情素而

無一懸衷語輸賦不歸官帑而歸猾胥詞訟不以情實而託之大辟即得其情猶訟不已至於再三或十餘訟斷髮刎頸以示急迫兩臺司府訟無不遍甚至持官司短長莫敢誰何不佞則又嘆異哉俗何以至此極也豈魏徵鬼魅之說耶乃劉公爲令不數月則語不佞麻固易治爾鄉者乃以爲難冤哉麻也蓋公初舉進士選得麻諸與公暱者皆曰麻黠頑之俗爾若奈何當之公時亦不能無疑既至而考風俗核積弊定章程待士以禮而士不敢以私干示民以誠而民不敢以詐售緩不急之徵而徵其所當急者

且革包攬禁影射即逋賦爭輸兩造俱備各得其情而徵誣罔薄贖鍰即善訟自息不惟無可持其短長而頌聲沸起矣夫郟本易治而人難之今難矣而公易之是遵何德哉不佞嘗竊窺公精明揵給世不恒有一人寓目則始終識其姓名事一經心則始終悉其源委猶然不自足而凜凜乎朽索之馭六馬未嘗輕視一人易視一事此以虎視石之心也有不一發沒羽者哉自古惟處難而後眞才見有渤海諸郡之難而後龔黃諸公至今稱也諸公繇渤海諸郡顯其治渤海諸郡亦賴諸公而號易治也是人與地

相得也明年聖天子大計吏公以入覲往受計有公上問何以治麻使難者易也想公必逡巡謝曰主臣臣固何能易麻賴陛下之靈麻固自易治爾不賢於王生長者之言乎

賀穆侯膺獎序

梅國楨

龍峯穆君涖麻之明年布德和令剗弊舉廢民情克諧諸司喜尚旌賢之典交於達路斗塘羅君時監兌湖省稔知侯賢亦知優異邑之士民謀以賀侯客有欵予扉者屬予以文予曰羅君之奬而諸君之賀之也願聞其繇客曰慈父之子必冀其親之壽良令之民必願其官之達也今其繇曰臺諫之器遠大之才民願愜矣是可以賀予曰精明之器公輔之望也振肅之才調燮之選也白簡拂閣黃扉効直侯之餘耳未足以賀客曰侯之未來鄉落之間夜覘其扃罔帖於席侯來歲餘民無夜警外戶不閉今其繇曰

盜賊殄除編戶寧謐民聊生矣是可以賀予曰刈莠以植苗也鋤姦以佑良也固能吏之所難而侯之末事耳未足以賀客曰胥猾爲姦影射國稅連阡陌者盡入其私藏無擔石者歲追其逋負弊也久矣今其繇曰分理田埏革袪飛詭積弊滌矣是可以賀予曰世世之利莫大之惠也人知均糧之爲便而恒慮其難豈非以地勢不齊而人心叵測乎自侯之法行也委用以才度地以法洛諭以公定賦以平尅期竣事民無所用其姦地不得漏其籍耆之版圖

以爲不刊之典夫被縠拖青榮止其身未及其子積金累玉及其子矣未延於後均糧法行而邑人之子若孫皆得享含嘻之樂延於無窮田賦平則民志定民志定則風俗美風俗美則盜賊息侯以是道理天下裕如也則臺諫固侯之餘也已客曰善遂錄其言而歸葢非特以賀侯且以爲一邑之士民賀

羅田舊志序

李長庚

羅田縣者黃郡之文獻邑也邑故有志何以至今始言志也曰志燬於寇而白侯重新之也不獨志也邑亦燬矣新之者亦君侯也或曰明興久矣至嘉靖間而邑始有志也豈非以文物全盛之時乎今何時也凋敝極矣何事於文曰是不知天下之重以邑邑之重以志也環天下星羅碁列皆邑也若肢體然一邑之燬是尺寸之膚不愛矣邑完而天下始全也故天下之重以邑也然邑徒以虛名重乎有城垣有署宇有廟祀有學校有土地人民而後成其邑

也改邑不改井而是種種者可改乎茲欲舉而新之而疆址徼據高卑不察戶籍無攷出入無籍將何以憑而新之乎故邑之重以志也禮失而求之野籍去而聞其畧杞宋徵而文獻徵皆志之賴也志之新增者何曰武志也歲巳不易不虞之是戒況十年兵燹一旅一卒咸君侯苦心以規永利以式四方而可以無志乎志之大者何曰梁侯之節也白侯之功也抑人臣之委質也一死可以上報若朝廷之張官設吏也豈徒責之以死將一邑是保焉節在一身可爭日月功在一邑可鐫金石孰有大如此者志所不

盡者何日侯苦心也邑燬矣燬而新之必先修築建置也畚鍤干楯可無頌乎無兵則空城也請兵之擾更甚於賊君侯一切謝客兵不用則勢不得不取兵於民無食則枵腹也庚癸之呼同於揭竿勢不得不取食於士有兵有食而後有城有邑也譬之善養嬰兒者剔髮摧座兒必號嗄長而節其棗栗禁其嬉遊教之詩書予之夏楚兒必嗔怒廹其成家遊庠以達於廷然後知父母之恩重也侯則出嬰兒於水火而萬死中錫以一生也豈尋常鞠育之恩可擬乎又何以加焉曰以服以文如奕者倘攻刼奪取而神

色不動者爲勝也如子產救火巡羣屏攝列諸火道各儆其事而火無傷也如操舟遇風禁人無譁備維檝而自定也周之興也以桃林之放漢之守也以綿蕝之行齊之霸也以文告先修晉之勝也以少長有禮此又君侯干戈甫定而即志之修也用意深遠天下有道武定文興詎獨一邑之志云乎哉君侯諱乃忠字適事蜀江津人也政事之大者另有桐鄉之尸祝在謹先爲序其修志之概若此其徵故實於父老取輿誦於耆儒而總其事者則本縣諸文學未盡書其名

祝某通府攝篆序

李長庚

某年某月鄉諸友投謁者盈門復有譁呼於門外則邑之更老亭長也驛遞之役市㕓之氓也咸爲予言通府公之所以生成之者甚備於其誕也而以祝頌之辭爲請予年未壯四方之塵巳上衣袍矣兒時所見麻邑沃國也地廣宜稻陵多植澤有魚鱉水甘而壤黃婆娑十年而傳者日爲瘠土焉曩由江右入覲還過里視於市市民皇皇如無所泊闞於墊人士顧日影而嬉娃於野綠畝而衣襏襫者盡罷民也之庠謁有圯焉徘徊於郭門外土蝕水嚙敗堞

半之臨高而望官通轍車羸馬賓旅色不堪瘠如此乎今年拜秋官命得暫假沐目見耳聞暢然其有異詢之維公三月之爲政也公以攝篆涖麻邑大攝篆者周旋不期月耳然公所興革均數世之福利其政小者無算而其鉅有九其一爲僉解鐲零星國初解之役眡甲之米米至於百石役至於南糧米至十餘石役止於一日等解不足是者爲幇貼重役戶名曰零星及弊竇生而以三十石之戶當百石之解百石之戶輸本縣之供反以賄託而得零星其不幸而僉解者則舉戶破壞矣公始著爲例以重解還上

戶以幫貼還重解以餘解充供應歲錙所謂零星者千八百有奇蓋錙者得豁而解亦無苦一爲徹協濟補新驛麻邑南迺齊安距里平驛百三十里而遥北走長潭逕阻險多石每嚴冬盛夏夫馬道斃强半也而麻舊例歲出協濟若干金輸他驛以險遠衝要而復爲例路加編裒益誠過當公申請兩臺徹還協濟於麻黄之間翔道貫新驛夫馬勞逸始均且清應付酌所應給毋或有折耗添冒之弊其所給僱役馬價毋或減夫頭馬戶之錙銖者雖東西路塞羽檄朝夕馳而蕞爾邑猶可支持云一爲科催花戶不致

侵累舊例催科於每甲下小戶各註丁糧若干優免外徵收若干各給花戶印票官民各執其一每四時之季比冊勒限逋負者莫得匿而已輸者即得高低後以爲煩也另以戶名總立比簿一夫未完逼戶註欠逋者得庇歲以爲常良民畏累倩人完納因而代賠弔比乾沒侵欺越徵撓亂踵出公嚴行花戶票而人皆樂輸於甲乙不相累簿書簡易矣崇學校治櫺星而庠序爲之新罷門攤錢不取行分而閭閻爲之緝差原訟革勾攝而村落無擾行保結禁扳誣而良善蒙釋官造什物不須地方而承當差役者無

苦摘發匿名徑行申放而仇私訐告者寢息所謂其鉅者有九也凡良法美意有三年考績所不能幾得者而寬然措置於三月之間昔王子猷愛竹所至齋頭必令種竹曰何可一日無此君魯叔孫婼所館者雖一日必葺其牆屋去之如始至夫人忠清勤敏自其天性其心豈以一篆在握之久與暫遂有以異乎麻士民之借寇不得也能無慨然然良法美意蓋將百世而不易則公之拊摩敝邑其時無幾而其食公德者固已厚矣優曇鉢花時偶現耳可多得乎哉

麟經古亭世業序

梅之煥

安國胡氏之傳春秋非經也安國之奏議也明興以胡爲功令治春秋者曩括胡氏之說以成疏義甚有邱明公穀鄭氏夾氏未嘗一辭而以春秋起家者矣非明經也明安國之借經者也又從而引蔓之以傳題從而駢拇之以比合株連膚割塡腔射覆主司者以意命而舉者以意揣則又非安國意中所及也明經之僘莫甚乎是古亭以治春秋特聞詢之學宮其經以春秋者十而九閱楚錄其春秋魁以亭州者十而九讀題名記其亭州第以春秋者十而

九顧其於春秋也猶筌魚蹄狗耳過則舍之矣獨叔臺耿先生閔然上釐定經學之疏借當時專門名家於諸當道者不合疏寢未行往煥待罪諫垣竊志先生之未竟乃性不時宜扶衆所擠弗自爲地無暇及紙上陽秋也坐念煥爲諸生日痛鑿傳荒經之習益嘗廢卷而歎以此愧其平生今年耿克勵梓麟經古亭世業弁其　尊公叔臺先生之疏於首而問序於煥視春秋若負逋何克勵之發吾愧也抑克勵便便經笥行則爲朝士冠冕青箱可念土音不怠克勵有心人也願毋分吾愧

送福建理問李君序

梅之煥

江陵李君某將以某日任閩中理問同鄉諸薦紳屬余爲文以賀余不文且厭薄一切荅應之文益贈人以文者至今日而僘極矣事所不必有而虛張之意所不必至而强附之無情等之象人不韻方之土鼓不知一二套語何足爲人輕重而徒災錦軸爲昔人謂不知其人視其友余雖未悉李君若銓部袁石公侍御蘇潛夫則余所矜式而北面者兩公以慧眼照見一切無取舍心而有人倫鑑其於當今人物無輕拒亦無輕許顧皆與李君爲臭味而潛夫

又其兒女親只此便知李君而余不文之文可以作矣然據兩公稱許君廼吾鄉有數人物以彼之才之品謂宜雲蒸龍變乃復蠖屈泥蟠可弔也奚賀也何相蒙也而余同鄉之爲君賀却又在此夫朱博翰音位豈不足而棟橈之咎爲笑至今函牛之鼎以烹雞卽滋味澹泊視折足覆餗者何如乃知凡事惟器不窮於所受量自溢爲有餘莊生吏隱於漆園展禽陸沈於柳下有以也况職無尊卑期於居要在人爲喉舌在天爲北斗在朝爲尚書皆氣脉所由通也理問佐紫薇凡撫按所不得徑達者皆賴以達是亦

紫薇喉舌也其關係與北斗與尚書等即短馭乎未始不見才即下僚乎未始不可盡職夫如是奚不可以爲君賀耶然余猶有進焉閩中足名勝如武夷之秀九曲之濤大海之奇波瀾之涌蒸爲霞幻爲蜃千態萬狀悉供几案間君一人饒領之石公故有山水癖余與潛夫與復不淺君登眺之餘幸圖見示以供臥遊安見余三人不日共君在城鶩嶺間哉顧余以不文之文而責報若茲其亦操蹄酒而囑篝車歟僉曰然遂共起爲壽以別

忠節實錄序

梅之煥

昔椒山楊公疏觸嚴氏父子即借疏中二王語斬之夫罪案取之疏中猶近似今大洪楊公廿四罪之疏出始則借移宮案後復借封疆案題目愈大假托愈巧而事情愈遠伎倆愈窮又向者嚴氏父子所竊笑也誰爲逆璫畫此者然爲逆璫計自不得不出此外廷何爲亦復爾爾甚至有稱奏其家不貧請立循環簿嚴比其妻子者不知下筆時亦曾念及天地間尚有所謂天道神明否然小人之自爲計亦不得不出此彼一時也崑岡之火玉烈舉國之泉盡

狂此皆尋常事何足異又何足責惟當此時而突有一意表行事者出焉如羣梟一鳳衆虎一麟自不禁目奪心駭矣今雖　聖主當陽幽沈畢照而邪說之習染猶深公論之明晦各半玉占風者徘徊觀望之時乃德守胡公甫下車即爲之傾囊贖宅捐俸建祠且錄忠節實蹟壽諸梓以昭揭千秋其以義殉友一如楊公之以忠殉國者然回視椒山廷杖下獄時刑曹有年譜至不許人扶掖以行者何如蘇文忠嘗歎士大夫爭半年磨勘殺人亦爲之至於今而殆又甚焉前德守李公丞夏公皆能掀翻此案其見於

給諫閻公所表章者斯已奇矣今更有　胡公者何聖賢豪傑之偏萃此一郡也楊公令常熟時冰操異政業已銜官卓魯伯仲夷齊被逮之日闔郡士民哭聲震野官箴鄉評不止忠犯逆璫一節得非天鑑素行有所假手以慰藉之耶世之成敗論人者謂逆璫之禍以有激之而成夫使果由激之而禍成則宜媚之而禍解何以諛言日進而手愈滑禍愈酷也彼王莽時止聞有頌者不聞有激者何以竟移漢祚且曹節之不至為莽又安知非節義默維之力哉從來趨彼逆途者原自不少何不存此一種以稍分其

勢而復作如是觀以摧折之將令舉朝盡化為虎彪孫孩而後可乎嗟乎乾坤有盡正氣長新河嶽星辰誰非實錄其托梓以傳者猶一吷耳先正有節婦吟云爾輩借將扶世教妾心原不願忠臣容知此錄傳而楊公不益淒然于地下也耶

刻道一和尚集序　梅之煥

衆生請佛住世而佛竟從荼毘去矣許多說法恨真身不住人世乃初祖聽焉西渡亦復不留文字使衆生之願終不可遂至曹溪而四大不壞有闖提欲刃竊其顱私作供養此又衆生不善請佛住世矣白皋真和尚道一圓寂一十二年形容如生諸高足龕而奉之不使有向日犯曹溪者犯道一道一住世矣顧其齒微啟而鈍根在側不聞道一作何開示惟取道一平日吟咏偈頌叮嚀告戒之語使一人披宣衆人環立而聽則道一不獨法身在且猶然能

言語之道一在矣形骸在言語在欲請道一住世者當合力刻道一集

附竟陵譚元春題周道一集

沈滄洲有周道一集口中雷響手裏砲發無論禪理世間有此斬截痛快之男子乎同一血肉之軀獨使人塗之以漆飾之以金明明是數十年前麻城一秀才耳不發信心者非人

周伯譽遺稿序　　梅之煥

天上無愽憧仙人則凡慧而才者皆天人也宜若爲天之所相而往往奪之速何歟或者致疑於造化小兒之忌才夫天若忌之則如勿生生之而顧奪之速天固無如之何也而不見夫花與月乎發也惟春滿也惟望天何以不自爲旦旦而春宵宵而望而春之摧於風雨與望之翳於陰霾者又各半也則天固無如之何也然正惟不能旦旦而春宵宵而望又不能不半爲風雨陰霾之所奪故足貴也西狩之麟向不即斃於子鉏之手俾人得紲而豢之以天年終不過二戀豆之馬披繡之牛耳何以反袂沾袍至今猶令人有遐思也富貴壽考塵世所競天視之則蜣丸石火而已彼肉食而鮐背偏下者豈少也哉而謂天之所相即在是耶且有寄重寶於人而久假不返者况乎天之所寶以寄於濁惡之世如李長吉以彼其才舉一進士輒爲時輩所擠辟則寄珠玉泥塗中爲主人者能不憐而急收之則天帝之托玉樓以召也蓋可思也伯譽之年少長吉三歲其慧而才則皆非地上人也得之天者不必問之人然長吉見知於昌黎韓公伯譽見知於錢塘葛公皆所謂

一人知我可以無憾又不獨得之天者厚也伯譽諸集有吾家惠蓮爲之元晏覩長吉錦囊被紿以投於溷中者何如是可以死矣聊次數語爲天解嘲

自叙

陳以聞

丁未八月筮仕吳縣次年二月履任書生一往之氣何知
盤錯下車見有衙弁橫侮青衿者據理少挫其鋒有富豪
滅倫吞併者平心少爲裒益兩造劃然百足不暇顧也南
中言路旋有風力之譽正愧不虞隨有匿揭乘江院汪若
谷先生新代借南潯朱宦名函投之汪心疑竟發其奸詳
具匿揭招繇中縣申引咎出於至誠可覆試也然以吳調
錫實本於此庚戌三月覲還渡江見錫山之報仍寓刊開
以待憑至先是吳有逆子張丞元嗔其父減價多與人瓜

刈之立斃獄已具矣府道難以上聞仍繫之乘舊令調錫
妄意賄結出獄揭其兇逆狀與衆共棄之或謂既離任即
屬侵越此何事也汚瀦無赦尙冀其悔贖乎初至錫文案
塡委訟牒蝟雜盡謝酧酢畢意竭慮以淸塵牘訟者一一
詰之稍判虛實令其親鄰解釋即已催科實覈完欠比不
煩刑終日晏坐堂上與諸友講義進小民詢疾苦多暇晷
人謂此地難治亦未然也壬子季春錫邑兇𥹸已出境一
弁橫索糧食不遂駕言米惡且虧減正耗又毆運官漕
院孫公震怒檄下有司窮治縣審得情具實詳覆群弁大
譟語侵令且撓漕政再奉嚴檄具詳如前一時府道及同
官俱爲令虞不測蓋孫故强毅不回人也然竟如所申不
復督過報命薦剡且首列矣錫山孤行一意尋省多歉要
於事理必然道義骨肉以違拂相成蓋不但高先生一人
投分有素而已辛亥給繇癸丑計後見同輩投契要人各
以金蘭爲羔雉時名籍甚而予之硜硜如故其以强項量
移蘭署亦殊擢也五月主客司實授隨班三月具呈引疾
杜門三月方代題例也回籍僦居舊廬課子講業其中里
俗囂俊未嘗過而問焉丙辰春奉先慈入京冀少沾升斗

值添註初格補祠司催請凡十餘次未奉旨蓋時人合算
留待察處久矣丁巳三月拾遺買舟即南矣舟中所歷皆
數年前夢中光景祠司初題夢與王心一數人同列亦偶
歲事也羣謀攢簇適符定數豈人力也哉己未五月先慈
見背祿養終天匪臣匪子益爲世外棄物矣辛酉夏梅長
公云繆太史楚差貪與寄生一會九月至省城與西谿暢
談數日方知錮籍已稍牽復也旋聞降補鹺判癸亥四月
初調儀司隨例政府一投帖福淸屬門者達之慇懃欵接
備道錫令治狀知交汲引皆十年前事且云同輩受累者

各論定已膺膴仕何恬晦至今方復故物竊謂利鈍數定豈宜自理靜聽久之七月內遷璽丞太宰張誠宇選郎李耒吾亦何有於寄生哉甲子五月二十九楊大洪論刻魏璫二十四欵邪心之闗羣情觀望及矯殺橫行威挾箝口朝士風靡爭相密結十月以後奉南樂爲主盟益顧無忌兒孫滿朝網羅匝地遁尾之厲過涉之凶易訓已先之矣時余業乞差長往徽天之倖追贓削奪蓋丙丁兩歲一線餘生無刻不凜凜在刀俎間也天祚聖明乾綱獨運逆氛漸埽戊辰春三月奉旨復官已巳四月陪推僕少庚午六

月起陞光祿少卿八月出山九月到任十月初一供事太廟咫尺天顏親捧福爵竊仰龍文光被爲太平有道稱慶嗣是廟社趨蹌捧爵五次亦小臣盛事也十月十九有南冏之推雖幸蹇滋稍通而心疑其驟二十一日奉旨詰責王太宰回奏亦云八年璽資六年淹抑與尋常序轉者不同復奉旨論人只論才品何得以摧折久淹逼容凌獵有無求托仍着奏明操柄者果衡鑑不爽何難始終直陳乃旬日再疏自相矛盾先則曰南北一體而後則南冏號爲冷局先云與尋常敘轉不同而後日姑以冏政試之雖虛

圓無著亦大臣盛德事而游移支遁豈入告之體熟籌進退殊難隱忍具疏乞休未蒙允放輪直東門分取白糧按故事隨同官之後如此者兩年壬申元旦皇上四鼓升殿百官趨入參差上御中極殿久之還宮朝臣候至午後各衙門具本待罪方薄散候旨是年四月麥餅宴九月花糕宴俱賷與特舉每宴約費五百餘金云閔太宰行後署篆者稍採輿論衡量位置壬申十月以右通政啟事同邑李太宰以特簡臘月入京癸酉二月副院王東里疏糾王坤指斥諸璫上御文華召對余以九卿衙門備員躬逢盛典

龍顏粹穆玉音清亮論辭警嚴極臣下宿搆湊泊不能曲折條達東里侃侃不回有名臣風概記註已詳之矣三月承乏轉左衙門封駁俱印君裁定同官分批通狀數紙而已八月衙門掌印缺出太宰欲另有通融私請于柄國者本衙門之議始決八月以後以正使辦事看詳章奏審察姦欺每有批駁俱登簿存案卽通狀送各部者內外無輕狥也兩年內兢兢恪共者如此亦不知何本何價也甲戌二月十二恭遇皇上文華殿經筵得以印官在侍班之列本月念七行籍田禮五品以上陪祀各官先期恭迎聖駕

於壇內辰刻祭先農畢皇上扶犂播藝田家歌鼓前導如禮既升御幄觀公卿五推九推焉禮畢大讌于齋宮百官序坐於臺墀之間觴行樂作衍雜劇歎曲樂民之樂宛然太平光景也及少司寇缺出十四日會推謬及何處更容人推遜乎十五日廷試讀卷供事是日辰刻入朝與詹翰部院諸老共坐一處俟收卷畢候內閣五位老先生出至東閣門公揖序入中堂東向餘分左右坐下首揆分散試卷各二十餘卷擇其字畫合式文義通達者拔一二卷爲上卷各送中堂類選正卷十二卷硃圈節句以備捧讀餘

卽存作副卷其未送中堂者仍依各人裁定次序各爲一束于十七日讀卷後序塡以官爲次人各一卷例也十七日巳刻上御文華殿宣各官入讀卷讀至第七卷命其餘免讀恭進御覽各官出候至午未皇上細閱十二卷畢中官復傳上諭內閣再呈十二卷進覽拔劉卷爲第一原擬一卷御筆親定二甲第一名拔楊卷爲一甲第三吳卷照原擬一甲置第二云君相造命未可意擬卽二三知交亦無從物色所云假手上下皆妄談耳八月十一李太宰奉旨詰責回話是日署選程雪窓下獄以郡守題陞中翰覆

授廷上意及李公回奏待罪奉旨褫革致罪之由或不在此也十月朱廣原以大理陞少司寇余因轉左例也秋冬閒同官屬以詳覆恤稿覈駁四十餘疏奉旨允行本科有案可考浮沈班行數年自職業外未敢出位一事歲內徵聞有指及者殊無意自明得謂藉此謝竊位素餐之譏不謂戚里所搆奇險毒噬又在本罪之外今據言者單中所採俱可勘覈有一於是乎區區行能無所表見兩邑之後三仕三黜其時可考乃飛語或售或不售此又氣運關係不特一人進退已也

李檢齋遺稿序

周思久

節義大閑也君子重之爲足以動物而厲世風也彼矯焉爲名高者能然乎否也吾邑李檢齋當成化末年權奸竊柄士氣蕭索無幾公以一進士上書天子大要在登賢屏不肖廣言路裁抑中貴人語過切直忤旨謫咸寧丞居無何擢兵部職方司主事踰旬以吉舍人抗疏株累復謫與隆衛經歷人以爲公遷客也或孤亢罔事事而公於事無不綜尤孳孳得民和謠譽日起執政者方欲大用之而公以入賀歸至商城河溺死聞者莫不憐而傷之嗟嗟公之

直聲鯁節所以震動一時者非獨其正氣勝也葢亦有家庭之漸焉公之大父方伯公鳳崖父大參公靜菴皆以廉白垂家而公又能光纘令緒以風義自持故族之子弟暨婦人女子多化而肖之公弟西渠刺陜州有惠政動必準諸禮面刺人過不少遜從弟五山雖異途雅好文墨昂然自喜亦骯髒人也公妻鄒氏能卒公教公在則諧公死則守妝不華言不笑足不踰閨閫者終其身族之子女醮而以節著者凡六人一適周孝廉宏烈烈病篤婦不食七日先烈死以明不二一適蔣生儒賢賢死人有求者自刑其耳絶之一適王仙居令思塘公公葬後投繯死一適毛茂才鳳雛事姑孝姑病割股食姑姑病愈以節老而死無間言者則劉莊襄之子溧孫錦衣千戸守孚二婦也今邑人娶婦得娶李氏女者則大愉快以爲幸傳者談古事稱先民口及檢齋公則腭落舌奮氣勃勃欲上若操几杖而從之況當時哉何則眞則動動則變故也由斯以談節義之繫於世風大矣彼有揉曲爲直飾孱爲勇者是牟質而虎皮耳安能感動人若此乎嘗考公與蜀鄒吉士智爲友共志於學以聖賢自期待是公之節以學成非無本而然也

聞公末路深自損抑每以浮名爲恥則其遠心汪度益可概見如不蚤死其所就當不可量而今已矣惜哉公死且百餘年其孫孝廉君應運裒公所爲疏並詩文若干卷梓之以傳是孝子慈孫所爲心也公之族珪組最盛於邑爲著姓今進士君應揆與孝廉君爲從兄弟咸能作求先德其鼓篋從吾游者尙衆也余生也晚嘗慕公之節而以不得悉公之學爲恨當於諸君望之

李檢齋遺稿序 諱文祥　　王世貞

嗟夫天固有定不定哉君子幸而值其定不幸而值其不定然所謂定者何寡而不定者何衆也當成化末李孜省竊天憲而萬眉州陰附之天下之士氣日削其八九於二姦之門而值天子卽大位方欲有所更署臺諫噤莫敢發而麻城李君以一進士獨奮然上書大畧謂人主之法不可褻而權亦不可下移宜裁抑中貴人廣言路正紀綱一風俗且薦故尙書河洲王公竑三原王公恕可大用南京刑部郎林公俊思寧司理王公純直言當褒顯時貴人恚

假詔召公入左順門詰責甚峻公不爲動所以條陳甚辨猶坐謫丞咸寧而亾何三原王公拜太宰賢公擢爲兵部職方主事公主事僅十餘日而以吉舍人文疏忤旨逮株累謫興隆衛經歷興隆故鬼方地也公不鄙夷其吏人而爲之爬搔其垢數據理上書臺省咸報可當是時天下向慕公之風采若景星慶雲以爲旦夕且柄任而公竟入賀至商河溺死矣其同公志而最賢者鄒先生智由庶吉士謫至石城以寒死丁先生璣由中書舍人謫稍遷至蜀臬亦以溺死夫中貴人大臣能竊天憲以謫斥公輩而所謂寒死溺死者則非其所能辨也曾未幾而天子大嫺習政治者詰登用相與修虞夏明良之業卽欲有所建白者不能出其智以高於一時已成之政毛舉細過卽有之而亦不能大有所指謫欲有忤而名高者爲驪龍之頷已去其修鱗無所由而就其名當是時賢者之天定不十餘載而又變矣是故方天之未定也不肖小人之所巧排而峻詆往往與天合而天亦巧爲之用若所以死公及鄒丁二先生者然藉令公不死亦不過宏正間一名大臣而已距於今使人竦然聞公名而髮立讀公與遺事惋然而心痛奕

奕韡韡精神流行三楚而有不死者天亦未可不謂之定也公爲詩文咸明婉有致於奏疏文檄剴切中事機雖再遷貶鄰鬼魅雜侏駃無幾微不平之氣亦罔以遷客自高曠佚於職乃其直節素志隱隱溢毫素間亦自不容掩也公歿且九十載而世貞宦遊楚公之孫承泰出其集而爲之序因得以卒業焉獨世稱公成進士舊萬眉州使其孫文璧邀致其家題畫鳩爲詩譏切甚著眉州銜之切骨今其語不存豈遺之耶抑有所諱耶世貞不敏爲敘所以而歎夫天之定不定不足以憂賢者以憂世道也

毛貞婦詩集序

袁宗道

夫詩不易工女子工詩尤難我楚女子工詩尤難之難者也楚俗相傳以女子識字爲不易自墮地爲女便與楮墨無緣從袺褐至白首指不觸卷帙眼不辨之無知詩爲何物哉而工之乎至於節婦工詩豈惟楚國即海內稀覯豈惟今人即古不多記也葢詩之爲物俊人用之嘲弄風月韻士藉以品題花木而孀閨貞媛方且含蘗咀茶憔悴枯槁於雪室冰帷之中形若死灰身同晝燭安有心情預此雅道是以綺詞藻句多出艷婦之手如淸照淑玉之篇淑

眞飛雪之句豈不淸麗膾炙人吻然駔儈之悔斷腸之吟亦何爲者文采節烈分岐而馳猶之艷李不挺蒼幹古柏不吐芳萼矣余友邱長孺爲余談麻城毛貞婦事令人鼻酸津湧至舉其詩復鮮秀奇警誦之意爽神暢異哉此媼蛾肝石腸繡口錦心異日楚乘烈女志中一段佳話也長孺欲梓行其集甚善余楚國男子且鬚眉且官詞林詩文其本業竟不能工眞可媿也夫眞可媿也夫

代邑侯劉公課士錄序

曹允昌

麻城山谷靈怪志所稱虎頭白沙木陵大城高陰遠翠鬱然相望其茁爲人文德功節學之廟祀典冊風騷之才子砰撞烏起不之勝記宋史載張毅令麻植萬松而亭其中風雨龍攄怒鱗鼓鬣子瞻訪方山子岐橋望龠雲奇氣謂光黃間多異人今松摧而亭圯岐橋一帶車馬塵烏覩所謂鬱然紛藹者乎余下車色然詫慨然以悲及受讀諸士季試之文而後知張毅之植子瞻之稱盡收噏於諸生筆光墨燄中呼之或出未云遁也以余所聞於麻賢公鉅宗

比肩接武今觀諸士所杼柚逝者猶若可作抑他時諸子所現身耶金拱而玉稽則劉莊襄端簡之訏謨也孔思而周情則耿恭簡董損齋之理學也端博則少魯公之奏議耿介則元孚公之氣節方畧則友三公之籌邊諸周其歸然存者摧鋒陷陣則車攻而俘哮拜鼓鼙猶可聞乎强項掀髯護生堡捫蝨之槪於今見之倜儻則鄒都憲元箸則李文卿古奥則景物燕京禹碑周鼓之筆綽約則西湖豔律妝花魄月之辭幻木陵而浡海之直若寶母呼琛光影璀璨波斯眼不五色瞇得乎余以海濱一目緝綋輿區兢

兢懼凉福不能有得而昔所侈萬松亭梅花嶺叉童突無所見至乃龍池照夜之珠光雁臺封埳之鎖骨封內靈巖秘洞復以俗吏旁午不克飛喬仙之舄而追太白大樓秋浦之興今諸士乃能以簷晷之隙振管而追余所欲見於蒼茫緬默之中遂使虎頭白沙之雄屹木陵松竹之苞茂大城宮闕之崇麗及諸先正形影精神出之毫端而熤熤轉矚余何幸也又奚必讀全志訊形方然後知山谷人文相子毋爲靈怪耶

梁雪亭詩序

屈振奇

雪亭梁子者秋崖魯先生之得意弟子也秋崖爲亭州名宿風雅氣節久矣克溢退陬耄年澄心性宗具正法眼悟第一義或有以人品詩文就正者每不輕爲許可獨於雪亭弱冠時一見而異之納諸門下爲忘年交今且與結婚媾焉洵重之也余來牧西陵即耳雪亭名初從季課諸子中一睹試又從秋崖手集再讀律韻咸朗朗有聲如見其人矣越明年延入幕爲小子解毛詩鳴雞瀟雨之際得與深談情愫乃見其律已堅潔制行鎮靜文章氣誼迥出時流因知雪亭之所以見知於秋崖者初不在區區文藝間即以藝文求之亦復光芒外射咄咄逼人又豈鬱鬱久寄籬下者至所著守雪亭詩數百篇其間慷慨激烈望古遙集則有不可一世之想若夫寄懷蒼遠含意幽深則又識明力定響異音清非尋常泛泛者比或生於情或發於性或因乎物或感乎時舉能淋漓滿志畢暢所懷信於秋崖之爲敘曰欲觀梁子之詩者觀其人而可矣欲觀梁子之人者觀其詩而可矣余尤取而進之曰信如雪亭之爲詩當不可以人盡也雪亭之爲人更當不可以詩盡也雪亭

勉矣余日望之

梁雪亭詩小序

曾晟

質畲藟壞竟其質豫章七禩掄其材自茲而捎雲動日乎猶世眼睨之哉抑識其種柢而天巳定邪梁子雪亭齠齔巳學作賦賦箸其尊人以示晟于時髮方燥禿瘡斑斑精神巳大於身晟爲作評曰具體則細致用殊尊變化萬有饜飫羣生萬世不可乏一旦不可零子房前籌焉基漢誠意一餕以開明是可筮無雙黃童之業而况兼得意小友之文未舞勺也巳解作詩有客過呼曰童子詩學何體雪亭曰但須問學何如人耳有其人斯有其詩矣客爲眙然噱不得合迨今積紀而雪亭之詩果如其人矣雪亭之人抑又如其詩矣雪亭事親孝事繼毋傅尫竭力事諸兄怡怡伯兄亡三年慟之如一日家貧四壁立有遠宦者以數金祈與偕爲尊人年高堅不應寧筆耕百里外是士人大節梁子躬行也如此其詩之至性摯質者固如之雪亭固窮介如石有以匪義遺者屢遺屢郤卒致之寄逈暮夜梁子覺拒之如孔思遠誠諸昆弟事梁子不欲彰余亦不復詳厥後卒以此賈禍雪亭不悔也其詩之簡潔貞貴者又如之雪亭雖不與世俗忤而俗情特落落難就每羣喙澄

譆梁子不翟一言里党或指爲狂然偕晟及曹石霞遊也則醇醪叉江觚矣其詩之孤行一意也展如之友道之圯於今也不啻公叔之嘆矣雪亭之與人交也有以性命交者文字交者媥戚交者氣誼交者方舟深淺不失尺寸然至誠相遇則一也其詩之披見衷愫也則如之雪亭每自儆曰學不如其躬雖盛名弗貴也文其文詩其詩人其人吾憒之其詩之親切篤行也洵如之然胸臆洪洞無垠際每超然遠想不臧冶城高世之韵其詩之鳳馭道上也適如之雪亭與中表王用肅以文章氣誼交每征綏相當晟

幸得憑軾觀轍嘆曰王子精金百鍊梁子長河萬里誠得十一而芍藥之鹽梅之吾弗測其所居今雪亭又交閩中呉亦自至善亦自詩文皞崑晃㬎殊異譬叒木初光不容薄蹏一尺神響不敢坐聽頃爲梁子選詩百三十文二十有四等梁子筆等朔方軍一經位置而壁壘精神忽然變色吾見其夥於獲也梁子今年三十有四其進德修業益力尚未成名當世於所期萬世不可乏一旦不可零者謂何蹉夫高密之封已遲東山之駕尚早山川之鑒臨太邑之下蹏藻顛之賡簡其時其會烏乎探之茀泱之人也之詩也其勿名山藴而姑餘遺也必也請爲正告海內司衡者曰欲觀梁子之詩者觀其人而可矣欲觀梁子之人者觀其詩而可矣

東山紀詠敘　周維柜

昔豳風之誌東征有東山之詩矣然或賦徂東以三年或哀我人於破斧元公當日亦豈喜於用兵者哉蓋殷頑之不靖雖變僅一方而有漸及四國之勢故曰四國是皇四國是吪則是用兵非元公之得已也至於公之居公而其袞衣繡裳之恭感人最深其信處信宿之懷入人最切爰是九罭之詩有作焉楚黃之有麻城一彈丸地耳其邑東負險巖峭谷土人亦號爲東山

國初歷有小蠢戊子己丑之間勢且滋蔓致煩大兵進勦

始克底定頃者烽燧時驚歲在甲寅之夏月東山之衆又復嘯竿而起然昔之東山利用征今之東山利用撫雖有時不皆盡出於撫而以不得已而用兵之心仍無失乎安撫斯民之意則其免生民於鋒鏑之禍登反側以袵席之安者其惠澤誠爲無疆也幸賴撫部院憲臺矜憫愚頑惻然惟撫之是亟而於用兵蓋慎之初命副總戎王公駐防城守非云耀武祇以聊固吾圉耳繼命大叅新選河南臬使徐公黄郡丞新任武昌太守于公馳檄按臨宣示德意唯是身驅單騎自詣山阻中一以至誠開諭而東山叛衆

悉已感泣投戈傾心就撫在昔張綱之靖廣陵單車詣壘龔遂之守渤海賣劍歸農史書所稱未嘗不褒爲美事若二公之德威所及不介而孚夫豈有異者乃自夏徂秋徐公以是役既竣將返武昌赴大梁而鄒家河輒復告變于是頑民倏撫倏叛之所撫憲蓋已熟籌之矣因以于公改任黄州夫亦設北門非準不可潁川願借寇君爲能靖此一方民耳于公時方駐臨岐亭及聞鄒河之警星駕遄征而民歡隨之民即爲銳卒歸降之衆亦佐偏師旌幢所至固已翦滅此而後朝食焉而孰知乎前車既覆後車不戒

狂逞之徒憨不畏死曾幾何時而復有亂者之舉爲戎首哉歲十一月之朔二日于公自黄州躬率鄉勇官兵身冒矢石不數日而輒以奏凱閱越十有一日撫臺復命叅戎党公暨伊公守將樂公同發武昌與夫見任駐麻之馬公各提勁旅而其監師餽餉者則有郡司馬佟公邑侯屈公相與區畫機宜徑趨賊壘不崇朝而輒以執訊告疾似風驅迅同電埽古稱楚將沉舟三日持糧以決秦戰岳僕神算八日破賊而平湖湘未有若斯之捷者也而且渠魁既殲脅從罔治凡是役之陷師者一如漢司馬之燒燬交歸

曹武惠之誓不妄殺而無復有崑岡火烈玉石俱焚之慘焉是役也麻之父老子弟無不拜祝歌誦以爲非諸文武將士之功不及此而諸文武將士則不敢自以爲功且曰此國家之靈抑亦撫臺主撫者之德也予諸臣何力之有焉嗚呼撫臺不得已而用兵之心夫非猶之元公東征之心也哉則麻民沐浴其功而謳思其德也宜其繼九罭之詩而有作矣維秬于是採集其詩爲帙名曰東山紀詠復謀諸門人萬生魏乃捐貲而付諸梓雖云村謠野諺詞無足收然而道路之口卽碑輿人之誦類史亦庶幾與峴山

銅柱共誌不朽盛事云

與石菴序

周禮

曩余過洞庭涉瀟湘經衡山之麓望祝融煙霞諸峯未能辨其孰是舟中無事取輿圖披閱知煙霞峯下爲有唐白衣山人李泌讀書處心向往之因念士君子方未遇於時伏處草萊其精神意氣必有落落不與人合者或指爲狂或誚爲狷而及其見用於世功業炳若日星道德重若川岳其向者伏處之一隅一室咸稱羨而豔傳於後世嗟夫是豈獨鄴侯然哉今如吾邑之明山半腸一線鳥道千盤爲東偏門戶其嵯峩一壁渾然危峭樵人牧子未易攀躋

顧無有開其生面者吾友梁子雪亭好奇士也七日鑿而六爲息剔石罅之土而洞之剪石徑之榛而蹊之就半欹之石而亭之倚全龕之石而室之甘泉迸發野竹上霄雲母爲根別成邱壑其奇概在梁子自敘中而好事者又欲醵錢結宇題曰與石菴奉金粟於青芙蓉之上以永茲山勝事茲山之奇復不爲梁子獨有吾政不知當鄴侯讀書時亦曾有此同志士共發此奇情與否梁子方以儒者之學用天下而嗜禪最深又考昔懶殘道人撥芋以食鄴侯許其十年宰相彼時他人不獨不識鄴侯並不識懶殘兩

人目光外射機鋒內呑固已在語默動止之表矣乃與石菴成而鐵骨師一錫孤飛結趺宴坐不道其所從來與梁子中夜語不知何若而古今奇致畧同又有如此者爲可嘆異也王陽明先生學本良知當世亦譏爲禪夫致君澤民諸如理財治兵平刑戡亂皆於禪得之又何譏梁子試舉以問鐵骨師以爲然否

省身輯要序

曾　謹

古之論不朽者曰太上立德其次立功其次立言嘗卽其語而繹之由而行之有得於躬之謂德舉而措之有裨於物之謂功發諸心以爲聲可傳以法於天下後世之謂言非第小惠以爲德小補以爲功修詞鑿句以爲言三者相因爲用未嘗有所畸重顧以上次又次爲區別者意以德懋乃可圖功而言祇餘事爾余竊謂苟不以言則雖德劭功崇亦安能自永言固不綦重哉兹于定菴年伯先生省身輯要一書而慨然想見其生平焉余生也晚又與先生

家相距數十里未嘗得侍左右聆提命聞諸先大人輒稱先生孝行備至色養無方撫異母弟子垂髫年敎以詩書孝弟爲邑知名弟子員婚娶田廬諸務先生皆身處置之不少嗇於宗族戚友中紛則解之急則周之才識不逮則誨諭之一時後進之士多出門下被其薰陶罔不爲端人者乙酉秋余幸與家君石臺同舉于鄉乃得聞其嘉言懿行益稍悉丙戌石臺先余捷南宮己丑余如讀書中秘乙未丙申間石臺謁選都門與余聯牀居最久恒爲語家世事知先生平生砥行以孝爲先其敎亦以孝爲首務著書

甚富無不以敦本力行爲指歸今石臺本敎孝之意移以作忠治大邑若烹小鮮政成民洽猶時時以繼述未遑爲慮旣梓其遺書曰玉田寶藏曰家塾警言曰孝經內外傳先生垂敎之殷其大意已見云近復有省身輯要之刻刻甫成以一帙寄示并索余言爲弁其書計若干篇引自古人者十九採之近代者十一卽閒出己意率皆源本前賢語語有關身心性命總不外自善善人之旨誠可與前刻諸書並傳天壤使前後之讀者卽茲几席丹鉛內想見先生立心制行根本之茂而有實斯以奉爲典型則而效之

以永其流澤於無窮則先生之立言在是立功在是立德亦卽在是先生爲不朽矣謹何能序先生書第質言其所以不朽者如此爾

孝經內外傳序

王思訓

六經皆聖人躬行心得推之以治天下國家者也學不本於經則爲詞章飽飣治不本於經則爲功利權謀孝經爲尼山所尚作貫乎詩書易禮樂春秋之精意雖嘗曰述而不作其作孝經意以補前聖所欲言而未盡使知支行忠信之敎莫不根柢綱維乎此他日曾氏之子聞一貫微旨其卽所謂至德要道也歟夫參之獲罪於父誤劚瓜根其事至細彈琴而解憂受杖而負愳與夔夔齊慄何異然猶見拒者三責以弗能如舜之諭親於道參自是益勉於孝

避席親承之下有經以傳後而孝之義發揮始暢極於天明地察光四海通神明皆由庸近而至高遠帝王匹夫莫之能易也我

皇上以孝治天下聖性天成溥海內外罔不和氣烝翔余同年李君石臺宰豫章之南康民服其廉明士親其德敎三年政成因出其贈公年伯孝經內外傳一帙付之梓余受而讀之內傳則逞乎敎孝之言五經諸子古文皆備焉外傳以志古之行孝者虞夏商周之聖下逮漢唐元明雖大小不一而孝子之名必錄焉其箋釋詳明攷証宏博有關於

世敎人心至切近深遠矣先生身雖未顯而積慶於後賢藹乎忠信慈惠念不怠親按吏治者閲是書卽當求忠於孝佇効聲謌對揚
殿陛呈諸
乙覽庸非致君立身之符驗哉余適奉
命視學江西每勤訪悠幽逸舉盱水宋孝子黄覺經建坊表之特記鄉賢惜不爲先生所見附於外傳反覆擁誦而喜石臺能以其傳家者公諸世也爲弁言於簡端

吳侯賑饑圖後序

徐家麟

右麻邑己亥春父母長洲吳侯賑饑圖也邑人被侯澤不敢忘故求善畫者爲圖以獻先是丙申丁酉兩歲邑俱歉收貧民二麥不繼猶以稱貸典鬻支朝夕至戊戌秋亢暘尤甚枵腹者斯計無復之吳侯勘厥災亟求賑於上司苦與例未合不獲
題請侯乃減糶常平積穀復設法買米糶濟至臘杪積雪堅冰外販不至米驟貴又以便宜開常平倉大糶三日市價平民以卒歲越明年己亥春二麥在野青黄不接西北若

古城山諸區饑者以草木根皮爲食侯心戚甚乃大集紳士耆老畫救荒策有持議於城中寬處作粥廠令四鄉饑民來食者侯沈思之久曰此非善法也夫粥必至麥熟乃可止今去麥秋尚兩月需米與薪不知幾何日役水火夫若干人什物器皿諸費不知幾何且使貧民棄田廬攜妻子露處粥廠日待簞瓢之食誰與守乃室刈乃麥者况時方東作耒耜旣懸秋成絶望民饑殆無已日今惟給以兩月之穀民得穀以歸各治其生庶有實濟於古有勸分之法今必行之衆曰善侯乃自損穀五百石遂率僚佐先輩

於城中時春雨連綿侯徒步泥塗卑禮折節乞諸有餘之門於時感侯至誠咸踴躍捐助不旬日得穀三千二百七十餘石隨募於城南熟鄉越數日又得穀一千一百石侯曰饑者不可以久待吾以此先濟被災之尤者乃張示約日令各區里甲耆老率同饑夫攜橐擔籮赴縣領穀至期侯坐儀門外按名發賑又選幕中數君子分地給發不令吏胥有纖毫姦欺每名給以兩月之食先給以票次與之穀幼者以三斗為率壯者倍之老弱廢疾不能前此許親鄰代領之一時饑民出於望外菜色者喜見眉宇鳩形者

氣力倍增意態百出有非畫圖所能盡者計賑老幼男女一萬九百三十餘人蓋合一邑計之被災者二十二區侯所賑又區民之尤憊者又念各鄉雖有薄收然高卑燥溼咫尺不齊豈可使深山窮谷有向隅之夫復集各區士紳父老勸其各募各賑數日又得穀三千九百五十石侯為核實分給人各三五斗不等又賑饑民八千八百三十餘人適值三月十八日

天子萬壽之日羣黎慶祝侯又推

恩澤大發三百各給穀一斗復賑三千餘人又念讀書自好之士有甚窮窘不屑與稠人爭升斗者乃異其禮數以濟之於是紳士沾惠者亦二百五十餘人蓋至是而貴賤遠近皆得沐侯澤焉所全活二萬三千人昔賢有言凡天下疲癃殘疾惸獨鰥寡皆吾兄弟之顛連而無告者至哉仁者之言乎我侯乃親見諸行事矣嗟夫邑自丙申以來三歲不熟黃郡所屬大略相同未聞他邑勸賑有若吾麻者我民何幸獨得父母於侯乎圖成將獻於侯此亦僅寫已亥春一時之事耳至侯前若後旁皇經畫焦勞曲折之心固未之能盡也因叙其始末於後使後之覽者得其詳焉

周太初先生序

李巍

水激石而成文風穿松而增韻適相感也過時焉而水石風松自若耳人之有身猶石與松然所遭之境殆水若風乎無端而有嘯歌吟咏則石之觸水松之披風其成文而增韻也亦莫知其所以然乎嘗謂人心之靈通乎天地故匠氏運斤而龍樓鳳閣不難計日以成工人操刀片碧而鏤江漢之圖桃核而鏡西湖之景亦矣至矣孰測端倪迹而求之其貌樸如其言訥如其神望如而若有遺此無他志一思凝將反覆以求其心之所欲至惟恐其不能至耳

惟詩之道何獨不然古之人攜錦囊而嘔出心血咏夜色而至於斷腸證仙果而詠海天墮鬼趣而吟楓樹乃知性情所結何論死生仙鬼其致一也周君太初負奇氣少讀書善山水尤好吟詩性簡靜顧樂交天下士以是家益貧又閱世久不慣習爲儇薄益忽忽不樂一旦奉太夫人買山去離其故里嗟乎予交周子乃在十年以前恨知周子未深而遁買山以去周子真有心人哉周子居臨淌水門對金臺四時之景無不可愛暇時呼童策杖山徑水湄窮幽極窅薄暮歸來必得佳句蓋周子十餘年來境與事遷奇幻百出而周子悠然有會於道能以慷慨磊落之遭發爲宛轉和平之調其功候所至無意求工自然入化是即水之成文風之增韻有感斯通焉耳周子之詩外人少見知余有嗜痂之癖有作輒出示於余去冬造其新居作三晝夜談未嘗一字及詩月斜霜重猶擁寒爐刺刺不休兩人乃復鼓掌大笑自謂野客談天隨袖其全集許爲評閱作敘今春晤周子先以自敘示余沉鬱頓挫如聞漸離之筑雍門之琴音節感人而其抑然自下則又如匠之運斤工之琢玉有求其心之所必至惟恐其不至者也周子自

此遠矣世之讀其序與詩者即余亦附名不朽云是序

廷見紀畧序

王一寧

江夏學訓江同文先生以昔年除官廷見紀畧

御試藝辛卯歲應貢藝示余閱之有大家風骨選入寶善集矣閱紀畧嘆曰先生之遭逢眞不偶哉先生眞不愧古之訓導哉稽古虞上庠下庠夏東序西序商右學左學周兼四代之學其著之祭義者大學在內者二小學在外者一見之大戴者大學在內者五小學在外者二國老庶老養之於中而又司徒以董其事樂正以掌其教外之鄉學則鄉大夫主之頒教於州

黨族閭以教民州學則州長教民讀法習射黨正讀法教習鄉飲酒禮即閭亦有塾閭內致仕之老朝夕其中民之出入者必受教學校之廣如此初未嘗立教授等名蓋世之盛也無地不設教無人不知教無時不奉教也秦政燔儒學校澌滅漢承其後初亦未嘗興學至武帝始立學校官置經師一人庠序置孝經師一人唐制館有宏文四館學有太學國學皆皇屬國戚及大臣子弟爲之他如四門學亦大臣子孫庶民之俊秀者爲之而亦未嘗有教授等官之名宋初設書院如白鹿洞者四聽人居其中設教亦未嘗建學至乾興兗州守臣孫奭私創學舍請太學助教楊光輔充之餘未置學景祐慶歷漸置各學乃置教授以三年爲一任以經術行義訓導諸生徒或本地舉人充之亦未奉命朝廷也熙寧諸路置學官並委中書選差而教授乃命於朝廷矣元豐試學官上等爲博士下等爲正錄考試教職自此始矣元各路置儒學教授正八品散府州則從八品而教職始有品級矣又有明洪武廣學校增教授學正教諭訓導等

職以下爲未入流蓋厚以待之期以科第未有窮也而是時以方克勤爲寧海訓導旋擢濟南知府以寧國府訓陳廸爲翰林編修以河南府訓葛鈞爲翰林侍講學士以泰州訓門克新爲左贊善蓋方陳諸先生克盡厥職故高帝亦不次官之使先生而在是時不幾與方陳葛門諸公比肩而並列哉何古今人之遭際不相及有如此也雖然

本朝廷試之制屢興屢罷旋廢旋復八十年來廷試不啻萬數初未嘗文經

御覽榮邀頒賜而先生以草莽之臣擔簦三千里仰
天子之廷且與九卿諸鉅公并與聯鑣出長城謁行在拜
跪應對中規中矩喜動
天顏玉音垂問頒賜尚廚又未知方陳諸公之能有此於
高帝否未可云古今人不相及也可不謂榮焉乃先
生奉寵命急就道赴楚官江夏課諸生端師範不苟
取與偱諭赴都門而先生獨秉篆郎申請修文廟葺
學宮課士子文丹黃甲乙不必假借有胡文定之風
又豈僅如寧海諸公而已耶故曰先生之遭逢爲不
偶然惟先生誠弗愧此官

張赤存四書文序　金聲

國家二百餘年來公道昭明不絕如綫者莫如兩科兩科
所重獨在制義豪傑之士刳心嘔血出沒其中童而習之
至白首無成而不忍他適也區區行墨之間可謂竭天下
之精神以赴之矣繇是而制義一道不問流俗眞能卓然
有以自立者乃亦甚難盖天下作業必有指歸定無遷其
本向者束髮就師學爲四股八比之章期一得當有司其
追琢塗澤惟力是視瑟雖工而王不好則朝失志而暮改
步猶恐後耳孰有孤立行一意咄咄直吐其胸中所見至
沈刻數十年終不復以窮達得失爲念者此其人豈可量
哉吾於赤存鄉人也今歲赤存來令休寧亦吾邑父母也
赤存文章行天下諸生讀之久矣然而未盡因請其全吾
自爲諸生時不喜披閱制義經數首則頭岑岑然今棄此
又復數年矣而讀赤存文神致爽然善也今時文字日粲
而靡折腰墮髻百態冶媚見赤存文始如飛仙劍俠飄然
丈夫赤存至休寧未數月休寧訟獄衰息過半赤存爲余
言吾才不逮人吾此中不肯一毫放過吾於休寧亦不作
滿績想或二年或一年甚或數月而見調吾俱不顧吾在

此一日吾一日盡吾心焉耳終不違道干譽又聞赤存初在京師以明經謁選矣選不就始不得已留而入閘遂遇焉嗚呼其於富貴利達之小者人其淡也其爲文章治行安得不磊磊落落卓然自見哉語云俗吏矯飾外貌似是而非安靜之吏悃愊無華日計不足月計有餘吾於赤存之文亦云易曰修辭立其誠我有子弟子產誨之自茲始矣

麻城縣志卷之三

文徵三　　知縣事廣南黃書紳纂修

記

題名記

李正芳

成化十三年歲在丁酉冬十二月朔西蜀劉公應乾以名進士來令吾邑公先令浙之餘姚六事允修而賢聲大著今令吾邑猶前日也一旦視學宮閱科舉題名碑而名已遍矣因與縣尉吳公暨邑博劉公聚首而籌度之曰去秋鄉榜七人今戊戌春榜三人咸無題名處况科目盛事將來者尤不可以計數可不再勒諸堅珉以繼之二公遂起而揖曰此正予輩欲言及者於是命工礱石走幣徵予文爲之記予竊惟自古文人之生固因乎山川之秀而其名賴托以傳者則貴遇乎豪傑之士也故崧嶽生申甫而功名蓋世閩蜀遇常袞文翁而科名大顯蓋有不偶然者吾邑在泝河之南漢江之北前有龜峯之峻拔後有鳳嶺之巍峩人才之生固有自矣脫無豪傑作令以振動之則不朽之名何所賴耶矧吾邑自國初來出自科目殆百餘人

有長內臺者有伯外藩者有叅大政者有副憲者有僉憲者與夫職黃門居部署擢侍御典光祿佐天下之郡令天下之邑司天下之教者後先相望然今之山川卽昔之山川也在昔鍾有其人今豈無其人歟碌碌焉不題其名則後將何述劉侯下車之初作興士氣猶先急乎此可謂達政而知務矣後之學者覩是碑思師前人之學仕者誦斯文思師前令之心謂非侯惠遺可乎然則侯用心之仁其深且遠哉史載循吏以六事克舉者蓋六事之首也不可無記因其請特書之俾刻諸石

鄒都憲薊州祠堂記

李東陽

都察院左副都御史麻城鄒公卽卒之五十年後近畿東北邊之將士吏民以公嘗巡撫茲地有功德不可以不報建祠祭之祠在薊州者都指揮劉侯某請太子太保閣老東齋劉公爲記於是守鎮總兵官都督李侯銘偕巡撫副都御史嘉魚李公田命守備遵化等城指揮使張公璵亦建祠立碑來請記於予予生晚不及接公風範聞公名鄉曲間舊矣及仕於朝聞東人道公事又會其子開州同知淪及其孫刑科都給事中騏獲見其譜未銘誄粗識公之一二而益歎其賢公在正統間通政叅議出督永平山海糧儲事經畫詳審出納明慎民甚賴之也先入寇進都御史兼督薊州遵化居庸紫荊諸邊關軍務簡將閱兵納芻粟繕倉廪築城浚濠修治械器百廢俱舉一時論保障之功者必歸焉嘗觀己巳之禍天下之大變也然不旋踵而定者無事焉蓋國家有可以制亂者三國富也民安也多賢才也自洪武永樂創業定難以來至宣德正統休養生息府庫豐溢倉廪充積故雖費而不匱閭閻畎畝之民食有稻衣有帛嚴刑重役不加其身橫科厚斂之舉不至其

家故卒有警而不變內而臺閣公卿謀畫制馭之宜外而憲閫將領攻戰禦守之力故政務叢脞而不廢以斯言之若鄒公者其功業之盛如此也或者以爲公當難鉅時不親錢穀刑獄之務未嘗攻城掠野獻俘貢職若未足以盡其用者獨不知蕭酇侯之事乎鎭國家撫百姓餽餉不絶其功固已盡汗馬之勞矣公在畿郡有撫綏安輯之功在邊徼有防守備禦之策而況提握重兵爲殿拒振耀聲烈以威不可犯之勢乎夫古之有功於民者生有爵死有祀若公者縱不克上歷國家之典顧其民與吏有不能已於

情者乃從而祀之豈不可哉君子之論政者每憂治世而圖先幾當平居無事時必深培厚植結民心經國用儲善賢俊以待天下故取之而有餘用之而不可窮苟徒恃乎戎馬之强鋒鏑之利以折衝禦侮於不得已之際亦且勞矣此乎於今日聖天子國用之富厚民心之多輯賢才之衆多未嘗不有感於昔而公之賢亦豈不重可慕哉而況居其所重之地躬其德政之美被其澤於無窮者哉後之登公祠跡公之所爲其所感慕豈有窮乎此國家之大者故予不獨於公之身言之公受命撫蘇松諸郡亦有惠政

茲不著

麻城縣重建縣廳記

董樸

吾麻城王侯建縣廳成疏其事請樸爲記樸辭弗獲已乃爲記之吾邑往古鮮有碑刻無所考証謹按圖誌古爲禹貢荆州之域春秋時爲黄地秦屬南郡漢爲西陵縣屬江夏郡梁爲信安縣及北西陽縣陳改定州後周改亭州隋因之晉時僞後趙石勒使麻胡秋築城於兹故名麻城屬黄州後屬永安郡唐復置亭州又㭊置陽城縣尋省元和初又以麻城省入黄岡後復置屬黄州宋屬淮西江北道黄州軍尋徙縣治於什子山元復舊治隸黄州路我朝因

之北接光蔡據五關之險控淮西之衝崎山聳於前鳳凰崖擁於後龜峯等山峙于左大安等山列于右大河遶於前巋然一大形勝也士風厚善樂於爲儒出重名節處尚廉恥藹然一美風俗也故爲全楚名邑近年以來地窄民稠深山邃谷耕鋤殆遍雨暴水溢流沙衝壓田地民多患之成化癸巳侵及學宮泮池逮今餘四十年漸及治東古城濠射圃亭距文廟僅五丈許每遇春夏水漲吏民惶惶束裝以待縣廳創於洪武甲寅歸安趙君諱乾重修於成化戊戌古渝劉君應乾燬於正德壬申流寇歷諸城侯君君器新昌蔡君純中二侯俱有遷縣之議未遑重建僅覆蔴蓬以視事戊寅春王侯下車之初卽以前二事爲念無何上官檄縣定修河遷縣之議侯詢於民民多安土重遷以作隄捍水爲便侯順所欲乃浚古河以殺水勢徐圖作隄築城之謀而民樂於趨事縣廳則捐民之贖金以易木料瓦甓工力則取民之在官者因舊址重建築三丈深視崇加六尺廣視深加三丈一尺費白金一百六十兩用民力九百工經始於正德戊寅至冬落成於己卯仲春其氣象宏廠甲於吾郡七邑與山川民物稱春秋常事不書凡

有興作非時害義固書雖時且義亦書重民力也竊以爲修河之役必古河通則新河之水可殺新河之水殺然後作隄築城之工次第可舉縣治與佐廳庶可相爲悠久矣然河之通塞係諸天其成否未可逆料廳之建係諸人固合時與義矣而侯之德政敎益因之益新此則可書之大者也於戲豈徒觀視之美而已哉侯廣德人名世祿字子延以名進士來令用經術以爲政恭學有本源者也助建堂者二尹繁昌湯君高判簿盱楊君秀瑜慕賓盧君浩也樸因記事之本末併及沿革建置山川形勝與夫民風土

俗以告來者俾有所考焉

重修儒學記

劉　采

麻城古號名邑國朝經術文章尤盛豪傑俊偉後先相望蓋萃靈毓秀繫乎學宮學在邑東南肇基大河之岸河水衝激岸輒崩學宮被浸沿久敝圮太甚棟撓瓦解柱欹牆傾壇宇墊爲沮洳門廡鞠爲茂草目之罔不心惻然未有一致甃者靖川陶君至卽毅然以爲己任諮相故區會計申畫迺委諸壽官某發贖金若干程諸匠作鑿石伐材補河堤以固基址築藩垣以立範圍整撤舊蔀華藻完固則明倫堂三楹文廟三楹敬一亭三楹創造新美宏敞壯麗

則儀門三楹東西廡各九楹東西齋各六楹學門三楹鄉賢祠三楹工始於嘉靖癸丑八月朔二日至甲寅五月十一日畢過者色然改觀易昔慢易爲斂畏莫不頌君之賢且勞也由是諸生請紀成於安峯劉氏曰夫學所以養士也賜嘆安仰商云居肆有以也矧學之頹也久矣豈前此有司悉惄於是智疎者經理弗給力匱者處置尤難陶君德備義周勇於任事勞心苦行不肯碌碌從俗苟安而其才猷又足酬所志簿書之暇披搜教籍日進儒生坐談道與勤課校隆賞勸士子翕然向風且數十年之廢一旦而

興神靈旣妥師模益振益得所依矣自今二三子垂紳鼓篋優游其中顓志肄業究體達用將文采炳蔚事業煇煌俾後有考吾邑之學究文物所從來陶君功德可容晦歟君浙寧波鄞縣人諱天忠字舜臣號靖川以庚戌蒞縣事廉靜無求政務畢達蒞茲二紀弦誦聿興嗣是陟崇都要有不大遂施措興廢舉墜救偏補弊以維新斯世也哉

文侯重修三老堂記

周思久

成化間吾祖觀察使孔明公與方伯李公彥碩督學僉憲董公宗南束髮結好以風節相砥礪及登仕版歷藩臬遂飄然冥舉先後請老於家投閒養恬意在人外澹如也維時蜀朱侯則川宰吾麻至則敦禮三公謀多就之以故朱侯治行稱最焉御史大夫吳公行部至問侯所以治狀侯對曰下走吏何能唯是二三大夫之訓吳公擊節歎曰有以也夫士抽簪而猶不忘世豈不賢乎哉顧三公春秋高令倘亦有懿侯舍蓋公之意乎侯敬諾爰卜邑迤西隙地

一區築舍舍三公顏之曰耆英堂自是侯有大政則延三公登堂而問焉以爲常後三公云亡堂就圮遺址鞠爲茂草迨今百餘年未有修復之者文侯舜階始埽而新之易今名曰三老堂而因屬記於予予惟憲老乞言古之道也乃晚近之爲吏者大都束檢柙礪廉隅勾稽於簿領筦庫之間不者或窺承當轄風旨爲名高朋求師質顧迂視之豈知親賢則益好問則宏單智寡聞者道之所不載也今朱侯行古之道文侯聞其風而悅之益求光昭前烈堂成出數令凡學士大夫以公事至者皆得停車繫馬於此以

時諮諏焉是侯蓋以三老望人人矣則凡登是堂者有不慨然想見其爲人思以作求之歟然進言在人擇言在心心苟虚矣卽街談蕘語亦可有裨治理者不則雖使端木說辭鄒軻持籌而辨之亦安所用哉昔子賤宰單父求五人事之而稟度焉以故不下堂鳴琴而治夫子賤在孔門負牆之列其學摩之深矣乃爲宰猶必求助於五人則學之交相資也侯振纓稽古敦素秉貞其嚴不苛其寬不縱有和平之軌焉而侯方躬躬然求之人不以自足是侯之志念深矣顧予迂疎無能繩祖武追配前修奉侯壁畫萬

一乃吾黨學士大夫素自所期信者豈在單父諸人後耶誠反而思之求所以助侯者何在則庶幾哉交資之義乎而後無負於侯作新斯堂之意

釣臺記

周思久

去家二十里而近有湖前瞰龜嶺後枕玉山左右重岡抱若城郭蓋勝境也有石形類大龜蹲水心橫三丈許縱倍之居士結茆其上覆土種竹爲門徑雜以花卉湖每遇雨漲水激石怒號如噴雪濺珠咫尺不聞人聲迨流減浪平鷗浮魚躍居士則載酒棹一葉舟歌漁父辭極所往而後返人望之者以爲仙島也屣事外構小篷竹中曰環竹篷篷右出衡門降階盡石徑曰泌潭潭前曰漁岬潭右渡略約而西曰攙雲洞洞口盤旋上至絕頂曰柏塢出塢東臨

水巖勢斗絕曰小赤壁由赤壁隴行百餘步曰松邱由松邱踰嶺下則逶迤深邃耦耕谷在焉乃耿伯子楚侗所題也居士生平好漫遊足跡幾徧寰宇每遇佳山水輒思卜築未能也乃今不出鄉園而得之日與二三子棲遲於茲追琢頑鄙方欲囊東經史毀棄筆研散愁人間寓樂象外反之吾身神理滾滾不可覊閼乃知出入口耳者遠也吾老矣倦遊將依茲湖而休焉以畢此生則釣臺亦若起予者矣固捉筆記之

麻城縣儒學尊經閣碑記　　周思久

學以至乎聖人之道也聖人往矣道在六經經常道也歷千萬世弗可易也猶之衣帛若布五穀食人終其身不厭何以然常也粤自墳索之後言日益以煩𥂝至周末而諸家紛紛矣孔子者出乃取六經刪述之已耳而後之人遂指為學聖津梁者何道在孔子故也且孔子之道何道也學不厭誨人不倦而已是常道也夫道之不可常者則厭且倦隨之矣可常則何厭復何倦耶乃世學人不知六經之道其常不可易慘快者則騖於元虛去陳言而盡芻狗

之是濟河舍筏者也檢柙者又謹守佔畢而不復領其旨趣是買櫝還珠者也總之卑卑者耳而於道均病矣故學在通經通經在知道知道則常常則奇衺黜心之所會動與道俱舉六經所有者而吾纘之不為襲飭吾所行六經所無吾起而肇之不為怪吾能隨時變通去滯固斯尊易矣能隱厚深中不恍斯尊詩矣能敷政平斯尊書矣能定是非秉其衡斯尊春秋矣能周旋應對規矩中節斯尊禮矣能和樂斯尊樂矣故曰經載道尊經尊道也則夫欲誦法孔子者舍道奚以耶雖然道未易知也其惟求友乎

夫孔子聖者彼其時猶好古敏求雖聃禮宏樂襄琴靡不問訪且學羣三千七十子而教之至邦君卿大夫耦耕荷蕢互鄉闕黨之徒靡不接緇林杏壇農山靡不遊且弦歌不輟至居夷浮海亦欲往何誠欲與世斯人共學而誨焉以求明此道也故曰道在孔子乃拘儒小生抱遺經兀坐窮廬足不出四境交游不越比閭族黨之人獨學而廢觀摩口耳而鮮默識乃欲以至聖人之道難矣難矣然則求友之義又曷可少耶余邑學宮在大河之濱水山清遠士生其間者蓋斌斌多文學焉昔人比之鄒魯不虛耳

麻城縣新建北察院記

鄧楚望

今上御極之五年連侯令麻之明年也先是上用言官請久任天下守令詔境內利有當興廢有當舉者聽便宜行事侯時首應詔而簡楚之麻城甫下車惓惓問民所疾苦邁德種恩慨然以興滯補敝爲已任越一年政通人和乃謀邑廢所當興者而振舉之邑故僻不通傳遞治內自憲分二司外別無樹棘稅鞅之地今爲南北衝衢矣四方之徂兩奔軺旁午而至往往跋茇無所離部使者行屬亦不免假館民舍觀風者不寺事司里者不授館非細故也侯

惠流而召和歲比有年度可有爲又於治之西北區得官壖隙陬宅中而勝焉遂議建爲北察院以爲澄清駐節之地乃命役人畧基址程土物分任選事鳩工辦材以萬歷五年八月經始而以六年之十月告成邇重門而至於寢室爲屋凡若干楹環堂閣庖湢而訖於周防爲繚垣凡若干步木石瓦鑄之材枚數之至二十餘萬用人之力以工數之四萬有奇夫廩食日給之費稱事旋能之需爲錢不下萬餘緡皆節縮邑藏公餘罪人之應贖者爲之而役則取諸在公趨事者而足焉上不費官下不擾民閭里訢訢然見館垣宮室之完美而不知材之所自出見經營繕作之勤動而不見役使之及已非其善節而爲理約已而愛民者能之乎今望其門恢宏而洞達足以布法升其堂高明而爽塏足以觀民入其室邃而虛嚴而整肅肅乎不愧屋漏也足以退息登其樓望山川而林總在前俯郊原而幽蔀畢照奕奕乎趍識而遠覽也足以省方而攷俗壯哉居乎其力勤其慮周其義大其所以爲斯民計者仁且遠顧可徒以蘧廬傳舍視之哉况公館以察院名則居是堂者所以代天子之耳目也周小宰六廉之計漢刺史六條

之問唐黜陟使五術八計之法皆所謂察之政也檐帷而行者能舉是政而澄清於上察吏治之得失察民生之休戚察風俗之檄惡有周官誦志道政之風焉乘傳而過者能以是政而馳驅於下察人材之進退察地方之利病察官吏之淑慝有皇華周爰咨諏之勤焉斯居是也爲無愧矣若乃誣上行私違道干譽喜趨承飾廚傳以爲快意吏弊滿前而不知民冤載路而弗恤則侈官者謂之竊位稱過者謂之素餐非侯所以建置之意也後之觀風君子果能因是以示察而吏茲土者亦能顧思名義求所以見察

焉則是堂也將樹聯率而慶保黌將次輶軒而資廉訪異時輿誦有作安知不爲名南之甘棠乎侯惠蹟在麻大者如節里費清糧弊查官莊草河稅飭保甲以靖地方建尊經閣以興學校不可殫述各有掌故列傳記之茲特識其一事耳侯名三元字子先別號文軒畿南廣平之永年人隆慶辛未進士先任姑蘇常熟以治行著復重今選兩宰劇邑卓有風裁時稱吳楚健令云

百可園亭記

鄒楚望

余歸自雅州卜邑城之南偏結茅以居名曰百可園種瓜蒔菊曰抱甕其中園濱小湖南有羣山峙其前湖上下構曰達觀樓曰欲仁堂樓前有橋通兩池而一之南北爲亭二曰抱甕曰心遠迤西又於湖中爲亭曰綠佳北有堂曰能閒皆在水中取唐人所謂綠樹爲佳客又能閒有幾人而名之也亭外曰湖上青山曰城市滄洲松竹花柳芰荷之屬蘩植其中一方山水稱勝焉昔人所謂拆芰燔枯此焉自足愧余非其人也仰思古昔詞人逸客用志雖同而遭時或異今聖明在上賢哲滿朝對酒而歌太平因當知所自字矣願乞一言以垂不朽不但袁白不偶竊有光輝華袞琬琰之錫當與山水並勝矣

漕運解折記

梅國樓

麻城舊隸河南介在萬山中治前止一衣帶水淤沙平淺掬土可塞雨集而漲雨霽而涸舟楫不通揭厲可涉也因附籍楚楚濱江之區例有漕運故麻不免焉計糧共肆千貳百石有奇水遠運苦頻年以來吏抱牘而不休民無以苟且夕每一傳呼必立收受頭會箕斂倍於常額上下山阪出入溪澗車不方軌馬不成列負載道路之間伺候公府之門不待至水次而已疲累矣一至水次吏胥必有稽查折耗必有賠補船脚楞板之類所費倍之故心剜腰折

閭閻告病曩時邑父母及鄉先生曾議及此然狡猾之徒因而為利陰撓於主計者故朝上議而夕報罷即發言盈庭遂成作舍矣禮部儒士喻儀醇雅篤實之士也素好義而樂施奮臂興曰吾儒不能利及天下而使桑梓之中有扼腕而悲者非夫也乃輸產捐金代三鄉父老子弟而請命焉歲丙寅夏周倘寶偕不佞冒行烈日中謁當事者白其狀曰漕為水設也近水者利本邑遠水者利折色此兩利之道也奈何獨於麻而靳之今民不堪命逃死四方者種種矣此之不改毋乃轉陸為海化莽行舟乎邑人嘵嘵然不憚請命者非為私也當事諸公亦為感動而喻生周旋其間曾改五分之三然猶未得堅決也蓋徵派猶累小民而全書未垂水利喻生依牆之哭尚未動於秦而汎舟之情猶未逼於晉也惟是邑縉紳學校里老人等再因喻生之請而呼籲其事維時西蜀劉公來蒞茲土下車以來政通人和利興害祛力任其事文移旁午內云兌米一徵有破產屋市妻子言之刺心聞者酸鼻等語又何公入覲而陳留高公代署其篆覩艱難困苦之狀毅然以身任之文移中有小民肩擔背負皮破足穿哭聲載道聞見心酸

等語懃懃懇懇蓋身當之故言之親切而有味也時東粵方伯梁公持其議而西蜀撫臺趙公往為監司時曾身歷亭州目覩地里方允其議先後肆千貳百石有奇盡折色矣僉允之日歡聲載道僨者復甦勞者復息真千年之利萬世之福哉嗟夫非常之原黎民懼焉及臻厥成而天下晏如也

大安山記

·梅國棟

西陵之西百丈之陽蔚停鶴峙禪林出焉琳宮掩映寶塔嵯峩松徑竹廻石梁蓊鬱此大安之大概也予曾三遊其地矣荏苒年華消磨豪傑屈指同遊無一存者殊爲悵然昔人之三遊積峯寺其初則禪榻定僧古樹棲鶴故曰松巢老鶴半江月僧在翠微開竹房二則僧化而鶴在焉故曰老鶴尚存松露滴竹房不見舊時僧三則鶴亦去矣故曰惟有前峯明月在夜深還過半江來余讀此詩若合符節始知今昔異時而興懷寄慨其致一也因思秦漢盛時

唐宋末路朱門綺戶千萬餘郵物換星移黍離增嘆寺居幽僻兵火不加猶然風雨漂搖年深寺廢況五侯池館畫棟連雲三晉樓臺翬飛耀日尤回祿之所易加而山鬼之所易闞也不則大半主人非矣乃知王謝堂前燕子飛入人家平章宅裏蘭花東風落盡人事固然物理亦若是矣天下之物有有必有無有聚必有散富貴繁華着身來空即是色即山河大地都入胸中榮枯得失過眼去色亦成空即身世因緣皆爲苦海旣入胸中何非吾有旣爲苦海何非吾無然則蕭寺之有者未始不無無者未始不有也

而據今之聚者未始不散散者未始不聚也語云山川風月原無定主閒者爲主耳得成聲目遇成色三千世界盡收萬丈維摩浮漚成幻泡影成虛百萬連甍俱化寒灰烈餤世間萬事逢場作戲到去即家何必認其何者爲家何者不然家耶今之學士大夫讀書其地者未遇則不能爲旣遇則不肯爲而素封巨室又以寺非吾有何田舍之不爲而寺之爲是不知有無聚散之道而以華堂蕭寺分畛域也梅子老不欲官而頗有遐外之想夷考香山之九老洛陽之耆英昌黎之大顛東坡之佛印結方外緣以怡暮

景頃具侍御熙陽疏而直委命於不佞得無有意於方外緣乎因億予與熙陽四十年前老友也方其少壯時慷慨自許意氣相期登詞壇建旗鼓固一時之雄也乃今頭白爲郎水邊竹下相對兩衰翁曾日月之幾何而舊遊似夢矣昔白樂天晚寓蕭寺偶聞鐘聲感而賦曰半是天明半未明醉聞花事睡聞鶯娃兒撼起鐘聲動三十年前曉寺情余遊大安至今倏忽三十餘年曾記古殿殘燈疎鐘香靄僧歸月下鳥宿溪邊依稀在目倘一再逢諒山林蕭瑟風景淒涼遺構荒蕪殘僧零落爾夫鄉人之篤懷舊者感

之斜谷之鈴溺愛者聽之曉寺之鐘鍾情者能之後之視今亦猶今之視昔撫今思昔感慨係之嗟夫此余曉寺情也

濠上園記

李長庚

孔子遊觀而嘆三代之英及文武成周輒羨牆夢寐遇之聖人奉天時者也何尊古若此無論三代以上彼形而下者三代之鼎彝秦漢之鏡劍唐宋之陶冶組纂工巧今有能及萬一者乎余少不敏尚見古風承事邑中長者耿恭簡師石潭先生首倡道學士子家濂洛而戶傳習也繼而龍湖主禪學友山先生參會經出於時儒宗兩溪釋祖壇經矣謙之震卿兩先生主盟騷壇莫不譚李杜以及何李雲衢先生善書法莫不楊集鸞羣石翻顛米元　先生好譚古今人物莫不讀史漢及憲章吾學諸書雲中老子喜

譚經濟莫不習九邊形害倭虜派系形情以及弧矢風雲之變周子中子艮卿長孺雖後起乎而座中非篆隸風雅之事不譚周伯譽晚出而好以文章供雅令或鬮險韻或隸僻事或徵奇字或鬪新篇或以四書問荅人物春秋影响搭題問難以較勝負其風若此乃今所趨指似不在此數者中古之風幾於寥寥而濠上一館獨存古意其館創自毛我老以鉅儒爲艮二千石歸田於宅旁葺園亭立家塾門有彭澤柳亭有子猷竹階有康成書帶草諸郎翩翩

擬之河東師友彬彬盡邑中佳彥非先秦兩漢不以升案非瞿唐湯許不以鼓篋非義理菽酪不以入口非佳言懿行不以入耳入其門登其堂寂無雜聲而較譚斟量開武庫也傾峽珠也不殊余向所侍譚於諸先生者夫文章關於世道倘其無關則聖朝功令詎爲芻狗必是館也庶幾挽世道之波靡而爲文耶社中周子有疑焉問於余曰士之爲文若非自快於心誰肯輕出於手然無徵不信未免以徵寄於人戊寅之歲一試而僉前茅也人徵之吾儕信之歲比於卯而不盡徵也何居余曰士藏用者也待用者

也非竟用者也士不藏待而竟其用則大用之機勞困乏者亦何居玉不雕琢乍獻者疑劍不濡磨輕試者映似登泰華不攀緪亟不足以陟巔似歷黃河不周折不足以成勢似調羹者不備鹹酸不足以適味士不挫折而一往易盡立朝行道者且忌之而況在於士耶君子學操以安弦試蟻封而盤馬其若斯乎茲濠上之行卷行矣理學則六經衣鉢也政治則周官管晏之遺篇也文章則左氏太史猗蘭白雪之餘聲也記曰安其學而視其師樂其友而信其道諸君子有焉車在馬前習其步也芝蘭金石合其方也近朱出藍變其質也奚啻吾鄉二三先達不日登明堂而列三獻挽天下人心協之正道斯刻爲嚆矢爲定券余固因茲館而卜古道之可回也豈傳以文也哉地舊有濠余及見之形家言邑龍過脊兩旁有水飲之今設亭其上池仍環之故爲名也

重修儒學記

周損

維邑前爲定州爲亭州爲陽城其址皆非今麻城址麻城之城始五代麻將軍胡秋所築宋以後沿之不改也縣治前稍東五百餘歩爲學宮城雉薄宮牆門俯青溪素礫修渚引溪爲環泮水不假鑿也溪上層巒聳翠左柏舉右白臯峯巒千萬狀毋論晴雨嵐光皆到門後隱平岡如列屏凡岡上五華鳳嶺諸山嵋起與溪上巒對峙儼然秀麗區也學宮舊制聖殿明倫堂尊經閣東西廡啓聖先賢名宦鄉賢祠博士廨齋舍備矣創自有宋至明恢閎補葺稱壯

觀先是邑黻以功業顯蹟及以文章著名者顯著自明始故老相傳以爲與崇學宮之效云逮崇正末年之亂頽斂圯落者過半鞠爲園蔬牧兒蕘豎至千薪刈其下楚炬焦土求如靈光獨存盖亦難矣

上定鼎八年親政謁聖敦儒崇太學以樹教本近以文章高下寓内士畫脂鏤冰相顧自失禹航王侯涖邑而竟陵陳君酉陽邰君司鐸濟美首議重修學宮于時侯捐璧上魚二君出盤苜蓿凡士子執一贄問難悉貯之以胥置物料而邑人慕義助輸絡繹三年山林未聞有丁丁之聲伐木井開未見有修修之羽鳩工而規制忽還舊觀擬之雲屋天造非匠者功盖侯雖

興朝宰邑第四人而勤政久任視邑事等家事實開創第一人也若考作室肯堂構弗棄基二君又鴻儒人倫表帥分麻鼉如韓公來爲祭酒則國子闕寂寞故有是績時七月既望落成諸生再拜前致辭曰初郡城火黄岡首建文廟是歲得大魁兹經營猶將過之侯進諸生升堂詔之曰麻勲名麻自有耳吾何最哉經國大業不朽盛事惟文章也

上方釋金戈闕櫜鞬每以南士人文浮靡不宗先聖之術爲憂

御製楷模之臨軒釐飭之意得經明行修之士同治此天下耳夫文章者原本五經也詔命策檄生于書序述論議生于易歌詠賦頌生于詩祭祀哀誄生于禮書奏箴銘生于春秋惟原本經術故能使精義霞開摛辭飈起匪曰蘭茝不自朱藍何由變精遷質哉吾崇修學宮欲使麻士瞻仰雲章知國重聖術褎然經學以應旁招耳凡風俗所好尚觀其所營建而知之也凡邑廨竿寳樹知好尚者黄白川

巖别墅相望知地有幽處城市臺榭交錯知地有貴遊僊采風問俗輶車入邑覩兹學宫巍焕雖欲不以令爲崇聖術不可得也麻士過學宫攺觀雖欲不驗目不自顧所學亦不可得也此吾之志也夫諸生再拜謝曰謹受敎於是以重修學宫之績及侯之言也而記之

立浪園記

曹應昌

黄輿碧落浪人所居遊也處乎寥廓之觀而園焉則已陋竺天瀛島心緬以清郎至焉一乎淨濁之致而園焉則已拘顧鯨犇濤立矣九蓮三山反在地中浪人有不得避姑取超有不能一姑取寄云淵明菊和靖梅屈蘭王竹戴顒鸝舌宏景松聲因性所近而取適焉二氏所稱洞天福地脉絡相連非還丹子不得至鴻都玉京之下三十六天皆實有城闕居人垂裳受吏至聖大賢處之浪人既鮮飈渡之津滯羽樊中拔天無計居既不敢卜山亦不敢深居偶

山山偶園然金谷也奢土室也隘壙也哀窩也悠園焉斯可爾園而立浪者浪松也萬松摩霄骨撐髮豎其有立之義抑悲風激盪中猶有未摵者存乎是有異焉園山也取致以水水溪也取致以池以泉松園也取致以竹以古藤以雜種之樹以遠望之茶山環於石石園也取致以草屋以土坪巉崖複洞巖欹園也取致以回廊以修堤以濶坂朝山也凝暮晴而雨色四時也凝一暄萋霜而鸝歌雪而蕉影初從岸菴出雲賓蒻一線溝猿鳥道爾捫蘿蹲塹壁緣薜荔牆入立浪園門扃曠若行野石虎之鬬矣松則龍

而駢鬬不勝駢也曰駢龍衍磴而栢丁丁而折而蕉扇扇
雲出石竇隔鈞籬望文石半背妝西子濃抹澆背一鷲矣
蒼蒼者梅僂而不敢索其笑亭亭者梧過而不暇據以吟
下坡陀循半規池咫尺閬蓬宮闕不得渡又上而坡下而
亭矣藤篁蒙菁萬葉交影入浸葉中水怒葉下風泉壯亂
語不得聞津橋而西則桃花泊榜爍然山參差桃桃先後
花然洞光谷影霞片水聲西湖柳堤秦淮葉渡烟中閣鏡
中山昔年畫船紅蓼入此蓋依稀近之泊而竇竇而水亭
泓其伏流而出者乃反磯激魚頭頭影荇藻不可得漁然

柳絲拂水輒亦鷲竿竇以上皆平臺種梅而鄄其左則雪
山之顛也界天台道矣選濤而亭其右則張毅萬松其末
爨火焉葱葱茫茫其古懷襄其未平也周視徑窮矣旁瞰
石背有隙摩身背以入如鼠穿竇曰支石峽也越石橋藤
蔓陰森九天銀河窺薇其外過破袖亭沿塘滕到谷莊似
入間籬落紆棧閣入縮虹廬又一洞天矣西折徑松風而
上蹲肝雲广鐵遶半覆怪樹生石腹石髓滴鼯鳥動人幘
衎魂醒骨冷其古仙服烝之巖循巖而南陟巔麓則龜峰
雁石襟帶間攝其翠色河縷白而透迤以西千里盡望下

坐石舫內虬虎以爭外波瀾斯遠近而几案度則嚮晶賾
駢龍衍也大抵部署因其自然歷亂序於思理喬木千章
澗池工匠石族而居以支以怪以寢以飛以讓以鬬山半
二石特詭秀壁者坐而橫紫蘿冠錦苔蛾春朱花秋紅樹
簪夏綠雲步障石而玉女丈而秀以文乎伏者削而案蕩
與繚則虎而闔洛與臨則牛而飲蕉與覆則鹿而夢矣受
履節薦欞席枕每月明夜深主人獨嘯輒不意武卯洞簫
石底潭之背峽之旁亭閣之照竹依松鶩魚疑鳥依稀靈
壁飛來間遠山疊東而不露其重僧磬下升而正愛其孤

龜雁兩名綴隱躍左右而琵琶半遮不肯遽開其靨柴桑
半坐煙霭封斷而邈若山河其間晴妝雨翠千變萬狀近
樓而遠托旅遊而獨抱反扃而徧尋節遊而近之有不暱
勇割而棄澗之以深其睠懷皇人風小年日不足樂浪人
饑娛老乎顧山不衡泰水非江漢芽之屬不如兆竹本之
屬不如南垣有淋不能壑池有漏不能甃欞檻有脫以傲
不能丹漆以經久遠伐楊而几劚松而臺束草而席縛繩
而牀瓢以椰壺以瓦筯以竹箭苧巾布幕蕭然乞寒園多
山花梅梨李菊野樹香不之數而九里香乃特馥丹桂實

珠茶移植山上者如貴游子入野人道士羣反不韻哉花亦畦厄於木且石不暢畦畦亦花厄於貧且僻不異花具云爾迺移株瓢活曾無橐駝種樹之方好鳥來巢豈有薛翁幻禽之巧卬朋四海而飈集樵收迂道以嘆游岸菴梵聲長塗人語嘹嚦若在坐隅馴龍衍之蒼莽則瑤池譙而冠佩醉譁昆陽壓而鹿象怒角也厈雲广之靚邃則鐵船峰之石蓮雲水玉泉之洞室也選濤亭之雨之月之雪谷莊之水秋之筠夏雪郵之酒杯之劍映漁賓之蒲團石舫之垂楊松之野燒瀑之落暉之吐月破衲亭之冷雨酸風

縮虹廬之抱琴籌講近於禽慶蚤於向平切於宗炳雖儉不及贊皇之平泉而侈巳過樂天之池上疎不至散稠不至鑿樸不至陋文不至纖劍俠而有其嬋娟枯僧而有其絢爛湖海嶽山而有其一坫巒至乃風動荼檜難其鬭者棋間峽雨若或聞之水洗剉屑闇爐是不爐之灰綠韞攤經秦火出未燒之字或則休糧永日鍵戶詮元亦有乘輿騎驢下山乞食鈎松簾而進雨則鳥鼠亂其圖書挈土鍵以居雲則狼豹馴於雞犬山有勝事則元宵之放燈修禊之採蘭婦孺之鋤藥眷屬之飯藤花有勝景則紅子樹落葉階松毛徑石蒲古溝霞泰曉竈不辨晴紅山亂廚煙難分縷白每秋空書靜枯藤落子迸打屋瓦疑於鬼兵更復掃春風而逸室塵響夜谷而默鳥蟲桃花似女妖盈來二女之鬟醉葉浸山明滅看寒山之火是則武溪男女莫幻樓臺華山朥鼩徒游蟻蝶庶幾鄭谷眞個廬山矣其有梧而坪有蔬而圃有磯而玉以春有絕巘而平岡以彎弧以走馬或則力難劇作而莫窮靈運之斤亦時憂畏馳驅而輒斷草堂之手興會不及標舉斯虛或有不名有不至也間者圖爲卷素滅以歌章耿懷袖而慰羈孤脫舟神而成

渠道山川粲白何殊烟掌之螺笑黛依然不異菱花之巧移情送目郎是居人朗月清風便當良友誠慮桃花未穩終扇風濤淸福難消特生塗難則他時憬雞聲而思薄廟因晨風而懷遠人不旣傷乎嗟乎樟臺之銅散其墨花綠野之石殘爲粱白奈何以電屋之呵而欲示海桑之玩況椎蓬闇子棗栗恒兒曾無名山洞室之懷足以觸其雲木念先之感而更望其蒔花舊徑薙草閒階不以難乎是以孥衡枯樹室少居人叔夜新篁園無主者亦知滾山烟景百歲之內剪爲童巔而雪堂偶築於黃州思溪亦標於西

粤寓意寄情若鷺點汀沙霞鋪暮漢聽其聚則成文而散之烏有豈至於匡公五老定結斯廬靈運萬斤轟鶩幽壑者乎況乃景陽鐘斷句楯簫寒駿馬臺傾鬱葱斈戮其何有於茲園巖者曹對影婆娑尺階其幸編身傭佃陶復為居亦云溢量而習心未埽斧搆如斯不旣多與余家近衡峯泝流可達寧不欲訪王薛之高踪讀異書於岣嶁而虎豹嘷逕禪鍊他移未免桃片浸於汚溪石泥封其靑髓蘿攀莫極杖履惘然更復肺病兼年而累絲難殺鹿門以繫勝具維艱比年裴几自攜蔣蒿自刈旣少姪兒之童子結

伴羅浮兼無哦際之鞭奴相依傅輿用是不得不坐選家山飄尋短水已非梅福求閒之意亦豈鑑湖許乞之恩聊寄居遊自商歲月而已園卽園丁出仍生客其可以園焉者其可不必園焉者胡為乎結行制而强遊人為是沾沾者哉

九峯寺讀書記

毛德輶

九峯山之梵王宮據山之麓藏經閣在山之巔相去數百步皆金碧合成閣上有巉岩怪石覆之禿木千株巢鸛鶴無念之塔居焉時有咳唾嚶鳴笙簧之鳥往來其間當閣之東壁牖也閣內有洪武年間御藏封疊四壁有古佛羅漢守之閣下僧房禪室千餘多金碧色僧飯時山足烟起如萬釜雲蒸閣左右有門通彌勒殿雪室橫廊二百餘步柱礎疎密相間如人拉坐杳然無際自彌勒殿至山門左右皆廊二里許幽閒僻靜曲屈與山相倚簷有柏影掩映

廊壁有雪山諸洞天圖繪行其中如洞房深處雖風雨不知也終日無人語聞有鐘聲笛韻鼓音鈴鐸來自山腰林麓間山門外多茶樹古屈婆娑伏岩草下如鐵拐仙鬅鬆伏氣也松柏數十里龍鱗黛色護石路旁野橋流水遶折百十廻不去與鳥音相荅作聲四月二十九日朝霞未霽殿色淒其閉閣閱大學首篇閑檢天目中峯廣錄伏案移時不覺山中雨過日色更鮮片雲篩之使明暗相爭於樹梢岩底鷹翼爭揚鶴唳摩空古木參差碧天更遠林間草石纖纖可數楚楚院宇如翠合硫磺未動幾亭應接不暇

燈瑩香集麗眉雪面皆碧眼瞪人說無限寒温親人矣不知今夕何夕此地何地雲海沈沈何必提起種種思量摘降人間去也記之以遺他年一段神遊淸景一失後難摸

經正書院記

鄒知新

邑侯蔣羽公諱煜武進人登戊辰進士蒞麻數載作養人文崇禎壬申於南關外創立書院題曰經正院三重前爲講堂中塑聖像後祀濂溪晦菴諸先儒守僧居之兩楹號舍井井鱗鱗聽善屬文者充焉院外週以垣宇松濤竹籟鳥語花陰參差掩映其中每至院咿唔聲四達春牖左開秋窗右豁環池成浦遠屏潑翠所謂啟軒瞰南峯也蔣師去未幾烽氛逼處戎馬生郊宮牆圯之榱棟薪之聖像風雨之峩峩隆構鞠爲茂草絃歌地瓦礫場矣曷勝悼嘆古

文翁亦於城南立講堂堂遇火大守更修立且增二石室晏元到廣州于仲翔故處徘徊哀咽不能自勝有心人弔院址感昔人之勝事傷零落於斯文鳩工庀材安知尚不如初

道觀磯記　鄒知新

磯去縣北十里許上懸崖下幽潭一溪瀠流遊人溯洄從之但見夾岸松陰修篁映日如入武陵源中無復知有人間世飛瀑如練曳於磯巔邑人邱長孺先生構亭磯側聯其句於亭云石水生茶味松風減扇聲遊人欲窮磯源往往不憚險巇攀蘿捫壁尋焉俯視疑亭立波底仰視疑波出磯底磯峽逼窄封以丸泥瀑爲斷聲移時決之則雪浪噴花縱躍有千尋之勢洪洞鞺鞳響振林谷峭壁如蝠騣看不過寒山片石耳熟視良久有點畫隱躍苔蘚間挽水澆之則詩句井然爲宋人黃權攜家過此留詩石壁云詩載藝文志中去磯下數十武今有觀存亦幽雅宜人非古觀也古觀基存磯頂平處

什子山記　鄒知新

山亦多險也曾有險如什子山者乎山峰排削山形叢峭巖險甲邑中宋端平間徙立縣治於此避狄難也明崇禎乙亥後邑苦流賊鄉人復立爲砦至癸未春初外寇內訌騷擾日甚邑紳衿城居者盡移家於其上其峯峻家各爲砦其流長門各有井驢卸載肩卸擔人卸騎隻身斗粟喘氣孤登亘維者層礐含暉者松磴晝陰　砦多日苦炎苦蒸時砦多寒未暝見星未冬見雪樹先秋凋花遲春發其時叙之大槩然也阻雨食不勝啇冷衣不勝雲勝房牖戶經綿不勝居者夏裘冬爐行者柱枝扶闔貧者畏避饒益者安棲焉昔閻防與永樂諸公夜泛黃河有忽與世人踈之句余謂泛黃河不若登什子山之踈世也

芝佛寺記

鄒知新

他寺也人寺之芝佛寺也天寺之天生靈芝日異生靈芝結像成佛佛且三日尤異昔獲芝佛羣起感動相兢爲寺今去城東二十餘里松蒼石怪刹古湖平果能衣草葉持楞伽則水流淸淨雲無是非解虎收龍不在高山而在芝佛寺間近寺爲河河中怪石嶙峋突出名鈎魚臺遶臺皆水深不可測名龍潭湖周栁堂先生別號石潭搆樓名寒碧遊者一葦航之昔石潭先生遇異人欲與同寢公厭其穢用舟送樓中爨之詰旦往伺封識宛然而人莫知所在

留一聯於壁云兩個知心一個淸風一個月十分豪興五分濁酒五分詩分見懊恨久之四壁皆詹景鳳書其潭時而闊則汪洋千頃巨鱗細鰤以飯飼之游泳波面潊則平沙漠漠惟有層樓在河之洲而已龍潭爲李卓吾振錫著述之所故書以初潭二潭名海內人盛稱龍潭湖不及芝佛寺所謂知其人不知其天也

定惠寺記

鄒知新

定惠寺去城東九十里其寺不知剏自何代寺有海棠榦古花繁干霄蔽日爲邑志八景之一故題名定惠海棠相傳蘇東坡居黃時常遊其處與陳季常多所唱酬云更有異者寺外峭窟瑞藹光騰寺僧捫蘿攀險剖巖得金剛經木刻係宋梓古字神異人家藏本蠹勿蝕鼠勿傷爭寶重之又傳寺後葬有蘇小妹墓名公遊者往往尋之不得作詩弔之嗟哉蘇小妹果葬定惠寺耶寺後果眞有蘇小妹墓耶然則定惠寺所以著名者以蘇小妹墓著耶以東坡

遊著耶抑以海棠著耶今有寺有海棠獨無小妹墓何也小妹才與兄等果葬定惠寺側東坡當作有志銘而文集不載豈遺之耶且東坡葬保母於黃今志銘尚存集中豈東坡獨厚於保母反靳筆於小妹耶是耶否耶况麻城旣有定惠寺黃州又有定惠寺昔葛屺瞻宗師更爲黃州定惠書院似東坡所遊則黃州定惠寺矣夫寺以海棠著海棠又以東坡之遊而著然寺可以有兩寺豈海棠亦有兩海棠耶則東坡所遊爲麻城定惠寺無疑今海內人盛稱黃州定惠寺未嘗稱東坡遊麻城定惠寺豈眞者不傳而

不眞者反傳耶即寺亦有遇不遇耶悲夫

梅樓八月十五夜記　王琬

丙辰八月十五夜與二三友人坐馮子蘭飲齋月光東上銀漢如洗萬慮俱滅神氣爽然憶數年來非寂寥無與即愁病相侵而月亦有晦明風雨之不齊求如此人與月兩勝而不可得也徘徊者久之於是徙居梅樓之左爲之吸野蔓呼濁白酒數行有歌明月之什者有因其聲以和者亦有搔首而若問天者時澹烟繚繞竹影在地月色當空清光盈几固與向者蘭飲之况不同矣既而登樓明星寥寥月光千里鴈宕龜峰森然可接余方有天際眞人之想

而樓之東忽雙管和鳴鏗鏘上下投余以逸韻余聞之益愀然矣主人下洗盞更酌是時萬籟已靜木葉皆香梧桐墜露月色西沉隱几而寐東方欲明余既喜是夕人與月之俱佳自蘭飲至梅樓其地屢遷其境屢勝其情與况亦屢得而無一俗人俗事以介乎其側入乎其胸而其意爲不可忘故記之

吳邑侯建倉記　馮楨

事有可以不記者有不可不記者山水之遊園亭之搆騷人士名之寄與可以不記者也若夫國計所賴民生休戚係焉何艮有司區處措置克盡其方一時利之來者守而不變利在數十百年此豈區區者而可不記耶

國家之有常平倉三十餘年矣其法以國學生捐穀爲本而輔以募捐之義穀他邑不及悉知若吾邑則始貯穀二萬餘石每歲募捐公私多寡不一大約前此所募每至三四千石其上聞者僅數十石耳合二者計之三十年間在冊

之穀凡二萬三千有奇此二萬三千有奇者例於青黃不接時存七糶三往者官吏欺僞相仍存糶兩弊其糶也數未浮于額其糴也價或減于市勇配於貧民不能無怨也則多散之富室使貯穀本倉而封識之富室初利其可以自我通那也雖稍短其值亦姑受焉久之懼上官之綜核明而盤查嚴也則以時價折入官用是官倉常無多穀舊好做壞數廒上堪出納各區所糶之數千石而已其不能容者或罷之鼓樓城樓中雀鼠之侵耗風雨之浥爛有不能免然官吏亦樂藉此以爲說是故做壞之廒無復修理

更無庸多置新倉爲也自長洲吳侯來涖吾麻一舉宿弊而滌之糶必如其數糴必以實價其給價也擇鄉耆之誠篤者親付之使轉給與賣穀者絕不假手吏胥其收穀也擇幕中賢而善會計者數人分監之無守候之苦無拭斛之費無淋尖踢斛之弊其糶也亦數君子親監吏不得侵其於募穀因比年告災每歲自捐穀數十石以奉成例曰吾非不知募於民歲可得數千石然吾寧損已以裕民也公署日需米若干皆以時價買於市不知官穀爲何味然穀既實歸公廩則舊廒不能容而出入無私惟日惴惴焉

以耗爛爲恐於是倉之壞者盡修又新建板倉至六十三間相度簡道隙地并廢獄舊址悉置倉焉費皆出自侯不役小民不動公帑木必堅厚牆以磚石一改向日薄板土甓之規侯忘其官家物若爲子孫數百年計也侯甫下車即欲仿行紫陽社倉恐民難於慮始也先爲文刊布四鄉大意勸民自爲積穀以備饑年又爲三字歌以曉愚氓會制府楊公奉

朝廷惠養元元德意令州縣舉行社倉見侯所刊文則大喜以爲先得我心侯廼身率僚佐暨搢紳之士募於富室巨

家得穀三萬六千適歲歉侯先以所募五千餘石賑民之乏一如其已亥春賑法餘穀以次收入社倉初制府議於各縣應解公費銀兩量撥數金爲建倉費侯熟思曰一倉之費無幾合一邑百餘倉計之則已多矣盍於募穀内撥穀二十石作倉費公私其兩便因請於上得允於是邑中社倉一百六十所不勞而就惟本城社倉四座侯捐置之不以募穀耳侯之善於處事類如此按侯於社倉親踵素封之門山谷遠所單騎裹糧以往所至闡發良規富民咸捐穀本城閲月而募完邑凡一百一十二區各給印簿制

斗公舉社長二人掌之又給一木刻鈐印俾倉成後自置簿收放不經官吏以絶侵那侯美髯年六十九尚如漆迨社倉事竣而白者半矣其勞心焦思有非人堪者昔西山先生爲太守創置惠民倉儲米萬歲歲出糶於諸縣則廣置社倉儲穀數萬歲歲出貸又念社倉貸穀止給米等有田之人而細民無田者不得與也復請於常平司以義米附納社倉爲賑糶之備然恐義米有限而貧民至多不能均及於是又以居鄉之日所爲義廪規約以勸有力之家意欲公私協力共濟斯民先儒之留心民事如此其肫摯

侯豈異其事耶抑凡爲父母者用心不當如是耶今邑中社倉方興常平穀撥賑者十而九矣倉若虛設然補捐者衆倉必再盈後之君子能嗣吳侯之風而修厥成規否乎又嘗讀西山先生賑糶倉記載劉侯克莊書其倉曰聊爲吾民留飯盌豈無來者續心燈先生爲申其意曰惻隱之心人皆有之夫必秉彝盡亾而後是倉可廢若猶未也後之君子以似以續至於無窮可也余於繼吾吳侯者不能無厚望焉

邑侯吳公修學記　　徐家麟

雍正二年邑侯長洲吳公蒞麻之十年也侯於邑有利必興無廢不舉尤留心教育鼓勵人文學宮以次修造是年春乃落成焉曩者麻學傾圮前令亦嘗與邑中紳士捐貲葺之然
聖宮兩廡暨　啟聖名宦鄉賢三祠雖粗有規模皆未竟厥功吳侯至則竭力以完之備窓櫺施丹漆創立月臺週廻石欄中嚴龍石修理贊文二碑易明倫堂側之土垣爲磚甃補建泮池三面花牆於是黌宮内外肅然整煥然光焉往

昔有司謁奠
先師皆相沿行四拜禮侯特改爲九頓首當以太學爲則也
聖宮舊貯樂器始於錢塘趙公今垂四十年器敝壞不完樂舞備員數人無知音者每二丁釋奠俗樂鼓吹數行耳侯愀然曰此非所以祀
先師也迺特懸優格召募舞佾得數十八遠延樂師以習之不數月鐘鼓既備干羽有節洋洋盛哉前此未之有也最後又於櫺星之門東創設更衣亭西建讀書堂爲諸生質疑請益之所目營手畫位置適宜庀材堅緻至此而學宮無

復纖毫缺畧憾侯故書生貢入　京師在太學中以知禮聞膺教習以通經解義善誘後進聞其治麻也一本平生所得措諸行事慈惠温和不爲稜角而遇事精[illegible]寃有古良吏才於吾學宮亦畧見一班矣按古者教人之法先以閭塾族師復詳於庠序之教侯甫下車即捐金開設義學召聘名師集多士講習課誦於中又設法捐置學田近二百畝俾其先生長有廪粟諸生之貧者咸量給之十年間義學所成就既已夥矣乃其於庠序又殫心畢力若此故自侯蒞麻迄今三四科吾學中掄元魁成進士者蔚然

多人爲數十年未有之盛焉小序有言君子能長育人材則天下喜樂之矣斯義也責之司牧固已難之不意於侯見之焉仲春上丁祀禮既畢學先生洒陽歐公漢陽王公與助祭諸公同坐讀書堂咸喟然稱盛曰學宮至今日禮明矣樂備矣非我吳侯十年經營不克至此盍識之因以命麟麟不敢以不文辭爲之記其槪云

麻城新築四全隄記

梅任鈞

歲庚子爲吳侯治麻之六年教行政修百廢俱舉自城垣泮宮義學公廨及祀典所載神壇祠宇次第煥然葢公以敏練之才勤於庶政視邑事如家事故邑之規模氣象莫不新焉先是公修葺東城時徘徊雉堞間謂學宮近城瀕大河河流自北來斜射城下久之城必不支城既壞則學宮之唇亾次及民居不得獨處堂之安也議於城外作長隄爲城衛念城未完勢不暇兼及久之城工竣凡修三百餘丈既又加葺女城補基罅隙數十百處公曰今而後可

以從事於隄矣乃捐貲市活松數千株爲地丁募工去城下浮沙車去潭水補城脚水嚙空洞以松丁駢其外又購竹編簍以細石疊其中後實之以土自應壁門至　學宮東角延亘數十丈河水所激悉爲禦之公日與縣佐盧公親董其役工始興議者以隄爲前此所未有創始實難公曰不然夫河水遷徙今昔殊勢昔者水勢低而去城遠觀城門石級下至丈餘則昔日之河可知今水與城逼安可無以障諸且民所難與慮始者勞與費耳今不費民不勞民何爲不可議者乃服初下松釘每架用十餘人日止下七八釘爲功甚緩葢釘長尺餘以五尺入土設架於釘上懸石椎之架凡設版二層以坐用力柱植于土勢不得不求深稔然植須屢移功半耗于架焉公乃以意創爲架式名曰活鷹架其制用二大木横眠地上以根架柱省去植柱于土之煩架前用横木聯屬而鉄其後以便推移釘下欲前則推之而前如舟車耳自是日下至六十餘釘一時觀者咸咨嗟稱善松釘既下土石未施而城東旡礫充塞與城齊高下公曰此吾隄料也初募大冶土工運以塡隄估取工錢過多再度於武昌人索値甚廉衆欲許之公曰

不可彼不自揣任其事力不繼將自貽戚且今二麥方青民艱於食吾令吾民負土取値貧民是利何事與遠人爭較多寡乃出示募民荷畚簣至每簣上酬以三錢見土給籌見籌給錢民相呼至者數千人無畚鍤者皆捧土入簣爭道而趨壯而力者日獲百餘錢懽聲動地數千人往來隄上不煩而成纔旬日耳是歲夏霪雨連旬河水大漲非隄實障之城其殆哉然松椿之沖壊者已十丈公隨爲悉易以石遂爲無窮之利云是役也公以實心興實利其仁至其義精其經營調度所全不少葢城垣既全　學宮亦

賴以全城中土石積爲城患者皆爲有用之物民之饑者又藉是以飽則地利獲全民命復多所保全焉爰勒貿而紀其實名其隄曰四全用誌公之德於不朽云至公之才力練達智勇深沉豈但全此一方已哉他日立
廟堂上佐
聖天子綢繆陰雨舉天下而生全之不過即此推之耳豈獨全此一方已哉公諱顧行號勉齋江南長洲人盧公諱遇號際可陝西人

岐亭杏花村記

胡[illegible]

宋元嘉時有赤亭無岐亭說者謂岐即赤字之譌都不可考按九域志岐亭有廢縣而坡公亦作岐亭詩贈故人陳慥則岐亭之名由來舊矣岐北三里許有杏花村陳季常隱居處也季常洛陽人好賓客喜聲妓號龍邱居士少與子瞻友善後僑寓岐元豐初坡公守黃過岐亭季常謁焉越明年復相見於村中村多佳致繞籬植紅杏數十株每杏林花發落英滿地好鳥嚶鳴春山淡冶如笑林外流泉淙淙循簷下溜空碧澄鮮紅潮掩映似爲西子洗妝行數武風漪宕漾長虹卧波則蘇坡橋在焉當是時溪山淨秀花木明瑟微風側側從絕壁下吹垂楊矮屋間令煩襟頓洗彼兩人隱囊紗帽把酒淋漓浩歌相贈荅覷世之俗吏催租抱一部魚鱗册子夜打柴門殊令人作惡矣第西窓剪燭勝會難常往哲云遥墓木半拱於今不知有宋又安問杏花村都人士當酒闌花謝每樂尋古人軼事惟是悵望九螺榻懸崖碑差得見張憨子遺跡獨至步孤村拜狂先生墓求所謂環堵蕭然者杳不可得但留兔葵燕麥搖動春風未免感慨係之季常死後數百年而有清端于公

鳩工庀材墓側建宋賢祠祀陳先生上雨旁風蔽虧陰翳令士子輩龏燈兀兀洛誦蓬廬俾歲時伏臘追奠前賢依依如覿面語季常雖化爲異物吾知眞誠所感其精悍之色當往來村烟暮藹中諒不與枯木殘花同歸澌滅也嗟乎莫爲之先雖美弗傳杏花村不過彈丸地何眉山過於前淸端祠於後徒以有吾季常耳然則非季常賴有杏花村亦村賴有季常也而岐亭遂與村俱遠矣

登萬仞巖賞雪記

胡翔瀛

余居之西峯巒叠起爲萬仞巖最勝境也癸卯冬端居多暇偕羣季散步林亭涉宅後小溪水明瑟朗鑒須縻石衙衙立水中不可揭輒縛木爲梁劣可容足緣延乃得渡傍溪行彌望黃茅見蒹薄中老屋橫斜村落蕭索深巷寒犬吠聲如豹行五六里抵崖麓拾級而上披羊裘攀絕巘坐半雲洞天俯視色界一切依稀李供奉登落雁峯頭恨不攜謝眺驚人詩來搔首問青天耳少選黑雲壓城朔風霰然古木怒號雪大如掌袍袖間皆有栗烈意余顧謂羣季

曰斷橋驢背踏雪尋梅此景最爲曠絕我輩陟危峯步玉宇與致淸奇當不減王世懋眺岷峩積雪時也因共入茅菴深處沽村醪三斗相對痛飲濡首大醉高歌白雲黃竹之章空谷嚮應旁若無人仰視長天琪花舞空飄飄墜帽席間樹末寒鴉聞人聲皆拍拍驚起是日也余心最懽昔宋錢文僖守西都謝絳歐陽修同在幕下一日遊嵩山自潁陽歸暮抵龍門俄而雪作登石樓望都城各有所懷炊烟霭冥濛有車馬渡伊水來詣之則文僖遣廚載歌妓至語曰山行良佳少留龍門賞雪無遽歸也迄今以爲佳話

余長年株守丈夫三十尚如此頭顱摧撞息機無所可用乃復寄情山水徒强顔耳回視龍門故事類不得同日語雖然予竊有軒渠焉世之嚇者熾獸炭擁毾㲪日暮入銷金帳飲羊羔酒豈肯立千崖萬壑中試此不龜手藥耶余昆若季天機清妙煮雪烹茶甘作此冷淡生活爲黨家姬所笑非徒爲茲崖破寂又以嘆世之趨熱者之多而飲冰嚼雪之難其人也

岐亭修官廨記　潘元會

今
上皇帝御極之四十三年戊戌夏五余以黄州丞來守岐亭岐固麻城地寄治焉而職則若黄岡梅安若羅田蘄水蘄州若廣濟麻城均隸焉綦重哉歷代附郡無所聞宋元豐三年以東坡訪故人陳慥於此留五日賦詩而去得名又韻甚明天啓三年築城設倅以備寇迄我
國家不易及後始易以丞
聖祖朝于成龍守是官逮余歷十任矣而官廨之圮日滋余至察所守遠則八屬編氓皞皞然佩犢而耕雲千數萬衆也近則環亭蟻聚穰穰然執藝而横經數千百戶也帆檣吳越道吾境焉羽檄星軺出吾途焉而庶富何以加商賈何以悦庵何以無夜吠道何以無不除思所以左右羣太守報命於
天子者無一時一事之容或廢墜而顧令廢墜自所以庇吾身者始耶且去花村不三里而遥陳季常之墓在其祠則奉端明清端畫像也遐想兩賢提西湖築雪堂清風介節章章勞吾心目間而顧甘苟安以對耶於是上請

方伯貸俸下進工師陶人金入土入謀所以棄敗而更新之五閱月成廼爲之酒以落之行者歌居者賀曰屹然鎮固吾域矣抱案者吏執役者胥曰有直庭矣鼠牙雀角無守候曰有訟庭矣士大夫之東西行欲有諮訪於丞者可脫驂曰有賓館矣而丞亦得偃仰休息以殫其早作夜思之識曰有臥室矣故有池封焉乃發淤而濬之使深可貯水環池植松竹曰岐固韻地也不可自我廢池旁隙地數畝名園丁樹桃李種蔬貽後取其華實藏修曰新自我始毋自我止也於戲岐光黄間片土耳藉道德文章以傳山

高水長古人宛在而余僅以華屋承之寧初心哉願與二三君子論政自華屋始

好德堂記

欽州　馮敏昌

今春余自北地薄遊江湘以秋之一月訪黄明府書紳佩之甫於麻城時明府方修復城中萬松書院求余名其院中之堂而余名之曰好德或曰是曷爲名哉余曰萬松書院之建蓋本宋蘇文忠公過張仁甫萬松亭詩而名也按志萬松亭在縣西七里岡故老云院先建岡上遂以萬松爲名及後移建城中尚仍是號故余於斯堂仍本公詩好德無人助我儀之句而名之也或曰今之萬松書院已非故地院雖有松亦焉得萬蓋萬松之已無其實况於推本

詩中望助之意言之今將焉助焉也哉余曰賦詩斷章其來舊矣又况好德之義蓋更有進焉者乎試詳說之今夫書院之設所以育才尤以畜德爲先士苟有才而無德則亦無足觀矣且夫人之所以不能自有其德者以未知好之之故耳夫苟未知好之則固不思夫己德之所以成又安能助人之所爲德然而其所以不好之由則非其本心之果如是也利欲攻取之私旦晝梏亡之久有以蒙蔽陷溺而後乃遂至於不好耳昔吾夫子曰已矣乎吾未見好德如好色者也若是乎當時之人之不好德若此其甚也

而更何望於後人乎雖然人心之所以不正學術之所以不明則以未嘗推本言之是以迷謬益甚而不復思返昔漢大儒董子深明春秋謂道之大原出於天學者稱之實則本於吾夫子當日之論詩詩曰天生烝民有物有則民之秉彝好是懿德夫子讀此詩而贊之孟子又從而述之夫好德既民彝所秉而物則實自天所生則知人之好德者其天而不好者其人也今將以巳之說教人人未必從而信之而試一推本於天則人之聳然聽憬然悟固將有若行者之歸家饑者之得食斯其爲教也固易入而其成

才亦有本矣苟不此之務則必將至於以人汨天滅天理而窮人欲以至於好德之終不得見而又何學問之足言也乎吾故曰人不可以無好德而德尤不可以無好也今觀明府之修書院捐廉喻衆蓋急急然以教化爲先而邑人之趨事恐後復汲汲然以好義爲倘而至于邑子弟之鼓篋遜志横經請業尤喁喁然以向道爲心是皆可不謂好德焉也哉若是而張仁甫之栽松與蘇文忠望助皆可以是通之而至于今院之非舊地與萬松之非實數其亦可存而不論矣夫客曰善盍記之時余方郎巳入　都不

復潤飾遂書以入石如石明府吾粵之陸豐人以名孝廉與校四庫全書出宰於是邑者

祠堂碑石記　曾謹

禮返其所自始樂本其所自生本始之義乖而人道廢矣記曰尊祖故敬宗敬宗則睦族睦族則宗廟嚴祠堂者鄉士大夫之宗廟也推一人於千萬人聯千百世如一世惟祠堂是賴焉吾曾氏之系出黄帝四傳至禹五傳至少康封次子曲烈於鄫魯哀公六年邾人莒人滅鄫世子巫奔魯去邑存鄫遂以爲氏巫生夭夭生阜阜生點點生參爲聖門高弟得一貫之傳世以宗聖稱之至十九世曰據爲漢關内侯避王莽亂遷豫章家廬陵之吉陽鄉至三十七

世曰丞生三子曰珪曰舊曰畧今居吉慶袁泉南豐者多舊畧之後其還嘉祥世襲博士者則珪之裔也吾嘗考通譜珪之後又有諱學先中元進士爲河南通知陞黄州太守者是即吾之福三公矣福三公之家於黄麻也當元之末明之初五傳而至克周公葬烏苞茨科甲遂由是始焉子有子開公孫有世英公麟陂公鳳陂公曾孫肇三公後先相望名列諫垣爲忠直名臣光於史册他如登賢書由選拔以明經爲邑侯任外翰者指不勝屈子孫之蕃衍酉陵稱巨族焉然子孫多則情文易疎支派繁則恩誼不相聯屬甚有袒免朞功而外面貌不相識慶弔不相及患難不必相扶而强弱未必不相奪者是豈尊祖敬宗而睦族之道歟黄門諸公盛時有祠堂今則爲斷瓦頹垣徙存基址不可復識矣乙未歲余自都門歸田日與族長謀議以建祠爲急務年不順成數年未就緒迨雍正之甲辰歲始落成焉卜其地在克周公祖塋之左龍虎相顧沙水迴環以妥先靈於焉允協搆後堂三楹前堂三楹門樓一所旁有兩横屋爲庖佃人之用祀田若干春秋舉祀典用價置田者司之請自今與族衆約敢有侵漁祀穀毁壞祠廟斬

伐林木者公議責罰敢有不孝不弟不和於家不睦於族其有行止不齒於鄉人者責之罰之屏逐之不與祀典是知讀書者不必皆高爵也要之以賢耕者不必皆倉箱也要之以力本貿易者不必皆十倍也要之以廉婦女要之以貞風俗要之以厚毋淫佚毋傲慢毋邇小人而悖家訓而玷先人則德義以敦根本詩書以大門第睦族者在此敬宗者在此尊祖者在此此眞禮樂之根源而曾氏之興其將未可量耶苟其不然强弱相凌貧富相耀多寡相爭雖有祠堂亦奚益乎哉余不敏不能如公藝之以忍而世

其居不能如文正之以義田庇其族不能如萬石君之入里門而趨不能如疏廣受之與宗族同享人君之賜而徒以空言望之族衆望之後人是則余之罪也夫是則余之罪也夫

麻城縣志卷之四

文徵四

知縣事嶺南黃書紳纂輯

箴

縣令箴見浦江縣志

毛鳳韶

列宿垂象郎寶應之周官縣正則維其司百里之長古男之任承流宣化有社有民墨綬銅章宰制一邑生亾休戚惟其所繫爰漢以來率重是職清望者選非人者斥時賜召見問民苦疾能者久任不數更易增秩賜金以彰厥績若稽古制科目正塗方以授之常祿之外有以養之統以牧伯糾以監司任以九載責以六事六事允修是曰稱職蠹政殃民國有常律如何弗思敗者隨至于是天子軫容上司薄視官日以卑民日以非政日以疵治日以微一授是官交口怨惡或指爲火坑或名日債負嗚呼噫嘻親民之職志可必行澤可就施由邑登臺自昔有之令何負人而乃如是不觀古人作令或如冰之清或如衡之平或以鳴琴治或以弦歌聞或勸農省風或勵學宣教或築堤衞田或決渠灌稻或代民挽縴或更民登耗或禁人殺子或

息訟以[illegible]或便宜開倉或停茶閣詔於是乎百姓歌之或
號神君或稱賈父或攀車拒輪或豐碑廟祀於是乎執宰
揚之或稱百里之才或上三異之政或薦萍鄉之張或舉
江東之岑於是乎天子顯之或稱百城之表或有千石之
擢或賜緋衣或封侯爵於是乎太史書之或傳循吏或紀
良平青史流芳百世如存若此等事寧不思之而乃甘爲
俗吏之歸嗚呼噫嘻邑徧寰宇豈無賢智爲今之吏師古
之遺學校久廢思所興之田野不治思所闢之戶口日耗
思所增之賦役歲殊思所均之詞訟蝟興思所簡之盜賊

蜂起思所息之既舉六事復集衆美農桑或惰何以勸之
陂塘未利何以興之孤貧無告何以恤之死亡無歸何以
安之荒歉不常何以備之刑獄冤濫何以清之武備廢弛
何以講之祭祀或缺何以修之其有亂倫敗俗在所繩之
豪猾姦宄在所刑之害去於先利興於後政惟愷弟心惟
忠厚保汝黎民時汝之休乃若不親民事不戢吏弊不恤
百姓不顧公議或巧事上官或讐視下民或憚強凌弱或
賣富羞貧或科罰取財或慘酷用刑如狼驅善如虎負嵎
搖我邦本時汝之尤一得一失善敗隨之天監不遠王法

無私嗚呼噫嘻縣非卑微得人則崇失人則卑崇卑在人
何以縣爲

辯

和同驕泰辯　　梅之煥

天下莫難於君子小人之辨莫患於君子小人之辨以君子辯小人以小人辯君子囂淩訴誶而不探其本亂之道也夫小人竊君子而君子爲小人所竊世俗多有淆惑而莫解者我和彼亦自以爲和然我無競者和而彼無競者同也我泰彼亦自以爲泰然我無拘者泰而彼無拘者驕也以同爲和勢必復指和爲同以驕爲泰勢必復指泰爲驕和同驕泰之紛然亂也久矣然則鋤而去之乎曰天地

間有君子不能無小人也恃吾有以辯之如第辯其孰爲和孰爲同而不原和之所以來孰爲泰孰爲驕而不尋泰之所自始吾懼其辯不勝辯何者其提衡在岐路而源頭不徹耳吾所謂辯者不必旁析其事而在直指其體不必以我辯人而在以我辯我試就我一物不戾物物具足之地捐其習氣而察其靈根果能無私喜怒無私哀樂乎能順天地萬物之常而無忤乎能可否可濟甘苦共調乎則吾心之真和見矣眞和無同自不必辯同也能不束塵網不束意見乎能游宇宙名物之表而無礙乎能震撼不驚險夷一致乎則吾心之真泰現矣真泰無驕自不必辨驕也夫和如陽春一草一木無地非春而春不偏附一草一木也泰如晴空閒雲過影一任横空而空不自有閒雲過影也吾心中畧偏附則同稍自有則驕春無偏而和有偏乎空無着而泰有着乎此吾所謂識得真和真泰即辯亦贅說耳然則謂世有君子而盡絶小人謂世有小人而能掩君子之真者皆非探本之見也且君子小人同此一脈靈根耳靈根剖破即習氣盡化爲用神恢比附之精神誰非包與欽矜高之氣魄誰非廣大君子既不掩於小人

小人又何礙於君子所以源頭既徹岐路自一則存乎司世道者然世道之泰又何實致之尚書云推賢讓能庶官乃和陸賈曰將相和則士豫附劉向曰衆賢和於朝則萬物和於野韓魏公上殿爭如虎下殿不失和氣而宋世賴之和與泰之同根而相爲用也審矣故不和則不能無黨同黨同則不能無伐異伐異則不能無虛憍而恃氣始之小人與君子角繼之君子與君子角卒之君子兩俱傷而小人起承其敝泰变何繇而合泰運何繇而亨乎此尤不可不辯

晉文公報曹衛辨

王琬

晉重耳之出亡也過曹衛曹衛不禮焉迨十九年返晉亟亟報二國之不遑嗚呼晉公子何其狹哉或曰一飯必酬睚眦必報有志所爲未可厚非也予曰不然方重耳出亡時奚齊與公子卓據有晉荀息輔之彼豈不欲得重耳而甘心焉所至之國將必伐之如宋殤之於公子馮皆未可料故當時有德於重耳者非齊楚則秦耳蓋三國足爲晉敵區區曹衛安敢納亡以取兵端哉且人當不得志之日苟非智者安能於儕伍之內微賤之時識所爲英雄豪傑

也彼那知人之輕貧賤者必其好富貴者乎使曹衛知重耳之必返國必踐位必覇而得志於諸侯吾意曹衛雖愚亦樂得援之納之何至無禮於重耳以取異日覆亡之禍耶微特曹衛即重耳流離之際亦安知十九年後巳之必返國必踐位必覇而得志於諸侯也而總總惟他人之長責哉蓋天將有意於是人必先投之窮促欝迫之地使無所往而有適以堅悶其所具然後可以受天下之大任則困我者皆所以成我辟之王由於礪不聞王成而碎其礪也劍由於冶不聞劍成而毀其冶也吾故曰曹衛不必伐不可伐而重耳之報施爲未當也今世士所抱負者未必不如重耳也士之所遭者未必不如重耳也所遭如重耳又安得人人報之人人誅之耶甚矣晉公子量之狹志之卑而小人得志於時者之所爲也雖然世亦有受賤惡甘戮辱而不克自振隱忍苟活以求全於旦夕是又重耳之罪人也予蓋不能辯

坐懷不亂辯

李對

古今共傳之事莫謂無可疑者也柳下聖人也詎不如魯男子閉門不納而世競傳其坐懷爲美談歟夫男女授受不親禮也懷可坐背禮已甚豈反輕於授受耶倘曰聖不爲嫌而瓜田李下之戒何爲者也且男子坐人之懷不可而聽女子之坐懷可乎坐即亂矣必汙穢而後謂之亂乎若果奔者在懷無人相見惠必隱其惡世何由而傳若果相見有人即庸愚亦知羞惡又何足爲柳下譽嗟乎惠不幸而有和聖稱耳世遂謂不恭在態竟可無所不爲而一

唱百和若鑿鑿有據也夫風流佻達末俗相高雖越女秦姬醉歌酣舞猶欲托聖賢以自護其短而曰吾柳下惠耳則藉此以爲口實者有之千古遂有此不白之說也孟子曰盡信書則不如無書矧斯言之非經史乎吾故不能無辯

傳

方山子傳

蘇軾

方山子光黃閒隱人也少時慕朱家郭解爲人閭里之俠皆宗之稍壯折節讀書欲以此馳騁當世然終不遇晚遯於光黃閒曰岐亭菴居蔬食不與世相聞棄車馬毀冠服徒步往來山中人莫識也見其所著帽方聳而高曰此豈古方山冠之遺像乎因謂之方山子予謫居於黃過岐亭適見焉曰嗚呼此吾故人陳慥季常也何爲而在此方山子亦矍然問予所以至此者予告之故俯而不荅仰而笑

呼予宿其家環堵蕭然而妻子奴婢皆有自得之意予既聳然異之獨念方山子少時使酒好劍用財如糞土前十有九年予在岐山見方山子從兩騎挾二矢遊西山鵲起於前使騎逐而射之不獲方山子怒馬獨出一發得之因與予馬上論用兵及古今成敗自謂一世豪士今幾日耳精悍之色猶見於眉閒而豈山中之人哉然方山子世有勳閥當得官使從事於其閒今已顯聞而其家在洛陽園宅壯麗與公侯等河北有田歲得帛千匹亦足以富樂皆棄不取獨來窮山中此豈無得而然哉予聞光黃閒多異

人往往徉狂垢汙不可得而見方山子儻見之歟

觀察周鑑傳

耿定向

公諱鑑字孔明中永樂庚子鄉試正統乙丑會試第四名選授北道監察御史出按江西值賓與公總裁典試是榜得御史鍾忠懋尚書何椒都御史高明會元彭華鍾何高三公勳在社稷史垂不朽皆公簡拔古稱以人事君蓋無愧矣時有大學士陳某者子倚勢作威所爲多不法公不畏避按置大辟還其强奪田廬子女若干一時稱快而陳切齒伺公無所得諷部遷雲南按察司副使終陳當國九年不遷公處之怡然所至汰墨理枉仍開寶泉壩積水溉

田多至數萬餘頃民至今受其利專祠祀之後以逼考使道回籍水次遇風覆舟覆時風卽頓息舟凝水面如閣久之其僕周濟緣木從旁出取斧破舟公尚端立神色不少變隨召驛吏謂曰某官滇九年餘俸僅三百金敝衣數襲共一皮匣今已失之水中子其爲我求之驛吏姑諾聊取漁鈎于覆處尋網水中應手而得如探囊中當開驗如數衆驚以爲神抵京陞山東按察使卽上章引退奉旨致仕進階嘉議大夫公先仕時僅攜二蒼頭以太孺人羅在堂留魯恭人奉養獨處幾十年尤人所難也公忠孝大節凛

然詩文博雅豪邁而吏治綜核不畏强禦精密振嚴蓋得之清心寡欲之助爲多家居與方伯亚芳李公大叅應軫董公俱以碩德重望爲時所師法邑侯時建館於縣之右每有大政輒敦請諮議迄今有三老堂云公生洪武辛巳三月初七日卒成化十一月二十四日葬清素林配魯氏封恭人

憲副周廷徵傳

耿定向

公諱廷徵字公賢號黑沙中宏治己酉鄉試任臨淮教諭起復改安福徵補山西道監察御史出按陝西時寘鐇之變公斷以先發後聞之義即調榆林鎮副總叅遊時源等兵分布要害仍授楊英以計爲書寄達仇鉞卒以此擒之同首惡何錦等押送京師開其脅從賑其困乏寧夏已蕩定旬餘矣而朝遣都御史楊公一清太監張永始至愧其功不由已張大怒追還寘鐇另作報捷又欲盡奪寧夏將士功以與諸侍貴乃與公約曰公疏以捷歸内臣永以封

廕爲公請公可得伯永輩亦有榮施公亦無不利焉且永輩近侍言無不中公其裁之公曰朝廷自有實錄與其結内侍受賞某寧無賞是時紀功給事中郗夔懼而死寧夏幾至再變賴以威信素孚又爲撫定而直白其功于朝疏内云臣不知他日繼郗夔之死者何人而今日握劉瑾之權者尚在蓋郗夔以死自誓而劉瑾則指永也公還上御門受撻永果移其功而以伯爲公請公廷諍幾欲對上歐永乃出曰寧不錄功忍與刑餘同封以貽後代羞哉當時鎮巡已死矣邃菴公尚未至矣獨公一人在城方平定之

績非公而誰止以閹怒盡掩没而科臣又死紀功官獨公一人耻于表白尚書王兩洲公每云是舉無愧陽明之擒宸濠而機宜神速猶似過之諸載籍中叙寘鐇始末皆遝張當日報功之疏惟近日高京山洪猷録中始云御史周某者聞變自延綏馳至榆林遣調時源楊英等云云諒公之心唯得宗社奠安巳矣功之有無後世之知與否也奚計哉遂菴雖附張閹奪功之勞以自大然心實重公材識品量會有劇賊劉六等欲從九江窺晋都議者以九江咽喉重地請添設兵備一員遂菴遂薦公陞江西按察司副使兵備九江公抵任晨昏規畫號令一新賊望風而靡遂折回由六霍趨通泰劉六先時過新店掠公家惟古書兩架他無金幣撚石灰書空空二字于廳亦畏其清嚴而去時正德壬申也是年六月十一日公以署調度勞瘁過甚以疽發卒賊聞其卒七月自通州泝流至九江下南京往來江上者三潯陽之焚刼尢慘軍民之思公也益切公直節著於臺端功勳在於社稷孝友化於鄉閭其器識豪邁倜真以古人自期待而天不永年施未得意惜哉公生天順辛巳六月廿六日卒潯陽官舍歸葬馮家岡其臨淮安

福九江等處俱祀名宦嘉靖中公以子載貴進階中憲大夫公卒時宦囊如洗張孺人年僅二十歲三子皆劉恭人出孺人誓同恭人守節撫孤備歷艱辛先人遺衣及績紡所獲盡以教諸孤償一應官錢無吝也日夕處閨中查子課甚嚴非歲時伏臘偕諸母拜謁家廟足不一履中堂其淡泊堅貞母儀婦道卓爲世則賢矣哉

大司馬劉莊襄公傳　　王世貞

公少穎明十歲能屬文十五從父宦遊豐城鄉先生楊文恪公談理學爲世楷模所授公舉子業而內奇公至别而爲文以古人期之二十遂舉于鄉公爲人長身玉立顧盼偉如也自是三困公車而其遊太學所交多名士大夫後成進士授南京禮部主客司主事居二歲餘天子誅逆瑾于臺臣多所更置而公以茂異徵拜御史出按陝西前是鎮陝監廖堂貪横甚而寘其弟鵬于錦衣相表裏爲姦及公當出鵬候邸中甚恭肩脅爲堂請一日覿公正色不之

顧既抵陝首榜廖堂不法事于衢飭諸司毋曲狥又縛其爪翼數人於獄堂惕爲惴惴請一切得自新公亦冀其改悔小寬之而謗書則陰上矣會公監鄉試所得才士人盛于它時其程文爲諸省甲甫畢而堂之弟鵬素奴事幸臣寧從中道馳堂謗書以其校卒稱詔逮公既就縶堂使所親信恫喝校卒且啗之利以求甘心焉長安吏民感公恩而痛其冤慟哭擁車前後數萬人車爲柅不得發壯者至掊挺行求堂欲捶殺之堂恐稍杜門引避而其豪張傑王倫數十人相與嚙臂爲盟護公所過舍傳必遏視食必先嘗堂前秘遣尾公者不得近竟以免而公之下獄也幸臣寧入鵬嗾考掠公罪不得遂長縶於是給事御史俱有言赦出爲金壇丞亡何進爲其令有治理聲擢同知蘇州府事時大盜湯毛九等起湖州之孝豐山中蘇爲蹂躪臺臣驟用公誅平之而公有湖守之命矣公至湖則首禮一隱碩與謀政所當先復折徵均耗賦其民大悦以擬謝大傅安石顏司徒凊臣爲湖守凡六年考績天下第一晋山西按察司副使督學校公以母老乞歸養報聞尋得旨别用久之仍故官督陝學于其職益稱明年遷南太僕少卿尋

改太常卽以其年爲都察院右僉都御史督甘肅屯政乃條所以當革者五曰掊尅曰占役曰湖場曰泒撥曰侵漁所以當興者五曰開墾曰墩堡曰牛種曰治水曰屯兵疏上以次報可尋因毋老請告不許改督諸邊糧餉時少師楊公一凊在先朝才公於試事已惜公冤爲解於幸寧至是益器重公爲特疏薦改撫陝西公前後凡三蒞陝其一切利弊晰若鏡燭首疏鎮守中貴人當汰狀罷之因裁損守令不經於費者三十餘事民又大悦每出則竊相指曰此吾鄉者擁車公耶何吾秦人之多幸也公出師平洮岷

叛番四十二族獲甲首三百鹵倍之已又平胡店大盜殲
其魁賜白金二十兩文綺二段又平漢中妖賊悉殲之凡
再乞休侍養俱不允總制王公瓊偕巡按御史上其勞進
右副都御史撫陝如故其明年承泰太夫人訃歸哀毀踰
禮以祭葬請許之甫公服除而總理河道之命下矣時黃
河驟南徙歷濟而徐皆旁溢不可以漕公晨夜改舟車爲
橇樺探來盡得其利便濬淤以故導潰以新疏汴河自朱
仙鎮至沛縣飛雲橋殺其下流又疏山東七十二泉自鳧
尼諸山達南旺河濬其上流役夫僅二萬不淹時而河工

就天子嘉之晉工部右侍郎兼右僉都御史仍其職及冬
入禮部事未受代遷兵部左侍郎兼右副都御史總督陝
西三邊軍務公至則申軍令豐儲餉廣埤塹選精鋭飭甲
械士氣距躍思効其年爲丙申七破虜明年丁酉十一破
虜又明年已亥破虜數如丁酉所上級多至二百餘少亦
不下四十而天子推恩報功一加右都御史再加左都御
史其侍郎俱如故進兵部尚書則都御史如故其金幣歲
至三四賜積金幾數百千已亥公諜虜吉囊將大入萃羣
帥而誓之大出賜金爲牛酒犒士陳二寶劍堂皇指左劍

曰將不用命者狥此指右劍曰卒不用兵者狥此及期而
虜衆果大至挾詐乘我帥醉遂埤登焉公前已聞警率所
部夜行八十里抵花馬池即故壘營之賊錯愕不敢犯引
而西公召醉帥二詰得其狀立斬以狥衆皆股栗遂率以
躡賊會天大雷雨賊弓膠皆解馬蹶躃泥淖中斃者相屬
而公所檄延綏周尚文兵擣其左寧夏任傑兵挫其右固
靖魏時兵擊其斜公以太兵尾而勁之强弩火礮四合爭
奮賊遂大敗走梟其名王以下首虜五百級鹵及畜器械
稱是捷聞天子行告廟飲至禮下書褒予公甚篤即軍中

策拜太子太保予錦衣正千戶爲世官賜金幣踰等尋以
公久勞外改南京戶部尚書亡何入爲兵部督團營軍務
時中貴人大將多所私役廢其廩以空名予營公力欲清
之而諸共事者爲首鼠兩端以尼公公鬱鬱不得志會報
虜將大入公日夜治軍不休因以成瘁疾虜去乃露章懇
休上晉而許之特賜馳驛歸歸二年而卒所著有問水集
關陝奏議安夏錄督府奏疏若干卷他詩文亦有存者不
佞所志志狀畧耳竊又從孫守巽所得耿中丞紀而讀之
忝以舊閭藎撫卷而三嘆曰嗚呼公眞異人哉當公治邑

而稱員墨綬入臺而稱員御史治郡佐臬而稱員二千石意以爲精心勤恤之士耳北治河河功立辦西治屯屯政肅鎮陝陝之貪墨盡解去大盜散徙始稍露其不可測以爲世之得公者尚淺然公南人耳十萬浴鐵之騎霆摧電掣於戈戟之外而徐以尺一如意揮而糜之百步不留堅至其所飛捷明光上下動色謂三秦自洪永而後始快意于一勝者終豈能測公哉吾聞之廖堂氏之孽公也校卒掞璽書一旦以狠璫至豺虎交跡即不道塗死且獄死耳公怡然以事付藩臬即就道亾慘容者其定力有以勝死

也公且中立無死何必有十萬騎哉今夫志大者不能無小出入術勝者不能無巧進退然而公不爾也當其游太學布袍挾一蒼頭僅潦倒諸生而麻城令有世好者棊先造公請邑事公第以邑所當劃革語之不及私也令歛里甲貲爲諸舉子費公獨謝不受倍遺之亦不受及貴而宅憂家居將三載矣靡一紙官府也生平所歷皆膴仕而最後以軍輿法治全陝人視之泉府矣先人之田廬無少增益故所薦大帥某緘金幣而爲壽公時已得老力却之且報書以爲戒僥人之感知者選甕器遺公公怪其精曰得

非上方物耶吾書生安用此却之不可遂碎之以明非已好也舉進士而中貴人璫用事於衆中目屬公異之又問知其同氏以宗人刺投公公不報已啖之美官亦不荅其入而督營務也距京師三舍許則眞人陶仲文以戚屬禮遺刺逆公曰與若主胡戚也誤矣亟反之公之歸仲文與有力焉嗚呼世安得以出入進退窺公哉公又名能知人其識故相太保桂公蕚故將太傅周公尚文皆自其微時世以比楊文襄云

憲副黃卷傳　　耿定向

黃憲副公卷初官兆部出補山西僉憲晉陝西少參已晉憲副郎解紱歸歸年才四十又五年公歸蓋即眞朋農云春夏閒家衆悉驅之田作而歌與其配操杵臼炊釜作飲食躬荷而饁之嘗假農具鄰舍鄰舍子欲畀送之公曰惡此何時也假我具即德厚矣奈何又妨汝務遂自肩之於田焉公性故孤介倜㒓而逸興甚豪惟嬰情山水閒域中山嶠水溪靡不遊至或乘敝輿或策欵段或曳杖躡蹻翛然嘯嘯飄飄若仙焉家去城邑四十里而近經歲不一至

至則市童撫掌歡呼相指曰黃公來也蓋識其輿敝陋云公居常好客客至座已徐起臨庖服犢鼻衣治具具無兼味治畢乃盥手更衣即新婣上客率以爲常予一日偕元孚周進士候公公歡甚縱譚名理因及疆場時事奮然有請纓之志移日不輟已有婢從屏閒稟曰烹雞熟矣請割公曰少需益劇談方適無閒也有頃婢稟如初公又曰少需如是者三而公談益劇乃命婢曰汝姑自割既共饌出蔬肋狼籍不爲意也公閒起入室余從之闚其室一榻蕭然不啻僧舍已予時若冷然噓以清風洒然沃以瓊漿也退謂元孚曰吾與子今幸遊羲皇世矣相與嗟嘆不置云

耿子曰夫世約其躬爲苦節行事類多齷齪迂滯不能事事彼蓋矯飾以爲名高也其眞適其性牿矣公率性之眞從心之安孟子所謂人有不爲可與有爲者非乎予又嘗聞里中前輩若鄒劉周李董阮諸公其風軌大都如是顧所及覩記者惟公因憶父老相傳宣正成宏閒里中氏物殷盛閭老熙熙有以也乃今里中身有完服面無菜色父子兄弟相聚而無愁嘆聲者蓋鮮焉故哉吏治之日媮也吏治之日媮則士節之不立也士節之不立則古道之寖

微而紛華之爲𤱶甚也即吾一鄉而天下皆可類知已嗟嗟孰謂公履爲細謹哉公蓋古道之碩果矣予茲重有慨焉爰拾公一二淺事爲外傳云

瓊節婦謝氏傳

周思久

或曰婦道柔也而以剛則踰閑矣非所以明壼範敦姱節也予曰否不然婦事人者也柔其常耳然剛亦有不可少者身姑在堂伉儷在室娰娣為羣中饋是議此而柔焉可也若乃良人早捐遺孤方抱鬒髮未變朱顏漸枯月夜霜天衾單影隻鳥啼花笑觸物傷懷緜歷歲時感被災疢饑寒窘其躬侮挫撼其外自非氣貫金石操敵冰玉則從一之志安能垂老不變哉於此必剛乃能勝之猶之男子本剛亦當用柔既倜儻矣助以醞藉亦峻烈矣濟以包荒庶足矯結習之偏蹈中和之軌也然則男女剛柔之性亦觀所發爾已何常之有瓊節婦謝氏者南京都御史大夫海剛峯之母也少嫻內則質稟近剛結褵之後克執婦道至廿有八歲喪其夫封君公有日者以狀進謂其命宜孷居太夫人遂舉火焚之誓不再醮卒如日者言時剛峯公甫四歲而孤太夫人自幼粗識書史口授以孝經學庸等篇稍長塾師教之督以義方常惟疾之憂與之共臥起不舍又封君公性恢廓不事家人生產公雖宦遊久其田廬猶無改於其舊太夫人疏食菲裳拮据卒瘏以佐其廉以故

公卒能抗疏批鱗鞠躬三朝以骨鯁稱今公性日醇德日邵藏鋒削隅求歸於淪渾聖天子方虛鼎鉉之司待之此皆太夫人之教啟之也太夫人柔而能剛公剛而能柔賢母令子交相輝映古今圖牒所載能有幾哉余守瓊釆問風謠首及斯事諸大夫國人皆爭述太夫人之節爝烈如此因登堂顏其廬閭用勸來者嘗欲泚筆紀勒其事以闢幽晦維時兵事劻勷不遑文墨未幾以罪行矣然心惓惓未嘗忘也茲秉耒之暇檢閱篋牘爰綜其大都詮次之卯代野史亦以見人之剛根於所性而學之以融其迹以歸於化則公之所以報罔極者益至而太夫人之節愈不朽矣

秋崖逸老傳　吳與泌

秋崖逸老者齊安之麻城白杲鎮人東坡方山子傳所謂岐亭者相去僅五十里也邑紳士稱者皆曰秋崖先生逸老者特書也予至麻城與秋崖知最深明神宗朝秋崖尊人爲直指使者察邊事大同兼督學政有能聲秋崖蓋世家子也初名昇姓曾字紫涯博極羣書凡古今文字稍可誦者以及方書佛老言手作蝇頭楷錄一笈可萬卷以上悉記讀無遺張安世虞世南茂以過也少屬詩古文辭好奬拔士類而朝廟之中高文典册尤時所推尚氣節要在

道人之善歷其目者雖貧賤爲人所憎棄必心識之明時嘗遊吳越吳越多文社而前庚辰進士視楚湖北學政黃仲霖爵者尚困童子試偶從他社中見其文異之兼爲之成名踰年登甲乙第踰數年官於楚使者冠蓋相迎作感恩知己報然終不以此驕人其於邑人士率多類此至夷然不屑又所時有也癸未獻賊之亂赤壁三江可尸渡矣及逼麻城盡掠少壯者隸爲賊倡義討之衆皆田家子弟力不克僅得依山設壘自固尋以
國初解散然田園荒蕪廬舍燹毀矣自是息意仕進無何飾苾蒭衣冠攜二童子里中市藥逼都大邑所活甚衆與緇衣言禪與黃冠言道遇士人則唯唯惟謹更姓名曰一晟秋崖者一成字也後皆因之不改而增書曾字其上云里人曹石霞甚敬憚之石霞者前己卯楚中第一人成進士者也知名徧天下顧於世之知名者則又落落無足當其意曾仕閩漳州之刑曹
國朝避官歸所居距十里許彼此嘗相就爲詩文飲酒之樂醉則浩歌古詞曲或離騷諸篇時竟日逮且禮法者過之則避匿矣然秋崖壯年實銳意用世特決於自撿明思

皇帝初以明經遊都下名士大夫爭知交之際思皇帝生元子告廟追上皇太后徽號册文思皇帝素英察諸凡制誥稱稍不稱旨者多罷黜性至孝每千秋節不受賀避殿素服不舉樂不茹腥蓋皇太后誕生思皇帝未踰月即賓天也故於册文尤致意勅屬草者鄭重焉而詞臣人人危懼曰故事翰林掌制誥此册文當儀部事部臣曰故事部無撰文體兩相諉然終莫得諉乃外求椽筆而以詞臣日當值草者署名得秋崖及以外三人文成詞臣部臣置其一而以秋崖與其一進閣閣臣特重秋崖文命呈入大內

五日不下部臣詞臣交震恐意重譴日中有貴人呵道百餘騎投刺抵秋崖蓋掌司禮監内臣受勑詳錄進覽册文諸援引經傳而詞臣署名者道其實也於是貴公名卿無不爭知交之以故再試北闈中當事者無不欲搜得之以爲榮然終莫遇也天也非人所能矣既不第所親勸其以明經受官又有所知者司銓曹要之日力能擢高等秋崖曰國家重科第久矣今一旦縱得高等亦不敢少展才調稍不然指摘者無端家聲頹矣名行壞矣不就嗟夫漢舉孝廉賢良方正茂才異等取之之途衆矣而霍光黃霸薛

宣輩不藉此途者何赫赫名卿也經國如賈生文章如相如均不由所舉之科漢室得人所以爲盛故秋崖終身不用出處之際可以徵矣

同知楊王庭傳

周邦璟

公諱王庭字自邑號中愚中式萬歷之乙酉初任德化未及期而父母之頌嘖嘖也先是江北地窪民苦淹溺公下車漲溢倍前長堤冲潰哀號遍滿惟就甃焉公乃破浪捍修壞堤立固而江滸遂賴以重蘇巳剔弊興利邑號治平於是有楊公堤之名楊公祠之建也又時鑛使凭陵公持正忤之俾所歷之七十二城禁其欲而不得肆以故疏題下報平調桃源前後兩邑淹滯共一十餘年逮權璫次除公年浮叙雖晉階有勑亦僅同知廣信攝守饒州而巳兩

郡四年士民歡頌無何解紱休里不免一室蕭然惟務捐輸廣周恤雖耄耋而志未少懈其或不繼夫人紡績佐之且排解之殷宏及疎逖時有貧戶被豪右債譴者竟妻請爲妾公罄囊代贖其人後生子並成名是不獨保其家且昌其後也最是孝思純篤惓惓先人一日夢老人曰寻本光軍困於赤口可爲之計還故園乎公覺測解知爲高祖本輝之宅兆不寧也遂卜地西陽鎮發紅石嘴墓遷葬焉未幾又夢老人喜曰安其精誠之感召有如此公太翁諱民試庠生累贈公職公生嘉靖辛亥十二月二十日酉時

卒天啟壬戌正月初九日寅時葬大勅嶺楊家院先祀潯陽名宦崇禎甲戌祀邑鄉賢宜人朱先公卒葬明家畈楊家園子一世泰庠生孫四長魯舉人次會歲貢三晉廪生四皆庠生皆有遠大之望者人以爲善政懿行之報云

雷馬二將軍傳

張希良

雷馬二將軍鎮筸衛人也崇正乙亥流寇起秦晉掠豫楚而南提步卒三百人偵賊駐麻邑雷繼至所部亦僅數百人然多馬馬小而捷其兵俱善握槊槊舞生花盖矢石不能入焉時雷爲副總兵馬不逮雷三級而以先至爭長不相能乃其號令如山所止秋毫無犯二部士馬不盈千鋒甚銳也無何賊滿天星一斗粟等衆數十萬踞邑之北鄙二將聞之爭赴功不待朝食擐甲上馬與賊相遇於陰山坂坂距邑四十里左右巉岏中爲陰山河川原縈折而阻

深賊豫設伏以待誘我兵深入二將奮勇擊賊所向披靡僵尸塞川谷俄伏發兼之驟雨如注賊乘高而下四合以蹴官兵二將不支遂力鬭而死餘衆登陰山自保及暮賊覘其無繼奮白挺擊之殲焉邑人多爲詩以哀之或曰馬名人龍雷名應乾同時有馮游擊亦戰死然人但稱雷馬二將軍

贊曰予昔往來陰山經兩將軍戰死處未嘗不流涕也明季將驕卒惰强者養賊如鷹弱者畏賊如虎望風遁跡曾未一矢加遺而閫外上功無虛日取通侯印者纍纍也可

憐哉將軍以蚍蜉之衆爭先殺賊死强敵如歸事雖不成有生氣矣或言兩將軍貪功賞又素多忌坐是致師克在和之戒固然嗚呼要其死爲烈哉

貞烈宋氏傳

王琬

胡石銘年十三附於庠復以第一補食餼娶宋氏生二子一女俱幼不幸石銘病宋晝夜侍湯藥不倦一日忽病劇謂宋曰我死汝年未三十家貧將置我二子一女於何地宋泣曰妾非不能死亦無如此二三黃口何君如不諱妾當竭力玉諸子於成以見君地下君善自保無以後事爲慮不旬日石銘殂宋哭死復甦者數四葬瘞畢躬紡績以贍其子日不梳櫛苦自淬勵凡戚族餽送者咸不受以故人不敢以小惠累宋原工書籍二子雖幼教之如嚴師每

晨興至暮淚不輟於眉睫朞年內舉人江某欲娶之遣人踵其門宋大罵觸其惡思强逼之時明之末葉綱紀淩弛縉紳得自肆於是宋欲自盡尋思曰死則死矣我死諸孤亦死諸孤死一死適累於胡也不如仗義以鳴實不可伸死未晚也翌日攜二子一女詣大中丞梅公信天白其事梅深嘉而憐之召江痛責其非謀暫寢宋歸激烈不自忍大哭於石銘之靈曰妾非不欲玉孤於成以報君九原下今日之禍君之所知蝮蠍之毒不可測也毋寧從權以完名節無貽夫子羞倘天佑胡氏使未亡人不死二子可教

數年之後范陽賈島未始不可爲也當日遂削其髮爲尼並二子一女皆披剃焉杜門不出作苦如初其敎益嚴庚辛之变兵荒洊至勢益不能支不數年宋亦卒二子遂終於僧矣嗚呼使石銘之靈餒而者誰之咎也二子未及冠無名字其僧名長聞文炆能旭女居長僧名能亮嘗言其事痛泣不自勝予幼時聞之淚下心不忍忘故特記其本末

贊

明

張憨子贊　熊　吉

內史之戇以閑其君惟子之戇獨成其身龍德而隱今鮮其人九螺之山因子益名

桃黃山人贊

桃黃之菴中有隱君尸居蔬食抱樸含眞匪道曷依匪善休行無懷之氏葛天之民

過稽侍中墓贊　熊　吉

典午運窮皇輿播遷逆雛滔天凶類作孽矢及御衣侍中濺血丹心化碧赫袍濺衊命勿湔洗以存臣節千載蕩陰看此碑碣

小影自贊　熊　吉

春風和氣玉色金聲願學焉而未能温如也泰山巖巖疎星炯炯願學焉而未能儼然也噫其眞山澤之癯也與惟子敬以直內義以方外斯之謂君子之吉否則有靦面目矣愼修哉

若石叔小像贊　熊　吉

膏沐乎世祿之波警惕乎釁孛之鐸趨蹌乎詩書之庭容與乎烟雲之壑睥睨安牆流涎謫仙杓日以是而孳孳亶不羨乎麟閣牝叔氏之所以能自全其真彼畫師者盤礴橫索是以若是其若也

中愚楊王庭像贊　　彭遵古

貌兄之道其中匪逾貌兄之德惟愚與俱貌兄之真與天爲徒貌兄之貌中也不愚萬嵩居業何天之衢九江結綬分帝之符望之如商彝周鼎卽之若歆器冰壺無斯善畫者莫之能圖維弟與兄同從大夫之後而庶幾乎君子之儒

國朝

題林愛蓮臨流濯足小影贊　　胡翔靄

藹藹晴雲陰陰曉郭山臥長松溪橫短彴滿徑閑花半灣幽壑稚子垂髫捧巾揮霍所謂伊人深情隱約白眼斜看科頭秀削濯萬里流洗三年脚祇因旻鑠是翁襟懷磊落釋壯歲之風霜敘天倫之至樂遂爾瀟洒澄鮮馳情於林薄也噫嘻水不在深多纔一勺天外青霞波中白鶴將呼之爲滄浪叟乎則諾

老阮石硯贊　　胡翔靄

比鳳咮刻龍紋潑墨瀋如烟雲研窮弗已則以學文蓋古人有鐵亦可穿者無所取諦取諸其勤堅厥質而中不分此因無用爲用藉以聞所未聞我欲持贈中書君他山之石何足云

墓誌銘

太守周思久墓誌銘　　楊起元

柳塘周先生字子徵諱思久别號柳塘晚年築室石潭故又號石潭居士先生仕至二千石壽至六十有四行義卓然可師百世然其所自貴所自不朽所自不以爲足者大矣遠矣則所得於學者深矣先生父菱湖公麻邑稱長者先生生而天性高明亢爽非物所能累中年友楚侗耿先生相磨以學於是乎益不有其善蓋昔賢所稱有若無實若虚無伐善無施勞者先生身有焉善乎耿先生之稱先

生曰嗟乎自束髮交子徵矣習見子徵自少無童子過座中偶聞諜褻語輒忸焉面頸發赤也比長入仕涉世紛華中而醇心篤衷猶然無易赤子其餘禮道之交也未嘗斤斤然爲廉間取諸人也無羨心隨手爲人取之無顧惜心遇靡麗玩好若輕塵浮揚空中隨風聚散耳以是宦廿年秩二千石四歷名郡而屢空終身俯仰無資至於世業不守宴如也乃或遭非禮惡聲之加也片語折之應時消化甚至無根之謗横及其身聞之一莞若蚊虻過耳無幾微介於中也微時受族里齮齕窘侮者比既達匪惟能忘且報之厚焉生平孝友睦恤之行予得之於先生家庭屋漏中者多古人純德事迺不惟不欲人知若畏人知者其敭歷郡縣善政偉績何可殫記顧節渥交如予未嘗聞一自述予第於王宗伯忠銘海中丞剛峯所而諗其守瓊之治行於譚司徒次川而聞其守雄之治行初筮仕爲令中左遷浮沈中州所至民被其惠輿人到今藉藉頌之然予於鄭司寇淡泉吳中丞自湖顏督學冲宇諸名公處聆其聲稱耳未嘗聞一啟吻向予語也若聞人之隱慝瑕行不特絶口不道耳亦若不忍聞者嗚呼今世知先生者孰踰耿

先生哉蓋先生之得天者厚矣故其修之家庭行之州里者之政事善不可殫述而一則曰若畏人知一則曰未嘗自述則先生之所自牧者已不有其善矣他人之稱先生者猶事事而善之何以異於大鵬已徙而尺鷃猶仰羨於藩籬日御已西而夸父徒渴追于窮途哉故曰知先生者無踰耿先生也先生守雄時起元受先生知先生誨之曰學必求至於聖人非但欲爲好人而已飲之酒酒酣先生曰世人謂秀才酸願子他日無忘此酸氣也起元書之紳惟謹又四年爲隆慶庚午先生守瓊歸矣起元北上會于

江簿後以先生貴封奉議大夫母黃封安人弟思大以鄉舉爲蒲城令配州氏封安人先十年卒女二一適曾給事娗子嘉懷州出一適劉别駕湅子守朴庶戚出與子之士同母之士娶劉考功守泰女之士好學有文先生疾革訓之曰父子天性今當永訣無以爲别願汝立志以聖人自期覯此言則之士之器可測矣先生臥病數日惓惓勉友人以學不亂手書遺起元猶以于道一無所聞爲言凡六十字筆力遒勁遂絶筆嗚呼痛哉某月某日葬先生于山之原銘者名也先生不喜名誰宜銘先生者耿先生曰惟

禮不可已惟子不可辭銘曰有善出乎天不有其善存乎人天人匪二有無混一古有修者是爲有明柳塘周先生之眞室

爲元進士何伯多先生勒墓碑文　李維烈

左邱好言夢後人嗤之爲其誕也東坡喜說鬼益明知其誕而樂聞其誕也顧事有似誕而實非誕者豈姑妄言之哉邑城北十里有寺泉石雜錯林木窅邃先君子顏曰一叙菴庚子爲鄉薦士之歲余避囂讀書其中癡僕拾枯以供館炊菴僧亦椎魯無文一日謂余曰君僕樵犯古塚矣法當致祭往時墓門傾圮犯輒病祭則愈吾師修砌其門後降乩自言何某元進士國亡不仕夫婦合葬子孫散矣砌門之墓卽其墓今日之寺卽其故居址也嗟乎毋亦滄

桑物化華屋山邱之感勃鬱於中而姑顯靈以寓其不平耶翌日具脫粟村醪拜奠於墓亦後學尊先進之禮寧肯聽妖妄之說爲趨避計哉寺居山凹而可以望村樹城郭長河遠岫惟先生墓道前爲勝此余嘗撚鬚覓句路也祭之晚步墓前祟兒相隨兒祝曰今秋若先生知父得售非五百年來之奇遇乎先生果靈當示以異俄旋風從墓旁起捲池水有聲冷沁毛骨忽散去依然春釀花香時也余性喜夜讀書鐘落就寢窗外一朱衣人端立曰君何情之篤耶索余文卽加點竄極爲歎賞延之入室固辭出送之

渡溪飄飄乎若以雲爲橋者余辭而還歌詩以別有回首秋風渡白雲之句朱衣隔雲呌曰佳哉但白字宜換耳晨鐘已動旭光到牕恍然一夢意者其卽先生乎嗚呼僧之言誕耶胡示以風風亦誕耶胡示以夢黃蘆日晚碧草煙羊公之淚今古同傷安知百歲千秋後雲翻雨覆磷磷之石不轉而頑涓涓之泉不變而濁所謂深窅幽邃之一壑不化而荒烟蔓草而況此碑乎此墓乎脫陳蹟相沿不絕於樵人牧豎之口曰是昔有墓後復有碑而羣叱以爲誕也亦誰謂其不然哉是科余仍不第姑立碑以誌巔末若

夫符驗顯晦之說不足道

麻城縣志卷之五

知縣事嶺南黃書紳纂輯

文徵五

詩

五言古

宋

岐亭五首 蘇軾 眉山

元豐三年正月余始謫黃州至岐亭北二十五里山上有白馬靑蓋來迎者則余故人陳慥也爲留五日賦詩一篇而去明年復往見之季常使人勞余於中塗余久不殺恐季常之爲余殺也則以前韻作詩爲殺戒以遺季常季常自爾不復殺而岐亭之人多化之有不食肉者其後數往見之往必作詩詩必以前韻凡余在黃四年三往見季常而季常七來見余蓋相從百餘日也七年四月量移汝州自江淮徂雒送者皆止慈湖而季常獨至九江廼復用前韻通爲五篇以贈之

昨日雲陰重東風融雪汁遠林草木暗近舍烟火溼下有隱君子嘯歌方自得知我犯寒來呼酒意頗急掛掌動鄰

里遠村捉鵝鴨房櫳鏘器聲蔬果照巾冪久聞蔞蒿美初見新芽赤洗盞酌鵝黄磨刀削熊白須臾我徑醉坐睡落巾幘醒時夜向闌唧唧銅瓶泣黄州豈云遠但恐朋友缺我當安所主君亦無此客朝來坐菴中惟見峰巒集

其二　蘇軾

我哀籃中蛤閉口護殘汁又哀網中魚開口吐微溼刳腸彼交病過分我何得相逢未寒温相勸此最急不見盧懷慎蒸壺似蒸鴨坐客皆忍笑髡然發不冪不見王武子梅食刀机赤琉璃載蒸豚中有人乳白盧公信寒陋哀髮得

滿幘武子雖豪華未死神已泣先生萬金璧護此一蟻缺一年如一夢百歲眞過客君無廢此篇嚴詩編杜集

其三　蘇軾

君家蜂作窠歲歲添漆汁我身牛穿鼻卷舌聊自溼二年三過君此行眞得得愛君似劇孟叩門知緩急家有紅頰兒能唱綠頭鴨行當隔簾見花霧輕冪冪爲我取黄封親折官泥赤仍須煩素手自點葉家白樂哉無一事十年不蓄幘閉門弄添丁談笑雜呱泣西方正苦戰誰補將帥缺披圖見八陣合散更主客不須親戎行坐論教君集

其四　蘇軾

酸酒如虀湯甜酒如蜜汁三年黄州城飲酒但飲溼我如更揀擇一醉豈易得幾思壓茅柴禁網日夜急西鄰推甕盎醉倒猪與鴨君家大如掌破屋無遮冪何從得此酒冷面妒君赤定應好事人千石供李白爲君三日醉蓬髮不暇幘夜深欲逾垣臥想春甕泣君奴亦笑我鬢齒行禿缺三年已四至歲歲遭惡客人生幾兩屐莫厭頻來集

其五　蘇軾

枯松強鑽膏枯竹欲瀝汁兩窮相值遇相哀莫相溼不知

我與君交遊竟何得心法幸相語頭然未爲急願爲穿雲鶻莫作將雛鴨我行及朱夏煮酒映疎冪故鄉在何許西望千山赤茲遊定安歸東泛萬頃白一歡寧復再起舞花墮幘行將出苦語不用兒女泣吾非固多矣君豈無一缺各念別時言閉戶謝衆客空堂淨埽地虛白道所集

陳季常見過　蘇軾

仕宦常畏人退居還喜客君來輒館我未見雞黍窄東坡有奇事已種十畝麥但得君眼青不辭奴飯白

其二　蘇軾

送君四十里只使一帆風江邊千樹柳落我酒盃中此行非遠别此事故無窮但願長如此來往一生同

明

憶同寅盧伯炯黄門方與義　董樸

朝望鍾山雲暮望海門月月缺還復圓雲山蒼且白如何彼美人不見巳逾春秋霜點華髮掛榻生紅塵天地濶如許行看振翮羽春風酒一壺連牀聽夜雨

次韻荅何前府　董樸

萍跡半天下欣然見堯夫養心巳無滓降才疑爾殊胷中

有眞易眼底皆河圖我愧同袍者迂疎一腐儒

荅客問　董樸

予既閑居他無所事終日讀書客疑致問故以此荅

多謝長者言言遠意則殊往聖既巳遠後學誰起予所賴六籍存皮膚猶可窺朝夕一展玩心與堯舜俱涉水風濤險登山路崎嶇雖不爲世用夕死意亦舒命妻具美酒與君共躊躇歸去期再來勿以我爲迂

古意　董樸

我有一片玉來自崑崙山曾衒大街頭十去咸空還偶得燕山石碾作雙玉環見者爭相售償價靡所慳萬物有眞僞識者古今難嫦娥惟素姿粉黛多妖顔嘆彼蓑笠翁甘老菰蒲間

寄海剛峯中丞二首　周思久

海上有孤鳳翩翩戲清風所食惟琅玕所棲惟梧桐一鳴九天震再鳴萬谷空延頸望浩蕩奮翮逼蒼穹四海任横絶百鳥安能從何時復來儀聖明此日逢

余本鄙樸士未諳理入方悶悶竊所學赫赫非其長剖竹守南海自春歷秋霜鉛刀僅一割效狀見茫茫欵段人共

棄巴曲誰爲揚朱紱解奇甸黄冠歸故鄉返我芰荷服感君金玉章安能班言宓差可比佯狂楚粤路修阻題書無由將茲焉託郵使荅報愧大方

遊玲瓏巖　周思久

江上逗風濤舍舟理輕策信宿登此巖疑與人間隔洞中羅萬象寶徑光相射石髓不可啗丹竈烟遠赫惜哉深山中淪湮此奇跡若非汗漫遊何能窮探索父老提壺漿童冠侍几席去郡且三載人情無今昔我欲從赤松脫簪謝朝客嘯傲隨所之籠禽何役役

茅簷歎　熊吉

北有汾陽地列㕓如屯雲東有猗頓宅樓高堪摘星投轄
延賓客連房停娉婷燈火通重院笙歌隔畫屏一朝主人
去散逸如漂萍燕泥落空梁流螢度閒庭朱門晝常掩綠
窓晴亦暝盛衰固物理推移若轉軿謙盈鬼所伺淵默而
雷霆哲人戒盛滿君子畏幽冥茅簷曝旭日感慨長不停
荆婦具卯酉霜橘有餘馨陶然醉一覺吾已忘吾形

癸亥十月廿八日太府羅近溪翁徵會水西適屯院
王侍御宗徐亦至七學師生六邑有司鄉賢與夫闔

而觀者千人講習咏歌極一日之雅時有違言者謂
勞民有感而賦一章用壁間李謫仙韻　熊吉

水西建書院載自鄒東郭上有陽明祠下有金仙閣松風
時倡和烟雲日噴泊戕來正孟冬石出溪水落寒梅欲孕
金冬筍半含籜我愛王夫子九泉那可作幸值近溪翁寄
與最廖廓呶呶世情子誠是千人諾

南安寶界寺看坡翁壁間畫竹　周之翹

倘來寶界寺鑒賞坡翁竹峻節凌霄漢孤根同結琢縱令
塵土封香粉猶馥馥壁間有此君清風響春谷一閱洗俗

腸再閱清心目安得江南酒痛賞三千斛

初夏寄公裳弟　周世建

自我入深山六度看春花荒茆種作竹亂石營爲家豈不
勞形軀愛此靜無譁泉聲雨後肥深樹清晝佳耳目日超
曠夢想絕紛拏悠悠道者心所得在烟霞

又　周世建

丈夫志四海出世豈徒然所貴在聞道寧復辭艱難日月
如流水逝者何由還浮沈波浪中能免世網牵孔顏有真
樂賢者審其端君看百年後榮達竟誰傳

客止園贈朱稺玲　曹應昌

滹沱不肯山止園不矜水河影非園中水氣侵園裡竹樹
以波行草木若風徙白雲懷小亭林燈曳水底滔滔萬里
中主人日于止梅尊坐典型竹嘉展君子凉吹剪生壙聲
聞止音旨北夢零星言南邦折鉄几野老社耆英青松綺
黃綺聞君寶嬰姹焉用餐菊杞坐隱足消閒耘花心躬理
少年裘馬兒往往恣譏毀潦水落霜冬洶洶安在奚蘭芽
既巳長種豆落可耳孤桐壁立秋營營古人恥

同劉同人和道觀山石上韻　周損

石淙鳴鏧秋卬中日月遯挈瓢下瓦亭飲水不飲渾清響寄山客白雲知秦坌靜聽泉夜心濯月潄芳潤

復同翠楂劉和韻　周　損

劉子有小阮遲我續秋遯紫蟹盤飧充黃蝶菊叢渾洗石石可讀汝力剔其坌帶水看筆法千年學淹潤

國朝

贈胡頖明門人　項始震

崖鑄傳天籟望望將去斯茲為綴其英仰之以峨嵋月華陳星影東壁有肥痴西來搴芳人寒儉苦辛危伊昔自臨水志與作者期懸水三千丈意不在天涯石硯披雲歸得之理不移數片雲來黑落落裁所思所思竟何夕風風雨雨時巨靈擘其上千古傳於茲天籟亦何寂掌之白雲司下士以滕行終古謂得之

岐亭道中次東坡韻　陳肇昌黃岡

春風如麥芒春衫如柳汁行行岐亭道細雨復沾溼村翁勸解鞍好語誇計得客路信人情我行非置急山深畏虎豺亭午收鵝鴨沙路艸茸茸槿籬花羃羃小憩倦體舒凝酣冷面赤緬彼蘇陳遊茫茫煙水白五年三過從坡公三過岐亭忘形墮冠幘灑落千首詩黯淡窮途泣狂攜拄杖遊醉擊唾壺缺往事劇浮雲餘生遞過客遥夜耿清光慷慨百憂集

初夏東山書屋　周　禮

松杉換新裳乃在夏之候結屋四無鄰涼風沁石竇樹淨

雨初浴溼雲墮峯右入顧綠茸茸千山萬山秀攤書延古人茅破不知漏有時發清謠適我良非謬

登泰山自廻馬嶺至十八盤作　李中素

縱橫愛肩輿緩急特盡巧緣厓轉層磴百折皆樹杪輿前落僵猿輿下過飛鳥不知所歷高漸覺近山小紆廻望來路一線落深窈野色逐步開平原淨如掃客行巳朝旭此地猶未曉重雲覆前徑屢進驚益杳竊欲擬昌黎敢作衡山禱

青山雪夜用韋蘇州韻　黃倫

積素清心魂懶爲高臥客擬雲探梅歸屐聲響瘦石盧室白雲寒深山陰易夕鳥道總冥迷或有飛鴻跡

讀書　梅圻

深山藏龍蛇聲音震遠邇懶作微小吟難工雕蟲技古人何所心而爲經與史湮滅幾千年誰能竟其旨眼光所及處精義不相比微茫出紙中探之隱紙裏尼父不可見未獲問其理因思有約方見彼以於此譬之大海深無非一杯水擬燼月西斜暗香中夜起

野店　胡鉉

曙鳥催行役烟樹籠蒼碧東皇透熹微鈴鐸搖星驛澄湖鴈影閑却笑長途客蔭未逮龜魚泛梗應憐隻

雪霽入青山　胡鉉

峭壁霜封膩雲壓蒼崖倒西風送暮寒昨夜青山老俄聞天新晴日照羊腸道嵐氣冷侵衣清光淡如掃溼烟冒平林踏破橫溪縞碧澗瀉金波石溜摧瑤草無令俗子隨恐觸梅花惱披氅相因依曠絕凌遙島

兀坐　胡翔霄

兀坐盡春寒夜深更秉燭撲焰笑飛蛾趨熱何未足古來

懷抱人心灰類槁木徙倚步庭隅閒草緣階綠蒼蘚覆短垣皓魄照牆屋所貴識天倪詎傷形影獨

勸學篇勗弟　胡翔霄

爲學無他奇所貴得主要去膚液乃存窮神始入妙獺祭亦何愚書淫古所誚細大罔棄捐誰闢混沌竅至言本不緐精義入元奧疏越叩朱絃喬皇推典誥胡爲飣餖苦坐令精力耗清虛汩汩來用克規遠到箇中語逼眞庶作寻季告

薔薇嘆　李巍

薔薇附古梅梟梟枝葉長花開顏色麗粉艷映華堂爭道此花好益增梅本香苔痕苦剝蝕南枝禿且蒼青梢引老幹展轉攀上牆坐令虞美人紅紫鬭艷陽何日雨露滋梅開花亦芳

七言古

宋

寓居定惠院之東雜花滿山有海棠一株土人不知貴也　蘇軾

江城地瘴蕃艸木只有名花苦幽獨嫣然一笑竹籬閒桃李漫山總粗俗也知造物有深意故遣佳人在空谷自然富貴出天姿不待金盤薦華屋朱唇得酒暈生臉翠袖捲紗紅映肉林深霧暗曉光遲日暖風輕春睡足雨中有淚亦悽愴月下無人更清淑先生食飽無一事散步逍遙自

捫腹不問人家與僧舍拄杖敲門看修竹忽逢絕艷照衰朽歎息無人揩病目陋邦何處得此花無乃好事移西蜀寸根千里不易到啣子飛來定鴻鵠天涯流落俱可念為飲一尊歌此曲明朝酒醒還獨來雪落紛紛那忍觸

定惠院夜月偶出　蘇軾

幽人無事不出門偶逐東風轉良夜參差玉宇飛木末繚繞香烟來月下江雲有態清自媚竹露無聲浩如瀉已驚弱柳萬絲垂尚有殘梅一枝亞清詩獨吟還自和白酒已盡誰能借不惜青春忽忽過但恐歡意年年謝自知醉耳

受松風會揀霜林結茅舍浮浮大甑長炊至溜溜小槽如壓蔗飲中眞味老更濃醉裏狂言醒可怕但嘗謝客對妻子倒冠落珮從嘲罵

次前韻　蘇軾

去年花落在徐州對月酣歌美前夜蕉箏黃州見花發小院閉門風露下萬事如花不可期餘生似酒那禁瀉憶昔還鄉泝巴峽落帆樊口高枕亞長江滚滚空自流白髮紛紛寧小借竟無五畝繼沮溺空有千篇凌鮑謝至今歸計負雲山未免孤衾眠客舍少年辛苦眞食蓼老境清閒如

啖蔗饑寒未至且安居憂患已空猶夢怕穿花踏月飲村酒免使醉歸官長罵

龜峯　程南金　休寧

萬峯峯色一山峯前上天下天雲茫然佛磬數聲落空寂松花五月飛寒烟江晴欲辨鸚鵡草日暮恐成瀟湘仙夜半呼龍伴清骨短衣聊對石牀眠

明

南陽閘下短歌呈同年盧伯烱　董樸

濟寧城中三日雨南陽閘下半篙水五尺輕舫去似飛去到徐州還少止西川故人盧先生三年飄泊居彭城萬事不管只飲酒醉來敢吁陶淵明先生本是江湖量何事清時久閑放詩人從中命多窮青天偶被浮雲障我來不知有酒無携壺君可沿門沽通霄莫惜一狂醉星星白髮俱頭顱

匡山歌送鄧石陽公還蜀　周思久

鄧石陽公蜀內江人也其郎君鼎石初試吾邑迎公就養官邸公襟懷高曠飄然人外乃渡江上匡山避

暑無何郎束裝歸作此送之

有美一人來錦水扁舟直下幾千里郎君初試綰銅章遠迎官舍供甘旨君懷瀟蕩秋天高下視塵世如鴻毛棄之不顧渡江鳥獨上匡山避喧囂匡山山水天下奇香爐瀑布接天池請君卧看畫圖裏何似青城與峨眉美人美人歸去來舉杯長嘯讀書臺郎君方譽滿人耳何須膝下空徘徊

收春樓　周思久

半畝方塘一徑開烟波深處起樓臺矢几去天剛尺五洪

崖春嶂相縈廻桃李春風二三月鳥語花香長不歇雲起翻疑蓬萊宮月明不減銀蟾窟主人得暇即登臨童冠相隨歌且吟凭欄遠望岸輕幘與友焚香彈素琴有酒時斟三五斗和氣耳熱自擊缶此自白日到羲皇紛紛萬代我何有別來倏忽度三秋池荷窓草空悠悠獨上樓頭發長笑無邊春色一腔收

送邱謙之守保寧　梅國楨

一夕凉風生吹斷都門柳送君不能別惆悵對尊酒記得讀書城西邊我正垂髫君少年奇毛健翮俱神俊可以萬

至同翩翩豈意風雲隔榆枋我爲鶠鴳君鳳皇浮沉遠近隨所向一別千里永相望我來上書不得意君亦遠自潮陽至燕市同爲慷慨歌巴江又攬澄清轡濃陰滿覆巴江路是君手種甘棠樹父老來看舊使君重聽兒童歌五袴人生事業須及時四十專城亦不遲功名到手好自愛予髮種種何能爲

七夕　梅國楨

去年七夕城西曲對酒聽歌猶未足今年七夕北窓前露冷管稀黷自憐人生踪跡未可科莫使尋常廢懽笑有酒欲飲須盡巵有花欲折須盡枝安知牛郎與織女年年渡不有參差未遇時梧桐辭條蟋蟀入帷芙蓉爛熳零落秋池昨日看青鬢今朝漸欲絲即今富貴亦已遲不如燒却壯上書交結長安游俠兒朝馳駿馬暮擁妖姬妖姬能歌復能舞四面笙簫催羯鼓羯鼓過遭錦作屏但能識面不識名垂鞭忽亂千花明數筋射麞莎草平弓弦拓作餓鴟聲鼻頭火出耳後風生饑食其肉渴飲血此樂能教萬事輕安能終日仡仡守筆研抑塞風流萬古情

白水草堂　梅國楨

我聞唐王之孫爾最賢眼雖未見心凜然讀書直欲破萬

卷高論可以傾四筵草堂新開臨白水鵶州鳧渚相連延簾幕沈沈散曉霧圖書漠漠飛秋烟酒徒詞客常滿座雕龍炙轂欲談天相如受簡不敢賦王孫秘思如湧泉擔簦便欲從此往其奈傾囊無一錢不然逕買隆中田與爾相期白水邊期白水歌叢桂曳長裾以終歲

輓熊烈女　梅國楨

楨也神遊廣漠野眼中有淚不易灑誰家有女節獨苦驚看不覺泪如雨百年恩愛在結盟結盟爲重恩愛輕一朝夫壻不可活我身可許股可割割股事夫郎以身肯令夫

死別從人以口齧土土欲摧天地爲我收塵埃以頭觸棺
棺欲裂棺上殷殷頭上血血汚麻繩還自縊其如親戚紛
相衞便生只是灰中燼可憐對面不相信曉來含泪若爲
妝起向阿姑與爺孃我今從爾勿復憂但令獨處守節休
回身闔戸聲吼吼天地反覆山川走又如雷電砶砰風雨
駛破門已作觸柱死自古豈無臣之忠高牙大纛金門通
又豈無婦之節合㦬雙帶同心結豈如女未入夫門生死
尋常由一言首陽之薇空復青汨羅千載流濁涇倏忽綱
常標閫閾頓令山水生顏色男兒擁此七尺軀龍逢比干

俱丈夫仰天血泪墮肝膽一滴能教滄海枯

國朝

贈吳端儀祉兄時客汪竹巖署　　　　項始震

先生延陵之亞宗登高山而披大風先生龍門千尺之桐
手如掣電礙洪濛先生濡髮酒十斗出沒縱橫幾千古百
尺樓頭臥風雨快者如月怒者斧道人面壁刪花譜美女
嫵羞字娟嫵美女嬌羞韻事多世人將欲奈才何我行蜀
道截長河深者深兮高者嵯嵯而峩峩峩峩諸峯三十六
萬山雪滿在空谷暮雨寒窓敲零竹中有高人才十斛十
斛明珠十二州一花一葉水湫湫花葉隨人春事懶萬壑

之中響松楸我爲先生識以悠先生爲我意以投先生尚
佽劉弓去御溝頭異時蒼山共石湖中開日月在三吳淡
雲寒山蔓寐孚落月屋梁有之乎先生拍手叫蒼梧爾時
尚憶有高陽之舊酒徒

客鄂渚贈姑蘇嚴培仁　　　　李春江

漢江之水清且穀楓葉荻花鏡中掬岸延帆影落尊前寺
擁寒鐘鎖江曲有客姑蘇城外來時拈險韻撥新醅自來
亦是悲秋客兩處鐘聲一樣哀把酒爲君壽君心如雪膽
如斗擊節爲君歌君言歌裏羽聲多吸盡長江顏未酡吁

嗟丈夫生不成名壯亦老空餘壯志凌秋草意氣如君似古人古人猶羨今人好今人古人未參差相期原重心相知何時一醉西陵月簾外霜風細細吹

洞中　梁中斗

羣峯嶔仄石纍纍深林叢薄草光迷松飈石瀨聲何悲鵰旦夜鳴猿曉嘯虎豹索食羣烏叫長年白晝人不到好山好水無好懷眼看世事情難灰心念舊山獨徘徊燒燈彈劍感成泣拋書不讀起太息長歌不覺日色白洞中有人讀黃庭貽我瑤芝草一莖𠤷能服之可長存蚤暮相從不

厭斁露深徑窄溼雙脚聊與子相將爲樂

天寶鹿　陳大章　黃岡

康熙壬子歲于清端公成龍爲黃州同知駐岐亭野人獲鹿垂髯獻之其高如馬角而斑公命作脯于項間剔得銀圜重一十七兩鐫天寶二年華清宮七字角下堅徹如瓊瑩所謂鹿玉也公以作帶環佩之友人黃安彭伯常在署親見其事屬予作歌

軋犖山前烽火起帚星下埽長安裏赤心一夕化豺狼唐家九廟皆荊杞夜雨愁埋劍閣雲春風猶滿溫泉水何來決騄華清鹿萬里中原行不速慣隨花鳥上陽宮親見玉環頻賜浴彊字深鐫太府金角痕碧沁璁瓏玉未逐仙人上博臺却遭牧豎充庖肉君不見梨園菊部霓裳舞宏農唱罷來鼙鼓鸜鵒會聞吾上皇舞馬猶知悲故主秦家宮闕漢家陵千年幾度生禾黍休將遺事弔開元漠漠寒煙翳平楚

梅花吟時宿釣魚臺　李中黃

仙人種雪仙妹廟仙妹采之惟月照月將雪影入西窻知是仙妹夢魂到曉風冷露空中溼香帶羅襦悄獨立巫山

高高第幾峯峯上更深朝太乙

失題　李中黃

春夢片片如斷雲東風吹從枕畔分前雲後雲不相及遺前懷後失其羣怨他蝴蝶虛無著晚來自覺衣裳薄惜別池邊芳草生消魂橋上楊花落

龜峯　梅　折

芙蓉直接雲烟裏一山未盡一山起岩松伏石石生花聲半落在天涯藤蘿結樹靈幽寄碧光滿身身帶翠藥苗細雨忽如秋峯影沉潭任水流寒光入戶飛片片南望瀟

湘皆不見

角射短歌爲丁三克宗作　梅鈿

昔看長吉黃家洞以酒讀之意龍從幾番敵騎薄孤城霧
捲長天日空送猿臂虬鬚猛少年精微身手隴西傳能摧
嗟虎荒烟裏慣落雙鵰寒日邊廣成飛衛漫相軋齧鏃穿
楊枝何滑好將斛水學劉錡笑指浮圖說南入高原九月
秋草衰飲羽石稜兩過時射牛以不中爲妙貫虱當心無
乃奇爰有書生三十餘身長八尺氣萬夫日暮彎弓騎大
馬短衣來角長城下

賦得太華有古松祝程憲侯壽　鄒汝魯

五嶽太華號最雄仙掌旁就玉芙蓉下有如船之藕實上
有千年之古松連踡髮瑧瑧蛟龍回舞翠蓋貝老幹崔嵬
淩霄漢新枝葱蔚如雲烟靈根封題鳥獸狀服之往往得
神仙我友程子古衣冠年雖期頤貌渥丹問翁豈有鼎竈
術笑謂予言大不然樹以根榮其巔山以靜不計年忘機
循兮樂吾天何事學偓佺

和歐陽修明妃曲　鄒汝魯

漢宮絕代人上馬便稱遠地鬼一拍未終心欲死豈爲身
將履虎尾傷心只在長門裡天上猶是舊漢月風沙颯颯
不相似漢家天子白雲端那能更暇收覆水駿馬如飛行
且止側首西望長已矣異域亦知別離苦千方百術巢一
喜女子有心不可奪墳上靑靑草宜靡草木無情猶如此當
時中行行輩對之羞澀應無比

其二　鄒汝魯

予聞絕域人遠慕漢宮女一朝得國色親自弄組舞離心
不可同積怨淚如雨日落鄉思斷月明邊色苦內雖若死
灰外猶強笑語玉扆咫尺長門裡畫工亦是尋常技願一

見兮不可得何況千里與萬里曾參三至動見疑區區丹
靑何可比只從初入宮門日干嫌百妬自此始豈待沙漠
埋皓齒且復收汝眼中淚黃雲四塞西風起

東施辭

自越有西施而東施之名起嗚呼其恣學士之口矣美惡何常媸妍無定延年未遇下比巴人卞子三刑祇同燕石古今一轍有與同悲故爲東施辭云

苧蘿有女同姓施一居村之東一居村之西西家女兒顏
色好萬金身價入吳閨東家女兒年十八十八無媒老會
稽終年寂寂柴門裏獨坐空閨淚暗啼流光已逝春將老

菱花羞對傷懷抱顏色從來多誤人因郎棄置能自保君
不見姑蘇臺上草離離至今猶自怨西施

良驥櫪行　王琬

將軍洛牧求良駿須臾萬匹皆爭進暎日嘶風立玉墀圉
人太僕環相認一時下秉飾繁華雕鞍玉勒黄金韉相者
心粗不識神大宛真龍受斥擯磊落常追萬里風騰驤儁
發氣如虹幾年羈紲奚官手臨敵安能成大功骨骼蕭條
勢如病雄姿伏櫪非情性駑駘得意逞驕嘶誰寔長年主
馬政吁嗟平安得伯樂在天下驊騮一試無凡馬

七夕　王琬

我聞月宮廣踞數千里九州雖大無能比去地遥遥未可
知青天仰望不盈咫以兹試看牛女星相遶相距何窮已
況復波濤幾萬重滔滔中隔銀河水烏鵲橋填徑路通寒
風徹夜疑成圯縱使天孫自有神相逢何必須臾裡契闊
經年語未終東方漸欲雲成紫簇簇新衣起贈郎傷心别
淚汗羅綺淚滴河中烏鵲飛相思忽忽從今始人道天人
質不凋年年見面顏如蕊一生强半是離愁璚花色淡春
難恃不如落落爲參商東西出沒長無累

追和東坡先生定惠院東海棠詩　徐家麟

化工春來榮萬木雨露誰同復誰獨濃妝淡抹各爭奇未
若海棠嬌不俗一株迥出野芳中應是翛然到空谷初疑
天女降祇園又怪阿嬌謝金屋琥珀如搖鸚鵡杯胭脂不
貌驊騮肉憶昔劍南白髮叟曾道千年看未足碧雞艷色
絶天下想見山川氣清淑坡公遠謫故山遥一笑幽林閒
捧腹欣如元亮對東籬快比子猷逢好竹扶輿何處無奇
產或隱深山逃衆目湘有芷兮澧有蘭何必名花艷西蜀
無乃張羅淨數間仰視瞥然失鴻鵠我聞千尋磊砢材求

之湄溪山之曲

應占索題趙堯日竹行　徐家麟

趙君卽鑿羅胸中五日十日興不窮有時意與此君寄酒
墨翛然落蒼翠尺幅掃成千萬竿自言獨得湖州意野趣
蕭蕭觸目横煙雲闇淡中相縈陂陀确犖曲多致清湍委
折隱有聲溪邊板橋接岸背若有高人居水滨千畝曾聞
說渭川子猷癖好寧逢此我思買山構草堂開軒種竹溪
之旁夏支午枕眠風雨寒聽疎枝戞雪霜風塵荏苒懷長
左幽境無緣能屬我每對琅玕意惘然屠門嚼啖頤空朶

髯叟揮毫値百金茲圖況復最幽深匆匆不欲還君去留掛書齋慰夙心

龜峯行　程九萬

羣峯羅列連雲起矯首獨瞰青雲裡靈鍾氣盛脉絡分蜿蜒起伏瞭如指循途漸近合掌石一石中分屹相峙不傳巨靈劈此奇鬼斧神斤何爾爾時方小憩復前行透迤躡蹬心懸旌路人爲指荒山寺於茲履道得其平尋僧細話山之境面龕危峯如延頸十步九折繞還登偕行接踵殊難騁後人首承前人腰前人足近後人領躑躅拾級喘差

停指有方石升名井胡爲泉冽不可竭掬來一吸三清冷攀登歷險正岧嶢據石搴芳辨藥苗呼龍瑶草種何處秋桂春蘿色欲凋紅樹千重野花馥凉風颯颯葉蕭蕭霧重雲深但一色俯視焉知近與遥藺足捫蘿履如跛寂寂山靈應笑我我本楚狂人牢落名場愁還鎖振衣千仞片時間舉頭天外何坎坷有時疲軟籍苔衣枕石頹然更危坐亭亭巨石插青冥靈山變相無不可何年遺榧兩蒼松越此羊腸足可容巘壁大鐫一卷石古詞斑駁半無踪繞左乃抵白菴寺登高造極失前峯古寺荒凉鐵瓦破頹垣禾黍草茸茸厥明晨謁山神烏紗縮綬碧金身慨想神明裴邑宰宦成採鍊佳能仁要惟功德庇民社迄今遠邇奉明禋更向峯前賞奇態坡下虎跑井宛在涓涓泉出日盈盈碧鑑鬚眉殊可愛既行捫石看棋局石上題詩蘚長綠伏行前上可數武岩忽嶄然低且曲低且曲延長疲削氣方東石笋横排不許長插石虬松遞相屬突起前峰百丈餘拔地倚天看不足兆東掉尾亦凌雲猶遜頭顱天可觸長年夜瞰海天紅吐吞初日旰駭矚大别山高萬古風日生殘夜時如不

曉行磧山　胡鉉

霽天朗映飛玉屑曙色將開半明滅嵐光冉藹行人稀屋角寒泉最饒舌晨鐘響雜松濤邊征鴻送客雙凄絶孤峯插漢翠烟浮老樹盤空留古拙策蹇長吟過板橋獨訪寒梅吸香雪

桃花洞行　李巍

君不見桃花洞口桃花片歲歲桃開紅似茜夫人種桃桃萬株桃花日日張春宴兩行翠袖捲珠簾十二紅妝開寶鈿檀板歌翻金縷遲銀筝撥捺珠璣濺金鴨頻薰龍腦香

玉人還賞鮫綃絹氍毹彩映雲母屏歗鼉深鎖垂楊院誅鶪低垂動地嬌芙蓉醉撲春風面朝朝暮暮宴花前賺殺黃鸝與紫燕可憐紅雨溼胭脂宛轉留春春一線寂寞繁華瞬息空夫人老去歌喉倦翠寒香冷夕陽低芳草牛羊不忍踐欲訪當年歌舞場兔葵燕麥迷荒殿春來不見種桃人萬株洞口仍開徧月明環珮想遺踪異代悲歌徒眷戀

五言律

明

送屯田張僉憲之任福建　董樸

同鄉且同官相愛自相親別我雲千里留君酒數巡黃花香驛路紅樹麗江津屯戍防邊策慇懃輔聖明

易菴　董樸

笑傲白雲窩生涯一笠蓑引泉憑竹筧補屋借藤蘿溪暖魚同活林深鳥共歌孤舟閒柳底因得謝風波

奉次竹石主人九日敘韻　董樸

江南風景好况復是重陽落葉山峯迴天空鴈字長詩成人自喜酒熟菊偏香隨處堪爲樂何須問醉鄉

同劉養忠進士謝龔之舉人遊萬松僧菴四首　董樸

人仰雲峯寺同遊興不孤山僧持敝帚石徑埽寒蕪秋老山容瘦天空鴈陣疎暮年精力健上下不須扶

殘秋尋勝概折馬向雲巒葉落林光淡山空月色寒宦情老去薄禪榻借眠安即此超凡境何須生羽翰

彌旬驅瘦馬不厭路程賒老去癡心發秋來逸興嘉疎林

藏暮靄滿地笑寒花喜有同袍客聯詩到日斜

松島藏幽寺秋殘此共登身閑惟愛菊脚健遠尋僧勸酒憑山鳥題詩借佛燈前山有新景從僕不須僧

溪南舊莊　董樸

原是蒿萊地移家向北栖種松高過屋養鶴熟於雞對面迎千岫纒身夾兩溪諸孫毓於此誰作鳳凰啼

漫興　董樸

巳斷塵中夢頻看鏡裏顔心同秋水靜身共暮雲閒謝客仍思客離山更愛山溪亭無一事坐看鳥飛還

閑居　董樸

投簪歸舊隱家近釣魚灣地僻塵蹤少林深鶴夢閒知心有流水得意是秋山檢點從前事多因可汗顔

題周孝子永思卷　董樸

纍纍三尺土耿耿百年心大夢隔生死浮雲變古今愁隨春草長哀逐野猿深朝夕空流淚遺容何處尋

遊陶君洞僧菴　董樸

鄉村多俗態景在翠微間野鳥迎人唱秋花帶雨開披衿尋古刹勒馬數前山竟日同僧話徘徊懶出關

齊安雨夜思歸　鄧楚望

獻楚傷離過在陳不可留停雲生遠夢聽雨亂鄉愁芳草客中路春風江上樓無端羈旅思白髮對滄洲

王伯固邀遊赤壁二首　邱齊雲

百折城西路臨江赤壁分經時憂積雨一日破層雲柳色望中盡漁歌醉裏聞磯頭無駭浪還欲攬斜曛

移尊尋往跡鼓棹破江烟感此浮雲事焉知赤壁年渚風吹水立山月入窻懸一片淒涼色無人不可憐

秋夜感懷四首　梅國楨

病骨寒先覺愁懷夢易驚山空家萬里月闕夜三更積雪搖燈影回風雜漏聲偶然思往事淒切不勝情

偃蹇甘吾拙羈棲過歲寒攬衣孤月在欹枕一燈殘白髮生何易青山到亦難貧來唯有劍不肯向人彈

客裏寒威重愁中夜色微鴈聲霜共落鵲影月同飛雪壓半開菊風凋初授衣坐看無限意不是爲思歸

永夜愁難寐寒燈首重搔雪痕留破履霜氣戀綈袍混俗無新態開顔有濁醪此身何以用應是愧鉛刀

劉子大惠吳酒　梅國楨

滿貯吳江色開尊手自斟多君明月下慰我朔雲深半醉減鄉夢停杯見客心依然狂態在不受二毛侵

碧雲寺流泉　梅國楨

峭壁雲俱溼閒亭日自流乍來愁急雨久坐得高秋洗藥過僧院隨花落御溝平生濠濮想對此亦悠悠

同李文甫晚步阜城門　梅國楨

落日意有適一杯花下持燕泥思舊壘鶯語上新枝地僻逢人少林深到客遲醉眠俱莫惜青鬢欲絲絲

歐楨伯過會心堂看所藏諸帖　梅國楨

不信幽棲地能廻長者車晚風踈徑竹細雨出園蔬自是憐同好非關得異書韓山猶有石與語定何如

雨中　梅國楨

故國青山色三年未得歸客愁將急雨竝向楚雲飛客柳成踈翠新荷落故衣那能明鏡裏不與壯心違

送李山人還　梅國楨

燕市同為客君歸我未歸荒蕪松菊徑憔悴芰荷衣黃葉愁中盡寒雲馬上飛春風憑寄語先長故山薇

送汪子建南歸携家入京　梅國楨

霜菊猶堪採遲留君子還驚鴻醒旅夢疲馬怯秋山生事浮沈外羈愁去住閒春風將愛子嬉笑入燕關

夜飲化之王孫白雲樓　梅國楨

高樓青嶂擁寶鼎異香焚醲酒招黃鶴談詩坐白雲鈎簾容月上刻燭記宵分父子稱詞伯何人得似君

重九遊石城還聚星館　梅之煥

石城遊未悵復此盡萸觴小竹軒陰窄孤桐靜影長何須風落帽一任露霑裳漸漸低莖月娟娟過女牆

過問津河　梅之煥

每過問津處無愁魂自消門閒蟬語寂路古馬塵囂細雨昏殘碣輕烟暮斷橋耦耕人咫尺來往慰蕭條

茅亭新成用梅篤齋韻　熊吉

靜坐與天遊乾坤眞若浮功名雙敝屣富貴兩虛舟三徑淵明宅元龍百尺樓平生湖海氣都付釣磯頭

步雲峯山徑　邱坦

閒賞步易遠畏吟聲自高路無人到跡林有鶴遺毛物外趣都別塵中心枉勞沿溪收墮果坐石笑饑猱

贈石心上人　周之甦

鳥道石崚嶒峯孤一定僧簷低千嶂月榻閃半龕燈招隱開新徑登山附古藤爲貪瀑布水不畏亂雲層

和三韋老師重來山房韻　周之甦

煩師三度至不審是何緣雲液香飛雨松腴飽泛煙座無塵俗氣人盡竹林賢願得年年到狂歌索醉眠

鄂城遇蘇州談節父以詩別之　周世遴

君去誰相念扁舟江上懸姓名淵海內肝膽弟兄前別路幾千里離情第四絃陽關新有曲無酒亦流連

月夜山中　周世遴

抛書常懶讀得月便高歌野徑雲俱淡寒塘水自波文章朋友少城邑是非多半渚行看渡雙星天上過

般若菴　周世進

不出此林際石橋幽路逼殘流生夜籟遠樹淡秋容幾度分新綠頻來看落紅儼然遺世外靑瞑一邱中

初入匡廬　周世進

曾許名山約登臨此日情有林皆竹圃無地不泉聲仄徑衝雲入高巖背月行杖藜何代叟欵欵話平生

寄唐文尹居士　周世進

恕我烟霞癖知君物外情山分新樹綠人共遠江淸學道多慚古無心問耦耕閒依芳草坐松下聽流鶯

國朝

謾題　項始震

夜窓聞有待竹靜水廚連雲母歸來似松烟仰臥邊是花皆夕照無鳥不聲牽未了星星夢殘書將次編

聞兒輩舟發金陵　項始震

百口傳家累無由拔一毛貧多慳棗栗幼不解兵刀隔水朝烟霽前山夜木號鄰舟將次發行矣賴波濤

客有傳頌粱子雪亭空山明月夜五言近體一首抑韻以禁清新聞字分四首和之　周禮

空山明月夜獨坐意何禁落葉兼霜重寒螢向壁生猿聲聲斷澗河影入疎林偶此成孤寂誰知抱遠心

空山明月夜萬古一孤清老樹禽初定荒原豹有聲曠懷虛勁敵高步挾長城祇覺詩心細狂瀾詎可爭

空山明月夜廓落似無鄰遠岫疎鐘斷低窓過雀頻衣裳光欲冷鬚鬢鑑逾新濁酒尋常事文章自有神

空山明月夜谷日已封雲夢向邯鄲稔齋同繡佛分物情歸默識天籟送遙聞荒僻更籌乏燈花翦半醺

寓寶筏禪林夜雨偶成　周禮

偶來依繡佛信宿歷陰晴客寐老僧覺詩心雨夜生小窓涵火力上院落鐘聲衰病非消渴逃禪未可名

陳瀚山登石子岩有詩即事和之　梅渾然

世路八方逐歸耕子獨先襟懷披鳥道履跡破蝸涎痛飲消殘夜高歌出半天非關尋樂聖原欲避時賢

雪夜舟泊　梅圻

開帆浪千里飛雪滿蘆花漁火呼相近孤舟繫欲斜寒思芧店酒歸厭野田鴉一夜伊人淚輕航載到家

九日登五華山　黃倫

野菊開何暮秋光冷翠微山深烟乍合水靜鱖初肥濁酒聊堪飲危樓只暫依自傷春信杳鴈去白雲歸

遊龜峯道中作　陳發祥

盡力巉崖上扶僧問影形路從樵子得聲畏野猿聽臨春香碓搗蘿繡石屏穿林深入處書壁以為銘

龜峯中秋月　陳發祥

指顧靡窮處何曾景色齊登山志著屐月漫勞梯烟染松枝翠天連漢水低偷閒成逸興夜靜冷雲迷

登柏子塔二首　陳發祥

庭前柏樹子忽在塔之巔登眺今朝事荒唐數百年白雲蒼狗變曉日漢江連往蹟誰能說空飛滿目煙

多少悲涼處猶留此一岑感懷在薄暮景色重秋陰作賦才慚短登高意却深斷碑尋不見孰識古人心

山居　鄒宗彥

避喧聊遠俗泉石可容狂走筆烟生字臨池霧裹香鳥聲成意氣山色見文章唯共孤雲往高蹤何處詳

初至滴水巖夜坐潭口　梅鈿

到此怪秋甚以之詩思新月光全在水橋上偶無人一石

一杉影生前生後身吾將何所得烟露但荒榛

遠上人渡海　梅鈿

自古有滄海何人始一過遂從煙水外亦慽別離多舟[illegible]姑枯葉風飄上積波相逢北歸者應笑此頭陀

選濤亭和曹石霞先輩　梅鈿

絶磴藏幽險紆廻上白雲改橋將路折得石與池分瀑濺書邊起人聲葉裡聞東溪有吟者開戶値斜曛

半樓三首寄劉申菴選二首　梅鈿

樓小意易足無多春亦深何須幾葉綠已作一房陰壘石寒生蘚通泉細過林有時雲片片隨身似在遥岑

看山嫌大盡遮檻種高桐夢在槐安外身閑橘奕中醉醒蟲作伴隣舍燕相同長是因花落連朝路不通

入唐殿山　梅鈿

亂山三十里獨往意何般僧老依黃葉農閒習白雲晚樵臨水見晴磬隔峯聞一步秋無限前途正夕曛

贈鮮于節在　梅鈿

愛君兼是客舟到正秋分一傘洞庭雨滿衣衡嶽雲眼能窮奧理胸自發奇文不以吾才拙時來盡夕曛

舟雨　梅鈿

楚水接荊門瀟瀟行欲昏一篷寒雨急兩岸渡人喧遠樹藏帆影高天落雁痕相期何處宿烟外蓼花邨

失路一首憶鴿山　梅鈿

平生不得意失路復如何夜雨桃花島秋風瓠子河慨慷生寂寞離别即蹉跎自笑饑寒迹年來揭更多

雨夜感懷兼憶鹿湖　梅鈿

我家新插柳綠可似江南夢破鍾于杵燈依佛一龕窮途聊復爾詩好亦何堪愁緒洲邊草叢生意正甘

暮春　李中黄

舍下綠陰合城居也似村草香時入夢花秀色堪飧黄鳥呼朋友烏衣教子孫凊風隨意至吹作一池痕

自郁城入蓬萊別黄二振宗　李中素

風起夕陰齊燈光摇夜開那堪千里客復入萬重山秋色行將老孤身殊未還天涯有兄弟且爲慰離顔

登兜率峯是牛首最勝處趣別峰禅壁　中素

兜率孤雲角撑空出寶臺人天雙閣外烟水一牕開燈影山山落鐘聲院院來他年有瓢笠定取掛崔嵬

白沙關題壁　張希良

豫楚爭何處風雲壯此關青山百戰老赤日幾人閒繫馬藤蘿外題詩壘壁間往來仍故我深笑棄繻還

早發揚羅江口　楊炎

縱目下輕舟乾坤一望收山根盤水立江勢入雲流橋嫁魚龍窟身同羽鶴遊乘風破巨浪沽酒漢濱頭

秋夜泛舟江口和韻　楊炎

乘月泛輕舟江聲靜不流蘆花迷淺渡蜃氣結重樓露冷龍兒泣沙平鬼毋遊我懷何所似天際寄浮鷗

別朱節侯　黄素臣

夏月知人別中宵努力圓百年聲氣事今夜夢魂邊酒半花陰失詩成燭淚濺莫嗟衡鴈阻風雨五更天

七星崖二首　黄素臣

箇箇山無土層層石有苔刻詩蒼翠破呼酒古今來鳥漏毛詩博花移本草該盧侯欺太甚我已到蓬萊

踞頂茹遥色瀚然一氣來數鷗輕戲藻羣虎怒奔豺陣變將軍佈碁疎國手裁窮功搜太始定有鬼神猜

聽梵　黄素臣

絶頂一招提孤危與霧齊風鈴飄十里晚磬散千谿石氣吹春遠松痕受月低蕭蕭清且冷想破萬人迷

荅楊對菴饋茶　黄素臣

俗味填飢腹馳書許一澆必尋清澗水方別紫芝苗夜雨知人澹春風引客遥巔燈供緩啜色味兩脩脩

夜二首　黄素臣

春色時時換中宵氣益深嬾雲淹石脊閒月守松陰笛取關河泪花催老大心孫登原不隱辛苦一絃琴

山以空能靜人非拙不栖聽風知樹密看月喜牆低筆墨

疲衣食官方參鼓鞞未能從衲子猶幸接招提

喜世鼎南歸因懷亭亭　黄素臣

滿天風雨亂何處一鴻歸夢破分明是心搖尚恐非相時
惟稼圃存道莫輕肥安得棠花萼同枝發翠微

九日雨 青山　黄素臣

成吾疎懶意九日不清空遠樹浮天外寒流閉閣中圖人
鋤暮雨山鬼哭秋風何必囊萸出高高旦夕同

立夏前一日　黄素臣

太息春歸矣春歸客未歸楊花無力下布穀帶聲飛洒落

消絺綌浮沉待葛衣幾時兵甲解粗糲掩荆扉

立秋　黄素臣

遠客驚流序於秋倍有違關山從此瘦書劍幾時歸井斷
梧桐月砧寒蟋蟀衣得教氛祲息耕讀謝輕肥

秋亭　黄素臣

秋亭高幾尺一目盡平蕪白去山含鷺青翻藻絆鳧風塵
掩仗策宇宙困援袍近得尊生術詩茶貺奕沽

半城歸舟次佛山時春甫盡苗已滿野因憶故園　萬邦維

春色半城裏返舟盡綠蕪乍驚農事蚤久立野情俱不畔
蛙聲滿江干漁火孤鄉園處處似只少子規呼

奉和趙邑侯戊辰六月十五夜巡城口占原韻 時有東山之警　萬邦維

觸暑保危城楚疆最有聲微風江上至孤月塞邊明念切
君臣義心周婦子情妖氛何敢近只畏使君清

前題　萬魏

薰風拂邑城玉露已先聲午夜更催急前山月正明淵懷
澄萬慮冰操絶凡情把酒看雲散地寧天亦清

前題　萬象

泗陽花滿城列宿播新聲月下絃歌遍風前刁斗明推誠
占遠略奮勇見輿情指日烽烟熄優游　皇路清

冬夜　江漢瑞

擁衾酣欲睡百慮趂心飛老近催詩細窮堅入算微鄰砧
寒搗壁窓月冷侵幃好夢尋常事三更竟不歸

歲暮示諸子　江漢瑞

味以淡斯永志隨窮益堅炊經餬儉歲煮字餉殘年夢穩
青氊足居安白屋仙眼前松柏在毋豔百花妍

萬松亭二首　王琬
植翠欲千尋蒼龍護路深借枝棲伴鶴分影奏瑤琴結緣
何知午垂青不辨黔一株留道左猶憶舊棠陰
亭址荒涼處猶存一木支龍蜷驚夜半濤湧覺秋遲影欲
摩霄綷材成傲雪姿不愁斤斧盡春入長孫枝
客三山八月十五夜雨　李廷對
聞道中秋月陰晴萬里同料應今夜雨亦趁故園風獨守
殘燈坐寧辭酒盞空何時茅屋裏高枕聽梧桐
宿漁崗不寐與高鑑湖翰編　李維烈
薄酒不成醉羈愁轉寂寥還家萬里近為客五更遙草店

鳴山雨秋風激海潮幸聯知已榻相對話終宵
龍口　李維烈
豈不惜茲別行行路轉賒江聲初警客午夢亦還家山入
烟中暮帆經樹杪斜莫言歸未得離思滿天涯
過翠峰寺訪松門和尚　丁虞廷
為愛南郊好行行覓遠公問蘿無犬吠入徑有松風面壁
鬚相古題今年墨工坐深志共返斜日映林東
溪南即事　劉元猷

草色河堤曲依依帶落暉午看朝雨斷閒數暮禽飛水綠
遥分渚林香暗拂衣山塘絲竹響清賞莫相違
過喻孝子冲縣西北二十里　程九萬
至性真難沒長傳愛日情冲猶稱厥姓人竟失其名孝筍
沿崖發慈烏繞樹鳴行行深仰止何似歷山耕
除夜　胡鉉
風景仍如昨年華更欲新臘方留此夕春且續前因白髮
何須數青衫莫厭貧折梅香送雪千日酒逾神
閒居　胡鉉

滄海寄蜉蝣長歌人倚樓流螢光代謝飛燕影沉浮自分
清操在應知傲骨收達觀叅泡幻池外有盟鷗
清明日蔡珍一見訪　胡鉉
芳甸雜英滿清明天氣暄鳥啼春日柳煙鎖故人邨碩畫
薰蘭室光風輝華門會尋雞黍約蚤晚共寒温
登白雲臺望殘雪　胡鉉
清光環遠岫殘雪綴高原地有履霜跡山仍帶露痕羊腸
迷小徑鴻爪落孤邨薄暮歸來急牆陰幾點存
重九前三日懷任鴻臚客信陽　周際聖

覊旅經年久勞勞不自由閒情消獨酌舊雨買新愁山放
晴初路天開雨後秋由來無限意淮水向東流

寄曾鴻舒　　周際聖

自昔金蘭譜相逢意氣親交從淡處永情以樸爲真惜別
常嫌久憐才不厭貧蒹葭秋水濶光景半沉淪

甲申九月獨步河橋遍遊諸寺歸途紀賦

折蒂庵　　李巍

獨步河橋路來參古達摩天然留梵相道氣閟烟蘿達摩相乃梵香根生成鬚眉肘足畢肖焉境寂秋香逗心空野趣多云何城市近今

日偶相過

針芥室　　李巍

針芥恰相投因緣不外求百年松竹老三字古今留野客
逃名姓沙彌懶應酧詩情兼畫理吟望遠峯秋

東竺禪林　　李巍

日籠松逕碧雨暗竹梢青棉豆收將晚鐘魚遠可聽老來
還興趣九日太飄零忽憶心知友東南逐浪萍

半偈庵　　李巍

古寺臨河岸翹瞻在此登蝶飛花解笑客以佛爲朋水濶
橋通郭樓成鶴傍僧時僧續宜行修梵宇上人魚課後笑倚一枝藤

秋日贈友人　　劉朝翰

夙契相過容書齋辨難中傳經宗子政作賦媿文通永夜
瞻星白殘更戀燭紅淹留或信宿心跡與俱融

齋心　　胡翔霱

欹枕就新睡晨興漫整冠好花爭掩映修竹自檀欒野逕
春雲滑空庭暮雨寒寸心齊物我每向靜中觀

幽居　　胡翔霱

我愛幽居樂身閒事不麗竹搖風雜珮梅引月窺窗石上

撫蕉尾牀頭倒玉缸箇中誰領取門外水淙淙

秋夜聞雨　　胡翔霱

愁恨上眉尖陳編信手拈挑燈於落燼聽雨逗疎簾瘦極
腰憐沈時窮卜問嚴曉看庭畔菊晚節爲誰甜

野步　　胡翔霱

習習微風動陂塘瀲灔秋攤衣牽荇帶乘月上蘭舟野迴
星稜濶天高玉宇浮歸來忘酒埽隨步約簾鉤

晚眺　　胡翔霱

極目遙天外澄鮮對落暉樹浮烟嶠出鴉背夕陽飛野竹

綠籬長嘉禾映畝肥翛然塵俗外相賞頓忘機

秋草　胡翔霄

王孫歸騎遠苔蘚半沈沈陋室青何在池塘夢已深誰開黃菊徑徒望白雲岑歲晚驚遲暮依稀動越吟

秋花　胡翔霄

紅紫謝芳春秋來別有神嫩妝眉淡埽慵態笑含顰金谷園非舊桃源路莫尋幽叢三兩朶岑寂漫逡巡

七言律

宋

萬松亭詩有引　蘇軾

麻城縣令張毅植萬松于道周以庇行者且以名其亭去未十年而松之存者十不及三四傷來者之不嗣其意也故作是詩

十年栽種百年規好德無人助我儀縣令若同倉庾氏亭松應長子孫枝天公不救斧斤厄野火那憐冰雪姿爲問幾株能合抱殷勤記取角弓詩

岐亭道上見梅花戲贈季常　蘇軾

桂死蘭枯菊亦摧返魂香入嶺頭梅數枝殘綠風吹盡一點芳心雀啅開野店初嘗竹葉酒江雲欲落豆稭灰行當更向釵頭見病起烏雲正作堆

明

龜峯山　董應軫

名山雄峙邑城東天落蓬萊第一峯掃地曉嵐堆翡翠倚空晴嶂削芙蓉琪花遍暖春香放瑶樹凝輝夕霧濃應有神靈產申甫詩人寧獨美喬松

題黄岡問津書院立碑詩　董　紘

聖轍當年歷此岑周流應見濟時心山川增價原從昔草木生香直到今坐石倚雲荄草歇硯池溜水墨花侵幾回經過回車處猶爲昭王感慨深

懷文潔太守　李文祥

江天落落久深寒獨臥山堂春色闌太守無妨山鬼笑逐臣寧惜釜魚乾雲霄路遠心徒壯今古才高用却難謾道漢妃眞似玉也愁人向畫中看

登岳陽樓次西涯先生韻二首　李文祥

萬家烟火擁孤城一上高樓百感生檻外雲山鰲足重坐中仙客羽衣輕凌空欲洒思鄉淚見日終含獻曝情往事悠悠東下水夜船燈火枕江聲

飛樓縹緲瞰江城仙境清遊愧此生萬古乾坤雙鳥道百年身世一毛輕近天敢必驚人語對景空餘育物情漫道魚龍眞寂寞夜深猶聽管絃聲

過黄河　李文祥

清秋一騎夕陽過南北悠悠此渡河地擁好山多怪石風來淺水亦深波十年塵思青燈共千里鄉心白髮多自愧不才應亂車旌終日欲如何

懷文潔太守　李文祥

江天落落久深寒獨卧山堂春色闌太守無妨山鬼笑逐臣寧惜釜魚乾雲霄路遠心徒壯今古才高用却難謾道漢妃眞似玉也愁人向畫中看

題貴藩僉憲李公夜雨對床二首　李　寵

薇垣鉅老栢臺雄兩地愁開一笑中清世勲名堪伯仲暮年岐路訝西東萍踪乍合渾驚夢鄉事重論暫撫衷下榻對眠仍舊雨未應蕭瑟似蘓公

年來兩鬢各飛蓬暫喜征軺驛路通池草幾回春館夢燭花深坐夜堂紅官聯藩綏酬清望樂動塤篪慨素衷離別男兒亦常事莫因聽雨厭觀風

奉公出塞　李長庚

津門回首意如何報國虛愁肉食多鬢髮尚餘關外雲夢魂長逐海中波殘軀自顧驚生柳初服惟宜學製荷但得普天征戰息靜邀涼月到烟蘿

雨後再登赤壁　鄧楚望

蕭條積雨喜初晴出郭尋芳載酒行欸水桃花明赤壁和

煙柳色上高城江山對客孤亭思風月懷人萬古情興劇
酣歌歸路晚漁翁罷釣小舟横

過陽邏蓬萊寺江眺　鄧楚望

鴈聲嘹唳度江洲僧舍蕭然嘆滯留苦思吟邊飛落葉悲
風起處見行舟愁心忽悟空王法久客眞慚故國秋爲問
崩濤何日返欲將心事語東流

夏讌赤壁　邱齊雲

後尊五月大江亭柳外蟬聲不可聽雷雨驟飄波浪白峰
巒遥入酒杯青狂呼鷗鷺忘爲客醉倚蘼蕪轉畏醒不向

人間論二賦風塵何以慰沉冥

湖中春望　劉諧

峭寒初放草痕齊依約來時路不迷月落曉雲猶繞岫泉
飛春雨欲平堤鸞篦帶笑憐新製雁字含嗔擲舊題誰解
箇魂消未得年年多在裡湖西

麻姑洞　周應驥

繫馬攀崖尋洞口野花叢竹亦荒凉潺湲玉液下幽壑迢
遞蔽蘿穿石林烟繞翠微疑羽服風敲黄葉想鳴璫可憐
書信寂寥久空有玉壺仙醞香

送袁景從冊封周藩　梅國楨

詞臣銜詔下螭頭擁傳中原愜壯遊兔苑抽毫迎帝子馬
前負弩走諸侯雲連元嶽吟邊遠天澹黄河掌上流芸閣
回看霄漢裏周南雖好莫淹留

送謝仲毓還吳　梅國楨

御溝新水照樓臺送爾臨流一舉杯楊柳曉霑衣袂溼桃
花晴傍馬頭開風流江左原推謝市卒吳門舊姓梅爲問
洞庭垂釣處於今幾度長莓苔

秦秘書投王官歸　梅國楨

西風吹鴈鴈行疎誰信王門可曳裾燕市未須論駿骨秋
江原自足鱸魚還當黄菊時攜酒家在青山好著書寂寞
釣磯湘水上却因君去憶吾廬

送文明府　文蜀人　梅國楨

星軺去去度秋風楚水巴江道路通自是南行須召伯故
從西蜀借文翁春回白雪鳴琴裏雨過青山挂笏中父老
只今看擊壤不妨遊子獨飄蓬

寄邱謙之　梅國楨

幾經謫宦意如何我亦天涯阻笑歌但有緼袍償酒債絕

勝朱紱照鳴珂夢廻細雨青山遠門掩斜陽白髮多欲向
五湖垂釣去不知何處火風波

和張完樸老公祖韻爲貽楚南契丈　梅國樓

偶揮班斧斲天工萬古形神指顧中夢裏翩躚驚獨鶴個
中消息憶冥鴻乾坤老大璇璣滅日月浮沈紫氣通謾說
龍眠稱國手烟霞物色幾爭雄

送趙芝田明府入覲　梅之煥

何處離尊慘暫留城邊新月竹邊樓橋垂霜柳寒猶綠河
帶冰澌咽不流鳴鳳正朝三殿日飛烏還繞一枝秋誰言

別後長安遠夜夜分明望斗牛
百詠山城只作碑御屏名姓久相知獨憐皃鳥追隨處忽
是驪歌淒斷時楚纜冬溫懷愛日漢宮春曉冷南枝青蒲
此去條封事言事惟無一字欺

秋思寄山中故人　梅之煥

塞垣秋草又黃昏定遠何年度玉門頻送飛鴻應有夢不
慙怨鶴亦銷魂白沙鋪月橫塘路紅葉搖霜老樹村念是
年時攜手處莫教秋雨繡苔痕

奉和張老公祖附楚南逵之　梅之熉

持將玉斧補天工雲夢蒼茫烟霧中造士登台無異駿勞
民集澤有歸鴻如來金粟身應是天姥青蓮夢可通點綴
漫誇閻立本楚風原爲使君雄

喜盛叔燕過訪　周之甦

寂寂閒心鎖綠苔雪消冰解自徘徊愁人正似井中坐好
客忽從天上來纔欲談心無半句未曾把酒定三杯明朝
君向東城去悶倚閒階看野梅

秋日同憬初星季二兒遊飛泉菴還宿海潮蘭若偕
允中清隱二上人待月卽事　周之甦

聽罷飛泉過水灣新秋纔得一朝閒蒲團坐白沙閒月短
篴吹青江上山葉拂寒蟬聲寂寞燭憐清語淚潸潸忘言
又自忘歸去數點瀟瀟冷坐閒

和朱瞻御邀飲陳太素東園韻　周之甦

避暑同人到草堂解衣盤礴咏滄浪棋聲閒聽石牀落花
藥微聞水國香馥馥幽蘭飄意氣嚶嚶好鳥弄文章共來
百粵東園客遮莫忘歸趁晚凉

送入蜀者　周世遴

意氣原嘗公子閒忽傳裘馬度西關楚天蜀道三千里暮

雨朝雲十二山春去路旁花寂寂風來江上水潺潺長征
莫說繁華事少婦閨中淚欲潸

醉　周世遴

把酒燈前熟讀騷倩誰解得未流嘲南陽不遇龍猶臥中
散雖閒虱未搔三載空題和氏玉千秋一見故人袍醉來
休問愁多少啼笑無端儘自豪

贈劉同人二首　周世遴

金環壓轡過高軒我一篪和君一壎風雅只今稱爾汝饑
寒猶自說王孫誰家劍是龍津在別處簾看燕子喧底事

胸中休再問報人讐與報人恩
古調方今俱未彈撫將秋氣比儒酸忘情似我貧何病知
已如君死不難事到文章千古在天留明月兩人看世間
多少悠悠者寂寞孤舟江水寒

秋日訪子雲兼和其臥吟之韻　周世遴

相思千里買孤舟欲訴尊前萬斛愁公子如今不好士古
人何必盡封侯倩充行李風烟色代寫時情寂歷秋借問
聰明誰得似依然無計為貧謀

述懷　周世遴

惆悵空餘覺後單星軺依舊向長安月如有恨收殘影雞
自無情送曉寒春思欲從何處訴梅花不似舊時看聰明
誰復能相困只學吹簫第一難

梅惠連雨中邀集同社兄弟限韻即席作　周世遴

共醉吳儈雀嘴茶蕭郎樓上謫仙家雨中月溼雲猶暗花
裏春深寒又加玉洞畫梁頻聚燕晚山殘樹亂棲鴉招來
兄弟陪尊酒費盡風雲供齒牙

酌公盼酒得馮字　周世建

瀟瀟風雨興誰同把酒何辭學醉翁頭上角巾猶可漉胸
中傀儡幾時空隨宜有口休談項作客無魚似姓馮世事
飽諳應縮手功名聊復付郫筒

山居漫興　周世進

孤筇深入亂峰斜山路幽香不辨花泉到石厨炊晚粒雲
流茶圃護新芽慣棲野谷能芟竹暫理荒畦學種瓜自是
山家春好事一簾風月足生涯

送別湖山禪兄自下　周世進

無端秋色動離情落木寒驚塞雁聲兩岸烟花朝氣爽散

村魚笛晚江清雖從遯世忘情久未免懷君怨別生問道
江南多戰伐相期何必待春耕

癸卯雙峯除夕　周世進

碧流高瀉亂峯前盡日溪橋獨往還幾許青山消白髮又
驚殘臘入新年半林疎影侵寒榻一帶晴巒鎖暮烟却憶
舊遊深隱處夜來清夢到匡巔

寄月川李兵憲　周世進

滇海移家入楚鄉萬山深處結幽莊松栽百尺堪棲鶴竹
種千秋欲引凰世事升沈看石火人情浮薄任冰霜烟霞

獨笑誰知己一枕羲皇午夢長

過周子竹莊　劉侗

長年官道輪蹄側結得園林向北藏歲儉不妨收橡栗客
來偶爾著冠裳竹光太邃苔升屋花緒無端蔓過牆門外
況臨沙十里暮應疑月曉疑霜

過穆陵關　盧象昇

介馬臨戎壁壘新連天烽火嘆無民揮戈欲洗山河色仗
策思援饑溺人安奠蒼生千古事埽除逋寇八年塵攜歸
兩袖清風去坐看閒雲不厭貧

金陵春日遊寺　曹應昌

錫杖森嚴虎踞蹲金陵樓閣靜烟橫松園古塔七層小霧
破寒岩一線明竹木朋陰遮石路山嵐拖雨漲春村老僧
一偈山峯外愁縮雲間鐘磬聲

蘇東坡遊定慧寺　曹應昌

山逕逶迤入翠微春深濃露溼人衣試隨稚子穿雲去偶
遇山僧拄錫歸臺閣何年成廢址禪光近日發新輝深山
自古無名刹惟有仙花識者稀

丁丑秋為白下遊月夜弔劉同人仍用前韻四首

陳儒樸

撫心憂患自深知生死那堪夢寐離草木身浮舟不繫羔
羊命薄素餘絲醉吟夜月風波影淒切晨星霜露時龍井
岸邊沈白雪人天嘆息路多岐
與君齟齬廿年知蹤跡天涯憶別離文士風流清似月慧
心紆折細如絲名根欲斷疑緣性傲骨難酬為識時空野
霾雲寧可遏士衡幽理未云岐
驕蹇人情豈得知獨憐鴻雁影迷離青山疊陣人多幻紅
葉搖風雨欲絲碍眼功名眞脫屣送窮文字可違時昨朝

歌舞嘈嘈語喧寂何途試問岐

寒河飄泊約相知春色秋聲暫合離布褐悲秋江水淚痴情拭鏡鬢邊絲已看歲月浮生恨况復兵戈極目時唐子詩飄終却顧寸心得失本無岐

雨中乏薪寄輸無功　陳儒樸

門外泥深一尺强有人高臥古匡牀階前斸桂曾何惜饑上堆塵故不妨舊劍拍時非寂寞殘書焚去亦清狂夜來擁鼻長吟後倫眼浮雲休借將

辛丑仲春魯紫涯過訪燈下奕碁溯往事俱以相逢

甲子年爲韻二首　陳儒樸

歲云辛丑仲春天忽憶相逢甲子年中酒敲詩加昨矣蹇裳踏雨亦凄然長歌曲在吟堪老行路難曾身受憐愛我溪山爭指顧思餘花發好留連

不向人間數問天虛無天意問花前雲山過眼徵前事魚鳥親人索近篇勝概總難成佳相幽情乍起一脩然蒿牀坐隱堪忘世全局猶能記昨年

庚子上巳同友人遊龍湖寺遇雨未幾辛丑茲日余移居龍湖附近有同地各天之感　陳儒樸

不出桃花桃葉涯風風雨雨夢前期江干直作易名嬰柳際重吟古別詩着塢白沙一醉後孤雲殘月未眠時今朝禊事誰同舉水檻停觴獨下帷

春回文　周道一

郊前牧子一牛青綠草芳洲幾客行桃樹錦衚醒夢蝶柳枝金擲暗梭鶯高風落院松琴古煖水流山石酒清橋小度僧詩興漫茅亭竹翠鎖烟林

夏　周道一

忙工把玉種岐田醒客幽窗白晝眠著馬石盤碁疋月古

峯雲軸畫懸天香荷動水拋魚織翠竹搖風操鳥絃長劍一枝蒲葉翦凉亭小扇羽人閒

秋

霞開斧柄爛樵山罷局仙童入洞闢簫拍慢聲蟬噪暮字行斜影雁飛南花香菊樹千金斷月挂桐枝一鏡寒槎泛好溪清夢醒茶亭半醉客杯殘

冬

崖前倚杖小亭東展暖銷冰凍玉鎔飛絮夏詩吟雪白落花春笛弄梅紅臺旁鳳舞寒聲竹澗下龍蟠倒影松開洞

一人誰畫出迷津釣叟皓頭蓬

麻城縣志　卷之五　詩七言律　六十三

國朝

別鄭寶水社兄　項始震

秋老橋頭客夜吝君家漢魏共人斯獨行忌爾才難下大地無功浪得之兩岸雨餘清蒻笠一宵風去暮寒枝有懷未敢吟燈語藏在名山意不疑

別李嵩生先生　項始震

五馬端溪事事無居人谷口指為愚未須卯壑招閒鶴笑說松烟買鏡湖幾地白雲陰覆岸半林黃葉掛成圖并州望有西流水薄暮寒山是故吾

麻城縣志　卷之五　詩七言律　六十四

飲張鹿園年兄園　項始震

青山東去萬峯降石老風流憶大江屐齒漫因繞姓謝鹿門端不自公龐迷離雁角三秋雨黯淡林間十月哤他日華堂歸燕子年年清影上芸窗

贈滑令王鍾銘　項始震

古石城頭落日斜大河米價晚來差一天梅雨風占歲萬樹松聲月到家華子崗頭秋著老襄崖頂上白雲賒西村酒熟人傳否國史時推使者車

飲黃相國園有感　項始震

隨意青松白石安峨嵋天半起騷壇夕陽晚下歸殘笛秋寺宵來乞片肝牆短有時通鶴夢詩寒誰欲作官看東家少婦西村老立盡風金十二闌

夜坐　李春流

寒燈寂寞獨徘徊身後徒將夢裏猜露滴竹枝搖作雨犬驚花影吠成雷更𢦟有意催人去書案無聲料鼠回落月滿簾猶不寐碧雞啼破五更哀

登元暢樓　梅渾然

元暢樓頭望暮春平原烟髮遠山顰千秋俯仰雙溪故歷

代風流八詠新何事只傳齊太守誰人曾到漢平津我來欲問休文病療瘦良醫可在秦

癸卯秋再入青山　黄倫

風塵千載老朱顏迴首滄桑一瞬間重到荒城尋舊跡空餘秋草對僧閒靈湫水諍龍應睡野徑雲深鶴自還此去市朝如隔世夢魂猶在古青山

和邑侯趙圓菴先生韻四首　陳發祥

兒童竹馬喜相迎意外干戈滿眼驚漢沔旌旗遙增色岐黄鼙鼓奪先聲身經矢堞烽煙警心對琴堂柏影橫回想六橋歌舞地徘徊月下任愁生

金湯氣象甚崢嶸成敗休勞豎子爭　聖主宵衣憂半壁元戎朝食壯南征好將捷報長楊獻漫讓功成細柳營趁此兒敎棠蔭淺堯天舜日自光明

莫謂貧時一劍輕折衝引分決師貞指揮兵法形民力較量人情徹底清頓使三農能解甲已令萬竈止呼庚承平豈盡無韜畧經術還須撫字成

白沙映郭水盈盈税駕桑田曉不行村遠石墟民樸質郊雖多壘俗豐亭繭絲日暇風前鶴牛犢春深雨後耕看遍

河陽花滿縣如今復見錦官城

壽屈鷺客邑侯　魯晟

真人雲珮映金魚才子修名華嶽儲笥有黄庭消吏牘門迎紫炁洗爰書玉皇案不循標榜王者師猶擲緒餘直待封留從辟穀笑伊楨幹伍琳璩

客三吳聞邑東羣吹悉平歸家喜賦　魯晟

浣花溪水尚餘姿符剖文翁政匪私鉦鼓東銘橋太尉馬頭露布傳修期渠殲不屑揮貔虎野牧無心學鶡鴟睡起長林搔白髮新詩且賦且耘耔

興福寺　梁中斗

古殿崔嵬刼外藏巋然不異魯靈光斷碑猶記貞觀蹟小閣遙傳荊木梁一沼淼茫魚影亂五山層疊指紋張莊嚴佛國差相似梵磬書聲半曲房

狼山二首　李中素

千尋誰積鐵崔嵬力制頹波倒漩迴江海同歸元氣合荊吳雙控覇圖開憑教刼火論摧敗還聽潮聲自往來獨立茫茫開屈指祖龍終算出羣才

笑廻長袖拂狼山欲掬滄溟洗熱顔匝地五漚盤雪浪浮

空三角出烟鬟海門日照金銀色禹穴雲生玳瑁斑莫向江頭更吹笛梅花明夕滿人間

漢上送梅十七舅家四弟之荊州　李中素

荊南漢北一帆開別酒難禁曉角催岸草低時風欲起江雲送處雨初來頻年蹤跡驚鴻爪千里緘書托雁媒近日郢中無白雪莫將詞賦擬蘭臺

岐亭同李鵠山送鎦孫謀由金陵都　梅鈿

九螺峯外歲方殘衰柳旗亭各據鞍萬里烽烟雙鋏往六朝山水一舟看舊時客在逢休哭故國詩成寄莫酸向有悲歌人未去爲將盃酒弔燕丹

撑橋秋雨　梅鈿

滿林寒葉入來蹊路轉溪門似若耶近岸欲昏行客過亂煙中斷一橋斜纔添野火秋三尺卻到深山雨幾家還策蹇驢下岩去不知衣袖落松花

雷馬二將軍戰死處　張希良黃安

絕壑巉巖盤老鷹戰場何曲陣雲層空山叱馬聞雙劍落日飛雲繞一燈時有覆軍猶勝氣將無降卒亦材能何人起塚陰山侶風雨年年泣二陵

懷梅大有　黃素臣

回頭十載愧同心羨爾幽棲有偶岑涉世明知非淺淺入山何苦不深深儒無退步難辭窩士到謀生已在尋安頓一身惆悵盡白雲紅樹晚森森

恭紀張巡撫平靖東山　胡躍龍

我徂東山賦出征却憐鋒刃罹蒼生大仁自裕安民勇神武尤嚴妄殺兵叢出籌搗穴盡掃村墟護犬戶無驚凱歌計日班師捷化宇欣然沐太平

將歸有一力未俱　萬邦維

振翮南騫偶借栖綠多遂久此扎提菀鈴韻切風中遠擣
練聲過月下凄松秋暮返看獨鶴江干信杳苦蓮難輕裝
束定渾無事只唱驪歌待阿奚

贈陳太虛　萬邦維

逢君靜夜話滄桑驅我閒情到五羊倦裡抽簪非爲老雲
中捧節莫疑狂十年遊債青山夢盡日療饑白石糧一卷
眞文渾不悟持來只索問嵇康

正月杪便有燕至　萬邦維

何事翩翩便繞闌聲聲猶是去年譁雙飛海外經幾許共

話蓬門正早寒風雨未曾侵舊壘徘徊且自息輕翰綢繆
趁此先時意莫便蹉跎春易殘

夜餞介菴有與余把臂入山之志再呈此詩　萬邦維

蹉跎歲月鬢成絲富貴神仙兩失之每愧長途存老馬那
能斗酒聽黃鸝道根不似世緣淺病業何妨藥力遲此處
好尋一壑地他年攜手結茆茨

偶詠　江漢瑞

何事深求僻靜方軒窗由我納清涼金篩盎水魚翻藻綠
籔鄰園竹上牆死雀窺書馴野性山妻脫粟宰家常庭前
隙地剛如斗不種香花省蝶忙

丙午春客北山從子升廷以詩寄懷依韻荅之

白頭藏拙向山中靜憶兒曹笑語雄老去詩思翻蹇澁別
來情性耐磨礱眼從極倦看松綠顏著深愁喚酒紅我惜
落花勤埽地怕敎桃李怨東風

中秋旅懷二首　江漢瑞

耐得枯腸苦索詩伊誰相恤老頭皮西風落葉經秋半東
道攜壺意出奇人散一齋茶竈歇月明萬里鶴聲悲移燈

坐對焦桐語我抱孤懷爾獨知

自昔吟詩不慣愁而今漸覺壯心休青氈困我牛羈足白
髮欺人亂上頭作客何曾經八月離家直已是中秋遣憐
見女情無極紅樹山山望裡收

白燕　鄒汝魯

凝眸高望想非非白羽差池燕燕稀鳴入碧霄留特影泥
啣澄水訝雙歸珠簾久合垂銀蒜娘子何妨號雪衣允矣
離羣誇獨出頡頏誰與敢同飛

憶師　曾讜

孔悉何年再一彈遙憐湘水恨漫漫一窗藜火當年易再續青燈兩世難留得高風存杖履拔來赤幟占文壇幾番怕聽山陽笛檢取殘書夢裡看

勤勸讀書　　曾　謹

揣摩何處得眞傳的當功夫不易全脈正理醇詞欲湛機圓神足色求鮮箇中警策時常露意外精神仔細研費盡才人無數力徒勞門外是堪憐

鶴樓懷古　　曾　謹

獨上危樓接太清烟波一望水波平高低畫閣依山麗遠近風帆送客程仙棗有亭撐老樹梅花無笛落江城白雲黄鶴今何在斷碣殘碑滿地横

題何氏節孝紀實後　　萬繩祜

絶塞烏啼湘竹斑念齡弱草抱枝孱蠻烟瘴雨衝戈戟楚尾吳頭盡閒關兩櫬一身埋白骨孤兒三世買青山而今好見夫君面六十年來歲月閒

白杲值雨　　萬繩祜

小市烟寒槐火新一尊相對送殘春地因白杲山留客時近黄梅雨困人燕得新泥沾溼好蜂含宿蕋帶漿勻鋜鞍

傍險歸原易無那村醪醉轉醇

覽石佛山圖寄僧海文　　楊從龍

紙上招提筆底山分明巇嶮見幽閒此撐石佛千秋峙龕塑金仙一徑彎翠竹竿竿凴眺裡蒼松謖謖夢魂間應知有路緣圖索却恨桃源問渡艱

嵩邱蘭若互相猜宛在何時任溯洄指點匪徒親尺幅遨遊好待沐深培錫飛飄蕩凌空掛花散繽紛繞座堆更欲近尋頭點處山腰隱隱覆莓苔

秋日同友人遊龍湖步韻　　周錫晋

十年曾上釣魚磯別後星霜夢亦稀粉壁尚留蝸篆在夕陽誰逐雁行歸當時只覺逃名是此日翻疑學道非落木空山秋日裏輸君詩律得精微

聞諸公遊麻姑洞走筆寄丁惠疇　　徐家麟

白雲深處麻姑洞二十年前一振衣塵事相牽仙夢杳素心雖在舊遊違山中太古誠何似眼底殘春逐漸非多少携觴游賞客無緣攀附到林霏

其二

遥想春深古洞旁杜鵑爭放野雲香貴遊肯爲看花至老

宿多因淪茗怴紅紫漸稀山漸寂清和初近晝初長會須
共挈匏樽往酌取淸泉一再嘗

劉子知菴讀書雪巢莽早秋同諸友訪之此庵四十
年前先大父曾攜諸子卒業爲時老僧覺一尚存　徐家麟

石橋東渡即靑山蘭若依稀萬木環梵唄有時驚落葉諠
譁無自到禪關林深殘暑如全退路僻遊人費幾灣中有
一編相對者忘言默坐正閒閒
當年先子手遺經講習曾聞寄此庭負笈門生今老大同

時名宿盡飄零蒼松翠栢依然在野水閒雲幾度靑日暮
徘徊何限意殘霞片片落滄溟

龜峰次曾太史龍湖先生韻　徐家麟

歷險捫奇訪古僊巉巗百尺一笻前因休倦足留中道已
覺騰身到半天峯勢干層馳巨浪人間一片浸長煙懸知
絕頂尤奇甚不造雲端肯擬還
登臨何異小遊仙俯視羣山萬仞前乂照多時留絕巘明
燈幾處動遥天寒侵枕席都如水嵐染衣裳只似煙到此
自然塵累淨却看倦鳥盡知還

自笑才華遜謫仙名山清興更無前振衣直上千尋壁舉
手來捫尺五天奇怪愕人懸道石糢糊留客宿岩烟夜闌
更起看朝旭指點扶桑丹九還
不是山中無漏仙還尋曲徑下峯前狂吟敢望留千載凡
唾居然落九天下界村墟生暮靄上方鐘磬出蒼煙遲歸
又借山家宿爲道曾從雲外還

雷馬二將軍詩次張石虹太史二首　徐家麟

誰毒中原縱餓鷹秋高殺氣忽層層廟堂莫救燎原火裨
將孤懸未燼燈馬援據鞍原自壯萬春著矢豈無能可憐

陽九非人力養士區區報孝陵
時事蕭艫愴季鷹孤軍敢入賊圍層塵沙故壘埋殘戟香
火空山炯一燈壯士暫摧終不死逆奴旋滅竟何能只今
海內忘兵革留得英風振木陵

遊古杏花村　李廷庸

靑絲約髮尚初冠過眼繁華只等閒馬上短衣空意氣門
前長嘯冷溪山莓牆花落春猶在石逕雲封客未還勝蹟
到今頻指點小橋依約翠微間

西湖二首　劉炎

十里平湖柳樸隄巧鶯啼處綠陰齊清歌短棹天梯近長嘯虛亭日影低幾抹輕烟浮遠雉一泓新景弄晴鷺山雲濃淡還如墨擬待蘇公醉筆題
湖邊春水没青菱同客乘槎問虎跑柳帶輕陰移席角鳥哢晴色上松梢數拳文石山中友滿眼情雲物外交語到幽奇每神往肯教遊屐等閒拋

秋杪登白臯山絕頂　程九萬

望中白臯千尋峙二十年來始一遊紅葉滿林如笑客黃花臥谷各爭秋三生自昔徒聞語一壑何能畢所求回首花山烟霧今此身疑已在丹邱

送王子戊草歸武昌　胡鐙

幾經睽隔兩相思欻爾遭逢又别離本以雄章聯世譜更因好句見新知波搖舴艋孤帆遠雁到湘江尺素遲遙憶故人歸去後西山夜雨最淒其

過陰山弔雷馬二將軍用石虹張太史原韻　胡鉉

招魂楚塞撲蒼鷹直駐雲峯最上層夜雨空山鳴寶劍秋風老屋落殘燈爭嘗賊膽終無濟欲負臣心百不能寂寞荒邱封碧血高歌薤露過平陵

秋登萬仞巖　胡鉉

著屐登高花滿蹊五雲飄緲碧峯齊[illegible]秋綠竹千條韻到眼黃茅一望迷依逕老蛩終日語窺人閒鳥偶然啼徘徊欲到斜陽道紅葉飛來送我西

晚步禪堂　胡鉉

碧梧翠竹覆庭陰繞逕秋花閟苑深吸露寒蟬吟遠樹出山新月上平林風烟萬里橫宵雁城郭千家起暮砧共話老僧殊不惡長留半偈定禪心

春日遊烟霞寺　鄒洪緒

雲斂晴空聳碧霄招提隱現傍山腰石邊響落泉聲碎窗外青來竹影搖語到煙霞共色切聽殘鐘聲遠塵囂一林花鳥春風暖坐對禪房興未消

秋日遊五華峯　鄒茂林

一片寒山玉露摧高秋馬踏五華臺雲移閶闔千峯擁樹隱旌旗百道來直上層霄空世界鄒[illegible]方丈坐蓬萊夕陽古道鐘聲喨滿徑丹楓點碧苔

遊龜峯　翰維鉞

城東六十到龜峯脚踏高山眼界空舉水洗塵雲路下碁盤作戲霧烟中虬松偃蹇飛流碧怪石參天噴雪紅漫說當年交戰地巖巖滿望古人風

秋夜懷友　周際聖

蕭然長思對山房坐見流星夜未央蘿月當軒篩細影竹風拔戶納新涼懷人千里孤燈遠繫我三秋客夢長景物撩人秋漸老酒闌起舞興猶狂

甲戌夏日登奎樓　李巍

獨上層樓四面開好風吹我儘徘徊山從東望參天去水向西流抱郭回短樹平連紅石嶂餘霞返照白雲臺暮年多少關心事難怪羣公賦七哀

遊懸鐘崖　李巍

雨過層巒翠漸生騎驢好作看山行路緣曲徑渾忘險泉以幽奇不記名日午竹雞啼灌木夜涼松鼠跳燈檠老僧指引無梁殿佛磬初敲第一聲

登龜峰二首　鄒光廷

突撐嶙峋倚雲端石磴何辭拾級難海上雞鶩峯頂見洲邊草長霧中看（遥見鸚鵡洲）老松野鶴千年在破衲山僧五月

寒欲出狂歌心膽怯仙人頭際正驂鸞

萬峰齊伏一峰尊俯視峰層若水紋枯樹半開紅葉隊午煙遥入白雲羣石留馬跡應飛渡人在龜頭信劇聞日暮最堪凭眺處晴霞片片出江濆

山中訪友　胡翔靄

楓林初染葉參差獨訪山家叩短籬野竹纔添四五箇菊花恰放兩三枝雲生石磴沾衣濕風射茶鐺遞茗遲清福自消塵世外柴門從此日追隨

蓼花　胡翔靄

秋靜潭西一色天汀洲小物最堪憐託根漫等飄萍寄得地偏容古木攀十里綠遮遊客騎一灣紅溼釣魚船斜陽影裡頻回首宜雨宜風倍黯然

九日登高用原韻　胡翔靄

龍香鐵撥鳳檀槽挈伴閒吟意倍豪竹杖挑雲妨逕仄角巾簪菊插烟高臺荒戍草空行馬盤擁花餐重賜糕自是惠連饒雅韻閒庭綠蟻泛松醪

喜晴　胡翔靄

調風習習逗疎簾青入苔痕草色添繞郭溪流雙鏡碧背

山岕擁一鬟尖峰鬢戲上花枝濕蝶板輕敲粉膩霑莫訝
公餘無底事細搜物理課幽潜

辛卯秋偕陶星沙同寅和王遠池太史賞菊原韵二首　成倫

小徑風催蝶翅忙菊英香沁露華香迎寒接桂三秋麗耐
冷争梅十月芳物外奇姿君共取箇中清味我先嘗從茲
紛布栽培力匪獨陰成桃李光

清賞拋開百事忙風過筆硯有餘香華黄自識通中美人
淡猶能分外芳異種精英携袖滿隔年佳釀對花嘗一庭
收取秋光艷醉後濡毫敢借光

詠林靖仙洞白梅　蔡搗謙

無塵落孤標皎皎姿蕭疎全與月相宜懶將嬌艷投時好鄭重
冰心向玉墀雪滿仙亭岑寂候月明古洞宜含時淡中儘
有非常味不到調羹未許知

同友人遊龜峯　蔡搗謙

峯山矗擁一峯奇踏翠驚魂勝友嬉尺五去天攀路迴盤
叢危道入雲迷雄風直上探龍窟怯志難隨捋虎鬚幸托
絲蘿凡幾輩好將青眼望江湄

詠白臬山洞口桃花　蔡搗謙

争傳紅杏絢京華誰似仙源洞口花臭味不矜調鼎得菁
英原自壽王家門依翠水三千歲靜挹飛泉一片霞莫訝
東風無限恨雁臺古月照林賒

杏花村謁方山子祠　徐庭蘭

紅杏花中謁古祠方山子是好男兒不將兩騎談三畧且
學羣公戀五芝故國庄田今幾主窮山俎豆亦多時廵廊
捫遍墻腰石悄有坡仙廿字詩

秋日過定惠院訪坡公遺迹　徐庭蘭

潦收天朗寺門幽若有人兮坐百憂一見海棠歸不得一
逢山色調何尤于今綠蘚封殘碣終古黄州訝盛遊滿院

蛩聲如詠史鳳亭人去幾春秋

秋暮過飛仙亭故址　丁雄均

廢亭縹緲鶴歸遲悵望飛仙有所思一徑秋風依鳳嶺千
分夜月映龍池凌虛恍覺神光滿弔古應隨浩刼移我欲
來儀亭白石爛無活火引松枝

遊雲泉仙洞　董時愈

一洞直同天地老至今留得此烟籠清泉臺蘚何須埽絕
壁藤蘿不可攀仙去雲深寒夜月風來鐘響出晴嵐悠然

莫話鷄啼事，即對丹爐午夢酣。

遊密雲菴　　董時愈

尋得空王(?)色相殊，晴烟漠漠澀香厨。蝶窗花鳥閒今古，夾
道松杉入畫圖。芳草日深門外路，青蓮常覆手中盂。一聲
清磬鳴幽谷，舒嘯春山俗慮無。

五言排律

明

山行散步　　周道一

散步長廊下，閒吟獨袒肩。清香白晝永，苦茗碧甌傳。宮廣
喧還靜，山深後亦廉。棲身宜勝地，豁目喜平川。碧水丹山
曉，金雞石鼓喧。七賢峯下屋，三教嶺邊田。九曲溪頭水，齊
雲山下船。有詩爲范蠡，無事學陶[illegible]山川圖畫，溪聲奏
管絃。竹林八士[illegible]，桃李客三千。酒放劉伶量，詩歌李白篇。
好[illegible]橘暇，水澀溫泉。仁智堂[illegible]，三溪山宿有緣。虎溪
如許[illegible]，笑似當年。

國朝

聖德柔遠詩四十韻　　鄒士璁

聖德崇千古，
皇風扇八區。無私同覆載，有澤廓邊隅。靈鳳來丹穴，榮河貢綠
圖。廣輪逾亥步，歌忭繼康衢。郎一車書統，彌宏久大模。文
章開孔[illegible]，治道冠唐虞。泰岱雲迎輦，江淮浪偃湖。蠲租恤
郡邑，發帑濟煢孤。嶺外輸銀甕，厨中産箑蒲。共球重譯至，
干羽兩階[illegible]，山有醴泉溢，海惟練影鋪。欣看日出入，胥沐

露沾濡獨念此荒徼從來拱
帝都歲時修職幣翊戴礪勤劬引領曾瞻柱逡巡走覲見充庭
羅齒草紛厥悉騶騄爾乃蒙涵育羣情示作孚併心思葦
戴稽首望
鑾輿
帝日予嘉汝往哉綏厥徒六飛旋命駕八陣列前驅風伯虔清
道雨師淨灑塗觀兵仍耀德廟算[illegible]卯
神謨谷暗千旗轉營迴萬馬呼雲霞生帳殿貔虎賁氍毹嵩祝
粉蒼赤羽班綴敷膚恩深歌湛露奕宜賦形旋麟鳳蹌而

舞魚龍戲且娛禮成百物洽樂奏大韶敷詰旦陳師旅揚
威絕鼓枹崆峒倚帝甲霹靂耀王鈇佰沛河山澤無嫌爵
祿殊遐方同底定百族慶來蘇返正
垂裳御盈廷捧冊趨請隆
神聖號宣示卑崧俱謙抑超三五謳思遍九郛
宮闈貞肅穆堂陛喜都俞戒諭凜臣僕箴規及劍盂覲揚輝
鉅業奕禩兆祥符大化令洋溢淳風古葛盧小臣矢獻頌
珥筆悉顒愚
萬壽無疆　鄒士璁

華渚流虹日
楓宸介壽年雍容六德懋赫濯武功宣治理超三代恩波沛八
埏四府均雨露七政察璣璿琛賚殊方貢梯航異域牽煌
煌瞻紫氣肅肅拱朱紘嶽瀆高低奠星雲遠近懸嘉禾分
兩穗芝草秀盈阡道合羣生泰勳崇
帝業全照臨齊日月動靜準方圓海宇經綸備
郊壇對越虔
紹庭安纘緒
格廟淨嘉籩

紫殿護花翠[illegible]渾瑞竹鮮問安勤上駟視膳勅中涓恭儉垂型
大仁慈啟後綿澤常頒族姓禮徧逮加賚博厚符坤載高
明體健乾
皇衷時翼翼民事益惓惓屢報蠲田稅仍聞減榷錢好生恒貸
賑宥過許重湔士沐菁莪化人遊浩蕩天中朝多柱石下
邑出廉泉刻玉三巡後受圖五老前雲霞披
御藻典誥著瑤編有作神爲助無窮義盡研守成兼創業裕後
即承先玉燭調元氣洪鈞運化權三春逢月令
萬壽進瓊筵

北極祥光繞東皇淑景妍奇葩香秘馥靈鵲舞蹁躚震旦迎朝
旭和風靄曙烟八荒心儼若百物意欣然寡自安期獻桃
因曼倩傳
尚方陳鳳扆鹵簿爇龍涎仗簇千行列嵩呼
萬歲連日升初炳爍川至汪洄洽不羨丹如粟何須藕似船
天顏眞有喜
王道本無偏至樂
宮中萃太和宇內延小臣叨
盛會華祝愧蠡鑄

金陵紀勝　王承時

淵奇忻勝地過此自心雄步屧遲明月巾揮快大風雨花
催壘鼓桃葉爛浮舸楚游分瀬會秦淮合綺通護山多向
北洄水盡歸東路古懸崖竹亭虛夾岸蓬蒿樵來嶺半間
細撒湖中露湛將洗已雲凌欲斷虹鷺鷥翻羽白荷芰綻
英紅暮渚牛環塔凉磯燕遶宮霧清消野澗霖滴望天空
悟處何臨眺行歌且韻工

七月一日寓眞州別墅風雨夜至憶董臬憲楊州虞
荻浦陶燕厚吳下　李中素

沙村風乍起勢若海波翻四面惟臨水孤身自閉門暗燈
飛電過宿火濕雲屯天入荒林黑江含急雨昏故人猶旅
泊書信隔潮痕成敗慚知已飄零憶舊恩悲來還獨舞愁
至復誰言縱斷空懸劍杯乾久覆樽虛床有蟲響到曉慰
離魂

飛仙亭　成倫

飄渺修眞女傳聞已得仙芳踪稀近在遺跡尚巍然徑曲
松杉古橋危石砌妍泉流瓊珮响山色薜衣鮮花縣思遺
惠瀛洲不計年雞聲仍唱曉鶴馭杳難旋莫覓還丹籙惟

培濟物田玉階如宴會遙望幾重天

望仙橋　胡鉉

平橋彌望迥碧浪正澄鮮石疊下秋萬淵澗十丈蓮鷄聲
留古洞雁齒落晴川丹竈潛燃火青燈淡着烟鶴巢流水
外人渡夕陽邊不復逢仙子長虹豆遠天

五言絶

明

觀白蓮花　董樸

一沼白蓮花清姿異凡質如何採蓮人採花不採實

遊春　邱坦

晴日登臨好春風各望家垂楊夾城路客思逐楊花

秋日山居四首　梅之煥

秋風何時來吹我庭前樹樹樹冷如秋莫放秋歸去

脆葉散丹花澄溪拖白練秋事自古今悲欣各幻變

空山幽獨心秋冷無窮碧忽動桂花枝山風吹月出

山中歸去來酒白荳花紫遠嶼碧澄澄影落磁甌裏

齋居二首　梅之煥

藹藹散樾陰密遮山亭瓦桐葉亭下黄桐子瓦上打

修竹搖青玉風定尚琅琅題竹真清客毋勞鐫二王

日暮登雨花臺　周之甦

日暮下長干匆匆一上臺雨花何處是荒草襯莓苔

遊雨花臺松風閣遇雨　周之甦

踏遍雨花臺松風第一隈脫巾將挂壁山雨又來催

國朝

樂府曲　黄素臣

婉轉誰家女髫齡學採蓮女中嬌自惜含笑不撐船

欸乃歌　黄素臣

焚香祝木蘭造舟記儂語只載行人歸莫載行人去

秋閨古亭　黄素臣

秋雁傳書信聞之未見之金微多少客亭亭薄情兒

聽砧　黄素臣

何處擣衣聲雙雙秋外至嫌月見其衣松月都錘碎

蠟燭　黄素臣

續日月之明開乾坤之暗淚盡心亦灰多所不忍見

遣興二首　胡鉉

曾是學釣者水深若無魚爲問吏名叟潛藏仍自如

南山非所履北山不可徙曉猿惡用驚山人尚未起

七言絶

明

聽松　董樸

風雨來時聲不清風雨止時聲不聞風清月白聲正好此時風味許平分

茅亭　熊吉

亭外平疇水淼茫鼕鼕鼓節競分秧竹𨘟疎處薰風過送得蒸魚麥飯香

問尚蘭谷生祠　熊吉

蘭谷生祠何處尋懐恩起廢更誰人兔葵燕麥皆新主惟有東風不世情

寄梅中丞二首　邱坦

故鄉俗薄不堪留臘月翻爲薊北遊風雪不寒人世惡吾今何處寄蜉蝣

長安市酒濁如泥夜夜壚頭生曉雞欲報雲中書一紙醉來兩月竟忘題

邱謙之園亭　梅國禎

小苑斜連驛道旁酒旗歌吹遶重陽科頭盡日無迎送醉踏飛花溪水長

邱謙之逗雲湖　梅國禎

平楚烟銷片月孤畫船簫鼓出菰蒲君家自有千秋觀不問君王覓鏡湖

次游侍御韻送楚南遊楚　梅國楨

世界三千說楚豪天風八駿驌驦袍如來大地來初地莖草金身萬丈高

飲酒　梅之煥

湖海元龍百尺樓憑凌獨傾萬山秋到來開却雙空眼斜

倚危欄數白鷗

送道一禪師之武克　梅之煥

水縈羅帶月鋪銀松奏笙簧草疊茵笑向峯頭詢玉女前身可是散花人

春日　梅之煥

兩兩三三兒女家滿頭倒插錫蘭花不知結伴緣何意手挽垂楊唱采茶

仲冬同郁寰文甫載酒登石磯遇雨　周之翹

纔到江邊醉石磯怪來山雨點征衣蕭蕭落木寒流細人

在天涯怨未歸

雨中過醉翁故道　周之甦

萬山環翠影濛濛遥望孤亭憶醉翁正擬登臨尋舊勝霏霏細雨又斜風

寄王景六　周之甦

論心把酒十年餘落落晨星各自㪚君去秖今湘水上經年不得一行書

五羊城初度有感　周之甦

去年此日病中身今歳栖栖瘴海濵三十九年初度日四

千餘里未歸人

甲子訪新鄭王大生　周之甦

不到園林又幾年竹深松老草芊芊就中有個忘機客醒即攤書醉即眠

留别奎光二首　周世進

匡生崖畔是吾廬歳月惟消雨一鉏偶泛江槎尋楚客却隨烟水入深居

匡鼎石枕夜生凉幾度山房共曉霜秋色滿江收不盡載將清夢到潯陽

國斳

少年行　劉元猷

夜郎長傍酒旗樓却貴黄金絡馬頭遊俠只須交國士蘭陵爭似五陵遊

和曾龍湖太史石洞八景韻　徐家麟

洞門闢處萬峯青一幅天然展翠屏縱使白雲横掃斷螺尖幾點遠亭亭　晴嵐疊翠

一溪清瀉響潺潺供給幽人枕此山絡石縈林何限意終教岩壑不能關　石澗流泉

觸石浮空奇復奇洞門晴日有時迷白衣蒼狗尋常事此物須臾未足齊　山雲繞洞

煙雨蕭蕭擁萬竿主人無客獨相看此中有節虛難道不獨逢君在歳寒　竹雨含烟

洞口山高月較遲素輝旋看上疎枝分明露冷霜清夜却是空林瑩徹時　秋月穿林

木犀消息少藏遮歳歳山窗復碧紗門外遊人無覓處不知深洞足幽花　庭桂飄香

夜酌幽齋洗破觥松風萬壑送希聲道人醉卧驚濤外不

曉山城長短更松濤夜響

巉巖千仭立何孤留得寒冰映玉壺笑指堅凝難化處何如一點入爐乎　懸巖積雪

和羅邑侯留别原韻四首　　成　倫

高文峻業两煌煌應有循聲達　帝傍鸞鳳忽驚翩羽戢終須鳴𠉀到朝陽

經始宮墻旦復宵多方培植待扶摇講堂郎撤臯比座山斗依然仰碧寥

洋洋美政溢堤輿碑碣雖工繪不如草滿訟庭村莫擾甘棠餘廕益葱予

風清天際淼無涯竹馬兒童憶獻花縱使重來欽露冕只今立岸望仙槎

題魯盈川叅軍畫冊牽牛花　　成　倫

紫瓣青莖艷態賒怪從巧夕靚奇葩河邊一線牽牛恨未觧前身是此花

舟行聞鷓鴣　　李廷庸

乞食齊門漫學竽片帆東下意躊躇那堪路轉黄陵曲細雨春深聽鷓鴣

集唐

國朝

山居　　劉淑順

獨住三峯下蹉跎歲月餘醉歌田舍酒閒讀古人書伍鶴因臨水開畦復剪蔬百年隨分了名利欲何如

張　籍　李季蘭　張子容　白居易
賈　島　耿　湋　王　績　韋應物

寄毛厥孫

一自殘春别逃名市井居病知新事少貧覺故交疎片客從題鳳家人笑著書思君不可得懷舊幾躊躇

賈　島　皇甫冉　崔　塗　韋　莊
羅　隱　韋應物　李　白　白竹簡

堵城道上

舊國迷江樹經過失是非農人耕廢苑蠶妾擣新衣處處聞啼鳥山帷落暉那堪獨馳馬前路客亭稀

皇甫冉　陳子昂　馬　戴　白居易
孟浩然　王　績　崔　塗　李山甫

過厥澹山贈周葱膽

屏居負山郭坎壈無與鄰力學勝今日操心如古人紛紛對寂寞役役常苦辛氣象杳難測誰言空隱淪

柳宗元　儲光羲　馬　戴　李建勳
劉春虛　杜　甫　韓　愈　孟　郊

過宜中三弟新成書室

一間松葉屋光景賴閑林鑿牖對山月穿池集水禽叢篁
堪作伴夏木已成陰自得無端趣開門但苦吟
張籍 張九齡 殷遙 張謂
魚元機 韋應物 李端 無可

新秋夕酌澄波草堂

清暑澄潭月新涼滿藥齋病蟬飛不得嘯鶴調難諧樹諠
雲垂野池分水夾階獨歌還獨酌何事更關懷
楊凌 張籍 賈島 李遠
鄭谷 白居易 錢起 崔塗

學圃處初成自喜

新園聊劃穢風月好相過種藥齊幽石通林帶女蘿靜時
聞水近高處見山多竟日門長掩香焚篆一窠
白居易 李山甫 盧綸 杜甫
許渾 元稹 朱慶餘 唐球

遊宦峯

萬里波濤在目前門開江水與雲連清輝直認中庭月曉
霧橫飛入檻烟怪石盡含千古秀異花長占四時天不堪
吟罷東回首且共高僧對榻眠
賈島 李遠 方干 郭夔
羅鄴 沈傅師 來鵬 鄭谷

過如是山侯槁木師

白茅為屋宇編荊地僻門深少送迎名嶽尋遊今已徧寶
書飛譯學初成煙凝積水龍蛇蟄錫響空山虎豹驚真趣
澹然居屋外遣人懷抱薄浮生
羅隱 白居易 張籍 劉禹錫
盧綸 許渾 劉滄 胡宿

山居述懷寄劉石安

結茅依約畫屏中百丈懸泉舊臥龍用筆能誇鍾太尉注
書曾學鄭司農閒尋古寺消晴日暮倚高樓對雪峯不奈
此時貧且病但來清鏡促愁容
韋莊 王仲舒 李頎 劉禹錫
陸龜蒙 杜牧 皮日休 羅鄴

過曹石霞先生立浪園夜酌

退身高臥楚城幽午夜清歌月滿樓盈篋共開華頂藥圍
爐同憶杜陵秋誰言有策堪經世不擬將心更養愁欲與
明公操杖履熟尋雲水縱閒遊
劉長卿 韋莊 皮日休 伍喬
溫庭筠 白居易 杜牧 曹唐

燕京元日

宮前楊柳寺前花且喜春光動物華殘雪未消雙鳳闕輕
烟散入五侯家遊人飄緲紅衣亂冠蓋爭廻白日斜遙想
滿堂歡笑處永無京信到天涯

王　建　皇甫曙　張　蠙　韓　翃
李　遠　胡　曾　呂　温　杜　牧

遠歸荅鄰翁

柳碧桑黃破國春文章猶入管絃新思鄉每讀登樓賦醉語惟該漉酒巾縱使有花兼有月不堪愁草又愁人鄰翁莫問傷時事榮辱升沈影與身

羅　鄴　張　鼎　劉　滄　盧　綸
李商隱　劉長卿　韋　莊　元　稹

秋柳和劉仲夏

苦竹園南椒塢邊一林黃葉送殘蟬未將梅蕊驚愁眼會逐東風拂舞筵光薄乍迷京口月彩凝猶帶洞庭烟自嫌

流落西歸疾少別穠華又隔年

孫　逖　鄭　谷　杜　甫　李商隱
羅　隱　皮日休　杜　牧　韋　莊

詩餘

明

鷓鴣天　熊　吉

家住光天化日中閒來無事不從容印心秋夜梧桐月拂面春原楊柳風尋快活脫樊籠看山玩水送飛鴻任教蘭桂盈階砌都付東皇與化工　鵲港牛湖學種蓮鳶飛魚躍與無邊風來翠蓋掀銀浪雨過明珠擲玉盤花十丈藕如船白蘋紅蓼結姻緣白衣送酒碧筒勸不負淵明菊棄官

秋意　黃鶯兒　熊　吉

商信曉寒輕玉露瀼瀼玉宇清黃槐夾道霜蹄迅星橋漸成冰輪最明素娥環珮風光近快鵬程蟾宮仙客丹桂一枝新

霜降水痕收木落天空爽氣幽蒼黃四顧山容瘦孤鶩遠浮寒蛩唧啾月明商婦絃聲溜荻風颼江州司馬底事不勝愁

水落石鱗生一道澄江浸醁醽搖搖有客拏孤艇江風自清山月自明細鱗斗酒閒評論正系横翰林學士鶴夢恰

初醒

自歎 駐雲飛　熊　吉

兩鬢星星猶抱遺經細討論一簣爲山峻九仞求泉進名何事苦留人鵬化南溟九萬雲程一日因風順方信龍頭屬老成

勉之 駐雲飛　熊　吉

自日休閒欲致青雲早著鞭莫待朱顔變不覺流年換天天不負精專桂子飄丹桃浪紅翻雷動魚龍變方信嫦娥愛少年

清涼寺景物 行香子　熊　吉

草砌茸茸花影重重聽前溪水韻蕤蕤苔磯浸綠藥圃翻紅喜月穿梅風弄竹鶴巢松曲徑烟通曲檻雲封掃庭除分付清風儒生釋子卒業談空也有禪宗有仙侶有人龍

柳 金衣公子　熊　吉

金線忒溫柔戰風光荳蔻初鴉黃染就荷衣綠情蔭御溝翠橫倚樓紫微垣伴明星宿轉鶯喉一聲清曉春色滿皇都

國朝

南溪看雪 上西樓　梅　鋮

西風吹冷樵巾石嶙峋茅屋無多烟火壓青筠　萬樹裏千巖底畫難皴只著一船閒坐一詩人

賦得小樓前後捉迷藏 如夢令　梅　鋮

屈指今年十四猶未識愁何事結伴趁黃昏躲入綠陰陰裏歡喜歡喜先把繡鞋兜起

搜遍曲欄幽樹尋遍翠烟紅雨巧者不深藏翻在不疑之處相遇相遇扯得何人同去

簾外微行寒峭花底忽來聲悄躭盡許多愁只博一面歡笑多少多少夜夜剩烟殘草

一夜雨聲風陣月下總無人影郎幸未相遭亦覺驚疑難定苔印苔印可惜落紅填盡

觸目 上西樓　梅　鋮

可憐垂柳垂楊在橫塘多少風風雨雨與斜陽　吳宮怨章臺憾總休傷自古風流底事只荒唐

吾園寄李鵠山三表弟 桂枝春　梅　鋮

吾園無幾除楊柳梧桐益無幾矣况又當門種竹鑿池通水傾垣亂石都無緒已至窮此中思理詩家落想畫家寫

意如斯而止　只著得一雙燕子與幾個流螢在綠波烟
裏此外非晴即雨倦眼開起有能坐我幽窗下共商量茗
譜花史與亾付酒成敗論甚惟君來耳
留秋不得寄鵲山索和鳳凰臺上憶吹簫　梅　鉞
桐具餘烟竹將殘雨閒階夜餞秋聲似故人送客異國傷
情不管塞鴻社燕陽關外一概從行惟留我天涯逆旅燈
火寒城　堪驚年華邁矣問誰惜吾霜雨鬢成星笑牛衣
啼渲酸態難禁慢把芙蓉頻拭悲與壯就孰是生平終須
老梅花下風雪道家清

水阻憶楓橋王先生騰起望楓林作浪淘沙　梅　鉞
夜雨漲溪潭斷隔朝嵐坐來空翠半成藍一水懷人山幾
簇幽思詎探　獨望記曾諳秋意都堪高楓落瀑試徵參
隱隱柴門黃葉裏絕似江南
滋陽湖作一萼紅　梅　鉞
問當年種桃花多少染盡武昌煙又種梨花芙蕖榆莢綠
楊錯出中邊隱隱望五雲樓閣簇宮樹雙桂插遙天十里
舟流萬家臺榭絲管喧嗔　不覺舞殘歌散把繁華都改

麥隴封田錦臂籠鷹朱纓絡馬無非奪張弦剛膽得寒山
幾片牛羊日背夕陽還誰道有人酒醒一笑頽然
蓬萊閣觀日出漁家傲　梅　鉞
夜海茫茫秋雨淨青空萬里無纖影誰把火丸拋沸鼎飜
奇不定鴻濛若現崑崙頂　欲墜乍浮光復瞑將圓復碎
炎還冷元氣奔騰終莫禁纔一迸雲霞已散橫天絙
宿瀰橋驛賀新郎　梅　鉞
徒步天涯路笑匆匆西風破傘草鞋秋雨萬水千山蕭條
意盡付斜陽遠樹更點點棲鴉歸暮江上誰家穿黃葉恰

柴門不正當漁浦忽詠出少陵句　石堤板屋留吾住照
殘燈瓦盆酒綠鱸魚乍煑故國漫思歸孤客夢夢也幾多
辛苦空歷遍旗亭沙溆自埽一宵飢寒跡後人來猜是林
宗去錄尺在落昏處
癸丑三月同劉孫謀開敘偶成三闋兼示四弟子楞
以誌感懷　梅　鉞
少年恩擁兵百萬兆擊南戰奮龍泉歸馬草縱橫功烈墓
前長勒故侯碑或相宜
五旬辭謝天子去水山深處盪漁船吹牧笛子孫休識只

消僧舍道人家酒和茶
至今年已四十七二者無一短髭黄稀髮白齒牙虫缺但
餘林屋兩三間與溪山

乙卯春日謔家灣口號 一剪梅　梅鉞

一抹殘陽盡綱遮楊柳東家楊柳西家柴門多共小橋斜
都有桃花都有梨花　薅麥勾桑又摘茶男也波查女也
波查破船幾隻但生涯官不尋他賊不尋他

晚起望杏花作 采桑子　梅鉞

溼紅二月河橋路深箇泱渦淺箇泱渦昨夜門前春水過

輕風細雨開都遍山裡人家山外人家更比當年種得多

下龜峯絕頂 賀新凉　梅鉞

坦步淩虛谷照秋是紫泱青壁窅無草木直下危梯三千
丈何似纍時登矚漸展底衆峯攢簇濟勝苟非吾儕具定
投書也學當年哭猿臂引墜還續　踵撑背肘身猶壓亂
蒼茫後踏吾頂前承吾足俯仰之間雲烟散寥廓海天空
綠不大塊殘陽宇宙且向南岩松多處就老搭箇三丫屋
目一椈洗腸瀑

欄邊小梅 柳梢青　李中素

還如昨翻恨鄉關一番書信一番離索對殘箋淫墨渾難
遣浩歌空拍燈花落　贈別猶思佳作嘲羅浮勝遊虛却
那知今日欲遊無地閉門孤酌煬帝行宮漢家陵闕阿誰
相約算行藏只有圍棊角射尚堪棲託

賦

明

瀛洲亭賦

梅之煥

余泄馬於閶風兮俯覸縹緲之嵩邱尋不死之福庭兮曰三山亘九洲維蓬瀛隱躍於魂淵兮劃弱水之長流揖羽衣於蒙穀兮恍宮闕於蜃樓總采旄而建格澤兮從汗漫以遨遊期飄飄以遐征兮與眞人乎相求嗟仙凡之迴隔兮念欒大之信修謂玉清其不可即兮悵瓊蕤之無徵伊誰鞭彼巨鼇兮旋地軸於茲亭接西崑之靈爽兮聚東壁

之文明襟寶善而帶樂成兮面肅皇帝敬一之箴荷田田以蕩珠兮泉涓涓而玉漱悅魚鳥之親人兮憐砌花之輕覆古藤屈結以孤寒兮蒼虬蜒蜿而欲吼爾乃塵囂市遠風月簾間冰壺濯魄襟袖生寒襲槐陰於翠幕度日影於花磚宛紫薇其夜對吟紅藥之春翻曰避世於金馬兮齊紫綬以青山會心政不在遠兮寧寄想於濠間簿書無擾兮期會不侵信閒閒其容與兮寧與乎倫食而覸陰帝錫我日梯仙兮固將長馭而遠程若既拜此休嘉兮敢不隕越之爲兢兢淵含珠而自潤兮山有仙則靈繄人之重乎地兮豈地之重乎人彼李郭之舟曰仙兮則亦維人之故也把浮邱而拍洪崖兮孰與麗澤於斯人之徒也故振藻鴻裁宣綸鳳沼馬蹴蒻花鑾坡視草則斯亭中之逸韻也寤寐典型跌宕文史竭鶩芳塵景行行止則斯亭中之芳矩也咸池洗日八柱擎天平章獻納舟楫鹽梅則斯亭中之具瞻也乃若綵襴朝披金蓮夜撤毬簇桃花觴巡竹葉躋異數之薦膺愳魚水之猶缺是以玉皇案吏豈必幽元壽國壽民即長生久視神綿於不朽經世出世即憑虛御氣羽化而登仙陋唐皇博望之苑笑漢帝集靈之壇獨憐

平臺靜閬奈何講幄空懸睇龍顏兮隔遠聆天語兮不前咫尺君門兮萬里日夕帝閽兮九關安得縮蓬萊於近地擬弱水以通船

反乞巧賦

梅之煥

惟天孫以七夕嬪於河濱於時蘋風輕拂桐露初零池花香澹屏燭影深柳子獨夜臥看雙星片月窺人如有意微雲渡漢而無聲俄聞仙珮冉冉欲臨若遠若近非夢非醒顧柳子而言曰我則司巧以餘賈人若有意乎柳子聞而憮然曰糞土愚臣邑邑匏落之日久矣惟不而巧以躓於今天孫儼然而庭教之幸甚雖然蒙有猜焉未敢聞命夫謂巧不如拙而憎之者亦拙者之托以蓋其無能也殆不近人情生斯世也邈矣胥庭徑非巧不捷宦非巧無因笑

非巧奚倩言非巧何馨以謀則集以合則親巧中則鋒劇予影射巧運則窾導於風生得之則如石投水不得則如炭置冰臣豈惡此而逃之以自附於頑冥顧非其地樹之不生非其性學之不成臣實不造厥賦維屯抱甕罌而自得昏菽麥於不分筋駑肉緩懶與慢成轉喉觸諱翻手覆美性不傷物頻致怨憎亦足見拙者之效已臣豈不慮方柄不入員鑿而將問覺路於迷津第念蹇者何罪疾趨則傾瞶不辨色聾不審音即此聾瞶即此聰明若夫武夫粉黛木偶冠紳塗抹益其粗醜矜飭齒於神情臣故唾夫效者之非其質而寧不心醜夫彼姝之顰也且天孫之所謂巧天耶人耶天則不可以人力奪人則不可以造化爭試觀鳶飛楮葉誰織經營是名天巧愚者不驚木鳶一日輒敗玉葉三年始成方其匠心獨照鬼斧神斤不過肖造物之常者以爲異而異者卒不可爲常又泥乎巧不宋魯之人者哉且波及臣者又天孫之餘也巧誠可恃孰如天孫然能投七襄之機杼而不能旋一水之盈盈能綿帝庭之黼黻而不能縮經歲之參辰猶且稟蓐收之令徵烏鵲之靈燭龍已駕回顧沾巾豈其能以巧賈人而不能自媒其

身抑遇合有期而巧有所絀拙有所信敬謝不敏行矣天孫於是天孫爽然自失逡巡而退開戶視之萬里一碧

國朝
嘉禾賦并序　萬繩祜
皇上御極之元年布德施惠澤及萬方直省物阜民安休徵疊
見益緣
聖天子澡身浴德洋溢太和以其參贊之功而著太平之象雨
暘咸若有自來也以故天不愛道地不愛寶萃乾坤之精
秀効順於百靈舉凡嘉禾異植蓍草靈根無不各呈祥瑞
以媚茲有道之
一人臣草茅下士濫厠清華親見諸督撫飛章入告皆古今不

世之祥符我
皇上聖不自聖修德彌勤而天之降祥亦正未有艾曩者晉省
徵災偶乖歲序撫臣諾　因以要地需員等事奏請蒙
恩特揀二十員發往山西効力臣某叨與揀選恭隨引
見煌煌
天語刻骨銘心就道以來秋禾已盈隴矣私心竊慶謂是纍纍
成實者皆我
國家斯倉斯箱之富裕也陳陳相因者皆我
國家餘三餘九之積貯也士女歡呼閭閻樂業億萬斯年於
茲為盛矣旬月之內復有絡繹來報者物產靈奇篤生嘉
穀一莖而數穗備焉一穗而萬顆具焉諸臣民歡騰鼓舞
踴躍爭觀以為晉省從古未有之奇夫兩岐麥穗古已傳
為盛事茲之毓秀鍾靈更為奇特百官不得居其功農夫
無所施其力皆我
皇上之德配乾坤功深位育乃有此間出之嘉祥也臣初膺民
社目擊其盛懽忭之私實有不能自已者爰稽首頓首而
獻曰
聖人首出龍德臨軒萬方作覩六合朝元維皇建其有極兮左

史書動而右史記言惟陰陽之合撰兮天地定位而庶物
昌蕃潤土疆兮殊方入眅馴頑梗兮絕域來臣宏文教於
科名兮珠輝玉剖不留席上之珍偃武事於邊鄙兮黃花
無戍凱歌聲徹乎西秦
九重宵旰兮如綍如綸念切痌瘝兮青陽布德而黍谷回春寄
股肱耳目於在廷兮收翼為明聽之助名採嘉謨嘉猷於
百爾兮廣芻蕘工賈之諮詢求治無已作德日新祥徵瑞
應化美俗淳宜乎百靈効順萬物各遂其仁若乃晉陽之
旱澇兮偶乖歲序於清時山陬僻壤之引領待命兮鴻飛

中澤而未免瘡痍惟
皇仁之普被兮獨壓已溺已饑跂鳩鵠於窮簷蔀屋兮救荒有
策誰謂無奇洒九天之雨露兮太行雲起而觸石迷離散
百萬之金錢兮皇華奉節而駟使星馳固已栽培罔外覆
載無私矣況夫大臣有法整肅官方宣揚
睿慮炳炳烺烺清心寡慾烈日嚴霜誠求保赤愷悌慈祥憫窮
黎之莫告兮林總如傷惜撫字之無人兮入奏飛章
宸衷其俞允兮選舉精詳君臣其一德兮交儆明良乃至誠之
感格兮直達穹蒼荷好生之無已兮不轉盼而物阜民康

金風颯颯兮禾黍飄香烟雲靄靄兮菽麥盈塲望隴畝以
流連兮慶秋收而冬藏喜自今其有歲兮將含哺鼓腹以
無疆彼雨珠雨玉之不可以衣食兮何如實穎實栗之乃
積而乃倉既已時和歲稔旋看秀發祥凝萃山川之芭毓
兮氤氳薰蒸備物產之靈奇兮嘉穀豐登疊穗雙岐本人
間之異種珠顆玉粒實　錫之休徵日麗九天秀色映碧
空而皎潔月臨千畝葆光騰黃茂而繽紛較仙圃之瑤芝
育茲萬姓擬堯階之靈莢生我蒸民禾稼既登兮共識
聖世之耕仁耨義倉箱遍滿兮敢忘
盛朝之沛雨油雲乃九州之廣誕降嘉禾而並貽其慶此一隅
之地甫沾湛露而亦効其靈皆由軫恤憂勞之獨至栽成
輔相之維均臣某適奉
恩綸躬逢盛事既揄揚之莫罄實舞蹈之不置欣萬年之有道
兮無為而治識氣運之光華兮寖昌寖熾彼草木何知兮
獨備天地之精誠歷數之綿長兮應造物所篤生非太和
之鼓盪兮胡為精華流露有此特出之奇英三時不害兮
歲功成庶物蕃滋兮百穀榮乾剛獨斷兮品彙亨太平示
日兮萬卉崢嶸自此景星卿雲之數見抑且醴泉甘露之

盈盈

惜分陰賦 以大禹聖人尚惜寸陰爲韻　萬繩祜

混沌開形陰陽交泰輝寶鏡於晴空倚長劍於天外朝旭暉而疑璧夜横河而如帶隨荏苒於三才自推移乎四大若乃隙過駒光晴餘陰雨不我待也有時而窮勉力圖之莫禁其取惟寒暑之遞遷實分寸之無補故奮發者直繼晷以窮年而愛惜者自一息以千古豈後學之不逮乎前人何萬世之獨標乎神禹取法先型緬懷往聖惟精惟勤必恭必敬儆烏兔於壺中惕璇璣於斗柄筆花春早放風捲殘帷藜火夜深燃燈輝短檠是用功深矻矻方能進取

循循眷顧居諸務必盡其在我般勤將就常懷無欲下人雲淡風輕何事覓偷閒於年少薪傳月印正堪指後學以迷津蓋造物無不逝之流光而大儒有竊取之宗匠不隨俗以波靡要自爲其崇尚念聖人之可學猶異世而相望苟人心道心之同歸即已百已千而奚讓所以明旦無欺夫亦韶光足惜雙丸幾處揮戈百代恒如過客自非當下叅求已是今之視昔現前景物依稀碧草黃鸝轉盼流光倏忽綠消紅褪待明日兮無庸識前途兮漸遠我之懷矣乾惕厲於繇繇彼何人斯且流連於寸寸達觀大化克殫厥心歷數休長運轉三陽七政清宵普徧平分一刻千金愼俄頃之凝承階晷增朝暉之線謹幾微於宥密棃花留夜月之陰春風拂拂夏日洸洸秋雲靄靄冬雪霪霪追維百甓齋頭幾戒嚴於安逸瞻彼八州座上猶無即於慆淫惟是竹頭木屑之有用毋亦念瞬存息養而情深

尺山園賦

周際聖

維名園之幽折占地脉於東城緊達人之瀟洒開別墅以陶情睇葯房與花樹既逶迤而屑曲偭梅塢與竹徑還顧盼以交縈樹生香而秀挺卉雜豔以錯程路迂迴兮數轉磴高下兮誰平亭軒敞兮四面丁環抱兮虛明砌石文而致古潭水碧以涵清信嚣塵之自遠肇錫女以嘉名爾乃思窮島嶼想奪崇墜起五嶽兮方寸開十洲兮心胸極精微兮摹倣遂點綴兮成功運宣州之巨石倩白下兮艮工度基址兮向背互倚審位置兮脉絡潛通斷復連兮岡延

綿而斜度起還伏兮覺拱抱以玲瓏遠岫縹緲兮勢欲飛而暫下孤峯矗立兮瞰羅列以爭雄類龍虎之偃仰狀鳥獸之騰風煙纔高而未暝雷乍踏以還空月留巘兮孤皎雨封嶺兮空濛尺寰重巒似迷樵子寸中邱壑疑住仙翁恍入輞川圖裡如經九曲山中至若堂邊古柏嶺上虬松未經漢植儼似秦封亭亭其表磊磊其姿枝含短碧葉帶寒烟高不過頂大可逾拳懷瑱內斂抱樸中堅雲鋪砌下濤瀉窗前踞盤山腹秀啄簷端兩美必合青耐遐年宜幽人之分座摘詞藻以抒妍歌曰人生適意兮貴全其天嗟今之人兮孰識其淵羨君超曠兮萬有錙朝讀書兮慕古賢夜飲酒兮類謫仙蒔花種竹兮心陶然浩浩落落兮葆真元樂天知命兮永與山而並傳

照鏡崖賦相傳武后游歷於此　周際聖

粤自銀華煥彩金錯呈圖四規紀勝九寸形殊元頼志夷則之瑞容成有金炯之呼稽女后之游歷傳税駕於通都合峯巒而鼓鑄採崖窩爲洪爐石脂融其精液百寶鍊其皎珠借山靈以守竈倩玉女而過符假精英於怪石運朗徹於岣嶁爾乃泡水源頭新鄭高嶺石獻妝臺嶂垂美錦旣晶光以斜立抑冰圓而露頂金臺耀日兮儼曙色之催妝橫波澄月兮怳佳人之對影鳳倚層霄兮乍敞芙蓉之匳龍蟠絕巘兮遥識菱花之炳遠霞明兮元錫瑩夜色沈

兮青銅暝雨淒淒兮玉臺寒雪漫漫兮銀帶冷曉月白兮雙鈎懸銀河渡兮半規炯山花爛兮雲鬟遲石骨凝兮翠環迴舞山雞兮影迷離鳴海鳥兮聲咽哽宜深閨之注目爲騷人之馳騁時則胭脂水澹螺黛色摧樂昌之重圓未卜秦嘉之對照無期江上吐光何日水心賞鑒徒悲想晨星之寥落悵寶匣之離披驟經物色幸獲心知神鵲飛來仍是珊珊環珮彩鸞乍啟重瞻冉冉光儀冰奪魄兮羞恠玉容之照玉爲神兮自矜靨輔之姿惟把崖邊瑤草還攀石上喬松夢訪雲英於月窟神摹翠輦於珠宮光景爛兮飄宮娥之舞袖容顏皙兮奏鈞樂之仙童紫艷生於虛壁白氣貫乎長虹不羨昭陽殿裏直疑仁壽宮中永峙千秋金鑑長開萬古心胸惟冰操之無匿影庶止水足以銘功

歌曰鍊石依稀想女媧爐邊踏破青蓮花蓮花幾瓣落峯頭歲歲年年此地留含情遠睇嫦娥笑一樣蛾眉兩樣秋料得羣仙不敢照五雲凝望翠華遊

河圖洛書賦

李　對

天兮無垠地兮無塵氣化凝粹闔闢成文建坤儀而作輔呼乾極而用均含元未露至書初分九垓錯落八柱紛紜藕精氣而盤礴現巨彩以氤氳爾廼聖主當陽萬彙呈祥龍生玉甲龜煥天章統陰陽於在握懸黑白而有常各安其位咸正其方雖散著而見質實聯絡而流光圖以左生而相長書以右剋而無傷圖以混處而理積書以分布而道張故其同也一三不改其處皇極皆建於中而其異也二四偏處於隅七九亦移其地圖體圓而用有方制書體

方而用有圓義圖先耦而後奇靜含動利書先奇而後耦動返靜意其在天也爲日爲月爲宿爲辰不亂其色不雜其形春秋有序次舍互根其在地也爲山爲水爲壑爲林陽者嶔㠐陰者窅深其在人也君臣燦列父母攸宜中處爲尊羣向爲卑若乃爲數始於一成於五陽質奇陰數耦先天後天如賓如主一縱一横如組如舞故夫序著而常變移時位殊而老少有象總三統之遷易乘五運之來往察文明於健順存道統於指掌具八卦之精義開羣聖之靈爽各爲經緯兮渾造化之無迹互爲表裏兮煩疇範之積想爰廼性命正變化生萬者殊一者神兩儀著太極分絪緼交感吉凶以明剛柔旋動消息相乘此皆圖書之奧義而聖人所服膺者也

麻姑洞賦　李　對

考誌邑以麻稱後趙麻秋建也督工嚴猛更五發罷役其女作雞鳴以代工秋覺且怒女避責匿邑北山洞脩真數年訪至捕之姑仙矣姑以仙名洞以姑傳也賦曰

山屼嵂兮磴磴如齒泉清分兮涓涓無塵澗懸簾兮晴能作雨桃倚徑兮幽可逃秦門欲墜而石覆柱無根而冰凝六同斗室勢若列屏輿折曉霽平敞天成潭澄釀洌魚寸爭鳴鐘蒼蒼兮葆翠竹筠筠兮含青空人慮於絕境愁秋

寒之侵襟誠修真之幽室信造物之有神爾乃風生天半如擁霞空峯瘦削壁松老蒼龍銀河射碧流火鶩紅望千里兮感岑寂俯下界兮愛蔚慈仙蹤既秘蓬島潛通固茲山所鍾秀兮亦姑之自具仙風也夫維天以仁庇民以恩好生爲德保合以元維姑以慈愛民能施民登壽域女進瓊卮物華換而代遠風景殊而名垂徘徊兮悲心痒於子夜徙倚兮念功在於鼓陣娘子笪單單堪不朽夫人名城城斯能守托翰音以回天藉石室如在美殆王母授以金莖抑羣仙進以雲藕非僅杖大則避是乃功成不有也乎迄今遐稽後趙逮我　大清物華幾換桑海屢更俯茲仙跡未改滄瀛麻公藉以不朽石洞賴以垂名自不禁臨風浩嘆把酒怡情曠覽窔奧之勿密參性命之精夫豈徒山花含媚夕照成煙聞山寺之鳴磬聽牧豎之歌仙視禽鳥之上下玩雲霞之往還也哉辭曰嬋娟去兮洞崢嶸清案徹骨玉同瑩月下猶聞環珮聲

麻姑昇仙洞賦　李巍

攷志邑城爲趙麻秋所建是日麻城秋督工子夜不輟其女麻姑惻然憫之僞作雞聲鸃父之聞聲罷役也秋覺而笞姑姑遂逃於邑北郭外之白雲臺擇洞居焉後竟仙去即今之麻姑洞也賦曰

出北郭之逶迤兮聳層巒之岏嵂兮隱茂林之蓊翳兮森幽壑之深秘兮雜野花之的的兮吹凉風之淅淅兮掛懸崖之蘿薜兮响深樹之磔格兮乳靈竇之絡繹兮儼秋雨之滴瀝兮□古洞之岑寂兮緬仙姝之遺蹟兮既徘徊而太息兮□□歔而寒默兮當其息心泉石銳志煙霞既投簪珥載謝鉛華聽荒雞兮夢斷城頭之月愁夜雨兮魂飛雉堞之笳寂寂蛩吟冷冷長宵之課綵綵燈影了無世外之嗟玉骨兮撐老古藤烟徑冰心兮空殘潭水桃花惟渴飲兮雲液亦饑餐兮胡麻祇形影以相弔無塵夢之來譁追乎珊珊環珮响入遙空冉冉鉄衣駕言海東控白鶴兮別洞中之瑤草乘紫鸞兮謝嶺上之喬松朝遊雁宕暮踏龜峯詣青母兮談元向碧霞兮持幢訪雲英於月窟謁飛瓊於珠宮飄彩幡兮玉女奏仙樂兮金童開宮扇兮丹鳳

啣寶鼎兮虬龍逍遙物外其樂融融爾迺仙姝蟬蛻遺像雲封蕙蘭芳兮洞口馥杜鵑發兮洞外紅京雀若兮吸洞中之水苔人語兮傳洞裡之鐘宛蜴蜥之游衍兮翻細鱗之赤脊儼猿猱之升跳兮戲松鼠之騰風固已極遊觀之勝槩豈徒瞻仙子之遺踪也哉亂曰若有人兮踞山頭風鬟雲鬢渺難求白雲長鎖山邊路丹竈荒唐澗水流

蟋蟀賦

李　魏

金風薦爽玉露零秋鴈迢迢兮江浦外蟬嘒嘒兮柳梢頭蚓凄凄兮弔凉月螢熠熠兮流芳洲閑階寂寞草荒蕪古牆剝蝕苔勾留燈影沈沈兮山閣人語悄悄兮空樓忽尋聲兮唧唧聞蟋蟀兮啾啾撫節序兮遞嬗訴哀響兮清幽其負形也方首而黑章其賦性也搖鬚以動股不恃勇而矜能每有觸其斯怒□□勝之技健臂似螳螂懷報效□忠嘉名錫爲蚚□獨攄天籟奏無調之宮商別具靈機叶□□□□□揚乍抑喉欲□以轉清以雅以南氣似□□□□□□□□□□留□□□□□□□□分起悲風終□□□□兮簷陰雨爾廻簾櫳□□重瑣闥魂孤丁夕□□滴漸瀝井梧金剪頻放玉軫慵扶斜掛絲籠切□□□□□息高遞角枕嘈嘈助子夜長吁想爾無心未肯課荒土壁　嗟儂獨旦曷禁淚灑珍珠於是萬轉千廻三翻五疊旣愴其凄凉忽怜其斷接和寒砧於淺水訴凉風於敗葉兮□物之有情羌予懷而若怯別有天涯蕩子海角飄蓬似悲秋之宋玉類泣途之嗣宗王粲登樓壯士長歌蕭瑟劉蕡下第文章奐遍秋風旅館魂歸羌喃喃之社燕中宵酒醒聆嚶嚶於草蟲豈曰無衣牀下

蛃勞促織休云共喻爨邊誰拾焦桐吁嗟乎哉幽怨未終離懷何託纔看三春綺陌花暫經九月秋風落哀歌細數銀河淚瀉涓涓緩調低翻榆柳星横漠漠莊周蝴蝶夢將醒蔡琰胡笳拍未却□短而韻長悄流澌以回薄於時秦箏罷響楚管停吹載吟□唐什亦誦豳詩土花碧兮溼雲滴羅袂凉兮海月移傷□□聿之云莫問不樂以何爲望美人兮隔秋水□□□子□何時

麻城縣掌故目錄

麻城縣志　卷之一　目錄　一

第八册

麻城縣志　卷之二　目錄　二

麻城縣掌故卷一

知縣事嶺南黃書紳纂修

周禮六官聖人綱紀天下宰制萬物之道具在所謂政布方策也西魏建六官唐作六典其遺意焉而會典會要之書相繼作矣夫爲政之體巨細畢該各有成憲若吏典之職掌會計之出入禮儀武備之式保甲建置之數雖一縣之小而規制經法莫之或遺茲輯麻城志別取一縣之典則爲掌故于是事例畧備足以資治理而昭法守非曰數典[illegible]

吏書

吏房典吏一人掌一縣之吏事官屬師儒之姓名履歷縣人之出仕於外及進士舉貢之待銓者皆著於籍

掌六房之經制典吏書其受事年月五年役滿申送考職僉清書之老成者補之

吏房典吏一人戶房典吏一人禮房典吏一人兵房典吏一人刑房典吏一人工房典吏一人承發房典吏一人糧房典吏一人預備倉攢典一人庫房攢典一人儒學攢典一人縣丞攢典一人典史攢典一人

掌憲綱之册籍以六條之法序其憲綱分其節目而申明見行之事理一曰吏條二曰戶條三曰禮條四曰兵條五曰刑條六曰工條

吏條一曰僚屬知縣縣丞典史教諭訓導巡檢之員數也二曰閤屬僧會司道會司陰陽學醫學之員數也三曰縣屬在仕之官縣人之官於京師及外省者也在籍之官縣人之已仕而歸與未仕待銓及進士舉人恩貢生拔貢生副榜貢生歲貢生優貢生也四曰六房經制吏戶禮兵刑工承發糧倉庫房及儒學典史之典吏攢典名數也

戶條一曰存恤額設孤貧之月糧花布也二曰銀庫徵解存留之有無也三曰戶口人丁丁糧之額數也四曰課程牙行雜稅之多寡也五曰差繇上司衙役工食與造報戶口人丁之分則也

禮條一曰學校廩膳增廣附學武生之名數與三六九之會課也二曰壇宇山川社稷先農之壇宇坐落方向也三曰山林隱逸孝注山林隱逸之有無也四曰忠孝節烈登注其人之事實也五曰鄉飲言其禮之行否也

兵條一曰舖遞人遞郵傳也二曰急遞驛馬之數也

刑條一日詞訟上司批詞與自理之詞訟也二日監獄犯人疾病醫葯有無禁卒淩虐也

工條一日所屬橋梁道路有無修理行人往來有無稽悞也

掌官員之頒給印信與鈐記劄付之請領於禮部與布政使司者現領麻城縣乾字一萬六千三百八號印信一顆現領縣丞北字三十三號關防一顆現領捕衙北字二十四號鈐記一顆現領儒學乾字七千二百六十一號印信一顆現領鵞籠司乾字九千五百三十六號印信一顆現

領虎頭司乾字一萬二百九十一號印信一顆

麻城縣掌故卷之二

知縣事嶺南黃書紳纂修

戶書一

戶房典吏一人掌一縣之戶口丁糧并一縣之田賦額征地丁起運存留驛站夫馬隨漕淺船驢脚南折等分項征收開除

戶一萬零七百零四戶口一十一萬零二百八十七口

原額人丁一萬六百五丁每丁並加增等項派銀三錢二分二毫八絲九忽五微一塵五纖共徵銀三千三百九十六兩六錢七分三毫六忽八微

八塵三纖三渺康熙四年奉文豁免運夫人丁七十三丁豁除丁銀二十三兩三錢八分一厘一毫三絲四忽五微九塵五纖實在人丁一萬五百三十二丁實徵丁銀三千三百七十三兩二錢八分九厘一毫七絲二忽二微八塵八纖三渺

康熙十一年編審額外增益人丁八丁派徵丁銀二兩五錢六分二厘二毫一絲六忽一微二塵

康熙二十一年編審額外增益人丁一十一丁派徵丁銀三兩五錢二分三厘一毫八絲四忽六微六塵五纖

康熙二十五年編審額外增益人丁八丁派徵丁銀二兩五錢六分二釐三毫一絲六忽一微二塵
康熙三十年編審額外增益人丁三丁派徵丁銀九錢六分八毫六絲八忽五微四塵五纖
康熙三十五年編審額外增益人丁四丁派徵丁銀一兩二錢八分一釐一毫五絲八忽六塵
康熙四十年編審額外增益人丁六丁派徵丁銀一兩九錢二分一釐七毫三絲七忽九塵
康熙四十五年編審額外增益人丁四丁派徵丁銀一兩

二錢八分一釐一毫五絲八忽六塵
康熙五十年編審額外增益人丁五丁派徵丁銀一兩六錢一釐四毫四絲七忽五微七塵五纖　共增額銀一十五兩六錢九分四釐一毫八絲六忽二微三塵五纖　共額內額外共人丁一萬五百八十二丁　總共實徵丁銀三千三百八十八兩九錢八分三釐三毫五絲八忽五微二塵三纖三渺遵奉
恩詔以康熙五十年丁册定為常額雍正六年彙同不在額徵丁銀以內之優免丁銀二百六十五兩二錢五分連額徵共銀三千六百五十四兩二錢三分二釐三毫五絲八忽五微二塵三纖三渺於詳請丁隨糧派等事案內蒙
前督部院邁柱前撫部院馬會伯會同題准奉部文自雍正七年為始歸入闔省糧銀均攤帶徵每糧銀一兩派徵丁銀一錢二分九釐六毫四絲九忽七微二塵三纖一渺三漠八茫六沙四灰六漂七銖四溟九爐以該縣實徵糧銀扣算共該徵銀三千四百七十一兩七錢四分八釐四毫二絲五忽二微二塵三纖二渺五漠二茫一沙四灰計減原額丁銀一百八十二兩四錢八分四釐九毫三絲三忽三微四漠七茫八沙六灰查該徵丁銀三千四百七十一兩零內除彙報夏水偏災等事案內乾隆二年奉准部

文開除山水沖壓丁銀三兩九錢八分一釐一毫三絲一忽七微三塵七纖九渺五漠該徵丁銀三千四百六十七兩七錢六分七釐二毫九絲三忽四微八塵五纖三渺二茫一沙四灰又前項沖壓丁銀內有驢脚麂皮應派丁銀一錢二分六釐一毫一絲四忽三微一塵六纖八渺六漠八茫查此項丁銀節年奏册係於各本欵糧銀內登除今應入實徵丁銀之内以便另於各本欵糧銀內照數登除以符奏册實徵丁銀三千四百六十七兩八錢九分三釐四毫七忽八微二纖一渺七漠一沙四灰
康熙五十五年編審增益滋生人丁一百七十六丁

康熙六十年編審增益滋生人丁一百八十三丁
雍正四年編審增益滋生人丁一百九十丁
雍正九年編審增益滋生人丁二百二十六丁
乾隆元年編審增益滋生人丁二百六十九丁
乾隆六年編審增益滋生人丁二百六十九丁
乾隆十一年編審增益滋生人丁二百九十三丁
乾隆十六年編審增益滋生人丁三百六丁
乾隆二十一年編審增益滋生人丁三百一十五丁
乾隆二十六年編審增益滋生人丁一百一十三丁

乾隆三十一年編審增益滋生人丁五十丁
乾隆三十七年六月十八日欽奉
上諭嗣後五年一次編審之例著永行停止
以上各年編出滋生人丁自康熙五十五年以後欽奉
恩詔永不加賦
原額田地塘共一萬零四百四十九頃六十七畝二分四釐
明洪武二十四年冊定官民田地塘四千零八十八頃六十七畝九分八釐
永樂十年冊定官民田地塘四千三百三十三頃一十九畝四分
宏治十五年冊定官民田地塘四千一百五十九頃六十畝六分
正德七年冊定如之
嘉靖二十五年冊定亦如之
萬歷元年知縣穆煒丈田均糧冊定官民田地塘共計一萬零四百四十九頃六十七畝二分四釐
天啟崇禎冊定亦如之

國朝因明額數永為定例
原額田七千四百二十四頃六十六畝二分二釐（每畝科秋糧民米一升八合九勺七抄）該米一萬四千零八十四石五斗八升三合二勺一抄四撮內二斗以上起科沒官等田米六千四百三十三石一斗八升五合五勺七抄一斗以上起科沒官等田米四百八十九石九斗三升八合六勺二共官米六千九百二十三石一斗二升四合一勺七抄（每地米塘米一石帶科官米四斗零二合二勺九抄七撮三圭四粟）地三則共米一千九百七十四石四斗一升九合三勺八抄帶科官米七百九十四石三斗

零三合零一抄　塘米一千一百四十九石九斗六升九
合五勺五抄六撮帶科官米四百六十二石六斗二升九
合八勺三抄五撮（二共帶科官米一千二百五十六石九斗三升二合八勺四抄五撮）除
清該官米五千六百六十六石一斗九升一合三勺二抄
五撮（每米一石並加增等項派銀一兩一錢二分二釐九毫八絲六忽七微二塵）扣算該銀六
千三百六十三兩零五分八釐一毫四絲五忽三微三塵
九纖二渺　民米七千一百六十一石四斗五升九合四
抄四撮（每石照前則例）該銀八千零四十二兩二錢二分三釐四
毫零二忽二微三塵五纖八渺

原額地二千四百一十八頃八十畝五分九釐內凡三則
上則地二百九十七頃二十畝七分七釐（每畝科秋糧民米一升八各五
勺）該米五百四十九石八斗三升四合三勺八抄（每石照前則例）
該銀六百一十七兩四錢五分六釐七毫零六忽九微三
塵九纖四渺又帶科官米二百二十一石一斗九升七合
該銀二百四十八兩四錢零一釐二毫九絲三忽五微零
三纖八渺
中則地七百六十九頃一畝六分二釐（每畝科秋糧民米一升三合六勺）
該米一千零四十五石八斗六升二合該銀一千一百七

十四兩四錢八分九釐零三絲六忽九微五塵二纖六渺
又帶科官米四百二十石七斗四升七合該銀四百七十
二兩四錢九分三釐二毫九絲三忽四微七塵九纖三渺
下則地一千三百五十二頃五十八畝二分（每畝科秋糧民米一升二
合八勺）該米三百七十八石七斗二升三合該銀四百二十
五兩三錢零五毫六絲九忽五微五塵八纖二渺又帶科
官米一百五十二石三斗六升該銀一百七十一兩零九
分八釐二毫二絲六忽二微五塵四纖二渺
原額塘六百六頃二十畝四分三釐（每畝科秋糧民米一升八合九勺七抄）

該米一千一百四十九石九斗六升九合五勺五抄六撮
該銀一千二百九十一兩四錢零二毫一絲六忽二微九
塵二纖二渺又帶科官米四百六十二石六斗二升九合
八勺三抄五撮該銀五百一十九兩五錢二分七釐一毫
三絲零五微一塵六渺
以上田地塘共一萬零四百四十九頃六十七畝二分
四釐內除豪報夏水偏災等事乾隆二年奉准部文開
除山水沖壓田地一十一頃八十二畝七分實田地塘
共一萬零四百三十七頃八十四畝五分四釐

額載秋糧米二萬四千一百三十二石零九升七合一勺八抄內除官米六千九百二十三石一斗二升四合一勺七抄又除學田濠米五石六斗一升五合零一抄實在派徵民米一萬七千二百零三石三斗五升八合內有免糧二千零五十九石每石派銀八錢一分五釐二毫四絲三忽三微二塵一纖七渺四漠無免糧一萬五千一百四石三斗五升八合每石派銀一兩一錢六分五釐二毫四絲三忽三微二塵二纖七渺四漠內除山水冲壓米一萬七一十九石七斗三升六合三勺二抄實載秋糧米一萬七千一百八十三石六斗二升一合六勺八抄

夏稅小麥每民米一石秋糧內帶派小麥五合九勺四抄七撮二圭田米一萬四千零

八十四石五斗八升三合二勺一抄四撮帶科小麥八十三石七斗六升三合九勺九抄八撮地米一千九百七十四石四斗一升九合三勺八抄帶科小麥一十一石七斗四升二合三勺塘米一千一百四十九石九斗六升九合五勺五抄六撮帶科小麥六石八斗三升九合一勺一抄

共一百零二石三斗四升五合四勺零八撮

夏稅絲每民米一石秋糧內帶派絲五錢六分九釐二毫二絲田米一萬四千零八十四石五斗八升三合二勺一抄四撮帶科絲五百零一觔三兩四錢九分九釐八毫地米一千九百七十四石四斗一升九合三勺八抄帶科絲七十觔零三兩九錢一分九釐塘米一千一百四十九石九斗六升九合五勺五抄六撮帶科絲四十觔零一十四兩六錢零八釐六毫七絲

共六百一十二觔六兩零二分七釐五毫四絲

桑絲每民米一石秋糧內帶派桑絲二分七釐七毫三絲七忽四微田米一萬四千零八十四石五斗八升三合二勺一抄四撮帶科桑絲二十四觔六兩六錢六分九釐零四忽地米一千九百七十四石四斗一升九合三勺八抄帶科桑絲三觔六兩七錢六分六釐四毫七絲塘米一千一百四十九石九斗六升九合

五勺五抄六撮帶科桑絲一觔一十五兩八錢九分七釐八毫五絲六忽共二十九觔一十三兩三錢三分三釐三毫四絲

額徵並加增共銀一萬九千三百六十九兩八錢四分八釐二絲一忽六塵五纖三渺內除山水冲壓銀二十三兩零四分二釐四毫二絲二忽九微一塵二纖六漠六茫實徵銀一萬九千三百四十六兩八錢零五釐五毫九絲八忽一微五塵三纖二渺三漠四茫內有舊書原載班匠額銀四十四兩四錢及班匠額內豁免冲壓四分四釐八毫零七忽八微三塵六纖三渺四漠二茫係乾隆二十三年奉文於奏銷冊內删除

班匠名色統歸
地丁條編造報
加增九釐餉每秋糧一石派銀三錢三分九釐一毫二絲五忽七微該銀五千八百
三十四兩一錢零八毫二絲四忽一微六渺內除山水沖
壓銀六兩六錢九分三釐零九絲三忽三微三塵五纖四
渺二漠四茫實徵銀五千八百二十七兩四錢零七釐七
毫三絲零七微六塵五纖一渺七漠六茫
以上人丁田地塘條餉及增益人丁並優免丁銀等項
共銀二萬八千八百八十一兩五錢六分三釐三毫三
絲八忽二微八塵四纖二渺內除豁免運夫丁銀二十

三兩三錢八分一釐一毫三絲四忽五微九塵五纖又
除丁隨糧派等事案內闔省均攤人丁應減銀一百八
十二兩四錢八分四釐九毫三絲三忽三微四漠七茫
八沙六灰又除豁免夏秋山水沖壓丁糧銀三十三兩
五錢九分零五毫三忽六微六塵八纖五渺七漠二茫
又除優免丁銀二百六十五兩二錢五分查優免丁銀已於書後另款作收以符奏冊闔縣額實總數實徵銀二萬八千三百七十六兩八
錢五分六釐七毫三絲六忽七微二塵零五渺八漠一
沙四灰

起運款項
戶部項下
解南農桑絹正瀆共銀一十七兩五錢四分二釐一毫八
絲二忽
京庫米折正損滴銀共銀一千七百一十八兩五錢零一
釐四毫五絲五忽八微四塵解費銀一十五兩四錢六分
六釐五毫
兌軍折色正損共銀三千零八兩四錢八分九釐七毫九
絲二忽解費銀二十六兩七錢五分五釐三毫四絲四忽

派剩太倉米折正損共銀五百二十六兩三錢八分七釐
七毫五絲解費銀四兩七錢三分七釐五毫
額解南京戶口鈔本折正損帶閏共銀九十三兩四錢七
分三釐五毫四絲六忽零五塵八纖六渺解費銀八錢一
分四釐一毫
北京絹並新加絹共銀七百一十兩零三錢六分八釐七
毫一絲三忽三微
解南正米本折蘆蓆猫竹囤頭等銀一百二十一兩七錢
零七釐三毫六絲

解南糧運官盤纏銀二十一兩五錢
宗祿折色銀二千一百七十二兩六錢九分六釐三毫八絲五忽八微解費銀二兩七錢七分零七釐
茶價雜用共銀九十八兩五錢六分四釐六毫解費銀四錢零一釐
官員俸薪共銀一百二十四兩
民校等銀二百九十五兩
代徵黃岡縣附近本縣舊洲額徵北京乾魚正掮共銀一十七兩七錢五分五釐六毫二絲五忽二微五塵解費銀

一錢五分九釐八毫零二忽
解南乾魚正掮共銀二兩七錢八分八釐六毫二絲三忽七微五塵解費銀二分五釐零九絲八忽
賦役舊編冗欵裁剩銀一千六百七十四兩三錢三分二釐二毫四絲五忽
加增九釐餉銀五千八百三十四兩一錢零八毫二絲四忽一微零六渺
以上共銀一萬六千四百八十八兩三錢三分九釐一毫四絲七忽零九塵九纖二渺

禮部項下
北京藥味正掮共銀四十兩零七錢九分四釐解費銀三錢六分七釐一毫
解南藥味價銀五兩零一分八釐七毫六絲三忽七微五塵
以上共銀四十六兩一錢七分九釐八毫六絲三忽七微五塵

工部項下
緞疋正掮帶閏共銀九十九兩一錢二分四釐八毫一絲

七忽解費銀八錢四分七釐四毫
翎毛正掮共銀一十兩零一錢七分九釐解費銀九分一釐六毫
活鴈正掮共銀七錢五分零六毫九絲六忽解費銀六釐九毫
營膳司料正掮共銀三百零六兩五錢二分八釐一毫四絲六忽解費銀二兩七錢五分八釐一毫六絲
軍器銀一百一十七兩二錢五分三釐三毫解費銀一兩零五分六釐四毫七絲九忽七微

白硝鹿皮正損共銀一百六十二兩六錢解費銀一兩四錢六分三釐四毫如遇折色之年每兩另派京損銀九釐

胖衣褲鞋正銀水脚共銀二十七兩七錢五分

綾紗紙價銀一百九十七兩九錢一分九釐九毫二絲五忽九微六塵候部文之年方派不必於每年帶徵

以上共銀九百二十九兩九錢七分二釐八毫二絲四忽六微六塵

光祿寺項下

甲丁庫供應等銀正損共銀三百九十二兩七錢解費銀三兩五錢三分四釐三毫

新加顏料等銀三百四十九兩一錢九分五釐八毫

以上共銀七百四十五兩四錢三分零一毫

新裁官役俸食等項

順治九年會裁修宅家伙各役工食銀二百八十六兩四錢

順治十二四年新裁柴薪油燭皂夫廪糧門神鄉飲弓兵供應等銀八百八十六兩五錢五分四釐三毫一絲六忽七微

順治十六年新裁民壯馬快草料銀二百零六兩四錢

康熙元二年新裁書辦廪糧等項共銀二百五十三兩二錢

康熙三年新裁歲貢盤纏銀二十一兩

康熙四年新裁教官俸齋門斗草料銀九十三兩九錢二分

康熙五年新裁都事檢校官役俸食銀一百七十二兩五錢二分

康熙六年新裁推官心紅銀二十兩

康熙七年新裁總督轎傘扇夫工食銀七十二兩

康熙十七年新裁知縣心紅紙張油燭併修理倉監教官喂馬草料科舉等銀二十六年奉文撥入起運共一百七十七兩九錢零五釐七毫六絲一忽零七塵五纖

以上共銀二千一百八十九兩九錢零七絲七忽七微七塵五纖總共銀二萬三百九十九兩八錢二分二釐零一絲三忽二微八塵四纖二渺內除奉撥

關帝三祭及支給奉復廪糧銀八十三兩七錢四分六釐入撥存留項下彙造加入原撥協驛站江濟改補正項一千二百五十九兩六錢零八釐零二絲二忽八微零

一纖七渺四漠五茫該額銀二萬一千五百七十五兩
六錢八分四釐零三絲六忽零八塵五纖九渺四漠五
茫內除豁免運夫丁銀一十一兩二錢六分三釐四毫
五絲一忽一微五塵七纖六渺零一茫又除閩省均攤
人丁應減銀一百八十二兩四錢八分四釐九毫三絲
三忽三微四漠七茫八沙六灰又除豁免冲壓銀二十
五兩七錢零五釐五毫九絲六忽零五塵零二渺六漠
八茫實徵銀二萬一千三百五十六兩二錢三分零五
絲五忽五微七塵八纖零二漠八茫一沙四灰

存留支給項下

布政司經歷俸薪銀六十兩皂隸四名共銀二十四兩門
子一名工食銀六兩
照磨俸薪銀四十兩門子一名工食銀六兩皂隸四名共
銀二十四兩馬夫一名工食銀六兩
庫大使俸銀三十一兩五錢二分皂隸二名共銀一十二
兩
知府俸薪銀四十二兩九錢五分六釐庫子四名共銀二
十四兩斗給五名共銀三十兩

知縣俸薪銀四十五兩門子二名共銀一十二兩皂隸十
六名共銀九十六兩雍正六年奉文撥銀一十八兩給仵作及學習仵作工食皂隸款下止給
銀七十八兩馬快八名工食銀四十八兩乾隆十六年內奉文將馬快名色改為捕
役郎食本班工食民壯三十名雍正十一年撥給本縣虎頭關巡檢民壯四名又奉裁六名乾隆七
年又奉裁二名共銀一百八十兩內撥給本縣虎頭司民壯仍在此內支給工食共奉裁八名工
食四十八兩均解司以作加增修理器械之用乾隆元年奉文每名每年加增修理器械銀一兩四十二年裁減一
半每名五錢燈籠夫四名工食銀二十四兩雍正四年裁歸另款解司充餉看
監禁卒八名共銀四十八兩轎傘扇夫七名共銀四十二
兩庫子四名共銀二十四兩斗給四名共銀二十四兩

縣丞俸薪銀四十兩門子一名工食銀六兩皂隸四名工
食銀二十四兩馬夫一名工食銀六兩
典史俸薪銀三十一兩五錢二分門子一名工食銀六兩
皂隸四名工食銀二十四兩馬夫一名工食銀六兩
鵝籠虎頭司巡檢二員俸銀共六十三兩零四分皂隸四名共
銀二十四兩
教官二員俸銀共三十一兩五錢二分齋夫六名共銀三
十六兩二官各半分支膳夫二名共銀一十三兩三錢三分三釐
三毫三絲三微廩生支領門子五名共銀二十一兩六錢

撥運款項

時憲書銀二十三兩零一分三釐五毫解費銀二錢零七釐一毫二絲一忽四微

科場銀二十兩零八錢二分五釐解費銀一錢八分七釐三毫八絲四忽五微

按察司衣夫銀九兩九錢乾隆十八年奉文停止另款解司充餉脚馬解費銀五錢四分二釐七毫

麻城縣掌故卷二

戶書二

學田租課

學院册開原額學田貳項肆畝正賦原係閤縣紳士派納田屬下則界連光商佃民曹士友歐如顯等承種每畝納租穀四斗七升八合二勺六抄共穀玖十七石五斗陸升五合四抄每石折銀二錢五分共徵折納租銀貳拾肆兩叁錢玖分壹釐貳毫陸絲係撥給祖師廪餼及賑給貧生之用

學田坐落地方號數附

明知縣蔣煜用價銀一百兩買生員曾逢署田十石其界

自屆莊後山起至花石洞上下羚羊山頂北抵光山界三冲共計種十石約載米一石五斗五升五合　又用價一百兩買生員朱之琦田十石其界北接會田界西抵黃安界大衆直下馬踏石溝口過河三斗坵一連帥塝邊山一帶人行路山上曲轉繞人衆沿冲直上共計十石約載米一石五斗五升五合　又用價銀一百三十兩買鄉民王正田塘一十三石三斗其界北接朱貢田界西抵黃安周公坳止南自烏龜石冲下至滴水巖曲轉至寶貝衆口連接朱田一塊約載米二石三斗　總共學田三十三石三

斗每年收租大斗二百四十石立社學師俸外音惠寒儒
向係儒學管理後有散失至
國朝康熙五十(原本缺)年縣丞虞遇文清查較原數少三
石九斗零乾隆二十九三十等年書吏舞弊又失田若干
經督撫兩部批歸縣管知縣劉希向查丈出新墾田足償
所失補如原田數目其每年租課亦如舊數除仍送社師
俸外詳定撥入兩書院永作膏火因山路崎嶇盤運維艱
折價貳減者已數十年至今乾隆五十六年知縣黃書紳
查明穀米價貴於從前酌照時價永定八百五十文一石

馬踏石溝

第一號一坵勾股形濶六弓縱十六弓共積九十六步見畝三分九釐九毫
第二號一坵蛇形尾濶二弓二尺腰濶肆弓二尺頭濶四弓共積九十八步見畝四分一釐
第三號五坵合梭形直二十四弓徑七弓共積八百四十二步見畝二畝五分一釐
第四號二十坵合直形長七十五弓橫濶十七弓共積一千二百七十五步見畝五畝三分一釐

第五號二十坵合梯形上濶九弓下濶十二弓二尺長五十二弓共積五百五十六步四分見畝二畝三分二釐
第六號八坵合覆月形弦濶五十弓三尺徑十七弓二尺共積五百八十四步見畝二畝四分三釐六毫
第七號十一坵合覆月形弦濶九十六弓二尺徑二十弓共積一千一百六十二步見畝四畝八分四釐
第八號十坵合欖形中長三十八弓徑二十弓三尺共積四百八十八步七分二釐見畝二畝三釐六毫
第九號三坵合弧矢形長五十弓三尺徑六弓四尺共積

一百八十一步四分四釐見畝七分五釐六毫
以上田共七十九坵俱屬熟田見畝二十二畝零一釐七毫原係吳東升佃種今余殿濟新頂外有稍凹荒田二斗係蔡憲章新門爲地又清丈出煞人凹田一斗飾家塝一坵田三斗係李完赤佃種此處連荒熟併清出占種共田二十八畝零一釐七毫

學田沖屋基凹

第一號二十三坵合直形直一百一十二弓濶四十一弓積四千五百九十二步見畝一十九畝一分三釐

第二號二十坵合覆弓形弦六十三弓徑二十一弓一尺積八百九十步七分五釐見畝三畝七分五釐
第三號八坵合直形長四十二弓横十八弓積七百五十六步見畝三畝一分五釐
第四號一坵直形長二十一弓横四弓積八十四步見畝三分五釐
第五號一坵無形熟田見三升
第六號大三坵無形熟田見三畝五分

屋基凹

第一號十三坵未開荒田見三斗
第二號一坵無形熟田見七升

寶貝凹

第三號永冲大坵荒田見三斗

烏龜石大凹冲左凹右凹併學田莊側

第一號共五坵合方形東十七弓南十七弓共積二百八十九步見畝一畝二分四毫
第二號三坵合直形長十六弓横濶四弓共積六十四步見二分七釐

第三號七坵合勾股形直二十五弓口濶十一弓三尺積二百八十一步一尺見畝一畝一分七釐
第四號十坵合圭形中長三十八弓二尺口濶十二弓積二百二十九步二尺見畝九分五釐五毫
第五號七坵合稜形中長三十七弓中徑二十四弓積八百四十步見畝三畝五分
第六號十九坵合幞頭形東濶二十八弓南濶二十九弓西濶十四弓北濶二十三弓共積一千一百三十四步見畝四畝七分二釐五毫

細凹

第一號二十八坵合直形中長九十二弓二尺横濶九弓三尺共積八百五十七步五分見畝三畝五分七釐三毫
第二號五坵細冲腦上荒田見三斗

烏龜石冲大凹

第一號二十一坵合牛角形中長五十七弓三尺横濶十八弓積五百一十五步七分見畝二畝一分五釐
第二號十七坵無形熟田見二斗
第三號四坵合四不等形東南西北折半得三百一十二

弓五分以東北折半乘之積六百七十五步見畝八分二
釐
第四號三坵合方形東九弓南九弓西九弓北九弓積八
百一十步見畝三畝三分八釐
第五號覆月形弦長九十二弓徑四十六弓積三千一百
七十四步見畝一十三畝二分二釐五毫
第六號四坵無形熟田見三斗
第七號河西無形熟田十四坵見三斗一升
第八號三坵無形熟田見六升九合

五斗四
第一號十五坵合直形中長五十三弓二尺橫濶二十弓
積一千六十四步見畝四畝四分三釐一毫
第二號十一坵無形熟田見一斗二升

畫匠四
第一號七坵無形熟田見八升
第二號十九坵合梯形中長六十七弓上濶十四弓下濶
十六弓積一千五步見畝四畝一分八釐八毫
第三號十坵無形水打田見二斗五升五合

以上田三百十九坵熟田八十三畝四分七釐一毫荒
田十一畝五分此處連荒熟田九十四畝九分七釐一
毫

王正冲
第一號西冲杪無形熟田七坵見四升五合
北第二號二坵合方形南七弓西七弓積四十九步見畝
二分五釐
北第三號九坵合梯形長十九弓上濶七弓一尺下濶十
一弓積一千八百五步見畝七畝五分二釐

北第四號十六坵合鐘形上濶七弓下濶十七弓一尺直
三十二弓積四百八十步見畝二畝
北第五號九坵合菱形口濶四十五弓徑二十五弓三尺
積八百七十九步見畝三畝六分六釐三毫
北第六號十九坵合牛角形橫長十七弓中長三十八弓
積三百二十三步見畝一畝三分五釐
北第七號河北二坵無形熟田見一升
第八號十二坵直形直長三十弓橫濶十四弓四尺五寸
積四百三十五步見畝一畝八分一釐一毫

第九號二十坵合菱形弦濶四十五弓徑四十一弓三尺
積一千七百八十二步一分見畝七畝四分二釐六毫
第十號河北熟田一坵見八升
以上匡淑與夏國忠獻出熟田二石在内
王正冲下口
第十一號熟田已丈見一石
前田係陳巨才之父誤買巨才獻出至石嘴止自王正
冲佛頭石樹起計三十五坵此處以上共一百三十二
坵熟田三十五畝三分七釐

龍泉寺
第一號左冲二十坵合無形荒田見二斗一升
左第二號齊路上止八坵熟田合無形見一斗
右第三號未開荒田九坵見一斗五升
右第四號未開沙壓荒田六坵見一斗七升
右第五號未開荒田六坵見一斗五升
右第六號未開荒田九坵見三斗五升
右第七號未開荒田十一坵見四畝五分
第八號一坵無形熟田見五分

第九號十坵合直形長九十五弓濶二十四弓積二千二
百步見畝九畝一分六釐七毫
書院田
第一號未開荒田十一坵見三斗
第二號三十一坵合直形長七十七弓橫三十五弓三尺
積二千七百一十八步一分見畝一十一畝三分二釐六
毫
第三號水推荒田三坵見二斗五升
第四號十三坵合圭形長八十二弓橫十七弓積六百九

十七步見畝二畝九分四釐
第五號未開荒田五坵見一斗
第六號無形熟田五坵見一斗八升八合
以上荒熟共田四十八坵積熟田二十五畝八分九釐
七毫荒田二十一畝三分此處連荒熟共田四十七畝
一分九釐七毫
細楊樹凸
第一號右凹未開荒田七坵見二斗一升
第二號十坵合梯形上濶六弓下濶七弓一尺中長六十

六弓積四百三十二步三分見畝一畝八分
第三號無形熟田見二斗二升
第四號五坵合直形上下濶十三弓中長二十一弓積二
百七十三步見畝一畝一分四釐
第五號未開荒田八坵見一斗二升
第六號未開荒田二坵見二升
第七號未開荒田五坵見一斗八升
第八號二十三坵合圓形周一百四十七弓中濶二十八
弓積一千三十八步七分五釐見畝四畝三分二釐八毫

第九號二坵合蛇形長五十弓尾濶三弓腰濶四弓頭濶
五弓四尺積二百六步五分一釐見畝八分六釐
第十號未開荒田三坵見一斗
以上六十六坵積熟田八畝三分二釐八分二釐八毫
三分此處連荒熟田一十四畝六分二釐九毫

大楊樹凹

第一號未開荒田六十坵見二石一斗五升
第二號無形熟田一坵見二升
第三號二十三坵合方形東濶二十弓西濶二十弓南濶
二十弓北濶二十弓積四百步見畝一畝六分五釐四毫
第四號未開荒田十五坵見五斗二升
第五號未開荒田十坵見八斗
第六號無形熟田八坵見二斗六升
第七號無形熟田二十四坵見四斗五升
第八號未開荒田七坵見二斗
第九號未開荒田六坵見二斗
第十號無形熟田見四升五合
第十一號未開荒田四大坵見四斗五升

第十二號七坵合直形直二十九弓濶九弓積二百六十
步見畝一畝八釐八毫

畫石溝南一冲

第一號六小未開荒田十四坵見三斗二升
第二號二坵合覆月形口濶九弓徑八弓積六十八步見
畝二分八釐一毫

鐵爐溝

第一號未開荒田五坵見六升
第二號一坵圭形口濶九弓中長八弓三尺積三十七步

五分五釐六毫
第三號未開荒田一坵見二升
第四號五坵合𣷹形上澗十三弓下澗十八弓中長二十
二弓積三百四十一步見一畝四分二釐
第五號十一坵合覆月形曰長二十六弓徑十九弓二尺
積四百三十四步見畝一畝八分八毫
第六號未開荒田七坵見二斗
第七號未開荒田七坵見六斗
第八號八坵合直形上濶八弓中長三十八弓下濶八弓

積三百一十二步見一畝三分
第九號未開荒田三坵見六升
以上共田二百六十坵積熟田一十五畝八分五釐七
毫荒田五十畝四分此處共荒熟田六十五畝八分五
釐七毫自學田冲起至鐵爐溝下半止計五冲九凹之
田現係彭公有曹士友歐汝顯耿非宜分種
鐵爐溝下熟田五畝現邱國臣種
舊店後窩熟田大小四坵積二畝四分現李孔昭種
全算熟田二百零一畝九分四釐荒田九十二畝通共

荒熟田二百九十三畝九分四釐
殷山畈滴水岩學田冲學田亦係蔣知縣捐置原田五石
失田三石零止存一石二斗乾隆五十六年奉知縣黃書紳
查出田三斗租穀一十五石餘田俟再清查其田共載
民米五石一斗四升共立花名蔣惠儒一由完納粮米其
後令總書將學田米與本縣城外濠米攤派三鄉花戶合
勺帶去
康熙五十六年知縣吳顧行捐廉買置學田七處延壽壠
周基國所賣

第一號田四坵合梯形上濶十八弓下濶四十二弓中長
四十四弓
第二號田五坵合直形横三十弓直四十六弓
第三號田一坵四不等形東四十二弓南四十弓西十九
弓北二十四弓
第四號田三坵合直形横二十二弓直三十一弓
第五號田四坵四不等形東四十一弓南三十五弓西三
十一弓北三十六弓
門首田二坵一斗又二坵一斗又塘下二坵一斗又南塝

田六坵共二斗四升共塝田六坵三斗

以上共田三十五坵計四十畝有塘三口 收租穀二十一石

三里橋會健所賣之田

第一號田一坵佔五升

第二號草塘一口直形三斗直三十八弓

第三號田一坵四不等形一石東五十一弓南四十七弓

西十九弓北五十九弓

第四號田二斗四不等形東二十弓南十八弓西二十八

弓北二十二弓

第五號田七斗直形直五十一弓横三十三弓

第六號田五升直形直二十四弓横五弓

以上共田五坵計二十畝塘一口一斗八升又塘一口

五升 收租穀十八石

萬家樓蕭儒席所賣

第一號田一坵直形一斗横十弓直二十四弓

第二號田一坵直形一斗一合横九弓直二十七弓

第三號田一坵四不等形二斗一合東二十一弓南二十

四弓西十五弓北三十一弓

第四號田一坵四不等形四斗二合東四十弓南二十八

弓西四十四弓北二十弓

第五號田一坵直形九升横八弓直二十四弓

第六號田一坵直形一斗横十弓直二十四弓

第七號田一坵直形三斗三升二合横十弓直五十弓

第八號田一坵直形一斗四合横十弓直二十五弓

第九號田一坵扇形二斗七升

第十號田一坵四不等形三斗東五十弓南十九弓西四

十六弓北十一弓

以上共田十坵計二十畝塘三口 取租穀十四石

兩河口王弼臣所賣

第一號地二厢四不等形一斗二升二合横十三弓南二

十弓西十五弓北二十二弓

第二號地一塊直形一升二合横十四弓直二十弓

第三號田一坵直形一斗二升一合横十四弓直二十一

弓

第四號圭形田一坵四斗中長六十四弓

第五號田七坵四不等形四斗東二十五弓南三十四弓

西三十五弓北三十弓
第六號田四坵梯形二斗三合上濶十三弓中長二十七
弓下濶二十四弓
第七號田一坵四不等形一斗三升四合東二十一弓西
十七弓
第八號田四升
第九號田七升
第十號田三升
以上共田十四坵計一十四畝地三厢計一畝五分塘

二口收租穀十二石
乘馬岡鮑襟三所賣
第一號田一坵一斗三升三合上横八弓中長二十弓下
横二十一弓
第二號田一坵一升五合東二十四弓南二十弓西二十
九弓北二十六弓
第三號田二坵八升一合東二十五弓南十四弓西十一
弓北十六弓
第四號田四坵二斗東二十八弓南十八弓西二十弓北

二十二弓
第五號田四坵七斗三升八合東二十四弓南二十弓西
二十弓北三十弓
第六號田七升二合覆月形中徑十二弓
第七號荒田二升
第八號田九坵六斗七升一合東二十二弓南五十弓西
三十弓北五十四弓
第九號田一坵一斗五升三合勾十六弓股四十六弓
第十號田一坵一升六合勾十五弓股四十四弓

第十一號田三坵四不等形二斗五升五合東三十二弓
南二十弓西四十弓北十四弓
第十二號田四坵一斗八升二合東二十弓南二十五弓
西十八弓北二十弓
第十三號田八坵五斗八升四合東四十弓南三十弓西
五十弓北三十二弓
第十四號荒坵五各一半
第十五號地二塊直形二斗横十弓直四十八弓
第十六號山地四塊

第十七號山地二塊
第十八號山地五塊
以上共田四十坵原載田三石地二斗屋三間照丈量
册扣算多田一斗二升地二斗之外多荒地十一塊收租
穀二十石
走馬岡曾天成所賣
第一號田一坵二斗横十弓直四十八弓
第二號田圭形一石三斗四升八合濶三十七弓勾濶五
十四弓中長四十八弓縱長八十二弓

第三號無形田三坵一斗三升八合五勺
第四號梯形田二斗一升上廣八弓下廣十六弓
第五號腰形田二斗三合中濶十二弓中長三十八弓
以上共田七坵計二十畝二分塘一口收租穀十二石今加一石
烏雀林汪厥昇所賣
第一號田不計坵四不等形五斗六升東三十六弓南四
十弓西三十弓北四十二弓
第二號田梯形二斗八升五合上濶十六弓中長二十八
弓下濶二十弓

第三號田七升五合
第四號田九升
第五號田七升
第六號田一斗二升
第七號地直形一斗二升横九弓直三十二弓
第八號地勾股形二斗勾濶二十弓縱長四十八弓
第九號地直形一斗横七弓
以上共田壹拾貳畝收租折穀錢六千文照丈量册扣算多地四
斗二升

以上學田七處每年收租穀大斗九十五石以五十石
作萬松書院膏火以三十八石作養蒙書院膏火以四
石給書院辦事工食以二石給禮房造册紙筆之費新
加走馬岡穀一石存又白衣菴棉地一十五畝久被水冲任
家河棉地三畝二分庄屋四間每年租錢一千三百文
分送兩書院
養濟院田地附
紳士周基國鮑啟湘捐附開所捐田地數目
坐落五里墩距城南五里　壁塘下一坵四升　一坵二

斗五升　一坵一斗三升　泉塘岩下一坵三斗　一坵七斗　共田一石四斗二升　屋北首地二塊五升　沙㙇口下地四塊二斗五升　過泥坵二塊二斗　又二塊二斗　下岸地一塊二升　乾二斗共四塊　乾三斗共六塊　東首地一塊八升　三角湖口地三塊二斗　南首地二斗共四塊　屋基稻場隙地共一斗　共地二石八斗

總計田地三石二斗二升約存本縣戶房田地係戶房管理

麻城縣掌故卷之二

戶書三

均徭款目

各巡司弓兵徭編四十一名虎頭司一十一名鵰籠司三十名　永充二十名俱虎頭司共銀一百二十七兩二錢零七釐六毫五絲詳奉撫院批允撥補舖兵工食

各舖司兵徭編九名縣前舖一名十里舖二名白棠舖一名白杲舖一名沙河舖一名王家樓一各黃福店二名每名原額正閏銀四兩五錢九分九釐永充四十一名縣前舖七名十里舖四名白棠舖六名白杲舖六名沙河舖一名望花舖七名王家樓三名黃福店二名每名原額正閏銀壹兩八錢　共

銀一百一十五兩一錢九分一釐又加前撥補銀一百二十七兩二錢零七釐六毫五絲後備用銀一百一十七兩六錢零一釐三毫五絲共銀三百六十兩每名支銀七兩二錢

各河渡夫六名縣河高岸河各二名浮溪河白塔河各一名每名正閏銀二兩零三分三釐三毫共銀一十二兩二錢順治十四年裁銀七兩六錢存銀四兩六錢

各渡修船銀六兩二年一修每年該銀三兩縣河高岸各一兩浮溪白塔各五錢康熙十七年裁銀一兩伍錢存銀一兩五錢

迎送皂隸議裁一半抵經制外實存十名工食銀五十兩零八錢三分三釐

祭祀雜支

文廟二祭共銀四十兩

崇聖祠二祭共銀七兩

關帝三祭銀三十五兩七錢四分六釐雍正七年奉文添設係起運項下撥給

山川壇二祭共銀一十兩

社稷壇二祭共銀一十兩

名宦鄉賢二祭共銀七兩

縣厲壇三祭共銀一十一兩香燭銀一兩零伍分厲祭米折銀一兩二錢二分

以上各項祭祀均祭案內按欵增減計餘銀一兩九錢九分已照實徵之數歸入起運項下充餉

鄉飲二祭共銀伍兩

新舊會試舉人以上二十五名爲率每名長夫銀二十四兩共銀六百兩三年一次每年該銀二百兩雍正九年奉文將此項銀兩按年解交司庫遇會試之年按照通省會試舉人名數均派給領

歲貢花紅旗匾酒席銀一十兩正陪二名赴考腳力銀各一兩共銀一十二兩二年一次每年該銀六兩乾隆二年奉文將此項銀兩按年解交司庫合計出貢名數均派給領報銷一次

對讀生五名每名銀五錢音手五十名刊錄匠四名每名銀二錢五分共一十六兩三年一次每年銀五兩三錢三分三釐三毫三絲

本縣吹手八名每名七兩三錢二分共銀五十八兩五錢六分備用銀一百一十七兩六錢零一釐三毫五絲撥補舖兵工食

孤貧三十名每口各米三石六斗每石折銀伍錢共銀五十四兩乾隆三年奉文每名每年加增銀四錢二分於司庫地丁銀內撥給共額外孤貧照例在司庫存公銀內動支不在該縣徵銀之內每名布花銀三錢共銀九兩

部寺解費銀六十一兩二錢五分五釐二毫八絲三忽七微

存留實額銀二千一百四十二兩五錢零六釐六毫五絲

二忽九微又添設廩糧銀四十八兩康熙二十四年奉文復設支給廩生係起運項下撥給

連前共銀二千二百二十六兩二錢五分二釐六毫五絲二忽九微

添撥各項

虎頭關民壯四名工食銀二十四兩係雍正十一年於本縣民壯內撥給再乾隆元年奉文民壯每名每年加增修理器械銀一兩共加增銀四兩係在司庫各屬完解裁汰民壯工食欵內支給不在該縣額徵之內查加增銀兩乾隆四十二年裁減一半以爲修整軍裝塘房之用

教官加品俸銀四十六兩四錢八分乾隆元年奉文教職加以品級給與全俸

其加增銀兩係司庫地丁
銀內支給二官各半分支
先農壇祭祀銀五兩 乾隆五年奉文將耤田存穀變價動用如有不敷仍於司庫存公銀內奏
給復於乾隆十三年奉文於耗羨酌定章程案內每年赴司請領銀二兩八錢二分五釐其不敷銀二兩一錢七分五釐任於耤田收獲舊存穀石變價奏辦如無舊存穀石該縣自行捐奏備辦祭品乾隆二十四年奉文禁用捐墊字樣又經咨准部覆將收存穀石儘數備如有不敷挨數找給不必以二兩八錢二分五釐之數爲定
常雩禮祭祀銀五兩 乾隆七年奉文設立係司庫存公銀內動支
以上各項銀兩除虎頭關民壯工食係本縣撥給其餘
均不在該縣存留支款額役之內

驛站款項

協編武昌遞運所紅船三隻共水夫三十名銀二百一十
六兩 帶運銀三兩六分每隻修船銀一十二兩 共銀二百五十五兩零六分 內撫院座船零夫三名每名銀七兩二錢帶閏銀一錢二分在省聽差三隻每隻夫十名除泒興國州二名大冶縣一名外本縣實編夫二十七名每名銀六兩帶運銀一錢外每夫泒銀一兩共銀三十二兩四錢徵解貯庫如遇裝紙過京聽文支給空閑不許冒領
濟安驛馬六匹 每匹正價銀三十兩帶閏銀五錢又零銀二十六兩五錢帶運銀四錢四分二釐
共銀二百零玖兩九錢四分二釐
站船水夫四名又新加二名 每名銀六兩帶運銀一錢 共銀三十六兩
六錢

設建太平驛馬二十六匹 每匹銀三十兩帶閏銀五錢 共銀柒百九十
三兩
太平驛支應銀一百三十七兩二錢 帶閏
館夫二名 每名銀六兩帶閏銀一錢 共銀一十八兩三錢 以上各役工食解給修船銀解貯聽支
協編襄陽府屬呂堰驛馬一匹 正銀三十兩帶閏銀五錢又零銀七兩九錢帶閏銀一錢三分一釐六毫 共銀三十八兩五錢三分一釐六毫 解費每兩五釐 該
銀一錢九分二釐七毫
原派荊州將軍祿新議改抵蘄州額派呂堰驛馬價銀七
十兩 解費每兩五釐 該銀三錢五分 俱照舊按季解給
李坪驛支應銀三百八十兩

走馬夫遞

排夫一百四十名 每名正閏銀七兩三錢二分 共銀一千零二十四兩
八錢內撥本縣應役轎傘夫六名入抵經制外實徵銀九
百八十兩八錢八分 走差一百三十四名
建設太平驛站夫八十名 每名正閏銀七兩三錢二分 共銀五百八十
五兩陸錢
脚馬四十五匹 每匹銀二十四兩帶閏銀四錢 共銀一千零九十八兩 俱給

走差二項徵銀給領
以上二項各款共銀四千六百一十五兩三錢一分三
釐六毫係本縣原編驛站夫馬之項所有現設排夫各
數及裁減緣由合併開載以備查考
排貢夫六十四名該工食銀四百六十八兩四錢八分康熙四十七年抽調十名工食銀七十三兩二錢雍正三年裁夫二十七名工食銀一百九十七兩六錢四分乾隆二十二年裁夫十名工食銀七十五兩二錢乾隆三十三年裁夫五名工食銀三十六兩六錢解道支用並移司充餉
存夫一十二名工食銀八十七兩八錢四分乾隆四年奉文扣除小建遇閏加增

麻城縣志　卷之二　戶書　四四

脚馬三十名該草料並馬夫獸醫工食藥餌等銀六百四
十九兩二錢雍正四年裁馬六匹工食工料等銀一百二十八兩四錢雍正六年裁馬一十四匹工食工料等銀三百二十兩乾隆十八年裁馬五匹工食工料等銀一百九兩四錢乾隆二十四年裁馬五匹工食料等銀一百九兩四錢全裁訖俱經解道補給羅田縣並移司充餉
兵部項下
秋糧折色起運
解南江濟水夫一百二十三名每名銀四兩零九分二釐共銀五百零
三兩六錢八分五釐每兩京損銀九釐該銀四兩五錢三分三釐
一毫六絲五忽

解南柴薪四名每名銀一十二兩共銀四十八兩帶閏銀一兩六
錢都察院並太醫院刑大理寺少卿濟川衛知事名一名
皂隸九名每名銀九兩帶閏銀一錢五錢共銀八十二兩三錢五分
以上三項連前原編額徵驛站共銀五千二百五十五
兩四錢八分一釐七毫六絲五忽內除豁免故夫丁銀
七兩八錢二分五釐七絲六忽四微八塵三纖六渺冲
壓銀四兩四錢一分四釐六毫九絲三忽四微五塵九
纖五渺三漠四茫又除仍照協濟徒多轉折等事案內
抵補各衙途動支民賦解司充餉一千二百五十九兩

麻城縣志　卷之二　戶書　四五

六錢零八釐零二絲二忽八微零一纖七渺四漠五茫
外實徵銀三千九百八十三兩六錢三分三釐九毫七
絲二忽二微五塵三纖一渺二漠一茫內有每年排夫
工食應於本縣額編驛站銀內動用銀八十七兩八錢
四分又編設驛站酌用買補馬價銀二百七十五兩五
錢八分五釐三毫零六忽五微四塵零四渺六漠六茫
撥協歸州巴東工料馬價等價一千零九十七兩九錢
八分五釐七毫八絲三忽七微八塵三渺五漠五茫紅
船水手工食銀二百五十五兩零六分裁二銀一千二

百三十七兩三錢二分二釐八毫八絲一忽九微三塵四纖三渺裁夫馬工食工料銀一千零二十九兩八錢四分俱解道支用並移司充餉

隨漕欵項

運糧官軍行月二糧米一千一百一十九石七斗五升六勺四抄六原代黄陂縣運糧官軍行月糧米七百三十三石二斗零七合七勺五抄（俱每石折銀四錢）共銀七百四十一兩一錢八分三釐三毫五絲六忽

江西運糧官軍月糧米五十七石六斗九升三合五勺四

抄（每石折銀四錢）該銀二十三兩零七分七釐四毫一絲六忽

淺船銀五十五兩七錢三分五釐（解費銀每兩九釐）該銀五錢零一釐六毫一絲五忽

以上原額共徵銀八百二十兩零四錢九分七釐三毫八絲七忽內除豁免運夫丁銀一錢一分六釐一毫三絲一忽四微二塵一纖七渺又除豁免冲壓銀九錢三分四釐三毫四絲六忽二微八塵四纖七渺肆漠二茫實徵銀八百一十九兩四錢四分六釐九毫零九忽二微九塵三纖五渺五漠八茫

南糧正米（每秋糧一石派正米三斗七升七合五勺二抄九撮七粒八粟九顆）該正米五千六百三十四石六斗（每石耗米二斗五升）該耗米一千四百零八石六斗五升

以上二項共南糧正耗米七千零四十三石二斗五升內除豁免冲壓米八石零八升零二勺七抄三撮三圭六粒六粟外實徵米七千零三十五石一斗六升九合七勺二抄六撮六圭二粒四粟於特請

皇仁等事案內奉文自康熙三十九年爲始每石七錢改徵折色應折徵銀四千九百二十四兩六錢一分八釐

八毫零八忽六微四塵三纖八渺（另南糧正米一石里納驢脚米一斗五升）

額徵驢脚米八百四十五石一斗五升（奉文每石折銀一兩內以二錢給解役）該銀一百六十九兩零三分八釐（奉文裁解餘八錢充餉）該銀六百七十六兩一錢五分二釐二共額徵銀八百四十五兩一錢九分內除豁免冲壓銀一兩零九分五釐五毫二絲九忽一微三塵八纖二渺九漠一茫外實徵銀八百四十四兩零九分四釐四毫七絲零八微七塵一纖七渺零九茫

麂皮另派京擯（每秋粮一石派銀六絲五忽零六塵四纖七渺八漠八茫）該銀一兩四

錢六分三釐四毫內除豁免沖壓銀一釐八毫九絲六忽
八微四塵八纖四渺三漠四茫外實徵銀一兩四錢六分
一釐五毫三忽一微五塵一纖五渺六漠六茫
門攤雜課銀六十二兩零八分八釐無徵
優免充餉銀九百八十五兩九錢內有優免丁銀二百六十五兩二錢五分
代徵黃州衛籽粒計料銀六兩六錢五分六釐二毫七絲

雜稅款項

牙帖稅九十七兩二錢該縣原經報部牙稅銀六十四兩三錢乾隆二十五年遵奉部咨分別繁盛偏僻量增稅銀三十二兩九錢

當舖八座每座每年納銀五兩共徵銀四十兩每年開歇不一稅銀原無定額
田房稅正額銀九兩六錢盈餘銀兩儘徵儘解原無定額
牛驢稅銀儘徵儘解原無定額
鹽引稞稅麻城額銷引一萬一千二百六十引每引改子鹽四十一包六分九釐六毫乾隆十三年內奉旨蒲草歉產加鹽拾觔又乾隆二十六年內奉旨恩加培十觔共配鹽三百六十四觔改子鹽四十四包一分二釐一毫每引納稅銀二分商人交納解司撥用每年行銷原無一定
掌記注雨雪陰晴之數每日詳記按旬呈報於上以驗農
事之豐歉其有瑞雪時雨則隨時馳報不拘旬月之定規
焉
掌捕撲蝗蝻之害稼者凡遇蝗起官吏躬自督捕紳士庶
民無分畛域合力撲之盡滅而止
掌水旱不時之恤政
庫房典吏一人掌管庫銀錢之出納
戶倉房典吏一人掌常平倉穀其倉在縣署內東西二側
倉廒六十一間自康熙二十二年至乾隆十三年內捐輸
派添查盤盈餘俊秀捐監除節屆撥賑外實存穀一萬六
千四百四十五石八斗五升以備三鄉無力農民每年東

作方興缺乏籽種在詳請動支借給定例春借秋還并遇
青黃不接市集糧價昂貴亦即詳請動支平糶秋後採買
還倉如遇年歲荒歉常平倉穀不敷賑恤申請協撥以資
賑恤之需
掌三鄉之社倉其倉遂設各鄉計七十九區共倉廒一百
一十座每座置正副社長經管每年春借秋還照例收息
自雍正元年至乾隆五十七年共貯本息穀一萬一千六
百三十一石三斗四升一合四勺
倉長經管三年果能以鄉井休戚相關辛勤無懈遵照新

例由州縣詳府直隸州給匾奬勵六年無過詳府州詳布政司給匾奬勵十年無過許布政司報院給匾嘉奬徇私者革懲侵蝕者治罪賠補倉正副俱於鄉耆內選充不得違例引用生監倉長稟事許徑赴縣署不許胥役隔手平時亦不許胥役至倉其經理勤妥之倉正副每歲正月傳集縣堂勞之酒食以示鼓勵

太平鄉社倉

白塔橋貯穀一百二十七石九斗七升五合倉建松影菴

宋杜冲貯穀八十八石零七升倉建黃柏冲廟

兩路口貯穀一百三十六石六斗倉建東嶽廟

閻家河貯穀一百一十一石四斗一升倉建祖師殿

三杏橋貯穀九十五石零二升五合倉建洼家廟

白蠟冲貯穀一百二十六石零八升倉建天皇寺

唐殿區貯穀一百零七石五斗四升倉建東華菴覺明寺

丁土城貯穀一百五十一石五斗三升倉建大覺菴

白沙嶺貯穀一百六十九石四斗九升倉建落茄菴法遠菴

邊堰蘇貯穀一百五十一石四斗六升倉建獅子菴東岳廟

高視山貯穀一百零六石五斗一升倉建迴龍寺雨花菴

益仁美堡貯穀一百三十八石倉建夏家堂夏家廟

土乘崗貯穀一百八十一石零五斗四升倉建白衣菴江家廟

古城畈貯穀七十六石四斗五升倉建圓通寺

柏子塔貯穀一百四十石零八斗五升倉建柏子寺

青山港貯穀四十七石七斗六升倉建婁家堂

墩陽灣貯穀三百二十六石五斗四升倉建東岳廟臥雲菴

石門畈貯穀一百一十八石八斗五升倉建迴龍寺

細楊樹貯穀七十八石一斗倉建善慶菴

上馬河貯穀五十石倉建白廟

土門山貯穀一百四十一石五斗二升倉建東岳廟易家堂

張家店貯穀一百七十二石四斗倉建新佛寺

石板冲貯穀一百六十一石倉建楊家廟鄧家堂

伴仙亭貯穀七十四石四斗四升倉建胡家堂

黃棣石貯穀一百二十二石九斗九升倉建水口寺石河寨程家廟

懸鐘岩貯穀一百六十六石一斗九升倉建騎龍寺法雲菴

獨石區貯穀一百五十四石六斗六升倉建無花菴木龍菴

烏坑區貯穀九十二石六斗一升六合倉建水口寺

小河頭貯穀六十六石六斗九升倉建圓通菴

仙居鄉社倉

深溝區貯穀五十四石八斗八升倉建東岳廟

陶家園貯穀一百九十九石三斗一升倉建朝聖寺西陵寺

紫雲寺貯穀九十石零七斗倉建蔡廟

宋埠區貯穀二百零三石三斗九升倉建法幻寺

西河岸貯穀一百一十九石五斗三升倉建楊四廟

永寧區貯穀一百三十九石二斗二升倉建林河寺榮家廟

七家廟貯穀二百零四石五斗一升倉建七家廟

古城山貯穀一百九十七石六斗一升倉建馮廟鼇[illegible]寺

會林區貯穀二百九十一石七斗九升倉建東岳廟

龍門冲貯穀一百三十九石三斗九升倉建完山寺

烏龍潭貯穀一百二十一石八斗五升倉建準提菴

走馬崗貯穀一百一十三石六斗九升倉建會斗觀

周鐵崗貯穀一百四十五石七斗九升倉建改家廟

陳墩灣貯穀六十七石五斗九升倉建圓通菴

朱家堡貯穀六十八石二斗　升倉建圓通菴

汪王廟貯穀七十一石二斗五升倉建汪王廟

岐亭區貯穀一百一十石零五斗六升倉建南門城樓

八里畈貯穀二百七十六石二斗九升倉建沙堤寺

萬仞岩貯穀一百三十五石一斗四升倉建廣林寺孝義堂

范公岔貯穀二百四十四石二斗三升倉建東岳廟

拜郊城貯穀二百零八石九斗倉建騎龍鎮

大城區貯穀一百零五石六斗四升倉建祖師殿

女王城貯穀一百五十石零五斗倉建金家堂站脚寺

西峯山貯穀二百零六石一斗九升五合倉建菜家堂興隆寺

天齊廟貯穀一百二十一石一斗七升倉建天齊廟

海林區貯穀一百五十一石零三升倉建東岳廟道午

高峯山貯穀一百七十一石六斗四升倉建王家廟

鄭鋪兵貯穀一百八十九石倉建胡家堂烏巢寺關帝廟

臥牛石貯穀一百七十九石四斗八升倉建聽松菴胡家堂

玉皇閣貯穀八十七石零一升倉建嚴家廟

夾沙洲貯穀七十二石五斗倉建胡家堂

河三墩貯穀九十五石四斗四升倉建張家堂廻龍寺

南湖畈貯穀一百二十九石四斗六升倉建無南廟祝家廟

黑沙洲貯穀一百二十三石三斗五升倉建佛古寺

亭川鄉社倉

曹家河貯穀一百九十一石六斗八升倉建庚[illegible]建廟
鹽田河貯穀一百五十石零二斗九升倉建淨土寺
黃市區貯穀一百五十三石五斗五升倉建石林寺
東界嶺貯穀一百零三石一斗六升倉建蔡家廟
望花山貯穀六十一石九斗四升倉建吳家廟
落梅河貯穀一百六十石零七斗四合倉建胡家堂
白水畈貯穀一百六十二石九斗四升倉建白水寺岐山廟
東義洲貯穀四百一十六石五斗二升倉建大聖寺
白杲區貯穀一百八十六石一斗五升四合倉建選佛場

麻城縣志　卷之三　戶書　卅四

曾家台貯穀一百一十八石零二升倉建曾家廟東岳廟
泌[illegible]區貯穀四十石零三斗五升倉建泌街廟
南庄區貯穀一百六十六石六斗四升倉建東岳廟簡若菴
青龍區貯穀二百六十四石七斗四升倉建龍王廟
龍池區貯穀五百二十一石零四合倉建相公廟東岳廟對芥室福城菴
橫河區貯穀三百三十八石零六升倉建棲龍寺
二里河貯穀二百二十七石九斗一升二合倉建延壽菴
掌市集之糧價按月呈報消長貴賤之數以易錢而制其
定價焉

麻城斛斗倉斛與京斛相同合市斗每斗止得七升部尺
合市尺則部尺小一寸
元絲銀一兩易制錢八百五六十文不等紋銀照元絲貴
賤五色申水
稻米一石准銀二兩大麥九錢小麥一兩六錢黃豆一兩
六錢綠豆一兩八錢芝麻四兩二錢包穀一兩五錢
麻城三鄉東北太平連仙居地勢高阜山田春季收割大
小二麥夏栽插早中二稻秋後播種二麥平處田爲濃田
[illegible]常有水春季無收夏季栽插早中二稻秋後不種二麥
[illegible]地係高陡年歲豐稔雨水時調[illegible]得[illegible]其地所出黃綠
豆芝麻糕糧包穀烟葉棉花雨[illegible]澤愆期止有減半不全
西南亭川連仙居地勢平坦[illegible]春收二麥夏栽插早中二
稻秋種蕎麥泥豆冬種二麥地春收二麥菜子夏種棉花
秋種二麥隨居者近水之地蘿蔔白菜年歲豐稔全收雨澤
愆期塘堰車溉減半不全
三鄉各民人婦女紡綿織布西南鄉有集鎮紡織諸多居
民赴就近行戶發賣亦有販運出境通河南四川等處
麻城地處山僻市物無珍異凡日用豬羊鵝鴨雞隻喂養

麻城縣志　卷之三　戶書　卅五

稀少俱係河南等處挑販進境鷄鵝鴨每觔貴時四十四至五十六文賤時三十二至四十文羊肉每觔貴時三十六至四十八文賤時三十二文豬肉每觔貴時五十二至六十四文賤時三十二至四十文不等

麻城縣掌故卷三

禮書

禮房典吏一人掌閤縣紳衿憲綱文冊

掌搜訪遺書及稽察書籍之非法者若館閣徵輯故事蒐羅金石古蹟寺觀祠墓之屬則書其實而上之

掌祭祀之牛及春秋壇廟之祭祀並一切典禮之儀注

慶賀儀注

聖誕元旦長至千秋節國家祥瑞先期知縣率屬習儀[illegible]畢衆官跪請

[illegible]供奉縣堂上右列儀仗日[illegible]二次印官不升堂視事[illegible]日三鼓衆官赴縣治慶賀如制文武官具朝服分東西班敘丹墀下班定行初事贊三跪九叩畢班首官進詣香案前致祠祝贊畢復位又行九叩禮然後三呼九叩而退衆官跪送龍亭仍歸

關帝廟附

蒞任儀注

先日致齋於城隍廟次辰祭城隍遂詣本治具公服謝恩祭門祀竈易服受謁與僚屬乃署公移次日謁

文廟

救護儀注

日食豫行所屬[illegible]期布香案于縣治露臺金鼓列儀門樂
列臺下拜位列露臺上下俱嚮日至期陰陽官報日初虧
文武官俱朝服贊唱拜禮皆跪執事奉鼓詣班首官擊鼓
三聲鼓齊鳴及拜圓贊唱拜禮畢月食亦如前儀

迎春儀注

印官穿朝服坐轎出東門行至春廠同各官飲春酒畢禮
生引至芒神前贊就位揖禮畢[illegible]司春牛前行印官隨

[illegible]轎進東陞門行至衙門大門內禮生引至芒神前贊
就位揖安神禮畢同各官在大堂飲春酒畢進署次日打
春印官穿朝服禮生引至芒神前贊行二跪六叩首禮畢
禮生贊引主祭官行三獻禮詣酒尊所執事者酌酒詣芒
神神位前跪初獻爵亞獻爵終獻爵叩首興平身詣讀祝
位跪眾官皆跪讀祝畢叩首興平身復位又行二跪六叩
首禮畢鞭春禮生引至牛前贊就位執鞭春圍牛轉三遍
畢揖鞭春畢回署

鞭春儀注

每歲立春前一日印官具朝服率僚屬出迎春門祭芒神
春牛行五揖四拜禮迎于東郊教軍場演戲劇回供縣大
門內東側越明日按立春時刻祭拜如儀隨各執綵鞭擊
土牛三匝僚屬如之

文廟儀注

每月朔望知縣以下官詣廟行香歲春秋仲月上丁日致
祭學宮分列正獻分獻官生員執事者並樂舞姓名送縣
張掛先期各官齋詣所省牲視滌器屆期五鼓齊集知縣
正獻分獻陪祭各官入兩旁門序立贊引官導承祭官至

盥洗處盥手畢引至臺階下立典儀唱樂舞生就位執事
官各司其事分獻官陪祭官各就位贊引官贊就位承祭
官就拜位立分獻官隨後立典儀唱迎神唱舉迎神樂奏
咸平之章樂作贊引官贊跪叩興承祭官陪祭官分獻官
俱行三跪九叩頭禮興樂止典儀唱奠帛行初獻禮唱舉
初獻樂奏寧平之章樂作贊引官贊陞壇導承祭官由東
階上進殿左門贊引官贊詣
至聖先師孔子位前承祭官至案前立贊引官贊跪叩興
承祭官行一跪一叩頭禮贊引官贊奠帛捧帛官以帛跪

進承祭官接帛供舉立獻畢贊引官贊獻爵執爵官以爵
跪進承祭官接爵拱舉立獻畢行一跪一叩頭禮興贊引
官贊詣讀祝位立讀祝官至祝案前一
跪三叩頭捧祝版立於案左樂止贊引官贊跪承祭官讀
祝官分獻官陪祭各官俱跪贊引官贊讀祝讀畢捧祝至
正位前案上跪安帛匣內三叩頭退樂作贊引官贊叩興
承祭官及各官行三叩頭禮興贊引官贊詣
復聖顏子位前承祭官就案前立贊引官贊跪叩興承祭
官一跪一叩頭興贊引官贊奠帛捧帛官跪進於案左承

祭官接帛拱舉立獻案上贊引官贊獻爵執爵官跪進於
案左承祭官接爵拱舉立獻案上行一跪一叩頭禮興贊
詣
宗聖曾子位前如前儀贊詣
述聖子思子位前如前儀贊詣
亞聖孟子位前如前儀其十哲兩廡分獻官俱照前儀行
禮畢贊引官贊復位承祭官分獻官各詣
至聖先師位前立樂止典儀唱行亞獻禮唱舉亞獻樂奏
安平之章樂作贊引官贊陞壇獻爵於左如初獻儀贊引

官贊復位承祭官分獻官各復位立樂止典儀唱行三獻
禮唱舉三獻樂奏景平之章樂作贊引官贊陞壇獻爵於
右如亞獻儀贊引官贊復位承祭官分獻官各復位立樂
止典儀唱飲福受胙贊引官贊詣受福胙位承祭官至殿
內立捧酒胙官二員捧至
正位案前拱舉至飲福胙位右傍跪接福胙官二員在左
傍跪贊引官贊跪承祭官跪贊飲福酒承祭官受爵拱舉
授接爵官贊受福胙承祭官受胙拱舉授接胙官贊引官
贊叩興承祭官三叩頭興贊復位承祭官復位立次行謝

福胙禮贊引官贊跪叩興承祭官分獻官及陪祭各官俱
行三跪九叩頭禮興典儀唱徹饌唱舉徹饌樂奏咸平之
章樂作徹訖樂止典儀唱送神唱舉送神樂奏咸平之章
樂作贊引官贊跪叩興承祭官分獻官及陪祀各官皆行
三跪九叩頭禮興樂止典儀唱捧祝帛饌各詣燎位捧祝
官捧帛官至各位前一跪三叩頭捧起祝文在前帛次之
捧饌官跪不叩頭捧起在後俱送至燎位承祭官退至西
傍立候祝帛饌過仍復位立典儀唱望燎唱舉望燎樂與
送神同樂作贊引官贊詣望燎位導承祭官至燎位立祝

帛焚訖樂止贊引官贊禮畢退

崇聖祠則卽日知縣率屬先祭正殿行三獻禮三跪九叩頭

南北壇儀注

正獻官於祭前一日省牲用蟒袍補服行三跪九叩禮於祭之日黎明用朝服頂帽盥洗就位瘞毛血迎

神行三跪九叩禮畢詣

神位前行三獻禮畢詣祝位前跪讀祝文畢至飲福受胙位飲福受胙三叩首復位送

神仍行三跪九叩禮是時卽更衣用蟒袍四祭

馬王土主二廟行兩跪六叩禮畢

眞官祠行一跪三叩禮

雩壇儀注

印官朝服頂帽行三跪九叩禮詣

神位前行三獻禮讀祝文三叩首復位送

神仍行三跪九叩禮是時卽更衣用蟒袍補服平頂至東門致祭城門行兩跪六叩禮詣

神位前上香獻爵獻帛讀文畢送

神仍行兩跪六叩禮

先農壇儀注

祭日各官衣朝服禮生引承祭官至耕位通贊唱執事者各司其事陪祭官各就位承祭官就位通贊唱瘞毛血禮生引詣盥洗所贊盥洗淨巾引詣香案前贊迎神行二跪六叩頭禮興行初獻禮引詣

神位前跪奠帛獻爵叩頭興詣讀祝位跪衆官皆跪宣祝文畢叩頭興引唱復位通贊唱行亞獻禮引詣

神位前跪獻爵叩頭興復位通贊唱行三獻禮如亞獻儀通贊唱飲福受胙引唱詣飲福受胙位跪飲福酒受福胙跪叩頭興謝胙一跪三叩頭興復位通贊唱徹饌送神行二跪六叩頭禮興通贊唱司祝者捧祝司帛者捧帛各詣燎所引唱詣望燎位焚畢揖復位通贊唱禮畢各官更蟒衣詣耤田行耕耤禮

耕耤儀注

一官捧青箱一官播種各官俱用右手扶犁左手執鞭各行九推禮農夫終畝耕畢各回官廳更朝衣望

闕恭行三跪九叩頭禮仍將遵行耕耤日期具奏省城總督巡撫

秉耒知縣執青箱知府播種府城知府秉耒佐貳執青箱
知縣播種州縣則正印官秉耒佐貳執青箱播種專城衛
所亦用正印官秉耒如無屬
員即選擇耆老執青箱播種

關帝廟儀注

祭日贊引官引承祭官進左傍門至盥洗所贊盥洗監洗畢引至殿內行禮處立典儀唱執事者各司其事贊引官贊就引承祭官就位立典儀唱迎神司香官捧香盒就香爐左邊立贊引官引承祭官就香爐前立司香官跪贊引官贊上香承祭官立將炷香接舉插爐內又上塊香三次畢贊引官贊復位承祭官復位立贊引官贊跪叩興承祭

官行三跪九叩頭禮典儀唱奠帛爵行初獻禮捧帛爵官將帛爵捧進

神位前奠帛官跪獻畢行三叩頭禮退執爵官立獻畢退讀祝官詣安祝文桌前行一跪三叩頭禮捧起祝文立贊引官贊跪承祭官讀祝官俱跪贊讀祝文畢捧至

神位前跪安盛帛盒內畢行三叩頭禮退贊引官贊叩興承祭官行三叩頭禮立典儀唱行亞獻禮執爵官照初獻禮獻畢退典儀唱行三獻禮執爵官自案右邊照亞獻禮獻畢退典儀唱徹饌唱送神贊引官贊跪叩興承祭官行三跪九叩頭禮立典儀唱捧祝帛饌各詣燎位捧祝帛香饌官各至

神位前俱跪捧祝帛官行三叩頭禮香饌官不叩頭將祝帛香饌依序捧送承祭官退至西傍立候捧祝帛各官過畢復位立贊引官贊詣望燎位承祭官至燎爐前焚訖揖贊引官贊禮畢退

厲壇小祭儀注

印官於祭前一日用牒文啟

城隍至祭行兩跪六叩禮於祭日用蟒袍補服恭迎

城隍至厲壇省牲行兩跪六叩禮待庖洗畢致祭行兩跪六叩禮詣

神位前上香獻爵獻帛讀文畢復位仍行兩跪六叩禮送

神至廟一揖而退

迎學儀注

印官升公座各童在大堂行四拜禮畢各童披花紅畢又謝印官四拜禮畢鼓樂秉騎迎各童先行印官隨後坐轎送

文廟率領各童在

大成殿行謁廟禮三跪九叩首禮畢行至明倫堂儒學官在東印官在西行送學禮四拜畢儒學官轉西印官轉東又行四拜禮四拜畢印官領各童生與儒學行謁見禮四拜畢各童謝印官又行四拜禮印官西向答揖畢印官同儒學在明倫堂飲公宴酒畢回署

鄉飲儀注

明洪武五年令中書省詳定條式十六年禮部定到鄉飲酒圖式儀注令府州縣里社一體舉行

國朝因之每歲正月十五日十月初一日於儒學舉行前

一日執事者於儒學之講堂依圖陳設坐次司正率執事習禮至日黎明執事者宰牲具饌主席及僚屬司正先詣學遣人速賓僎以下比至執事者先報曰賓至主公服率僚屬出迎於庠門之外揖入主居東賓居西三揖三讓而後升堂東西相向立贊兩拜賓坐執事者又報曰僎至主席又率僚屬出迎揖讓升堂拜坐如前儀賓僎介至既就位執事者唱司正揚觶執事者引司正由西階升詣堂中北向立執事者唱賓僎以下皆立唱揖司正揖賓僎以下皆揖執事者以觶酌酒授司正司正舉酒陳詞讀畢執事者唱司正飲酒飲畢以觶授執事執事者唱揖司正揖賓僎以下皆揖司正復位賓僎以下皆坐唱讀律令執事者舉律令案於堂之中贊禮引讀律令者詣案前北面立唱賓僎以下皆立行揖禮如前讀畢復位執事者唱供饌案執事者舉饌案至賓前次僎次介次主三賓以下各以次舉訖執事者唱獻賓主起席北面立執事者斟酒以授主主受爵詣賓前置於席稍退贊兩拜賓答拜訖執事者又斟酒以授主主受爵詣僎前置於席交拜如前儀畢主退復位執事者唱賓酬酒賓起僎從執事者斟酒授賓賓受爵

詣主前置於席稍退贊兩拜賓僎主交拜訖各就位坐執事者分左右立介及三賓衆賓以下以次斟酒於席訖執事者唱飲酒或三行或五行供湯又唱斟酒飲酒供饌每一獻歌詩一節鹿鳴南山七獻七章畢執事者唱徹饌徹畢主賓以下皆起席降主賓至月臺下望

闕謝

恩主賓排班班齊行三跪九叩首禮畢退班復登排班僎主僚屬居東賓介三賓衆賓居西贊兩拜畢唱送賓以次下堂分東西行仍三揖出庠門而退

學規

順治九年禮部題奏

欽依刊立臥碑置於明倫堂之左曉示生員

康熙四十一年

御製訓飭士子文頒行各學

雍正三年

御製聖諭廣訓及朋黨論頒發各學刊刻朔望宣誦

學政全書內載凡生儒務將平日所習經書義理著實講求躬行實踐不許別創書院羣聚徒黨及號召他方遊食無行之徒空談廢業因而起奔競之門開請托之路

孝弟廉讓士子立身大節有敦本尚實行誼表著者取具本學及本族鄰里甘結申送提學覈實即加獎賞以勵頹俗

淡薄質素儒者宗風如以浮華輕佻相高縱酒宿娼蕩閑踰檢白晝于市井少年之輩有犯必黜不得少貸凡遇

聖節元旦冬至及丁祭一應禮儀務須整齊嚴肅至於謁見上官毋失禮毋足恭務須循循雅飭師生教學胥此可覘

康熙三十九年覆准直隸各省奉有欽頒

上諭十六條每月朔望地方官宣讀講說化導百姓令士子亦應訓飭恭請

御製教條發直省學宮每月朔望令儒學教官傳集該學生員宣讀訓飭務令遵守如有不遵者責令教官并地方官詳革從重治罪

雍正六年覆准士子妄肆筆墨民間造作奸言關係人心風俗不小嗣後士子讀書作文惟當發揮義理闡揚名教其一切放誕狂妄之語概行禁止

雍正七年覆准律例內刑名錢穀條例具備乃涖政臨民之要務應令各學教官每當月課季考之次日將

大清律內開載刑名錢穀關係要緊者詳為講解使之熟習淹貫預識政治之要

本學教諭訓導各一員見官師表其廩膳學生二十名二歲貢其一增廣生（原本缺）名附生無定額教官每年四季季考按月月課提督學院三歲再試之初歲試優劣有等再科試擇其尤者送入鄉試選拔二六年二十二年遴選一人充之雍正五年復奏

上諭居家孝友行止端方才可辦事而文亦可觀者一學各舉一人文童歲科試入學十五名武童歲試入學十五名

通俗禮附

正月元旦五鼓起向北叩首曰祝聖啟門以酒酹地而拜日出方還室子弟以次拜賀自是親友慶賀讌飲或以柜楸相饋三日以牲醴祀門戶神飲酒後各理舊業立春一日觀迎春以土牛身首色卜水旱以芒神帽鞋占寒煖比戶焚香酹酒曰接春十三日試燈元夕張燈是日粉米爲

團曰元宵張燈火每燈相遇爭勝負必鬭毆死不悔農人以火炬照田兒童擊鼓鑼巡園圃逐諸蟲之害稼者兒童磨磚石二寸許上圓下銳就地鞭之名曰得螺諺語楊柳活打得螺二月十五日曰花朝民家多以是日嫁娶三月三日醮眞武寒食架鞦韆清明掃墓簪柳踏青兒童爲風鳶之戲田家浸種東作方勤鄉人作茸餅俗名歆麪四月八日是爲沐佛之期僧造烏米相遺向端午角黍交貽採藥插艾蒲雄黃泛酒繫綵辟惡是月作紙舫祈神爲龍舟會備旗旛鼓樂扮人物故事競尙華靡動破中人之產六月六日曬書籍衣物造醬醋鹽豉俗以爲半年節七月七夕乞巧中元祀先又浮屠爲盂蘭會八月中秋作餅相送具菱藕瓜菓爲賞月之讌九月重陽登高掃墓民家釀酒十月朔日爲十月朝田家飯牛以陰晴占穀價十一月有家廟者合族祀祖先十二月初八日啜臘粥雜秔豆棗栗亦有以是日嫁娶者兒童以鷄毛植錢孔中縛以綵綿蹴之名曰毽子二十四日曰小年掃舍宇夜祀竈神數日內金鼓爆竹喧聲不絕具酒饌祀祖先曰年羹飯除日張春聯於門閭戶後然燭焚香拜祖先及尊長曰辭年更闌後

後或出聽人言語以卜來歲休咎曰聽讖凡家以夜半候釜中輒得五穀米粒以其稀飽占來歲豐歉曰試鍋合家促坐飲酒曰團年或有圍爐終夕不寐者曰守歲

掌學政歲科之試事儒學廩膳生員二十名增廣　十名附生無定額每歲試科試錄童生一十五人爲生員廩生爲歲貢生在三年二人拔貢生十二年一人每逢酉年乃得選拔

掌報捐輸粟之監生每季終彙上監生之結狀

掌舉報境內之忠孝節義臚其事實上於上官而請

薙於朝
掌城村之鄉約鄉黨公推老成而有德者以爲鄉約
掌僧道陰陽醫學內四職惟陰陽學向無頂充之人
掌闔縣民數戶口清册麻城共三鄉曰太平曰仙居曰亭
川太平鄉共四十五區計大小男女共八萬原本缺千原本缺百原本缺
十原本缺口係虎頭司專汛仙居鄉共五十四區計大小男女
共十二萬六千四百三十九口係鵝籠司專汛亭川鄉共
二十四區計大小男女共七萬四千二百九十五口係典
史專汛
掌學田膏火向係儒學經管於乾隆三十年歸縣管理額
載學田二百零四畝所收租穀分送書院院長及寒生五
名以爲膏火之資

麻城縣掌故卷四

兵書

兵房典吏一人掌驛站夫馬營汛文移麻城自
國朝康熙十三年因吳逆猖獗增設守備一員千總一員
把總二員兵丁二百五十名逆平後於十八年至二十一
年內裁去守備一員千總一員把總一員兵丁一百七十
六名後復節次裁去今存留把總一員兵丁四十九名除
分防四塘兵丁二十四名外寔存汛兵二十五名內馬兵
一名戰兵二名守兵二十二名分防舊店塘兵丁五名內
戰兵一名守兵四名兩路口塘兵丁五名內戰兵一名守
兵四名黃泥岔塘兵丁五名內戰兵一名守兵四名宋埠
塘於乾隆二十七年十一月內奉准部咨添設額外一員
領守兵九名各兵應領糧餉俱在黃州協領給
犯總經管城門鎖鑰看守東南西北城門各派守兵四名
輪流守視傳遞公文協同縣役護解人犯銀兩額定一犯
二解
掌官府文移之舖遞麻城縣額設八舖共舖司兵五十名
西南至省城二百四十里南至府城一百八十里西北至

河南省屬之光山縣界貳百二十里北至黃福鋪四十五里縣前鋪鋪兵八名鋪屋坐落鼓樓街至十里鋪十里十里鋪鋪兵六名鋪屋坐落高岸河至白棠鋪十里白棠鋪鋪兵七名鋪屋坐落八里畈至白杲鋪十里白杲鋪鋪兵七兵鋪屋坐落白杲街至望花鋪十里望花鋪鋪兵七名鋪屋坐落望花山至沙河鋪十里沙河鋪鋪兵七名鋪屋坐落沙河區至黃岡縣交界之道觀鋪十里黃福鋪鋪兵四名鋪屋坐落邊堰蘇至王家樓鋪十里王家樓鋪鋪兵四名鋪屋坐落王家樓交河南省光山縣屬之長潭鋪四十五里安設城市集鎮柵欄并救火器具東門水桶四個蘇搭鈎鐮四副水銃一副柵欄二道南門水桶四個蘇搭鈎鐮四副柵欄二道西門水桶四個蘇搭鈎鐮四副柵欄二道北門水桶四個蘇搭鈎鐮四副柵欄二道縣前鼓樓水桶二個蘇搭鈎鐮二副柵欄二道縣前義井水桶二個蘇搭鈎鐮二副柵欄一道縣左清源門水桶二個蘇搭鈎鐮二副柵欄一道白杲鎮水桶四個蘇搭鈎鐮四副水銃一副柵欄二道岐亭鎮水桶七個蘇搭鈎鐮七副柵欄四道走馬崗水桶四個蘇搭鈎鐮四副柵欄二道中館驛水

桶四個蘇搭鈎鐮四副柵欄二道閻家河水桶四個蘇搭鈎鐮四副柵欄二道宋埠鎮水桶八個蘇搭鈎鐮八副柵欄二道北界嶺亭路口水桶四個蘇搭鈎鐮四副柵欄一道西界嶺舊店水桶二個蘇搭鈎鐮二副柵欄二道東界嶺黃泥畈水桶二個蘇搭鈎鐮二副柵欄一道

掌武生武童之試事凡歲考額取武童十二人為武生

掌民壯皂隸之册籍民壯一十八名習弓矢鳥鎗之技藝察隸則考察其藝業之善否而進退之皂隸一十三名供官吏之役事

麻城縣掌故卷五

刑書

刑房典吏一人掌緝捕之事凡通緝在究逃官吏房主之民監禮房主之軍職兵房主之歲終則計其數而彙報其册籍入於通緝之簿牒刑房總其成焉

掌保甲編戶之法麻城所屬三鄉曰太平曰仙居曰亭川共計一百二十三區區有大小不一每區設立保甲十二名不等隆冬時令保甲牌頭在於通衢要隘竪立旂寨街市關廂建設栅欄每夜派撥烟民一人擊梆巡邏以防盜

竊

太平鄉之義渡區一甲十六牌保正一甲長一郭家院區一甲十牌保正一甲長一金城堡區一甲十一牌保正一甲長一沈家庄區一甲十九牌保正一甲長一伴仙亭區一甲十二牌保正一甲長一石馬槽區一甲十一牌保正一甲長一古城畈區一甲十六牌保正一甲長一花橋河區一甲二十二牌保正一甲長一青山港區一甲十二牌保正一甲長一閻家河區一甲十九牌保正二甲長二土城區二甲十四牌保正二甲長二石觀音堂區一甲二十牌保正一甲長一石陂磨山區一甲十九牌保正一甲長一三杏橋區二甲三十八牌保正一甲長一唐殿區一甲三十八牌保正一甲長一白沙嶺區一甲三十三牌保正一甲長一甑山河區二甲三十七牌保正一甲長一白蠟冲區二甲二十五牌保正一甲長一篤實區二甲五十八牌保正一甲長一墩陽灣區二甲三十牌保正一甲長一擇里堡一甲二十五牌保正一甲正一桃林義渡區一甲十牌保正一甲長一上義區一甲三十九牌保正一甲長一張家店區一甲十九牌保正一甲長一上馬河區三甲三十一牌保正一甲長一高視山區二甲計十八牌保正二甲長二仁美堡區一甲二十七牌保正一甲長一李家壩區一甲二十三牌保正一甲長一小河途區四甲十一牌保正一甲長一戴家店區一甲八牌保正一甲長一曾戶

長區一甲七牌保正一甲長一白塔橋區四甲五十四牌保正一甲長一蘇坑區四甲二十四牌保正一甲長一柏子塔區二甲二十四牌保正一甲長一細楊樹區六甲二十五牌保正一甲長一邊堰蘇區二甲三十七牌保正一甲長一土乘崗區一甲五十六牌保正一甲長一黃隷石區二甲三十八牌保正一甲長一宋杜冲區二甲七十八牌保正一甲長一兩路口區一甲二十二牌保正一甲長一益美堡區一甲計九牌保正一甲長一德義堡區一甲五十二牌保正一甲長一石門畈區一甲三十九牌保正一甲長一懸鍾岩區二甲四十五牌保正一甲長二張留關區二甲九十牌保正二甲長二

仙居鄉之毛家墩區一甲十一牌保正一甲長一樊顧畈區一甲
計三十七牌保正一甲長一七里陂區一甲四十六牌保正一甲長一小
河嘴區一甲三十牌保正一甲長一七科松區二甲三十五牌保正
一甲長一六王城區一甲十二牌保正一甲長一紫雲寺區一甲二十
牌保正一甲長一大成區一甲十五牌保正一甲長一中館驛區一甲計
五十牌保正一甲長一王家集區一甲十六牌保正一甲長一龍門冲區
一甲二十八牌保正一甲長一夾沙洲區一甲二十九牌保正一甲長一
臥牛石區一甲十七牌保正一甲長一鄭舖兵區二甲七十二牌
保正二甲長二河三墩區一甲五十五牌保正一甲長一高峯山區一甲

三十牌保正一甲長一萬仞岩一甲四十五牌保正一甲長一七家廟區
一甲三十六牌保正一甲長一拜郊城區一甲六十四牌保正一甲長一
梅林區一甲四十牌保正一甲長一會林區二甲二十八牌保正一甲
長一高陽觀區二甲四十七牌保正一甲長一向打石區一甲二十
五牌保正一甲長一宋埠區四甲五十牌保正二甲長四南湖畈區一甲
三十牌保正一甲長一黃閣區一甲十二牌保正一甲長一西河岸區一
甲九牌保正一甲長一深溝區一甲三十六牌保正一甲長一汪王廟區
一甲十五牌保正一甲長一歧亭區二甲四十九牌保正一甲長一永寧
區一甲十一牌保正一甲長一范家畓區一甲三十九牌保正一甲長一

古城山區一甲三十六牌保正一甲長一陶家園區一甲十五
牌保正一甲長一五里墩區一甲九牌保正一甲長一白田畈區一甲十
六牌保正一甲長一蘄淡山區一甲十九牌保正一甲長一八里畈區一甲
二十牌保正一甲長一余家阬區一甲十二牌保正一甲長一徐家垄區
一甲十四牌保正一甲長一陳墩灣區一甲十二牌保正一甲長一袁家
河區一甲二十牌保正一甲長一董家堡區三甲七十牌頭保正
一甲長一朱家堡區一甲十三牌保正一甲長一榮羅堡區一甲十五
牌保正一甲長一黑沙洲區一甲十九牌保正一甲長一新店區一
甲十九牌保正一甲長一周鐵崗區一甲二十七牌保正一甲長一走馬

崗區一甲四十五牌保正一甲長一烏龍潭區一甲三十一牌保正
一甲長一天齊廟區一甲二十五牌保正一甲長一西峯山區一甲三
十四牌保正一甲長一石板冲區一甲三十四牌保正一甲長一土門山
區一甲六十六牌保正一甲長一
亭川鄉之本城五門五甲一百二十牌保正五甲長五曹家河區
一甲五十牌保正一甲長一義合區一甲二十九牌保正一甲長一合鮑
村區二甲二十二牌保正一甲長一鹽田河區一甲三十六牌保正
一甲長一東界嶺區一甲三十四牌保正一甲長一黃石區一甲五十
一牌保正一甲長一白水畈區一甲五十二牌保正一甲長一木子店區

一甲七十牌保正一甲長一二里河區二甲四十二牌保正一甲長一東
義洲區一甲九十牌保正一甲長一落梅河區一甲六十牌保正一甲
長一南庄區二甲四十五牌保正一甲長一太平河區一甲九十二
牌保正一甲長一沙井區一甲九牌保正一甲長一白杲區一甲三十五
牌保正一甲長一三羅堡區一甲三十七牌保正一甲長一曾家台區一
甲四十三牌保正一甲長一望花山區一甲十九牌保正一甲長一程集
區一甲十七牌保正二甲長一青龍區一甲七牌保正一甲長一陶家鋪
區一甲十牌保正一甲長一沙河區一甲二十牌保正一甲長一橫河區
一甲七十牌保正一甲長一

掌五軍道理之冊籍凡軍流之犯者一曰附近二曰近邊
三曰邊遠四曰極邊五曰烟瘴
附近二千里東至浙江杭州府屬之仁和縣錢塘縣富陽
縣又至嚴州府屬之桐廬縣又至江蘇蘇州府屬之崑山
縣新陽縣又至太倉州屬之鎮洋縣嘉定縣南至廣東南
雄府屬之始興縣保昌縣西至河南陝州屬之靈寶縣閿
鄉縣又至陝西同州府屬之華陰縣北至直隸停止編發
近邊二千五百里東至浙江紹興府屬之餘姚縣又至寧
波府屬之慈溪縣南至廣東韶州府屬之英德縣西至山
西霍州屬之靈石縣又至汾州府屬之介休縣平遥縣北
至直隸停止編發
邊遠三千里東至抵邊不足三千里南至廣東廣州府屬
之三水縣南海縣番禺縣西至山西朔平府屬之馬邑縣
朔州平魯縣北至直隸停止編發
極邊四千里東至抵海不足四千里南至抵海不足四千
里西至甘肅涼州府屬之平番縣古浪縣北至直隸停止
編發
烟瘴四千里雲南廣西州屬之彌勒縣又雲南府屬之晉
寧縣又澂江府屬之江川縣又臨安府屬之通海縣

三流道里
二千里發浙江湖州府屬長興等縣
二千五百發山西平陽府屬岳陽蒲州府屬永濟等縣
三千里發山西太原府屬陽曲等縣

掌額設囚糧收禁重罪人犯無親屬領送者照例每名按
日整給米八合三勺薪菜錢五文冬季首給棉衣姜湯篭扇
等項整給米價銀年修造報以年冬季赴布政司領回歸
款

掌人命盜竊并一切獄訟

掌旅店過客之簿籍書其往來之人姓名於簿而稽察之循去環來半月一易其簿

掌禁牢耕牛以時出示而厲禁之

掌捕役仵作之名冊捕役八人分司四路以防竊盜仵作三人專司驗尸檢傷提牢典吏一人掌監獄之啟閉禁卒八人供其役事

麻城縣掌故卷六

工書

工房典吏一人掌官府廨署并壇廟城垣塘汛之工役

掌衙署應用什物及上司官員過往公館並延賓稱椅一切什物等項

掌籍田本城地租

掌各行經紀牙帖二百零八張分中下行中行納稅銀五錢下行納稅銀三錢內有年老事故查明稟請革退照例另招頂補詳換以敷稅額

各牙行坐落地方

本城糧食中行十三名（每名納稅銀五錢）棉花布線中行五名（每名納稅銀五錢）靛中行三名（每名納稅銀五錢）灰中行一名（納稅銀五錢）油麻中行三名（每名納稅銀五錢）木中行一名（納稅銀五錢）猪中行二名（每名納稅銀五錢）茶中行一名（納稅銀五錢）燒紙下行一名（納稅銀三錢）魚下行五名（每名納稅銀三錢）烟葉下行五名（每名納稅銀三錢）油餅下行一名（納稅銀三錢）

中館驛在縣西離城三十里糧食中行二名（每名納稅銀五錢）棉花布線中行二名（每名納稅銀五錢）木中行二名（每名納稅銀五錢）猪中

行一名納稅銀五錢

宋埠在縣西離城五十里糧食中行二十六名每名納稅銀五錢　棉花布線中行十五名每名納稅銀五錢　油蔴中行七名每名納稅銀五錢　驢皮中行一名每名納稅銀五錢　磁器中行一名每名納稅銀五錢　木中行七名每名納稅銀五錢　猪中行三名每名納稅銀五錢　高脚中行一名納稅銀五錢　船中行一名納稅銀五錢　燒紙下行四名每名納稅銀三錢　籮脚下行一名納稅銀三錢　魚下行三名每名納稅銀三錢　烟葉下行四名每名納稅銀三錢　高脚下行一名納稅銀三錢　油餅下行三名每名納稅銀三錢

岐亭在縣西離城七十里糧食中行五名每名納稅銀五錢　棉花布線中行三名每名納稅銀五錢　猪中行一名納稅銀五錢　木中行一名納稅銀五錢

白杲在縣南離城三十里油蔴中行四名每名納稅銀五錢　糧食中行十三名每名納稅銀五錢　棉花布線中行十一名每名納稅銀五錢　猪中行二名每名納稅銀五錢　木中行一名納稅銀五錢　布中行一名納稅銀五錢　魚下行三名每名納稅銀三錢　烟葉下行一名納稅銀三錢　油餅下行一名納稅銀三錢

閻家河在縣東離城二十里糧食中行九名每名納稅銀五錢　棉